本书受國家社科基金重大項目"基於先秦兩漢通假字的上古音韻研究大係"(22&ZD302)、山東師範大學中國語言文學山東省高水平學科‧優勢特色學科建設經費資助

傳世文獻通假字古韻親疏關係

王兆鵬　謝麗娟　著

人民出版社

責任編輯：王怡石
封面設計：周方亞

圖書在版編目（CIP）數據

傳世文獻通假字古韻親疏關係/王兆鵬,謝麗娟 著. —北京：人民出版社,2024.6
ISBN 978-7-01-024235-4

Ⅰ.①傳… Ⅱ.①王… ②謝… Ⅲ.①古漢語-通假字-音韻學-研究 Ⅳ.①H141

中國版本圖書館 CIP 數據核字（2021）第 260729 號

傳世文獻通假字古韻親疏關係
CHUANSHI WENXIAN TONGJIAZI GUYUN QINSHU GUANXI

王兆鵬　謝麗娟　著

人民出版社 出版發行
（100706　北京市東城區隆福寺街 99 號）

北京匯林印務有限公司印刷　新華書店總店北京發行所經銷

2024 年 6 月第 1 版　2024 年 6 月北京第 1 次印刷
開本：787 毫米×1092 毫米 1/16　印張：35.75　字數：840 千字

ISBN 978-7-01-024235-4　定價：289.00 元

郵購地址 100706　北京市東城區隆福寺街 99 號
人民東方圖書銷售中心　電話（010）65250042　65289539

目　录

凡　例

　　一、本書以高亨、董治安《古字通假會典》（齊魯書社 1989 年版）爲研究底本，考察上古傳世文獻通假字反映的韻部關係。

　　二、正文按照王力古韻十一小類分十一章，每個韻部爲一節，每節先列該韻部與其他韻部的通假數據總表，再列具體每組通假字的音韻地位及文獻例證。受篇幅所限，本書只列舉 1 次文獻書證，但我們會在文獻書證之前，列明此組通假字在《古字通假會典》中出現的書證次數。

　　三、通假字表中頁碼爲通假字組在《古字通假會典》中所處的頁碼。表格下的字爲例證，而例證後的按語爲我們所做的考證。如：

頁碼		反切	中古音韻地位						上古音	
426	思	息茲切	心	止	之	三	開	平	心	之
	穉	直利切	澄	止	至	三	開	去	定	脂

　　文獻通假 1 次：《史記·田敬仲完世家》：“仲生穉孟夷。”《索隱》：“《世本》作夷孟思。”按：《古字通假會典》該組通假字爲“思”和“夷”，但從例證來看，“思”的對應關係不明。查《世本八種·秦嘉謨輯補本·世本卷六》，原文爲：“敬仲生夷孟思。思生閩孟克。克生文子須無。須無生桓子無宇。無宇生武子開、僖子乞。”據“文子須無”等人名格式可知《世本》人名格式爲“字＋名”，這幾句的格式均爲“名—生—字＋名”，以此推知“思生閩孟克”中“思”爲“名”。又據《索隱》“蓋穉是名，孟夷字也”，可知《史記》人名格式爲“名＋字”，“穉”爲名。綜上，“思”對應“穉”，《古字通假會典》以“思”對“夷”誤。

　　四、本書所列通假字的中古音韻地位，一般依據《廣韻》，《廣韻》未收錄的字依據《集韻》，中古聲母列《廣韻》三十五聲母。上古音韻地位據郭錫良《漢字古音表稿》（中華書局 2020 年版）。個別異讀字《漢字古音表稿》只收錄一個讀音，本書會盡可能查找異讀字不同讀音的產生時代，選取能查到的時代最早的讀音；若異讀音出自同一時代，我們則取《漢字古音表稿》收錄的讀音。

　　五、《古字通假會典》收錄的文獻通假材料十分豐富，但不是所有的材料都適合本研究，因此本書對《古字通假會典》中的通假字作了篩選，篩除的異部通假字列於本書末。本研究的材料一直在考證篩選中，與前期的研究成果可能會存在數據不一致的情況，一切數據以後出成果爲准。本書篩選標準如下：

1. 漢代以後的通假字

《古字通假會典》書證的選取涵蓋了魏晉以後的典籍，而學界普遍承認上古音的上限爲先秦兩漢，下限爲東漢末年。因此東漢以後的通假字本書依據例證予以剔除，但是傳世文獻通假字也存在漢以後註解家解釋上古文獻的情況，我們也將這種情況算作上古通假字。

魏晉以後的典籍若是類書，所收録的文獻反映的是古音，比如唐代陸德明的《經典釋文》，匯集了漢魏六朝註釋家對先秦經書的註音及釋義，具有很高的古音學價值，我們對此類文獻也加以收録研究。而《文選》和《隸釋》等文集類著作，我們以文集中具體文章的時代爲准。原文例證若全部取自漢以後，則刪除該組通假字。

2. 同義換用

通假字之所以要求意義毫不相干，是因爲古人行文不僅會借音，也可能借義，如"此"和"兹"，都是"這"的意思，在文獻中往往互相代用，這種代用不一定關乎聲音，自然很難用以研究上古韻部間的關係。本書將這種情況予以剔除。

3. 虛詞

古書虛詞常常有代用的現象，其代用類型也並不單一。虛詞間的兩兩代用往往既有音義上的聯繫，又有語法作用的影響，很難判斷是不是通假字。有的虛詞意義和用法極其相似，如"以"和"用"，均表工具和憑藉。這種虛詞間的代用是單純詞義和語法上的代用，不能算作通假字。

台灣學者梅廣在《訓詁資料所見到的幾個音韻現象》一文中認爲虛詞中存在一種特殊的通假現象，"虛詞可以因爲元音減縮、聲母或韻母起同化作用等因素以致讀音與另一虛詞相混，因而發生文字上的通假。"鑒於本書所定通假原則是"音同音近且意義毫無關聯"，因此虛詞間的通假本書暫從梅廣所説，認爲只有用例數量多且意義和語法功能不同的虛詞代用才算通假。單純詞義和語法上代用的通假，列於本書末。

4. 異體字

我國第一部字典是東漢許慎的《説文解字》，東漢以前由於沒有可供規範字形的字典，一字多形現象比比皆是。我們將字音和字義相同而字形不同的一組字稱爲異體字。異體字應當音同，但《古字通假會典》中確實存在不少異部通假的異體字，本書將這些異體字分爲兩類：一類是應當剔除的異體字，即《集韻》中認爲二字爲異體字，且二字意義相同；另一類雖爲異體字，但同時也是聲旁換用的形聲字。這些換用的聲旁，根據孫茜[1]的説法，應當是具備音同音近關係的，這一問題黃文傑[2]已有論述。根據王寧、陸宗達《訓詁方法論》中對"聲符互換"現象的討論，異體字採用不同的聲符表音，這些聲符互換的現象可以通假借。本書採用陸宗達和王寧的意見，將第二類異體字換用的聲旁看作特殊的通假字，同一組換用的聲符算一組通假字，列在每種異部通假的最後以示區別。如：

---

① 孫茜：《魏晉南北朝石刻異體形聲字聲符換用現象研究》，湘潭大學 2008 年碩士學位論文。

② 黃文傑：《秦漢時期形聲字音近聲符換用例析》，《中山大學學報（社會科學版）》1998 年第 3 期。

異體字聲符換用：1 組

頁碼		反切	中古音韻地位						上古音	
434	不	甫鳩切	非	流	尤	三	開	平	幫	之
	孚	芳無切	敷	遇	虞	三	合	平	滂	幽

罘和罦：文獻通假 3 次，如：《淮南子・主術訓》："置罦不得布於野。"《文子・上仁》罦作罘。按：本組爲異體字聲旁換用，通假字應爲"不"和"孚"。下同。

5.《古字通假會典》存在的訛誤

《古字通假會典》所列異部通假中也存在部分訛誤，有的是訛誤字的通假，有的是高亨引證錯誤。例證的訛誤我們以按語的形式附於例證後，通假字的訛誤不在統計範圍內，我們將其置於書末。

緒 論

一、爲什麼要研究韻部親疏關係

訓詁學家在運用"因聲求義"的訓詁方法時，必須關注古音的音同音近關係，而韻部的"音近"並不容易判斷。學者們往往根據"音轉"關係來判定韻部"音近"，實際上，"音轉"並不等同於"音近"。從清代古音學家擬定的韻部音轉關係就可以看出，有些韻部音不近，卻可以音轉。究其原因，"音轉"是語音間的流轉關係，而不是音理上的發音相似①。語音間的流轉關係可能會有語音歷史演變的影響，也可能包含方言的因素，因爲現有的古音材料並不能保證反映一時一地之音，如諧聲字，同一諧聲系列的字可能反映語音的歷史演變；異體字的聲旁換用可能是不同方言區的人用了不同的聲旁；通假字的產生是因爲古人用字音同音近即可換用，師生間的口授和不同地區間的流傳都會造成用字的差異。總之，我們研究的音轉，並不能保證是一時一地之音，而只是對上古語音材料的文獻事實的歸納，這樣一方面可以便於訓詁和詞彙學家研究，另一方面也可以對清代古音學家排列的韻部次序作一個驗證和總結，以完成對韻部關係研究史的串聯。

漢語音轉研究由來已久。王力擬定的上古韻部次序，匯集了古音學家及其自身古韻關係研究的精華，是我們判定古韻音轉的重要標準，但王力各部著作所列韻部次序並不一致，音韻學領域的學者引用時也存在分歧。部分詞彙和訓詁領域的學者在運用時，也存在音轉概念擴大的問題：凡陽聲韻韻尾相同的小類②之間，陰聲韻與陰聲韻、陽聲韻與陽聲韻、入聲韻與入聲韻的關係都算作"旁轉"，陽聲韻尾不同的則算作"旁通轉"，更有"旁對轉""通轉"等概念，致使古韻"音轉"範圍擴大，幾乎達到了古韻"無所不通"的程度，這就給學術研究帶來不少困惑。

早在清代，江有誥便要求嚴立韻部音轉界限："有誥竊謂近者可合，而遠者不可合也。何也？著書義例，當嚴立界限。近者可合，以音相類也；遠者亦謂之合，則茫無界限，失分別部居之本意矣。"③那麼何爲遠？何爲近？這就需要我們擬定確切的韻部次序，繼而論證"韻部音轉"的標準。

---

① 孟蓬生：《上古漢語同源詞語音關係研究》，北京師範大學出版社 2001 年版，第 24 頁。

② 本書小類指王力劃分的古韻十一類中的一類，即陰入陽三聲相配的一組韻部。

③ （清）江有誥：《音學十書》，中華書局 1993 年版，第 2 頁。

二、爲什麽選擇通假字作爲研究材料

上古音研究的材料有很多種，以往研究的內證材料主要是先秦韻文中的入韻字和文獻中的諧聲字。除此之外，還有先秦兩漢典籍中的異文、重文、通假、聲訓、古音註、聯綿詞等材料。其實每一種研究材料都有其利弊，要真正研究透徹一個課題，單一的研究材料顯然不具有說服力。上古韻部關係的研究自清代古音學家始，研究材料就多種多樣，隨着近些年來音韻學、訓詁學以及古文字學的發展，對古音材料的認定和校勘有了長足的進步、我們有必要重新對這些材料進行窮盡式整理研究。爲保證結論的可靠，本書的研究將盡可能保證研究材料的完整性和系統性。韻部關係的研究也會分幾個階段進行，每一個階段都會對一種材料進行全面細緻的分析。前人已對押韻材料進行過全面研究，但押韻材料數量不足以支撐起整個研究，需要考慮其他材料來進行補充。

（一）諧聲材料

在段玉裁之前，清代顧炎武、萬光泰、江永等學者便發現了諧聲字對於古韻分部的重要作用，比段玉裁稍早的錢大昕，不僅注意到了諧聲偏旁和韻部的關係，而且能從形聲字與其聲旁讀音的異同進一步考察古音的通轉與流變，這在韻部親疏關係研究中是一大進步。

段玉裁正是在總結前人的研究之後提出了“一聲可諧萬字，萬字而必同部”[①] 這一著名的歸部原則。這一諧聲原則並不絕對，同諧聲卻不同部的例子頗多，段玉裁本人承認這個問題。即使同諧聲不同部，至少我們可以確定，同一諧聲系統內，讀音必相近，韻部關係必親近。不少學者在構擬上古音時，對諧聲材料進行了非常深入的研究，這些研究的前提是假設諧聲系統具有內部一致性，先假設，後求證，這種研究路徑大膽且高效，與傳統古音學研究截然不同，這不禁引發我們思考兩條不同的上古音研究路徑究竟能不能殊途同歸，於是我們選擇語音性質與諧聲字極爲相似的通假字作爲研究材料。

（二）通假材料

1. 選擇通假材料的可行性

單一的研究材料都不可避免地存在局限性，但單一的材料更易研究透徹。考慮到對古音的保留情況和材料的數量，我們選擇通假字作爲研究材料。

通假字之所以產生，一方面是因爲漢字能指和所指的任意性，另一方面則是因爲形聲字的大量出現。戰國至秦漢時期，象形字無法適應社會發展的需要，導致形聲字大量產生，但不同的用字標準也造成了當時用字的混亂，這種混用多爲通過聲符的溝通而相互通假，出土材料能很好地證明這一點，據統計，“通假字與被通假字之間，有共同聲符的和爲相互包容關係的佔總數的70%以上。”[②] 因此，通假字也同樣具備諧聲字的優點。通假字

---

① 段玉裁：《說文解字注》，中華書局 2013 年版，第 825 頁。

② 赵平安：《秦汉简帛通假字的文字學研究》，《河北大學學報（哲學社会科學版）》1991 年第 4 期。

還具備傳承性，不同方言區、不同歷史階段的著作往往會使用同一個通假字，這樣可以最大限度地降低方言和語音歷史演變的影響。通假字還具備諧聲字没有的文獻例證，文獻用例的存在也可以幫助我們判斷語音的歷史演變和方言差異。

古音通假指的是"古代漢語書面語裏音同和音近的字的通用和假借"①，即本字和借字之間必然存在古音上的聯繫。邵榮芬爲了證明這一聯繫的可靠性，借助了現代人使用別字的規律來判斷古代通假材料在證明古音上的作用。據邵榮芬對現代錯別字的統計分析，除字形訛誤外，"聲母音同的爲223個，佔借代總字數的98.7%，聲母音近的3個，佔總數的1.3%，音同音近字共226個，佔總數的近100%"②。段玉裁也專門論述了"古假借必同部"。這些都表明古音通假在反映古音事實方面是可靠的。

清代學者已經發現了通假字的價值，顧炎武在《唐韻正》中便引用了一些異文通假和聲訓材料。段玉裁在《六書音均表》中也指出："假借必取諸同部，故如真文之與蒸侵，寒删之與覃談，支佳之與之咍，斷無有彼此互相假借者"③。錢大昕《十駕齋養新録》卷五關於"古無輕唇音"和"古無舌上音"的論述，主要就是根據異文、通假和古音註。但他們的研究並不系統，甚至存在主觀性的弊端，究其原因，還是通假材料的零散性加大了其研究的難度，如今大量通假字字典的問世，爲我們進行系統的研究提供了很大的便利，也爲深入挖掘通假字的價值提供了可能。

在"基於通假字的上古韻部親疏關係與排序研究"④ 這一課題中，我們已經進行了先秦出土文獻通假字和戰國楚簡帛通假字兩階段的研究，分別出版了《上古出土文獻韻部親疏關係》（中華書局2021年版）和《戰國楚簡帛韻部親疏關係研究》（中國社會科學出版社2021年版）兩部专著。本書將繼續第三階段的研究，即傳世文獻通假字研究。傳世文獻在通假字辨識上有着獨特的優勢，傳世文獻有衆多例證支持，由此判斷出的通假字也更爲可靠；出土文獻則有衆多通假字缺乏例證支持，據統計⑤，僅睡虎地秦簡，就有70%的通假字無典籍書證支持。

2. 字典的選擇

先秦兩漢傳世典籍用字，頗多通假。關於這方面的通假字字典數量更是宏富。傳世文獻通假字字典中較有特色的字典有賈延柱的《常用古今字通假字字典》（1988），他將古今字和通假字分開進行闡釋，這在當時是一個新的建樹，但這本字典僅有530個通假字，數量太少。馬天祥的《古漢語通假字字典》（1991）材料豐富，體例嚴密，也注意到了古今字的問題，但對古今字的辨別没有統一的標準。張桁、許夢麟的《通假大字典》（1993）就没注意這個問題，這部字典亦存在不少古今字與通假字混同的問題，如："謝—榭""荂—孚"。王海根的《古代漢語通假字大字典》（2006）的編纂也存在這個問題，他編纂這部字典的目的是幫助初學者讀通古書，因此没有遵循嚴格意義上的通假界説，如果需要深入研

① 王力：《古代漢語》，中華書局1999年版，第564頁。
② 邵榮芬：《敦煌俗文學中的別字異文和唐五代西北方音》，《中國語文》1963年第3期。
③ 段玉裁：《説文解字注》，上海古籍出版社1981年版，第817頁。
④ 國家社科基金一般項目，項目編號：20BYY125。
⑤ 王煥林：《里耶秦簡校詁》，中國文聯出版公司2007年版，第134頁。

究的話，這部字典自然也不是最好的選擇。除此之外，我們還考察了劉毓慶、張儒的《漢字通用聲素研究》（2002），鄭權中的《通借字萃編》（2008），夏啟良、暴拯群編的《通假字典》（2000），李清波的《增廣通假字牋》（2011），馮其庸、鄧安生的《通假字彙釋》（2006）等字典，經過對比，本書發現對通假異文考證較好的是高亨纂著、董治安整理的《古字通假會典》。

討論通假問題要律例兼備，即理論和文獻例證共同佐證。没有後一個條件，很多通假字是無法確定的。高亨、董治安著《古字通假會典》秉續這一科學實證之學術思想精髓，且匯輯典籍通假字最爲全面，給本書研究字音帶來極大便利。

在體例上，該字典是上古典籍通用例證的彙編，主要取材於先秦兩漢時期的古籍和舊註，魏晉以後的著作和註解也有少量徵引。每個通用字例下所引古籍，按經、史、子、集、小學幾大類順序依次排列；每大類中的著作，按時代先後順序依次排列。所輯錄的例證有兩種情況：一是有關古籍中某些“異文”的對照比較，二是兩漢到唐宋階段若干字書和古籍註解中關於同用字的訓釋。訓釋採用兩種方法標示，有的採用“讀若”“讀爲”予以標示，有的則是明白標出某與某“古字通用”。所引古籍，一般據通行本。如：《十三經注疏》用阮元校刻本，《史記》《漢書》用《中華書局》二十四史點校本。

《古字通假會典》收錄材料十分廣泛，書證的選取甚至涵蓋了魏晉以後的典籍，但其所收魏晉以後的典籍大多是類書，所收錄的文獻反映的基本都是古音，比如唐代陸德明的《經典釋文》，匯集了漢魏六朝注釋家對先秦經書的注音及釋義，廣泛收集了漢魏六朝二百三十餘家的音切及訓詁資料，具有很高的古音學價值，我們對此類文獻也加以收錄研究。而《文選》和《隸釋》等文集類著作，我們以選取的具體文章的時代爲准。原文例證若全部取自漢以後，則刪除該組通假字。該字典所注通假字聲韻，本書也據學界最新研究成果——郭錫良《漢字古音表稿》[①]重新予以查驗。

三、古韻分部及親疏關係問題的沿革

本書是對傳統古音學古韻關係研究的總結驗證，因此我們僅重點梳理清代古音學家的韻部關係研究，重點分析王力的古韻關係排序，對上古音的其他問題暫不涉及。

（一）萌芽階段

南北朝以後，沈重、徐邈等學者在研究《詩經》時就有了“叶韻”的説法，此説在唐宋時頗爲盛行，甚至出現了改經的風氣。唐人陸德明在《經典釋文》中提出了“古人韻緩，不煩改字”的説法，可謂經典，在《釋文·序錄》中，他就提出了“文字音訓，古今不同”“楚夏聲異，南北語殊”“方言差别，固自不同”。相較明人陳第“時有古今，地有南北，字有更革，音有轉移”之説，陸德明的論述同樣簡潔深刻，卻比陳第早了近千年。

---

① 郭錫良：《漢字古音表稿》，中華書局 2020 年版。

南宋的吳棫在《韻補》中明確提出"古韻"的概念，吳棫並不認爲古韻是二百零六韻，他進一步發展了陸德明的"古人韻緩"的主張，有古韻通轉之說。根據《韻補》中的通轉關係可以把古韻歸爲九個韻部。吳棫認爲，古人詩文用韻，音同音近則數韻可通，即使音韻完全不同，只要語音"鄰近"，也可以通過協韻關係而"轉通"。吳棫雖將古今音系混同，但其對後人古音研究的啓迪作用不容忽視。

吳棫之後，宋代研究古音的還有程迥、鄭庠等人。程迥所著《音式》已亡佚，《四庫全書·韻補》中言："迥書以三聲通用、雙聲互轉爲說"，其詳不可考。鄭庠其書也已不傳，其古音學說見於夏炘《詩古韻表廿二部集說》。鄭庠分古韻爲六部，依《廣韻》韻目分韻，但此時的韻部劃分仍停留在簡單合併韻目的階段，所以分韻雖寬，仍不免出韻。明陳第推翻叶韻之說，宣傳古音的時地觀念，方爲科學的古韻分部的前奏。

（二）探索階段——古韻框架逐步建立

上古韻部研究到清代達到頂峰，清代的研究也可以分成兩個階段，在這一階段，古韻分部的大框架逐步建立。

1. 顧炎武

第一個對上古韻部進行系統研究的是顧炎武，他的古韻學說見於《音學五書》。顧氏貢獻有二：一是以古詩文用韻考訂古韻，離析《唐韻》以歸納上古韻部，分古韻十部；二是根據押韻與諧聲關係，確立陰聲韻與入聲韻相配的格局。

研究材料：主要是古代韻文、諧聲、《唐韻》。

分韻原則：以古詩文用韻和諧聲材料考訂古韻，離析《唐韻》，一韻之中，分出與古音相同和不同的字，將其歸於古韻不同的部類。

《唐韻正》中離析爲二的今韻有：支韻，一部分字與脂之通爲一韻，一部分字與歌戈通爲一韻；麻韻，一部分字與歌戈通爲一韻，一部分字與魚虞模通爲一韻；庚韻，一部分字與陽唐通爲一韻，一部分字與耕清青通爲一韻；尤韻，一部分字與脂之通爲一韻，一部分字與蕭宵肴豪通爲一韻。但因其不明上古韻文的押韻原則，所以分韻尚見粗疏，且《唐韻正》取材下及南北朝，時代寬泛，例證不足以證明先秦古韻。

2. 江永

江永的古音學研究見於《古韻標準》一書，江永精於審音，認爲顧炎武"考古之功多，審音之功淺"[①]，他著有《四聲切韻表》四卷和《音學辨微》一卷，兩書對《古韻標準》有直接的影響。

研究材料：以《詩經》爲主的韻文、《切韻》音系、《說文》諧聲。

分韻原則：首先，以《切韻》音系爲基礎，先以開合、等列爲標準，分析其語音系統，再分析古今源流。

其次，按洪細弇侈分別相近的音讀，推定古音分部。與顧炎武十部相比，江永由真部

---

① 江永：《古韻標準》，中華書局 1982 年版，第 4 頁。

分出元部①、侵部分出談部②、魚部分出幽部③，因此分舒聲韻十三部。

　　最後，以陰陽入三聲相配關係推定分合。江永主張"異平同入"，將錫職與質分別，以錫職配耕蒸，質配真。之後，按照弇侈分開質部與月部（與真元分部對應）、緝部與盍部（與侵談分部對應）。且不談具體韻部的對應正確與否，這幾韻相配的格局，在今天看來，是比較科學的，但歌泰寒同入、魚宵陽同入的説法顯然是不準確的。

　　3. 段玉裁

　　段玉裁的《説文解字注》后附有《六書音均表》，《六書音均表》分五部分，詳細論述了段玉裁的古音研究，代表了他音韻學上的成就。

　　研究材料：主要爲文字、訓詁材料。①窮盡式列舉《詩經》和"群經"的韻腳字，詳盡有序，層次分明，便於查驗。②全面利用《説文》諧聲離析《唐韻》。③從理論上總結前人所用假借材料，專門論述"古假借必同部"。④利用了聲訓、異文等材料進行分部。

　　分韻原則：《今韻古分十七部表》旨在論古音分部問題，與江永舒聲韻十三部相比，段玉裁取《毛詩》"細繹之"④，將支脂之分用⑤、真文分用⑥、尤侯分用⑦，得古韻十七部。

　　韻部關係：古韻分部之後，就需要確定各部之間的相鄰遠近、大類分別。段玉裁首次提出了"合韻説"。《古十七部合用類分表》旨在論古音相通相合問題，段玉裁第一次打破《廣韻》次第排部，從而能夠解釋古音之間的通轉關係。按古音的遠近又分爲六類⑧，他

---

① 江永：《古韻標準·第四部總論》："真諄真文殷與魂痕爲一類，口斂而聲細；元寒桓刪山與仙爲一類，口侈而聲大。"

② 江永：《古韻標準·第十二部總論》："二十一侵至二十九凡九韻，詞家謂之閉口音，顧氏合爲一部。愚謂此九韻與真至仙十四韻相似，當以音之侈弇分爲兩部。"

③ 參見江永：《古韻標準·第十一部總論》，中華書局 1982 年版。

④ 段玉裁：《寄戴東原先生書》："與舍弟玉成取《毛詩》細繹之，果信。又細繹之，真臻二韻與諄文欣魂痕五韻《三百篇》內分用，而江氏有未盡也。……及細繹之，則支佳爲一韻，脂微齊皆灰爲一韻，之咍爲一韻，而顧氏、江氏均未知之也。"

⑤ 段玉裁：《今韻古分十七部表·弟一部弟十五部弟十六部分用説》："五支、六脂、七之三韻，自唐人功令同用，鮮有知其當分者矣。今試取《詩經韻表》第一部、弟十五部、弟十六部觀之，其分用乃截然。且自三百篇外，凡群經有韻之文及楚騷、諸子、秦漢六朝詞章所用，皆分別謹嚴。隨舉一章數句，無不可證。"

⑥ 段玉裁：《今韻古分十七部表·弟十二部弟十三部弟十四部分用説》："三百篇及群經屈賦分用畫然。漢以後用韻漸寬，三部合用，鄭庠乃以真文元寒刪先爲一部，顧氏不能深考，亦合真以下十四韻爲一部，僅可以論漢魏間之古韻，而不可以論三百篇之韻也。江氏考三百篇，辨元寒桓刪山仙之獨爲一部矣，而真臻一部與諄文欣魂痕一部分用尚有未審，讀《詩經韻表》而後見古韻分部之嚴。"

⑦ 段玉裁：《今韻古分十七部表·弟三部弟四部弟五部分用説》："《詩經》及周秦文字分用畫然。顧氏誤合侯於魚爲一部，江氏又誤合侯于尤爲一部，皆考之未精。顧氏合侯於魚，其所引據皆漢後轉音，非古本音也。侯古音近尤而別于尤。近尤，故入音同尤；別于尤，故合之尤者亦非也。"

⑧ 段玉裁：《六書音均表·古十七部合用類分表》："今韻二百六部，始東終乏，以古韻分之，得十有七部。循其條理，以之咍、職德爲建首。蕭宵肴豪音近之，故次之；幽尤、屋沃燭覺音近蕭，故次之；侯音近尤，故次之；魚虞模、藥鐸音近侯，故次之。是爲一類。蒸登音亦近之，故次之；侵鹽添、緝葉怗音近蒸，故次之；覃談咸銜嚴凡、合盍洽狎業乏音近侵，故次之。是爲一類。之二類者，古亦交互合用。東冬鐘江音與二類近，故次之；陽唐音近冬鐘，故次之；庚耕清青音近陽，故次之。是爲一類。真臻先、質櫛屑音近耕清，故次之；諄文欣魂痕音近真，故次之；元寒桓刪山仙音近諄，故次之；是爲一類。脂微齊皆灰、術物迄月沒曷末黠鎋薛音近諄、元二部，故次之；支佳、陌麥昔錫音近脂，故次之；歌戈麻音近支，故次之；是爲一類。"

在《古合韻次第遠近説》中談到："合韻以十七部次弟，分爲六類求之，同類爲近，異類爲遠。非同類而次弟相附爲近，次弟相隔爲遠。"①之後討論韻部之間的遠近關係，以及"異平同入"關係（包括平入相配以及同收尾的合韻）。段氏以合韻頻次多少爲原則考察了古韻十七部間的親疏，又按古音的遠近分爲六類。可以説，段玉裁是古韻次序排布的正式發起者。

一類	二類					三類			四類（[-ŋ]）			五類（[-n]）			六類		
之	宵	幽	侯	魚		蒸	侵	談	東	陽	耕	真	文	元	脂	支	歌

段玉裁晚年才將自己古韻十七部的系統最終確定下來，從其《答晋三江論韻》可以看出他的"異平同入"主張的最後面貌。

	陰聲韻	入聲韻	陽聲韻
1	一之二蕭	職德	六蒸
2	三尤	屋沃之半	冬
3	四侯	燭、屋覺之半	九東
4	五魚	藥鐸	十陽
5	緝葉怗	七侵
6		合盍洽狎業乏	八談
7		質櫛屑	十一庚十二真
8	十五脂	物術迄没	十三文
		月曷末黠薛	十四元
9	十六支十七歌	陌麥昔錫	

從表中可以看出，段玉裁晚年將屋覺分立，爲侯部配上入聲，屋沃之半配尤，燭與屋覺之半配侯②，這是接受了江有誥的建議：將冬部獨立，東部配侯部，冬部配尤類③；將物月分立，分別配文元兩部④。但是其劃分的六類與根據"異平同入"進行的劃分存在衝突。

（三）繁盛時期——古音體系豐富完善

段玉裁十七部建立了上古韻部的基本框架，後世學者在此基礎上進行修改完善，上古韻部研究進入全盛時期。

---

① 段玉裁：《説文解字注》，上海古籍出版社 1981 年版，第 831 頁。
② 段玉裁：《答江晋三論韻》："足下又云'《表》以屋沃燭覺爲尤入，某則謂當以屋沃之半配尤，以燭與屋覺之半配侯也。'此條最爲足下中綮之處。"
③ 段玉裁：《答江晋三論韻》："以東類配侯類，以冬類配尤類，如此而后侯尤平入各分二部者，合此而完密无間。"
④ 段玉裁：《答江晋三論韻》："蓋僕《六書音均表》數易其稿，初稿有見於十五部入聲分配文元二部，如一陽一陰之不同，詩人所用實有畛域，故十五表入聲有分合之稿。既以牽於一二不可分者，且惑於一部不當首同尾異，竟渾並之，及東原師剗來，乃知分者爲是。今又得足下剗，正同。三占從二，僕書當改易，明矣。"

1. 戴震

戴震的古音學理論和成就主要見於《聲韻考》《答段若膺論韻》《聲類表》。戴震受段玉裁的影響很大，讚成支脂之分立，並在此基礎上將入聲和祭部獨立，分古韻爲九類二十五部。

研究材料：主要爲古代韻文、《廣韻》和等韻。

分韻及分類原則：在分韻方面，祭部獨立。戴震繼承江永以弇侈分部的理論，認爲等呼上有對立的韻部，上古當有不同來源。①

韻部關係：在韻部關係方面，按照發音部位分大類②，"以正轉知其相配及次序"。③ 戴震以系統性原則構造上古音系，以同入相配定韻部之分合，構成了入聲獨立、陰陽入三聲相配的韻部格局④。

戴震成就之大不在韻部分合，而在韻部格局，戴震擬定的古韻九類二十五部如下：

類	陽聲韻	陰聲韻	入聲韻
一	歌	魚	鐸
二	蒸	之	職
三	東（冬）	侯（幽）	屋（覺）
四	陽	宵	藥
五	耕	支	錫
六	真（文）	脂（微）	質（物）
七	元	祭	月
八	侵	緝	
九	談	盍	

由上表可以看出，戴震所擬上古韻部，雖存在部分韻部未曾分立、歌和陽對應不當等問題，但其古韻關係已基本確立，之職蒸、侯屋東、宵藥、支錫耕、脂質真、緝侵、葉談等對轉關係也已確立，這一古韻格局給後世研究韻部關係提供了重要參考。戴震在其《聲韻考》中將異部互押分爲"微轉而不出其類者""轉而軼出其類遞相條貫者""旁推交通"

① 戴震：《答段若膺論韻》："僕巳年分七類爲二十部者，上年以呼等考之，真至仙，侵至凡，同呼而具四等者二；脂微齊皆灰及祭泰夬廢，亦同呼而具四等者二，仍分真巳下十四韻，侵巳下九韻各爲二，而脂微諸韻與之配者亦各爲二。"

② 戴震：《答段若膺論韻》："僕初定七類者，上年改爲九類，以九類分二十五部，若入聲附而不列，則十六部。阿第一，烏第二，堊第三，此三部皆收喉音；膺第四，噫第五，億第六，翁第七，謳第八，屋第九，央第十，夭第十一，約第十二，嬰第十三，娃第十四，尼第十五，此十二部皆收鼻音；殷第十六，衣第十七，乙第十八，安第十九，靄第二十，遏第二十一，此六部皆收舌音；音第二十二，邑第二十三，醃第二十四，音枼第二十五，此四部皆收唇音。收喉音者其音引喉，收鼻音者其音引喉穿鼻，收舌齒音者其音舒舌而沖齒，收唇音者其音斂唇以此爲次，似幾于自然。"

③ 戴震：《答段若膺論韻》："第九、第十、第十一，此三部之次，觀江從東冬流變，庚從陽唐流變，得其序矣。……其正轉之法有三：一爲轉而不出其類，脂轉皆，之轉咍，支轉佳是也；一爲相配互轉，真文魂先轉脂微灰齊，換轉泰，咍海轉登等，侯轉東，厚轉講，模轉歌是也；一爲聯貫遞轉，蒸登轉東，之咍轉尤……以正轉知其相配及次序，而不以旁轉惑之；以正轉之同入相配定其分合，而不徒恃古人用韻爲證。"

④ 戴震：《答段若膺論韻》："其前昔無入者，今皆得其入聲，兩兩相配，以入聲爲相配之樞紐。"

"共入聲互轉者"四類，又在《答段若膺論韻》中提到"音轉"問題，提出"正轉""旁轉"的概念，雖分類有所牽合，但也是韻部關係研究的一大創見。

2. 孔廣森

孔廣森精於經史小學，在古音學方面著有《詩聲類》。孔氏認爲有本韻、通韻和轉韻，他將古本韻分爲十八部，這十八部又分爲陰聲和陽聲，陰陽可以對轉。陰陽對轉和東冬分立是其貢獻。

研究材料：主要是《詩經》，輔以《易》《楚辭》、諸子、漢魏韻文、《唐韻》及古注、異文、假借等。

分韻原則：按照陰陽相配的原則分韻，以《詩經》《周易》《太玄》爲材料，證明東是侯的陽聲，冬是幽的陽聲①，進而得出東冬分立的結論。

韻部關係：孔氏韻部關係上的成就在於陰陽對轉關係之確立，其對宵侵、合談關係的考察是其創見。

陰聲韻	歌	支	脂	魚	侯	幽	宵	之	合
陽聲韻	元	耕	真	陽	東	冬	侵	蒸	談

3. 王念孫

王念孫著書極多而少有刊行，熟識的有《詩經群經楚辭韻譜》《與李方伯書》，分古韻二十一部，在段玉裁十七部的基礎上，分出入聲四部（至、祭、盍、緝），其中"至部"是王氏獨創，後王力稱爲"質部"。

研究材料：主要是上古韻文，包括《詩經》《楚辭》和"群經"。除此之外，還有諧聲材料。

分韻原則：在考古派中，王念孫的分部可謂達到了清代古音學研究的頂峰。他運用考古的方法，遍考上古韻文所用之韻，分析《六書音均表》平入分配的局限，並據此提出了他的古韻分部：①緝盍不合于侵談，因此入聲緝部、盍部獨立②。②至部獨立③。③祭部獨立④。④侯部有入聲⑤。

---

① 孔廣森：《詩聲類·陽聲五上冬類》："右類字古音與東鐘大殊，而與侵聲最近，與蒸聲稍遠。……其冬蒸同用者，有若《勸學》'螣蛇無足而騰，鼫鼠五技而窮'、《漢書·叙傳》'元之二王，孫後大宗，昭而不穆，大命更登'之類；冬侵同用者，《長門賦》尤多，而亦無出'中宮崇窮'之畛域。蓋東屬侯之陽聲（説見侯類），冬爲幽之陽聲。"

② 王念孫：《與李方伯書》："緝合以下九部當分爲二部。遍考《三百篇》及群經、《楚辭》所用之韻，皆在入聲中，而無與去聲同用者；而平聲侵覃以下九部，亦但與上去同用，而入不與焉。然則緝合以下九部本無平上去，明矣。"

③ 王念孫：《與李方伯書》："去聲之至霽二部，入聲之質櫛黠屑薛五部中，凡……等字，皆以去入同用，而不與平上同用，固非脂部之入聲，亦非真部之入聲。"

④ 王念孫：《與李方伯書》："考《三百篇》及群經、《楚辭》，此四部（指祭泰夬廢）之字皆與入聲之月曷末黠鎋薛同用，而不與至未霽怪隊及入聲之術物迄没同用。"

⑤ 王念孫：《與李方伯書》："屋沃燭覺四部中，凡……等字，皆侯部之入聲，而《音均表》以爲幽部之入聲，於是《小戎》首章之'驅續轂驂玉屋曲'，《楚茨》六章之'奏祿'，……皆不以爲本韻而以爲合韻矣；且於《角弓》之'君子有徽猷，小人與屬'，《晉》初六之'罔孚裕，無咎'，皆非韻而以爲韻矣。"

4. 江有誥

江有誥著有《音學十書》，精於考古和審音，考古的方法主要施於古韻分部，審音的方法主要用於對今韻的離析和等呼的相配。

研究材料：主要是韻文和諧聲，二者互證。

分韻原則：江有誥分古韻爲二十一部，與段玉裁十七部相比，分出祭、緝、葉三部①；吸收孔廣森的冬部②，因冬部甚窄，故用"中"字標目，稱之爲"中部第十六"。

韻部關係：江有誥《音學十書》的《古韻凡例》中指出，"古有正韻、有通韻、有合韻。最近之部爲通韻，隔一部爲合韻"③，按韻部遠近將異部通押關係細分爲"通韻""合韻"和"借韻"三種類型。"通韻"指鄰部相押，"合韻"指隔一部相押，"借韻"指隔幾部相押。相近的韻部往往彼此相通，那麼根據韻部各自通韻關係的不同，就可以確定相近韻部的分別。江氏古韻二十一部爲：之、幽、宵、侯、魚、歌、支、脂、祭、元、文、真、耕、陽、東、中、蒸、侵、談、葉、緝。其次序按韻尾排列，條理清晰，但其韻部次序由緝到之終而復始的説法仍需商榷。

5. 嚴可均

嚴氏通過諧聲材料證明冬侵合併，證據充分。

合類	陰聲類	之	支	脂	歌	魚	侯	幽	宵
		大合類				**大合類**			
	陽聲類	蒸	耕	真	元	陽	東	侵	談

韻部關係：嚴可均的合韻思想承自段玉裁，對轉思想則受戴震、孔廣森影響。嚴可均陰陽相配關係與孔廣森類似，但其同類相鄰、首尾相銜的古韻結構以及宵談對轉的提出給後人巨大啟發。嚴可均充分考慮到古音相通的普遍性，對十六部每部的通轉關係都有所論述，各部先論陰陽對轉，分爲八合類；再論四個大合類的相轉，即相鄰陰聲韻或陽聲韻之間的相轉（旁轉或通轉）；再論陰陽相配大合類之間的相轉（包括旁對轉）。嚴可均雖對對轉、通轉未加區分，但其對對轉、旁轉、旁對轉的詳細分析也爲韻部關係的研究做出了巨大貢獻。

6. 夏炘

夏炘作《詩古韻表二十二部集説》，梳理從顧炎武到江有誥的古韻研究，脈絡清晰，可以視爲清代上古韻部劃分的總結。夏炘分入聲爲十一部：職、覺、藥、屋、鐸、錫、質、物、月、葉、緝，與後世的總結並無出入。

---

① 江有誥：《古韻凡例》："段氏以去之祭泰夬廢、八之月曷末鎋薛附於脂部。愚考周秦之文，此九韻必是獨用，其與脂部合用者，不過百中二三而已。八士命名，各分四韻：達括一韻，突一韻，蓋即四名而二部之分了然矣。故別出此九韻爲一部，得十八部。昔人以緝合九韻分配侵覃，愚遍考古人有韻之文、《唐韻》之偏旁諧聲，而知其無平上去（詳見《入聲表》），故別分緝合及洽之半爲一部，盍葉帖狎業乏及洽之半爲一部。"

② 江有誥：《古韻凡例》："拙著既成，後始得見休寧戴氏《聲類表》、曲阜孔氏《詩聲類》，因依孔氏劃分東冬（今改爲中）爲二，得廿一部。"

③ 江有誥：《音學十書》，中華書局 1993 年版，第 22 頁。

（四）集成與融合——傳統古音學研究的理論總結

1. 章炳麟

章炳麟的古韻研究成果主要見於《國故論衡》，在王念孫古韻二十二部的基礎上① 分古韻爲二十三部，將脂部的去入聲字分出，獨立爲"隊部"。

研究材料：諧聲、《廣韻》、方言、文字訓詁材料。

分韻原則：章炳麟認爲脂部的去入聲字在《詩經》中皆獨用②，所以他將其分出，獨立爲"隊部"。

韻部關係：章氏根據梵文特點，對韻尾鼻音做了細緻分析，分 [-m]、[-n]、[-ŋ] 三類鼻音，較前人在審辨音理上已進步不少。章炳麟善於運用文獻材料，在《國故論衡》將古韻劃爲"侈音""弇音"和"軸音"三大類，每類又各分陰陽，用正聲"近旁轉""次旁轉""正對轉""次對轉"和變聲"交紐轉""隔越轉"等術語描寫韻部合用關係，雖劃分詳細，但也術語繁雜，給人以韻部無所不通之感，但其理論是嚴格按照文獻中的語音事實得出的，因此也有其合理性。《成均圖》在具體安排上，以魚、陽二部作旋轉之軸，分韻部爲陰陽兩大類。陰陽之中，又各分弇侈，將二十三部放入十八個格子中。韻部之間的對轉關係，以孔氏的陰陽對轉理論爲主。韻部之間的旁轉關係，則吸收了段玉裁、江有誥、嚴可均等人的看法。旁轉和對轉之中，再分遠近，以表示各韻間的親疏。近轉、近旁轉、次旁轉、正對轉、次對轉，此五轉爲正聲；交紐與隔越二轉，則爲變聲。在《文始·敘例》中，章氏取消了交紐轉與隔越轉，並改變聲爲"凡雙聲相轉不在五轉之例爲變聲。"③

2. 黃侃

主要論著有：《音略》《聲韻略説》《聲韻通例》。完善了三聲分立的思想，將所有的入聲韻都獨立出來，與陰聲韻、陽聲韻相配排列。從《廣韻》研究中悟出古本韻和古本紐，得古韻二十八部。

研究材料：《廣韻》反切，諧聲材料，文字、訓詁材料，《説文》。

分韻原則：在章炳麟二十三部的基礎上，吸收戴震入聲"職屋藥錫鐸"五部，其二十八部皆前人所立④，黃侃的成果在於取捨⑤。

韻部關係：爲便於觀察，我們將黃侃古韻二十八部的部目轉換爲較爲常見的字：

---

① 章炳麟：《丙午與劉光漢書》："古韻分部，僕意取高郵王氏，其外復採東冬分部之義。王故有二十一部，增東部則二十二，清濁斂侈，不外是矣。"

② 章炳麟：《文始》："隊脂相近，同居互轉；若'聿、出、內、述、戻、骨、兀、鬱、勿、弗、卒'諸聲，諧韻則《詩》皆獨用。""古平上韻與去入韻塹截兩分，平上韻無去入，去入韻亦無平上。""隊異於脂，去入與平異也。"

③ 姚奠中、董國炎：《章太炎學術年譜》，山西古籍出版社 1996 年版，第 160 頁。

④ 黃侃：《音略·古韻》："此二十八部之立，皆本昔人，曾未以臆見加入。至於本音讀法，自鄭氏以降或多未知；故廿八部之名，由鄙生所定也。"

⑤ 黃侃：《音略·古韻》："古韻部類，自唐以前未嘗昧也。唐以後始漸茫然。宋鄭庠肇分古韻爲六部，得其通轉之大界，而古韻究不若是之疏。爰逮清朝，有顧、江、戴、段諸人，畢世勤勵，各有啓悟，而戴君所得爲獨優。本師章氏論古韻二十三部，最爲憭然。余複益以戴君所明，成爲二十八部。"

陰聲韻	陽聲韻	入聲韻
歌	元	月
	真	質
脂	文	物
支	耕	錫
魚	陽	鐸
侯	東	屋
宵	冬	藥
幽		
之	蒸	職
	侵	緝
	談	盍

　　從陰入陽三聲相配上看，真質缺少對應的陰聲韻，幽也缺乏對應的陽聲韻、入聲韻，韻部關係還需進一步完善。

　　黃侃在其師章炳麟的基礎上，提出"對轉""旁轉""旁對轉"的概念，他説："對轉者，一陰聲與一陽聲同入而相轉；旁轉者，一陰聲與一陰聲部類相近而相轉，陽聲准是；旁對轉者，一陰聲與一陽聲不同入而相轉；其陽聲對轉之陰聲，必與此陰聲爲旁轉，陽聲准是。"① 其名稱和定義爲後世沿用。

　　3. 王力

　　現代學者王力早年是考古派，在《上古韻母系統研究》（1937）中首先將脂、微分立，考訂古韻爲十一類二十三部，凡同類者主要元音即相同。20 世紀 50 年代以後，王力接受審音派主張，在《漢語史稿》（1957）中將原本歸併于陰聲韻中的六個入聲韻部（覺、錫、鐸、屋、藥、職）獨立出來，總結出十一類二十九部，陰、陽、入三聲相配的上古韻部系統。後來他又在《漢語語音史》（1985）中正式增加了一個冬部，得出了《詩經》時代古韻二十九部，戰國至兩漢時期古韻三十部的論斷，可視作古韻研究的總結。然而，在王力的各類著作中，對於上古韻部的排布次序卻不盡相同，具體在前文已有論述。

　　王力採用古音擬測理論，提出"通韻""合韻"的概念，"通韻"指對轉關係，"合韻"指旁轉、通轉關係，"通韻""合韻"的條件是"語音相近"，由此歸納的十一類三十韻部，陰、陽、入三聲相配的上古韻部系統被學術界普遍認同，王力也被視作上古韻部研究的集大成者。之後雖仍有學者對個別韻部的分合作過討論，但結論與王力並無太大出入。個別韻部的分合雖也涉及韻部的關係問題，但這類研究並不系統，由這類研究很難推定韻部關係全貌。面對韻部關係研究缺乏的現狀，我們有必要對韻部次序進行全面系統的研究。

---

① 黃侃：《黃侃論學雜著》，上海古籍出版社 1980 年版，第 144 頁。

四、關於通假字的研究現狀

（一）通假字的界定

本書研究對象是上古漢語的通假字，那麼本書研究的首要任務是對研究材料的選取作一個界定。

對通假字的界定，歷代學者採取多種方式對其進行了闡述，其中，通假字和假借字的關係問題一直存在爭議，古代學者未對這二者進行區分，東漢鄭玄就認爲“本有其字”和“本無其字”都是假借①。段玉裁在《説文解字注》中也未將這二者分開。現代學者逐漸將這二者區分開，但仍存在幾種不同的觀點。

一些通用教材沿襲古人的觀點，認爲通假包括“本無其字”的假借和“本有其字”的通假兩種情況，如：程希嵐、吳福熙編著的《古代漢語》。

還有一種觀點認爲通假包含通用字和假借字，如：王力認爲通假是“同音或音近的字的通用和假借”②。周祖謨認爲：“通假字實際是兩類，一類是兩字音近義通，以近代字音字義來看，兩者略有不同，而古實通用……另一類是兩字音同或音近、音轉而意義不同，則屬於假借。”③ 周秉鈞也提到：“通假，指的是古書上音同、音近的字互相通用和假借的現象。凡是兩個讀音相同或相近、意義也相通的詞，古代可以寫這個，也可以寫那個，叫做通用。凡是兩個讀音相同或相近而意義不同的詞，古代有時可以借代，叫做假借。”④

當前大多數學者還是認爲，應當將這些不同的概念細緻地進行區分，通假、假借、通用等都是截然不同的概念。裘錫圭《文字學概要》中明確指出，只是那些“本有其字的假借”方可稱之爲“通假”，“‘通假’這個文字學術語出現得相當晚，到近代使用的人才逐漸多起來。過去一般文字學者所説的假借，都是把有本字的假借即後來所謂通假包括在内的。”“對那些後起字由於極少使用而不爲一般人所知的假借字，稱它們爲通假字實際上是不合理的。”⑤

假借在六書中的定義是“本無其字，依聲託事”，而通假則是“本有其字，依聲託事”，這二者是不同的概念，但它們都是音同或音近的字，放在上古音這一階段的研究中，對這二者的區分與否並不影響我們的研究，我們可以不去深究。

古今字、異體字、繁簡字等通用字，我們認爲不應歸入通假字的範圍，本書會盡量對這些通用字進行甄別和剔除，但異體字存在聲旁換用的情況，我們根據陸宗達、王寧的觀點⑥，將換用的聲旁也看作通假字。訛誤字、同義換用的字我們也予以剔除，因爲它們兩個

---

① （唐）陸德明：《經典釋文·敘録》：漢學者鄭玄曾指出，“其始書之也，倉卒無其字，或以音類比方假借爲之，趣於近之而已。受之者非一邦之人，人用其鄉，同言異字，同字異言，於茲遂生矣。”
② 王力：《古代漢語》第 2 册，中華書局 1982 年版，第 541 頁。
③ 周祖謨：《古漢語通假字字典·序》，陝西人民出版社 1991 年版。
④ 周秉鈞：《古代漢語綱要》，湖南人民出版社 1981 年版，第 263 頁。
⑤ 裘錫圭：《文字學概要》，商務印書館 2013 年版，第 111 頁。
⑥ 陸宗達、王寧：《訓詁方法論》，中華書局 2018 年版。

字之間並不一定存在音同或音近的關係，如"絲"寫成"些"，"兹"寫成"此"。

（二）通假關係的判定

如何判斷兩個字是通假關係，歷代學者都有研究。王力："兩個字完全同音，或者聲音十分相近，古音通假的可能性雖然較大，但仍舊不可以濫用。如果沒有證據，沒有其他例子，古音通假的解釋，仍然有穿鑿附會的危險。"① 這種論斷是有道理的，漢語的音節至多不超過 2000 個，但是漢字卻遠遠不止 2000 個，在《説文解字》中就有 9353 個字，到如今漢字更是不計其數，如《康熙字典》收字 47035 個，《漢語大字典》（第二版）收字 60370 個。這其中難免會出現大量的同音字，更不必説音近的字了。因此，判定通假不能僅靠字音，還需要有文獻例證的支持。楊合鳴提出："通假字与本字在意義上毫不相干；通假字与本字在聲音上相同或相近；通假字与本字同時并存。"② 這種判斷標準是有一定道理的。

還有的研究側重於方法論原則上，如楊建忠《利用古文字資料研究上古音的反思》（2014）、顧濤《論古文字通假的文獻釋證法》（2012）、郭愛玲《通假方法與古文獻考證》（2011）等。有的研究是具體字的通假關係考證，如馮靚芸《釋"均（袀）服"——兼論同源字與通假字》（2005），這種考證偏向於訓詁學上的判定，但在考證時，往往會點明通假字的判斷標準，也具有一定的啓發性。

（三）通假字整理

傳世文獻通假字的整理，清代學者做了不少工作。20 世紀以來，傳世文獻通假字整理成果主要有：張亨《荀子假借字譜》、周富美《墨子假借字集證》（1963）、高本漢（Bernhard Karlgren）《漢朝以前文獻中的假借字》（*Loan Characters in Pre-Han Texts*，臺灣陳舜正譯作《先秦文獻假借字例》）、王忠林《説文引經通假字考》（1968）、黃國良《詩經通假字集釋》（1985）、高亨《古字通假會典》（1989）、張儒、劉毓慶《漢字通用聲素研究》（2002）（該書含有部分出土文獻通假字例）、馮蒸《實用古漢語常用字字典》（2011）、蘇炳生《〈楚辭〉通假字研究》（2014）、葉婷婷《論〈詩經〉通假字》（2018）等。

出土文獻通假字的整理多以工具書形式出現，如：袁仲一、劉鈺《秦文字通假集釋》（1999）、劉信芳《楚簡帛通假彙釋》（2011）、王輝《古文字通假字典》（2008）、白於藍《簡牘帛書通假字字典》（2008）、《戰國秦漢簡帛古書通假字彙纂》（2012）、《簡帛古書通假字大系》（2017）等。

（四）傳世文獻通假字語音研究

清儒在假借研究實踐中總結出本字與借字的語音關係原則。段玉裁"古假借必同部説"的理論廣爲人知，同時，他還提出了"古異部假借轉注説"，在《説文解字注》中言："古六書假借以音爲主，同音相代也。轉注以義爲主，同義互訓也。作字之始，有音而後

---

① 王力：《談談學習古代漢語》，山東教育出版社 1984 年版。

② 楊合鳴：《通假字淺論》，《武漢大學學報（人文社會科學版）》2000 年第 1 期。

有字，義不外乎音，故轉注亦主音。假借取諸同部者多，取諸異部者少，轉注取諸同部異部者各半。"① 段氏承認異部假借的存在，爲後人從異部通假頻次判斷韻部遠近親疏關係提供了理論依據。朱駿聲提出假借"四例"説，即同音假借、疊韻假借、雙聲假借和合音假借，從聲音聯繫上對假借作出了分類。二人所提出的假借字之間的這種語音關聯爲古音研究提供了新思路。

近年來，學界越來越重視通假字對古音研究的重要作用，隨着研究的日益深入，研究方法也從最初的舉例性論證，發展到搜羅數量巨大的文字資料進行統計，繼而通過客觀資料來分析出土、傳世資料的語音特點。這方面的研究主要分兩大類，一類是上古聲母或上古韻部的研究；另一類則側重於音系的構擬、通語與方言的比較以及音變規律的闡釋。而對上古韻部間親疏關係的研究僅限於幾個韻部間的分合上，缺乏全面系統的研究。

1. 通假字音同音近研究

如：孟心《〈風俗通義〉通假現象研究》從音同音近角度切入，進行了聲韻皆同、聲同韻近、聲近韻同和聲韻皆近四個大類的分析。武丹丹《〈墨子〉通假字音義關係研究》按語音的相同程度將通假字分爲雙聲兼疊韻通假、雙聲通假、疊韻通假、旁鄰紐通假四類進行研究。語音是聯繫通假字與本字最重要的紐帶，因此對通假字的音同音近關係研究也是很有必要的。

2. 通語與方言的比較

趙彤《戰國楚方言音系》一書，利用戰國楚簡的諧聲、假借以及楚地韻文，構擬了戰國楚方言的語音系統；趙振興、陳燦在《〈周易〉通行本與帛書本異文聲母研究》一文中，對明母字和來母字通假的用例做了深入研究，他們認爲，西漢早期的楚方言裏，有複輔音聲母 [ml]，這是當時楚方言特有的現象；馮玉在其文章《從放馬灘秦簡通假字看秦上古方音系統》中利用放馬灘秦簡通假字總結出秦上古方音系統的若干特點。

3. 通過通假字研究上古聲母

在這方面最具代表性的是首都師範大學馮蒸帶領學生所做的一系列研究，如：國一姝的《基於通假字的上古聲母研究》、李國的《〈説文通訓定聲〉通假字的聲母（唇、牙喉音）研究》、李琦《〈十經文字通正書〉通假字聲母研究》、趙雲霞的《〈説文通訓定聲〉通假字的聲母（舌齒音）研究》，等等。馮蒸等人以通假字爲材料，用通假頻次來證明上古存在複輔音，取得了很好的成果。除此之外，劉寶俊《秦漢帛書音系概述》以馬王堆漢墓帛書爲研究對象，歸納出 1300 多對通假異文，並在此基礎上構擬了 26 個單輔音聲母；李玉《秦漢簡牘帛書音韻研究》構擬了三個清鼻音聲母和一個清流音；胡海瓊論文《〈上海博物館藏戰國楚竹書〉通用字聲母研究》構擬了一套清鼻音、一套鼻冠音；李玉的《出土簡牘帛書"通假字"中同源通用考釋——略談古漢語清鼻音及複輔音聲母的構擬》（2015）、易德生《"複輔音"問題再探——從楚簡中的通假異文看》（2009）等文章也是這方面研究的代表。上述研究的目的是通過通假字來證明複輔音、構擬複輔音。通假字數量豐富，是研究上古音非常重要的材料，通過分析每組聲母內部的通假關係以及不同組聲母之間的通

---

① 段玉裁：《説文解字注》，上海古籍出版社 1981 年版，第 832—833 頁。

假頻次來研究上古聲母，是完全行得通的。

4.通過通假字研究上古韻部

這方面的研究較少，研究内容也僅限於討論韻部的分部問題以及不同韻部的通假關係，如：馬莉麗《〈説文通訓定聲〉通假字入聲韻部研究》，通過分析朱駿聲《説文通訓定聲》入聲韻部的通假問題，論述王力入聲分部的科學性以及入聲韻部間的通轉關係；李毅夫在文章《上古韻是否有個獨立的冬部—冬侵的音是否最近》中利用《説文通訓定聲》中的通假字來判斷上古冬部是否獨立，通過比較冬東通假數量、冬侵通假數量判斷冬東的音最近還是冬侵的音最近，結果顯示冬東的音最近而冬侵的音稍远，冬部獨立；劉琨的《上古韻部專題研究》也談到了用通假字來證明東、冬、侵三部分合的問題，後出版專著《先秦兩漢韻部演變專題研究》（2021），也涉及了韻部關係研究。通過通假字對韻部進行的研究目前還比較缺乏，對韻部間親疏關係的研究更是史無前例，我們的《上古出土文獻韻部親疏關係》和《戰國楚簡帛韻部親疏關係研究》兩部專著是利用出土文獻通假字研究上古韻部親疏關係的初步嘗試。本書則立足于傳世文獻通假字，以完成對上古通假字的通體考察，從而得出一個相對完善的結論。

五、本書總體框架及方法

本書全面利用傳世文獻通假字材料，對研究範圍内的通假字進行系統的篩選和整理，運用數據統計法加以歸納分析，根據通假頻次的統計結果來判定韻部間的親疏關係，並據此對韻部進行排序，闡明傳統音韻學的音轉理論，完善上古韻部系統。

本書的研究主體由通假材料資料整理、通假資料分析、數據匯總三部分組成。

首先，我們需要對研究範圍内的異文通假進行系統的篩選和整理。《古字通假會典》的"通假"實爲"通用假借"的簡稱，顧名思義，該字典收錄通假字的同時，還收錄了一部分通用字，即：異體字、古今字、繁簡字。因此，我們在研究時需要對字典裡的通假字進行篩選，然後對所有符合條件的通假字進行上古音韻地位的分析，並按照王力上古三十韻部的順序分類匯總。

其次，我們需要對篩選出的通假材料進行分析：

①對轉關係分析。統計每個韻部本部通假、異部通假頻次，在異部通假中，統計該韻部與陰聲韻、陽聲韻、入聲韻通假次數，提取其中的高頻通假，以此確立韻部間的對轉關係。

②旁轉關係分析。通過"異類通假"確定旁轉關係。將具備對轉關係的陰、入、陽三個韻部歸爲一類，然後再以類爲單位計算它們的相互通假情況，最終確定旁轉關係。比較任意兩類之間的通假頻次，通假頻次較高者關係緊密，韻序相近，具備旁轉關係。

最後，將數據匯總，形成本書最終結論。根據已統計出的資料，對所有通假字的數據進行匯總分析，對書中涉及十一類三十韻部的所有通假字作出頻次總結，運用韻部間的通假頻率來分析親疏關係，初步擬定韻部次序，在此基礎上闡述對轉、旁轉、旁對轉、通轉理論。

　　本書研究的總體原則是歸納與演繹。所謂歸納，是指本書將高亨的《古字通假會典》中所有的通假字的上古音情況進行完全歸納，統計同部通假和異部通假的頻次，根據通假頻次概括出韻部親疏關係的一般規律，這些規律就成爲推理的依據。所謂演繹，就是運用所得出的一般規律，解決一些具體的問題，達到研究的目的。即我們可以用排定的韻部順序解釋古方音差異、古今語音流轉，以及文字訓詁中的語音問題。

　　本書將按照"通假集證—通假辨識—古音考察—數據統計—得出結論"的方法和步驟進行研究，這在前兩部著作中已經有過充分論述，這裡我們不再贅述。

第一章 之部、職部、蒸部通假關係研究

第一節 之 部

在本書研究範圍內，之部共通假 721 組。其中，同部通假 505 組，異部通假 216 組。在異部通假中，之部與其他陰聲韻共通假 91 組，與入聲韻共通假 82 組，與陽聲韻共通假 43 組。具體情況如下：

表 1–1 之部通假情況匯總表

通假類型			通假頻次（組）		
同部通假		之—之	505		
異部通假	陰聲韻	之—脂	20	91	721
		之—幽	19		
		之—侯	13		
		之—微	12		
		之—魚	11		
		之—支	9		
		之—歌	4		
		之—宵	3		
	入聲韻	之—職	58	82	
		之—質	8		
		之—月	5		
		之—錫	3		
		之—物	3		
		之—鐸	2		
		之—緝	2		
		之—覺	1		
	陽聲韻	之—蒸	18	43	
		之—文	11		
		之—真	3		

通假類型			通假頻次（組）		
	之—東	3			
	之—耕	3			
	之—元	2			
	之—談	2			
	之—陽	1			

現將之部的異部通假情況列舉如下。

一、之部和其他陰聲韻通假關係舉證

表 1–2 之部和其他陰聲韻通假情況表（組）

	脂部	幽部	侯部	微部	魚部	支部	歌部	宵部	合計
之部	20	19	13	12	11	9	4	3	91

（一）之部—脂部（20 組）

本書將列舉通假字的中古及上古音韻地位，援引傳世文獻證明它們之間的通假關係。受篇幅所限，本書只列舉 1 次文獻書證，但我們會在文獻書證之前，列明此組通假字在《古字通假會典》中出現的書證次數。

頁碼①		反切	中古音韻地位						上古音	
			聲母	攝	韻母	等	呼	聲調	聲母	韻部
370	有	云久切	云	流	有	三	開	上	匣	之
	爾	兒氏切	日	止	紙	三	開	上	日	脂

文獻通假 1 次：《禮記·射義》："《詩》云：'發彼有的，以祈爾爵。'"鄭注："'爾'或爲'有'。"

頁碼		反切	中古音韻地位						上古音	
378	其	渠之切	群	止	之	三	開	平	群	之
	繄	烏奚切	影	蟹	齊	四	開	平	影	脂

文獻通假 2 次，如：《左傳·莊公五年》："惟德繄物。"《書·旅獒》："'繄'作'其'。"

頁碼		反切	中古音韻地位						上古音	
379	綦	渠之切	群	止	之	三	開	平	群	之
	葵	渠追切	群	止	脂	三	合	平	群	脂

文獻通假 1 次：《莊子·大宗師》："南伯子葵。"《釋文》："李云：'"葵"當作"綦"。'"

---

① 此爲通假字組在《古字通假會典》中的頁碼，爲便於查驗，故此列出。

聲之誤也。"

頁碼		反切	中古音韻地位						上古音	
381	己	居理切	見	止	止	三	開	上	見	之
	几	居履切	見	止	旨	三	開	上	見	脂

文獻通假 1 次:《詩·豳風·狼跋》:"赤舄几几。"《説文·己部》引"几几"作"己己"。

頁碼		反切	中古音韻地位						上古音	
382	起	墟里切	溪	止	止	三	開	上	溪	之
	啟	康禮切	溪	蟹	薺	四	開	上	溪	脂

文獻通假 2 次,如:《論語·泰伯》:"啓予足,啓予手。"《文選·歎逝賦》李注引"啓"作"起"。

頁碼		反切	中古音韻地位						上古音	
384	垓	古哀切	見	蟹	咍	一	開	平	見	之
	階	古諧切	見	蟹	皆	二	開	平	見	脂

文獻通假 1 次:《史記·孝武本紀》:"壇三垓。"《索隱》引鄒氏曰:"'垓'一作'階'。"

頁碼		反切	中古音韻地位						上古音	
387	疚	居祐切	見	流	宥	三	開	去	見	之
	茨	疾資切	從	止	脂	三	開	平	從	脂

文獻通假 1 次:《莊子·徐無鬼》:"黃帝將見大隗乎具茨之山。"《釋文》:"'茨',司馬本作'疚'。"

頁碼		反切	中古音韻地位						上古音	
401	釐	里之切	來	止	之	三	開	平	來	之
	黎	郎奚切	來	蟹	齊	四	開	平	來	脂

文獻通假 3 次,如:《墨子·公輸》:"禽滑釐。"《吕覽·尊師》:"'釐'作'黎'。"

頁碼		反切	中古音韻地位						上古音	
401	氂	里之切	來	止	之	三	開	平	來	之
	犁	力脂切	來	止	脂	三	開	平	來	脂

文獻通假 1 次:《莊子·應帝王》:"猨狙之便,執氂之狗來藉。"《山海經·南山經》郭注引《莊子》曰:"執犁之狗。"

頁碼		反切	中古音韻地位						上古音	
401	劈	里之切	來	止	之	三	開	平	來	之
	梨	力脂切	來	止	脂	三	開	平	來	脂

文獻通假 1 次：《漢書·揚雄傳》：“分梨單于。”顏注：“‘梨’與‘劈’同。”

頁碼		反切	中古音韻地位						上古音	
402	來	落哀切	來	蟹	咍	一	開	平	來	之
	黎	郎奚切	來	蟹	齊	四	開	平	來	脂

文獻通假 1 次：《左傳·隱公十一年》：“公會鄭伯于時來。”《穀梁傳》同，《公羊傳》“時來”作“祁黎”。

頁碼		反切	中古音韻地位						上古音	
403	齒	昌里切	昌	止	止	三	開	上	昌	之
	犀	先稽切	心	蟹	齊	四	開	平	心	脂

文獻通假 1 次：《莊子·則陽》：“犀首聞而恥之。”《釋文》：“‘犀首’，元嘉本作‘齒首’。”

頁碼		反切	中古音韻地位						上古音	
407	時	市之切	禪	止	之	三	開	平	禪	之
	祁	渠脂切	群	止	脂	三	開	平	群	脂

文獻通假 1 次：《左傳·隱公十一年》：“公會鄭伯于時來。”《穀梁傳》同，《公羊傳》“時來”作“祁黎”。

頁碼		反切	中古音韻地位						上古音	
422	葘	側持切	莊	止	之	三	開	平	莊	之
	犀	先稽切	心	蟹	齊	四	開	平	心	脂

文獻通假 1 次：《公羊傳·文公十六年》：“及齊侯盟于犀丘。”徐疏：“‘犀丘’，正本作‘葘丘’。”

頁碼		反切	中古音韻地位						上古音	
426	思	息茲切	心	止	之	三	開	平	心	之
	稺	直利切	澄	止	至	三	開	去	定	脂

文獻通假 1 次：《史記·田敬仲完世家》：“仲生稺孟夷。”《索隱》：“《世本》作‘夷孟思’。”按：《古字通假會典》該組通假字爲“思”和“夷”，但從例證來看，“思”的對應關係不明。查《世本八種·秦嘉謨輯補本·世本卷六》，原文爲：“敬仲生夷孟思。思生閔孟克。克生文子須無。須無生桓子無宇。無宇生武子開、僖子乞。”據“文子須無”等人

名格式可知《世本》人名格式爲"字＋名"，這幾句的格式均爲"名—生—字＋名"，以此推知"思生閭孟克"中"思"爲"名"。又據《索隱》"盖稱是名，孟夷字也"，可知《史記》人名格式爲"名＋字"，"稱"爲名。綜上，"思"應對應"稱"，《古字通假會典》以"思"對"夷"誤。

頁碼		反切	中古音韻地位						上古音	
428	子	即里切	精	止	止	三	開	上	精	之
	姊	將几切	精	止	旨	三	開	上	精	脂

文獻通假 1 次：《文選·高唐賦》："姊歸思婦。"李注："《爾雅》曰'巂周。'郭璞曰：'子巂鳥出蜀中。'或曰：'即"子規"，一名"姊歸"。'"按：《文選》是南朝作品，但《高唐賦》是戰國的作品，所以這組通假字仍算上古時期通假字。

頁碼		反切	中古音韻地位						上古音	
429	兹	子之切	精	止	之	三	開	平	精	之
	次	七四切	清	止	至	三	開	去	清	脂

文獻通假 1 次：《呂氏春秋·知分》："荆有次非者。"《漢書·宣帝紀》顏注載如淳注引"次非"作"兹非"。《後漢書·馬融傳》作"兹飛"。

頁碼		反切	中古音韻地位						上古音	
429	兹	子之切	精	止	之	三	開	平	精	之
	伙	七四切	清	止	至	三	開	去	清	脂

文獻通假 2 次，如：《漢書·宣帝紀》："及應募伙飛射士。"顏注引如淳曰："《呂氏春秋》：'荆有兹非。''兹伙'音相近。"

頁碼		反切	中古音韻地位						上古音	
487	瑿	於計切	影	蟹	霽	四	開	去	影	脂
	醫	於其切	影	止	之	三	開	平	影	之

文献通假 2 次，如：《史記·秦始皇本紀》："董瑿。"《三輔黃圖》作"董醫"。按：《韓非子·八經》："'醫'曰'詭'，'詭'曰'易'。"

頁碼		反切	中古音韻地位						上古音	
517	几	居履切	見	止	旨	三	開	上	見	脂
	紀	居理切	見	止	止	三	開	上	見	之

文獻通假 1 次：《山海經·中山經》："'岷山之首'曰'女几之山'。"《淮南子·天文訓》"女几"作"女紀"。

（二）之部—幽部（19組）

頁碼		反切	中古音韻地位						上古音	
372	郵	羽求切	云	流	尤	三	開	平	匣	之
	斿	力求切	來	流	尤	三	開	平	來	幽

文獻通假1次：《詩・商頌・長發》："爲下國綴斿。"《禮記・郊特牲》鄭注引"斿"作"郵"。

頁碼		反切	中古音韻地位						上古音	
386	丘	去鳩切	溪	流	尤	三	開	平	溪	之
	皋	古勞切	見	效	豪	一	開	平	見	幽

文獻通假1次：《韓詩外傳》九："皋魚。"《說苑・敬慎》作"丘吾子"。按：《韓詩外傳》爲漢代韓嬰所作。本書補證：《周書・儒林傳・樊深》作"吾丘子"，很難考證"吾丘"和"丘吾"跟"皋"的對應關係，但"吾"和"魚"均爲疑母魚部字，從語音對應關係可知"吾"對應"魚"字，"丘"對應"皋"字。

頁碼		反切	中古音韻地位						上古音	
387	羑	與久切	以	流	有	三	開	上	餘	之
	牗	與久切	以	流	有	三	開	上	餘	幽

文獻通假5次，如：《易・坎》："納約自牗。"《集解》："'牗'，崔憬本作'羑'。"

頁碼		反切	中古音韻地位						上古音	
387	疚	居祐切	見	流	宥	三	開	去	見	之
	宄	居洧切	見	止	旨	三	合	上	見	幽

文獻通假1次：《詩・大雅・雲漢》："疚哉冢宰。"《釋文》："疚本或作宄。"

頁碼		反切	中古音韻地位						上古音	
387	疚	居祐切	見	流	宥	三	開	去	見	之
	憂	於求切	影	流	尤	三	開	平	影	幽

文獻通假1次：《禮記・曲禮下》："某有負薪之憂。"鄭注："'憂'或爲'疚'。"《釋文》："'疚'本又作'疚'。"

頁碼		反切	中古音韻地位						上古音	
400	狸	里之切	來	止	之	三	開	平	來	之
	留	力求切	來	流	尤	三	開	平	來	幽

文獻通假1次：《莊子・天地》："執留之狗成思。"《釋文》："'留'，一本作'狸'。"

頁碼		反切	中古音韻地位						上古音	
401	斄	里之切	來	止	之	三	開	平	來	之
	留	力求切	來	流	尤	三	開	平	來	幽

文獻通假 1 次：《莊子・應帝王》："猨狙之便，執斄之狗來藉。"《天地》："執留之狗成思，猨狙之便自山林來。"

頁碼		反切	中古音韻地位						上古音	
423	菑	側持切	莊	止	之	三	開	平	莊	之
	椒	即消切	精	效	宵	三	開	平	精	幽

文獻通假 1 次：《韓詩外傳》十："東海有勇士曰菑丘訢。"《吳越春秋》"菑"作"椒"。

頁碼		反切	中古音韻地位						上古音	
437	蔀	蒲口切	並	流	厚	一	開	上	並	之
	剖	他浩切	透	效	晧	一	開	上	透	幽

文獻通假 1 次：《易・豐》："豐其蔀。"漢帛書本"蔀"作"剖"。九四、上六同。

頁碼		反切	中古音韻地位						上古音	
438	負	房久切	並	流	有	三	開	上	並	之
	阜	房久切	並	流	有	三	開	上	並	幽

文獻通假 1 次：《文選・齊故安陸昭王碑文》："都會殷負。"李注："《西京賦》曰：'百物殷"阜"。'今爲此'負'。"

頁碼		反切	中古音韻地位						上古音	
443	苺	莫候切	明	流	候	一	開	去	明	之
	冃	莫候切	明	流	候	一	開	去	明	幽

文獻通假 1 次：《説文・冃部》："'冃'讀若艸苺苺。"

頁碼		反切	中古音韻地位						上古音	
725	鵂	許尤切	曉	流	尤	三	開	平	曉	幽
	舊	巨救切	群	流	宥	三	開	去	群	之

文獻通假 1 次：《説文・萑部》："'舊'或作'鵂'。"

頁碼		反切	中古音韻地位						上古音	
729	仇	巨鳩切	群	流	尤	三	開	平	群	幽
	裘	巨鳩切	群	流	尤	三	開	平	群	之

文獻通假 1 次：《左傳・莊公十二年》：“遇仇牧于門，批而殺之。”《鶡冠子・備知》及注“仇牧”作“裘牧”。

頁碼		反切	中古音韻地位						上古音	
729	朹	巨鳩切	群	流	尤	三	開	平	群	幽
	舊	巨救切	群	流	宥	三	開	去	群	之

文獻通假 1 次：《説文・肉部》：“‘朹’，讀若‘舊’。”

頁碼		反切	中古音韻地位						上古音	
730	鳩	居求切	見	流	尤	三	開	平	見	幽
	丘	去鳩切	溪	流	尤	三	開	平	溪	之

文獻通假 1 次：《山海經・西山經》：“鳥多尸鳩。”郭注：“‘鳩’或作‘丘’。”

頁碼		反切	中古音韻地位						上古音	
733	舊	巨救切	群	流	宥	三	開	去	群	之
	臼	其九切	群	流	有	三	開	上	群	幽

文獻通假 1 次：《淮南子・氾論訓》：“不必循舊。”高注：“‘舊’或‘臼’也。”

頁碼		反切	中古音韻地位						上古音	
734	鬮	居求切	見	流	尤	三	開	平	見	之
	糾	居黝切	見	流	黝	三	開	上	見	幽

文獻通假 1 次：《説文・鬥部》：“‘鬮’，讀若三合繩‘糾’。”

頁碼		反切	中古音韻地位						上古音	
783	讎	市流切	禪	流	尤	三	開	平	禪	幽
	祀	詳里切	邪	止	止	三	開	上	邪	之

文獻通假 1 次：《戰國策・趙策一》：“屬之讎柞。”漢帛書本“讎柞”作“祀譜”。

異體字聲符換用：1 組

頁碼		反切	中古音韻地位						上古音	
434	不	甫鳩切	非	流	尤	三	開	平	幫	之
	孚	芳無切	敷	遇	虞	三	合	平	滂	幽

罘和罦：文獻通假 3 次，如：《淮南子・主術訓》：“置罦不得布於野。”《文子・上仁》“罦”作“罘”。按：本組爲異體字聲旁換用，通假字應爲“不”和“孚”。下同。

（三）之部—侯部（13 組）

頁碼		反切	中古音韻地位						上古音	
335	區	豈俱切	溪	遇	虞	三	合	平	溪	侯
	丘	去鳩切	溪	流	尤	三	開	平	溪	之

文獻通假 4 次，如：《荀子·大略》："言之信者，在乎區蓋之間。"楊注："《漢書·儒林傳》疑者丘蓋不言。'丘'與'區'同也。"

頁碼		反切	中古音韻地位						上古音	
337	句	九遇切	見	遇	遇	三	合	去	見	侯
	玖	舉有切	見	流	有	三	開	上	見	之

文獻通假 1 次：《説文·玉部》："'玖'，或曰'若人句脊'之'句'。"

頁碼		反切	中古音韻地位						上古音	
349	頭	度侯切	定	流	侯	一	開	平	定	侯
	臺	徒哀切	定	蟹	咍	一	開	平	定	之

文獻通假 1 次：《史記·大宛列傳》："烏孫、侖頭，易苦漢使矣。"《漢書·張騫李廣利傳》"侖頭"作"輪臺"。

頁碼		反切	中古音韻地位						上古音	
366	府	方矩切	幫	遇	虞	三	合	上	幫	侯
	蔀	蒲口切	並	流	厚	一	開	上	並	之

文獻通假 1 次：《漢書·律曆志下》："終六府首。"顏注："'府首'即'蔀首'。"

頁碼		反切	中古音韻地位						上古音	
366	柎	甫無切	幫	遇	虞	三	合	平	幫	侯
	不	甫鳩切	幫	流	尤	三	開	平	幫	之

文獻通假 2 次，如：《詩·小雅·常棣》："鄂不韡韡。"鄭箋："'不'當作'柎'，古聲'不''柎'同。"按：《古字通假會典》"柎"作"跗"，誤。

頁碼		反切	中古音韻地位						上古音	
367	柎	甫無切	幫	遇	虞	三	合	平	幫	侯
	部	蒲口切	並	流	厚	一	開	上	並	之

文獻通假 1 次：《左傳·昭公二十五年》："唯是楄柎所以藉幹者。"《説文·木部》引"柎"作"部"。

頁碼		反切	中古音韻地位						上古音	
367	坿	符遇切	並	遇	遇	三	合	去	並	侯
	坏	芳杯切	滂	蟹	灰	一	合	平	滂	之

文獻通假 2 次，如：《禮記·月令》："坏牆垣。"《呂氏春秋·孟秋紀》"坏"作"坿"。

頁碼		反切	中古音韻地位						上古音	
367	附	符遇切	並	遇	遇	三	合	去	並	侯
	負	房久切	並	流	有	三	開	上	並	之

文獻通假 1 次：《莊子·大宗師》："彼以生爲附贅縣疣。"《荀子·宥坐》楊注引"附"作"負"。

頁碼		反切	中古音韻地位						上古音	
368	附	符遇切	並	遇	遇	三	合	去	並	侯
	培	薄回切	並	蟹	灰	一	合	平	並	之

文獻通假 2 次，如：《左傳·襄公二十四年》："培塿無松柏。"《説文·自部》附下引"培塿"作"附婁"。

頁碼		反切	中古音韻地位						上古音	
368	附	符遇切	並	遇	遇	三	合	去	並	侯
	部	蒲口切	並	流	厚	一	開	上	並	之

文獻通假 1 次：《晏子春秋·內篇·雜下》："若部婁之未登。"按："部婁"即《説文·皀部》之"附婁"。

頁碼		反切	中古音韻地位						上古音	
434	坏	芳杯切	滂	蟹	灰	一	合	平	滂	之
	俯	方矩切	幫	遇	麌	三	合	上	幫	侯

文獻通假 1 次：《禮記·月令》："蟄蟲坏户。"《呂氏春秋·仲秋紀》"坏"作"俯"。

頁碼		反切	中古音韻地位						上古音	
434	邳	符悲切	並	止	脂	三	開	平	並	之
	符	防無切	並	遇	虞	三	合	平	並	侯

文獻通假 2 次，如：《史記·建元以來侯者年表》："符離。"《漢書·景武昭宣元功臣表》作"邳離"。

頁碼		反切	中古音韻地位						上古音	
441	母	莫厚切	明	流	厚	一	開	上	明	之
	侮	文甫切	明	遇	虞	三	合	上	明	侯

文獻通假 1 次：《老子》十七章：“其次，侮之。”漢帛書甲本、乙本“侮”作“母”。

（四）之部—微部（12 組）

頁碼		反切	中古音韻地位						上古音	
384	閡	五漑切	疑	蟹	代	一	開	去	疑	之
	開	苦哀切	溪	蟹	咍	一	開	平	溪	微

文獻通假 1 次：《莊子·秋水》：“今吾無所開吾喙。”《釋文》：“‘開’本或作‘閡’。”

頁碼		反切	中古音韻地位						上古音	
394	貽	與之切	以	止	之	三	開	平	餘	之
	遺	以追切	以	止	脂	三	合	平	餘	微

文獻通假 1 次：《書·金縢》：“公乃爲詩以貽王。”《毛詩·豳風·鴟鴞》《序》作“公乃爲詩以遺王”。

頁碼		反切	中古音韻地位						上古音	
396	埃	烏開切	影	蟹	咍	一	開	平	影	之
	晞	香衣切	曉	止	微	三	開	平	曉	微

文獻通假 1 次：《荀子·勸學》：“上食埃土。”《大戴禮·勸學》“埃”作“晞”。

頁碼		反切	中古音韻地位						上古音	
396	頤	與之切	以	止	之	三	開	平	餘	之
	霝	陟佳切	知	止	脂	三	合	平	端	微

文獻通假 1 次：《禮記·玉藻》：“端行頤霝如矢。”鄭注：“‘頤’或爲‘霝’也。”

頁碼		反切	中古音韻地位						上古音	
399	恥	敕里切	徹	止	止	三	開	上	透	之
	聭	俱位切	見	止	至	三	合	去	見	微

文獻通假 1 次：《戰國策·秦策三》：“報惠王之恥。”漢帛書本“恥”作“聭”。

頁碼		反切	中古音韻地位						上古音	
427	采	倉宰切	清	蟹	海	一	開	上	清	之
	綏	息遺切	心	止	脂	三	合	平	心	微

文獻通假 1 次：《史記·司馬相如列傳》：“垂綏琬琰。”《集解》：“徐廣曰：‘垂綏，一

作朝采。'"《漢書·司馬相如傳》作"畾采"。《文選·上林賦》作"晁采"。

頁碼		反切	中古音韻地位						上古音	
433	不	甫鳩切	幫	流	尤	三	開	平	幫	之
	枈	府尾切	幫	止	尾	三	合	上	幫	微

文獻通假 1 次：《書·呂刑》："明明棐常。"《墨子·尚賢中》引"棐"作"不"。

頁碼		反切	中古音韻地位						上古音	
442	梅	莫杯切	明	蟹	灰	一	合	平	明	之
	枚	莫杯切	明	蟹	灰	一	合	平	明	微

文獻通假 1 次：《詩·秦風·終南》："有條有梅。"《文選·西都賦》李注引"梅"作"枚"。

頁碼		反切	中古音韻地位						上古音	
487	微	無非切	明	止	微	三	合	平	明	微
	醫	於其切	影	止	之	三	開	平	影	之

文獻通假 1 次：《楚辭·遠遊》："夕始臨乎於微閭。"《釋文》："一云微母閭。"王注引《爾雅》《補注》引《周禮》並作"醫無閭"。

頁碼		反切	中古音韻地位						上古音	
496	惟	以追切	以	止	脂	三	合	平	餘	微
	思	息茲切	心	止	之	三	開	平	心	之

文獻通假 1 次：《楚辭·九章》："專惟君而無他兮。"《考異》："'惟'一作'思'。"

頁碼		反切	中古音韻地位						上古音	
515	幾	居依切	見	止	微	三	開	平	見	微
	亓	渠之切	群	止	之	三	開	平	群	之

文獻通假 1 次：《老子》六十四章："常於幾成而敗之。"漢帛書甲本、乙本"幾"作"亓"。

頁碼		反切	中古音韻地位						上古音	
605	嫛	許其切	曉	止	之	三	開	平	曉	之
	妃	芳非切	滂	止	微	三	合	平	滂	微

文獻通假 1 次：《太玄·內·初一》："謹于嫛㧖。"司馬光集注："'嫛㧖'，古'妃仇'字。'㧖'，'匹'也。"

（五）之部—魚部（11 組）

頁碼		反切	中古音韻地位						上古音	
370	有	云久切	云	流	有	三	開	上	匣	之
	如	人諸切	日	遇	魚	三	合	平	日	魚

文獻通假 1 次：《詩·小雅·斯干》：“如翬斯飛。”《九經字樣》《説文·羽部》《繫傳》引“如”作“有”。

頁碼		反切	中古音韻地位						上古音	
374	噫	於其切	影	止	之	三	開	平	影	之
	嗄	所嫁切	生	假	禡	二	開	去	山	魚

文獻通假 1 次：《老子》五十五章：“終日號而不嗄。”《釋文》：“‘嗄’當作‘噫’。”

頁碼		反切	中古音韻地位						上古音	
391	以	羊己切	以	止	止	三	開	上	餘	之
	與	以諸切	以	遇	魚	三	合	平	餘	魚

文獻通假 10 次，如：《易·繫辭上》：“可與酬酢。”《説文·酉部》《繫傳》引作“可以醻醋”。按：梅廣[1]認爲“以”和“與”是通假字，本書據此收錄。

頁碼		反切	中古音韻地位						上古音	
397	而	如之切	日	止	之	三	開	平	日	之
	如	人諸切	日	遇	魚	三	合	平	日	魚

文獻通假 20 次，如：《易·繫辭上》：“其受命也如嚮。”《潛夫論·卜列》引“如”作“而”。

頁碼		反切	中古音韻地位						上古音	
441	母	莫厚切	明	流	厚	一	開	上	明	之
	鵡	文甫切	明	遇	麌	三	合	上	明	魚

文獻通假 1 次：《禮記·曲禮上》：“鸚鵡能言。”《釋文》“鵡”作“母”，云：“本或作鵡。”

頁碼		反切	中古音韻地位						上古音	
443	謀	莫浮切	明	流	尤	三	開	平	明	之
	謨	莫胡切	明	遇	模	一	合	平	明	魚

文獻通假 4 次，如：《詩·小雅·皇皇者華》：“周爰咨謀。”《淮南子·脩務訓》引“謀”

作"謨"。

頁碼		反切	中古音韻地位						上古音	
831	於	央居切	影	遇	魚	三	合	平	影	魚
	醫	於其切	影	止	之	三	開	平	影	之

文獻通假 1 次：《爾雅·釋地》："有醫無閭之珣玗琪焉。"《楚辭·遠遊》"醫無閭"作"於微閭"。

頁碼		反切	中古音韻地位						上古音	
900	且	子魚切	精	遇	魚	三	合	平	精	魚
	茲	子之切	精	止	之	三	開	平	精	之

文獻通假 1 次：《晏子春秋·內篇·問上》："茲于兌。"《左傳·襄公二十三年》作"且于之隧"。

異體字聲符換用：3 組

①脢與臕：文獻通假 1 次：《易·咸》："咸其脢。"《音訓》："'脢'，晁氏曰：'或作臕。'"

晦與臕：文獻通假 1 次：《太玄·玄攡》："曉天下之瞶瞶，瑩天下之晦晦者，其唯《玄》乎！"許翰注："'晦'字，《釋文》作'臕'。"

頁碼		反切	中古音韻地位						上古音	
442	每	莫佩切	明	蟹	隊	一	合	去	明	之
	無	武夫切	明	遇	虞	三	合	平	明	魚

②脒與臕：文獻通假 2 次，如：《詩·小雅·小旻》："民雖靡臕。"《釋文》："'靡臕'，《韓詩》作'靡脒'。"

頁碼		反切	中古音韻地位						上古音	
443	某	莫厚切	明	流	厚	一	開	上	明	之
	無	武夫切	明	遇	虞	三	合	平	明	魚

③鶻與鵡：文獻通假 2 次，如：《禮記·曲禮上》："鸚鵡能言。""鸚鵡"，《說文·鳥部》作"嬰鶻"。按：《集韻》"鵡"和"鶻"是異體字，形旁相同，聲旁語音關係密切。此二字雖屬侯部和魚部，但聲旁"母和武"屬之部和魚部，故本書將此組移至之部和魚部部分。

頁碼		反切	中古音韻地位						上古音	
441	母	莫厚切	明	流	厚	一	開	上	明	之
	武	文甫切	明	遇	虞	三	合	上	明	魚

（六）之部—支部（9 組）

頁碼		反切	中古音韻地位						上古音	
380	期	渠之切	群	止	之	三	開	平	群	之
	斯	息移切	心	止	支	三	開	平	心	支

文獻通假 3 次，如：《詩·小雅·頍弁》："實維何期?"《詩經考文》："古本'期'作'斯'。"

頁碼		反切	中古音韻地位						上古音	
401	犛	里之切	來	止	之	三	開	平	來	之
	驪	呂支切	來	止	支	三	開	平	來	支

文獻通假 1 次：《漢書·張騫李廣利傳》："犛靬。"顏注："驪犛聲相近。"

頁碼		反切	中古音韻地位						上古音	
403	止	諸市切	章	止	止	三	開	上	章	之
	豸	池爾切	澄	止	紙	三	開	上	定	支

文獻通假 1 次：《爾雅·釋蟲》："有足謂之蟲，無足謂之豸。"《莊子·在宥》"豸蟲"作"止蟲"。

頁碼		反切	中古音韻地位						上古音	
404	之	止而切	章	止	之	三	開	平	章	之
	知	陟離切	知	止	支	三	開	平	端	支

文獻通假 1 次：《詩·小雅·采薇》："莫知我哀。"《鹽鐵論·備胡》引"知"作"之"。

頁碼		反切	中古音韻地位						上古音	
407	峙	直里切	澄	止	止	三	開	上	定	之
	踟	直離切	澄	止	支	三	開	平	定	支

文獻通假 1 次：《詩·邶風·靜女》："搔首踟躕。"《説文·足部》《繫傳》引"踟躕"作"峙躇"。

頁碼		反切	中古音韻地位						上古音	
407	時	市之切	禪	止	之	三	開	平	禪	之
	是	承紙切	禪	止	紙	三	開	上	禪	支

文獻通假 5 次，如：《書·湯誓》："時日曷喪?"《史記·殷本紀》作"是日何時喪"。

頁碼		反切	中古音韻地位						上古音	
426	思	息兹切	心	止	之	三	開	平	心	之
	斯	息移切	心	止	支	三	開	平	心	支

文獻通假 1 次：《孝經》："言思可道，行思可樂。"劉炫本"思"作"斯"。

頁碼		反切	中古音韻地位						上古音	
445	哇	烏瓜切	影	假	麻	二	合	平	影	支
	醫	於其切	影	止	之	三	開	平	影	之

文獻通假 1 次：《説文·口部》："'哇'讀若'醫'。"

頁碼		反切	中古音韻地位						上古音	
463	氏	章移切	章	止	支	三	開	平	章	支
	市	時止切	禪	止	止	三	開	上	禪	之

文獻通假 2 次，如：《史記·大宛列傳》："其都曰藍市城。"《漢書·西域傳》"藍市"作"監氏"。

（七）之部—歌部（4 組）

頁碼		反切	中古音韻地位						上古音	
370	有	云久切	云	流	有	三	開	上	匣	之
	爲	薳支切	云	止	支	三	開	平	匣	歌

文獻通假 1 次：《詩·大雅·瞻卬》："婦有長舌。"《大戴禮·本命》盧注引"有"作"爲"。

頁碼		反切	中古音韻地位						上古音	
371	賄	呼罪切	曉	蟹	賄	一	合	上	曉	之
	貨	胡臥切	匣	果	過	一	合	去	匣	歌

文獻通假 1 次：《左傳·昭公十六年》："爾有利市寶賄。"《釋文》："'賄'或作'貨'。"

頁碼		反切	中古音韻地位						上古音	
397	熙	許其切	曉	止	之	三	開	平	曉	之
	戲	許羈切	曉	止	支	三	開	平	曉	歌

文獻通假 1 次：《戰國策·齊策一》："鄙臣不敢以死爲戲。"《淮南子》"戲"作"熙"。

頁碼		反切	中古音韻地位						上古音	
434	鈈	敷悲切	滂	止	脂	三	開	平	滂	之
	鈹	敷羈切	滂	止	支	三	開	平	滂	歌

文獻通假 2 次，如：《史記·高祖功臣侯者年表》："隆盧，以長鈹都尉擊項羽有功，侯。"《索隱》："'鈹'，《漢表》作'釽'。"

（八）之部—宵部（3 組）

頁碼		反切	中古音韻地位						上古音	
435	伾	敷悲切	滂	止	脂	三	開	平	滂	之
	儦	甫嬌切	幫	效	宵	三	開	平	幫	宵

文獻通假 1 次：《詩·小雅·吉日》："儦儦俟俟。"《説文·人部》引作"伾伾俟俟"。

頁碼		反切	中古音韻地位						上古音	
435	駓	敷悲切	滂	止	脂	三	開	平	滂	之
	儦	甫嬌切	幫	效	宵	三	開	平	幫	宵

文獻通假 1 次：《詩·小雅·吉日》："儦儦俟俟。"《後漢書·馬融傳》李注引《韓詩》作"駓駓騃騃"。

頁碼		反切	中古音韻地位						上古音	
437	培	薄回切	並	蟹	灰	一	合	平	並	之
	召	直照切	澄	效	笑	三	開	去	定	宵

文獻通假 1 次：《國語·齊語》："築葵兹晏負夏領釜丘。"《管子·小匡》"負"作"培"。

二、之部和入聲韻通假關係舉證

表 1-3　之部和入聲韻通假情況表（組）

	職部	質部	月部	錫部	物部	鐸部	緝部	覺部	合計
之部	58	8	5	3	3	2	2	1	82

（一）之部—職部（58 組）

頁碼		反切	中古音韻地位						上古音	
370	又	于救切	云	流	宥	三	開	去	匣	之
	或	胡國切	匣	曾	德	一	合	入	匣	職

文獻通假 2 次，如：《戰國策·韓策一》："今又得韓之名都一而具甲。"漢帛書本"又"作"或"。

頁碼		反切	中古音韻地位						上古音	
370	有	云久切	云	流	有	三	開	上	匣	之
	或	胡國切	匣	曾	德	一	合	入	匣	職

文獻通假 13 次，如：《易·比》："終來有它，吉。"漢帛書本"有"作"或"。

頁碼		反切	中古音韻地位						上古音	
370	有	云久切	云	流	有	三	開	上	匣	之
	域	雨逼切	云	曾	職	三	合	入	匣	職

文獻通假 2 次，如：《詩·商頌·玄鳥》："奄有九有。"《文選·册魏公九錫文》李注引作"奄有九域"。

頁碼		反切	中古音韻地位						上古音	
373	蜮	雨逼切	云	曾	職	三	合	入	匣	職
	蛓	七吏切	清	止	志	三	開	去	清	之

文獻通假 1 次：《楚辭·九思》："蛓緣兮我裳。"《考異》："'蛓'一作'蜮'。"

頁碼		反切	中古音韻地位						上古音	
374	意	於記切	影	止	志	三	開	去	影	職
	醫	於其切	影	止	之	三	開	平	影	之

文獻通假 1 次：《莊子·駢拇》："意仁義其非人情乎？"《釋文》："'意'亦作'醫'。"

頁碼		反切	中古音韻地位						上古音	
374	億	於力切	影	曾	職	三	開	入	影	職
	噫	於其切	影	止	之	三	開	平	影	之

文獻通假 1 次：《易·震》："億喪貝。"《釋文》："'億'本又作'噫'。"

頁碼		反切	中古音韻地位						上古音	
374	臆	於力切	影	曾	職	三	開	入	影	職
	醫	於其切	影	止	之	三	開	平	影	之

文獻通假 1 次：《周禮·天官·酒正》："二曰醫。"鄭注："鄭司農説《内則》'漿水臆'。'醫'與'臆'相似，文字不同。記之者各異耳。"

頁碼		反切	中古音韻地位						上古音	
374	異	羊吏切	以	止	志	三	開	去	餘	職
	辭	似兹切	邪	止	之	三	開	平	邪	之

文獻通假 1 次：《儀禮·大射儀》："不異侯。"鄭注："古文'異'作'辭'。"

頁碼		反切	中古音韻地位						上古音	
374	異	羊吏切	以	止	志	三	開	去	餘	職
	咍	呼來切	曉	蟹	咍	一	開	平	曉	之

文獻通假 1 次：《楚辭·九章》："又衆兆之所咍。"《考異》："或曰'衆兆之所異'。"

頁碼		反切	中古音韻地位							上古音	
375	翼	與職切	以	曾	職	三	開		入	餘	職
	頤	與之切	以	止	之	三	開		平	餘	之

文獻通假 1 次：《荀子・富國》：“壽於旗翼。”楊注：“或曰：‘《禮記》百年曰期頤。’”

頁碼		反切	中古音韻地位							上古音	
381	忌	渠記切	群	止	志	三	開		去	群	之
	極	渠力切	群	曾	職	三	開		入	群	職

文獻通假 7 次，如：《左傳・昭公十五年》：“費無極。”《史記・楚世家》作“費無忌”。

頁碼		反切	中古音韻地位							上古音	
381	記	居吏切	見	止	志	三	開		去	見	之
	識	賞職切	書	曾	職	三	開		入	書	職

文獻通假 3 次，如：《禮記・檀弓下》：“小子識之。”《新序・雜事五》作“弟子記之”。

頁碼		反切	中古音韻地位							上古音	
383	戒	古拜切	見	蟹	怪	二	開		去	見	職
	駭	侯楷切	匣	蟹	駭	二	開		上	匣	之

文獻通假 1 次：《周禮・夏官・大僕》：“戒鼓傳達于四方。”鄭注：“《故書》‘戒’爲‘駭’。”

頁碼		反切	中古音韻地位							上古音	
383	亥	胡改切	匣	蟹	海	一	開		上	匣	之
	核	下革切	匣	梗	麥	二	開		入	匣	職

文獻通假 1 次：《山海經・大荒東經》《竹書紀年》：“亥。”爲商先王。《世本》‘亥’作‘核’。

頁碼		反切	中古音韻地位							上古音	
384	孩	户來切	匣	蟹	咍	一	開		平	匣	之
	刻	苦得切	溪	曾	德	一	開		入	溪	職

文獻通假 1 次：《書・微子》：“我舊云刻子。”《論衡・本性》“刻”作“孩”。

頁碼		反切	中古音韻地位							上古音	
384	荄	古哀切	見	蟹	咍	一	開		平	見	之
	核	下革切	匣	梗	麥	二	開		入	匣	職

文獻通假 1 次：《韓詩外傳》二：“草木根荄淺。”《説苑・建本》“荄”作“核”。

頁碼		反切	中古音韻地位						上古音	
385	克	苦得切	溪	曾	德	一	開	入	溪	職
	芷	諸市切	章	止	止	三	開	上	章	之

文獻通假 1 次:《史記・田敬仲完世家》:"田穉孟夷生湣孟莊。"《集解》:"'莊'一作'芷'。"《索隱》:"《系本》作閔孟克。"'莊'是誤字。

頁碼		反切	中古音韻地位						上古音	
386	棘	紀力切	見	曾	職	三	開	入	見	職
	材	昨哉切	從	蟹	咍	一	開	平	從	之

文獻通假 1 次:《周禮・天官・掌舍》:"爲壇壝宮棘門。"鄭注:"杜子春云:'"棘門"或爲"材門"。'"

頁碼		反切	中古音韻地位						上古音	
386	棘	紀力切	見	曾	職	三	開	入	見	職
	釐	里之切	來	止	之	三	開	平	來	之

文獻通假 1 次:《史記・楚世家》:"遇王飢於釐澤。"《左傳・昭公十三年》《國語・楚語》皆曰:"乃求王遇諸棘半闈"。

頁碼		反切	中古音韻地位						上古音	
389	饎	昌志切	昌	止	志	三	開	去	昌	之
	熾	昌志切	昌	止	志	三	開	去	昌	職

文獻通假 2 次,如:《呂氏春秋・仲冬紀》:"湛饎必潔。"高注:"'饎'讀'熾火'之'熾'。"

頁碼		反切	中古音韻地位						上古音	
389	熺	許其切	曉	止	之	三	開	平	曉	之
	熾	昌志切	昌	止	志	三	開	去	昌	職

文獻通假 2 次,如:《淮南子・時則訓》:"湛熺必潔。"高注:"'熺'讀'熾火'之'熾'也。"

頁碼		反切	中古音韻地位						上古音	
391	以	羊己切	以	止	止	三	開	上	餘	之
	則	子德切	精	曾	德	一	開	入	精	職

文獻通假 1 次:《書・呂刑》:"制以刑。"《墨子・尚同中》引"以"作"則"。

頁碼		反切	中古音韻地位						上古音	
391	似	詳里切	邪	止	止	三	開	上	邪	之
	食	乘力切	船	曾	職	三	開	入	船	職

文獻通假 1 次：《左傳・昭公二十八年》："楊食我。"《論衡・命義》作"羊舌似我"。

頁碼		反切	中古音韻地位						上古音	
391	姒	詳里切	邪	止	止	三	開	上	邪	之
	弋	與職切	以	曾	職	三	開	入	餘	職

文獻通假 2 次，如：《左傳・定公十五年》："姒氏卒。"《公羊傳》同，《穀梁傳》"姒氏"作"弋氏"。

頁碼		反切	中古音韻地位						上古音	
393	始	詩止切	書	止	止	三	開	上	書	之
	貸	他代切	透	蟹	代	一	開	去	透	職

文獻通假 1 次：《老子》四十一章："夫唯道善貸且善成。"漢帛書乙本"貸"作"始"。

頁碼		反切	中古音韻地位						上古音	
394	紿	徒亥切	定	蟹	海	一	開	上	定	之
	代	徒耐切	定	蟹	代	一	開	去	定	職

文獻通假 1 次：《淮南子・氾論訓》："出百死而紿一生。"高注："'紿'讀'仍代'之'代'也。"

頁碼		反切	中古音韻地位						上古音	
400	薶	莫皆切	明	蟹	皆	二	開	平	明	之
	墨	莫北切	明	曾	德	一	開	入	明	職

文獻通假 1 次：《淮南子・道應訓》："北息乎沉墨之鄉。"《論衡・道虛》"沉墨"作"沉薶"。

頁碼		反切	中古音韻地位						上古音	
404	志	職吏切	章	止	志	三	開	去	章	之
	識	賞職切	書	曾	職	三	開	入	書	職

文獻通假 13 次，如：《禮記・樂記》："商人識之。"《史記・樂書》"識"作"志"。

頁碼		反切	中古音韻地位						上古音	
404	志	職吏切	章	止	志	三	開	去	章	之
	幟	昌志切	昌	止	志	三	開	去	昌	職

文獻通假 5 次，如：《史記·高祖本紀》："旗幟皆赤。"《索隱》："'幟'或作'志'。"

頁碼		反切	中古音韻地位						上古音	
404	志	職吏切	章	止	志	三	開	去	章	之
	職	之翼切	章	曾	職	三	開	入	章	職

文獻通假 3 次，如：《史記·屈原賈生列傳》："章畫職墨兮。"《索隱》："《楚辭》'職'作'志'。"

頁碼		反切	中古音韻地位						上古音	
405	事	鉏吏切	崇	止	志	三	開	去	崇	之
	食	乘力切	船	曾	職	三	開	入	船	職

文獻通假 1 次：《周禮·地官·大司徒》："其食者參之一。"《左傳·昭公十三年》《正義》引"食"作"事"。

頁碼		反切	中古音韻地位						上古音	
406	持	直之切	澄	止	之	三	開	平	定	之
	殖	常職切	禪	曾	職	三	開	入	禪	職

文獻通假 1 次：《老子》九章："持而盈之。"陳景元《道德真經藏室纂》微引嚴君平本"持"作"殖"。

頁碼		反切	中古音韻地位						上古音	
406	持	直之切	澄	止	之	三	開	平	定	之
	特	徒得切	定	曾	德	一	開	入	定	職

文獻通假 2 次，如：《荀子·禮論》："持手而食者不得立宗廟。"《史記·禮書》"持"作"特"。

頁碼		反切	中古音韻地位						上古音	
406	待	徒亥切	定	蟹	海	一	開	上	定	之
	特	徒得切	定	曾	德	一	開	入	定	職

文獻通假 1 次：《莊子·逍遙遊》："而彭祖乃今以久特聞。"《釋文》："'特'，崔本作'待'。"

頁碼		反切	中古音韻地位						上古音	
406	待	徒亥切	定	蟹	海	一	開	上	定	之
	得	多則切	端	曾	德	一	開	入	端	職

文獻通假 1 次：《史記·平原君虞卿列傳》："故爭相傾以待士。"《集解》引徐廣曰："'待'一作'得'。"

頁碼			反切	中古音韻地位						上古音	
407	時	市之切	禪	止	之	三	開	平	禪	之
	德	多則切	端	曾	德	一	開	入	端	職

文獻通假1次：《書·咸有一德》："時乃日新。"《周書·蘇綽傳（大誥）》引作"德遒日新"。

頁碼			反切	中古音韻地位						上古音	
410	植	常職切	禪	曾	職	三	開	入	禪	職
	戴	都代切	端	蟹	代	一	開	去	端	之

文獻通假1次：《書·金縢》："植璧秉珪。"《史記·魯周公世家》作"戴璧秉圭"。《漢書·王莽傳》引"植"作"戴"。

頁碼			反切	中古音韻地位						上古音	
410	植	常職切	禪	曾	職	三	開	入	禪	職
	辭	似茲切	邪	止	之	三	開	平	邪	之

文獻通假1次：《大戴禮·衛將軍之子》："不內辭足以没世。"《孔子家語·弟子行》"辭"作"植"。

頁碼			反切	中古音韻地位						上古音	
411	臟	之翼切	章	曾	職	三	開	入	章	職
	胾	側吏切	莊	止	志	三	開	去	莊	之

文獻通假1次：《儀禮·鄉射禮》："薦脯用籩五臟祭半臟。"鄭注："古文'臟'爲'胾'。"

頁碼			反切	中古音韻地位						上古音	
412	嗣	祥吏切	邪	止	志	三	開	去	邪	之
	弒	式吏切	書	止	志	三	開	去	書	職

文獻通假1次：《禮記·檀弓上》："君謂我欲弒君也。"《釋文》："'弒'，徐云：'字又作嗣。'"

頁碼			反切	中古音韻地位						上古音	
419	財	昨哉切	從	蟹	咍	一	開	平	從	之
	賊	昨則切	從	曾	德	一	開	入	從	職

文獻通假1次：《史記·吕太后本紀》："寧蚤自財。"《漢書·高五王傳》"財"作"賊"。

頁碼		反切	中古音韻地位						上古音	
419	在	昨宰切	從	蟹	海	一	開	上	從	之
	則	子德切	精	曾	德	一	開	入	精	職

文獻通假 1 次：《禮記·禮運》：“知氣在上。”《孔子家語·問禮》“在”作“則”。

頁碼		反切	中古音韻地位						上古音	
422	菑	側持切	莊	止	之	三	開	平	莊	之
	側	阻力切	莊	曾	職	三	開	入	莊	職

文獻通假 1 次：《公羊傳·昭公二十五年》：“既哭以人爲菑。”何注：“‘菑’，今大學辟雍作‘側’字。”

頁碼		反切	中古音韻地位						上古音	
422	菑	側持切	莊	止	之	三	開	平	莊	之
	厠	初吏切	初	止	志	三	開	去	初	職

文獻通假 1 次：《周禮·考工記·輪人》：“察其菑。”鄭注：“鄭司農云：‘菑讀如雜厠之厠。’”

頁碼		反切	中古音韻地位						上古音	
426	塞	蘇則切	心	曾	德	一	開	入	心	職
	思	息茲切	心	止	之	三	開	平	心	之

文獻通假 1 次：《書·堯典》：“欽明文思安安。”《後漢書·鄧皇后紀》《第五倫傳》《陳寵傳》李注引《尚書緯·考靈耀》“思”作“塞”。

頁碼		反切	中古音韻地位						上古音	
426	諰	胥里切	心	止	止	三	開	上	心	之
	息	相即切	心	曾	職	三	開	入	心	職

文獻通假 1 次：《禮記·樂記》：“使其文足論而不息。”《荀子·樂論》“息”作“諰”。

頁碼		反切	中古音韻地位						上古音	
427	色	所力切	生	曾	職	三	開	入	山	職
	采	倉宰切	清	蟹	海	一	開	上	清	之

文獻通假 2 次，如：《禮記·學記》：“水無當於五色，五色弗得不章。”《論衡·定賢》引“色”作“采”。

頁碼		反切	中古音韻地位						上古音	
427	色	所力切	生	曾	職	三	開	入	山	職
	彩	倉宰切	清	蟹	海	一	開	上	清	之

文獻通假1次：《爾雅·釋鳥》："伊洛而南素質五彩皆備成章曰翬。"《禮記·玉藻》《正義》《周禮·天官·染人》賈疏引"彩"作"色"，下句同。按：《爾雅》"彩"作"采"，"采""彩"古今字。

頁碼		反切	中古音韻地位						上古音	
435	倍	薄亥切	並	蟹	海	一	開	上	並	之
	背	補妹切	幫	蟹	隊	一	合	去	幫	職

文獻通假40次，如：《韓詩外傳》四："倍之則亡。"《説苑·建本》"倍"作"背"。

頁碼		反切	中古音韻地位						上古音	
436	倍	薄亥切	並	蟹	海	一	開	上	並	之
	偝	蒲昧切	並	蟹	隊	一	合	去	並	職

文獻通假2次，如：《禮記·大學》："上恤孤而民不倍。"鄭注："'倍'或作'偝'。"

頁碼		反切	中古音韻地位						上古音	
436	倍	薄亥切	並	蟹	海	一	開	上	並	之
	副	敷救切	滂	流	宥	三	開	去	滂	職

文獻通假1次：《吕氏春秋·過理》："帶益三副矣。"高注："'副'或作'倍'。"

頁碼		反切	中古音韻地位						上古音	
436	剖	普后切	滂	流	厚	一	開	上	滂	之
	副	敷救切	滂	流	宥	三	開	去	滂	職

文獻通假2次，如：《詩·大雅·生民》："不坼不副。"《史記·楚世家》引"副"作"剖"。

頁碼		反切	中古音韻地位						上古音	
437	㟪①	薄回切	並	蟹	咍	一	開	平	並	之
	服	房六切	並	通	屋	三	合	入	並	職

文獻通假1次：《史記·袁盎晁錯列傳》："乃至㟪生所問占。"《集解》引徐廣曰："'㟪'一作'服'。"

---

① 《古字通典會典》"㟪"作"棓"，誤。

頁碼		反切	中古音韻地位						上古音	
438	負	房久切	並	流	有	三	開	上	並	之
	服	房六切	並	通	屋	三	合	入	並	職

文獻通假 1 次：《周禮·考工記·車人》："牝服二柯又參分柯之二。"鄭注："鄭司農云：'服讀爲負。'"

頁碼		反切	中古音韻地位						上古音	
438	福	方六切	幫	通	屋	三	合	入	幫	職
	市	時止切	禪	止	止	三	開	上	禪	之

文獻通假 2 次，如：《史記·秦始皇本紀》："齊人徐市等上書。"《淮南衡山列傳》"徐市"作"徐福"。

頁碼		反切	中古音韻地位						上古音	
440	服	房六切	並	通	屋	三	合	入	並	職
	佩	蒲昧切	並	蟹	隊	一	合	去	並	之

文獻通假 1 次：《晏子春秋·内篇·雜上》："庶人不佩。"《荀子·勸學》"佩"作"服"。

頁碼		反切	中古音韻地位						上古音	
444	煤	莫杯切	明	蟹	灰	一	合	平	明	之
	墨	莫北切	明	曾	德	一	開	入	明	職

文獻通假 1 次：《吕氏春秋·任數》："嚮者煤炱入甑中。"《孔子家語·在厄》"炱煤"作"埃墨"。

異體字聲旁換用：1 組

駴與駭：文獻通假 8 次，如：《莊子·德充符》："又以惡駭天下。"《釋文》："'駭'，崔本作'駴'。"

頁碼		反切	中古音韻地位						上古音	
383	戒	古拜切	見	蟹	怪	二	開	去	見	職
	亥	胡改切	匣	蟹	海	一	開	上	匣	之

（二）之部—質部（8 組）

頁碼		反切	中古音韻地位						上古音	
374	噫	於其切	影	止	之	三	開	平	影	之
	懿	乙冀切	影	止	至	三	開	去	影	質

文獻通假 1 次：《書·金縢》："對曰信噫公命我勿敢言。"《釋文》："'噫'，馬本作'懿'。"

頁碼		反切	中古音韻地位						上古音	
387	疚	居祐切	見	流	宥	三	開	去	見	之
	疾	秦悉切	從	臻	質	三	開	入	從	質

文獻通假 2 次，如：《易·履》："履帝位而不疚。"《釋文》："'疚'，陸本作'疾'。"

頁碼		反切	中古音韻地位						上古音	
394	笞	丑之切	徹	止	之	三	開	平	透	之
	肆	息利切	心	止	至	三	開	去	心	質

文獻通假 1 次：《禮記·月令》："毋肆掠。"《淮南子·時則訓》'肆'作'笞'。

頁碼		反切	中古音韻地位						上古音	
400	理	良士切	來	止	止	三	開	上	來	之
	栗	力質切	來	臻	質	三	開	入	來	質

文獻通假 1 次：《禮記·聘義》："縝密以栗知也。"《荀子·法行》"栗"作"理"。

頁碼		反切	中古音韻地位						上古音	
402	來	落哀切	來	蟹	咍	一	開	平	來	之
	戾	郎計切	來	蟹	霽	四	開	去	來	質

文獻通假 1 次：《公羊傳·隱公五年》："登來之也。"《禮記·大學》鄭注引"來"作"戾"。

頁碼		反切	中古音韻地位						上古音	
402	淶	落哀切	來	蟹	咍	一	開	平	來	之
	漆	親吉切	清	臻	質	三	開	入	清	質

文獻通假 1 次：《左傳·襄公二十一年》："邾庶其以漆閭丘來奔。"《釋文》："'漆'本或作'淶'。"

頁碼		反切	中古音韻地位						上古音	
402	睞	洛代切	來	蟹	代	一	開	去	來	之
	誄	荒內切	曉	蟹	隊	一	合	去	曉	質

文獻通假 1 次：《說文·言部》："'誄'讀若'反目相睞'。"

頁碼		反切	中古音韻地位						上古音	
403	止	諸市切	章	止	止	三	開	上	章	之
	至	脂利切	章	止	至	三	開	去	章	質

文獻通假 2 次，如：《荀子·禮論》："而社止於諸侯。"《史記·禮書》"止"作"至"。

（三）之部—月部（5 組）

頁碼		反切	中古音韻地位						上古音	
384	疧	古諧切	見	蟹	皆	二	開	平	見	之
	疥	古拜切	見	蟹	怪	二	開	去	見	月

文獻通假 1 次：《左傳·昭公二十年》："齊侯疥遂痁。"《釋文》："'疥'，梁元帝音'該'，依《字則》當作'疧'，《顏氏家訓·書證》同。"

頁碼		反切	中古音韻地位						上古音	
399	恥	敕里切	徹	止	止	三	開	上	透	之
	設	識列切	書	山	薛	三	開	入	書	月

文獻通假 1 次：《韓非子·説難》："此非能仕之所恥也。"《史記·老莊申韓列傳》引"恥"作"設"。

頁碼		反切	中古音韻地位						上古音	
420	戴	都代切	端	蟹	代	一	開	去	端	之
	軚	徒蓋切	定	蟹	泰	一	開	去	定	月

文獻通假 1 次：《史記·高祖功臣侯者年表》："平皋，功比戴侯彭祖。"《漢書·高惠高后孝文功臣表》"戴"作"軚"。

頁碼		反切	中古音韻地位						上古音	
427	采	倉宰切	清	蟹	海	一	開	上	清	之
	齧	五結切	疑	山	屑	四	開	入	疑	月

文獻通假 2 次，如：《左傳·僖公八年》："以敗狄于采桑。"《史記·晋世家》"采桑"作"齧桑"。

頁碼		反切	中古音韻地位						上古音	
632	賴	落蓋切	來	蟹	泰	一	開	去	來	月
	騋	徒哀切	定	蟹	咍	一	開	平	定	之

文獻通假 1 次：《左傳·哀公六年》："使胡姬以安孺子如賴。"《史記·齊太公世家、田敬仲完世家》"賴"作"騋"。

（四）之部—錫部（3 組）

頁碼		反切	中古音韻地位						上古音	
405	事	鉏吏切	崇	止	志	三	開	去	崇	之
	繫	古詣切	見	蟹	霽	四	開	去	見	錫

文獻通假 1 次：《禮記·樂記》："事乎山川鬼神。"《東觀漢記》劉注引"事"作"繫"。

頁碼		反切	中古音韻地位						上古音	
407	時	市之切	禪	止	之	三	開	平	禪	之
	寔	常職切	禪	曾	職	三	開	入	禪	錫

文獻通假 1 次：《書·無逸》："其在高宗，時舊勞于外。"《中論·天壽》引"時"作"寔"。

頁碼		反切	中古音韻地位						上古音	
474	嘖	側革切	莊	梗	麥	二	開	入	莊	錫
	頤	與之切	以	止	之	三	開	平	餘	之

文獻通假 2 次，如：《易·繫辭上》："言天下之至動，而不可亂也。"《釋文》："'動'，鄭本作'頤'。"

（五）之部—物部（3 組）

頁碼		反切	中古音韻地位						上古音	
376	疑	語其切	疑	止	之	三	開	平	疑	之
	類	力遂切	來	止	至	三	合	去	來	物

文獻通假 1 次：《史記·楚世家》："子悼王熊疑立。"《六國年表》"疑"作"類"。

頁碼		反切	中古音韻地位						上古音	
376	疑	語其切	疑	止	之	三	開	平	疑	之
	仡	魚迄切	疑	臻	迄	三	開	入	疑	物

文獻通假 1 次：《公羊傳·宣公六年》："仡然從乎趙盾而入。"《儀禮·鄉射禮》鄭注引"仡"作"疑"。

頁碼		反切	中古音韻地位						上古音	
400	貍	里之切	來	止	之	三	開	平	來	之
	鬱	紆物切	影	臻	物	三	合	入	影	物

文獻通假 1 次：《周禮·天官·內饔》："鳥皫色而沙鳴貍。"《禮記·內則》"貍"作"鬱"。

（六）之部—鐸部（2 組）

頁碼		反切	中古音韻地位						上古音	
380	期	渠之切	群	止	之	三	開	平	群	之
	堊	烏各切	影	宕	鐸	一	開	入	影	鐸

文獻通假 1 次：《禮記·喪大記》："既祥黝堊。"鄭注："'黝堊'或爲'要期'。"

頁碼		反切	中古音韻地位						上古音	
397	而	如之切	日	止	之	三	開	平	日	之
	若	而灼切	日	宕	藥	三	開	入	日	鐸

文獻通假 4 次，如：《書·康誥》：“若有疾。”《荀子·富國》引“若”作“而”。

（七）之部—緝部（2 組）

頁碼		反切	中古音韻地位						上古音	
395	俟	牀史切	俟	止	止	三	開	上	崇	之
	立	力入切	來	深	緝	三	開	入	來	緝

文獻通假 1 次：《儀禮·大射儀》：“三耦俟于次北。”鄭注：“今文‘俟’爲‘立’。”

頁碼		反切	中古音韻地位						上古音	
429	兹	子之切	精	止	之	三	開	平	精	之
	苙	力入切	來	深	緝	三	開	入	來	緝

文獻通假 1 次：《史記·周本紀》：“衛康叔封布兹。”《索隱》：“‘兹’一作‘苙’。”

（八）之部—覺部（1 組）

頁碼		反切	中古音韻地位						上古音	
371	珝	許救切	曉	流	宥	三	開	去	曉	之
	畜	許竹切	曉	通	屋	三	合	入	曉	覺

文獻通假 1 次：《説文·玉部》：“‘珝’讀若‘畜牧’之‘畜’。”

三、之部和陽聲韻通假關係舉證

表 1-4 之部和陽聲韻通假情況表（組）

	蒸部	文部	真部	東部	耕部	元部	談部	陽部	合計
之部	18	11	3	3	3	2	2	1	43

（一）之部—蒸部（18 組）

頁碼		反切	中古音韻地位						上古音	
34	瞪	丈證切	澄	曾	證	三	開	去	定	蒸
	眙	丑吏切	透	止	志	三	開	去	透	之

文獻通假 1 次：《史記·滑稽列傳》：“目眙不禁。”《索隱》：“‘眙’音與‘瞪’同，謂直視也。”

頁碼		反切	中古音韻地位						上古音	
34	簦	都滕切	端	曾	登	一	開	平	端	蒸
	臺	徒哀切	定	蟹	哈	一	開	平	定	之

文獻通假 1 次：《爾雅·釋草》："臺夫須。"《國語·晉語》韋注云："簦笠夫須也。"

頁碼		反切	中古音韻地位						上古音	
34	能	奴登切	泥	曾	登	一	開	平	泥	蒸
	態	他代切	透	蟹	代	一	開	去	透	之

文獻通假 2 次，如：《楚辭·九章·懷沙》："非俊疑傑，固庸態也。"《論衡·累害》"態"作"能"。

頁碼		反切	中古音韻地位						上古音	
34	能	奴登切	泥	曾	登	一	開	平	泥	蒸
	乃	奴亥切	泥	蟹	海	一	開	上	泥	之

文獻通假 3 次，如：《書·君陳》："必有忍其乃有濟。"《國語·周語中》引《書》曰："必有忍也，若能有濟也。"

頁碼		反切	中古音韻地位						上古音	
34	能	奴登切	泥	曾	登	一	開	平	泥	蒸
	而	如之切	日	止	之	三	開	平	日	之

文獻通假 8 次，如：《易·屯》："宜建侯而不寧。"《釋文》："鄭讀而曰能。"

頁碼		反切	中古音韻地位						上古音	
34	能	奴登切	泥	曾	登	一	開	平	泥	蒸
	耐	奴代切	泥	蟹	代	一	開	去	泥	之

文獻通假 9 次，如：《穀梁傳·成公七年》："非人之所能也。"《釋文》："'能'亦作'耐'。"

頁碼		反切	中古音韻地位						上古音	
35	能	奴登切	泥	曾	登	一	開	平	泥	蒸
	台	與之切	以	止	之	三	開	平	餘	之

文獻通假 2 次，如：《史記·天官書》："名曰三能。"《索隱》"三能"作"三台"。

頁碼		反切	中古音韻地位						上古音	
35	乃	奴亥切	泥	蟹	海	一	開	上	泥	之
	仍	如乘切	日	曾	蒸	三	開	平	日	蒸

文獻通假 4 次，如：《周禮・春官・司几筵》："凶事仍几。"鄭注："《故書》'仍'爲'乃'。鄭司農云：'乃讀爲仍。'"

頁碼		反切	中古音韻地位						上古音	
35	乃	奴亥切	泥	蟹	海	一	開	上	泥	之
	扔	如乘切	日	曾	蒸	三	開	平	日	蒸

文獻通假 2 次，如：《老子》三十八章："則攘臂而扔之。"漢帛書甲本、乙本"扔"作"乃"。

頁碼		反切	中古音韻地位						上古音	
37	仍	如乘切	日	曾	蒸	三	開	平	日	蒸
	廼	奴亥切	泥	曾	海	一	開	平	泥	之

文獻通假 1 次：《説文》："'廼'讀若'仍'。"

頁碼		反切	中古音韻地位						上古音	
37	仍	如乘切	日	曾	蒸	三	開	平	日	蒸
	耳	而止切	日	止	止	三	開	上	日	之

文獻通假 1 次：《漢書・惠帝紀》："及内外公孫耳孫。"顔注："據《爾雅》：'昆孫之子爲仍孫。''仍''耳'聲相近，蓋一號也。"

頁碼		反切	中古音韻地位						上古音	
43	繒	疾陵切	從	曾	蒸	三	開	平	從	蒸
	緇	側持切	莊	止	之	三	開	平	莊	之

文獻通假 1 次：《爾雅・釋天》："緇廣充幅長尋曰旐。"《公羊傳・宣公十二年》何注引"緇"作"繒"。

頁碼		反切	中古音韻地位						上古音	
44	倗	步崩切	並	曾	登	一	開	平	並	蒸
	陪	薄回切	並	蟹	灰	一	合	平	並	之

文獻通假 1 次：《説文・人部》："'倗'讀若'陪位'。"

頁碼		反切	中古音韻地位						上古音	
45	馮	扶冰切	並	曾	蒸	三	開	平	並	蒸
	每	武罪切	明	蟹	賄	一	合	上	明	之

文獻通假 2 次，如：《史記・伯夷列傳》："衆庶馮生。"《索隱》："'馮'，鄒誕生作'每'。"

頁碼	反切		中古音韻地位						上古音	
376	疑	語其切	疑	止	之	三	開	平	疑	之
	凝	魚陵切	疑	曾	蒸	三	開	平	疑	蒸

文獻通假 8 次，如：《易·坤》："陰疑於陽必戰。"《釋文》："'疑'，荀虞姚信蜀才本作'凝'。"

頁碼	反切		中古音韻地位						上古音	
377	擬	魚紀切	疑	止	止	三	開	上	疑	之
	凝	魚陵切	疑	曾	蒸	三	開	平	疑	蒸

文獻通假 1 次：《易·鼎》："君子以正位凝命。"《釋文》："'凝'，翟作'擬'。"

頁碼	反切		中古音韻地位						上古音	
377	凝	魚陵切	疑	曾	蒸	三	開	平	疑	蒸
	嶷	語其切	疑	止	之	三	開	平	疑	之

文獻通假 1 次：《楚辭·大招》："天白顥顥，寒凝凝只。"《考異》："'凝'一本及《釋文》並作'嶷'。"

頁碼	反切		中古音韻地位						上古音	
404	志	職吏切	章	止	志	三	開	去	章	之
	承	署陵切	禪	曾	蒸	三	開	平	禪	蒸

文獻通假 1 次：《禮記·孔子閒居》："弟子敢不承乎？"《孔子家語·論禮》作"弟子敢不志之"。

（二）之部—文部（11 組）

頁碼	反切		中古音韻地位						上古音	
38	卺	居隱切	見	臻	隱	三	開	上	見	文
	己	居理切	見	止	止	三	開	上	見	之

文獻通假 1 次：《說文·己部》："'卺'讀若《詩》云'赤舄己己'。"

頁碼	反切		中古音韻地位						上古音	
124	訢	許斤切	曉	臻	欣	三	開	平	曉	文
	熹	許其切	曉	止	之	三	開	平	曉	之

文獻通假 1 次：《禮記·樂記》："天地訢合。"鄭注："'訢'讀爲'熹'。"

頁碼		反切	中古音韻地位						上古音	
124	祈	渠希切	群	止	微	三	開	平	群	文
	祺	渠之切	群	止	之	三	開	平	群	之

文獻通假 1 次：《史記·仲尼弟子列傳》："榮旂字子祈。"《增修登州府志》引《孔子家語·七十二弟子》"子祈"作"子祺"。

頁碼		反切	中古音韻地位						上古音	
126	睯	魚紀切	疑	止	止	三	開	上	疑	之
	存	徂尊切	從	臻	魂	一	合	平	從	文

文獻通假 1 次：《說文·孨部》："'睯'，讀若'薿'，'薿'，一曰若'存'。"

頁碼		反切	中古音韻地位						上古音	
380	旗	渠之切	群	止	之	三	開	平	群	之
	旂	渠希切	群	止	微	三	開	平	群	文

文獻通假 3 次，如：《禮記·月令》："載青旂。"《淮南子·時則訓》"旂"作"旗"。

頁碼		反切	中古音韻地位						上古音	
380	期	渠之切	群	止	之	三	開	平	群	之
	勤	巨斤切	群	臻	欣	三	開	平	群	文

文獻通假 1 次：《禮記·射義》："旄期稱道不亂者。"鄭注："'旄期'或爲'旄勤'。"《詩·大雅·行葦》《毛傳》引"期"作"勤"。

頁碼		反切	中古音韻地位						上古音	
407	等	多改切	端	蟹	海	一	開	上	端	之
	典	多殄切	端	山	銑	四	開	上	端	文

文獻通假 1 次：《易·繫辭上》："而行其典禮。"《釋文》："'典禮'，京作'等禮'。"

頁碼		反切	中古音韻地位						上古音	
418	紂	側持切	莊	止	之	三	開	平	莊	之
	純	常倫切	禪	臻	諄	三	合	平	禪	文

文獻通假 1 次：《禮記·檀弓上》："爵弁絰紂衣。"《釋文》："'紂'又作'純'。"《白虎通·崩薨》引"紂"作"純"。

頁碼		反切	中古音韻地位						上古音	
423	緇	側持切	莊	止	之	三	開	平	莊	之
	純	常倫切	禪	臻	諄	三	合	平	禪	文

文獻通假4次，如：《周禮·地官·媒氏》："純帛無過五兩。"鄭注："'純'實'緇'字也。"

頁碼		反切	中古音韻地位						上古音	
442	敏	眉殞切	明	臻	軫	三	開	上	明	之
	閔	眉殞切	明	臻	軫	三	開	上	明	文

文獻通假1次：《左傳·莊公十二年》："閔公捷。"《中論·法象》"閔"作"敏"。

頁碼		反切	中古音韻地位						上古音	
734	龜	居求切	見	止	脂	三	合	平	見	之
	皸	舉云切	見	臻	文	三	合	平	見	文

文獻通假1次：《莊子·逍遥遊》："宋人有善爲不龜手之藥者。"《衆經音義》十一："通俗文；手足坼裂曰皸。經文或作龜坼。"下引《莊子》此文爲證。

（三）之部—真部（3組）

頁碼		反切	中古音韻地位						上古音	
389	嘻	許其切	曉	止	之	三	開	平	曉	之
	顖	息晋切	心	臻	震	三	開	去	心	真

文獻通假1次：《大戴禮·本命》："三年嘻合，然後能言。"《説苑·辨物》"嘻"作"顖"。

頁碼		反切	中古音韻地位						上古音	
411	司	息兹切	心	止	之	三	開	平	心	之
	申	失人切	書	臻	真	三	開	平	書	真

文獻通假5次：《莊子·大宗師》："申徒狄。"《釋文》："崔本作'司徒狄'。"

頁碼		反切	中古音韻地位						上古音	
417	䏤	踈吏切	生	止	志	三	開	去	山	之
	迅	息晋切	心	臻	震	三	開	去	心	真

文獻通假1次：《説文·囟部》："'䏤'讀若'迅'。"

（四）之部—東部（3組）

頁碼		反切	中古音韻地位						上古音	
14	艐	祖叢切	精	通	東	一	合	平	精	東
	䔏	阻史切	莊	止	止	三	開	上	莊	之

文獻通假1次：《説文·舟部》："'艐'，讀若'䔏'。"

頁碼		反切	中古音韻地位						上古音	
24	茸	而容切	日	通	鍾	三	合	平	日	東
	佴	仍吏切	日	止	志	三	開	去	日	之

文獻通假 1 次：《文選》司馬子長《報任少卿書》："而僕又佴之蠶室。"李注："'佴'，今諸本作'茸'字。"

頁碼		反切	中古音韻地位						上古音	
348	冢	知隴切	知	通	腫	三	合	上	端	東
	宰	作亥切	精	蟹	海	一	開	上	精	之

文獻通假 1 次：《公羊傳·僖公三十三年》："若爾之年者，宰上之木拱矣。"《穀梁傳》"宰"作"冢"。《文選》江淹詩，李注引"宰"作"冢"。

（五）之部—耕部（3 組）

頁碼		反切	中古音韻地位						上古音	
66	渻	息井切	心	梗	静	三	開	上	山	耕
	阯	諸市切	章	止	止	三	開	上	章	之

文獻通假 1 次：《爾雅·釋丘》："水出其前，渻丘。"《釋名·釋丘》"渻丘"作"阯丘"。

頁碼		反切	中古音韻地位						上古音	
69	蚩	赤之切	昌	止	之	三	開	平	昌	之
	騁	丑郢切	徹	梗	静	三	開	上	透	耕

文獻通假 1 次：《説文·虫部》："'蚩'讀若'騁'。"

頁碼		反切	中古音韻地位						上古音	
375	樸	古莖切	見	梗	耕	二	開	平	見	耕
	耟	詳里切	邪	止	止	三	開	上	邪	之

文獻通假 1 次：《吕氏春秋·爲欲》："樸爲煩辱。"高注："'樸'，古'耟'字。""耟"原誤作"耕"，依王念孫校改。

（六）之部—元部（2 組）

頁碼		反切	中古音韻地位						上古音	
227	曼	無販切	明	山	願	三	合	去	明	元
	母	莫厚切	明	流	厚	一	開	上	明	之

文獻通假 1 次：《漢書·高帝紀》："與其將曼丘臣、王黃共立故趙後趙利爲王。"顏注："'曼丘'、'母丘'本一姓也，語有緩急耳。"

頁碼		反切	中古音韻地位						上古音	
442	敏	眉殞切	明	臻	軫	三	開	上	明	之
	繁	附袁切	並	山	元	三	合	平	並	元

文獻通假 1 次：《荀子·富國》："直將巧繁拜請而畏事之。"《韓詩外傳》六"繁"作"敏"。

（七）之部—談部（2 組）

頁碼		反切	中古音韻地位						上古音	
263	財	昨哉切	從	蟹	咍	一	開	平	從	之
	纔	所銜切	生	咸	銜	二	開	平	山	談

文獻通假 7 次，如：《漢書·李陵傳》："財令陵爲助兵。"顔注："'財'與'纔'同。"

頁碼		反切	中古音韻地位						上古音	
263	裁	昨哉切	從	蟹	咍	一	開	平	從	之
	纔	所銜切	生	咸	銜	二	開	平	山	談

文獻通假 4 次，如：《漢書·高惠高后文功臣表》："裁什二三。"顔注："'裁'與'纔'同。"

（八）之部—陽部（1 組）

頁碼		反切	中古音韻地位						上古音	
312	方	府良切	幫	宕	陽	三	開	平	幫	陽
	負	房久切	並	流	有	三	開	上	並	之

文獻通假 1 次：《書·堯典》："方命圮族。"《史記·五帝本紀》作"負命毀族"。《吳越春秋·越無餘傳》引同。

第二節　職　部

在本書研究範圍內，職部共通假 378 組。其中，同部通假 226 組，異部通假 152 組。在異部通假中，職部與陰聲韻共通假 88 組，與入聲韻共通假 51 組，與陽聲韻共通假 13 組。具體情況如下：

表 1–5　職部通假情況匯總表

通假類型			通假頻次（組）		
同部通假		職—職	226		
異部通假	陰聲韻	職—之	58	88	378
		職—幽	9	152	

通假類型			通假頻次（組）			
		職—侯	6			
		職—魚	5			
		職—脂	3			
		職—歌	3			
		職—支	2			
		職—微	2			
	入聲韻	職—質	20	51		
		職—覺	10			
		職—鐸	6			
		職—緝	5			
		職—錫	5			
		職—月	3			
		職—葉	2			
	陽聲韻	職—侵	4	13		
		職—文	3			
		職—蒸	2			
		職—元	1			
		職—東	1			
		職—陽	1			
		職—冬	1			

一、職部和陰聲韻通假關係舉證

表 1–6　職部和陰聲韻通假情況表（組）

	之部	幽部	侯部	魚部	脂部	歌部	支部	微部	合計
職部	58	9	6	5	3	3	2	2	89

（一）職部—之部（58 組）

本書在之部已作論述，本節省略。

（二）職部—幽部（9組）

頁碼		反切	中古音韻地位						上古音	
424	謖	所六切	生	通	屋	三	合	入	山	職
	休	許尤切	曉	流	尤	三	開	平	曉	幽

文獻通假2次，如：《儀禮・士虞禮》："祝入尸謖。"鄭注："古文'謖'或爲'休'。"

頁碼		反切	中古音韻地位						上古音	
440	服	房六切	並	通	屋	三	合	入	並	職
	保	博抱切	幫	效	晧	一	開	上	幫	幽

文獻通假1次：《老子》："保此道者，不欲盈。"《淮南子・道應訓》《文子・十守》引"保"作"服"。

頁碼		反切	中古音韻地位						上古音	
440	備	平祕切	並	止	至	三	開	去	並	職
	葆	博抱切	幫	效	晧	一	開	上	幫	幽

文獻通假1次：《山海經・大荒南經》："又有登備之山。"《海外西經》"登備"作"登葆"。

頁碼		反切	中古音韻地位						上古音	
441	伏	扶富切	並	流	宥	三	開	去	並	職
	包	布交切	幫	效	肴	二	開	平	幫	幽

文獻通假2次，如：《易・繫辭下》："古者包犧氏之王天下也。"《釋文》："包孟京作'伏'。"《白虎通・聖人》《風俗通・皇霸》引作"伏羲氏"。

頁碼		反切	中古音韻地位						上古音	
443	牧	莫六切	明	通	屋	三	合	入	明	職
	牡	莫厚切	明	流	厚	一	開	上	明	幽

文獻通假1次：《詩・魯頌・駉》："駉駉牡馬。"《釋文》："'牡馬'本或作'牧馬'。"《正義》曰："定本'牡馬'作'牧馬'。"《顏氏家訓・書證》："駉駉牡馬。"河北本作"牡馬"。

頁碼		反切	中古音韻地位						上古音	
592	虙	房六切	並	通	屋	三	合	入	並	職
	庖	薄交切	並	效	肴	二	開	平	並	幽

文獻通假1次：《管子・封禪》："虙義。"《列子・黃帝》作"庖犧"。

頁碼		反切	中古音韻地位						上古音	
592	虙	房六切	並	通	屋	三	合	入	並	職
	炮	薄交切	並	效	肴	二	開	平	並	幽

文獻通假 1 次：《管子·封禪》："虙羲。"《漢書·律曆志》下作"炮犧"。

頁碼		反切	中古音韻地位						上古音	
720	醜	昌九切	昌	流	有	三	開	上	昌	幽
	奭	施隻切	書	梗	昔	三	開	入	書	職

文獻通假 2 次，如：《書·君奭》《顧命》："（召公）奭。"《説文·皕部》引《史篇》作"名醜"。

頁碼		反切	中古音韻地位						上古音	
763	包	布交切	幫	效	肴	二	開	平	幫	幽
	虙	房六切	並	通	屋	三	合	入	並	職

文獻通假 1 次：《易·繫辭上》："古者包羲氏之王天下也。"《説文·大部》"䨅"下引作"虙羲氏"。

（三）職部—侯部（6 組）

頁碼		反切	中古音韻地位						上古音	
327	嵎	遇俱切	疑	遇	虞	三	合	平	疑	侯
	郁	於六切	影	通	屋	三	合	入	影	職

文獻通假 2 次，如：《史記·五帝本紀》："居郁夷。"《集解》："《尚書》作'嵎夷'。"

頁碼		反切	中古音韻地位						上古音	
361	騶	側鳩切	莊	流	尤	三	開	平	莊	侯
	匿	女力切	泥	曾	職	三	開	入	泥	職

文獻通假 1 次：《説文·匚部》："'匿'讀如'羊騶箠'。"

頁碼		反切	中古音韻地位						上古音	
366	跗	甫無切	幫	遇	虞	三	合	平	幫	侯
	幅	方六切	幫	通	屋	三	合	入	幫	職

文獻通假 1 次：《左傳·成公十六年》："有韎韋之跗注。"《正義》："鄭以跗當爲幅。"

頁碼		反切	中古音韻地位						上古音	
367	袝	符遇切	並	遇	遇	三	合	去	並	侯
	備	平祕切	並	止	至	三	開	去	並	職

文獻通假 1 次：《禮記·曾子問》："殤不祔祭。"鄭注："祔當爲備，聲之誤也。"《通典·禮二十》引祔作備。

頁碼		反切	中古音韻地位						上古音	
382	亟	紀力切	見	曾	職	三	開	入	見	職
	苟	古厚切	見	流	厚	一	開	上	見	侯

文獻通假 2 次，如：《爾雅·釋詁下》："亟，遄速也。"《釋文》："'亟'字又作'苟'。"

頁碼		反切	中古音韻地位						上古音	
386	苟	古厚切	見	流	厚	一	開	上	見	侯
	則	子德切	精	曾	德	一	開	入	精	職

文獻通假 1 次：《左傳·僖公七年》："心則不競。"《論衡·過譽》引"則"作"苟"。

（四）職部—魚部（5 組）

頁碼		反切	中古音韻地位						上古音	
373	蟈	古獲切	見	梗	麥	二	合	入	見	職
	蛄	古胡切	見	遇	模	一	合	平	見	魚

文獻通假 1 次：《禮記·月令》："螻蟈鳴。"《易緯·通卦驗》作"螻蛄鳴"。

頁碼		反切	中古音韻地位						上古音	
411	熾	昌志切	昌	止	志	三	開	去	昌	職
	處	昌與切	昌	遇	語	三	合	上	昌	魚

文獻通假 1 次：《詩·小雅·十月之交》："艷妻煽方處。"《釋文》："'處'一本作'熾'。"

頁碼		反切	中古音韻地位						上古音	
438	福	方六切	幫	通	屋	三	合	入	幫	職
	斧	方矩切	幫	遇	麌	三	合	上	幫	魚

文獻通假 1 次：《易·晉》："受茲介福于其王母。"漢帛書本"福"作"斧"。

頁碼		反切	中古音韻地位						上古音	
440	服	房六切	並	通	屋	三	合	入	並	職
	夫	甫無切	幫	遇	虞	三	合	平	幫	魚

文獻通假 1 次：《史記·伍子胥列傳》："敗越於夫湫。"《左傳·昭公三年》作"子服椒"，《昭公十三年》作"子服湫"。

頁碼		反切	中古音韻地位						上古音	
440	備	平祕切	並	止	至	三	開	去	並	職
	布	博故切	幫	遇	暮	一	合	去	幫	魚

文獻通假 1 次：《穀梁傳·襄公二十四年》："百官布而不制。"《後漢書·樊宏傳》"布"作"備"。

（五）職部—脂部（3 組）

頁碼		反切	中古音韻地位						上古音	
412	弋	與職切	以	曾	職	三	開	入	餘	職
	瞖	於計切	影	蟹	霽	四	開	去	影	脂

文獻通假 1 次：《禮記·月令》："羅罔畢瞖。"鄭注："今《月令》'瞖'爲'弋'。"《呂氏春秋·季春紀》《淮南子·時則訓》"瞖"作"弋"。

頁碼		反切	中古音韻地位						上古音	
413	忒	他德切	透	曾	德	一	開	入	透	職
	涕	他計切	透	蟹	霽	四	開	去	透	脂

文獻通假 1 次：《書·洪範》："衍忒。"《史記》"忒"作"涕"。

頁碼		反切	中古音韻地位						上古音	
414	式	賞職切	書	曾	職	三	開	入	書	職
	視	承矢切	禪	止	旨	三	開	上	禪	脂

文獻通假 2 次，如：《漢書·古今人表》："衛視夷。"顏注："即'式夷'也，見《呂氏春秋》。"

（六）職部—歌部（3 組）

頁碼		反切	中古音韻地位						上古音	
371	郁	於六切	影	通	屋	三	合	入	影	職
	倭	於爲切	影	止	支	三	合	平	影	歌

文獻通假 1 次：《詩·小雅·四牡》："周道倭遲。"《漢書·地理志》引"倭遲"作"郁夷"。

頁碼		反切	中古音韻地位						上古音	
439	疈	芳逼切	滂	曾	職	三	開	入	滂	職
	罷	符羈切	並	止	支	三	開	平	並	歌

文獻通假 1 次：《周禮·春官·大宗伯》："以疈辜祭四方百物。"鄭注："《故書》'疈'爲'罷'。"《周禮·秋官·犬人》鄭注引"疈"作"罷"。

頁碼		反切	中古音韻地位						上古音	
440	備	平祕切	並	止	至	三	開	去	並	職
	被	皮彼切	並	止	紙	三	開	上	並	歌

文獻通假 1 次：《老子》五十章："入軍不被甲兵。"《韓非子·解老》引"被"作"備"。

（七）職部—支部（2 組）

頁碼		反切	中古音韻地位						上古音	
411	識	賞職切	書	曾	職	三	開	入	書	職
	呰	即移切	精	止	支	三	開	平	精	支

文獻通假 1 次：《韓非子·説疑》："董不識。"《戰國策·齊策》《漢書·古今人表》作"東不呰"。

頁碼		反切	中古音韻地位						上古音	
467	褫	直離切	澄	止	支	三	開	平	定	支
	挩	古獲切	見	梗	麥	二	合	入	見	職

文獻通假 1 次：《易·訟》："或錫之鞶帶，終朝三褫之。"漢帛書本"褫"作"挩"。

（八）職部—微部（2 組）

頁碼		反切	中古音韻地位						上古音	
372	或	胡國切	匣	曾	德	一	合	入	匣	職
	威	於非切	影	止	微	三	合	平	影	微

文獻通假 1 次：《莊子·庚桑楚》："一雀適羿，羿必得之，威也。"《釋文》："'威'，崔本作'或'。"

頁碼		反切	中古音韻地位						上古音	
440	菔	房六切	並	通	屋	三	合	入	並	職
	萉	扶沸切	並	止	未	三	合	去	並	微

文獻通假 1 次：《爾雅·釋草》："葖，蘆萉。"郭注："'萉'宜爲'菔'。"《後漢書·劉盆子傳》李注引"蘆萉"作"蘆菔"。

二、職部和其他入聲韻通假關係舉證

表 1–7　職部和入聲韻通假頻次表（組）

	質部	覺部	鐸部	緝部	錫部	月部	葉部	合計
職部	20	10	6	5	5	3	2	51

（一）職部—質部（20 組）

頁碼		反切	中古音韻地位						上古音	
373	淢	雨逼切	云	曾	職	三	合	入	匣	職
	洫	況逼切	曉	曾	職	三	合	入	曉	質

文獻通假 3 次，如：《詩·大雅·文王有聲》："築城伊淢。"《釋文》："'淢'字又作'洫'。"

頁碼		反切	中古音韻地位						上古音	
386	棘	紀力切	見	曾	職	三	開	入	見	職
	戛	古黠切	見	山	黠	二	開	入	見	質

文獻通假 1 次：《説文·戈部》："'戛'讀若'棘'。"

頁碼		反切	中古音韻地位						上古音	
409	置	陟吏切	知	止	志	三	開	去	端	職
	實	神質切	船	臻	質	三	開	入	船	質

文獻通假 2 次，如：《莊子·外物》："草木之到植者過半。"《釋文》："'植'本亦作'置'。"

頁碼		反切	中古音韻地位						上古音	
410	置	陟吏切	知	止	志	三	開	去	端	職
	致	陟利切	知	止	至	三	開	去	端	質

文獻通假 2 次，如：《國語·晋語八》："置茆蕝。"《説文·艸部》"蕝"下引"置"作"致"。

頁碼		反切	中古音韻地位						上古音	
411	㦜	之翼切	章	曾	職	三	開	入	章	職
	昵	尼質切	泥	臻	質	三	開	入	泥	質

文獻通假 1 次：《周禮·考工記·弓人》："凡昵之類，不能方。"鄭注："《故書》'昵'或作'㦜'。杜子春云：'㦜讀爲不義不昵之昵。'"

頁碼		反切	中古音韻地位						上古音	
411	㦜	之翼切	章	曾	職	三	開	入	章	職
	翲	尼質切	泥	臻	質	三	開	入	泥	質

文獻通假 1 次：《周禮·考工記·弓人》："凡昵之類，不能方。"鄭注："《故書》'昵'或作'㦜'。杜子春云：'㦜或爲翲。'"

頁碼		反切	中古音韻地位						上古音	
413	代	徒耐切	定	蟹	代	一	開	去	定	職
	迭	徒結切	定	山	屑	四	開	入	定	質

文獻通假 2 次：《禮記·樂記》：“五者皆亂迭相陵，謂之慢。”《説苑·修文》“迭”作“代”。

頁碼		反切	中古音韻地位						上古音	
415	食	乘力切	船	曾	職	三	開	入	船	職
	實	神質切	船	臻	質	三	開	入	船	質

文獻通假 1 次：《詩·大雅·生民》：“以就口食。”劉賡《稽瑞》引《毛詩》“食”作“實”。

頁碼		反切	中古音韻地位						上古音	
416	飾	賞職切	書	曾	職	三	開	入	書	職
	節	子結切	精	山	屑	四	開	入	精	質

文獻通假 1 次：《禮記·玉藻》：“童子之節也。”《儀禮·士冠禮》鄭注引“節”作“飾”。

頁碼		反切	中古音韻地位						上古音	
425	則	子德切	精	曾	德	一	開	入	精	職
	即	子力切	精	曾	職	三	開	入	精	質

文獻通假 25 次，如：《易·蒙》：“再三瀆，瀆則不告。”漢帛書本“則”作“即”。

頁碼		反切	中古音韻地位						上古音	
425	惻	初力切	初	曾	職	三	開	入	初	職
	即	子力切	精	曾	職	三	開	入	精	質

文獻通假 1 次：《楚辭·九歎》：“即聽夫人之諛辭。”《考異》：“‘即’一作‘惻’。”

頁碼		反切	中古音韻地位						上古音	
426	賊	昨則切	從	曾	德	一	開	入	從	職
	即	子力切	精	曾	職	三	開	入	精	質

文獻通假 1 次：《呂氏春秋·審分覽》：“陳成常果攻宰予於庭。即簡公於廟。”《説苑·正諫》“即”作“賊”。

頁碼		反切	中古音韻地位						上古音	
441	伏	扶富切	並	流	宥	三	開	去	並	職
	宓	彌畢切	明	臻	質	三	開	入	明	質

文獻通假 4 次，如：《漢書·藝文志》：“宓戲氏仰觀象於天。”顏注：“‘宓’讀與‘伏’同。”

頁碼		反切	中古音韻地位						上古音	
486	懿	乙冀切	影	止	至	三	開	去	影	質
	抑	於力切	影	曾	職	三	開	入	影	職

文獻通假 1 次：《國語·楚語上》：“於是乎作《懿》戒以自儆也。”韋注：“昭謂《懿》詩，《大雅·抑》之篇也，‘懿’讀之曰‘抑’。”

頁碼		反切	中古音韻地位						上古音	
519	屆	古拜切	見	蟹	怪	二	開	去	見	質
	誡	古拜切	見	蟹	怪	二	開	去	見	職

文獻通假 1 次：《詩·小雅·采薇》：“君子所屆。”《晏子春秋·諫上》引“屆”作“誡”。

頁碼		反切	中古音韻地位						上古音	
552	暱	尼質切	泥	臻	質	三	開	入	泥	職
	黏	尼質切	泥	臻	質	三	開	入	泥	質

文獻通假 1 次：《左傳·隱公元年》：“不義不暱。”《説文·黍部》黏下引“暱”作“黏”。

頁碼		反切	中古音韻地位						上古音	
564	騭	竹力切	端	曾	職	三	開	入	端	職
	郅	之日切	章	臻	質	三	開	入	章	質

文獻通假 1 次：《説文·馬部》：“‘騭’讀若‘郅’。”

頁碼		反切	中古音韻地位						上古音	
591	宓	彌畢切	明	臻	質	三	開	入	明	質
	虑	房六切	並	通	屋	三	合	入	並	職

文獻通假 7 次，如：《楚辭·離騷》：“求宓妃之所在。”《考異》：“‘宓’一作‘虑’。”《史記·司馬相如列傳》：“若夫青琴、宓妃之徒。”

頁碼		反切	中古音韻地位						上古音	
592	嬎	平祕切	並	止	至	三	開	去	並	質
	處	房六切	並	通	屋	三	合	入	並	職

文獻通假 1 次：《説文·亢部》："'嬎'讀若'易處羲氏'。"

頁碼		反切	中古音韻地位						上古音	
891	暱	尼質切	泥	臻	質	三	開	入	泥	職
	昵	尼質切	泥	臻	質	三	開	入	泥	質

文獻通假 8 次，如：《左傳·僖公二十四年》："昵近尊賢。"《文選·宣德皇后令》李注引"暱"作"昵"。

（二）職部—覺部（10 組）

頁碼		反切	中古音韻地位						上古音	
373	閾	況逼切	曉	曾	職	三	合	入	曉	職
	蹙	子六切	精	通	屋	三	合	入	清	覺

文獻通假 4 次，如：《儀禮·聘禮》："擯者立於閾外。"鄭注："古文'閾'爲'蹙'。"

頁碼		反切	中古音韻地位						上古音	
411	熾	昌志切	昌	止	志	三	開	去	昌	職
	俶	昌六切	昌	通	屋	三	合	入	昌	覺

文獻通假 2 次，如：《詩·周頌·載芟》："俶載南畝。"鄭箋："'俶載'當作'熾菑'。"

頁碼		反切	中古音韻地位						上古音	
424	稷	子力切	精	曾	職	三	開	入	精	職
	肅	息逐切	心	通	屋	三	合	入	心	覺

文獻通假 3 次，如：《書序》："肅慎來賀。"《逸周書·王會解》"肅慎"作"稷慎"。

頁碼		反切	中古音韻地位						上古音	
429	息	相即切	心	曾	職	三	開	入	心	職
	肅	息逐切	心	通	屋	三	合	入	心	覺

文獻通假 1 次：《書序》："肅慎來賀。"《釋文》："'肅慎'，馬本作'息慎'。"《史記·周本紀》"肅慎"作"息慎"。

頁碼		反切	中古音韻地位						上古音	
439	輻	方六切	幫	通	屋	三	合	入	幫	職
	輹	方六切	幫	通	屋	三	合	入	幫	覺

文獻通假 3 次，如：《易·大壯》：“于大輿之輹。”《釋文》：“‘輹’本又作‘輻’。”

頁碼		反切	中古音韻地位						上古音	
440	服	房六切	並	通	屋	三	合	入	並	職
	復	房六切	並	通	屋	三	合	入	並	覺

文獻通假 4 次，如：《書·召誥》：“自服於土中。”《文選·西征賦》李注引“服”作“復”。

頁碼		反切	中古音韻地位						上古音	
440	腹	方六切	幫	通	屋	三	合	入	幫	覺
	輹	房六切	並	通	屋	三	合	入	並	職

文獻通假 1 次：《爾雅·釋詁上》：“服，事也。”《釋文》：“‘服’本或作‘輹’。”

頁碼		反切	中古音韻地位						上古音	
440	備	平祕切	並	止	至	三	開	去	並	職
	復	房六切	並	通	屋	三	合	入	並	覺

文獻通假 2 次，如：《儀禮·特牲饋食禮》：“尸備答拜焉。”鄭注：“古文‘備’爲‘復’。”

頁碼		反切	中古音韻地位						上古音	
441	伏	扶富切	並	流	宥	三	開	去	並	職
	復	房六切	並	通	屋	三	合	入	並	覺

文獻通假 1 次：《左傳·哀公十二年》：“火伏而後蟄者畢。”《中論·曆數》引“伏”作“復”。

頁碼		反切	中古音韻地位						上古音	
747	戚	倉歷切	清	梗	錫	四	開	入	清	覺
	伐	恥力切	徹	曾	職	三	開	入	透	職

文獻通假 1 次：《國語·吳語》：“於其心也戚然。”《説文·人部》引“戚”作“伐”。

（三）職部—鐸部（6 組）

頁碼		反切	中古音韻地位						上古音	
386	棘	紀力切	見	曾	職	三	開	入	見	職
	戟	几劇切	見	梗	陌	三	開	入	見	鐸

文獻通假 1 次：《説文·戈部》：“‘戟’讀若‘棘’。”

頁碼		反切	中古音韻地位						上古音	
426	塞	蘇則切	心	曾	德	一	開	入	心	職
	釋	施隻切	書	梗	昔	三	開	入	書	鐸

文獻通假 2 次，如：《漢書·張騫李廣利傳》："西擊塞王。"顏注："'塞''釋'聲相近，本一姓耳。"

頁碼		反切	中古音韻地位						上古音	
439	偪	彼側切	幫	曾	職	三	開	入	幫	職
	傅	方遇切	幫	遇	遇	三	合	去	幫	鐸

文獻通假 3 次，如：《左傳·襄公十年》："遂滅偪陽。"《公羊傳》同。《穀梁傳》"偪陽"作"傅陽"。

頁碼		反切	中古音韻地位						上古音	
911	奭	施隻切	書	梗	昔	三	開	入	書	職
	郝	施隻切	書	梗	昔	三	開	入	書	鐸

文獻通假 3 次，如：《說文·皕部》："'奭'讀若'郝'。"

頁碼		反切	中古音韻地位						上古音	
911	奭	施隻切	書	梗	昔	三	開	入	書	職
	赫	呼格切	曉	梗	陌	二	開	入	曉	鐸

文獻通假 1 次，如：《爾雅·釋訓》："赫赫，迅也。"《釋文》："'赫'，舍人本作'奭'。"

頁碼		反切	中古音韻地位						上古音	
911	奭	施隻切	書	梗	昔	三	開	入	書	職
	螫	施隻切	書	梗	昔	三	開	入	書	鐸

文獻通假 1 次：《史記·魏其武安侯列傳》："有如兩宮螫將軍。"《索隱》："'螫'，《漢書》作'奭'。'奭'即'螫'字。"

（四）職部—緝部（5 組）

頁碼		反切	中古音韻地位						上古音	
375	翼	與職切	以	曾	職	三	開	入	餘	職
	翌	與職切	以	曾	職	三	開	入	餘	緝

文獻通假 7 次，如：《書·武成》："越翼日癸巳。"《漢書·律曆志》引《武成》曰："若翌日癸巳。"《逸周書·世俘解》曰："若翌丁巳。"

頁碼		反切	中古音韻地位						上古音	
376	挹	伊入切	影	深	緝	三	開	入	影	緝
	抑	於力切	影	曾	職	三	開	入	影	職

文獻通假 1 次：《韓詩外傳》三：“持滿之道抑而損。”《説苑·敬慎》“抑”作“挹”。

頁碼		反切	中古音韻地位						上古音	
383	戒	古拜切	見	蟹	怪	二	開	去	見	職
	急	居立切	見	深	緝	三	開	入	見	緝

文獻通假 1 次：《詩·小雅·六月》：“我是用急。”《鹽鐵論·繇役》引“急”作“戒”。

頁碼		反切	中古音韻地位						上古音	
553	内	奴對切	泥	蟹	隊	一	合	去	泥	緝
	朒	女六切	泥	通	屋	三	合	入	泥	職

文獻通假 1 次：《楚辭·大招》：“内鶬鴿鵠，味豺羹只。”《考異》：“‘内’一作‘朒’。”

頁碼		反切	中古音韻地位						上古音	
701	挹	伊入切	影	深	緝	三	開	入	影	緝
	抑	於力切	影	曾	職	三	開	入	影	職

文獻通假 1 次：《韓詩外傳》三：“持滿之道抑而損。”《淮南子·道應訓》“抑”作“挹”。

（五）職部—錫部（5 組）

頁碼		反切	中古音韻地位						上古音	
375	翼	與職切	以	曾	職	三	開	入	餘	職
	翮	下革切	匣	梗	麥	二	開	入	匣	錫

文獻通假 1 次：《禮記·樂記》：“羽翼奮。”《史記·樂書》“翼”作“翮”。

頁碼		反切	中古音韻地位						上古音	
384	核	下革切	匣	梗	麥	二	開	入	匣	職
	覈	下革切	匣	梗	麥	二	開	入	匣	錫

文獻通假 3 次，如：《詩·小雅·賓之初筵》：“殽核維旅。”《文選·典引》蔡注引“核”作“覈”。

頁碼		反切	中古音韻地位						上古音	
385	革	古核切	見	梗	麥	二	開	入	見	職
	鬲	古核切	見	梗	麥	二	開	入	見	錫

文獻通假 1 次：《國語·晉語一》：“膠鬲。”《路史·國名紀六》作“膠革”。

頁碼		反切	中古音韻地位						上古音	
386	棘	紀力切	見	曾	職	三	開	入	見	職
	翮	下革切	匣	梗	麥	二	開	入	匣	錫

文獻通假 1 次：《墨子·耕柱》：“三棘六異。”《史記·楚世家》：“吞三翮六翼。”

頁碼		反切	中古音韻地位						上古音	
440	備	平祕切	並	止	至	三	開	去	並	職
	辟	房益切	並	梗	昔	三	開	入	並	錫

文獻通假 3 次，如：《呂氏春秋·重己》：“其爲宮室臺榭也，足以辟燥濕而已矣。”舊校云：“‘辟’一作‘備’。”

（六）職部—月部（3組）

頁碼		反切	中古音韻地位						上古音	
412	弋	與職切	以	曾	職	三	開	入	餘	職
	槷	五結切	疑	山	屑	四	開	入	疑	月

文獻通假 1 次：《周禮·考工記·匠人》：“置槷以縣。”鄭注：“《故書》‘槷’或作‘弋’。杜子春云：‘槷當爲弋。’”

頁碼		反切	中古音韻地位						上古音	
413	黓	與職切	以	曾	職	三	開	入	餘	職
	艾	魚肺切	疑	蟹	廢	三	開	去	疑	月

文獻通假 1 次：《爾雅·釋天》：“在壬曰玄黓。”《史記·曆書》“玄黓”作“橫艾”。

頁碼		反切	中古音韻地位						上古音	
440	憊	蒲拜切	並	蟹	怪	二	合	去	並	職
	獘	毗祭切	並	蟹	祭	三	開	去	並	月

文獻通假 1 次：《易·遯》：“有疾憊也。”《釋文》：“‘憊’，王肅作‘獘’。”

（七）職部—葉部（2組）

頁碼		反切	中古音韻地位						上古音	
402	力	林直切	來	曾	職	三	開	入	來	職
	協	胡頰切	匣	咸	帖	四	開	入	匣	葉

文獻通假 1 次：《書·康王之誥》：“畢協賞罰。”《尚書大傳》《白虎通·諫諍》引“協”作“力”。

頁碼		反切	中古音韻地位						上古音	
426	濇	所力切	生	曾	職	三	開	入	山	職
	翜	色立切	生	深	緝	二	開	入	山	葉

文獻通假 1 次：《説文·羽部》："'翜'讀若'濇'。"

三、職部和陽聲韻通假關係舉證

表 1–8　職部和入聲韻通假頻次表（組）

	侵部	文部	蒸部	元部	東部	陽部	冬部	合計
職部	4	3	2	1	1	1	1	13

（一）職部—侵部（4 組）

頁碼		反切	中古音韻地位						上古音	
40	枕	直稔切	澄	深	寑	三	開	上	定	侵
	植	常職切	禪	曾	職	三	開	入	禪	職

文獻通假 1 次：《禮記·月令》："具曲植籧筐。"《呂氏春秋·季春紀》"植"作"枕"。

頁碼		反切	中古音韻地位						上古音	
374	意	於記切	影	止	志	三	開	去	影	職
	暗	於金切	影	深	侵	三	開	平	影	侵

文獻通假 1 次：《史記·淮陰侯列傳》："項王喑噁叱咤。"《漢書·韓彭英盧吳傳》"喑噁"作"意烏"。

頁碼		反切	中古音韻地位						上古音	
410	戠	之翼切	章	曾	職	三	開	入	章	職
	簪	作含切	精	咸	覃	一	開	平	精	侵

文獻通假 1 次：《易·豫》："朋盍簪。"《釋文》："'簪'，虞作'戠'。"《集解》"簪"作"戠"。

頁碼		反切	中古音韻地位						上古音	
413	貸	他代切	透	蟹	代	一	開	去	透	職
	簪	作含切	精	咸	覃	一	開	平	精	侵

文獻通假 1 次：《易·豫》："朋盍簪。"《釋文》："'簪'，古文作'貸'。"

（二）職部—文部（3 組）

頁碼		反切	中古音韻地位						上古音	
118	抑	於力切	影	曾	職	三	開	入	影	職
	堙	於真切	影	臻	真	三	開	平	影	文

文獻通假 1 次：《史記·河渠書》：“禹抑洪水。”《索隱》：“‘抑’《漢書·溝洫志》作‘堙’。”

頁碼		反切	中古音韻地位						上古音	
374	意	於記切	影	止	志	三	開	去	影	職
	隱	於靳切	影	臻	焮	三	開	去	影	文

文獻通假 4 次，如：《左傳·昭公十年》：“季孫意如。”《穀梁傳》同。《公羊傳》作“季孫隱如”。

頁碼		反切	中古音韻地位						上古音	
409	德	多則切	端	曾	德	一	開	入	端	職
	典	多殄切	端	山	銑	四	開	上	端	文

文獻通假 1 次：《詩·周頌·我將》：“儀式刑文王之典。”《左傳·昭公六年》《漢書·刑法志》並引“典”作“德”。

（三）職部—蒸部（2 組）

頁碼		反切	中古音韻地位						上古音	
33	登	都縢切	端	曾	登	一	開	平	端	蒸
	得	多則切	端	曾	德	一	開	入	端	職

文獻通假 1 次：《公羊傳·隱公五年》：“登來之也。”何注：“‘登’讀言‘得’。‘得來之’者，齊人語也。”

頁碼		反切	中古音韻地位						上古音	
45	馮	扶冰切	並	曾	蒸	三	開	平	並	蒸
	伏	扶富切	並	流	宥	三	開	去	並	職

文獻通假 2 次，如：《史記·酷吏列傳》：“同車未嘗敢均茵伏。”《漢書·酷吏傳》“伏”作“馮”。

（四）職部—元部（1 組）

頁碼		反切	中古音韻地位						上古音	
182	塞	蘇則切	心	曾	德	一	開	入	心	職
	愆	去乾切	溪	山	仙	三	開	平	溪	元

文獻通假 2 次，如：《逸周書・謚法解》："典禮不愆曰戴。"《史記》《正義》"愆"作"愆"。

（五）職部—東部（1 組）

頁碼		反切	中古音韻地位						上古音	
15	褑	子紅切	精	通	東	一	合	平	精	東
	㞑	阻力切	莊	曾	職	三	開	入	莊	職

文獻通假 1 次：《易・離》："曰㞑之離，不鼓缶而歌則大耋之嗟。"漢帛書本"㞑"作"褑"。

（六）職部—陽部（1 組）

頁碼		反切	中古音韻地位						上古音	
315	病	皮命切	並	梗	映	三	開	去	並	陽
	憊	蒲拜切	並	蟹	怪	二	合	去	並	職

文獻通假 1 次：《莊子・山木》："何先生之憊邪。"《釋文》："'憊'，司馬本作'病'。"

（七）職部—冬部（1 組）

頁碼		反切	中古音韻地位						上古音	
22	中	陟弓切	知	通	東	三	合	平	端	冬
	得	多則切	端	曾	德	一	開	入	端	職

文獻通假 1 次：《周禮・地官・師氏》："掌國中失之事。"鄭注："《故書》'中'爲'得'。杜子春云：'當爲得。'"

第三節　蒸　部

在本書研究範圍內，蒸部共通假 237 組。其中，同部通假 138 組，異部通假 99 組。在異部通假中，蒸部與陰聲韻通假 24 組，與入聲韻通假 5 組，與陽聲韻通假 70 組。具體情況如下：

表 1-9　蒸部通假情況匯總表

通假類型			通假頻次（組）			
同部通假		蒸—蒸	138			
異部通假	陰聲韻	蒸—之	18			237
		蒸—幽	3	24	99	
		蒸—魚	2			
		蒸—侯	1			

通假類型			通假頻次（組）		
	入聲韻	蒸—質	2	5	
		蒸—職	2		
		蒸—緝	1		
	陽聲韻	蒸—真	14	70	
		蒸—耕	13		
		蒸—侵	10		
		蒸—陽	10		
		蒸—東	7		
		蒸—冬	7		
		蒸—文	4		
		蒸—元	4		
		蒸—談	1		

一、蒸部和陰聲韻通假關係舉證

表 1–10　蒸部與陰聲韻通假頻次表（組）

	之部	幽部	魚部	侯部	合計
蒸部	18	3	2	1	24

（一）蒸部—之部（18 組）

具體數據見第一章第一節"之—蒸"部分。

（二）蒸部—幽部（3 組）

頁碼	反切		中古音韻地位						上古音	
32	繩	食陵切	船	曾	蒸	三	開	平	船	蒸
	油	以周切	以	流	尤	三	開	平	餘	幽

文獻通假 1 次：《史記·宋微子世家》："禾黍油油。"《漢書·蒯伍江息夫傳》顏注張晏引作："黍苗之繩繩兮。"

頁碼	反切		中古音韻地位						上古音	
32	曎	以證切	以	曾	證	三	開	去	餘	蒸
	油	以周切	以	流	尤	三	開	平	餘	幽

文獻通假 1 次：《史記·宋微子世家》："禾黍油油。"《文選·思舊賦》李注引《尚書大傳》："黍米曎曎兮。"

頁碼		反切	中古音韻地位						上古音	
32	蠅	余陵切	以	曾	蒸	三	開	平	餘	蒸
	油	以周切	以	流	尤	三	開	平	餘	幽

文獻通假 1 次：《史記·宋微子世家》：“禾黍油油。”今本《尚書大傳》：“黍禾蠅蠅。”

（三）蒸部—魚部（2 組）

頁碼		反切	中古音韻地位						上古音	
45	冰	筆陵切	幫	曾	蒸	三	開	平	幫	蒸
	無	武夫切	明	遇	虞	三	合	平	明	魚

文獻通假 1 次：《山海經·海內北經》：“維冰夷恆都焉。”郭注引《穆天子傳》“冰夷”作“無夷”。

頁碼		反切	中古音韻地位						上古音	
323	黽	武幸切	明	梗	耿	二	開	上	明	蒸
	蟇	莫霞切	明	假	麻	二	開	平	明	魚

文獻通假 1 次：《周禮·秋官·蟈氏》：“掌去黽蟈。”《序官》鄭注：“《書》或爲‘掌去蝦蟇。’”

（四）蒸部—侯部（1 組）

頁碼		反切	中古音韻地位						上古音	
344	濡	人朱切	日	遇	虞	三	合	平	日	侯
	陾	如乘切	日	曾	蒸	三	開	平	日	蒸

文獻通假 1 次：《詩·大雅·緜》：“捄之陾陾。”《眾經音義》七五引“陾”作“濡”。

二、蒸部和入聲韻通假關係舉證

表 1-11　蒸部和入聲韻通假頻次表（組）

	質部	職部	緝部	合計
蒸部	2	2	1	5

（一）蒸部—質部（2 組）

頁碼		反切	中古音韻地位						上古音	
38	陵	力膺切	來	曾	蒸	三	開	平	來	蒸
	栗	力質切	來	臻	質	三	開	入	來	質

文獻通假 1 次：《史記·范雎蔡澤列傳》：“至於陵水。”《索隱》：“劉氏云：‘陵水即栗水也。’‘陵’‘栗’聲相近，故惑也。”

頁碼		反切	中古音韻地位						上古音	
323	黽	武幸切	明	梗	耿	二	開	上	明	蒸
	密	美筆切	明	臻	質	三	開	入	明	質

　　文獻通假 2 次，如：《詩·邶風·谷風》："黽勉同心。"《文選·爲宋公求加贈劉將軍表》李注引《韓詩》"黽勉"作"密勿"。

　　（二）蒸部—職部（2 組）

　　具體數據見本書第一章第二節"職—蒸"部分。

　　（三）蒸部—緝部（1 組）

頁碼		反切	中古音韻地位						上古音	
31	膺	於證切	影	曾	證	三	開	去	影	蒸
	鞈	古沓切	見	咸	合	一	開	入	見	緝

　　文獻通假 1 次：《説文·革部》："'鞈'讀若'膺'"。

三、蒸部和其他陽聲韻通假關係舉證

表 1–12　蒸部和其他陽聲韻通假頻次表（組）

	真部	耕部	侵部	陽部	東部	冬部	文部	元部	談部	合計
蒸部	14	13	10	10	7	7	4	4	1	70

　　（一）蒸部—真部（14 組）

頁碼		反切	中古音韻地位						上古音	
31	泓	烏宏切	影	梗	耕	二	合	平	影	蒸
	郇	相倫切	心	臻	諄	三	合	平	心	真

　　文獻通假 1 次：《説文·邑部》："'郇'讀若'泓'。"

頁碼		反切	中古音韻地位						上古音	
32	繩	食陵切	船	曾	蒸	三	開	平	船	蒸
	慎	時刃切	禪	臻	震	三	開	去	禪	真

　　文獻通假 1 次：《詩·大雅·下武》："繩其祖武。"《後漢書·祭祀志》劉注引"繩"作"慎"。

頁碼		反切	中古音韻地位						上古音	
33	孕	以證切	以	曾	證	三	開	去	餘	蒸
	縯	余忍切	以	臻	軫	三	開	上	餘	真

　　文獻通假 1 次：《易·漸》："婦三歲不孕。"漢帛書本"孕"作"縯"。

頁碼		反切	中古音韻地位						上古音	
37	仍	如乘切	日	曾	蒸	三	開	平	日	蒸
	仁	如鄰切	日	臻	真	三	開	平	日	真

文獻通假 1 次：《論語·先進》："仍舊貫。"《釋文》："魯讀'仍'爲'仁'。"

頁碼		反切	中古音韻地位						上古音	
38	陵	力膺切	來	曾	蒸	三	開	平	來	蒸
	鄰	力珍切	來	臻	真	三	開	平	來	真

文獻通假 1 次：《史記·萬石張叔列傳》："萬石君徙居陵里。"《集解》引徐廣曰："'陵'一作'鄰'。"

頁碼		反切	中古音韻地位						上古音	
38	陵	力膺切	來	曾	蒸	三	開	平	來	蒸
	陳	直珍切	澄	臻	真	三	開	平	定	真

文獻通假 1 次：《禮記·檀弓下》："工尹商陽與陳棄疾追吳師。"鄭注："'陳'或作'陵'，楚人聲。"

頁碼		反切	中古音韻地位						上古音	
38	淩	力膺切	來	曾	蒸	三	開	平	來	蒸
	鄰	力珍切	來	臻	真	三	開	平	來	真

文獻通假 1 次：《書·蔡仲之命》："囚蔡叔于郭鄰。"《逸周書·作雒解》曰："乃囚蔡叔于郭淩。"

頁碼		反切	中古音韻地位						上古音	
38	淩	力膺切	來	曾	蒸	三	開	平	來	蒸
	鱗	力珍切	來	臻	真	三	開	平	來	真

文獻通假 1 次：《史記·天官書》："淩雜米鹽。"《漢書·天文志》"淩雜"作"鱗雜"。

頁碼		反切	中古音韻地位						上古音	
39	乘	食陵切	船	曾	蒸	三	開	平	船	蒸
	甸	堂練切	定	山	霰	四	開	去	定	真

文獻通假 2 次，如：《周禮·地官·小司徒》："四丘爲甸。"鄭注："'甸'之言'乘'也。"

頁碼		反切	中古音韻地位						上古音	
39	乘	食陵切	船	曾	蒸	三	開	平	船	蒸
	鄰	力珍切	來	臻	真	三	開	平	來	真

文獻通假 1 次：《禮記·郊特牲》："丘乘共粢盛。"鄭注："'乘'或爲'鄰'。"

碼		反切	中古音韻地位						上古音	
39	乘	食陵切	船	曾	蒸	三	開	平	船	蒸
	陣	直刃切	澄	臻	震	三	開	去	定	真

文獻通假 1 次：《史記·白起王翦列傳》："敗其陣。"《集解》引徐廣曰："'陣'一作'乘'。"

頁碼		反切	中古音韻地位						上古音	
41	勝	識蒸切	書	曾	蒸	三	開	平	書	蒸
	申	失人切	書	臻	真	三	開	平	書	真

文獻通假 2 次，如：《史記·酷吏列傳》："與其守勝屠公爭權。"《索隱》："《風俗通》云：'勝屠，即申屠也。'"

頁碼		反切	中古音韻地位						上古音	
41	勝	識蒸切	書	曾	蒸	三	開	平	書	蒸
	陳	直珍切	澄	臻	真	三	開	平	定	真

文獻通假 1 次：《禮記·聘義》："天下有事，則用之於戰勝。"鄭注："'勝'或作'陳'。"

頁碼		反切	中古音韻地位						上古音	
41	滕	徒登切	定	曾	登	一	開	平	定	蒸
	甸	堂練切	定	山	霰	四	開	去	定	真

文獻通假 1 次：《儀禮·士喪禮》："兩籩無滕。"鄭注："古文'滕'爲'甸'。"

（二）蒸部—耕部（13 組）

頁碼		反切	中古音韻地位						上古音	
30	絋	戶萌切	匣	梗	耕	二	合	平	匣	蒸
	纓	於盈切	影	梗	清	三	開	平	影	耕

文獻通假 1 次：《儀禮·士冠禮》："緇組絋。"《左傳·桓公二年》《正義》引"絋"作"纓"。

頁碼		反切	中古音韻地位							上古音	
33	證	諸應切	章	曾	證	三	開	去	章	蒸	
	正	諸盈切	章	梗	清	三	開	平	章	耕	

文獻通假 1 次：《太玄·從·次三》測曰："人不攻之，自然證也。"司馬光集注："'證'當作'正'。"

頁碼		反切	中古音韻地位							上古音	
34	能	奴登切	泥	曾	登	一	開	平	泥	蒸	
	寧	奴丁切	泥	梗	青	四	開	平	泥	耕	

文獻通假 2 次，如：《詩·小雅·正月》："寧或滅之。"《漢書·谷永杜鄴傳》引"寧"作"能"。《詩攷》所載如此，今本《漢書》"亦"作"寧"。

頁碼		反切	中古音韻地位							上古音	
37	仍	如乘切	日	曾	蒸	三	開	平	日	蒸	
	聆	郎丁切	來	梗	青	四	開	平	來	耕	

文獻通假 1 次：《淮南子·精神訓》："乃始仍仍然知其盆瓴之足羞也。"高注："'仍仍'或作'聆聆'。"

頁碼		反切	中古音韻地位							上古音	
39	承	署陵切	禪	曾	蒸	三	開	平	禪	蒸	
	成	是征切	禪	梗	清	三	開	平	禪	耕	

文獻通假 1 次：《儀禮·士昏禮》："承我宗事。"《荀子·大略》引"承"作"成"。

頁碼		反切	中古音韻地位							上古音	
40	稱	處陵切	昌	曾	蒸	三	開	平	昌	蒸	
	騁	丑郢切	徹	梗	静	三	開	上	透	耕	

文獻通假 1 次：《荀子·君道》："莫不騁其能。"《韓詩外傳》五"騁"作"稱"。

頁碼		反切	中古音韻地位							上古音	
43	層	昨棱切	從	曾	登	一	開	平	從	蒸	
	成	是征切	禪	梗	清	三	開	平	禪	耕	

文獻通假 1 次：《老子》六十四章："九層之臺起於累土。"傅奕本"層"作"成"，《呂氏春秋·音初》引同。

頁碼		反切	中古音韻地位						上古音	
50	嬴	以成切	以	梗	清	三	開	平	餘	耕
	熊	羽弓切	云	通	東	三	合	平	匣	蒸

　　文獻通假2次，如：《左傳·宣公八年》："夫人嬴氏薨。"《公羊傳》《穀梁傳》"嬴"作"熊"。

頁碼		反切	中古音韻地位						上古音	
65	腥	桑經切	心	梗	青	四	開	平	心	耕
	勝	識蒸切	書	曾	蒸	三	開	平	書	蒸

　　文獻通假3次，如：《禮記·內則》："秋宜犢麛，膳膏腥。"《釋文》："'腥'，《說文》作'勝'。"

頁碼		反切	中古音韻地位						上古音	
69	精	子盈切	精	梗	清	三	開	平	精	耕
	勝	識蒸切	書	曾	蒸	三	開	平	書	蒸

　　文獻通假1次：《史記·天官書》："天精而見景星。"《索隱》："'精'，《漢書》作'勝'。"

頁碼		反切	中古音韻地位						上古音	
73	冥	莫經切	明	梗	青	四	開	平	明	耕
	鄳	武庚切	明	梗	庚	二	開	平	明	蒸

　　文獻通假2次，如：《史記·楚世家》："涉鄳塞。"《集解》引徐廣曰："'鄳'或以爲'冥'。"

頁碼		反切	中古音韻地位						上古音	
73	冥	莫經切	明	梗	青	四	開	平	明	耕
	澠	食陵切	船	曾	蒸	三	開	平	船	蒸

　　文獻通假2次，如：《墨子·非攻中》："次注林出於冥隘之徑。"《淮南子·墜形訓》"冥隘"作"澠阨"。

頁碼		反切	中古音韻地位						上古音	
88	鄧	徒亘切	定	曾	嶝	一	開	去	定	蒸
	鄭	直正切	澄	梗	勁	三	開	去	定	耕

　　文獻通假1次：《左傳·襄公三年》："鄧廖。"《漢書·古今人表》作"鄭廖"。

（三）蒸部—侵部（10 組）

頁碼		反切	中古音韻地位						上古音	
32	繩	食陵切	船	曾	蒸	三	開	平	船	蒸
	尋	徐林切	邪	深	侵	三	開	平	邪	侵

文獻通假 1 次：《老子》十四章："繩繩不可名。"漢帛書甲本、乙本"繩"作"尋"。

頁碼		反切	中古音韻地位						上古音	
35	能	奴登切	泥	曾	登	一	開	平	泥	蒸
	羊	如甚切	日	深	寢	三	開	上	日	侵

文獻通假 1 次：《説文・干部》："'羊'讀若'能'。"

頁碼		反切	中古音韻地位						上古音	
35	熊	羽弓切	云	通	東	三	合	平	匣	蒸
	堪	口含切	溪	咸	覃	一	開	平	溪	侵

文獻通假 1 次：《史記・楚世家》："次子叔堪，少子季徇。"《國語・鄭語》作"叔熊、季紃"。

頁碼		反切	中古音韻地位						上古音	
37	仍	如乘切	日	曾	蒸	三	開	平	日	蒸
	任	如林切	日	深	侵	三	開	平	日	侵

文獻通假 1 次：《左傳・桓公五年》："天王使仍叔之子來聘。"《穀梁傳》"仍叔"作"任叔"。

頁碼		反切	中古音韻地位						上古音	
38	陵	力膺切	來	曾	蒸	三	開	平	來	蒸
	林	力尋切	來	深	侵	三	開	平	來	侵

文獻通假 1 次：《禮記・月令》："山林不收。"《吕氏春秋・季春紀》《淮南子・時則訓》"林"作"陵"。

頁碼		反切	中古音韻地位						上古音	
40	朕	直稔切	澄	深	寢	三	開	上	定	侵
	勝	識蒸切	書	曾	蒸	三	開	平	書	蒸

文獻通假 13 次，如：《老子》三十一章："戰勝以喪禮處之。"漢帛書乙本"勝"作"朕"。

頁碼		反切	中古音韻地位						上古音	
41	勝	識蒸切	書	曾	蒸	三	開	平	書	蒸
	任	如林切	日	深	侵	三	開	平	日	侵

文獻通假 1 次：《禮記·月令》："戴勝降于桑。"《呂氏春秋·季春紀》"勝"作"任"。

頁碼		反切	中古音韻地位						上古音	
41	勝	識蒸切	書	曾	蒸	三	開	平	書	蒸
	鵀	如林切	日	深	侵	三	開	平	日	侵

文獻通假 2 次，如：《禮記·月令》："戴勝降于桑。"《淮南子·時則訓》"勝"作"鵀"。

頁碼		反切	中古音韻地位						上古音	
45	馮	扶冰切	並	曾	蒸	三	開	平	並	蒸
	廩	力稔切	來	深	寑	三	開	上	來	侵

文獻通假 1 次：《史記·殷本紀》："廩辛。"《索隱》："或作馮辛。"

頁碼		反切	中古音韻地位						上古音	
46	憑	扶冰切	並	曾	蒸	三	開	平	並	蒸
	廩	力稔切	來	深	寑	三	開	上	來	侵

文獻通假 1 次：《史記·殷本紀》："廩辛。"《帝王世紀》作"憑辛"。

（四）蒸部—陽部（10 組）

頁碼		反切	中古音韻地位						上古音	
32	兢	居陵切	見	曾	蒸	三	開	平	見	蒸
	競	渠敬切	群	梗	映	三	開	去	群	陽

文獻通假 2 次，如：《莊子·天運》："使民心競。"《太平御覽》三六〇引"競"作"兢"。

頁碼		反切	中古音韻地位						上古音	
40	徵	陟陵切	知	曾	蒸	三	開	平	端	蒸
	章	諸良切	章	宕	陽	三	開	平	章	陽

文獻通假 1 次：《左傳·昭公二十五年》："章爲五聲。"《昭公元年》作"徵爲五聲"。

頁碼		反切	中古音韻地位						上古音	
41	媵	以證切	以	曾	證	三	開	去	餘	蒸
	揚	與章切	以	宕	陽	三	開	平	餘	陽

文獻通假 1 次：《儀禮·燕禮》："升媵觚于賓。"鄭注："'媵'讀或爲'揚'。"

頁碼		反切	中古音韻地位							上古音	
41	騰	徒登切	定	曾	登	一	開	平	定	蒸
	揚	與章切	以	宕	陽	三	開	平	餘	陽

文獻通假 3 次，如：《禮記·鄉飲酒義》："盥洗揚觶。"鄭注："今《禮》皆作'騰'。"

頁碼		反切	中古音韻地位							上古音	
42	騰	徒登切	定	曾	登	一	開	平	定	蒸
	商	式羊切	書	宕	陽	三	開	平	書	陽

文獻通假 1 次：《呂氏春秋·舉難》："則問樂騰與王孫苟端孰賢。"《新序·雜事四》"樂騰"作"樂商"。

頁碼		反切	中古音韻地位							上古音	
46	夢	莫中切	明	通	東	三	合	平	明	蒸
	萌	莫耕切	明	梗	耕	二	開	平	明	陽

文獻通假 1 次：《説文·夕部》："'夢'讀若'萌'。"

頁碼		反切	中古音韻地位							上古音	
46	薨	莫耕切	明	梗	耕	二	開	平	明	蒸
	萌	莫耕切	明	梗	耕	二	開	平	明	陽

文獻通假 1 次：《周禮·秋官·薙氏》："春始生而萌之。"鄭注："《故書》'萌'作'薨'。杜子春云：'薨當爲萌。《書》亦或爲萌。'""薨"原作"薨"誤，從《校勘記》改。

頁碼		反切	中古音韻地位							上古音	
315	彭	薄庚切	並	梗	庚	二	開	平	並	陽
	黽	武幸切	明	梗	耿	二	開	上	明	蒸

文獻通假 1 次：《史記·商君列傳》："殺之於鄭黽池。"《集解》："'黽'或作'彭'。"《索隱》："《鹽鐵論》云：商君困於彭池。"

頁碼		反切	中古音韻地位							上古音	
321	萌	莫耕切	明	梗	耕	二	開	平	明	陽
	蔄	莫耕切	明	梗	耕	二	開	平	明	蒸

文獻通假 1 次：《爾雅·釋訓》："萌萌，在也。"《釋文》："'萌'字或作'蔄'。"《玉篇·心部》引作"蔄"。

頁碼		反切	中古音韻地位						上古音	
322	猛	莫杏切	明	梗	梗	二	開	上	明	陽
	䨲	武幸切	明	梗	耿	二	開	上	明	蒸

文獻通假 2 次，如：《左傳·昭公二十二年》：“悼王，子猛也。”《太平御覽》五六〇引“猛”作“䨲”。

（五）蒸部—東部（7 組）

頁碼		反切	中古音韻地位						上古音	
2	空	苦紅切	溪	通	東	一	合	平	溪	東
	穹	去宮切	溪	通	東	三	合	平	溪	蒸

文獻通假 2 次，如：《詩·小雅·白駒》：“在彼空谷。”《文選·西都賦》李注、陸機《苦寒行》李注引“空”作“穹”。

頁碼		反切	中古音韻地位						上古音	
7	洪	户公切	匣	通	東	一	合	平	匣	東
	弘	胡肱切	匣	曾	登	一	合	平	匣	蒸

文獻通假 2 次，如：《莊子·胠篋》：“萇弘胣。”唐寫本《切韻》引“弘”作“洪”。

頁碼		反切	中古音韻地位						上古音	
10	甬	余隴切	以	通	腫	三	合	上	餘	東
	稱	處陵切	昌	曾	蒸	三	開	平	昌	蒸

文獻通假 1 次：《禮記·月令》：“角斗甬。”《淮南子·時則訓》“甬”作“稱”。

頁碼		反切	中古音韻地位						上古音	
27	逢	符容切	並	通	鍾	三	合	平	並	東
	馮	扶冰切	並	曾	蒸	三	開	平	並	蒸

文獻通假 2 次，如：《史記·越王勾踐世家》：“大夫逢同。”《越絕書》“逢同”作“馮同”。

頁碼		反切	中古音韻地位						上古音	
28	封	府容切	幫	通	鍾	三	合	平	幫	東
	堋	逋鄧切	幫	曾	嶝	一	開	去	幫	蒸

文獻通假 1 次：《禮記·檀弓上》：“還葬縣棺而封。”鄭注：“‘封’《春秋傳》作‘堋’。”

頁碼		反切	中古音韻地位						上古音	
29	蒙	莫紅切	明	通	東	一	合	平	明	東
	夢	莫中切	明	通	東	三	合	平	明	蒸

文獻通假 1 次：《爾雅·釋地》："楚有雲夢。"《釋文》："'夢'本或作'蒙'。"

頁碼		反切	中古音韻地位						上古音	
34	能	奴登切	泥	曾	登	一	開	平	泥	蒸
	竜	力鍾切	來	通	鍾	三	合	平	來	東

文獻通假 1 次：《左傳·昭公三年》："其能久乎？"《晏子春秋·内篇·問下十七》"能"作"竜"。"竜"是古"龍"字。

（六）蒸部—冬部（7 組）

頁碼		反切	中古音韻地位						上古音	
15	螽	徒冬切	定	通	冬	一	合	平	定	冬
	雄	羽弓切	云	通	東	三	合	平	匣	蒸

文獻通假 2 次，如：《太玄·從·次七》："雄黄食肉。"司馬光集注："小宋本'雄'作'螽'，音'雄'。"

頁碼		反切	中古音韻地位						上古音	
20	戎	如融切	日	通	東	三	合	平	日	冬
	仍	如乘切	日	曾	蒸	三	開	平	日	蒸

文獻通假 1 次：《左傳·昭公四年》："夏桀爲仍之會。"《韓非子·十過》："'仍'作'戎'。"

頁碼		反切	中古音韻地位						上古音	
24	崇	鋤弓切	崇	通	東	三	合	平	崇	冬
	興	虛陵切	曉	曾	蒸	三	開	平	曉	蒸

文獻通假 1 次：《書·盤庚中》："丕乃崇降弗祥。"《漢石經》"崇"作"興"。

頁碼		反切	中古音韻地位						上古音	
29	麷	敷隆切	滂	通	東	三	合	平	滂	冬
	馮	扶冰切	並	曾	蒸	三	開	平	並	蒸

文獻通假 1 次：《説文·麥部》："'麷'讀若'馮'。"

頁碼		反切	中古音韻地位						上古音	
43	朋	步崩切	並	曾	登	一	開	平	並	蒸
	鳳	馮貢切	並	通	送	三	合	去	並	冬

文獻通假1次：《説文·鳥部》：“‘鳳’，古文作‘朋’。”

頁碼		反切	中古音韻地位						上古音	
44	朋	步崩切	並	曾	登	一	開	平	並	蒸
	風	方戎切	幫	通	東	三	合	平	幫	冬

文獻通假1次：《書·益稷》：“朋淫於家。”《後漢書·樂成靖王黨傳》云：“風淫于家。”

頁碼		反切	中古音韻地位						上古音	
44	鵬	步崩切	並	曾	登	一	開	平	並	蒸
	鳳	馮貢切	並	通	送	三	合	去	並	冬

文獻通假2次，如：《説文·鳥部》：“‘鳳’，古文亦作‘鵬’。”

（七）蒸部—文部（4組）

頁碼		反切	中古音韻地位						上古音	
32	興	虛陵切	曉	曾	蒸	三	開	平	曉	蒸
	釁	許覲切	曉	臻	震	三	開	去	曉	文

文獻通假1次：《禮記·文王世子》：“既興器。”鄭注：“‘興’當爲‘釁’字之誤也。”

頁碼		反切	中古音韻地位						上古音	
39	乘	食陵切	船	曾	蒸	三	開	平	船	蒸
	隱	於謹切	影	臻	隱	三	開	上	影	文

文獻通假1次：《書·盤庚下》：“尚皆隱哉。”《漢石經》“隱”作“乘”。

頁碼		反切	中古音韻地位						上古音	
40	侪	以證切	以	曾	證	三	開	去	餘	蒸
	訓	許運切	曉	臻	問	三	合	去	曉	文

文獻通假1次：《説文》：“佚，古文以爲‘訓’字。”按：“佚”《説文·人部》爲“侪”，《古字通假會典》誤。

頁碼		反切	中古音韻地位						上古音	
41	勝	識蒸切	書	曾	蒸	三	開	平	書	蒸
	遯	徒困切	定	臻	慁	一	合	去	定	文

文獻通假1次：《淮南子·精神訓》：“則教志勝而行不僻矣。”高注：“‘勝’或

作'遯'。"

（八）蒸部—元部（4組）

頁碼		反切	中古音韻地位						上古音	
35	熊	羽弓切	云	通	東	三	合	平	匣	蒸
	然	如延切	日	山	仙	三	開	平	日	元

文獻通假1次：《左傳·昭公十二年》："楚殺其大夫成熊。"《公羊傳》"成熊"作"成然"。

頁碼		反切	中古音韻地位						上古音	
35	熊	羽弓切	云	通	東	三	合	平	匣	蒸
	虔	渠焉切	群	山	仙	三	開	平	群	元

文獻通假1次：《左傳·昭公十二年》："楚殺其大夫成熊。"今本《穀梁傳》"成熊"作"成虎"誤。《公羊傳》《釋文》云："《穀梁傳》作'成虔'。"

頁碼		反切	中古音韻地位						上古音	
323	黽	武幸切	明	梗	耿	二	開	上	明	蒸
	勔	彌兗切	明	山	獮	三	開	上	明	元

略。（《古字通假會典》有條目但缺例證，本書算作一次。）

頁碼		反切	中古音韻地位						上古音	
323	僶	武盡切	明	臻	軫	三	開	上	明	蒸
	勔	彌兗切	明	山	獮	三	開	上	明	元

略。（《古字通假會典》有條目但缺例證，本書算作一次。）

（九）蒸部—談部（1組）

頁碼		反切	中古音韻地位						上古音	
44	堋	逋鄧切	幫	曾	嶝	一	開	去	幫	蒸
	窆	方驗切	幫	咸	豔	三	開	去	幫	談

文獻通假4次，如：《左傳·昭公十二年》："毀之，則朝而堋。"《釋文》："'堋'《禮》家作'窆'。"

第二章 幽部、覺部、冬部通假關係研究

第一節 幽 部

在本書研究範圍內，幽部共通假 901 組。其中，同部通假 586 組，異部通假 315 組。在異部通假中，幽部與陰聲韻共通假 176 組，與入聲韻共通假 113 組，與陽聲韻共通假 26 組。具體情況如下：

表 2–1 幽部通假情況匯總表

通假類型			通假頻次（組）		
同部通假	幽—幽		586		
異部通假	陰聲韻	幽—宵	75	176	901
		幽—侯	45		
		幽—魚	24		
		幽—之	19		
		幽—微	4		
		幽—脂	3		
		幽—歌	3		
		幽—支	3		
	入聲韻	幽—覺	70	113	
		幽—鐸	9		
		幽—職	9		
		幽—屋	9		
		幽—藥	5		
		幽—物	5		
		幽—質	3		
		幽—錫	2		
		幽—緝	1		
	陽聲韻	幽—文	7	26	
		幽—侵	6		

通假類型			通假頻次（組）			
		幽—談	5			
		幽—蒸	3			
		幽—元	2			
		幽—東	1			
		幽—冬	1			
		幽—耕	1			

一、幽部和其他陰聲韻通假關係舉證

表 2-2　幽部和其他陰聲韻通假頻次表（組）

	宵部	侯部	魚部	之部	微部	脂部	歌部	支部	合計
幽部	75	45	24	19	4	3	3	3	176

（一）幽部—宵部（75 組）

頁碼		反切	中古音韻地位						上古音	
708	幽	於虯切	影	流	幽	三	開	平	影	幽
	要	於霄切	影	效	宵	三	開	平	影	宵

文獻通假 1 次：《易·困》："入于幽谷。"漢帛書本"幽"作"要"。

頁碼		反切	中古音韻地位						上古音	
708	幽	於虯切	影	流	幽	三	開	平	影	幽
	葽	於霄切	影	效	宵	三	開	平	影	宵

文獻通假 1 次：《詩·豳風·七月》："四月秀葽。"《大戴禮·夏小正》曰："四月秀幽。"

頁碼		反切	中古音韻地位						上古音	
708	幼	伊謬切	影	流	幼	三	開	去	影	幽
	要	於霄切	影	效	宵	三	開	平	影	宵

文獻通假 1 次：《漢書·元帝紀》："窮極幼眇。"顏注："'幼眇'讀曰'要妙'。"

頁碼		反切	中古音韻地位						上古音	
709	黝	於糾切	影	流	黝	三	開	上	影	幽
	要	於霄切	影	效	宵	三	開	平	影	宵

文獻通假 1 次：《禮記·喪大記》："既祥，黝堊。"鄭注："'黝堊'或爲'要期'。"

頁碼		反切	中古音韻地位						上古音	
710	皋	古勞切	見	效	豪	一	開	平	見	幽
	昊	胡老切	匣	效	晧	一	開	上	匣	宵

文獻通假 1 次：《左傳·僖公三十二年》："夏后皋。"《竹書紀年》作"昊"。

頁碼		反切	中古音韻地位						上古音	
710	皋	古勞切	見	效	豪	一	開	平	見	幽
	羔	古勞切	見	效	豪	一	開	平	見	宵

文獻通假 4 次，如：《禮記·檀弓上》："高子皋。"《論語·先進》作"子羔"。

頁碼		反切	中古音韻地位						上古音	
711	皋	古勞切	見	效	豪	一	開	平	見	幽
	高	古勞切	見	效	豪	一	開	平	見	宵

文獻通假 3 次，如：《禮記·檀弓上》："高子皋。"《論語·先進》邢疏："《孔子家語》作'子高'。"

頁碼		反切	中古音韻地位						上古音	
711	皋	古勞切	見	效	豪	一	開	平	見	幽
	號	胡刀切	匣	效	豪	一	開	平	匣	宵

文獻通假 1 次：《周禮·樂師》："詔來瞽皋舞。"鄭注："'皋'之言'號'。"

頁碼		反切	中古音韻地位						上古音	
711	皋	古勞切	見	效	豪	一	開	平	見	幽
	橋	巨嬌切	群	效	宵	三	開	平	群	宵

文獻通假 1 次：《墨子·備城門》："城上之備渠譫、藉車、行棧、行樓、到頡皋。"《吳越春秋·句踐陰謀外傳》"頡皋"作"頡橋"。

頁碼		反切	中古音韻地位						上古音	
711	嗥	胡刀切	匣	效	豪	一	開	平	匣	幽
	號	胡刀切	匣	效	豪	一	開	平	匣	宵

文獻通假 3 次，如：《老子》五十五章："終日號而不嗄。"嚴遵本"號"作"嗥"。

頁碼		反切	中古音韻地位						上古音	
711	橰	古勞切	見	效	豪	一	開	平	見	幽
	橋	巨嬌切	群	效	宵	三	開	平	群	宵

文獻通假 1 次：《莊子·天地》："其名爲橰。"《釋文》："'橰'本又作'橋'。"

頁碼		反切	中古音韻地位						上古音	
711	皞	胡老切	匣	效	晧	一	開	上	匣	幽
	昊	胡老切	匣	效	晧	一	開	上	匣	宵

文獻通假 16 次，如：《禮記·月令》："其帝大皞。"《釋文》："'皞'亦作'昊'。"

頁碼		反切	中古音韻地位						上古音	
712	皞	胡老切	匣	效	晧	一	開	上	匣	幽
	顥	胡老切	匣	效	晧	一	開	上	匣	宵

文獻通假 2 次，如：《史記·樂書》："秋歌西皞。"《漢書·禮樂志》"皞"作"顥"。

頁碼		反切	中古音韻地位						上古音	
712	憂	於求切	影	流	尤	三	開	平	影	幽
	消	相邀切	心	效	宵	三	開	平	心	宵

文獻通假 2 次，如：《易·雜卦》："君子道長，小人道憂也。"《集解》"憂"作"消"。

頁碼		反切	中古音韻地位						上古音	
712	優	於求切	影	流	尤	三	開	平	影	幽
	要	於霄切	影	效	宵	三	開	平	影	宵

文獻通假 1 次：《禮記·深衣》："要縫半下。"鄭注："'要'或爲'優'。"

頁碼		反切	中古音韻地位						上古音	
714	搖	餘昭切	以	效	宵	三	開	平	餘	宵
	猶	以周切	以	流	尤	三	開	平	餘	幽

文獻通假 1 次：《禮記·檀弓下》："咏斯猶，猶斯舞。"鄭注："'猶'當爲'搖'，聲之誤也。泰人'猶'、'搖'聲相近。"

頁碼		反切	中古音韻地位						上古音	
714	遥	餘昭切	以	效	宵	三	開	平	餘	宵
	悠	以周切	以	流	尤	三	開	平	餘	幽

文獻通假 2 次，如：《詩·邶風·雄雉》："悠悠我思。"《説苑·辨物》引"悠"作"遥"。

頁碼		反切	中古音韻地位						上古音	
714	猺	餘昭切	以	效	宵	三	開	平	餘	宵
	猱	奴刀切	泥	效	豪	一	開	平	泥	幽

文獻通假 1 次：《詩·齊風·還》："遭我乎猱之間兮。"《水經注》二十四引"猱"

作"猺"。

頁碼		反切	中古音韻地位						上古音	
714	繇	餘昭切	以	效	宵	三	開	平	餘	宵
	猷	以周切	以	流	尤	三	開	平	餘	幽

文獻通假 3 次，如：《書·大誥》："猷大誥爾多邦。"《釋文》："馬本作'大誥繇爾多邦'。"

頁碼		反切	中古音韻地位						上古音	
714	繇	餘昭切	以	效	宵	三	開	平	餘	宵
	猶	以周切	以	流	尤	三	開	平	餘	幽

文獻通假 2 次，如：《爾雅·釋詁下》："繇，喜也。"郭注："《禮記》：'詠斯猶。''猶'即'繇'也，古今字耳。"按：此二字從字形演變上看不是古今字，應爲通假字。

頁碼		反切	中古音韻地位						上古音	
714	繇	餘昭切	以	效	宵	三	開	平	餘	宵
	由	以周切	以	流	尤	三	開	平	餘	幽

文獻通假 102 次，如：《荀子·禮論》："是以繇其期足之日也。"楊注："'繇'讀爲'由'。"按：《古字通假會典》"荀子"爲"禮記"，誤。

頁碼		反切	中古音韻地位						上古音	
716	繇	餘昭切	以	效	宵	三	開	平	餘	宵
	悠	以周切	以	流	尤	三	開	平	餘	幽

文獻通假 2 次，如：《漢書·韋賢傳》："犬馬繇繇。"顏注："'繇'與'悠'同。"

頁碼		反切	中古音韻地位						上古音	
717	繇	餘昭切	以	效	宵	三	開	平	餘	宵
	陶	餘昭切	以	效	宵	三	開	平	餘	幽

文獻通假 5 次，如：《書·舜典》："帝曰：皋陶。"《唐六典》卷十八引"'皋陶'作'咎繇'。"

頁碼		反切	中古音韻地位						上古音	
717	繇	餘昭切	以	效	宵	三	開	平	餘	宵
	酋	自秋切	從	流	尤	三	開	平	從	幽

文獻通假 1 次：《呂氏春秋·權勳》："中山之國，有瓜繇者。"高注："'瓜繇'或作'仇酋'。"

頁碼		反切	中古音韻地位						上古音	
717	繇	餘昭切	以	效	宵	三	開	平	餘	宵
	籀	直祐切	澄	流	宥	三	開	去	定	幽

文獻通假 1 次：《漢書・文帝紀》："占曰：大橫庚庚。"顏注："李奇曰：'庚庚，其繇文也。占，謂其繇也。''繇'本作'籀'。"

頁碼		反切	中古音韻地位						上古音	
717	繇	餘昭切	以	效	宵	三	開	平	餘	宵
	柳	力久切	來	流	宥	三	開	上	來	幽

文獻通假 1 次：《山海經・大荒北經》："共工臣名曰相繇。"郭注："'相繇'，'相柳'也，語聲轉耳。"按：《古字通假會典》"曰"字脫。

頁碼		反切	中古音韻地位						上古音	
725	鵂	許尤切	曉	流	尤	三	開	平	曉	幽
	鴞	于嬌切	云	效	宵	三	開	平	匣	宵

文獻通假 1 次：《莊子・秋水》："鴟鵂夜撮蚤。"《意林》引"鵂"作"鴞"。

頁碼		反切	中古音韻地位						上古音	
728	皓	古老切	見	效	晧	一	開	上	匣	幽
	昊	胡老切	匣	效	晧	一	開	上	匣	宵

文獻通假 2 次，如：《荀子・賦》："皓天不復。"楊注："'皓'與'昊'同。"

頁碼		反切	中古音韻地位						上古音	
728	浩	胡老切	匣	效	晧	一	開	上	匣	幽
	傲	五到切	疑	效	號	一	開	去	疑	宵

文獻通假 1 次：《墨子・非儒下》："夫儒，浩居而自順者也。"《史記・孔子世家》作"倨傲自順"。按：《古字通假會典》"夫"字脫。

頁碼		反切	中古音韻地位						上古音	
728	浩	胡老切	匣	效	晧	一	開	上	匣	幽
	昊	胡老切	匣	效	晧	一	開	上	匣	宵

文獻通假 1 次：《隸釋》一《孟郁脩堯廟碑》："恩如浩倉。"洪适釋："借'浩倉'爲'昊蒼'。"按：《隸釋》是宋洪适集録和考釋漢魏晋石刻文字的專著，若其集録之石刻爲上古石刻，本書也會納入研究範圍。下同。《孟郁脩堯廟碑》爲東漢濟陰太守孟鬱撰，屬上古石刻。

頁碼		反切	中古音韻地位						上古音	
731	嬈	居夭切	見	效	小	三	開	上	見	宵
	糾	居黝切	見	流	黝	三	開	上	見	幽

文獻通假 1 次：《説文·女部》："'嬈'讀若《詩》：'糾糾葛屨。'"

頁碼		反切	中古音韻地位						上古音	
733	藁	古勞切	見	效	豪	一	開	平	見	幽
	膏	古勞切	見	效	豪	一	開	平	見	宵

文獻通假 1 次：《周禮·地官·大司徒》："其植物宜膏物。"鄭注："'膏'當爲'藁'，字之誤也。"

頁碼		反切	中古音韻地位						上古音	
733	秋	七由切	清	流	尤	三	開	平	清	幽
	猋	甫遥切	幫	效	宵	三	開	平	幫	宵

文獻通假 1 次：《史記·衛康叔世家》："共立定公弟秋爲衛君。"《漢書·古今人表》"秋"作"焱"。"焱"當作"猋"。

頁碼		反切	中古音韻地位						上古音	
733	秋	七由切	清	流	尤	三	開	平	清	幽
	剽	符霄切	並	效	宵	三	開	平	並	宵

文獻通假 1 次：《左傳·襄公十四年》："衛人立公孫剽。"《史記·衛康叔世家》"剽"作"秋"。

頁碼		反切	中古音韻地位						上古音	
734	啾	即由切	精	流	尤	三	開	平	精	幽
	噍	即消切	精	效	宵	三	開	平	精	宵

文獻通假 1 次：《文選·羽獵賦》："噍噍昆鳴。"李注："'噍'與'啾'同。"

頁碼		反切	中古音韻地位						上古音	
734	瘶	側救切	莊	流	宥	三	開	去	莊	幽
	膲	即消切	精	效	宵	三	開	平	精	宵

文獻通假 1 次：《淮南子·天文訓》："月死而贏蛖膲。"《太平御覽》九四一引"膲"作"瘶"。

頁碼		反切	中古音韻地位						上古音	
735	朻	居夭切	見	效	小	三	開	上	見	宵
	脩	息流切	心	流	尤	三	開	平	心	幽

文獻通假 1 次：《説文·肉部》："'脩'或作'朻'。"

頁碼		反切	中古音韻地位						上古音	
735	赳	居黝切	見	流	黝	三	開	上	見	幽
	蹻	巨嬌切	群	效	宵	三	開	平	群	宵

文獻通假 1 次：《説文·走部》："'赳'讀若'蹻'。"

頁碼		反切	中古音韻地位						上古音	
736	焦	即消切	精	效	宵	三	開	平	精	宵
	周	職流切	章	流	尤	三	開	平	章	幽

文獻通假 1 次：《山海經·海外南經》："'周饒國'……一曰'焦僥國'。"

頁碼		反切	中古音韻地位						上古音	
736	焦	即消切	精	效	宵	三	開	平	精	宵
	周	職流切	章	流	尤	三	開	平	章	幽

文獻通假 2 次，如：《山海經·海外南經》："'周饒國'……一曰'焦僥國'。"《國語·魯語》《列子·湯問》"周饒"作"焦僥"。

頁碼		反切	中古音韻地位						上古音	
738	攸	以周切	以	流	尤	三	開	平	餘	幽
	皦	古了切	見	效	篠	四	開	上	見	宵

文獻通假 1 次：《老子》十四章："其上不皦。"漢帛書甲本"皦"作"攸"。

頁碼		反切	中古音韻地位						上古音	
739	悠	以周切	以	流	尤	三	開	平	餘	幽
	窕	徒了切	定	效	篠	四	開	上	定	宵

文獻通假 1 次：《楚辭·九思》："永思兮窈悠。"《考異》："'悠'一作'窕'。"

頁碼		反切	中古音韻地位						上古音	
740	翛	蘇彫切	心	效	蕭	四	開	平	心	幽
	消	相邀切	心	效	宵	三	開	平	心	宵

文獻通假 1 次：《詩·豳風·鴟鴞》："予尾翛翛。"《正義》："'消消'，定本作'翛翛'也。"

頁碼		反切	中古音韻地位						上古音	
741	條	徒聊切	定	效	蕭	四	開	平	定	幽
	挑	土刀切	透	效	豪	一	開	平	透	宵

文獻通假 2 次，如：《詩·豳風·七月》："蠶月條桑。"《玉篇·手部》引"條"作"挑"。

頁碼		反切	中古音韻地位						上古音	
742	陶	徒刀切	定	效	豪	一	開	平	定	幽
	逃	徒刀切	定	效	豪	一	開	平	定	宵

文獻通假 2 次，如：《荀子·榮辱》："陶誕突盜。"楊注："'陶'當爲'逃'。"

頁碼		反切	中古音韻地位						上古音	
743	抭	以沼切	以	效	小	三	開	上	餘	幽
	桃	徒刀切	定	效	豪	一	開	平	定	宵

文獻通假 1 次：《儀禮·有司徹》："二手執桃匕枋。"鄭注："'桃'讀'或春或抭'之'抭'，今文'桃'作'抭'。"

頁碼		反切	中古音韻地位						上古音	
745	輮	人九切	日	流	有	三	開	上	日	幽
	橈	奴教切	泥	效	效	二	開	去	泥	宵

文獻通假 1 次：《易·説卦》："坎爲矯輮。"《釋文》："'輮'，荀作'橈'。"

頁碼		反切	中古音韻地位						上古音	
746	島	都晧切	端	效	晧	一	開	上	端	幽
	鄡	苦幺切	溪	效	蕭	四	開	平	溪	宵

文獻通假 1 次：《史記·田儋列傳》："居島中。"《漢書·田儋傳》"島"作"鄡"。

頁碼		反切	中古音韻地位						上古音	
750	謬	靡幼切	明	流	幼	三	開	去	明	幽
	皦	古了切	見	效	篠	四	開	上	見	宵

文獻通假 1 次：《老子》十四章："其上不皦。"漢帛書乙本"皦"作"謬"。

頁碼		反切	中古音韻地位						上古音	
752	聊	落蕭切	來	效	蕭	四	開	平	來	幽
	料	落蕭切	來	效	蕭	四	開	平	來	宵

文獻通假 1 次：《楚辭·九辯》："竊不自聊而願忠兮。"《考異》："'聊'一作'料'。"

頁碼		反切	中古音韻地位						上古音	
759	騷	蘇遭切	心	效	豪	一	開	平	心	幽
	梢	所交切	生	效	肴	二	開	平	山	宵

文獻通假 1 次：《史記·樂書》："馬名蒲梢。"《索隱》："'梢'又本作'騷'。"

頁碼		反切	中古音韻地位						上古音	
762	簫	蘇彫切	心	效	蕭	四	開	平	心	幽
	箾	蘇彫切	心	效	蕭	四	開	平	心	宵

文獻通假 1 次：《左傳·襄公二十九年》："見舞《韶箾》者。"《正義》："《尚書》曰：'簫韶九成。'此云'韶箾'即彼'簫韶'是也。"

頁碼		反切	中古音韻地位						上古音	
763	包	布交切	幫	效	肴	二	開	平	幫	幽
	麃	薄交切	並	效	肴	二	開	平	並	宵

文獻通假 1 次：《左傳·定公四年》："申包胥。"《鶡冠子·備知》作"申麃"。

頁碼		反切	中古音韻地位						上古音	
764	苞	布交切	幫	效	肴	二	開	平	幫	幽
	鑣	甫嬌切	幫	效	宵	三	開	平	幫	宵

文獻通假 1 次：《儀禮·既夕禮》："木鑣。"鄭注："古文'鑣'爲'苞'。"

頁碼		反切	中古音韻地位						上古音	
767	莩	芳無切	滂	遇	虞	三	合	平	滂	幽
	莩	苻少切	並	效	小	三	開	上	並	宵

文獻通假 2 次，如：《孟子·滕文公下》："野有餓莩。"《音義》："'莩'或作'莩'。"

頁碼		反切	中古音韻地位						上古音	
767	莩	芳無切	滂	遇	虞	三	合	平	滂	幽
	摽	苻少切	並	效	小	三	開	上	並	宵

文獻通假 1 次：《詩·召南·摽有梅》："摽有梅。"《孟子·梁惠王上》趙注引"摽"作"莩"。《孟子音義》曰："《韓詩》也。"

頁碼		反切	中古音韻地位						上古音	
767	殍	平表切	並	效	小	三	開	上	並	幽
	莩	苻少切	並	效	小	三	開	上	並	宵

文獻通假 1 次：《漢書·食貨志下》："野有餓莩。"顏注："'莩'諸書或作'殍'字。"

頁碼		反切	中古音韻地位						上古音	
769	牟	莫浮切	明	流	尤	三	開	平	明	幽
	髦	莫袍切	明	效	豪	一	開	平	明	宵

文獻通假 1 次：《史記·衛康叔世家》："子康伯代立。"《索隱》："《世本》：'康伯名髦。'宋衷曰：'即王孫牟也。'《左傳》所稱'王孫牟父是也'。'牟''髦'聲相近，故不同耳。""髦"當作"髦"。

頁碼		反切	中古音韻地位						上古音	
770	茅	莫交切	明	效	肴	二	開	平	明	幽
	苗	武瀌切	明	效	宵	三	開	平	明	宵

文獻通假 3 次，如：《韓詩外傳》十："吾聞上古醫曰弟父。""弟"當作"茅"，《説苑·辨物》"茅"作"苗"。

頁碼		反切	中古音韻地位						上古音	
771	鬏	莫浮切	明	流	尤	三	開	平	明	幽
	髦	莫袍切	明	效	豪	一	開	平	明	宵

文獻通假 1 次：《詩·鄘風·柏舟》："髧彼兩髦。"《説文·髟部》引"髦"作"鬏"。《釋文》："'髦'，《説文》作'髳'。"按："髳"和"鬏"爲異體字，"矛"爲"秋"省聲。

頁碼		反切	中古音韻地位						上古音	
779	啁	張流切	知	流	尤	三	開	平	端	幽
	謿	陟交切	知	效	肴	二	開	平	端	宵

文獻通假 2 次：《漢書·東方朔傳》："俱在左右詼啁而已。"顏注："'啁'與'謿'同。"

頁碼		反切	中古音韻地位						上古音	
779	啁	張流切	知	流	尤	三	開	平	端	幽
	鷯	落蕭切	來	效	蕭	四	開	平	來	宵

文獻通假 1 次：《莊子·逍遙遊》："鷦鷯巢於深林。"《吕氏春秋·求人》"鷦鷯"作"啁噍"。"啁噍"當作"噍啁"。

頁碼		反切	中古音韻地位						上古音	
779	調	徒聊切	定	效	蕭	四	開	平	定	幽
	朝	直遥切	澄	效	宵	三	開	平	定	宵

文獻通假 1 次：《詩·周南·汝墳》："惄如調飢。"《説文·心部》引"調"作"朝"。

頁碼		反切	中古音韻地位						上古音	
780	蜩	徒聊切	定	效	蕭	四	開	平	定	幽
	蛁	都聊切	端	效	蕭	四	開	平	端	宵

文獻通假 1 次：《太玄·飾·次八》："蛁鳴喝喝。"司馬光集注："'蛁'與'蜩'同。"

頁碼		反切	中古音韻地位						上古音	
780	蜩	徒聊切	定	效	蕭	四	開	平	定	幽
	鼂	直遥切	澄	效	宵	三	開	平	定	宵

文獻通假 1 次：《列子·黃帝》："見痀僂者承蜩。"《釋文》"承蜩"作"承鼂"，云："一本作'蜩'。"

頁碼		反切	中古音韻地位						上古音	
780	葤	之由切	章	流	尤	三	開	平	章	幽
	苕	徒聊切	定	效	蕭	四	開	平	定	宵

文獻通假 1 次：《文選·檄吳將校部曲文》："鶁鳩之鳥，巢於葦苕。"李注："《韓詩》曰：'反敷之葦葤。''苕'與'葤'同。"按：《檄吳將校部曲文》作於 216 年，不屬於上古時期，但《韓詩外傳》是漢代韓嬰所作，該組通假字可歸入上古通假字。

頁碼		反切	中古音韻地位						上古音	
780	裯	直由切	澄	流	尤	三	開	平	定	幽
	袑	市沼切	禪	效	小	三	開	上	禪	宵

文獻通假 2 次，如：《左傳·襄公三十一年》："魯昭公裯。"《史記·魯周公世家》《集解》引徐廣説一作"袑"。

頁碼		反切	中古音韻地位						上古音	
780	惆	去秋切	溪	流	尤	三	開	平	透	幽
	怊	敕宵切	徹	效	宵	三	開	平	透	宵

文獻通假 1 次：《楚辭·九思》："愳悵立兮涕滂沱。"《考異》："'愳'一作'惆'一作'怊'。"

頁碼		反切	中古音韻地位						上古音	
787	暠	下老切	匣	效	晧	一	開	上	匣	宵
	皓	古老切	見	效	晧	一	開	上	匣	幽

文獻通假 1 次：《列子·湯問》："皓然疑乎雪。"《釋文》"皓"作"暠"，云："又作'皓'。"

頁碼		反切	中古音韻地位						上古音	
792	鴞	許交切	曉	效	肴	二	開	平	曉	幽
	鴂	古肴切	見	效	肴	二	開	平	見	宵

文獻通假 1 次：《爾雅·釋鳥》：“鴩頭鴂。”《釋文》：“‘鴂’本或作‘鴞’。”

頁碼		反切	中古音韻地位						上古音	
798	撓	奴巧切	泥	效	巧	二	開	上	泥	宵
	裹	奴鳥切	泥	效	篠	四	開	上	泥	幽

文獻通假 1 次：《呂氏春秋·離俗覽》：“飛兔、要裹，古之駿馬也。”高注：“‘裹’字讀如‘曲撓’之‘撓’。”

頁碼		反切	中古音韻地位						上古音	
799	橈	如招切	日	效	宵	三	開	平	日	宵
	裹	奴鳥切	泥	效	篠	四	開	上	泥	幽

文獻通假 1 次：《淮南子·原道訓》：“馳要裹。”高注：“‘裹’讀‘橈弱’之‘橈’。”

頁碼		反切	中古音韻地位						上古音	
801	稍	所教切	生	效	效	二	開	去	山	宵
	髹	許尤切	曉	流	尤	三	開	平	曉	幽

文獻通假 1 次：《史記·貨殖列傳》：“木器髹者千枚。”《正義》：“今關東俗器物一再‘漆’者謂之‘稍漆’，即‘髹’聲之轉耳。”

頁碼		反切	中古音韻地位						上古音	
815	勞	魯刀切	來	效	豪	一	開	平	來	宵
	牢	魯刀切	來	效	豪	一	開	平	來	幽

文獻通假 1 次：《後漢書·應奉傳》：“多其牢賞。”李注：“牢或作勞。”

異體字的聲旁互換：1 組

颮與飆：文獻通假 2 次：《文選·西都賦》：“颮颮紛紛。”李注：“《説文》曰：‘颮，古飆字也。’”《説文·風部》：“‘飆’或作‘颮’。”按：《西都賦》爲漢代班固作。二字在《集韻》中是異體字，意義都爲暴風。二者聲旁爲通假字。

頁碼		反切	中古音韻地位						上古音	
765	包	布交切	幫	效	肴	二	開	平	幫	幽
	猋	甫遥切	幫	效	宵	三	開	平	幫	宵

（二）幽部—侯部（45 組）

頁碼		反切	中古音韻地位						上古音	
323	侯	戶鉤切	匣	流	侯	一	開	平	匣	侯
	搜	所鳩切	生	流	尤	三	開	平	山	幽

文獻通假 1 次：《史記·越王句踐世家》："子王之侯立。"《莊子·讓王》有"王子搜"。

頁碼		反切	中古音韻地位						上古音	
323	侯	戶鉤切	匣	流	侯	一	開	平	匣	侯
	授	承呪切	禪	流	宥	三	開	去	禪	幽

文獻通假 1 次：《史記·越王句踐世家》："子王之侯立。"《呂氏春秋·審己》有"越王授"。

頁碼		反切	中古音韻地位						上古音	
323	餱	戶鉤切	匣	流	侯	一	開	平	匣	侯
	糗	去久切	溪	流	有	三	開	上	溪	幽

文獻通假 1 次：《書·費誓》："峙乃糗糧。"《説文·食部》引作"峙乃餱粻。"

頁碼		反切	中古音韻地位						上古音	
330	愉	羊朱切	以	遇	虞	三	合	平	餘	侯
	由	以周切	以	流	尤	三	開	平	餘	幽

文獻通假 1 次：《孟子·萬章下》："由由然不忍去也。"《韓詩外傳》三"由由"作"愉愉"。

頁碼		反切	中古音韻地位						上古音	
330	揄	羊朱切	以	遇	虞	三	合	平	餘	侯
	舀	以周切	以	流	尤	三	開	平	餘	幽

文獻通假 1 次：《詩·大雅·生民》："或舂或揄。"《釋文》："'揄'，《説文》作'舀'。"《説文·臼部》引作"或簸或舀。""簸"當作"舂"，許偶誤耳。

頁碼		反切	中古音韻地位						上古音	
331	瘉	以主切	以	遇	麌	三	合	上	餘	侯
	猶	以周切	以	流	尤	三	開	平	餘	幽

文獻通假 1 次：《詩·小雅·斯干》："無相猶矣。"鄭箋："'猶'當作'瘉'。"

頁碼		反切	中古音韻地位						上古音	
331	牏	羊朱切	以	遇	虞	三	合	平	餘	侯
	紐	女久切	泥	流	有	三	開	上	泥	幽

文獻通假 1 次：《説文・片部》："'牏'，讀若'俞'，一曰若'紐'。"

頁碼		反切	中古音韻地位						上古音	
337	句	九遇切	見	遇	遇	三	合	去	見	侯
	皋	古勞切	見	效	豪	一	開	平	見	幽

文獻通假 1 次：《左傳・哀公二十六年》《國語・吳語》："皋如。"《吳越春秋・勾踐歸國外傳》作"句如"。

頁碼		反切	中古音韻地位						上古音	
337	句	九遇切	見	遇	遇	三	合	去	見	侯
	九	舉有切	見	流	有	三	開	上	見	幽

文獻通假 1 次：《淮南子・墜形訓》："句嬰民。"高注："'句嬰'讀爲'九嬰'。"

頁碼		反切	中古音韻地位						上古音	
338	拘	舉朱切	見	遇	虞	三	合	平	見	侯
	救	居祐切	見	流	宥	三	開	去	見	幽

文獻通假 1 次：《爾雅・釋器》："'絇'謂之'救'。"《周禮・天官・屨人》鄭注引'救'作'拘'。

頁碼		反切	中古音韻地位						上古音	
338	絇	其俱切	群	遇	虞	三	合	平	群	侯
	鳩	居求切	見	流	尤	三	開	平	見	幽

文獻通假 1 次：《説文・糸部》："'絇'讀若'鳩'。"

頁碼		反切	中古音韻地位						上古音	
340	叩	苦后切	溪	流	厚	一	開	上	溪	侯
	考	苦浩切	溪	效	晧	一	開	上	溪	幽

文獻通假 1 次：《莊子・天地》："故金石有聲，不考不鳴。"《淮南子・詮言訓》"考"作"叩"。

頁碼		反切	中古音韻地位						上古音	
342	瞉	苦候切	溪	流	候	一	開	去	溪	侯
	莩	芳無切	滂	遇	虞	三	合	平	滂	幽

文獻通假 1 次：《説文·缶部》："'轂'讀若'篧莩'。"

頁碼		反切	中古音韻地位						上古音	
343	需	相俞切	心	遇	虞	三	合	平	心	侯
	秀	息救切	心	流	宥	三	開	去	心	幽

文獻通假 1 次：《易·需》《釋文》："'需'，鄭讀爲'秀'。"

頁碼		反切	中古音韻地位						上古音	
344	濡	人朱切	日	遇	虞	三	合	平	日	侯
	柔	耳由切	日	流	尤	三	開	平	日	幽

文獻通假 1 次：《詩·周頌·時邁》："懷柔百神。"《釋文》："'柔'本亦作'濡'。"

頁碼		反切	中古音韻地位						上古音	
349	豆	徒候切	定	流	候	一	開	去	定	侯
	羞	息流切	心	流	尤	三	開	平	心	幽

文獻通假 1 次：《周禮·天官·腊人》："凡祭祀共豆脯，薦脯膴胖凡腊物。"鄭注："'豆'當爲'羞'，聲之誤也。"

頁碼		反切	中古音韻地位						上古音	
349	豎	臣庚切	禪	遇	麌	三	合	上	禪	侯
	醜	昌九切	昌	流	有	三	開	上	昌	幽

文獻通假 1 次：《史記·仲尼弟子列傳》："周子家豎。"《漢書·儒林傳》"周豎"作"周醜"。

頁碼		反切	中古音韻地位						上古音	
350	注	之成切	章	遇	遇	三	合	去	章	侯
	鑄	之成切	章	遇	遇	三	合	去	章	幽

文獻通假 1 次：《史記·魏世家》："敗秦于注。"《正義》："《括地志》云：'注城，在汝州梁縣西十五里。''注'或作'鑄'。"

頁碼		反切	中古音韻地位						上古音	
352	誅	陟輸切	知	遇	虞	三	合	平	端	侯
	禂	都牢切	端	效	豪	一	開	平	端	幽

文獻通假 1 次：《周禮·春官·甸祝》："禂馬。"鄭注："'禂'讀如'伏誅'之'誅'。"

頁碼		反切	中古音韻地位						上古音	
352	註	陟輪切	知	遇	虞	三	合	平	端	侯
	討	他浩切	透	效	晧	一	開	上	透	幽

文獻通假 2 次，如：《左傳·襄公二十七年》："請爲子討之。"《史記·齊太公世家》"討"作"註"。

頁碼		反切	中古音韻地位						上古音	
352	赴	直誅切	澄	遇	虞	三	合	平	定	侯
	壽	承呪切	禪	流	宥	三	開	去	禪	幽

文獻通假 1 次：《莊子·庚桑楚》："南榮赴。"《釋文》"赴"又作"壽"。

頁碼		反切	中古音韻地位						上古音	
352	赴	直誅切	澄	遇	虞	三	合	平	定	侯
	儔	直由切	澄	流	尤	三	開	平	定	幽

文獻通假 1 次：《莊子·庚桑楚》："南榮赴。"《釋文》"赴"又作"儔"。

頁碼		反切	中古音韻地位						上古音	
352	赴	直誅切	澄	遇	虞	三	合	平	定	侯
	幬	直由切	澄	流	尤	三	開	平	定	幽

文獻通假 1 次：《莊子·庚桑楚》："南榮赴。"《釋文》"赴"又作"幬"。

頁碼		反切	中古音韻地位						上古音	
352	赴	直誅切	澄	遇	虞	三	合	平	定	侯
	疇	直由切	澄	流	尤	三	開	平	定	幽

文獻通假 3 次，如：《莊子·庚桑楚》："南榮赴。"《釋文》亦作"疇"。《漢書·古今人表》作"南榮疇"。

頁碼		反切	中古音韻地位						上古音	
357	婁	力朱切	來	遇	虞	三	合	平	來	侯
	劉	力求切	來	流	尤	三	開	平	來	幽

文獻通假 1 次：《後漢書·禮儀志》："貙劉之禮。"《漢儀》注作"貙婁"。

頁碼		反切	中古音韻地位						上古音	
357	僂	落侯切	來	流	侯	一	開	平	來	侯
	柳	力久切	來	流	有	三	開	上	來	幽

文獻通假 1 次：《周禮·天官·縫人》："衣翣柳之材。"《吕氏春秋·節葬》"翣柳"作

"僂翠"。

頁碼		反切	中古音韻地位						上古音	
358	膢	落侯切	來	流	侯	一	開	平	來	侯
	劉	力求切	來	流	尤	三	開	平	來	幽

文獻通假 1 次：《漢書·武帝紀》："膢五日。"顏注："如淳曰：'《漢儀》注：立秋貙膢。'《續漢書》作'貙劉'。"

頁碼		反切	中古音韻地位						上古音	
358	螻	落侯切	來	流	侯	一	開	平	來	侯
	蟉	力求切	來	流	尤	三	開	平	來	幽

文獻通假 1 次：《孟子·滕文公上》："蠅蚋姑嘬之。"《音義》蚋作螻，云："張云：'諸本或作"蟉"。'又一説云：'蟉姑即螻姑也。'"

頁碼		反切	中古音韻地位						上古音	
358	樓	落侯切	來	流	侯	一	開	平	來	侯
	牢	魯刀切	來	效	豪	一	開	平	來	幽

文獻通假 1 次：《儀禮·士喪禮》："牢中旁寸。"鄭注："'牢'讀爲'樓'。"

頁碼		反切	中古音韻地位						上古音	
358	蔞	力朱切	來	遇	虞	三	合	平	來	侯
	柳	力久切	來	流	有	三	開	上	來	幽

文獻通假 2 次，如：《禮記·檀弓下》："設蔞翣。"鄭注："《周禮》'蔞'作'柳'。"

頁碼		反切	中古音韻地位						上古音	
359	藪	蘇后切	心	流	厚	一	開	上	心	侯
	叟	蘇后切	心	流	厚	一	開	上	心	幽

文獻通假 1 次：《周禮·天官·大宰》："四曰藪牧養蕃鳥獸。"《釋文》："'藪'，千云：'宜作叟。'"

頁碼		反切	中古音韻地位						上古音	
361	雛	仕于切	崇	遇	虞	三	合	平	崇	侯
	由	以周切	以	流	尤	三	開	平	餘	幽

文獻通假 1 次：《孟子·萬章上》："顏讎由。"《漢書·古今人表》作"顏燭雛"。

頁碼		反切	中古音韻地位						上古音	
361	鄒	側鳩切	莊	流	尤	三	開	平	莊	侯
	由	以周切	以	流	尤	三	開	平	餘	幽

文獻通假 2 次，如：《孟子·萬章上》："顏讎由。"《史記·孔子世家》作"顏濁鄒"。

頁碼		反切	中古音韻地位						上古音	
362	聚	慈庾切	從	遇	麌	三	合	上	從	侯
	造	昨早切	從	效	晧	一	開	上	從	幽

文獻通假 1 次：《易·乾·象傳》："大人造也。"《釋文》："'造'，劉歆父子作'聚'。"《漢書·楚元王傳》引"造"作聚。

頁碼		反切	中古音韻地位						上古音	
363	趣	七句切	清	遇	遇	三	合	去	清	侯
	造	昨早切	從	效	晧	一	開	上	從	幽

文獻通假 1 次：《周禮·夏官·掌固》："夜三鼜以號戒。"鄭注："杜子春云：'讀鼜爲造次之造。'《春秋傳》所謂'賓將趣者'與趣造音相近。"讀鼜二字誤倒。

頁碼		反切	中古音韻地位						上古音	
366	府	方矩切	幫	遇	麌	三	合	上	幫	侯
	阜	房久切	並	流	有	三	開	上	並	幽

文獻通假 1 次：《淮南子·俶真訓》："塊阜之山無丈之材。"《藝文類聚·山部上》引"塊阜"作"頽府"。

頁碼		反切	中古音韻地位						上古音	
436	殕	芳武切	滂	遇	麌	三	合	上	滂	侯
	莩	芳無切	滂	遇	虞	三	合	平	滂	幽

文獻通假 1 次：《孟子·梁惠王上》："野有餓莩。"《古文苑》揚雄《太僕箴》引"莩"作"殕"。

頁碼		反切	中古音韻地位						上古音	
743	抌	以周切	以	流	尤	三	開	平	餘	幽
	揄	以周切	以	流	尤	三	開	平	餘	侯

文獻通假 1 次：《詩·大雅·生民》："或舂或揄。"《儀禮·有司徹》鄭注、《周禮·地官·舂人》引揄作抌。"

頁碼		反切	中古音韻地位						上古音	
762	廈	所鳩切	生	流	尤	三	開	平	山	幽
	藪	蘇后切	心	流	厚	一	開	上	心	侯

文獻通假 1 次：《楚辭・九歎》："步從容於山廈。"《考異》："'廈'一作'藪'。"

頁碼		反切	中古音韻地位						上古音	
769	牟	莫浮切	明	流	尤	三	開	平	明	幽
	堥	莫浮切	明	流	尤	三	開	平	明	侯

文獻通假 1 次：《禮記・內則》："敦牟巵匜。"鄭注："'牟'讀曰'堥'。"《周禮・天官・瘍醫》賈疏引"牟"作"堥"。

頁碼		反切	中古音韻地位						上古音	
769	牟	莫浮切	明	流	尤	三	開	平	明	幽
	瞀	莫候切	明	流	候	一	開	去	明	侯

文獻通假 1 次：《太玄・玄數》："爲愚爲牟。"許翰注："宋云：'牟當作瞀。'"

頁碼		反切	中古音韻地位						上古音	
769	牟	莫浮切	明	流	尤	三	開	平	明	幽
	務	亡遇切	明	遇	遇	三	合	去	明	侯

文獻通假 4 次，如：《莊子・讓王》："湯又因務光而謀。"《荀子・成相》"務光"作"牟光"。

頁碼		反切	中古音韻地位						上古音	
770	楙	莫候切	明	流	候	一	開	去	明	侯
	茂	莫候切	明	流	候	一	開	去	明	幽

文獻通假 5 次，如：《漢書・律曆志上》："使長大楙盛也。"顏注："'楙'，古'茂'字。"

頁碼		反切	中古音韻地位						上古音	
770	懋	莫候切	明	流	候	一	開	去	明	侯
	茂	莫候切	明	流	候	一	開	去	明	幽

文獻通假 8 次，如：《書・皋陶謨》："懋哉懋哉。"《漢書・董仲舒傳》《爾雅・釋詁》郭注引"懋"作"茂"。

異體字的聲旁互換：1 組

頁碼		反切	中古音韻地位						上古音	
365	付	方遇切	幫	遇	遇	三	合	去	幫	侯
	孚	芳無切	滂	遇	虞	三	合	平	滂	幽

　　文獻通假 1 次：《書・高宗肜日》："天既孚命正厥德。"《漢石經》"孚"作"付"。《漢書・匡張孔馬傳》引同。

　　柎與秿：文獻通假 1 次：《説文・禾部》："'秿'或作'柎'。"按：《集韻》爲異體字，實際通假字爲聲旁"付"和"孚"。

　　符與浮：文獻通假 1 次：《禮記・投壺》："若是者浮。"鄭注："'浮'或作'符'。"

　　附與孚：文獻通假 1 次：《書・高宗肜日》："天既孚命正厥德。"《史記・殷本紀》"孚"作"附"。

　　苻與莩：文獻通假 1 次：《淮南子・俶真訓》："蘆苻之厚。"高注："苻讀薍莩之莩。"

　　附與郭：文獻通假 1 次：《吕氏春秋・貴直論》："趙簡子攻衛附郭。"《韓非子・難二》"附"作"郭"。

　　忕與孚：文獻通假 1 次：《禮記・聘義》："孚尹旁達，信也。"鄭注："孚或作忕。"

（三）幽部—魚部（24 組）

頁碼		反切	中古音韻地位						上古音	
708	幽	於虯切	影	流	幽	三	開	平	影	幽
	圄	魚巨切	疑	遇	語	三	開	上	疑	魚

　　文獻通假 1 次：《史記・高祖功臣侯者年表》："費，圄侯陳賀。"《集解》引徐廣曰："'圄'或作'幽'。"

頁碼		反切	中古音韻地位						上古音	
713	嚘	於求切	影	流	尤	三	開	平	影	幽
	嗄	所嫁切	生	假	禡	二	開	去	山	魚

　　文獻通假 1 次：《莊子・庚桑楚》："終日嗥而嗌不嚘。"《釋文》："'嚘'本又作'嗄'。"

頁碼		反切	中古音韻地位						上古音	
713	歍	於求切	影	流	尤	三	開	平	影	幽
	嗄	所嫁切	生	假	禡	二	開	去	山	魚

　　文獻通假 1 次：《老子》五十五章："終日號而不嗄。"傅本"嗄"作"歍"。

頁碼		反切	中古音韻地位						上古音	
723	游	以周切	以	流	尤	三	開	平	餘	幽
	餘	以諸切	以	遇	魚	三	合	平	餘	魚

文獻通假 1 次：《呂氏春秋·音初》：“辛餘靡長且多力。”《史記·周本紀》《正義》引《帝王世紀》“餘靡”作“游靡”。

頁碼		反切	中古音韻地位						上古音	
725	丂	苦浩切	溪	效	晧	一	開	上	溪	幽
	于	羽俱切	云	遇	虞	三	合	平	匣	魚

文獻通假 1 次：《説文·丂部》：“‘丂’，古文以爲‘于’字。”

頁碼		反切	中古音韻地位						上古音	
725	考	苦浩切	溪	效	晧	一	開	上	溪	幽
	瑕	胡加切	匣	假	麻	二	開	平	匣	魚

文獻通假 1 次：《淮南子·氾論訓》：“夫夏后氏之璜不能無考。”《文子·上義》“考”作“瑕”。

頁碼		反切	中古音韻地位						上古音	
729	仇	巨鳩切	群	流	尤	三	開	平	群	幽
	斛	舉朱切	見	流	虞	三	合	平	見	魚

文獻通假 1 次：《詩·小雅·賓之初筵》：“賓載手仇。”鄭箋：“‘仇’讀曰‘斛’。”

頁碼		反切	中古音韻地位						上古音	
731	廄	居祐切	見	流	宥	三	開	去	見	幽
	庫	苦故切	溪	遇	暮	一	合	去	溪	魚

文獻通假 1 次：《禮記·郊特牲》：“獻命庫門之内。”鄭注：“庫或爲廄。”

頁碼		反切	中古音韻地位						上古音	
732	臼	其九切	群	流	有	三	開	上	群	幽
	杅	羽俱切	云	遇	虞	三	合	平	匣	魚

文獻通假 1 次：《公羊傳·宣公十二年》：“古者，杅不穿、皮不蠹，則不出於四方。”《春秋繁露·王道》“杅”作“臼”。

頁碼		反切	中古音韻地位						上古音	
738	攸	以周切	以	流	尤	三	開	平	餘	幽
	所	疎舉切	生	遇	語	三	開	上	山	魚

文獻通假 3 次，如：《書·禹貢》：“陽鳥攸居。”《史記·夏本紀》“攸”作“所”。《禹貢》“攸”字，《夏本紀》皆作“所”。

頁碼		反切	中古音韻地位						上古音	
758	手	書九切	書	流	有	三	開	上	書	幽
	午	疑古切	疑	遇	姥	一	合	上	疑	魚

文獻通假 1 次：《公羊傳・成公二年》：“曹公子手。”《釋文》：“‘手’，一本作‘午’。”

頁碼		反切	中古音韻地位						上古音	
765	枹	布交切	幫	效	肴	二	開	平	幫	幽
	膚	甫無切	幫	遇	虞	三	合	平	幫	魚

文獻通假 2 次，如：《漢書・地理志》：“枹罕。”顏注：“‘枹’讀曰‘膚’。”

頁碼		反切	中古音韻地位						上古音	
767	孚	芳無切	滂	遇	虞	三	合	平	滂	幽
	扶	防無切	並	遇	虞	三	合	平	並	魚

文獻通假 1 次：《禮記・聘義》：“孚尹旁達信也。”鄭注：“孚或爲扶。”

頁碼		反切	中古音韻地位						上古音	
767	孚	芳無切	滂	遇	虞	三	合	平	滂	幽
	勇	芳無切	滂	遇	虞	三	合	平	滂	魚

文獻通假 1 次：《易・需》：“有孚。”《釋文》：“‘孚’又作‘勇’。”

頁碼		反切	中古音韻地位						上古音	
768	阜	房久切	並	流	有	三	開	上	並	幽
	父	扶雨切	並	遇	麌	三	合	上	並	魚

文獻通假 1 次：《淮南子・俶真訓》：“塊阜之山無丈之材。”《太平御覽》引“塊阜”作“魁父”。

頁碼		反切	中古音韻地位						上古音	
769	牟	莫浮切	明	流	尤	三	開	平	明	幽
	毋	武夫切	明	遇	虞	三	合	平	明	魚

文獻通假 2 次，如：《禮記・郊特牲》：“毋追夏后氏之道也。”《周禮・天官・追師》鄭注引“毋”作“牟”。

頁碼		反切	中古音韻地位						上古音	
769	牟	莫浮切	明	流	尤	三	開	平	明	幽
	無	武夫切	明	遇	虞	三	合	平	明	魚

文獻通假 1 次：《左傳・宣公十五年》：“仲孫蔑會齊高固于無婁。”《穀梁傳》同，《公

羊傳》"無婁"作"牟婁"。

頁碼		反切	中古音韻地位						上古音	
769	侔	莫浮切	明	流	尤	三	開	平	明	幽
	桴	雲俱切	云	遇	虞	三	合	平	匣	魚

文獻通假 1 次：《周禮·考工記·弓人》："筋三侔。"《釋文》："'侔'亦作'桴'。"

頁碼		反切	中古音韻地位						上古音	
839	塗	同都切	定	遇	模	一	合	平	定	魚
	蒐	所鳩切	生	流	尤	三	開	平	山	幽

文獻通假 1 次：《公羊傳·隱公四年》："吾使修塗裘。"《左傳·隱公十一年》"塗裘"作"蒐裘"。

頁碼		反切	中古音韻地位						上古音	
844	杼	神與切	船	遇	語	三	開	上	船	魚
	柔	耳由切	日	流	尤	三	開	平	日	幽

文獻通假 1 次：《說文·木部》："'柔'，讀若'杼'。"

頁碼		反切	中古音韻地位						上古音	
889	如	人諸切	日	遇	魚	三	開	平	日	魚
	猱	女救切	泥	流	宥	三	開	去	泥	幽

文獻通假 1 次：《山海經·西山經》："有獸焉……名曰玃如。"《史記·司馬相如列傳》《索隱》引"玃如"作"玃猱"。

頁碼		反切	中古音韻地位						上古音	
890	牡	莫厚切	明	流	厚	一	開	上	明	幽
	杜	徒古切	定	遇	姥	一	合	上	定	魚

文獻通假 1 次：《爾雅·釋草》："芐，杜榮。"《釋文》："'杜'，舍人作'牡'。"

頁碼		反切	中古音韻地位						上古音	
890	牡	莫厚切	明	流	厚	一	開	上	明	幽
	社	常者切	禪	假	馬	三	開	上	禪	魚

文獻通假 1 次：《國語·齊語》："築五鹿中牟蓋與牡丘。"《管子·小匡》"牡丘"作"社丘"。

頁碼		反切	中古音韻地位						上古音	
914	父	扶雨切	並	遇	麌	三	合	上	並	魚
	阜	房久切	並	流	有	三	開	上	並	幽

文獻通假 1 次：《列子·湯問》："曾不能損魁父之丘。《釋文》云：'魁父'，《淮南子》作'魁阜'。"

（四）幽部—之部（19 組）

具體數據見第一章第一節之部。

（五）幽部—微部（4 組）

頁碼		反切	中古音韻地位						上古音	
499	鬼	居偉切	見	止	尾	三	合	上	見	微
	九	舉有切	見	流	有	三	開	上	見	幽

文獻通假 6 次，如：《禮記·明堂位》："脯鬼侯。"《史記·周本紀》"鬼侯"作"九侯"。

頁碼		反切	中古音韻地位						上古音	
500	頯	渠追切	群	止	脂	三	合	平	群	幽
	魋	口猥切	溪	蟹	賄	一	合	上	溪	微

文獻通假 1 次：《莊子·大宗師》："其頯頯。"《釋文》："'頯'，向本作'魋'。"

頁碼		反切	中古音韻地位						上古音	
599	苞	布交切	幫	效	肴	二	開	平	幫	幽
	菲	芳非切	滂	止	微	三	合	平	滂	微

文獻通假 1 次：《禮記·曲禮下》："苞屨扱袵厭冠不入公門。"鄭注："'苞'或爲'菲'。"

頁碼		反切	中古音韻地位						上古音	
720	醜	昌九切	昌	流	有	三	開	上	昌	幽
	媿	俱位切	見	止	至	三	合	去	見	微

文獻通假 1 次：《隸釋》十六《武梁祠堂畫像》："無鹽媿女鍾離春。"洪适釋以"媿女"爲"醜女"。按：《武梁祠堂畫像》爲東漢石刻。

（六）幽部—脂部（3 組）

頁碼		反切	中古音韻地位						上古音	
487	搜	所鳩切	生	流	尤	三	開	平	山	幽
	翳	於計切	影	蟹	霽	四	開	去	影	脂

文獻通假 1 次：《莊子·讓王》："王子搜患之。"《釋文》："'搜'，《淮南子》曰'翳'。"

頁碼		反切	中古音韻地位						上古音	
532	游	以周切	以	流	尤	三	開	平	餘	幽
	夷	以脂切	以	止	脂	三	開	平	餘	脂

文獻通假 1 次：《荀子·解蔽》："'浮''游'作'矢'。"楊注："《世本》云：'"夷""牟"作"矢"。'或聲相近而誤耳。"依《世本》，則《荀子》當作"游浮"，"游夷""浮牟"皆一聲之轉。

頁碼		反切	中古音韻地位						上古音	
539	留	力求切	來	流	尤	三	開	平	來	幽
	犁	郎奚切	來	蟹	齊	四	開	平	來	脂

文獻通假 1 次：《莊子·天地》："執留之狗成思。"《山海經·南山經》郭注引《莊子》曰："執犁之狗。"

（七）幽部—歌部（3 組）

頁碼		反切	中古音韻地位						上古音	
670	歹	許久切	曉	流	有	三	開	上	曉	幽
	咼	苦緺切	溪	蟹	佳	二	合	平	溪	歌

文獻通假 1 次：《列子·湯問》："歹其肉而棄之。"《釋文》云："'歹'本作'咼'，音'寡'，剮肉也。"

頁碼		反切	中古音韻地位						上古音	
683	翛	蘇彫切	心	效	蕭	四	開	平	心	幽
	隨	旬爲切	邪	止	支	三	合	平	邪	歌

文獻通假 1 次：《莊子·庚桑楚》："能翛然乎？。"《釋文》："'翛'，崔本作'隨'。"

頁碼		反切	中古音韻地位						上古音	
692	糜	靡爲切	明	止	支	三	開	平	明	歌
	稃	芳無切	滂	遇	虞	三	合	平	滂	幽

文獻通假 1 次：《禮記·月令》："行糜粥飲食。"《淮南子·時則訓》"糜"作"稃"。

（八）幽部—支部（3 組）

頁碼		反切	中古音韻地位						上古音	
453	豸	池爾切	澄	止	紙	三	開	上	定	支
	鳩	居求切	見	流	尤	三	開	平	見	幽

文獻通假 1 次：《左傳·宣公十七年》："庶有豸乎？"《釋文》"豸"作"鳩"，云："本又作'豸'。"

頁碼		反切	中古音韻地位							上古音	
455	徯	胡雞切	匣	蟹	齊	四	開	平	匣	支
	丂	苦浩切	溪	效	晧	一	開	上	溪	幽

文獻通假 1 次：《説文·丂部》：“‘丂’讀與‘徯’同。”

頁碼		反切	中古音韻地位							上古音	
457	踟	直離切	澄	止	支	三	開	平	定	支
	躊	直由切	澄	流	尤	三	開	平	定	幽

文獻通假 1 次：《詩·邶風·静女》：“搔首踟蹰。”《文選·思玄賦》李注引《韓詩》“踟蹰”作“躊躇”。

二、幽部和入聲韻通假關係舉證

表 2-3　幽部和入聲韻通假頻次表（組）

	覺部	鐸部	職部	屋部	藥部	物部	質部	錫部	緝部	合計
幽部	70	9	9	9	5	5	3	2	1	113

（一）幽部—覺部（70 組）

頁碼		反切	中古音韻地位							上古音	
346	陸	力竹切	來	通	屋	三	合	入	來	覺
	逵	渠追切	群	止	脂	三	合	平	群	幽

文獻通假 1 次：《易·漸》：“鴻漸於陸。”範諤《昌證墜簡》引“陸”作“逵”。

頁碼		反切	中古音韻地位							上古音	
708	幽	於虯切	影	流	幽	三	開	平	影	幽
	就	疾僦切	從	流	宥	三	開	去	從	覺

文獻通假 1 次：《左傳·襄公十七年》：“遂幽其妻。”《漢書·五行志》引“幽”作“就”。

頁碼		反切	中古音韻地位							上古音	
709	窈	烏皎切	影	效	篠	四	開	上	影	幽
	隩	於六切	影	通	屋	三	合	入	影	覺

文獻通假 1 次：《楚辭·九思》：“念靈閨兮隩重深。”《考異》：“‘隩’一作‘窈’。”

頁碼		反切	中古音韻地位							上古音	
709	奥	烏到切	影	效	號	一	開	去	影	覺
	媼	烏晧切	影	效	晧	一	開	上	影	幽

文獻通假 1 次:《說文·女部》:"'媼'讀若'奧'。"

頁碼		反切	中古音韻地位						上古音	
711	皋	古勞切	見	效	豪	一	開	平	見	幽
	告	古到切	見	效	號	一	開	去	見	覺

文獻通假 1 次:《周禮·春官·樂師》:"詔來瞽皋舞。"鄭注:"鄭司農云:'皋當爲告。'"

頁碼		反切	中古音韻地位						上古音	
711	皋	古勞切	見	效	豪	一	開	平	見	幽
	誥	古到切	見	效	號	一	開	去	見	覺

文獻通假 1 次:《左傳·定公四年》:"公及諸侯盟于皋鼬。"《鹽鐵論·和親》"皋鼬"作"誥鼬"。

頁碼		反切	中古音韻地位						上古音	
719	由	以周切	以	流	尤	三	開	平	餘	幽
	廸	徒歷切	定	梗	錫	四	開	入	定	覺

文獻通假 1 次:《楚辭·九章》:"易初本廸兮。"《考異》:"《史記》'廸'作'由'。"

頁碼		反切	中古音韻地位						上古音	
719	廸	徒歷切	定	梗	錫	四	開	入	定	覺
	攸	以周切	以	流	尤	三	開	平	餘	幽

文獻通假 1 次:《書·多方》:"不克終日,勸于帝之廸。"《釋文》:"'廸',馬本作'攸'。"

頁碼		反切	中古音韻地位						上古音	
719	廸	徒歷切	定	梗	錫	四	開	入	定	覺
	道	徒晧切	定	效	晧	一	開	上	定	幽

文獻通假 2 次,如:《書·益稷》:"各廸有功。"《史記·夏本紀》"廸"作"道"。

頁碼		反切	中古音韻地位						上古音	
720	茜	所六切	生	通	屋	三	合	入	山	覺
	蕕	以周切	以	流	尤	三	開	平	餘	幽

文獻通假 1 次:《爾雅·釋草》:"茜,蔓子。"《管子·地員》"茜"作"蕕"。《說文·艸部》同。

頁碼		反切	中古音韻地位						上古音	
720	茜	所六切	生	通	屋	三	合	入	山	覺
	蕭	蘇彫切	心	效	蕭	四	開	平	心	幽

文獻通假 1 次：《周禮·天官·甸師》：“祭祀共蕭茅。”鄭注：“鄭大夫云：‘蕭字或爲茜，茜讀爲縮，杜子春讀爲蕭。’”

頁碼		反切	中古音韻地位						上古音	
721	猶	以周切	以	流	尤	三	開	平	餘	幽
	鷸	余六切	以	通	屋	三	合	入	餘	覺

文獻通假 1 次：《爾雅·釋獸》：“‘猶’如‘麂’。”《釋文》：“‘猶’，舍人本作‘鷸’。”

頁碼		反切	中古音韻地位						上古音	
721	鼍	七由切	清	流	尤	三	開	平	清	幽
	戚	倉歷切	清	梗	錫	四	開	入	清	覺

文獻通假 1 次：《詩·邶風·新臺》：“得此戚施。”《説文·黽部》引“戚施”作“鼃黿”。

頁碼		反切	中古音韻地位						上古音	
721	鼍	七由切	清	流	尤	三	開	平	清	幽
	鼀	七宿切	清	通	屋	三	合	入	清	覺

文獻通假 1 次：《説文·黽部》：“‘鼀’，或作‘鼃’。”

頁碼		反切	中古音韻地位						上古音	
723	游	以周切	以	流	尤	三	開	平	餘	幽
	育	余六切	以	通	屋	三	合	入	餘	覺

文獻通假 1 次：《管子·小問》：“浩浩者水，育育者魚。”《太平御覽·人事部一四一》引“育育”作“游游”。

頁碼		反切	中古音韻地位						上古音	
724	育	余六切	以	通	屋	三	合	入	餘	覺
	儵	直由切	澄	流	尤	三	開	平	定	幽

文獻通假 1 次：《管子·小問》：“浩浩者水，育育者魚。”《列女傳·辯通·齊管妾倩傳》“育育”作“儵儵”。

頁碼		反切	中古音韻地位						上古音	
724	好	呼晧切	曉	效	晧	一	開	上	曉	幽
	旭	許玉切	曉	通	燭	三	合	入	曉	覺

文獻通假 1 次：《詩·小雅·巷伯》："驕人好好。"《爾雅·釋訓》："旭旭，憍也。"邢疏："郭氏讀'旭旭'爲'好好'。"並引此詩。

頁碼		反切	中古音韻地位						上古音	
725	孝	呼教切	曉	效	效	二	開	去	曉	幽
	畜	許竹切	曉	通	屋	三	合	入	曉	覺

文獻通假 2 次，如：《老子》十八章："六親不和，有孝慈。"漢帛書甲本"孝"作"畜"。

頁碼		反切	中古音韻地位						上古音	
726	告	古到切	見	效	號	一	開	去	見	覺
	造	七到切	清	效	號	一	開	去	清	幽

文獻通假 3 次，如：《詩·大雅·公劉》："乃造其曹。"《一切經音義》四六引"造"作"告"。

頁碼		反切	中古音韻地位						上古音	
726	告	古到切	見	效	號	一	開	去	見	覺
	叫	古弔切	見	效	嘯	四	開	去	見	幽

文獻通假 1 次：《淮南子·覽冥訓》："庶女叫天雷電下擊。"《太平御覽》六十引"叫"作"告"。

頁碼		反切	中古音韻地位						上古音	
727	造	七到切	清	效	號	一	開	去	清	幽
	鑿	倉歷切	清	梗	錫	四	開	入	清	覺

文獻通假 1 次：《周禮·夏官·掌固》："夜三鑿以號戒。"鄭注："杜子春云：'讀鑿爲造次之造。'"讀"鑿"二字誤倒。

頁碼		反切	中古音韻地位						上古音	
727	造	七到切	清	效	號	一	開	去	清	幽
	竈	則到切	精	效	號	一	開	去	精	覺

文獻通假 4 次，如：《周禮·春官·大祝》："二曰造。"鄭注："《故書》'造'作'竈'。杜子春讀'竈'爲'造次'之'造'，《書》亦或爲'造'。"

頁碼		反切	中古音韻地位						上古音	
727	造	七到切	清	效	號	一	開	去	清	幽
	慼	七六切	清	通	屋	三	合	入	清	覺

文獻通假 1 次:《孟子·萬章上》:"其容有慼。"《韓非子·忠孝》作"其容造焉"。

頁碼		反切	中古音韻地位						上古音	
727	造	七到切	清	效	號	一	開	去	清	幽
	就	疾僦切	從	流	宥	三	開	去	從	覺

文獻通假 1 次:《墨子·非儒下》:"夫舜見瞽叟就然。"《韓非子·忠孝》"就"作"造"。

頁碼		反切	中古音韻地位						上古音	
727	造	七到切	清	效	號	一	開	去	清	幽
	蹴	七六切	清	通	屋	三	合	入	清	覺

文獻通假 1 次:《大戴禮·保傅》:"靈公造然失容。"《新序》"造"作"蹴"。

頁碼		反切	中古音韻地位						上古音	
727	造	七到切	清	效	號	一	開	去	清	幽
	戚	倉歷切	清	梗	錫	四	開	入	清	覺

文獻通假 1 次:《大戴禮·保傅》:"靈公造然失容。"《賈子新書·胎教》"造"作"戚"。

頁碼		反切	中古音韻地位						上古音	
727	鵠	胡沃切	匣	通	沃	一	合	入	匣	覺
	浩	胡老切	匣	效	晧	一	開	上	匣	幽

文獻通假 1 次:《呂氏春秋·下賢》:"鵠乎其羞用智慮也。"高注:"'鵠'讀如'浩浩昊天'之'浩'。"

頁碼		反切	中古音韻地位						上古音	
727	鵠	胡沃切	匣	通	沃	一	合	入	匣	覺
	鴇	博抱切	幫	效	晧	一	開	上	幫	幽

文獻通假 1 次:《禮記·內則》:"鵠鴞胖。"鄭注:"'鵠'或爲'鴇'也。"

頁碼		反切	中古音韻地位						上古音	
728	晧	胡老切	匣	效	晧	一	開	上	匣	幽
	酷	苦沃切	溪	通	沃	一	合	入	溪	覺

文獻通假 1 次:《楚辭·九歎》:"服覺晧以殊俗兮。"《考異》:"'晧'一作'酷'。"

頁碼		反切	中古音韻地位						上古音	
731	尻	苦刀切	溪	效	豪	一	開	平	溪	幽
	裻	冬毒切	端	通	沃	一	合	入	端	覺

文獻通假 1 次：《史記·佞幸列傳》："顧見其衣裻帶後穿。"《漢書·佞幸傳》"裻"作"尻"。

頁碼		反切	中古音韻地位						上古音	
733	愀	在九切	從	流	有	三	開	上	從	幽
	蹵	子六切	精	通	屋	三	合	入	精	覺

文獻通假 2 次，如：《莊子·田子方》："諸大夫蹵然曰。"《釋文》："'蹵'本或作'愀'。"

頁碼		反切	中古音韻地位						上古音	
734	愀	在九切	從	流	有	三	開	上	從	幽
	俶	昌六切	昌	通	屋	三	合	入	昌	覺

文獻通假 1 次：《法言·淵騫》："聞其言者，愀如也。"某氏《音義》："'愀如'舊本皆作'俶如'。"

頁碼		反切	中古音韻地位						上古音	
734	萩	七由切	清	流	尤	三	開	平	清	幽
	菽	式竹切	書	通	屋	三	合	入	書	覺

文獻通假 1 次：《穀梁傳·文公九年》："楚子使萩來聘。"《釋文》"'萩'或作'菽'。"

頁碼		反切	中古音韻地位						上古音	
737	蹵	子六切	精	通	屋	三	合	入	精	覺
	愁	初救切	初	流	宥	三	開	去	初	幽

文獻通假 1 次：《晏子春秋·内篇·雜下》："晏子蹵然。"《説苑·奉使》"愁"作"蹵"。

頁碼		反切	中古音韻地位						上古音	
737	愁	初救切	初	流	宥	三	開	去	初	幽
	慼	倉歷切	清	梗	錫	四	開	入	清	覺

文獻通假 1 次：《戰國策·楚策四》："汗明愁焉曰。"鮑本改"愁"爲"慼"。

頁碼		反切	中古音韻地位						上古音	
737	逑	巨鳩切	群	流	尤	三	開	平	群	幽
	逐	直六切	澄	通	屋	三	合	入	定	覺

文獻通假 1 次：《漢書·郊祀志》："諸布諸嚴諸逐之屬。"顏注："'逐'字或作'逑'。"

頁碼		反切	中古音韻地位						上古音	
738	攸	以周切	以	流	尤	三	開	平	餘	幽
	儵	式竹切	書	通	屋	三	合	入	書	覺

文獻通假 1 次：《爾雅·釋訓》：“儵儵、嘒嘒，罹禍毒也。”《釋文》：“‘儵’，樊本作‘攸’。”

頁碼		反切	中古音韻地位						上古音	
738	攸	以周切	以	流	尤	三	開	平	餘	幽
	逐	直六切	澄	通	屋	三	合	入	定	覺

文獻通假 1 次：《易·頤》：“其欲逐逐。”《釋文》：“‘逐逐’，《子夏傳》作‘攸攸’。《志林》云：‘‘攸’當爲‘逐’。’”

頁碼		反切	中古音韻地位						上古音	
738	悠	以周切	以	流	尤	三	開	平	餘	幽
	儵	式竹切	書	通	屋	三	合	入	書	覺

文獻通假 1 次：《詩·小雅·十月之交》：“悠悠我里。”《爾雅·釋訓》“悠悠”作“儵儵”。

頁碼		反切	中古音韻地位						上古音	
739	悠	以周切	以	流	尤	三	開	平	餘	幽
	逐	直六切	澄	通	屋	三	合	入	定	覺

文獻通假 1 次：《易·頤》：“其欲逐逐。”《釋文》：“‘逐逐’，苟作‘悠悠’。”

頁碼		反切	中古音韻地位						上古音	
740	脩	息流切	心	流	尤	三	開	平	心	幽
	滌	徒歷切	定	梗	錫	四	開	入	定	覺

文獻通假 2 次，如：《周禮·春官·司尊彝》：“凡酒脩酌。”鄭注：“‘脩’讀如‘滌濯’之‘滌’。”

頁碼		反切	中古音韻地位						上古音	
740	鯈	直由切	澄	流	尤	三	開	平	定	幽
	儵	式竹切	書	通	屋	三	合	入	書	覺

文獻通假 2 次，如：《莊子·秋水》：“儵魚出游從容。”《釋文》“儵”作“鯈”。

頁碼	反切		中古音韻地位							上古音	
741	條	徒聊切	定	效	蕭	四	開	平		定	幽
	滌	徒歷切	定	梗	錫	四	開	入		定	覺

文獻通假 2 次，如：《禮記·樂記》："感條暢之氣。"《史記·樂書》"條暢"作"滌蕩"，《説苑·修文》同。

頁碼	反切		中古音韻地位							上古音	
741	攸	以周切	以	流	尤	三	開	平		餘	幽
	逐	直六切	澄	通	屋	三	合	入		定	覺

文獻通假 1 次：《易·頤》："其欲逐逐。"《漢書·敘傳》顏注引"逐逐"作"攸攸"。

頁碼	反切		中古音韻地位							上古音	
742	齅	許救切	曉	流	宥	三	開	去		曉	幽
	畜	許竹切	曉	通	屋	三	合	入		曉	覺

文獻通假 1 次：《説文·鼻部》："'齅'讀若'畜牲'之'畜'。"

頁碼	反切		中古音韻地位							上古音	
745	糅	女救切	泥	流	宥	三	開	去		日	幽
	縮	所六切	生	通	屋	三	合	入		山	覺

文獻通假 1 次：《儀禮·鄉射禮》："則以白羽與朱羽糅。"鄭注："今文'糅'爲'縮'。"

頁碼	反切		中古音韻地位							上古音	
746	羞	息流切	心	流	尤	三	開	平		心	幽
	宿	息救切	心	流	宥	三	開	去		心	覺

文獻通假 3 次，如：《儀禮·特牲饋食禮》："乃宿尸。"鄭注："古文'宿'皆作'羞'。"

頁碼	反切		中古音韻地位							上古音	
746	叔	式竹切	書	通	屋	三	合	入		書	覺
	椒	即消切	精	效	宵	三	開	平		精	幽

文獻通假 1 次：《詩·豳風·七月》："九月叔苴。"《詩經考文》："古本'叔'作'椒'。"

頁碼	反切		中古音韻地位							上古音	
747	俶	昌六切	昌	通	屋	三	合	入		昌	覺
	椒	即消切	精	效	宵	三	開	平		精	幽

文獻通假 1 次：《詩·周頌·載芟》："有椒其馨。"《釋文》："椒，'沈'作'俶'。"

頁碼		反切	中古音韻地位						上古音	
747	寂	前歷切	從	梗	錫	四	開	入	從	覺
	蕭	蘇彫切	心	效	蕭	四	開	平	心	幽

文獻通假 1 次：《老子》二十五章："寂兮寥兮。"漢帛書乙本"寂"作"蕭"。

頁碼		反切	中古音韻地位						上古音	
750	謬	靡幼切	明	流	幼	三	開	去	明	幽
	穆	莫六切	明	通	屋	三	合	入	明	覺

文獻通假 1 次：《淮南子·泰族訓》："訟謬胸中。""訟"當作"悦"《文子·精誠》"訟謬"作"悦穆"。

頁碼		反切	中古音韻地位						上古音	
750	戮	力竹切	來	通	屋	三	合	入	來	覺
	飂	力求切	來	流	尤	三	開	平	來	幽

文獻通假 1 次：《左傳·成公十三年》："戮力同心。"《釋文》"戮"作"勠"，云："吕靜《字韻》與飂同。"

頁碼		反切	中古音韻地位						上古音	
750	蓼	力竹切	來	通	屋	三	合	入	來	覺
	繆	靡幼切	明	流	幼	三	開	去	明	幽

文獻通假 1 次：《禮記·坊記》："陽侯猶殺繆侯。"《淮南子·道應訓》"繆侯"作"蓼侯"。

頁碼		反切	中古音韻地位						上古音	
750	蓼	力竹切	來	通	屋	三	合	入	來	覺
	鄝	盧鳥切	來	效	篠	四	開	上	來	幽

文獻通假 5 次，如：《左傳·桓公十一年》："將與隨絞州蓼伐楚師。"《釋文》"'蓼'本或作'鄝'。"

頁碼		反切	中古音韻地位						上古音	
750	繆	靡幼切	明	流	幼	三	開	去	明	幽
	穆	莫六切	明	通	屋	三	合	入	明	覺

文獻通假 37 次，如：《書·金縢》："我其爲王穆卜。"《史記·魯周公世家》"穆卜"作"繆卜"。下文同。按：該組通假字的應用環境多爲"穆公"和"繆公"的混用。

頁碼		反切	中古音韻地位						上古音	
751	廖	力救切	來	流	宥	三	開	去	來	覺
	蓼	落蕭切	來	效	蕭	四	開	平	來	幽

文獻通假 1 次：《莊子·大宗師》："乃入於寥天一。"《釋文》："'寥'本亦作'廖'。"

頁碼		反切	中古音韻地位						上古音	
751	廖	力救切	來	流	宥	三	開	去	來	覺
	飂	力求切	來	流	尤	三	開	平	來	幽

文獻通假 1 次：《左傳·昭公二十九年》："昔有飂叔安。"《漢書·古今人表》作"廖叔安"。

頁碼		反切	中古音韻地位						上古音	
751	廖	力救切	來	流	宥	三	開	去	來	覺
	繆	靡幼切	明	流	幼	三	開	去	明	幽

文獻通假 5 次，如：《韓詩外傳》九："王繆。"《漢書·古今人表》作"王廖"。

頁碼		反切	中古音韻地位						上古音	
752	瘳	丑鳩切	徹	流	尤	三	開	平	透	幽
	廖	力救切	來	流	宥	三	開	去	來	覺

文獻通假 1 次：《禮記·祭義》："夫子之足瘳矣。"《呂氏春秋·孝行覽》"瘳"作"廖"。

頁碼		反切	中古音韻地位						上古音	
752	聊	落蕭切	來	效	蕭	四	開	平	來	幽
	陸	力竹切	來	通	屋	三	合	入	來	覺

文獻通假 1 次：《左傳·昭公十七年》："遂滅陸渾。"《呂氏春秋·精諭》作"襲聊阮梁蠻氏，滅三國"。疑"聊阮"即"陸渾"。

頁碼		反切	中古音韻地位						上古音	
762	肅	息逐切	心	通	屋	三	合	入	心	覺
	蕭	蘇彫切	心	效	蕭	四	開	平	心	幽

文獻通假 3 次，如：《詩·小雅·車攻》："蕭蕭馬鳴。"《唐石經》初刻"蕭蕭"作"肅肅"。

頁碼		反切	中古音韻地位						上古音	
762	膅	所鳩切	生	流	尤	三	開	平	山	幽
	鱐	息逐切	心	通	屋	三	合	入	心	覺

文獻通假 2 次，如：《周禮·天官·瘍行》："腒鱐膳膏臊。"《説文·内部》引"鱐"作"膴"。

頁碼		反切	中古音韻地位						上古音	
766	保	博抱切	幫	效	晧	一	開	上	幫	幽
	復	房六切	並	通	屋	三	合	入	並	覺

文獻通假 1 次：《老子》十五章："保此道者不欲盈。"古本《淮南子·道應訓》引"保"作"復"。

頁碼		反切	中古音韻地位						上古音	
767	孚	芳無切	滂	遇	虞	三	合	平	滂	幽
	復	房六切	並	通	屋	三	合	入	並	覺

文獻通假 1 次：《易·需》："有孚，光亨。"全書"孚"字漢帛書本皆作"復"字。《兑·九二》除外。

頁碼		反切	中古音韻地位						上古音	
778	倜	他歷切	透	梗	錫	四	開	入	透	覺
	侜	張流切	知	流	尤	三	開	平	端	幽

文獻通假 1 次：《爾雅·釋訓》："侜張，狂也。"《釋文》："'侜'本或作'倜'。"

頁碼		反切	中古音韻地位						上古音	
781	壔	覩老切	端	效	晧	一	開	上	端	幽
	毒	徒沃切	定	通	沃	一	合	入	定	覺

文獻通假 1 次：《説文·土部》："'壔'讀若'毒'。"

頁碼		反切	中古音韻地位						上古音	
782	擣	都晧切	端	效	晧	一	開	上	端	幽
	惄	奴歷切	泥	梗	錫	四	開	入	泥	覺

文獻通假 1 次：《詩·小雅·小弁》："惄焉如擣。"《釋文》："'擣'本或作'惄'。"

頁碼		反切	中古音韻地位						上古音	
782	鑄	之戍切	章	遇	遇	三	合	去	章	幽
	祝	職救切	章	流	宥	三	開	去	章	覺

文獻通假 2 次，如：《吕氏春秋·慎大覽》："命封黄帝之後於鑄。"《禮記·樂記》"鑄"作"祝"。《史記·周本紀》同。

頁碼		反切	中古音韻地位						上古音	
783	州	職流切	章	流	尤	三	開	平	章	幽
	祝	職救切	章	流	宥	三	開	去	章	覺

文獻通假 1 次：《左傳・隱公四年》："衛州吁弒其君完。"《公羊傳》同，《穀梁傳》"州吁"作"祝吁"。

頁碼		反切	中古音韻地位						上古音	
783	㑇	職流切	章	流	尤	三	開	平	章	幽
	祝	職救切	章	流	宥	三	開	去	章	覺

文獻通假 1 次：《説文・吅部》："'㑇'，讀若'祝'。"

（二）幽部—鐸部（9 組）

頁碼		反切	中古音韻地位						上古音	
710	皋	古勞切	見	效	豪	一	開	平	見	幽
	郭	古博切	見	宕	鐸	一	合	入	見	鐸

文獻通假 1 次：《史記・趙世家》："又取藺、郭狼。"《漢書・地理志》："西河郡有藺、皋狼。"

頁碼		反切	中古音韻地位						上古音	
721	猶	以周切	以	流	尤	三	開	平	餘	幽
	郝	呵各切	曉	宕	鐸	一	開	入	曉	鐸

文獻通假 1 次：《史記・楚世家》："同母弟猶代立，是爲哀王。"《六國年表》作"弟郝立"。

頁碼		反切	中古音韻地位						上古音	
727	造	七到切	清	效	號	一	開	去	清	幽
	作	則落切	精	宕	鐸	一	開	入	精	鐸

文獻通假 1 次：《禮記・禮運》："後聖有作。"《公羊傳・桓公四年》徐疏引"作"作"造"。

頁碼		反切	中古音韻地位						上古音	
733	鮥	巨救切	群	流	宥	三	開	去	群	幽
	鮥	盧各切	來	宕	鐸	一	開	入	來	鐸

文獻通假 1 次：《爾雅・釋魚》："鮥，鮛鮪。"《釋文》："'鮥'，《字林》作'鮥'。"

頁碼		反切	中古音韻地位						上古音	
733	檜	古勞切	見	效	豪	一	開	平	見	幽
	睪	羊益切	以	梗	昔	三	開	入	餘	鐸

文獻通假 2 次，如：《周禮・地官・鼓人》："以檜鼓鼓役事。"《風俗通・聲音》引"檜"作"睪"。

頁碼		反切	中古音韻地位						上古音	
733	櫜	古勞切	見	效	豪	一	開	平	見	幽
	橐	他各切	透	宕	鐸	一	開	入	透	鐸

文獻通假 4 次，如：《詩・周頌・時邁》："載櫜弓矢。"《鹽鐵論・論菑》引"櫜"作"橐"。

頁碼		反切	中古音韻地位						上古音	
753	留	力救切	來	流	宥	三	開	去	來	幽
	落	盧各切	來	宕	鐸	一	開	入	來	鐸

文獻通假 1 次：《莊子・天地》："無落吾事！"《新序・節士》"落"作"留"。《後漢書・馮衍傳、李固傳》李注引"亦"作"留"。

頁碼		反切	中古音韻地位						上古音	
764	抱	薄浩切	並	效	晧	一	開	上	並	幽
	搏	補各切	幫	宕	鐸	一	開	入	幫	鐸

文獻通假 1 次：《呂氏春秋・異用》："搏杖而捂之。"《廣韻》杖下"搏杖"作"抱杖"。

異體字聲旁換用：1 組

頁碼		反切	中古音韻地位						上古音	
710	皋	古勞切	見	效	豪	一	開	平	見	幽
	睪	羊益切	以	梗	昔	三	開	入	餘	鐸

皋與睪：文獻通假 8 次，如：《書・皋陶謨》："皋陶。"《困學紀聞》六引《列女傳》作"睪陶"。

皋與澤：文獻通假 2 次，如：《左傳・襄公十七年》："澤門之皙。"《釋文》："'澤門'本或作'皋門'。"《詩・大雅・緜》《正義》引"澤門"作"皋門"。

皋與繹：文獻通假 1 次：《左傳・定公十三年》："范皋夷無寵於范吉射。"《史記・趙世家》"皋"作"繹"。

皞與睪：文獻通假 1 次：《荀子・解蔽》："睪睪廣廣。"楊注："'睪'讀爲'皞'。"

皞與白睪：文獻通假 2 次，如：《左傳・僖公二十一年》："實司大皞與有濟之祀。"《潛夫論・志氏姓》引"皞"作"暉"。

以上幾組通假字的通用是聲旁的換用，應算作這一組聲旁的通假，即通假次數則爲幾組通假次數相加，即 14 次。

（三）幽部—職部（9 組）

具體數據見第一章第二節職部。

（四）幽部—屋部（9 組）

頁碼		反切	中古音韻地位						上古音	
333	欲	余蜀切	以	通	燭	三	合	入	餘	屋
	猶	以周切	以	流	尤	三	開	平	餘	幽

文獻通假 2 次，如：《詩·大雅·文王有聲》："匪棘其欲。"《禮記·禮器》引"欲"作"猶"。

頁碼		反切	中古音韻地位						上古音	
333	欲	余蜀切	以	通	燭	三	合	入	餘	屋
	遊	以周切	以	流	尤	三	開	平	餘	幽

文獻通假 1 次：《書·皋陶謨》："無教逸欲。"《後漢書·陳蕃傳》引作"無教逸遊"。

頁碼		反切	中古音韻地位						上古音	
334	握	於角切	影	江	覺	二	開	入	影	屋
	搔	蘇遭切	心	效	豪	一	開	平	心	幽

文獻通假 1 次：《禮記·王制》："宗廟之牛角握。"《公羊傳·桓公八年》何注引"握"作"搔"。

頁碼		反切	中古音韻地位						上古音	
347	燭	之欲切	章	通	燭	三	合	入	章	屋
	讎	市流切	禪	流	尤	三	開	平	禪	幽

文獻通假 1 次：《孟子·萬章上》："顏讎由。"《漢書·古今人表》作"顏燭雛"。

頁碼		反切	中古音韻地位						上古音	
347	濁	直角切	澄	江	覺	二	開	入	定	屋
	讎	市流切	禪	流	尤	三	開	平	禪	幽

文獻通假 2 次，如：《孟子·萬章上》："顏讎由。"《史記·孔子世家》作"顏濁鄒"。

頁碼		反切	中古音韻地位						上古音	
348	斲	竹角切	知	江	覺	二	開	入	端	屋
	劉	力求切	來	流	尤	三	開	平	來	幽

文獻通假 1 次：《楚辭·九章》："巧倕不斲兮。"《考異》："'斲'一作'劉'。"

頁碼		反切	中古音韻地位						上古音	
355	録	力玉切	來	通	燭	三	開	入	來	屋
	繆	莫浮切	明	流	尤	三	開	平	明	幽

文獻通假 1 次：《史記·儒林列傳》："後世學者多録焉。"《集解》："'録'一作'繆'。"

頁碼		反切	中古音韻地位						上古音	
364	赴	芳遇切	滂	遇	遇	三	合	去	滂	屋
	報	博耗切	幫	效	號	一	開	去	幫	幽

文獻通假 2 次，如：《禮記·少儀》："母報往。"鄭注："'報'讀爲'赴疾'之'赴'。"

頁碼		反切	中古音韻地位						上古音	
365	朴	匹角切	滂	江	覺	二	開	入	滂	屋
	鞄	薄交切	並	效	肴	二	開	平	並	幽

文獻通假 1 次：《説文·革部》："'鞄'讀若'朴'。"

（五）幽部—藥部（5 組）

頁碼		反切	中古音韻地位						上古音	
735	叫	古弔切	見	效	嘯	四	開	去	見	幽
	敫	古弔切	見	效	嘯	四	開	去	見	藥

文獻通假 1 次：《説文·放部》："'敫'，讀若'呼叫'之'叫'。"

頁碼		反切	中古音韻地位						上古音	
743	蹈	徒到切	定	效	號	一	開	去	定	幽
	悼	徒到切	定	效	號	一	開	去	定	藥

文獻通假 1 次：《詩·小雅·菀柳》："上帝甚蹈。"鄭箋："'蹈'讀曰'悼'。"

頁碼		反切	中古音韻地位						上古音	
748	流	力求切	來	流	尤	三	開	平	來	幽
	弱	而灼切	日	宕	藥	三	開	入	日	藥

文獻通假 1 次：《書·盤庚上》："無弱孤有幼。"《漢石經》"弱"作"流"。

頁碼		反切	中古音韻地位						上古音	
806	酌	之若切	章	宕	藥	三	開	入	章	藥
	酎	直祐切	澄	流	宥	三	開	去	定	幽

文獻通假 1 次：《楚辭·招魂》："酎飲盡歡，樂先故些。"《考異》："'酎'一作'酌'。"
異體字聲旁换用：1 組

頁碼		反切	中古音韻地位						上古音	
735	丩	居求切	見	流	尤	三	開	平	見	幽
	斀	古弔切	見	效	嘯	四	開	去	見	藥

叫與噭：文獻通假 1 次：《太玄·竈·次八》："雖噭不毀。"司馬光集注："'噭'與'叫'同。"

咷與噭：文獻通假 1 次：《公羊傳·昭公二十五年》："昭公於是噭然而哭。"《説文·吅部》引"噭"作"咷"。

（六）幽部—物部（5 組）

頁碼		反切	中古音韻地位						上古音	
558	休	許尤切	曉	流	尤	三	開	平	曉	幽
	怵	丑律切	徹	臻	術	三	合	入	透	物

文獻通假 1 次：《國語·楚語上》："以休懼其動。"《周禮·春官·瞽矇》鄭注引同。《釋文》"休"作"怵"，云："北本作'休'。"賈疏引"亦"作"怵"。

頁碼		反切	中古音韻地位						上古音	
723	汓	似由切	邪	流	尤	三	開	平	邪	幽
	没	土骨切	透	臻	没	一	合	入	透	物

文獻通假 1 次：《説文·水部》："汓，古或以'汓'爲'没'。"

頁碼		反切	中古音韻地位						上古音	
748	厸	他骨切	透	臻	没	一	合	入	透	物
	充	力求切	來	流	尤	三	開	平	來	幽

文獻通假 1 次：《説文·厸部》："'厸'或作'充'。"

頁碼		反切	中古音韻地位						上古音	
751	繆	靡幼切	明	流	幼	三	開	去	明	幽
	拂	敷勿切	滂	臻	物	三	合	入	滂	物

文獻通假 1 次：《禮記·內則》："總角拂髦。"鄭注："'拂髦'或爲'繆髦'也。"

頁碼		反切	中古音韻地位						上古音	
763	包	布交切	幫	效	肴	二	開	平	幫	幽
	勃	蒲没切	並	臻	没	一	合	入	並	物

文獻通假 1 次：《左傳·定公四年》："申包胥如秦乞師。"《戰國策·楚策一》"申包胥"作"棼冒勃蘇"。

（七）幽部—質部（3 組）

頁碼		反切	中古音韻地位						上古音	
588	漆	親吉切	清	臻	質	三	開	入	清	質
	髹	許尤切	曉	流	尤	三	開	平	曉	幽

文獻通假 1 次：《周禮・春官・司几筵》："右漆几。"《説文・几部》几下引"漆"作"髹"。

頁碼		反切	中古音韻地位						上古音	
752	漻	盧鳥切	來	效	篠	四	開	上	來	幽
	栗	力質切	來	臻	質	三	開	入	來	質

文獻通假 1 次：《詩・豳風・東山》："烝在栗薪。"《釋文》："'栗'，《韓詩》作'漻'。"《詩攷》載："《釋文》：'栗，《韓詩》作聚。'蓋字之譌。"

頁碼		反切	中古音韻地位						上古音	
763	包	布交切	幫	效	肴	二	開	平	幫	幽
	宓	彌畢切	明	臻	質	三	開	入	明	質

文獻通假 1 次：《易・繫辭下》："古者包羲氏之王天下也。"《漢書・藝文志》引作"宓戲氏"，《説文・大部》"㝿"下引作"虙羲氏"。

（八）幽部—錫部（2 組）

頁碼		反切	中古音韻地位						上古音	
451	臭	古闃切	見	梗	錫	四	合	入	見	錫
	溴	尺又切	昌	流	宥	三	開	去	昌	幽

文獻通假 1 次：《公羊傳・襄公十六年》："公會晉侯、宋公、衛侯、鄭伯、曹伯、莒子、邾婁子、薛伯、杞伯、小邾婁子于溴梁。"《釋文》"溴"作"臭"，云："本又作'溴'。"

頁碼		反切	中古音韻地位						上古音	
469	狄	徒歷切	定	梗	錫	四	開	入	定	錫
	楸	七由切	清	流	尤	三	開	平	清	幽

文獻通假 1 次：《爾雅・釋木》："狄臧槔。"《玉篇・木部》"狄"作"楸"。

（九）幽部—緝部（1 組）

頁碼		反切	中古音韻地位						上古音	
695	浩	胡老切	匣	效	晧	一	開	上	匣	幽
	閣	古沓切	見	咸	合	一	開	入	見	緝

文獻通假 1 次：《漢書・地理志》："浩亹水出西塞外。"顏注："今俗呼此水爲'閣門

河'，蓋疾言之'浩'爲'閣'耳。"

三、幽部和陽聲韻通假關係舉證

表 2-4　幽部和陽聲韻通假頻次表（組）

	文部	侵部	談部	蒸部	元部	東部	冬部	耕部	合計
幽部	7	6	5	3	2	1	1	1	26

（一）幽部—文部（7組）

頁碼		反切	中古音韻地位						上古音	
117	歅	於真切	影	臻	真	三	開	平	影	文
	皋	古勞切	見	效	豪	一	開	平	見	幽

文獻通假1次：《莊子·徐無鬼》："九方歅。"《釋文》："《淮南子》作'九方皋'。"

頁碼		反切	中古音韻地位						上古音	
120	咎	其九切	群	流	有	三	開	上	群	幽
	困	去倫切	溪	臻	真	三	合	平	溪	文

文獻通假1次：《史記·晉世家》："狄伐咎如。"《索隱》："'咎如'，鄒誕本作'困如'。"

頁碼		反切	中古音韻地位						上古音	
129	敦	都昆切	端	臻	魂	一	合	平	端	文
	燾	徒到切	定	效	號	一	開	去	定	幽

文獻通假1次：《周禮·春官·司几筵》："每敦一几。"鄭注："'敦'讀曰'燾'。"

頁碼		反切	中古音韻地位						上古音	
130	幬	直由切	澄	流	尤	三	開	平	定	幽
	錞	常倫切	禪	臻	諄	三	合	平	禪	文

文獻通假1次：《禮記·喪大記》："大夫殯以幬。"鄭注："'幬'或作'錞'。"

頁碼		反切	中古音韻地位						上古音	
130	幬	直由切	澄	流	尤	三	開	平	定	幽
	埻	之尹切	章	臻	準	三	合	上	章	文

文獻通假1次：《禮記·喪大記》："大夫殯以幬。"鄭注："'幬'或作'埻'。"

頁碼		反切	中古音韻地位						上古音	
131	杶	丑倫切	徹	臻	諄	三	合	平	透	文
	杻	女久切	泥	流	有	三	開	上	泥	幽

文獻通假 1 次：《説文·木部》：“‘杻’，古文‘杶’。”

頁碼		反切	中古音韻地位						上古音	
743	滔	土刀切	透	效	豪	一	開	平	透	幽
	本	布忖切	幫	臻	混	一	合	上	幫	文

文獻通假 1 次：《説文·木部》：“‘本’讀若‘滔’。”

（二）幽部—侵部（6 組）

頁碼		反切	中古音韻地位						上古音	
240	襌	徒感切	定	咸	感	一	開	上	定	侵
	導	徒到切	定	效	號	一	開	去	定	幽

文獻通假 1 次：《儀禮·士虞禮》：“中月而襌。”鄭注：“古文‘襌’或爲‘導’。”

頁碼		反切	中古音韻地位						上古音	
240	襌	徒感切	定	咸	感	一	開	上	定	侵
	道	徒晧切	定	效	晧	一	開	上	定	幽

文獻通假 1 次：《禮記·喪大記》：“襌而内無哭者。”鄭注：“‘襌’或皆作‘道’。”

頁碼		反切	中古音韻地位						上古音	
241	衽	汝鴆切	日	深	沁	三	開	去	日	侵
	鬏	虛尤切	曉	流	尤	三	開	平	曉	幽

文獻通假 1 次：《禮記·檀弓上》：“衽每束一。”鄭注：“‘衽’或作‘鬏’。”

頁碼		反切	中古音韻地位						上古音	
251	函	胡男切	匣	咸	覃	一	開	平	匣	侵
	導	徒到切	定	效	號	一	開	去	定	幽

文獻通假 1 次：《史記·禮書》：“函及士大夫。”《索隱》：“《大戴禮》作：‘導及士大夫’。”

頁碼		反切	中古音韻地位						上古音	
251	道	徒晧切	定	效	晧	一	開	上	定	幽
	函	胡男切	匣	咸	覃	一	開	平	匣	侵

文獻通假 1 次：《荀子·禮論》：“道及士大夫。”《史記·禮書》“道”作“函”。此據《集解》本。

頁碼		反切	中古音韻地位						上古音	
718	由	以周切	以	流	尤	三	開	平	餘	幽
	尤	餘針切	以	深	侵	三	開	平	餘	侵

文獻通假 1 次：《易·謙》：“由豫大有得。”漢帛書本“由”作“尤”。

（三）幽部—談部（5 組）

頁碼		反切	中古音韻地位						上古音	
239	圅	他念切	透	咸	㮇	四	開	去	透	談
	導	徒到切	定	效	號	一	開	去	定	幽

文獻通假 1 次：《説文·谷部》：“‘圅’讀若‘三年導服’之‘導’。”

頁碼		反切	中古音韻地位						上古音	
248	棪	以冉切	以	咸	琰	三	開	上	餘	談
	導	徒到切	定	效	號	一	開	去	定	幽

文獻通假 1 次：《説文·木部》：“‘棪’讀若‘三年導服’之‘導’。”

頁碼		反切	中古音韻地位						上古音	
252	道	徒晧切	定	效	晧	一	開	上	定	幽
	啗	徒敢切	定	咸	敢	一	開	上	定	談

文獻通假 1 次：《荀子·禮論》“道及士大夫。”楊注：“《史記》‘道’又作‘啗’。”見《史記·禮書》，《索隱》本“道”作“啗”。

頁碼		反切	中古音韻地位						上古音	
252	詔	丑琰切	徹	咸	琰	三	開	上	透	談
	道	徒晧切	定	效	晧	一	開	上	定	幽

文獻通假 1 次：《荀子·不苟》“非詔諛也。”《韓詩外傳》六“詔”作“道”。

頁碼		反切	中古音韻地位						上古音	
264	叟	蘇后切	心	流	厚	一	開	上	心	幽
	貶	方斂切	幫	咸	琰	三	開	上	幫	談

文獻通假 2 次，如：《説文·又部》：“叟，杜林説以爲‘貶損’之‘貶’。”

（四）幽部—蒸部（3 組）

具體數據見第一章第三節蒸部。

（五）幽部—元部（2組）

頁碼	反切		中古音韻地位						上古音	
161	鞘	於阮切	影	山	阮	三	合	上	影	元
	鞄	薄交切	並	效	肴	二	開	平	並	幽

文獻通假1次：《說文·革部》：“‘鞄’或作‘鞘’。”

頁碼	反切		中古音韻地位						上古音	
194	甾	古倦切	見	山	線	三	合	去	見	元
	醜	昌九切	昌	流	有	三	開	上	昌	幽

文獻通假1次：《說文·甾部》：“‘甾’，古文以爲‘醜’字。”

（六）幽部—東部（1組）

頁碼	反切		中古音韻地位						上古音	
30	蒙	莫紅切	明	通	東	一	合	平	明	東
	蟊	莫浮切	明	流	尤	三	開	平	明	幽

文獻通假1次：《書·洪範》：“曰蒙。”《周禮·春官·大卜》鄭注引“蒙”作“蟊”。

（七）幽部—冬部（1組）

頁碼	反切		中古音韻地位						上古音	
15	融	以戎切	以	通	東	三	合	平	餘	冬
	由	以周切	以	流	尤	三	開	平	餘	幽

文獻通假1次：《左傳·昭公五年》：“吳子使其弟蹶由犒師。”《韓非子·說林下》“蹶由”作“厤融”。

（八）幽部—耕部（1組）

頁碼	反切		中古音韻地位						上古音	
66	竫	疾郢切	從	梗	靜	三	開	上	從	耕
	巧	苦絞切	溪	效	巧	二	開	上	溪	幽

文獻通假1次：《書·秦誓》：“惟截截善諞言。”《公羊傳·文公十二年》作“惟諓諓善竫言”。《楚辭·九歎》王注引作“諓諓竫言”。《說文·戈部》“戔”下引作“戔戔巧言”。

第二節　覺　部

在本書研究範圍内，覺部共通假331組。其中，同部通假175組，異部通假156組。在異部通假中，覺部與陰聲韻共通假107組，與入聲韻共通假45組，與陽聲韻共通假4組。具體情況如下：

表 2–5　覺部通假情況匯總表

通假類型			通假頻次（組）			
同部通假		覺—覺	175			
異部通假	陰聲韻	覺—幽	70	107	156	331
		覺—宵	10			
		覺—侯	10			
		覺—魚	9			
		覺—支	2			
		覺—微	2			
		覺—脂	2			
		覺—之	1			
		覺—歌	1			
	入聲韻	覺—屋	14	45		
		覺—職	10			
		覺—藥	8			
		覺—質	5			
		覺—緝	3			
		覺—鐸	2			
		覺—月	1			
		覺—物	1			
		覺—錫	1			
	陽聲韻	覺—文	2	4		
		覺—冬	1			
		覺—真	1			

一、覺部與陰聲韻通假關係舉證

表 2–6　覺部和陰聲韻通假頻次表（組）

	幽部	宵部	侯部	魚部	微部	脂部	支部	之部	歌部	合計
覺部	70	10	10	9	2	2	2	1	1	107

（一）覺部—幽部（70 組）

具體數據見第二章第一節幽部。

（二）覺部—宵部（10 組）

頁碼		反切	中古音韻地位						上古音	
717	櫾	以周切	以	流	尤	三	開	平	餘	宵
	柚	余救切	以	流	宥	三	開	去	餘	覺

文獻通假 3 次，如：《山海經·中山經》："多橘櫾。"《説文·木部》"櫾"作"柚"。

頁碼		反切	中古音韻地位						上古音	
726	斆	胡教切	匣	效	效	二	開	去	匣	覺
	效	胡教切	匣	效	效	二	開	去	匣	宵

文獻通假 1 次：《史記·張釋之馮唐列傳》："豈斆此嗇夫諜諜利口捷給哉！"《漢書·張馮汲鄭傳》"斆"作"效"。

頁碼		反切	中古音韻地位						上古音	
726	斆	胡教切	匣	效	效	二	開	去	匣	覺
	教	古孝切	見	效	效	二	開	去	見	宵

文獻通假 1 次：《大戴禮·衛將軍文子》："好從善而斆往。"《孔子家語·弟子行》"斆"作"教"。

頁碼		反切	中古音韻地位						上古音	
728	郜	古到切	見	效	號	一	開	去	見	覺
	高	古勞切	見	效	豪	一	開	平	見	宵

文獻通假 1 次：《史記·周本紀》："又能爲君得高都。"《正義》引《括地志》云："高都故城一名郜都城。"

頁碼		反切	中古音韻地位						上古音	
737	就	疾僦切	從	流	宥	三	開	去	從	覺
	朝	陟遥切	知	效	宵	三	開	平	端	宵

文獻通假 1 次：《管子·四稱》："辟若野獸無所朝處。"《册府元龜》二四二引"朝"作"就"。

頁碼		反切	中古音韻地位						上古音	
747	戚	倉歷切	清	梗	錫	四	開	入	清	覺
	高	古勞切	見	效	豪	一	開	平	見	宵

文獻通假 1 次：《書·盤庚中》："保后胥戚。"《漢石經》"戚"作"高"。

頁碼		反切	中古音韻地位						上古音	
762	繡	息救切	心	流	宥	三	開	去	心	覺
	宵	相邀切	心	效	宵	三	開	平	心	宵

文獻通假 1 次：《詩·唐風·揚之水》：“素衣朱繡。”《儀禮·特牲饋食禮》鄭注引“繡”作“宵”。

頁碼		反切	中古音韻地位						上古音	
762	繡	息救切	心	流	宥	三	開	去	心	覺
	綃	相邀切	心	效	宵	三	開	平	心	宵

文獻通假 2 次，如：《詩·唐風·揚之水》：“素衣朱繡。”《儀禮·士昏禮》鄭注、《禮記·郊特牲》鄭注引“繡”作“綃”。

頁碼		反切	中古音韻地位						上古音	
772	冒	莫報切	明	效	號	一	開	去	明	覺
	芼	莫報切	明	效	號	一	開	去	明	宵

文獻通假 1 次：《文選·七發》：“冒以山膚。”李注：“‘冒’與‘芼’，古字通。”按：《七發》爲漢代枚乘所作。

頁碼		反切	中古音韻地位						上古音	
778	倜	他歷切	透	梗	錫	四	開	入	透	覺
	超	敕宵切	徹	效	宵	三	開	平	透	宵

文獻通假 1 次：《荀子·君道》：“倜然乃舉太公於州人而用之。”《韓詩外傳》四“倜”作“超”。

（三）覺部—侯部（10 組）

頁碼		反切	中古音韻地位						上古音	
339	煦	況羽切	曉	遇	麌	三	合	上	曉	侯
	旭	許玉切	曉	通	燭	三	合	入	曉	覺

文獻通假 1 次：《詩·邶風·匏有苦葉》：“旭日始旦。”《文選·演連珠》李注引《韓詩》“旭”作“煦”。

頁碼		反切	中古音韻地位						上古音	
349	豆	徒候切	定	流	候	一	開	去	定	侯
	菽	式竹切	書	通	屋	三	合	入	書	覺

文獻通假 1 次：《戰國策·韓策一》：“非麥而豆。”《史記·張儀列傳》“豆”作“菽”。

頁碼		反切	中古音韻地位						上古音	
350	柱	直主切	澄	遇	虞	三	合	上	定	侯
	祝	之六切	章	通	屋	三	合	入	章	覺

文獻通假 1 次：《山海經·南山經》："有草焉……其名曰祝餘。"郭注："'祝餘'或作'桂荼'。""桂"當作"柱"。

頁碼		反切	中古音韻地位						上古音	
350	注	之戍切	章	遇	遇	三	合	去	章	侯
	奧	烏到切	影	效	號	一	開	去	影	覺

文獻通假 1 次：《老子》六十二章："道者萬物之奧。"漢帛書甲本，乙本"奧"作"注"。

頁碼		反切	中古音韻地位						上古音	
351	注	之戍切	章	遇	遇	三	合	去	章	侯
	祝	之六切	章	通	屋	三	合	入	章	覺

文獻通假 1 次：《周禮·天官·瘍醫》："掌腫瘍、潰瘍、金瘍、折瘍之祝藥。"鄭注："'祝'當爲'注'，讀如'注病'之'注'，聲之誤也。"

頁碼		反切	中古音韻地位						上古音	
357	數	所矩切	生	遇	虞	三	合	上	山	侯
	縮	所六切	生	通	屋	三	合	入	山	覺

文獻通假 1 次：《周禮·春官·司尊彝》："醴齊縮酌。"鄭注："《故書》'縮'爲'數'，杜子春云：'數當爲縮。'"

頁碼		反切	中古音韻地位						上古音	
360	趨	七逾切	清	遇	虞	三	合	平	清	侯
	鼜	倉歷切	清	梗	錫	四	開	入	清	覺

文獻通假 1 次：《周禮·春官·鎛師》："凡軍之夜三鼜皆鼓之。"鄭注："杜子春云：'鼜，《春秋傳》所謂"賓將趨"者，音聲相似。'"（今《左傳》作"賓將掫"。）

頁碼		反切	中古音韻地位						上古音	
363	陬	側鳩切	莊	流	尤	三	開	平	莊	侯
	隩	於六切	影	通	屋	三	合	入	影	覺

文獻通假 1 次：《呂氏春秋·分職》："陬隅有竈。"《新序·刺奢》"陬隅"作"隩隅"。

頁碼		反切	中古音韻地位						上古音	
771	瞀	莫候切	明	流	候	一	開	去	明	侯
	目	莫六切	明	通	屋	三	合	入	明	覺

　　文獻通假1次：《呂氏春秋·介立》：“東方有士焉曰爰旌目。”《後漢書·張衡傳》“旌目”作“旌瞀”。

頁碼		反切	中古音韻地位						上古音	
771	務	亡遇切	明	遇	遇	三	合	去	明	侯
	冒	莫報切	明	效	號	一	開	去	明	覺

　　文獻通假1次：《荀子·哀公》：“古之王者有務而拘領者矣。”楊注：“‘務’讀爲‘冒’。《尚書大傳》曰：‘古之人衣上有冒而句領者。’”

　　（四）覺部—魚部（9組）

頁碼		反切	中古音韻地位						上古音	
709	懊	於六切	影	通	屋	三	合	入	影	覺
	豫	羊洳切	以	遇	御	三	開	去	餘	魚

　　文獻通假1次：《老子》十五章：“豫兮若冬涉川。”《釋文》：“‘豫’本或作‘懊’。”

頁碼		反切	中古音韻地位						上古音	
730	旭	許玉切	曉	通	燭	三	合	入	曉	覺
	盱	況于切	曉	遇	虞	三	合	平	曉	魚

　　文獻通假1次：《詩·邶風·匏有苦葉》：“旭日始旦。”《易·豫》《釋文》引“旭”作“盱”。

頁碼		反切	中古音韻地位						上古音	
737	蹙	子六切	精	通	屋	三	合	入	精	覺
	遽	其據切	群	遇	御	三	合	去	群	魚

　　文獻通假1次：《莊子·大宗師》：“仲尼蹙然。”《淮南子·道應訓》“蹙”作“遽”。

頁碼		反切	中古音韻地位						上古音	
744	祝	之六切	章	通	屋	三	合	入	章	覺
	著	直魚切	澄	遇	魚	三	合	平	定	魚

　　文獻通假2次，如：《史記·曆書》：“祝犁協洽二年。”《索隱》：“‘祝犁’，《爾雅》作‘著雍’。”

頁碼		反切	中古音韻地位						上古音	
744	祝	之六切	章	通	屋	三	合	入	章	覺
	屠	直魚切	澄	遇	魚	三	合	平	定	魚

文獻通假 1 次：《爾雅·釋天》："在己曰屠維。"《史記·曆書》"屠維"作"祝犁"。

頁碼		反切	中古音韻地位						上古音	
744	祝	之六切	章	通	屋	三	合	入	章	覺
	胥	相居切	心	遇	魚	三	合	平	心	魚

文獻通假 1 次：《禮記·喪大記》："君之喪大胥是斂。"鄭注："'胥'當爲'祝'字之誤也。"

頁碼		反切	中古音韻地位						上古音	
747	叔	式竹切	書	通	屋	三	合	入	書	覺
	旅	力舉切	來	遇	語	三	合	上	來	魚

文獻通假 1 次：《史記·魯周公世家》："子叔立是爲平公。"《索隱》："《世本》'叔'作'旅'。"《漢書·律曆志》作"旅"。

頁碼		反切	中古音韻地位						上古音	
748	慼	倉歷切	清	梗	錫	四	開	入	清	覺
	阻	莊助切	莊	遇	御	三	合	去	莊	魚

文獻通假 1 次：《詩·邶風·雄雉》："自詒伊阻。"《左傳·宣公二年》引"阻"作"慼"。

頁碼		反切	中古音韻地位						上古音	
898	煑	章與切	章	遇	語	三	合	上	章	魚
	鬻	余六切	以	通	屋	三	合	入	餘	覺

文獻通假 2 次，如：《史記·平準書》："冶鑄煑鹽。"《漢書·食貨志》"煑"作"鬻"。下文同。

（五）覺部—微部（2 組）

頁碼		反切	中古音韻地位						上古音	
503	隈	烏恢切	影	蟹	灰	一	合	平	影	微
	鞠	居六切	見	通	屋	三	合	入	見	覺

文獻通假 1 次：《爾雅·釋丘》："厓內爲隩，外爲隈。"《釋文》"隈"作"鞠"。《唐石經》同。

頁碼		反切	中古音韻地位						上古音	
576	就	疾僦切	從	流	宥	三	開	去	從	覺
	濢	七罪切	清	蟹	賄	一	合	上	清	微

文獻通假1次：《詩·邶風·谷風》："就其深矣。"《説文·水部》皐下《繫傳》引"就"作"濢"。

（六）覺部—脂部（2組）

頁碼		反切	中古音韻地位						上古音	
607	楣	武悲切	明	止	脂	三	開	平	明	脂
	楣	莫報切	明	效	號	一	開	去	明	覺

文獻通假1次：《爾雅·釋宮》："楣謂之梁。"《釋文》："'楣'或作'楣'。"

頁碼		反切	中古音韻地位						上古音	
719	迪	徒歷切	定	梗	錫	四	開	入	定	覺
	稽	古奚切	見	蟹	齊	四	開	平	見	脂

文獻通假1次：《書·盤庚中》："其不或稽。"《漢石經》"稽"作"迪"。

（七）覺部—支部（2組）

頁碼		反切	中古音韻地位						上古音	
344	賣	莫懈切	明	蟹	卦	二	合	去	明	支
	育	余六切	以	通	屋	三	合	入	餘	覺

文獻通假1次：《説文》："'賣'讀若'育'。"

頁碼		反切	中古音韻地位						上古音	
449	檇	悦吹切	以	止	支	三	合	平	餘	支
	就	疾僦切	從	流	宥	三	開	去	從	覺

文獻通假1次：《史記·越王勾踐世家》："吳師敗於檇李。"《越絶書》"檇李"作"就李"。

（八）覺部—之部（1組）

具體數據見第一章第一節之部。

（九）覺部—歌部（1組）

頁碼		反切	中古音韻地位						上古音	
736	就	疾僦切	從	流	宥	三	開	去	從	覺
	檇	將遂切	精	止	至	三	合	去	精	歌

文獻通假1次：《左傳·定公十四年》："於越敗吳子檇李。"《越絶書·吳王内傳》"檇李"

作"就李"。

二、覺部和其他入聲韻通假關係舉證

表 2-7 覺部和其他入聲韻通假頻次表（組）

	屋部	職部	藥部	質部	緝部	鐸部	月部	物部	錫部	合計
覺部	14	10	8	5	3	2	1	1	1	45

（一）覺部—屋部（14 組）

頁碼		反切	中古音韻地位						上古音	
333	俗	似足切	邪	通	燭	三	合	入	邪	屋
	鸉	余六切	以	通	屋	三	合	入	餘	覺

文獻通假 1 次：《老子》二十章："俗人昭昭，我獨昏昏；俗人察察，我獨悶悶。"漢帛書甲本、乙本俗作"鸉"。

頁碼		反切	中古音韻地位						上古音	
333	頊	許玉切	曉	通	燭	三	合	入	曉	屋
	旭	許玉切	曉	通	燭	三	合	入	曉	覺

文獻通假 1 次：《莊子·天地》："頊頊然不自得。"《釋文》："'頊頊'本又作'旭旭'。"

頁碼		反切	中古音韻地位						上古音	
333	頊	許玉切	曉	通	燭	三	合	入	曉	屋
	畜	許竹切	曉	通	屋	三	合	入	曉	覺

文獻通假 1 次：《左傳·昭公十七年》："顓頊。"《路史·前紀六》及《後紀八》注："'頊'又作'畜'。"

頁碼		反切	中古音韻地位						上古音	
342	穀	古禄切	見	通	屋	一	合	入	見	屋
	告	古到切	見	效	號	一	開	去	見	覺

文獻通假 1 次：《禮記·檀弓下》："齊穀王姬之喪。"鄭注："穀當爲告，聲之誤也。"《穀梁傳·莊公二年》范注、《左傳·莊公二年》《正義》引"穀"作"告"。

頁碼		反切	中古音韻地位						上古音	
342	角	古岳切	見	江	覺	二	開	入	見	屋
	牿	古沃切	見	通	沃	一	合	入	見	覺

文獻通假 1 次：《易·大畜》："童牛之牿。"《釋文》："陸云：'牿當作角。'"《音訓》："牿，晁氏曰：'鄭作角。'"

頁碼		反切	中古音韻地位						上古音	
342	确	胡覺切	匣	江	覺	二	開	入	匣	屋
	礐	苦沃切	溪	通	沃	一	合	入	溪	覺

文獻通假 1 次：《爾雅·釋山》：“多大石，礐。”《釋文》：“礐字或作确。”

頁碼		反切	中古音韻地位						上古音	
345	覿	徒歷切	定	梗	錫	四	開	入	定	屋
	逐	直六切	澄	通	屋	三	合	入	定	覺

文獻通假 1 次：《易·豐·上六》：“三歲不覿。”漢帛書本“覿”作“遂”。“遂”當作“逐”。

頁碼		反切	中古音韻地位						上古音	
348	屬	市玉切	禪	通	燭	三	合	入	禪	屋
	祝	之六切	章	通	屋	三	合	入	章	覺

文獻通假 1 次：《詩·鄘風·干旄》：“素絲祝之。”鄭箋：“‘祝’當作‘屬’。”

頁碼		反切	中古音韻地位						上古音	
353	㾊	蘇后切	心	流	厚	一	開	上	心	屋
	蹙	子六切	精	通	屋	三	合	入	精	覺

文獻通假 1 次：《史記·晉世家》：“先縱嚻狗名敖。”《索隱》：“‘縱’，又本作‘㾊’，又作‘蹙’。”

頁碼		反切	中古音韻地位						上古音	
354	粥	之六切	章	通	屋	三	合	入	章	覺
	餗	桑谷切	心	通	屋	一	合	入	心	屋

文獻通假 1 次：《易·繫辭下》：“覆公餗。”《釋文》：“‘餗’，馬作‘粥’。”

頁碼		反切	中古音韻地位						上古音	
354	鬻	余六切	以	通	屋	三	合	入	餘	覺
	餗	桑谷切	心	通	屋	一	合	入	心	屋

文獻通假 1 次：《文選·王命論》：“《易》曰：‘鼎折足，覆公餗。’”李注：“《説文》：‘鬻，鼎實也。’‘鬻’與‘餗’同。”按：《王命論》是東漢班彪所作。

頁碼		反切	中古音韻地位						上古音	
359	速	桑谷切	心	通	屋	一	合	入	心	屋
	宿	息救切	心	流	宥	三	開	去	心	覺

文獻通假 1 次：《儀禮·特牲饋食禮》："乃宿尸。"鄭注："凡'宿'或作'速'。"

頁碼		反切	中古音韻地位						上古音	
359	遬	桑谷切	心	通	屋	一	合	入	心	屋
	戚	倉歷切	清	梗	錫	四	開	入	清	覺

文獻通假 2 次，如：《管子·小匡》："臣不如甯戚。"《吕氏春秋·勿躬》"甯戚"作"甯遬"。

頁碼		反切	中古音韻地位						上古音	
756	畜	丑救切	徹	流	宥	三	開	去	透	覺
	亍	丑玉切	徹	通	燭	三	合	入	透	屋

文獻通假 1 次：《説文·彳部》："'亍'讀若'畜'。"

（二）覺部—職部（10 組）

具體數據見第一章第二節職部。

（三）覺部—藥部（8 組）

頁碼		反切	中古音韻地位						上古音	
710	薁	於六切	影	通	屋	三	合	入	影	覺
	藿	余六切	以	通	屋	三	合	入	餘	藥

文獻通假 1 次：《詩·豳風·七月》："六月食鬱及薁。"《説文·艸部》引"薁"作"藿"。

頁碼		反切	中古音韻地位						上古音	
727	鵠	胡沃切	匣	通	沃	一	合	入	匣	覺
	鶴	下各切	匣	宕	鐸	一	開	入	匣	藥

文獻通假 6 次，如：《史記·司馬相如列傳》："弋玄鶴。"《正義》："'鶴'，《禮·射義》作'鵠'。"

頁碼		反切	中古音韻地位						上古音	
728	郜	古到切	見	效	號	一	開	去	見	覺
	禚	之若切	章	宕	藥	三	開	入	章	藥

文獻通假 2 次，如：《左傳·莊公四年》："公及齊人狩于禚。"《穀梁傳》同，《公羊傳》"禚"作"郜"。

頁碼		反切	中古音韻地位						上古音	
728	酷	苦沃切	溪	通	沃	一	合	入	溪	覺
	嚛	呼木切	曉	通	屋	一	合	入	曉	藥

文獻通假 1 次：《呂氏春秋·本味》：“酸而不酷。”《玉篇》引伊尹曰：“酸而不嚦。”《西陽雜俎》“酷”亦作“嚦”。

頁碼	反切		中古音韻地位						上古音	
747	惄	奴歷切	泥	梗	錫	四	開	入	泥	覺
	惱	奴歷切	泥	梗	錫	四	開	入	泥	藥

文獻通假 2 次，如：《詩·周南·汝墳》：“惄如調飢。”《釋文》“‘惄’，《韓詩》作‘惱’。”

頁碼	反切		中古音韻地位						上古音	
747	淑	殊六切	禪	通	屋	三	合	入	禪	覺
	弔	都歷切	端	梗	錫	四	開	入	端	藥

文獻通假 1 次：《左傳·哀公十六年》：“旻天不弔。”《周禮·春官·大祝》鄭注引“弔”作“淑”。

頁碼	反切		中古音韻地位						上古音	
770	穆	莫六切	明	通	屋	三	合	入	明	覺
	敥	以灼切	以	宕	藥	三	開	入	餘	藥

文獻通假 1 次：《漢書·王子侯表上》：“臨樂敦侯光。”顏注：“‘敦’又作‘敥’，古‘穆’字。”

頁碼	反切		中古音韻地位						上古音	
805	擢	直角切	澄	江	覺	二	開	入	定	藥
	縮	所六切	生	通	屋	三	合	入	山	覺

文獻通假 1 次：《戰國策·秦策三》：“縮閔王之筋。”《史記·范雎蔡澤列傳》“縮”作“擢”。

（四）覺部—質部（5 組）

頁碼	反切		中古音韻地位						上古音	
513	鵠	胡沃切	匣	通	沃	一	合	入	匣	覺
	結	古屑切	見	山	屑	四	開	入	見	質

文獻通假 1 次：《周禮·春官·巾車》：“前樊鵠纓。”鄭注：“杜子春云：‘鵠或爲結。’”

頁碼	反切		中古音韻地位						上古音	
540	栗	力質切	來	臻	質	三	開	入	來	質
	蓼	力竹切	來	通	屋	三	合	入	來	覺

文獻通假 1 次：《詩·豳風·東山》：“烝在栗薪。”《釋文》：“‘栗’《韓詩》作‘蓼’。”《詩

攷》載："《釋文》：'栗《韓詩》作聚。'""蓋"字之譌。

頁碼		反切	中古音韻地位						上古音	
569	夙	息逐切	心	通	屋	三	合	入	心	覺
	質	陟利切	知	止	至	三	開	去	端	質

文獻通假 1 次：《呂氏春秋・用民》："夙沙之民，自攻其君。"《逸周書》"夙沙"作"質沙"。

頁碼		反切	中古音韻地位						上古音	
592	苾	毗必切	並	臻	質	三	開	入	並	質
	馥	房六切	並	通	屋	三	合	入	並	覺

文獻通假 1 次：《詩・小雅・楚茨》："苾芬孝祀。"《衆經音義》十四引《文選・蘇子卿詩》李注引《韓詩》並"苾"作"馥"。

頁碼		反切	中古音韻地位						上古音	
762	嘯	蘇弔切	心	效	嘯	四	開	去	心	覺
	叱	昌栗切	昌	臻	質	三	開	入	昌	質

文獻通假 1 次：《禮記・內則》："不嘯不指。"鄭注："'嘯'讀爲'叱'。"

（五）覺部—緝部（3 組）

頁碼		反切	中古音韻地位						上古音	
354	粥	之六切	章	通	屋	三	合	入	章	覺
	芮	而銳切	日	蟹	祭	三	合	去	日	緝

文獻通假 1 次：《史記・田敬仲完世家》："有寵姬曰芮子。"《集解》引徐廣曰："'芮子'一作'粥子'。"

頁碼		反切	中古音韻地位						上古音	
700	集	秦入切	從	深	緝	三	開	入	從	緝
	就	疾僦切	從	流	宥	三	開	去	從	覺

文獻通假 2 次，如：《書・顧命》："用克達殷集大命。"《漢石經》"集"作"就"。

頁碼		反切	中古音韻地位						上古音	
747	戚	倉歷切	清	梗	錫	四	開	入	清	覺
	喊	子荅切	精	咸	合	一	開	入	精	緝

文獻通假 1 次：《易・離》："戚嗟若。"《釋文》："'戚'，《子夏傳》作'喊'。"

（六）覺部—鐸部（2 組）

頁碼		反切	中古音韻地位						上古音	
747	戚	倉歷切	清	梗	錫	四	開	入	清	覺
	籍	秦昔切	從	梗	昔	三	開	入	從	鐸

文獻通假 1 次：《國語·齊語》等："甯戚。"《亢倉子·賢道》作"甯籍"。

頁碼		反切	中古音韻地位						上古音	
762	肅	息逐切	心	通	屋	三	合	入	心	覺
	赫	呼格切	曉	梗	陌	二	開	入	曉	鐸

文獻通假 1 次：《詩·大雅·烝民》："肅肅王命。"《後漢書·郎顗傳》："'肅肅'作'赫赫'。"

（七）覺部—月部（1 組）

頁碼		反切	中古音韻地位						上古音	
239	茜	直例切	澄	蟹	祭	三	開	去	定	月
	陸	力竹切	來	通	屋	三	合	入	來	覺

文獻通假 1 次：《説文·艸部》："'茜'讀若'陸'。"

（八）覺部—物部（1 組）

頁碼		反切	中古音韻地位						上古音	
726	學	胡覺切	匣	江	覺	二	開	入	匣	覺
	滑	户骨切	匣	臻	没	一	合	入	匣	物

文獻通假 1 次：《莊子·逍遥遊》："蜩與學鳩笑之。"《釋文》："崔云：'學讀爲滑。'"

（九）覺部—錫部（1 組）

頁碼		反切	中古音韻地位						上古音	
467	易	羊益切	以	梗	昔	三	開	入	餘	錫
	冐	莫報切	明	效	號	一	開	去	明	覺

文獻通假 1 次：《易》《釋文》："虞翻注云：'字從日下月。'《参同契》云：'日月爲易。'"《説文·易部》易下云："秘書説：'日月爲易，象陰陽也。'"冐，漢緯學家妄造字。

三、覺部和陽聲韻通假關係舉證

表 2-8　覺部和陽聲韻通假頻次表（組）

	文部	冬部	真部	合計
覺部	2	1	1	4

（一）覺部——文部（2 組）

頁碼	反切		中古音韻地位							上古音	
354	粥	之六切	章	通	屋	三	合	入	章	覺
	允	余準切	以	臻	準	三	合	上	餘	文

文獻通假 1 次：《史記·衛將軍驃騎列傳》：“率師躬將所獲葷粥之士。”《集解》：“徐廣曰：‘粥一作允。’”《漢書·衛青傳》“粥”作“允”。

頁碼	反切		中古音韻地位							上古音	
770	穆	莫六切	明	通	屋	三	合	入	明	覺
	亹	莫奔切	明	臻	魂	一	合	平	明	文

文獻通假 1 次：《詩·大雅·文王》：“亹亹文王，令聞不已。”《墨子·明鬼下》引《詩》曰：“穆穆文王，令問不已。”

（二）覺部——冬部（1 組）

頁碼	反切		中古音韻地位							上古音	
346	陸	力竹切	來	通	屋	三	合	入	來	覺
	隆	力中切	來	通	東	三	合	平	來	冬

文獻通假 1 次：《史記·惠景間侯者年表》：“遒侯隆彊。”《漢書·景武昭宣元功臣表》作“陸彊”。

（三）覺部——真部（1 組）

頁碼	反切		中古音韻地位							上古音	
713	肉	如六切	日	通	屋	三	合	入	日	覺
	潤	如順切	日	臻	稕	三	合	去	日	真

文獻通假 1 次：《禮記·樂記》：“寬裕肉好順成和動之音作。”鄭注：“‘肉’或爲‘潤’。”

第三節　冬　部

在本書研究範圍內，冬部共通假 108 組。其中，同部通假 53 組，異部通假 55 組。在異部通假中，冬部與陰聲韻共通假 3 組，與入聲韻共通假 3 組，與陽聲韻共通假 49 組。具體情況如下：

表 2-9　冬部通假情況匯總表

通假類型		通假頻次（組）			
同部通假	冬—冬	53			108
陰聲韻	冬—幽	1	3	55	
	冬—侯	1			
	冬—脂	1			
入聲韻	冬—職	1	3		
	冬—覺	1			
	冬—屋	1			
陽聲韻	冬—東	30	49		
	冬—蒸	7			
	冬—侵	6			
	冬—文	2			
	冬—談	2			
	冬—真	1			
	冬—元	1			

一、冬部和陰聲韻通假關係舉證

表 2-10　冬部和陰聲韻通假頻次表（組）

	幽部	侯部	脂部	合計
冬部	1	1	1	3

（一）冬部—幽部（1 組）

具體數據見第二章第一節幽部。

（二）冬部—侯部（1 組）

頁碼		反切	中古音韻地位						上古音	
19	農	奴冬切	泥	通	冬	一	合	平	泥	冬
	柱	直主切	澄	遇	麌	三	合	上	定	侯

文獻通假 1 次：《禮記·祭法》："其子曰：'農。'"《通典·禮五》引"農"作"柱"。《左傳·昭公二十九年》《國語·魯語》《漢書·郊祀志》《論衡·祭意》同。

（三）冬部—脂部（1 組）

頁碼		反切	中古音韻地位						上古音	
562	汝	之戎切	章	通	東	三	合	平	章	冬
	坻	都禮切	端	蟹	薺	四	開	上	端	脂

文獻通假 1 次：《説文・土部》："'坻' 或作 '汷'。"

二、冬部和入聲韻通假關係舉證

表 2–11　冬部和入聲韻通假頻次表（組）

	職部	覺部	屋部	合計
冬部	1	1	1	3

（一）冬部—職部（1 組）

具體數據見第一章第二節職部。

（二）冬部—覺部（1 組）

具體數據見第二章第二節覺部。

（三）冬部—屋部（1 組）

頁碼		反切	中古音韻地位						上古音	
21	戎	如融切	日	通	東	三	合	平	日	冬
	歜	尺玉切	昌	通	燭	三	合	入	昌	屋

文獻通假 1 次：《左傳・文公十八年》："邴歜。"《史記・齊太公世家》作 "丙戎"。

三、冬部和其他陽聲韻通假關係舉證

表 2–12　冬部和其他陽聲韻通假頻次表（組）

	東部	蒸部	侵部	文部	談部	真部	元部	合計
冬部	30	7	6	2	2	1	1	49

（一）冬部—東部（30 組）

頁碼		反切	中古音韻地位						上古音	
3	鴻	户公切	匣	通	東	一	合	平	匣	東
	棒	下江切	匣	江	江	二	開	平	匣	冬

文獻通假 1 次：《説文・木部》："'棒'，讀若 '鴻'。"

頁碼		反切	中古音韻地位						上古音	
7	共	渠用切	群	通	用	三	合	去	群	東
	宫	居戎切	見	通	東	三	合	平	見	冬

文獻通假 1 次：《荀子・正論》："共，艾畢。" 楊注："《慎子》曰：'以艾畢當宫。'" 王先謙曰："'共' 當爲 '宫'，亦假借字。"

頁碼		反切	中古音韻地位						上古音	
7	共	渠用切	群	通	用	三	合	去	群	東
	躬	居戎切	見	通	東	三	合	平	見	冬

文獻通假 1 次：《禮記·緇衣》："匪其止共。"《釋文》："'共'，皇本作'躬'。"

頁碼		反切	中古音韻地位						上古音	
9	庸	餘封切	以	通	鍾	三	合	平	餘	東
	融	以戎切	以	通	東	三	合	平	餘	冬

文獻通假 1 次：《左傳·昭公二十九年》《國語·鄭語》："祝融。"《路史·後紀四》注引《山海經》作"祝庸"。

頁碼		反切	中古音韻地位						上古音	
10	庸	餘封切	以	通	鍾	三	合	平	餘	東
	螐	徒冬切	定	通	冬	一	合	平	定	冬

文獻通假 1 次：《山海經·西山經》："有鳥焉，其名曰螐渠。"《漢書·司馬相如傳》《文選·上林賦》"螐渠"作"庸渠"。

頁碼		反切	中古音韻地位						上古音	
10	誦	似用切	邪	通	用	三	合	去	邪	東
	融	以戎切	以	通	東	三	合	平	餘	冬

文獻通假 1 次：《國語·鄭語》："故命之曰祝融。"《路史·前紀八》："祝誦氏……是爲祝融氏。"《隸釋》十六《武梁祠堂畫像》："祝誦氏。"洪适釋以"祝誦"爲"祝融"。

頁碼		反切	中古音韻地位						上古音	
10	容	餘封切	以	通	鍾	三	合	平	餘	東
	戎	如融切	日	通	東	三	合	平	日	冬

文獻通假 1 次：《易·同人》："伏戎于莽。"漢帛書本"戎"作"容"。

頁碼		反切	中古音韻地位						上古音	
12	雝	於容切	影	通	鍾	三	合	平	影	東
	螐	徒冬切	定	通	冬	一	合	平	定	冬

文獻通假 1 次：《山海經·西山經》："有鳥焉，其名曰螐渠。"《爾雅·釋鳥》"螐渠"作"雝渠"。

頁碼		反切	中古音韻地位						上古音	
13	雍	於容切	影	通	鍾	三	合	平	影	東
	𡎐	力中切	來	通	東	三	合	平	來	冬

文獻通假 1 次：《戰國策·魏策三》："得垣雍。"漢帛書本"雍"作"𡎐"。

頁碼		反切	中古音韻地位						上古音	
13	隆	力中切	來	通	東	三	合	平	來	冬
	龍	力鍾切	來	通	鍾	三	合	平	來	東

文獻通假 2 次，如：《左傳·成公二年》："齊侯伐我北鄙，圍龍。"《史記·晉世家、魯周公世家》"龍"作"隆"。

頁碼		反切	中古音韻地位						上古音	
13	隆	力中切	來	通	東	三	合	平	來	冬
	寵	丑隴切	徹	通	腫	三	合	上	透	東

文獻通假 1 次：《荀子·禮論》："尊先祖而隆君師。"《大戴禮·禮三本》"隆"作"寵"。

頁碼		反切	中古音韻地位						上古音	
13	隆	力中切	來	通	東	三	合	平	來	冬
	𥪡	盧紅切	來	通	東	一	合	平	來	東

文獻通假 1 次：《易·大過》："棟隆吉。"漢帛書本"隆"作"𥪡"。

頁碼		反切	中古音韻地位						上古音	
15	蟲	直弓切	澄	通	東	三	合	平	定	冬
	桐	徒紅切	定	通	東	一	合	平	定	東

文獻通假 1 次：《左傳·成公五年》："同盟於蟲牢。"《後漢書·郡國志》"蟲牢"作"桐牢"。

頁碼		反切	中古音韻地位						上古音	
16	動	徒摠切	定	通	董	一	合	上	定	東
	沖	直弓切	澄	通	東	三	合	平	定	冬

文獻通假 1 次：《説文·水部》："'沖'，讀若'動'。"

頁碼		反切	中古音韻地位						上古音	
16	衝	尺容切	昌	通	鍾	三	合	平	昌	東
	中	陟弓切	知	通	東	三	合	平	端	冬

文獻通假 1 次：《史記·天官書》："炎炎衝天。"《漢書·天文志》"衝"作"中"。

頁碼		反切	中古音韻地位						上古音	
17	鍾	職容切	章	通	鍾	三	合	平	章	東
	終	職戎切	章	通	東	三	合	平	章	冬

文獻通假 2 次，如：《史記·秦本紀》："終黎氏。"《集解》引徐廣曰："世本作'鍾離'。"

頁碼		反切	中古音韻地位						上古音	
17	鍾	職容切	章	通	鍾	三	合	平	章	東
	衆	職戎切	章	通	東	三	合	平	章	冬

文獻通假 1 次：《楚辭·九懷》："奮揺兮衆芳。"《考異》："'衆'一作'鍾'。"

頁碼		反切	中古音韻地位						上古音	
18	同	徒紅切	定	通	東	一	合	平	定	東
	鉵	徒冬切	定	通	冬	一	合	平	定	冬

文獻通假 1 次：《說文·金部》："'鉵'，讀若'同'。"

頁碼		反切	中古音韻地位						上古音	
20	龍	力鍾切	來	通	鍾	三	合	平	來	東
	駥	如融切	日	通	東	三	合	平	日	冬

文獻通假 2 次，如：《周禮·夏官·廋人》："馬八尺以上爲龍。"《爾雅·釋畜》郭注引"龍"作"駥"。

頁碼		反切	中古音韻地位						上古音	
20	戎	如融切	日	通	東	三	合	平	日	冬
	茸	而容切	日	通	鍾	三	合	平	日	東

文獻通假 1 次：《詩·邶風·旄丘》："狐裘蒙戎。"《左傳·僖公五年》："狐裘尨茸。"

頁碼		反切	中古音韻地位						上古音	
23	充	昌終切	昌	通	東	三	合	平	昌	東
	冲	直弓切	澄	通	東	三	合	平	定	冬

文獻通假 1 次：《吕氏春秋·期賢》："塵氣充天。"《新序·雜事五》"充"作"冲"。

頁碼		反切	中古音韻地位						上古音	
24	宗	作冬切	精	通	冬	一	合	平	精	冬
	叢	徂紅切	從	通	東	一	合	平	從	東

文獻通假 1 次：《莊子·齊物論》："昔者堯問於舜曰：我欲伐宗膾胥敖。"《人間世》："昔堯攻叢枝胥敖。""宗"即"叢"。

頁碼	反切		中古音韻地位						上古音	
25	宋	蘇統切	心	通	宋	一	合	去	心	冬
	送	蘇弄切	心	通	送	一	合	去	心	東

文獻通假 1 次：《説文·宀部》："'宋'讀若'送'。"

頁碼	反切		中古音韻地位						上古音	
26	洚	敷隆切	滂	通	東	三	合	平	滂	冬
	逢	符容切	並	通	鍾	三	合	平	並	東

文獻通假 1 次：《詩·大雅·靈臺》："鼉鼓逢逢。"《淮南子·時則訓》高注引"逢"作"洋"。"洋"字誤，當作"洚"。

頁碼	反切		中古音韻地位						上古音	
27	夆	符容切	並	通	鍾	三	合	平	並	東
	豐	敷隆切	滂	通	東	三	合	平	滂	冬

文獻通假 1 次：《老子》五十四章："其德乃豐。"漢帛書乙本"豐"作"夆"。

頁碼	反切		中古音韻地位						上古音	
27	逢	符容切	並	通	鍾	三	合	平	並	東
	豐	敷隆切	滂	通	東	三	合	平	滂	冬

文獻通假 2 次，如：《國語·周語上》："道而得神，是謂逢福。"《説苑·辨物》"逢"作"豐"。

頁碼	反切		中古音韻地位						上古音	
27	縫	符容切	並	通	鍾	三	合	平	並	東
	豐	敷隆切	滂	通	東	三	合	平	滂	冬

文獻通假 2 次，如：《禮記·玉藻》："縫齊倍要。"鄭注："'縫'或爲'豐'。"

頁碼	反切		中古音韻地位						上古音	
28	鋒	敷容切	滂	通	鍾	三	合	平	滂	東
	豐	敷隆切	滂	通	東	三	合	平	滂	冬

文獻通假 3 次，如：《大戴禮·帝繫》："陳鋒氏。"（今本"鋒"誤作"隆"，據《詩·大雅·生民》孔疏引改。）《漢書·古今人表》作"陳豐"。

頁碼	反切		中古音韻地位						上古音	
28	鋒	敷容切	滂	通	鍾	三	合	平	滂	東
	酆	敷隆切	滂	通	東	三	合	平	滂	冬

文獻通假 1 次：《史記·五帝本紀》："陳鋒氏。"《索隱》："系本作'陳酆氏'。"

頁碼		反切	中古音韻地位						上古音	
28	葑	府容切	幫	通	鍾	三	合	平	幫	東
	蘴	敷隆切	滂	通	東	三	合	平	滂	冬

文獻通假 1 次：《詩·邶風·谷風》："采葑采菲。"《釋文》："'葑'字書作'蘴'。"

（二）冬部—蒸部（7組）

具體數據見第一章第三節蒸部。

（三）冬部—侵部（6組）

頁碼		反切	中古音韻地位						上古音	
13	隆	力中切	來	通	東	三	合	平	來	冬
	臨	力尋切	來	深	侵	三	開	平	來	侵

文獻通假 3 次，如：《詩·大雅·皇矣》："與爾臨衝。"《釋文》："'臨'，《韓詩》作'隆'。"

頁碼		反切	中古音韻地位						上古音	
14	隆	力中切	來	通	東	三	合	平	來	冬
	林	力尋切	來	深	侵	三	開	平	來	侵

文獻通假 4 次，如：《史記·外戚世家》："次爲林慮公主。"《索隱》："林慮，本名隆慮。"《高祖功臣侯者年表》《惠景閒侯者年表》《漢書·外戚傳》皆作"隆慮"。

頁碼		反切	中古音韻地位						上古音	
20	戎	如融切	日	通	東	三	合	平	日	冬
	荏	如甚切	日	深	寢	三	開	上	日	侵

文獻通假 1 次：《詩·大雅·生民》："蓺之荏菽。"《周禮·天官·大宰》賈疏引"荏"作"戎"。

頁碼		反切	中古音韻地位						上古音	
24	宗	作冬切	精	通	冬	一	合	平	精	冬
	簪	作含切	精	咸	覃	一	開	平	精	侵

文獻通假 1 次：《易·豫》："勿疑朋盍簪。"《釋文》："'簪'荀作'宗'。"

頁碼		反切	中古音韻地位						上古音	
25	崇	鋤弓切	崇	通	東	三	合	平	崇	冬
	岑	鋤針切	崇	深	侵	三	開	平	崇	侵

文獻通假 1 次：《禮記·明堂位》："崇鼎，天子之器也。"《呂氏春秋·審己》《新序·節

士》作“岑鼎”。

頁碼		反切	中古音韻地位						上古音	
32	躬	居戎切	見	通	東	三	合	平	見	冬
	今	居吟切	見	深	侵	三	開	平	見	侵

文獻通假 1 次：《詩·邶風·谷風》：“我躬不閱。”《禮記·表記》引“躬”作“今”。

（四）冬部—文部（2 組）

頁碼		反切	中古音韻地位						上古音	
15	融	以戎切	以	通	東	三	合	平	餘	冬
	蜳	都昆切	端	臻	魂	一	合	平	端	文

文獻通假 1 次：《莊子·外物》：“鼇蜳不得成。”《釋文》：“司馬云：‘鼇蜳讀曰仲融。’”

頁碼		反切	中古音韻地位						上古音	
24	宗	作冬切	精	通	冬	一	合	平	精	冬
	尊	祖昆切	精	臻	魂	一	合	平	精	文

文獻通假 3 次，如：《左傳·成公五年》：“晋侯以傳召伯宗。”《穀梁傳》“伯宗”作“伯尊”。

（五）冬部—談部（2 組）

頁碼		反切	中古音韻地位						上古音	
24	崇	鋤弓切	崇	通	東	三	合	平	崇	冬
	讒	士咸切	崇	咸	咸	二	開	平	崇	談

文獻通假 1 次：《左傳·昭公三年》：“讒鼎之銘。”《正義》引服虔云：“‘讒鼎’《明堂位》所云‘崇鼎’是也。”

頁碼		反切	中古音韻地位						上古音	
247	氾	符芝切	並	咸	凡	三	合	平	並	談
	楓	方戎切	幫	通	東	三	合	平	幫	冬

文獻通假 1 次：《史記·司馬相如列傳》：“華氾檘櫨。”《集解》：“徐廣曰：‘氾’作‘楓’。”《索隱》本、《漢書·司馬相如傳》《文選·上林賦》作楓。

（六）冬部—真部（1 組）

頁碼		反切	中古音韻地位						上古音	
22	仲	敕中切	徹	通	東	三	合	平	透	冬
	鼇	池鄰切	澄	臻	真	三	開	平	定	真

文獻通假 1 次：《莊子·外物》：“鼇蜳不得成。”《釋文》引司馬云：“鼇蜳讀曰仲融。”

（七）冬部—元部（1 組）

頁碼		反切	中古音韻地位						上古音	
25	綜	子宋切	精	通	宋	一	合	去	精	冬
	線	私箭切	心	山	線	三	開	去	心	元

　　文獻通假 1 次：《周禮·考工記·鮑人》："察其線。"鄭注："《故書》'線'或作'綜'。杜子春云：'綜當爲系旁泉。'"

第三章　宵部、藥部通假關係研究

第一節　宵　部

在本書研究範圍内，宵部共通假 675 組。其中，同部通假 476 組，異部通假 199 組。在異部通假中，宵部與陰聲韻共通假 100 組，與入聲韻共通假 80 組，與陽聲韻共通假 19 組。具體情況如下：

表 3–1　宵部通假情況匯總表

通假類型			通假頻次（組）			
同部通假		宵—宵	476			
異部通假	陰聲韻	宵—幽	75			
		宵—侯	11			
		宵—歌	4			
		宵—魚	4	100		
		宵—之	3			
		宵—支	2			
		宵—脂	1			
	入聲韻	宵—藥	51		199	675
		宵—覺	10			
		宵—鐸	7			
		宵—屋	4			
		宵—月	2	80		
		宵—物	2			
		宵—緝	2			
		宵—葉	1			
		宵—質	1			
	陽聲韻	宵—侵	6			
		宵—談	5	19		
		宵—元	3			

通假類型		通假頻次（組）				
	宵—文	3				
	宵—真	1				
	宵—耕	1				

一、宵部和其他陰聲韻通假關係舉證

表 3-2　宵部和其他陰聲韻通假頻次表（組）

	幽部	侯部	歌部	魚部	之部	支部	脂部	合計
宵部	75	11	4	4	3	2	1	100

（一）宵部—幽部（75 組）

具體數據見第二章第一節幽部。

（二）宵部—侯部（11 組）

頁碼		反切	中古音韻地位						上古音	
330	揄	羊朱切	以	遇	虞	三	合	平	餘	侯
	搖	餘昭切	以	效	宵	三	開	平	餘	宵

文獻通假 2 次，如：《禮記·玉藻》："夫人揄狄。"鄭注："'揄'讀如'搖'。"

頁碼		反切	中古音韻地位						上古音	
331	踰	羊朱切	以	遇	虞	三	合	平	餘	侯
	遙	餘昭切	以	效	宵	三	開	平	餘	宵

文獻通假 2 次，如：《禮記·投壺》："毋踰言。"鄭注："'踰'或爲'遙'。"

頁碼		反切	中古音韻地位						上古音	
332	喻	羊朱切	以	遇	虞	三	合	平	餘	侯
	遙	餘昭切	以	效	宵	三	開	平	餘	宵

文獻通假 3 次，如：《漢書·趙充國辛慶忌傳》："兵難喻度。"顏注："'喻'讀作'遙'。"

頁碼		反切	中古音韻地位						上古音	
338	駒	舉朱切	見	遇	虞	三	合	平	見	侯
	驕	舉喬切	見	效	宵	三	開	平	見	宵

文獻通假 2 次，如：《詩·陳風·株林》："乘我乘駒。"《釋文》"駒"作"驕"，引沈云："或作'駒'。"

頁碼		反切	中古音韻地位						上古音	
339	雊	古候切	見	流	候	一	開	去	見	侯
	鵁	翠喬切	見	效	宵	三	開	平	見	宵

文獻通假 1 次：《史記·封禪書》："有雊登鼎耳雉。"《集解》引徐廣曰："'雊'一作'鵁'。"

頁碼		反切	中古音韻地位						上古音	
361	趨	七逾切	清	遇	虞	三	合	平	清	侯
	超	敕宵切	徹	效	宵	三	開	平	透	宵

文獻通假 1 次：《史記·天官書》："其趨舍而前曰贏。"《漢書·天文志》"趨"作"超"。

頁碼		反切	中古音韻地位						上古音	
366	俯	方矩切	幫	遇	麌	三	合	上	幫	侯
	頻	他弔切	透	效	嘯	四	開	去	透	宵

文獻通假 2 次，如：《漢書·貨殖傳》："約頻有拾。"顏注："'頻'，古'俯'字也。"

頁碼		反切	中古音韻地位						上古音	
770	楸	莫候切	明	流	候	一	開	去	明	侯
	髦	莫袍切	明	效	豪	一	開	平	明	宵

文獻通假 1 次：《說文·木部》："'楸'讀若'髦'。"

頁碼		反切	中古音韻地位						上古音	
770	楸	莫候切	明	流	候	一	開	去	明	侯
	旄	莫袍切	明	效	豪	一	開	平	明	宵

文獻通假 1 次：《爾雅·釋木》："旄，冬桃。"《說文·木部》"旄"作"楸"。

頁碼		反切	中古音韻地位						上古音	
770	堥	莫浮切	明	流	尤	三	開	平	明	侯
	旄	莫袍切	明	效	豪	一	開	平	明	宵

文獻通假 2 次，如：《爾雅·釋丘》："前高旄丘。"《釋文》："'旄'，《字林》作'堥'。"

頁碼		反切	中古音韻地位						上古音	
771	楘	亡遇切	明	遇	遇	三	合	去	明	侯
	旄	莫袍切	明	效	豪	一	開	平	明	宵

文獻通假 2 次，如：《爾雅·釋丘》："前高旄丘。"《釋文》："'旄'，《字林》又作'楘'。"

（三）宵部—歌部（4組）

頁碼		反切	中古音韻地位						上古音	
664	笴	古我切	見	果	哿	一	開	上	見	歌
	槀	古老切	見	效	晧	一	開	上	見	宵

文獻通假2次，如：《周禮·考工記》："妢胡之笴。"鄭注："杜子春云：'笴讀爲槀。'""槀舊"作"槀誤"，從段玉裁《周禮漢讀考》説改。

頁碼		反切	中古音韻地位						上古音	
674	燎	力昭切	來	效	宵	三	開	平	來	宵
	離	呂支切	來	止	支	三	開	平	來	歌

文獻通假1次：《韓詩外傳》二："燎燎乎如星辰之錯行。"《孔叢子·論書》"燎燎"作"離離"。

頁碼		反切	中古音韻地位						上古音	
683	髻	丁果切	端	果	果	一	合	上	端	歌
	髫	徒聊切	定	效	蕭	四	開	平	定	宵

文獻通假1次：《禮記·內則》："擇日翦髮爲鬌。"《後漢書·周燮傳》李注引"鬌"作"髫"。

頁碼		反切	中古音韻地位						上古音	
686	瑣	蘇果切	心	果	果	一	合	上	心	歌
	璅	子晧切	精	效	晧	一	開	上	精	宵

文獻通假6次，如：《易·旅》："旅瑣瑣。"《釋文》："'瑣瑣'或作'璅'字。"

（四）宵部—魚部（4組）

頁碼		反切	中古音韻地位						上古音	
717	繇	餘昭切	以	效	宵	三	合	平	餘	宵
	餘	以諸切	以	遇	魚	三	合	平	餘	魚

文獻通假1次：《呂氏春秋·音初》："辛餘靡。"《漢書·古今人表》作"辛繇靡"。

頁碼		反切	中古音韻地位						上古音	
789	暠	胡老切	匣	效	晧	一	開	上	匣	宵
	嚆	呼訝切	曉	假	禡	二	開	去	曉	魚

文獻通假1次：《説文·口部》："'嚆'讀若'暠'。"

頁碼		反切	中古音韻地位						上古音	
799	號	胡到切	匣	效	號	一	開	去	匣	宵
	據	居御切	見	遇	御	三	合	去	見	魚

文獻通假 1 次：《易・困》："據于蒺藜。"漢帛書本"據"作"號"。

頁碼		反切	中古音韻地位						上古音	
863	胡	户吳切	匣	遇	模	一	合	平	匣	魚
	號	胡刀切	匣	效	豪	一	開	平	匣	宵

文獻通假 1 次：《荀子・哀公》："君號然也?"楊注："'號'讀爲'胡'，聲相近，字遂誤耳。"《孔子家語・好生》"號"作"胡"。

（五）宵部—之部（3 組）

具體數據見第一章第一節之部。

（六）宵部—支部（2 組）

頁碼		反切	中古音韻地位						上古音	
462	鞮	都奚切	端	蟹	齊	四	開	平	端	支
	貂	都聊切	端	效	蕭	四	開	平	端	宵

文獻通假 1 次：《左傳・僖公二十五年》："寺人勃鞮。"《後漢書・宦者傳》"勃鞮"作"勃貂"。

頁碼		反切	中古音韻地位						上古音	
799	獟	五弔切	疑	效	嘯	四	開	去	疑	宵
	趫	施智切	書	止	寘	三	開	去	書	支

文獻通假 1 次：《史記・衛將軍驃騎列傳》："誅獟猂。"《索隱》："《説文》'獟'作'趫'。"

（七）脂部—宵部（1 組）

頁碼		反切	中古音韻地位						上古音	
579	齊	徂奚切	從	蟹	齊	四	開	平	從	脂
	醮	子肖切	精	效	笑	三	開	去	精	宵

文獻通假 1 次：《禮記・效特牲》："壹與之齊，終身不改。"鄭注："'齊'或爲'醮'。"《太平御覽》載《白虎通》引"齊"作"醮"。

二、宵部和入聲韻通假關係舉證

表 3–3　宵部和入聲韻通假頻次表（組）

	藥部	覺部	鐸部	屋部	月部	物部	緝部	葉部	質部	合計
宵部	51	10	7	4	2	2	2	1	1	80

（一）宵部—藥部（51 組）

頁碼		反切	中古音韻地位						上古音	
736	焦	即消切	精	效	宵	三	開	平	精	宵
	爝	即略切	精	宕	藥	三	開	入	精	藥

文獻通假 1 次：《莊子·逍遙遊》：“而爝火不息。”《吕氏春秋·求人》“爝”作“焦”。

頁碼		反切	中古音韻地位						上古音	
736	噍	即消切	精	效	宵	三	開	平	精	宵
	嚼	在爵切	從	宕	藥	三	開	入	從	藥

文獻通假 2 次，如：《禮記·少儀》：“數噍毋爲口容。”《釋文》：“‘噍’字又作‘嚼’。”

頁碼		反切	中古音韻地位						上古音	
736	燋	即消切	精	效	宵	三	開	平	精	宵
	爝	即略切	精	宕	藥	三	開	入	精	藥

文獻通假 1 次：《莊子·逍遙遊》：“而爝火不息。”《釋文》：“‘爝’本亦作‘燋’。”

頁碼		反切	中古音韻地位						上古音	
736	醮	子肖切	精	效	笑	三	開	去	精	宵
	灂	士角切	崇	江	覺	二	開	入	崇	藥

文獻通假 1 次：《儀禮·士冠禮》：“若不醴則醮用酒。”《周禮·考工記·軸人》賈疏引“醮”作“灂”。

頁碼		反切	中古音韻地位						上古音	
784	要	於霄切	影	效	宵	三	開	平	影	宵
	約	於略切	影	宕	藥	三	開	入	影	藥

文獻通假 4 次，如：《國語·齊語》：“以約誓于上下庶神。”《管子·小匡》“約”作“要”。

頁碼		反切	中古音韻地位						上古音	
785	夭	烏晧切	影	效	晧	一	開	上	影	宵
	沃	烏酷切	影	通	沃	一	合	入	影	藥

文獻通假 1 次：《山海經·海外西經》："渚夭之野。"《博物志》作"渚沃之野"。

頁碼		反切	中古音韻地位						上古音	
787	䍃	口交切	溪	效	肴	二	開	平	溪	宵
	㲉	苦角切	溪	江	覺	二	開	入	溪	藥

文獻通假 1 次：《左傳·定公二年》："奪之杖以敲之。"《釋文》："'敲'，《説文》作'㲉'。"

頁碼		反切	中古音韻地位						上古音	
787	翯	許角切	曉	江	覺	二	開	入	曉	藥
	皜	下老切	匣	效	晧	一	開	上	匣	宵

文獻通假 1 次：《詩·大雅·靈臺》："白鳥翯翯。"《新書·禮、君道》引"翯翯"作"皜皜"。

頁碼		反切	中古音韻地位						上古音	
787	翯	許角切	曉	江	覺	二	開	入	曉	藥
	暠	胡老切	匣	效	晧	一	開	上	匣	宵

文獻通假 1 次：《漢書·司馬相如列傳》："暠然白首。"顏注："'暠'字或作'翯'。"

頁碼		反切	中古音韻地位						上古音	
788	槁	苦浩切	溪	效	晧	一	開	上	溪	宵
	熇	呵各切	曉	宕	鐸	一	開	入	曉	藥

文獻通假 1 次：《易·説卦》："離爲科上槁。"《釋文》："'槁'干作'熇'。"

頁碼		反切	中古音韻地位						上古音	
790	蹻	巨嬌切	群	效	宵	三	開	平	群	宵
	屩	居勺切	見	宕	藥	三	開	入	見	藥

文獻通假 4 次，如：《史記·平準書》："布衣屩而牧羊。"《漢書·卜式傳》"屩"作"蹻"，上有"中"字。

頁碼		反切	中古音韻地位						上古音	
794	絞	古巧切	見	效	巧	二	開	上	見	宵
	徼	古弔切	見	效	嘯	四	開	去	見	藥

文獻通假 1 次：《論語·陽貨》："惡徼以爲知者。"《釋文》："'徼'，鄭本作'絞'。"

頁碼		反切	中古音韻地位						上古音	
795	茭	古肴切	見	效	肴	二	開	平	見	宵
	激	古弔切	見	效	嘯	四	開	去	見	藥

文獻通假1次：《周禮·考工記·弓人》："今夫茭解中。"鄭注："鄭司農云：'"茭"讀爲"激發"之"激"。'"

頁碼		反切	中古音韻地位						上古音	
795	傲	古了切	見	效	篠	四	開	上	見	宵
	徼	古弔切	見	效	嘯	四	開	去	見	藥

文獻通假7次，如：《禮記·中庸》："小人行險以徼幸。"《大戴禮·曾子本孝》曰："不興險行以傲幸。"

頁碼		反切	中古音韻地位						上古音	
795	徼	古弔切	見	效	嘯	四	開	去	見	藥
	邀	古堯切	見	效	蕭	四	開	平	見	宵

文獻通假3次，如：《左傳·昭公六年》："而徼幸以成之。"《釋文》"徼"作"傲"，云："本又作'邀'。"

頁碼		反切	中古音韻地位						上古音	
795	徼	古弔切	見	效	嘯	四	開	去	見	藥
	僥	五聊切	疑	效	蕭	四	開	平	疑	宵

文獻通假2次，如：《莊子·在宥》："此以人之國僥倖也。"《釋文》："'僥'字或作'徼'。"

頁碼		反切	中古音韻地位						上古音	
795	徼	古弔切	見	效	嘯	四	開	去	見	藥
	曒	吉了切	見	效	篠	四	開	上	見	宵

文獻通假1次：《老子》一章："常有欲以觀其徼。"敦煌唐寫本"徼"作"曒"。

頁碼		反切	中古音韻地位						上古音	
795	激	古弔切	見	效	嘯	四	開	去	見	藥
	墝	口交切	溪	效	肴	二	開	平	溪	宵

文獻通假1次：《韓詩外傳》二："高牆豐上激下未必崩也。"《説苑·建本》"激"作"墝"。

頁碼		反切	中古音韻地位						上古音	
795	激	古弔切	見	效	嘯	四	開	去	見	藥
	憿	古堯切	見	效	蕭	四	開	平	見	宵

文獻通假 1 次：《隸釋》十《童子逢盛碑》：“感憿三成。”洪适釋以“憿”爲“激”。按：《童子逢盛碑》刻於東漢。

頁碼		反切	中古音韻地位						上古音	
796	激	古弔切	見	效	嘯	四	開	去	見	藥
	礉	苦教切	溪	效	效	二	開	去	溪	宵

文獻通假 1 次：《隸釋》六《中常侍樊安碑》：“慷慨礉憤。”洪适釋：“‘礉’即‘激’字。”按：《樊安碑》刻於东汉建安十年（205 年）三月上旬。

頁碼		反切	中古音韻地位						上古音	
796	噭	古弔切	見	效	嘯	四	開	去	見	藥
	嗷	五勞切	疑	效	豪	一	開	平	疑	宵

文獻通假 1 次：《楚辭·九歎》：“聲噭噭以寂寥兮。”《考異》：“‘噭’又作‘嗷’。”

頁碼		反切	中古音韻地位						上古音	
796	繳	古了切	見	效	篠	四	開	上	見	宵
	約	於略切	影	宕	藥	三	開	入	影	藥

文獻通假 1 次：《莊子·天地》：“睆睆然在繳繳之中。”卷子本《玉篇·系部》引“繳”作“約”。

頁碼		反切	中古音韻地位						上古音	
800	哨	七肖切	清	效	笑	三	開	去	清	宵
	燿	弋照切	以	效	笑	三	開	去	餘	藥

文獻通假 1 次：《周禮·考工記·梓人》：“大胸燿後。”鄭注：“‘燿’讀爲‘哨’。”《後漢書·馬融列傳》引“燿”作“哨”。

頁碼		反切	中古音韻地位						上古音	
800	趙	治小切	澄	效	小	三	開	上	定	宵
	勺	之若切	章	宕	藥	三	開	入	章	藥

文獻通假 1 次：《戰國策·燕策二》：“齊趙之交一合一離。”漢帛書本“趙”作“勺”。下文同。

頁碼		反切	中古音韻地位						上古音	
800	趙	治小切	澄	效	小	三	開	上	定	宵
	掉	女角切	泥	江	覺	二	開	入	定	藥

文獻通假 1 次：《荀子·賦》：“頭銛達而尾趙繚者邪！”楊注：“‘趙’讀爲‘掉’。掉繚，長貌。”

頁碼		反切	中古音韻地位						上古音	
801	蛸	所交切	生	效	肴	二	開	平	山	宵
	掣	所角切	生	江	覺	二	開	入	山	藥

文獻通假 1 次：《周禮·考工記·輪人》：“欲其掣爾而纖也。”鄭注：“‘掣’讀如‘桑蟃蛸’之‘蛸’。”

頁碼		反切	中古音韻地位						上古音	
801	梢	所交切	生	效	肴	二	開	平	山	宵
	削	息約切	心	宕	藥	三	開	入	心	藥

文獻通假 1 次：《莊子·讓王》：“孔子削然反琴而弦歌。”《釋文》：“‘削’亦作‘梢’。”

頁碼		反切	中古音韻地位						上古音	
801	鄛	所教切	生	效	效	二	開	去	山	宵
	削	息約切	心	宕	藥	三	開	入	心	藥

文獻通假 1 次：《周禮·天官·大宰》：“四曰家削之賦。”《釋文》：“‘削’又作‘鄛’。”

頁碼		反切	中古音韻地位						上古音	
801	稍	所教切	生	效	效	二	開	去	山	宵
	削	息約切	心	宕	藥	三	開	入	心	藥

文獻通假 2 次，如：《周禮·天官·大宰》：“四曰家削之賦。”《釋文》：“‘削’本亦作‘稍’。”

頁碼		反切	中古音韻地位						上古音	
802	削	息約切	心	宕	藥	三	開	入	心	藥
	峭	七肖切	清	效	笑	三	開	去	清	宵

文獻通假 1 次：《淮南子·泰族訓》：“苛削傷德。”《群書治要》引“削”作“峭”。

頁碼		反切	中古音韻地位						上古音	
803	爝	即略切	精	宕	藥	三	開	入	精	藥
	蕉	即消切	精	效	宵	三	開	平	精	宵

文獻通假 1 次：《呂氏春秋·不屈》："豎子操蕉火而鉅。"《舉難》："爝火甚盛。""蕉火"即"爝火"。

頁碼		反切	中古音韻地位						上古音	
803	爝	子肖切	精	效	笑	三	開	去	精	藥
	蕉	子肖切	精	效	笑	三	開	去	精	宵

文獻通假 1 次：《荀子·不苟》："其誰能以己之憔憔受人之掝掝者哉。"《韓詩外傳》一"憔憔"作"爝爝"。

頁碼		反切	中古音韻地位						上古音	
804	櫟	郎擊切	來	梗	錫	四	開	入	來	藥
	轑	盧晧切	來	效	晧	一	開	上	來	宵

文獻通假 1 次：《史記·楚元王世家》："嫂詳爲羹盡櫟釜。"《索隱》："櫟"，《漢書》作"轑"。

頁碼		反切	中古音韻地位						上古音	
805	翟	徒歷切	定	梗	錫	四	開	入	定	藥
	霈	徒弔切	定	效	嘯	四	開	去	定	宵

文獻通假 2 次，如：《淮南子·原道訓》："上游於霄霈之野。"高注："'霈'讀'翟氏'之'翟'。"

頁碼		反切	中古音韻地位						上古音	
805	翟	徒歷切	定	梗	錫	四	開	入	定	藥
	挑	徒了切	定	效	篠	四	開	上	定	宵

文獻通假 1 次：《韓非子·外儲説右下》："延陵卓子乘蒼龍挑文之乘。"下文"挑"作"翟"。

頁碼		反切	中古音韻地位						上古音	
805	嬥	直角切	澄	江	覺	二	開	入	定	藥
	佻	徒聊切	定	效	蕭	四	開	平	定	宵

文獻通假 3 次，如：《詩·小雅·大東》："佻佻公子。"《釋文》："'佻佻'，《韓詩》作'嬥嬥'。"

頁碼		反切	中古音韻地位						上古音	
805	濯	直角切	澄	江	覺	二	開	入	定	藥
	祧	吐彫切	透	效	蕭	四	開	平	透	宵

文獻通假 1 次：《周禮·春官·守祧》："掌守王先公之廟祧。"鄭注："《故書》'祧'

作‘濯’，鄭司農‘濯’讀爲‘洮’。”

頁碼		反切	中古音韻地位						上古音	
805	濯	直角切	澄	江	覺	二	開	入	定	藥
	洮	餘昭切	以	效	宵	三	開	平	餘	宵

文獻通假 1 次：《書·顧命》：“王乃洮頮水。”《三國志·吳志·虞翻傳》裴注引《翻別轉》：翻奏鄭玄解《尚書》“洮讀”爲“濯”。“洮讀”二字原無，據段玉裁《古文尚書撰異》補。

頁碼		反切	中古音韻地位						上古音	
805	濯	直角切	澄	江	覺	二	開	入	定	藥
	珧	餘昭切	以	效	宵	三	開	平	餘	宵

文獻通假 1 次：《爾雅·釋魚》：“蜃小者珧。”《釋文》：“‘珧’衆家本皆作‘濯’。”

頁碼		反切	中古音韻地位						上古音	
806	燿	弋照切	以	效	笑	三	開	去	餘	藥
	眺	他弔切	透	效	嘯	四	開	去	透	宵

文獻通假 1 次：《老子》五十八章：“光而不燿。”漢帛書乙本“燿”作“眺”。

頁碼		反切	中古音韻地位						上古音	
807	的	都歷切	端	梗	錫	四	開	入	端	藥
	招	止遥切	章	效	宵	三	開	平	章	宵

文獻通假 2 次，如：《呂氏春秋·盡數》：“射而不中，反修于招。”舊校云：“‘招’一作‘的’。”

頁碼		反切	中古音韻地位						上古音	
807	罩	都教切	端	效	效	二	開	去	端	藥
	到	都導切	端	效	號	一	開	去	端	宵

文獻通假 1 次：《說文·隹部》：“‘罩’讀若‘到’。”

頁碼		反切	中古音韻地位						上古音	
809	召	直照切	澄	效	笑	三	開	去	定	宵
	卓	竹角切	知	江	覺	二	開	入	端	藥

文獻通假 1 次：《戰國策·楚策四》：“卓滑。”《史記·陳涉世家》《樗里子甘茂列傳》《漢書·陳勝項籍傳》《文選·過秦論》並作“召滑”。

頁碼		反切	中古音韻地位						上古音	
810	紹	市沼切	禪	效	小	三	開	上	禪	宵
	卓	竹角切	知	江	覺	二	開	入	端	藥

文獻通假 1 次：《韓非子·内儲説上》：“以趙紹韓沓爲嘗試。”《戰國策·韓策一》“趙紹”作“趙卓”。

頁碼		反切	中古音韻地位						上古音	
811	昭	止遥切	章	效	宵	三	開	平	章	宵
	卓	竹角切	知	江	覺	二	開	入	端	藥

文獻通假 1 次：《戰國策·楚策四》：“卓滑。”《史記·秦始皇本紀》作“昭滑”。

頁碼		反切	中古音韻地位						上古音	
811	邵	寔照切	禪	效	笑	三	開	去	禪	宵
	卓	竹角切	知	江	覺	二	開	入	端	藥

文獻通假 1 次：《韓非子·内儲説下》：“前時王使邵滑之越。”《戰國策·楚策四》“邵”作“卓”。

頁碼		反切	中古音韻地位						上古音	
811	邵	寔照切	禪	效	笑	三	開	去	禪	宵
	淖	奴教切	泥	效	效	二	開	去	泥	藥

文獻通假 1 次：《韓非子·内儲説下》：“前時王使邵滑之越。”《戰國策·趙策》“邵”作“淖”。

頁碼		反切	中古音韻地位						上古音	
811	菿	都導切	端	效	號	一	開	去	端	宵
	倬	竹角切	知	江	覺	二	開	入	端	藥

文獻通假 3 次，如：《詩·小雅·甫田》：“倬彼甫田。”《玉篇·艸部》菿下引《韓詩》“倬”作“菿”。

頁碼		反切	中古音韻地位						上古音	
811	䈑	陟教切	知	效	效	二	開	去	端	宵
	倬	竹角切	知	江	覺	二	開	入	端	藥

文獻通假 1 次：《詩·小雅·甫田》：“倬彼甫田。”《釋文》：“‘倬’《韓詩》作‘䈑’。”《爾雅·釋詁》邢疏引《韓詩》“倬”作“䈑”。

頁碼		反切	中古音韻地位						上古音	
819	表	陂矯切	幫	效	小	三	開	上	幫	宵
	襮	補各切	幫	宕	鐸	一	開	入	幫	藥

文獻通假 1 次：《呂氏春秋·忠廉》："臣請爲襮。"《新序·義勇》"襮"作"表"。

頁碼		反切	中古音韻地位						上古音	
822	緢	武瀌切	明	效	宵	三	開	平	明	宵
	貌	莫教切	明	效	效	二	開	去	明	藥

文獻通假 1 次：《書·呂刑》："惟貌有稽。"《説文·糸部》緢下引"貌"作"緢"。

（二）宵部—覺部（10 組）

具體數據見第二章第二節覺部。

（三）宵部—鐸部（7 組）

頁碼		反切	中古音韻地位						上古音	
728	羔	古勞切	見	效	豪	一	開	平	見	宵
	睪	羊益切	以	梗	昔	三	開	入	餘	鐸

文獻通假 1 次：《論語·先進》："子羔。"《孔子家語·子夏問》作"子睪"。

頁碼		反切	中古音韻地位						上古音	
786	高	古勞切	見	效	豪	一	開	平	見	宵
	郭	古博切	見	宕	鐸	一	合	入	見	鐸

文獻通假 2 次，如：《國語·晉語》一、三、四"郭偃"。《墨子·所染》作"高偃"。

頁碼		反切	中古音韻地位						上古音	
788	鎬	胡老切	匣	效	晧	一	開	上	匣	宵
	㰉	虛郭切	曉	宕	鐸	一	合	入	曉	鐸

文獻通假 1 次：《淮南子·俶真訓》："物豈可謂無大揚㰉乎。"高注："'㰉'讀'鎬京'之'鎬'。"

頁碼		反切	中古音韻地位						上古音	
789	暠	胡老切	匣	效	晧	一	開	上	匣	宵
	皬	曷各切	匣	宕	鐸	一	合	入	匣	鐸

文獻通假 1 次：《史記·司馬相如列傳》："皬然白首。"《漢書·司馬相如傳》"皬"作"暠"。

頁碼		反切	中古音韻地位						上古音	
806	拓	之石切	章	梗	昔	三	開	入	章	鐸
	招	止遥切	章	效	宵	三	開	平	章	宵

文獻通假 2 次，如：《列子·説符》："孔子之勁能拓國門之關。"《釋文》云："'拓'一本作'招'。"

頁碼		反切	中古音韻地位						上古音	
884	略	離灼切	來	宕	藥	三	開	入	來	鐸
	勞	郎到切	來	效	號	一	開	去	來	宵

文獻通假 1 次：《國語·齊語》："犧牲不略，則牛羊遂。"《管子·小匡》"略"作"勞"。

頁碼		反切	中古音韻地位						上古音	
712	臭	古老切	見	效	晧	一	開	上	見	宵
	澤	場伯切	澄	梗	陌	二	開	入	定	鐸

文獻通假 2 次，如：《説文·大部》："臭，古文以爲澤字。"按：《古字通假會典》"臭"寫作"昊"，誤。

（四）宵部—屋部（4 組）

頁碼		反切	中古音韻地位						上古音	
339	梮	居玉切	見	通	燭	三	合	入	見	屋
	橋	巨嬌切	群	效	宵	三	開	平	群	宵

文獻通假 1 次：《史記·河渠書》："山行即橋。"《漢書·溝洫志》"橋"作"梮"。

頁碼		反切	中古音韻地位						上古音	
345	犢	徒谷切	定	通	屋	一	合	入	定	屋
	燎	力昭切	來	效	宵	三	開	平	來	宵

文獻通假 1 次：《淮南子·齊俗訓》："煎熬燎炙。"《太平御覽》八六三引"燎"作"犢"。

頁碼		反切	中古音韻地位						上古音	
791	橋	巨嬌切	群	效	宵	三	開	平	群	宵
	橇	居玉切	見	通	燭	三	合	入	見	屋

文獻通假 2 次，如：《史記·夏本紀》："山行乘橇。"《集解》引徐廣曰："'橇'一作'橋'。"

頁碼		反切	中古音韻地位						上古音	
822	旄	莫袍切	明	效	豪	一	開	平	明	宵
	犿	匹角切	滂	江	覺	二	開	入	滂	屋

文獻通假 1 次：《山海經·北山經》："其獸多兕，旄牛。"郭注："'旄牛'或作'犿牛'。"

（五）宵部—月部（2 組）

頁碼		反切	中古音韻地位						上古音	
788	蒿	呼毛切	曉	效	豪	一	開	平	曉	宵
	艾	五蓋切	疑	蟹	泰	一	開	去	疑	月

文獻通假 1 次：《左傳·桓公十五年》："公會齊侯于艾。"《穀梁傳》"艾"作"蒿"。

頁碼		反切	中古音韻地位						上古音	
789	鄗	胡老切	匣	效	晧	一	開	上	匣	宵
	艾	五蓋切	疑	蟹	泰	一	開	去	疑	月

文獻通假 1 次：《左傳·桓公十五年》："公會齊侯于艾。"《公羊傳》"艾"作"鄗"。

（六）宵部—物部（2 組）

頁碼		反切	中古音韻地位						上古音	
573	醮	子肖切	精	效	笑	三	開	去	精	宵
	卒	臧没切	精	臻	没	一	合	入	精	物

文獻通假 1 次：《荀子·禮論》："利爵之不醮也。"《大戴禮·禮三本》"醮"作"卒"。

頁碼		反切	中古音韻地位						上古音	
574	醮	子肖切	精	效	笑	三	開	去	精	宵
	顇	七内切	清	蟹	隊	一	合	去	清	物

文獻通假 1 次：《荀子·禮論》："利爵之不醮也。"《史記·禮書》"醮"作"顇"。

（七）宵部—緝部（2 組）

頁碼		反切	中古音韻地位						上古音	
755	鼂	直遥切	澄	效	宵	三	開	平	定	宵
	沓	徒合切	定	咸	合	一	開	入	定	緝

文獻通假 1 次：《韓非子·内儲説上》："趙紹韓沓爲嘗試。"趙紹韓沓《戰國策·韓策一》作"趙卓韓鼂"。

頁碼		反切	中古音韻地位						上古音	
888	呶	女交切	泥	效	肴	二	開	平	泥	宵
	品	阻立切	莊	深	緝	三	開	入	莊	緝

文獻通假 1 次：《說文・品部》："'品'又讀若'呶'。"

（八）宵部—葉部（1 組）

頁碼		反切	中古音韻地位						上古音	
816	獠	落蕭切	來	效	蕭	四	開	平	來	宵
	獵	良涉切	來	咸	葉	三	開	入	來	葉

文獻通假 2 次，如：《史記・司馬相如列傳》："鈞獠者之所得獲。"《漢書・司馬相如傳》《文選・上林賦》"獠"作"獵"。

（九）宵部—質部（1 組）

頁碼		反切	中古音韻地位						上古音	
513	秸	古黠切	見	山	黠	二	開	入	見	質
	槀	古老切	見	效	晧	一	開	上	見	宵

文獻通假 1 次：《書・禹貢》："三百里納秸服。"《文選》任昉《天監三年策秀才文》李注引"秸"作"槀"。

三、宵部和陽聲韻通假關係舉證

表 3–4　宵部和陽聲韻通假頻次表（組）

	侵部	談部	元部	文部	真部	耕部	合計
宵部	6	5	3	3	1	1	19

（一）宵部—侵部（6 組）

頁碼		反切	中古音韻地位						上古音	
233	叨	土刀切	透	效	豪	一	開	平	透	宵
	貪	他含切	透	咸	覃	一	開	平	透	侵

文獻通假 1 次：《書・多方》："亦惟有夏之民叨懫。"《文選・洞簫賦》李注引"叨"作"貪"。

頁碼		反切	中古音韻地位						上古音	
244	參	倉含切	清	咸	覃	一	開	平	清	侵
	繰	子晧切	精	效	晧	一	開	上	精	宵

文獻通假 1 次：《戰國策・燕策二》："今王信田伐與參去疾之言。"漢帛書本"參"

作"繰"。

頁碼		反切	中古音韻地位						上古音	
245	綃	相邀切	心	效	宵	三	開	平	心	宵
	縿	所銜切	生	咸	銜	二	開	平	山	侵

文獻通假 1 次：《禮記·檀弓上》："縿幕，魯也。"鄭注："'縿'讀如'綃'。"

頁碼		反切	中古音韻地位						上古音	
816	繅	蘇遭切	心	效	豪	一	開	平	心	宵
	縿	所銜切	生	咸	銜	二	開	平	山	侵

文獻通假 1 次：《禮記·祭義》："夫人繅三盆手。"《釋文》"繅"作"縿"，云："《説文》作'繅'。"

頁碼		反切	中古音韻地位						上古音	
817	懆	采老切	清	效	晧	一	開	上	清	宵
	慘	七感切	清	咸	感	一	開	上	清	侵

文獻通假 4 次，如：《詩·陳風·月出》："勞心慘兮。"《五經文字》引"慘"作"懆"。

頁碼		反切	中古音韻地位						上古音	
817	繅	蘇遭切	心	效	豪	一	開	平	心	宵
	縿	所銜切	生	咸	銜	二	開	平	山	侵

文獻通假 1 次：《禮記·雜記上》："總冠繅纓。"《釋文》："'繅'作'縿'。"

（二）宵部—談部（5 組）

頁碼		反切	中古音韻地位						上古音	
261	昭	止遥切	章	效	宵	三	開	平	章	宵
	瞻	職廉切	章	咸	鹽	三	開	平	章	談

文獻通假 1 次：《隸釋》二《華山廟碑》："《祀典》曰：'日月星辰所昭印也。'"洪适釋："'昭印'，《禮記》作'瞻仰'。"按：《華山廟碑》全稱《西嶽華山廟碑》，延熹四年（公元161 年）四月刻。

頁碼		反切	中古音韻地位						上古音	
802	訬	亡沼切	明	效	小	三	開	上	明	宵
	毚	士咸切	崇	咸	咸	二	開	平	崇	談

文獻通假 1 次：《説文·言部》："'訬'讀若'毚'。"

頁碼		反切	中古音韻地位						上古音	
818	焱	以贍切	以	咸	豔	三	開	去	餘	談
	熛	甫遙切	幫	效	宵	三	開	平	幫	宵

文獻通假 2 次：《史記·司馬相如列傳》："靁動熛至。"《漢書·司馬相如傳》"熛"作"焱"，《文選·子虛賦》作"焱"。"焱"當作"焱"。

頁碼		反切	中古音韻地位						上古音	
818	焱	以贍切	以	咸	豔	三	開	去	餘	談
	剽	符霄切	並	效	宵	三	開	平	並	宵

文獻通假 2 次：《左傳·襄公十四年》："衛人立公孫剽。"《漢書·古今人表》"公孫剽"作"衛殤公焱"。

頁碼		反切	中古音韻地位						上古音	
818	焱	以贍切	以	咸	豔	三	開	去	餘	談
	飄	撫招切	滂	效	宵	三	開	平	滂	宵

文獻通假 3 次：《史記·司馬相如列傳》："武節飄逝。"《漢書·司馬相如傳》"飄"作"焱"。

（三）宵部—元部（3 組）

頁碼		反切	中古音韻地位						上古音	
154	俛	亡辨切	明	山	獼	三	開	上	明	元
	頫	他弔切	透	效	嘯	四	開	去	透	宵

文獻通假 4 次，如：《史記·秦始皇本紀》："百越之君，俛首係頸。"《漢書·陳勝項籍傳》"俛"作"頫"。

頁碼		反切	中古音韻地位						上古音	
159	嚻	許嬌切	曉	效	宵	三	開	平	曉	宵
	讙	呼官切	曉	山	桓	一	合	平	曉	元

文獻通假 1 次：《説文·品部》："'嚻'讀若'讙'。"

頁碼		反切	中古音韻地位						上古音	
786	笑	私妙切	心	效	笑	三	開	去	心	宵
	关	古還切	見	山	刪	二	合	平	見	元

文獻通假 3 次，如：《漢書·薛宣朱博傳》："壹关相樂。"顏注："'关'，古'笑'字也。"

（四）宵部—文部（3 組）

頁碼	反切		中古音韻地位						上古音	
136	浚	私閏切	心	臻	稕	三	合	去	心	文
	醮	子肖切	精	效	笑	三	開	去	精	宵

文獻通假 1 次：《國語・晋語九》："浚民之膏澤以實之。"韋注："'浚'，煎也，讀若'醮'。"

頁碼	反切		中古音韻地位						上古音	
148	墳	符分切	並	臻	文	三	合	平	並	文
	頹	去遥切	溪	效	宵	三	開	平	溪	宵

文獻通假 1 次：《詩・小雅・苕之華》："牂羊墳首。"《説文・頁部》《繫傳》引"墳"作"頹"。"頹"，從羔從頁，會意。

頁碼	反切		中古音韻地位						上古音	
822	苗	武瀌切	明	效	宵	三	開	平	明	宵
	蟆	莫奔切	明	臻	魂	一	合	平	明	文

文獻通假 1 次：《左傳・宣公十七年》："苗賁皇。"《説苑・善説》作"蟆蚡黃"。

（五）宵部—真部（1 組）

頁碼	反切		中古音韻地位						上古音	
736	憔	昨焦切	從	效	宵	三	開	平	從	宵
	盡	即忍切	精	臻	軫	三	開	上	精	真

文獻通假 2 次，如：《左傳・昭公七年》："或憔悴事國。"《漢書・五行志》引"憔悴"作"盡領"。

（六）宵部—耕部（1 組）

頁碼	反切		中古音韻地位						上古音	
53	駉	古螢切	見	梗	青	四	合	平	見	耕
	驍	古堯切	見	效	蕭	四	開	平	見	宵

文獻通假 1 次：《詩・魯頌・駉》："駉駉牡馬。"《釋文》："'駉'，《説文》作'驍'。"

第二節　藥　部

在本書研究範圍內，藥部共通假 225 組。其中，同部通假 132 組，異部通假 93 組。在異部通假中，藥部與陰聲韻共通假 60 組，與入聲韻共通假 29 組，與陽聲韻共通假 4 組。具體情況如下：

表 3–5　藥部通假情況匯總表

通假類型			通假頻次（組）			
同部通假		藥—藥	132			
異部通假	陰聲韻	藥—宵	51	60		225
		藥—幽	5			
		藥—微	2			
		藥—侯	2			
	入聲韻	藥—覺	8	29	93	
		藥—鐸	8			
		藥—錫	5			
		藥—月	3			
		藥—緝	2			
		藥—屋	2			
		藥—質	1			
	陽聲韻	藥—文	2	4		
		藥—東	1			
		藥—元	1			

一、藥部和陰聲韻通假關係舉證

表 3–6　藥部和陰聲韻通假頻次表（組）

	宵部	幽部	微部	侯部	合計
藥部	51	5	2	2	60

（一）藥部—宵部（51 組）

具體數據見第三章第一節宵部。

（二）藥部—幽部（5 組）

具體數據見第二章第一節幽部。

（三）藥部—微部（2 組）

頁碼		反切	中古音韻地位						上古音	
354	鑿	在各切	從	宕	鐸	一	開	入	從	藥
	毇	許委切	曉	止	紙	三	合	上	曉	微

文獻通假 1 次：《左傳·桓公二年》："粢食不鑿。"《釋文》："'鑿'，《字林》作'毇'。"《淮南子·主術》高注引"鑿"作"毇"。

頁碼		反切	中古音韻地位							上古音	
520	沃	烏酷切	影	通	沃	一	合	入	影	藥	
	開	苦哀切	溪	蟹	咍	一	開	平	溪	微	

文獻通假 2 次，如：《史記·三代世表》："帝沃甲。"《索隱》："《世本》作'開甲'。"

（四）藥部—侯部（2 組）

頁碼		反切	中古音韻地位							上古音	
339	鉤	古侯切	見	流	侯	一	開	平	見	侯	
	釣	多嘯切	端	效	嘯	四	開	去	端	藥	

文獻通假 1 次：《莊子·外物》："任公子爲大鉤巨緇。"《釋文》："'鉤'本亦作'釣'。"

頁碼		反切	中古音韻地位							上古音	
363	緅	子侯切	精	流	侯	一	開	平	精	侯	
	爵	即略切	精	宕	藥	三	開	入	精	藥	

文獻通假 1 次：《周禮·考工記·鍾氏》："五入爲緅。"鄭注："'緅'，今《禮》俗文作'爵'。"

二、藥部和其他入聲韻通假關係舉證

表 3–7　藥部和其他入聲韻通假頻次表（組）

	覺部	鐸部	錫部	月部	緝部	屋部	質部	合計
藥部	8	8	5	3	2	2	1	29

（一）藥部—覺部（8 組）

具體數據見第二章第二節覺部。

（二）藥部—鐸部（8 組）

頁碼		反切	中古音韻地位							上古音	
353	𥺐	則落切	精	宕	鐸	一	開	入	精	鐸	
	鑿	在各切	從	宕	鐸	一	開	入	從	藥	

文獻通假 1 次：《左傳·桓公二年》："粢食不鑿。"《初學記·器物部》引"鑿"作"𥺐"。《楚辭·九章》："𥺐申椒以爲糧。"《考異》："'𥺐'一作'鑿'。"

頁碼		反切	中古音韻地位							上古音	
354	鑿	在各切	從	宕	鐸	一	開	入	從	藥	
	笮	側駕切	莊	假	禡	二	開	去	莊	鐸	

文獻通假 1 次：《文選·長笛賦》："刻鏤鑽笮。"李注："《國語》'其次用鑽笮'。'笮'

與'鑿'，音義同也。"按：音同可以作爲研究上古音的材料。

頁碼	反切		中古音韻地位						上古音	
792	碻	苦角切	溪	江	覺	二	開	入	溪	藥
	橐	他各切	透	宕	鐸	一	開	入	透	鐸

文獻通假 1 次：《莊子·應帝王》："碻乎能其事者而已矣。"《釋文》："'碻'，崔本作'橐'。"

頁碼	反切		中古音韻地位						上古音	
792	駁	北角切	幫	江	覺	二	開	入	幫	藥
	雒	盧各切	來	宕	鐸	一	開	入	來	鐸

文獻通假 1 次：《詩·魯頌·駉》："有驔有雒。"《正義》"雒"俗本多作"駁"字。

頁碼	反切		中古音韻地位						上古音	
804	擽	郎擊切	來	梗	錫	四	開	入	來	藥
	落	盧各切	來	宕	鐸	一	開	入	來	鐸

文獻通假 1 次：《荀子·王霸》："擽然扶持心國。"楊注："'擽'讀爲'落'，石貌也。"

頁碼	反切		中古音韻地位						上古音	
814	綽	昌約切	昌	宕	藥	三	開	入	昌	藥
	鐸	徒落切	定	宕	鐸	一	開	入	定	鐸

文獻通假 1 次：《呂氏春秋·恃君覽·達鬱》："鐸也不愛我。"高注："鐸，尹鐸。"《説苑·臣術》作"尹綽。"

頁碼	反切		中古音韻地位						上古音	
819	暴	薄報切	並	效	號	一	開	去	並	藥
	睪	羊益切	以	梗	昔	三	開	入	餘	鐸

文獻通假 1 次：《史記·穰侯列傳》："戰勝暴子。"《戰國策》"暴"作"睪"。

頁碼	反切		中古音韻地位						上古音	
907	錯	倉故切	清	遇	暮	一	合	去	清	鐸
	鑿	在各切	從	宕	鐸	一	開	入	從	藥

文獻通假 1 次：《史記·晉世家》："子出公鑿立。"《六國年表》"鑿"作"錯"。

（三）藥部—錫部（5 組）

頁碼	反切		中古音韻地位						上古音	
453	擊	古歷切	見	梗	錫	四	開	入	見	錫
	激	古歷切	見	梗	錫	四	開	入	見	藥

文獻通假 1 次：《莊子·逍遥遊》："水擊三千里。"《一切經音義》八七、《太平御覽》九二七引"擊"作"激"。

頁碼	反切		中古音韻地位						上古音	
469	狄	徒歷切	定	梗	錫	四	開	入	定	錫
	翟	徒歷切	定	梗	錫	四	開	入	定	藥

文獻通假 34 次，如：《書·禹貢》："羽畎夏翟。"《史記·夏本紀》《漢書·地理志》"翟"作"狄"。

頁碼	反切		中古音韻地位						上古音	
470	狄	徒歷切	定	梗	錫	四	開	入	定	錫
	趯	他歷切	透	梗	錫	四	開	入	透	藥

文獻通假 1 次：《荀子·非十二子》："狄狄然。"楊注："'狄'讀爲'趯'。"

頁碼	反切		中古音韻地位						上古音	
471	櫟	郎擊切	來	梗	錫	四	開	入	來	錫
	櫟	郎擊切	來	梗	錫	四	開	入	來	藥

文獻通假 1 次：《文選·南都賦》："楓柙櫨櫟。"李注："郭璞《上林賦》注：'櫨橐櫨。''櫟'與'櫟'同。"按：《南都賦》是漢代張衡所作。

頁碼	反切		中古音韻地位						上古音	
796	竅	苦弔切	溪	效	嘯	四	開	去	溪	藥
	覈	胡結切	匣	山	屑	四	開	入	匣	錫

文獻通假 1 次：《淮南子·俶真訓》："竅領天地。"《文子·上禮》"竅"作"覈"。

（四）藥部—月部（3 組）

頁碼	反切		中古音韻地位						上古音	
617	鶡	下各切	匣	宕	鐸	一	開	入	匣	藥
	鶡	胡葛切	匣	山	曷	一	開	入	匣	月

文獻通假 1 次：《史記·秦始皇本紀》："卒屯留蒲鶡反。"《集解》引徐廣曰："'鶡'一作'鶡'。"

頁碼	反切		中古音韻地位						上古音	
792	確	苦角切	溪	江	覺	二	開	入	溪	藥
	硈	恪八切	溪	山	黠	二	開	入	溪	月

文獻通假 1 次：《易·乾》："確乎其不可拔。"《爾雅》疏"確"作"硈"。

頁碼		反切	中古音韻地位						上古音	
805	躍	以灼切	以	宕	藥	三	開	入	餘	藥
	庐	五割切	疑	山	曷	一	開	入	疑	月

文獻通假 1 次：《說文·庐部》：“‘庐’讀若‘躍’。”

（五）藥部—緝部（2 組）

頁碼		反切	中古音韻地位						上古音	
700	雜	徂合切	從	咸	合	一	開	入	從	緝
	籴	徒歷切	定	梗	錫	四	開	入	定	藥

文獻通假 1 次：《莊子·天下》：“而九雜天下之川。”《釋文》：“‘雜’本亦作‘籴’。”

頁碼		反切	中古音韻地位						上古音	
706	靮	都歷切	端	梗	錫	四	開	入	端	藥
	縶	陟立切	知	深	緝	三	開	入	端	緝

文獻通假 1 次：《禮記·檀弓下》：“則執執羈靮而從。”《韓詩外傳》卷七“靮”作“縶”。

（六）藥部—屋部（2 組）

頁碼		反切	中古音韻地位						上古音	
353	浞	士角切	崇	江	覺	二	開	入	崇	屋
	芈	士角切	崇	江	覺	二	開	入	崇	藥

文獻通假 1 次：《說文·芈部》：“‘芈’讀若‘浞’。”

頁碼		反切	中古音韻地位						上古音	
355	剥	北角切	幫	江	覺	二	開	入	幫	屋
	暴	薄報切	並	效	號	一	開	去	並	藥

文獻通假 1 次：《周禮·考工記·旅人》：“髻墾薜暴不入市。”鄭注：“鄭司農云：‘暴讀爲剥。’”

（七）藥部—質部（1 組）

頁碼		反切	中古音韻地位						上古音	
593	蓽	卑吉切	幫	臻	質	三	開	入	幫	質
	暴	薄報切	並	效	號	一	開	去	並	藥

文獻通假 1 次：《史記·楚世家》：“蓽露藍蔞。”《集解》引徐廣曰：“‘蓽’，一作‘暴’。”

三、藥部和陽聲韻通假關係舉證

表 3–8 藥部和陽聲韻通假頻次表（組）

	文部	東部	元部	合計
藥部	2	1	1	4

（一）藥部—文部（2 組）

頁碼		反切	中古音韻地位						上古音	
117	洒	先禮切	心	蟹	薺	四	開	上	心	文
	漄	克角切	溪	江	覺	二	開	入	溪	藥

文獻通假 1 次：《詩·邶風·新臺》："新臺有洒。"《釋文》："'洒'，《韓詩》作'漄'。"《說文·水部》《繫辭》引"洒"作"漄"。

頁碼		反切	中古音韻地位						上古音	
807	的	都歷切	端	梗	錫	四	開	入	端	藥
	旳	武巾切	明	臻	真	三	開	平	明	文

文獻通假 1 次：《大戴禮·本命》："三月而徹旳。"《韓詩外傳》一"旳"作"的"。

（二）藥部—東部（1 組）

頁碼		反切	中古音韻地位						上古音	
341	講	古項切	見	江	講	二	開	上	見	東
	較	古岳切	見	江	覺	二	開	入	見	藥

文獻通假 1 次：《漢書·蕭何曹參傳》："講若畫一。"顏注："'講'或作'較'。"

（三）藥部—元部（1 組）

頁碼		反切	中古音韻地位						上古音	
172	翰	侯旰切	匣	山	翰	一	開	去	匣	元
	斛	直角切	澄	江	覺	二	開	入	定	藥

文獻通假 1 次：《易·中孚·上九》："翰音登于天。"漢帛書本"翰"作"斛"。

第四章　侯部、屋部、東部通假關係研究

第一節　侯　部

在本書研究範圍內，侯部共通假 610 組。其中，同部通假 375 組，異部通假 235 組。在異部通假中，侯部與陰聲韻共通假 126 組，與入聲韻共通假 68 組，與陽聲韻共通假 41 組。具體情況如下：

表 4–1　侯部通假情況匯總表

通假類型			通假頻次（組）			
同部通假		侯─侯	375			
異部通假	陰聲韻	侯─幽	45	126	235	610
		侯─魚	42			
		侯─之	13			
		侯─宵	11			
		侯─歌	8			
		侯─微	4			
		侯─脂	3			
	入聲韻	侯─屋	31	68		
		侯─覺	10			
		侯─鐸	9			
		侯─職	6			
		侯─月	5			
		侯─物	3			
		侯─緝	2			
		侯─藥	2			
	陽聲韻	侯─東	22	41		
		侯─元	8			
		侯─文	2			
		侯─真	2			

通假類型		通假頻次（組）				
	侯—談	2				
	侯—侵	2				
	侯—陽	1				
	侯—蒸	1				
	侯—冬	1				

一、侯部和其他陰聲韻通假關係舉證

表 4–2　侯部和其他陰聲韻通假頻次表（組）

	幽部	魚部	之部	宵部	歌部	微部	脂部	合計
侯部	45	42	13	11	8	4	3	126

（一）侯部—幽部（45 組）

具體數據見第二章第一節幽部。

（二）侯部—魚部（42 組）

頁碼		反切	中古音韻地位						上古音	
323	侯	戶鉤切	匣	流	侯	一	開	平	匣	侯
	胡	戶吳切	匣	遇	模	一	合	平	匣	魚

文獻通假 1 次：《史記·衛將軍驃騎列傳》：“斬盧胡王。”《漢書·衛青霍去病傳》“胡”作“侯”。

頁碼		反切	中古音韻地位						上古音	
324	后	胡遘切	匣	流	侯	一	開	去	匣	侯
	戶	侯古切	匣	遇	姥	一	合	上	匣	魚

文獻通假 1 次：《莊子·讓王》：“舜以天下讓其友石戶之農。”《釋文》：“‘戶’本亦作‘后’。”

頁碼		反切	中古音韻地位						上古音	
326	禺	遇俱切	疑	遇	虞	三	合	平	疑	侯
	虞	遇俱切	疑	遇	虞	三	合	平	疑	魚

文獻通假 1 次：《山海經·大荒北經》：“逮之于禺谷。”郭注：“‘禺’今作‘虞’。”

頁碼		反切	中古音韻地位						上古音	
326	愚	遇俱切	疑	遇	虞	三	合	平	疑	侯
	娛	遇俱切	疑	遇	虞	三	合	平	疑	魚

文獻通假 1 次：《老子》六十五章："將以愚之。"《遂州龍興觀碑》"愚"作"娛"。

頁碼		反切	中古音韻地位						上古音	
327	寓	牛具切	疑	遇	遇	三	合	去	疑	侯
	寓	王矩切	云	遇	麌	三	合	上	匣	魚

文獻通假 1 次：《莊子·徐無鬼》："昌寓驂乘。"《群書治要》三七引"寓"作"寓"。

頁碼		反切	中古音韻地位						上古音	
327	嵎	遇俱切	疑	遇	虞	三	合	平	疑	侯
	魚	語居切	疑	遇	魚	三	合	平	疑	魚

文獻通假 1 次：《禮記·喪大記》："魚躍拂池。"《荀子·禮論》楊注引"魚"作"嵎"。

頁碼		反切	中古音韻地位						上古音	
330	愉	羊朱切	以	遇	虞	三	合	平	餘	侯
	窳	以主切	以	遇	麌	三	合	上	餘	魚

文獻通假 1 次：《爾雅·釋詁》："愉，勞也。"郭注："'愉'，今字或作'窳'。"

頁碼		反切	中古音韻地位						上古音	
330	愉	羊朱切	以	遇	虞	三	合	平	餘	侯
	舒	傷魚切	書	遇	魚	三	合	平	書	魚

文獻通假 1 次：《史記·田敬仲完世家》："攫之深而醳之愉者，政令也。"《集解》引徐廣曰："'愉'一作'舒'。"

頁碼		反切	中古音韻地位						上古音	
331	踰	羊朱切	以	遇	虞	三	合	平	餘	侯
	魯	郎古切	來	遇	姥	一	合	上	來	魚

文獻通假 1 次：《戰國策·趙策一》："今魯句注禁常山而守。"《史記·趙世家》"魯"作"踰"。

頁碼		反切	中古音韻地位						上古音	
331	窬	羊朱切	以	遇	虞	三	合	平	餘	侯
	刳	苦胡切	溪	遇	模	一	合	平	溪	魚

文獻通假 1 次：《淮南子·泰族訓》："窬木而爲舟。"《太平御覽》七五二引"窬"作"刳"。

頁碼		反切	中古音韻地位						上古音	
331	貐	以主切	以	遇	麌	三	合	上	餘	侯
	窳	以主切	以	遇	麌	三	合	上	餘	魚

文獻通假 1 次：《爾雅・釋獸》："貘貐，類貙。"《釋文》："'貐'字或作'窳'。"《山海經・北山經・海内南經、海内西經》"貘貐"作"窦窳"。

頁碼		反切	中古音韻地位						上古音	
332	庾	以主切	以	遇	麌	三	合	上	餘	侯
	窳	以主切	以	遇	麌	三	合	上	餘	魚

文獻通假 1 次：《史記・匈奴列傳》："後北服渾庾、屈射、丁零、鬲昆、薪犁之國。"《索隱》："《魏略》云：'匈奴北有渾窳國。'"《正義》："《漢書》'庾'作'窳'。"

頁碼		反切	中古音韻地位						上古音	
334	區	豈俱切	溪	遇	虞	三	合	平	溪	侯
	邘	羽俱切	云	遇	虞	三	合	平	匣	魚

文獻通假 1 次：《説文・邑部》："'邘'又讀若'區'。"

頁碼		反切	中古音韻地位						上古音	
337	句	九遇切	見	遇	遇	三	合	去	見	侯
	瞿	其俱切	群	遇	虞	三	合	平	群	魚

文獻通假 1 次：《説文・瞿部》："'瞿'讀若'章句'之'句'。"

頁碼		反切	中古音韻地位						上古音	
338	呴	香句切	曉	遇	遇	三	合	去	曉	侯
	歔	朽居切	曉	遇	魚	三	合	平	曉	魚

文獻通假 1 次：《老子》："或歔或吹。"《釋文》："'歔'，河上本作'呴'。"今河上本作"呴"。

頁碼		反切	中古音韻地位						上古音	
338	呴	香句切	曉	遇	遇	三	合	去	曉	侯
	吁	況于切	曉	遇	虞	三	合	平	曉	魚

文獻通假 1 次：《莊子・天運》："吹呴呼吸。"《藝文類聚》七五引"呴"作"吁"。

頁碼		反切	中古音韻地位						上古音	
338	朐	其俱切	群	遇	虞	三	合	平	群	侯
	腒	九魚切	見	遇	魚	三	合	平	見	魚

文獻通假 1 次：《儀禮·士相見禮》："夏用腒。"《文選·四子講德論》李注引"腒"作"胸"。

頁碼		反切			中古音韻地位					上古音	
338	劬	其俱切	群	遇	虞	三	合	平	群	侯
	趨	其俱切	群	遇	虞	三	合	平	群	魚

文獻通假 1 次：《説文·走部》："'趨'讀若'劬'。"

頁碼		反切			中古音韻地位					上古音	
338	竘	苦后切	溪	流	厚	一	開	上	溪	侯
	齲	驅雨切	溪	遇	麌	三	合	上	溪	魚

文獻通假 1 次：《説文·立部》："'竘'讀若'齲'。"

頁碼		反切			中古音韻地位					上古音	
338	拘	舉朱切	見	遇	虞	三	合	平	見	侯
	居	九魚切	見	遇	魚	三	開	平	見	魚

文獻通假 1 次：《淮南子·氾論訓》："紂居於宣室，而不反其過。"《群書治要》"居"作"拘"。

頁碼		反切			中古音韻地位					上古音	
339	煦	況羽切	曉	遇	麌	三	合	上	曉	侯
	歔	朽居切	曉	遇	魚	三	合	平	曉	魚

文獻通假 1 次：《老子》："或歔或吹。"《景福碑》"歔"作"煦"。

頁碼		反切			中古音韻地位					上古音	
340	具	其遇切	群	遇	遇	三	合	去	群	侯
	儲	直魚切	澄	遇	魚	三	合	平	定	魚

文獻通假 1 次：《左傳·襄公九年》："具正徒。"《漢書·五行志》引"具"作"儲"。

頁碼		反切			中古音韻地位					上古音	
343	須	相俞切	心	遇	虞	三	合	平	心	侯
	胥	相居切	心	遇	魚	三	合	平	心	魚

文獻通假 3 次，如：《史記·廉頗藺相如列傳》："胥後令。"《索隱》："按'胥''須'古人通用。"

頁碼		反切	中古音韻地位						上古音	
344	獳	人朱切	日	遇	虞	三	合	平	日	侯
	據	居御切	見	遇	御	三	合	去	見	魚

文獻通假 2 次，如：《左傳・成公十年》："晋侯獳。"《史記・晋世家》"獳"作"據"。

頁碼		反切	中古音韻地位						上古音	
349	頭	度侯切	定	流	侯	一	開	平	定	侯
	鳧	防無切	並	遇	虞	三	合	平	並	魚

文獻通假 1 次：《左傳・僖公二十四年》："豎頭須。"《韓詩外傳》十作"里鳧須"。

頁碼		反切	中古音韻地位						上古音	
349	頭	度侯切	定	流	侯	一	開	平	定	侯
	且	子魚切	精	遇	魚	三	合	平	精	魚

文獻通假 1 次：《史記・西南夷列傳》："行誅頭蘭。"《索隱》："'頭蘭'即'且蘭'也。"《漢書・西南夷傳》作"且蘭"。

頁碼		反切	中古音韻地位						上古音	
350	躕	直誅切	澄	遇	虞	三	合	平	定	侯
	躇	直魚切	澄	遇	魚	三	合	平	定	魚

文獻通假 1 次：《詩・邶風・静女》："搔首踟躕。"《文選・思玄賦》注引《韓詩》"踟躕"作"躊躇"。

頁碼		反切	中古音韻地位						上古音	
350	躕	直誅切	澄	遇	虞	三	合	平	定	侯
	躇	宅加切	澄	假	麻	二	開	平	定	魚

文獻通假 1 次：《詩・邶風・静女》："搔首踟躕。"《説文・足部》《繫傳》引"踟躕"作"歭躇"。

頁碼		反切	中古音韻地位						上古音	
350	主	之庾切	章	遇	麌	三	合	上	章	侯
	社	常者切	禪	假	馬	三	開	上	禪	魚

文獻通假 1 次：《論語・八佾》："哀公問社於宰我。"《釋文》："'社'，鄭本作'主'。"《禮記・曲禮下》《正義》《左傳・文公二年》《正義》引"社"作"主"。

頁碼		反切	中古音韻地位						上古音	
363	諏	子于切	精	遇	虞	三	合	平	精	侯
	詛	莊助切	莊	遇	御	三	合	去	莊	魚

文獻通假 1 次：《儀禮・特牲饋食禮》："不諏日。"鄭注："今文'諏'爲'詛'。"

頁碼		反切	中古音韻地位						上古音	
366	拊	芳武切	滂	遇	虞	三	合	上	滂	侯
	撫	芳武切	滂	遇	虞	三	合	上	滂	魚

文獻通假 8 次，如：《左傳・宣公十二年》："王巡三軍，拊而勉之。"《初學記・歲時部》引"拊"作"撫"。

頁碼		反切	中古音韻地位						上古音	
367	跗	甫無切	幫	遇	虞	三	合	平	幫	侯
	夫	防無切	並	遇	虞	三	合	平	並	魚

文獻通假 1 次：《淮南子・人間訓》："雖有扁鵲俞跗之巧，猶不能生也。"《群書治要》引"俞跗"作"俞夫"。

頁碼		反切	中古音韻地位						上古音	
367	鮒	符遇切	並	遇	遇	三	合	去	並	侯
	蒲	薄胡切	並	遇	模	一	合	平	並	魚

文獻通假 1 次：《莊子・外物》："守鯢鮒。"《釋文》："'鮒'本亦作'蒲'。"

頁碼		反切	中古音韻地位						上古音	
367	苻	防無切	並	遇	虞	三	合	平	並	侯
	夫	防無切	並	遇	虞	三	合	平	並	魚

文獻通假 1 次：《爾雅・釋草》："莞，苻蘺。"《説文・艸部》"苻蘺"作"夫蘺"。

頁碼		反切	中古音韻地位						上古音	
771	瞀	莫候切	明	流	侯	一	開	去	明	侯
	無	武夫切	明	遇	虞	三	合	平	明	魚

文獻通假 1 次：《莊子・德充符》："而與鄭子產同師於伯昏無人。"《釋文》"無"作"无"，云："《雜篇》作瞀。"《列禦寇》作"伯昏瞀人"。

頁碼		反切	中古音韻地位						上古音	
858	戶	侯古切	匣	遇	姥	一	合	上	匣	魚
	后	胡遘切	匣	流	候	一	開	去	匣	侯

文獻通假 1 次：《莊子·讓王》：“舜以天下讓其友石户之農。”《釋文》：“‘户’本亦作‘后’。”

頁碼		反切	中古音韻地位						上古音	
871	距	其呂切	群	遇	語	三	合	上	群	魚
	豎	臣庾切	禪	遇	麌	三	合	上	禪	侯

文獻通假 1 次：《墨子·尚賢中》：“此聖王之道，先王之書，距年之言也。”下篇“距”作“豎”。

頁碼		反切	中古音韻地位						上古音	
885	魚	語居切	疑	遇	魚	三	合	平	疑	魚
	隅	遇俱切	疑	遇	麌	三	合	平	疑	侯

文獻通假 1 次：《山海經·海內東經》：“漢水出鮒魚之山。”《海外北經》“鮒魚”作“務隅”。

頁碼		反切	中古音韻地位						上古音	
914	父	扶雨切	並	遇	麌	三	合	上	並	魚
	府	方矩切	幫	遇	麌	三	合	上	幫	侯

文獻通假 1 次：《列子·湯問》：“曾不能損魁父之丘。”《藝文類聚·山部》引《淮南子》“魁父”作“魁府”。

頁碼		反切	中古音韻地位						上古音	
928	廡	文甫切	明	遇	麌	三	合	上	明	魚
	楙	莫候切	明	流	候	一	開	去	明	侯

文獻通假 1 次：《史記·封禪書》：“今歲豐廡。”《漢書·郊祀志》“廡”作“楙”。

異體字聲旁換用：2 組

①鴝與鸜：文獻通假 2 次，如：《周禮·考工記》：“鸜鵒不踰濟。”《淮南子·原道訓》“鸜鵒”作“鴝鵒”。《説文·鳥部》同。按：《集韻》‘鸜’和‘鴝’是異體字，形旁相同，聲旁語音關係密切。

頁碼		反切	中古音韻地位						上古音	
338	句	其俱切	群	遇	侯	三	合	平	群	侯
	瞿	其俱切	群	遇	麌	三	合	平	群	魚

②怤與憋：文獻通假 1 次：《列子·力命》：“墨尿、單至、嘽咺、憋憨四人相與游於世。”《方言》：“憋怤，急性也。”通假字應爲聲旁付和敫：

頁碼	反切		中古音韻地位							上古音	
368	付	方遇切	幫	遇	遇	三	合	去		幫	侯
	敷	芳無切	滂	遇	虞	三	合	平		滂	魚

（三）侯部—之部（13 組）

具體數據見第一章第一節之部。

（四）侯部—宵部（11 組）

具體數據見第三章第一節宵部。

（五）侯部—歌部（8 組）

頁碼	反切		中古音韻地位							上古音	
323	侯	戶鉤切	匣	流	侯	一	開	平		匣	侯
	何	胡歌切	匣	果	歌	一	開	平		匣	歌

文獻通假 1 次：《戰國策·秦策三》：“何不使人謂燕相國曰。”漢帛書本“何”作“侯”。

頁碼	反切		中古音韻地位							上古音	
325	後	胡遘切	匣	流	候	一	開	去		匣	侯
	訛	五禾切	疑	果	戈	一	合	平		疑	歌

文獻通假 1 次：《詩·大雅·瞻卬》：“式救爾後。”《列女傳》三引“後”作“訛”。

頁碼	反切		中古音韻地位							上古音	
336	堰	烏后切	影	流	厚	一	開	上		影	侯
	堁	苦果切	溪	果	果	一	合	上		溪	歌

文獻通假 1 次：《文選·風賦》：“動沙堁。”李注：“堁或爲堰，非也。”

頁碼	反切		中古音韻地位							上古音	
339	駒	舉朱切	見	遇	虞	三	合	平		見	侯
	羈	居宜切	見	止	支	三	開	平		見	歌

文獻通假 2 次：《左傳·昭公五年》：“子家羈。”《公羊傳·昭公二十五年》作“子家駒”。

頁碼	反切		中古音韻地位							上古音	
361	趨	七逾切	清	遇	虞	三	合	平		清	侯
	趍	直離切	澄	止	支	三	開	平		定	歌

文獻通假 2 次，如：《詩·齊風·猗嗟》：“巧趨蹌兮。”《釋文》：“‘趨’本又作‘趍’。”

頁碼		反切	中古音韻地位						上古音	
361	趡	七逾切	清	遇	虞	三	合	平	清	侯
	跢	丁佐切	端	果	箇	一	開	去	端	歌

文獻通假 1 次：《周禮·春官·樂師》："趡以采薺。"鄭注："《故書》'趡'作'跢'，鄭司農云："'跢'當爲'趡'，書亦或爲'趨'。'"

頁碼		反切	中古音韻地位						上古音	
363	趣	七句切	清	遇	遇	三	合	去	清	侯
	趎	直離切	澄	止	支	三	開	平	定	歌

文獻通假 1 次：《漢書·禮樂志》："文巧則趎末背本者衆。"顏注："'趎'讀曰'趣'。"

頁碼		反切	中古音韻地位						上古音	
692	麷	側鳩切	莊	流	尤	三	開	平	莊	侯
	靡	文彼切	明	止	紙	三	開	上	明	歌

文獻通假 2 次，如：《楚辭·七諫》："菎蕗雜於麷蒸兮。"《考異》："'麷'一作'靡'。"

（六）侯部—微部（4 組）

頁碼		反切	中古音韻地位						上古音	
323	侯	戶鉤切	匣	流	侯	一	開	平	匣	侯
	惟	以追切	以	止	脂	三	合	平	餘	微

文獻通假 1 次：《詩·小雅·四月》："侯栗侯梅。"《白孔六帖》九九引"侯"作"惟"。

頁碼		反切	中古音韻地位						上古音	
332	渝	羊朱切	以	遇	虞	三	合	平	餘	侯
	威	於非切	影	止	微	三	合	平	影	微

文獻通假 1 次：《詩·大雅·板》："敬天之渝，無敢馳驅。"《後漢書·楊震列傳》引"渝"作"威"。

頁碼		反切	中古音韻地位						上古音	
360	芻	測隅切	初	遇	虞	三	合	平	初	侯
	摧	昨回切	從	蟹	灰	一	合	平	從	微

文獻通假 1 次：《詩·小雅·鴛鴦》："摧之秣之。"《説文·食部》《繫傳》引"摧"作"芻"。

頁碼		反切	中古音韻地位						上古音	
489	臾	求位切	群	止	至	三	合	去	群	微
	臾	羊朱切	以	遇	虞	三	合	平	餘	侯

文獻通假 3 次，如：《説文・艸部》："臾"，古文作"臾"。"

（七）侯部—脂部（3 組）

頁碼		反切	中古音韻地位						上古音	
332	庾	以主切	以	遇	虞	三	合	上	餘	侯
	夷	以脂切	以	止	脂	三	開	平	餘	脂

文獻通假 1 次：《左傳・哀公二十三年》："知伯親禽顏庾。"《後漢書・郭太傳》李注引 "顏庾" 作 "顏庾"。《漢書・古今人表》作 "顏夷"。庾字譌。

頁碼		反切	中古音韻地位						上古音	
356	漏	盧候切	來	流	候	一	開	去	來	侯
	履	力几切	來	止	旨	三	開	上	來	脂

文獻通假 1 次：《莊子・達生》："沈有履。"《釋文》："司馬本作 '沈有漏'。"

頁碼		反切	中古音韻地位						上古音	
357	屨	九遇切	見	遇	遇	三	合	去	見	侯
	履	力几切	來	止	旨	三	開	上	來	脂

文獻通假 16 次，如：《詩・齊風・南山》："葛屨五兩。"《太平御覽》六九八引 "屨" 作 "履"。

二、侯部和入聲韻通假關係舉證

表 4–3　侯部和入聲韻通假頻次表（組）

	屋部	覺部	鐸部	職部	月部	物部	緝部	藥部	合計
侯部	31	10	9	6	5	3	2	2	68

（一）侯部—屋部（31 組）

頁碼		反切	中古音韻地位						上古音	
328	俞	羊朱切	以	遇	虞	三	合	平	餘	侯
	速	桑谷切	心	通	屋	一	合	入	心	屋

文獻通假 1 次：《公羊傳・文公四年》："衛侯使甯俞來聘。"徐疏："'俞'，正本作 '速' 字。"

頁碼		反切	中古音韻地位							上古音	
333	欲	余蜀切	以	通	燭	三	合	入	餘	屋
	數	所矩切	生	遇	麌	三	合	上	山	侯

文獻通假 1 次：《禮記·玉藻》：“疾趨則欲發。”鄭注：“‘欲’或爲‘數’。”

頁碼		反切	中古音韻地位							上古音	
333	頊	許玉切	曉	通	燭	三	合	入	曉	屋
	幠	亡遇切	明	遇	遇	三	合	去	明	侯

文獻通假 1 次：《説文·巾部》：“‘幠’讀若‘頊’。”

頁碼		反切	中古音韻地位							上古音	
334	渥	於角切	影	江	覺	二	開	入	影	屋
	漚	烏侯切	影	流	侯	一	開	平	影	侯

文獻通假 2 次，如：《周禮·考工記·慌氏》：“渥淳其帛。”《釋文》：“‘渥’，與‘漚’同。”

頁碼		反切	中古音韻地位							上古音	
335	傴	於武切	影	遇	麌	三	合	上	影	侯
	曲	丘玉切	溪	通	燭	三	合	入	溪	屋

文獻通假 1 次：《莊子·大宗師》：“曲僂發背。”《淮南子·精神訓》“曲”作“傴”。

頁碼		反切	中古音韻地位							上古音	
336	曲	丘玉切	溪	通	燭	三	合	入	溪	屋
	句	九遇切	見	遇	遇	三	合	去	見	侯

文獻通假 1 次：《爾雅·釋木》：“下句曰朻。”《詩·周南·南有樛木》《毛傳》“句”作“曲”。

頁碼		反切	中古音韻地位							上古音	
337	句	九遇切	見	遇	遇	三	合	去	見	侯
	彀	古候切	見	流	候	一	開	去	見	屋

文獻通假 1 次：《詩·大雅·行葦》：“敦弓既句。”《釋文》：“‘句’，《説文》作‘彀’。”《正義》：“《二京賦》曰：‘彫弓既彀。’‘彀’與‘句’，字雖異，音義同。”

頁碼		反切	中古音韻地位							上古音	
341	構	古候切	見	流	候	一	開	去	見	侯
	桷	古岳切	見	江	覺	二	開	入	見	屋

文獻通假 1 次：《説文·木部》："'構'，杜林以爲椽'桷'字。"

頁碼		反切	中古音韻地位						上古音	
341	構	古候切	見	流	候	一	開	去	見	侯
	縠	呼木切	曉	通	屋	一	合	入	曉	屋

文獻通假 1 次：《説文·犬部》："'縠'讀若'構'。"

頁碼		反切	中古音韻地位						上古音	
341	溝	古候切	見	流	候	一	開	平	見	侯
	彀	古候切	見	流	候	一	開	去	見	屋

文獻通假 1 次：《荀子·儒效》："愚陋溝瞀。"《説文·子部》："'瞉'，一曰'瞉瞀'也。""溝瞀"即"瞉瞀"。

頁碼		反切	中古音韻地位						上古音	
344	獳	人朱切	日	遇	虞	三	合	平	日	侯
	槈	奴豆切	泥	流	候	一	開	去	泥	屋

文獻通假 1 次：《説文·犬部》："'獳'讀若'槈'。"

頁碼		反切	中古音韻地位						上古音	
346	喌	陟救切	知	流	宥	三	開	去	端	屋
	咮	章俱切	章	遇	虞	三	合	平	章	侯

文獻通假 1 次：《詩·曹風·候人》："不濡其咮。"《玉篇·口部》引"咮"作"喌"。

頁碼		反切	中古音韻地位						上古音	
347	屬	市玉切	禪	通	燭	三	合	入	禪	屋
	媰	仕于切	崇	遇	虞	三	合	平	崇	侯

文獻通假 1 次：《書·梓材》："至于屬婦。"《説文·女部》引"屬"作"媰"。

頁碼		反切	中古音韻地位						上古音	
347	屬	市玉切	禪	通	燭	三	合	入	禪	屋
	注	之戍切	章	遇	遇	三	合	去	章	侯

文獻通假 5 次，如：《韓詩外傳》七："使之瞻見指注。"《新序·雜事五》"注"作"屬"。

頁碼		反切	中古音韻地位						上古音	
348	濁	朱欲切	章	通	燭	三	合	入	章	屋
	注	之戍切	章	遇	遇	三	合	去	章	侯

文獻通假 1 次：《大戴禮·勸學》："水潦濁焉。"《尚書大傳·略説》《説苑·建本》"濁"

作“注”。

頁碼	反切		中古音韻地位						上古音	
349	樹	常句切	禪	遇	遇	三	合	去	禪	侯
	楸	桑谷切	心	通	屋	一	合	入	心	屋

文獻通假 1 次：《史記·周本紀》：“吾聞犬戎樹敦。”《集解》引徐廣曰：“‘樹’一作‘楸’。”

頁碼	反切		中古音韻地位						上古音	
350	注	之戍切	章	遇	遇	三	合	去	章	侯
	啄	竹角切	知	江	覺	二	開	入	端	屋

文獻通假 1 次：《史記·天官書》：“柳爲鳥注。”《漢書·天文志》注作“喙”。“喙”當作“啄”。

頁碼	反切		中古音韻地位						上古音	
351	注	之戍切	章	遇	遇	三	合	去	章	侯
	霔	之戍切	章	遇	遇	三	合	去	章	屋

文獻通假 1 次：《説文·馬部》：“‘霔’讀若‘注’。”

頁碼	反切		中古音韻地位						上古音	
351	朱	章俱切	章	遇	虞	三	合	平	章	侯
	霔	之戍切	章	遇	遇	三	合	去	章	屋

文獻通假 1 次：《易·説卦》：“震爲霔足。”《釋文》：“‘霔’，京作‘朱’，荀同。”

頁碼	反切		中古音韻地位						上古音	
352	姝	昌朱切	昌	遇	虞	三	合	平	昌	侯
	啄	竹角切	知	江	覺	二	開	入	端	屋

文獻通假 1 次：《爾雅·釋天》：“咮謂之柳。”《釋文》：“‘咮’或作‘喙’。”“喙”當作“啄”。

頁碼	反切		中古音韻地位						上古音	
352	促	七玉切	清	通	燭	三	合	入	清	屋
	趨	七逾切	清	遇	虞	三	合	平	清	侯

文獻通假 8 次，如：《禮記·樂記》：“衛音趨數煩志。”鄭注：“‘趨數’讀爲‘促速’，聲之誤也。”

頁碼		反切	中古音韻地位						上古音	
352	促	七玉切	清	通	燭	三	合	入	清	屋
	趣	七句切	清	遇	遇	三	合	去	清	侯

文獻通假 33 次，如：《國語·晋語三》：“趣行事乎。”《補音》：“趣宜讀曰促。”

頁碼		反切	中古音韻地位						上古音	
355	緑	力玉切	來	通	燭	三	合	入	來	屋
	簍	落侯切	來	流	侯	一	開	平	來	侯

文獻通假 1 次：《禮記·喪大記》：“實于緑中。”鄭注：“此‘緑’或爲‘簍’。”

頁碼		反切	中古音韻地位						上古音	
356	鹿	來屋切	來	通	屋	一	合	入	來	屋
	鏤	盧候切	來	流	候	一	開	去	來	侯

文獻通假 1 次：《荀子·成相》：“到而獨鹿棄之江。”楊注：“‘獨鹿’與‘屬鏤’同，本亦或作‘屬鏤’。”

頁碼		反切	中古音韻地位						上古音	
358	數	所矩切	生	遇	麌	三	合	上	山	侯
	速	桑谷切	心	通	屋	一	合	入	心	屋

文獻通假 9 次，如：《禮記·曾子問》：“不知其己之遲數。”鄭注：“‘數’讀爲‘速’。”

頁碼		反切	中古音韻地位						上古音	
358	數	所矩切	生	遇	麌	三	合	上	山	侯
	姝	測角切	初	江	覺	二	開	入	初	屋

文獻通假 1 次：《説文·女部》：“姝讀若謹敕數數。”

頁碼		反切	中古音韻地位						上古音	
358	數	所矩切	生	遇	麌	三	合	上	山	侯
	遫	桑谷切	心	通	屋	一	合	入	心	屋

文獻通假 2 次，如：《逸周書·官人解》：“設之以物而數决。”《大戴禮·文王官人》》“數”作“遫”。

頁碼		反切	中古音韻地位						上古音	
359	速	桑谷切	心	通	屋	一	合	入	心	屋
	趣	七句切	清	遇	遇	三	合	去	清	侯

文獻通假 1 次：《晏子春秋·外篇上》：“趣駕迎晏子。”《新序·刺奢》“趣”作“速”。

頁碼		反切	中古音韻地位						上古音	
365	朴	匹角切	滂	江	覺	二	開	入	滂	屋
	拊	芳武切	滂	遇	麌	三	合	上	滂	侯

文獻通假 1 次:《史記·秦始皇本紀》:"執棰拊以鞭笞天下。"《集解》引徐廣曰:"'棰拊'一作'搞朴'。"《索隱》:"賈本論作'槀朴'。"《陳涉世家》《漢書·陳勝項籍列傳》《文選·過秦論》作"敲撲"。

頁碼		反切	中古音韻地位						上古音	
770	懋	莫候切	明	流	候	一	開	去	明	侯
	勖	許玉切	曉	通	燭	三	合	入	曉	屋

文獻通假 2 次,如:《書·盤庚下》:"懋建大命。"《漢石經》"懋"作"勖"。

異體字聲旁換用: 1 組

頁碼		反切	中古音韻地位						上古音	
364	卜	博木切	幫	通	屋	一	合	入	幫	屋
	音	他候切	透	流	候	一	開	去	透	侯

趴與踣:文獻通假 1 次:《爾雅·釋言》:"斃,踣也。"《左傳·定公八年》《正義》引"踣"作"趴"。

赴與踣:文獻通假 1 次:《莊子·秋水》:"赴水則接腋持頤。"《釋文》:"'赴',司馬本作'踣'。"

這是異體字同一組聲符換用的情況,這兩組異體字是職部和侯部,但它們換用的聲旁即"卜"和"音",是侯部和屋部,所以職部和侯部無一組通假。

(二) 侯部—覺部 (10 組)

具體數據見第二章第二節覺部。

(三) 侯部—鐸部 (9 組)

頁碼		反切	中古音韻地位						上古音	
323	腰	胡溝切	匣	流	侯	一	開	平	匣	侯
	饁	烏郭切	影	宕	鐸	一	開	入	影	鐸

文獻通假 1 次:《呂氏春秋·教行覽·本味》:"肥而不腰。"《集韻》引伊尹曰:"肥而不饁。"

頁碼		反切	中古音韻地位						上古音	
327	寓	牛具切	疑	遇	遇	三	合	去	疑	侯
	託	他各切	透	宕	鐸	一	開	入	透	鐸

文獻通假 1 次:《禮記·郊特牲》:"諸侯不臣寓公。"鄭注:"'寓'或爲'託'。"

頁碼		反切	中古音韻地位						上古音	
331	瘉	以主切	以	遇	虞	三	合	上	餘	侯
	劇	奇逆切	群	梗	陌	三	開	入	群	鐸

文獻通假 1 次：《漢書·藝文志》：“以瘉爲劇。”顏注：“‘瘉’讀與‘愈’同。”

頁碼		反切	中古音韻地位						上古音	
335	嘔	烏侯切	影	流	侯	一	開	平	影	侯
	峈	苦格切	溪	梗	陌	二	開	入	溪	鐸

文獻通假 1 次：《左傳·哀公二年》：“吾伏弢嘔血。”《國語·晋語九》“嘔”作“峈”。

頁碼		反切	中古音韻地位						上古音	
365	付	方遇切	幫	遇	遇	三	合	去	幫	侯
	傅	方遇切	幫	遇	遇	三	合	去	幫	鐸

文獻通假 1 次：《周禮·秋官·士師》：“正之以傅別約劑。”鄭注：“鄭司農云：‘“傅”或爲“付”。’”

頁碼		反切	中古音韻地位						上古音	
366	拊	芳武切	滂	遇	虞	三	合	上	滂	侯
	搏	補各切	幫	宕	鐸	一	開	入	幫	鐸

文獻通假 2 次，如：《史記·禮書》：“尚拊膈。”《集解》引徐廣曰：“一作‘搏膈’。”

頁碼		反切	中古音韻地位						上古音	
367	符	防無切	並	遇	虞	三	合	平	並	侯
	縛	符钁切	並	宕	藥	三	合	入	並	鐸

文獻通假 1 次：《吕氏春秋·恃君覽》：“縛婁、陽禺、驩兜之國，多無君。”《逸周書·王會解》“縛婁”作“符婁”。

頁碼		反切	中古音韻地位						上古音	
367	符	防無切	並	遇	虞	三	合	平	並	侯
	傅	方遇切	幫	遇	遇	三	合	去	幫	鐸

文獻通假 1 次：《周禮·天官·小宰》：“聽稱責以傅別。”鄭注：“‘傅別’，鄭大夫讀爲‘符別’。”

頁碼		反切	中古音韻地位						上古音	
368	附	符遇切	並	遇	遇	三	合	去	並	侯
	傅	方遇切	幫	遇	遇	三	合	去	幫	鐸

文獻通假 23 次，如：《漢書·高帝紀》："從陳以東傅海與齊王信。"顏注："'傅'讀曰'附'。"

（四）侯部—職部（6 組）

具體數據見第一章第二節職部。

（五）侯部—月部（5 組）

頁碼		反切	中古音韻地位						上古音	
213	擩	如劣切	日	山	薛	三	合	入	日	月
	擩	而主切	日	遇	麌	三	合	上	日	侯

文獻通假 1 次：《儀禮·特牲饋食禮》："右取菹擩于醢。"《士虞禮》"擩"作"擩"。

頁碼		反切	中古音韻地位						上古音	
648	最	祖外切	精	蟹	泰	一	合	去	精	月
	冣	從遇切	從	遇	遇	三	合	去	從	侯

文獻通假 3 次，如：《戰國策·西周策》："謂周最曰。"《史記·周本紀》作"周冣"。

頁碼		反切	中古音韻地位						上古音	
648	驟	鋤祐切	崇	流	宥	三	開	去	崇	侯
	最	祖外切	精	蟹	泰	一	合	去	精	月

文獻通假 1 次：《戰國策·燕策二》："而驟勝之遺事也。"《史記·樂毅列傳》"驟"作"最"。"最"當作"冣"。

頁碼		反切	中古音韻地位						上古音	
648	撮	倉括切	清	山	末	一	合	入	清	月
	聚	慈庾切	從	遇	麌	三	合	上	從	侯

文獻通假 1 次：《莊子·秋水》："鴟鵂夜撮蚤。"《釋文》："《淮南子》鴟夜聚蚤。"

頁碼		反切	中古音韻地位						上古音	
657	戌	傷遇切	書	遇	遇	三	合	去	書	侯
	滅	亡列切	明	山	薛	三	開	入	明	月

文獻通假 1 次：《莊子·大宗師》："戌然寐。"《釋文》："'戌'本或作'戌'。"簡文"云"當作"滅"。

（六）侯部—物部（3 組）

頁碼		反切	中古音韻地位						上古音	
557	朮	食聿切	船	臻	術	三	合	入	船	物
	朱	章俱切	章	遇	虞	三	合	平	章	侯

　　文獻通假 1 次：《禮記‧檀弓上》："公叔尩。"鄭注："'尩'當爲'朱'。"

頁碼	反切		中古音韻地位							上古音	
557	尩	食聿切	船	臻	術	三	合	入		船	物
	戍	傷遇切	書	遇	遇	三	合	去		書	侯

　　文獻通假 1 次：《禮記‧檀弓上》："公孫尩。"鄭注："'尩',《春秋》作'戍'。"《左傳‧定公十三年》作"公叔戍"。

頁碼	反切		中古音韻地位							上古音	
558	沭	食聿切	船	臻	術	三	合	入		船	物
	洙	市朱切	禪	遇	虞	三	合	平		禪	侯

　　文獻通假 1 次：《周禮‧夏官‧職方氏》："其浸沂沭。"鄭注："鄭司農云：'沭'或爲'洙'。"

　　（七）侯部—緝部（2 組）

頁碼	反切		中古音韻地位							上古音	
343	緰	相庾切	心	遇	虞	三	合	上		心	侯
	疉	陟立切	知	深	緝	三	開	入		端	緝

　　文獻通假 1 次：《莊子‧馬蹄》："連之以羈疉。"《釋文》："'疉',司馬向崔本並作'緰'。"

頁碼	反切		中古音韻地位							上古音	
343	擩	而主切	日	遇	虞	三	合	上		日	侯
	芮	而銳切	日	蟹	祭	三	合	去		日	緝

　　文獻通假 1 次：《周禮‧春官‧大祝》："六曰擩祭。"鄭注："杜子春云：'擩讀爲虞芮之芮。'"

　　（八）侯部—藥部（2 組）

　　具體數據見第三章第二節藥部。

三、侯部和陽聲韻通假關係舉證

表 4-4　侯部和陽聲韻通假頻次表（組）

	東部	元部	文部	真部	談部	侵部	陽部	蒸部	冬部	合計
侯部	22	8	2	2	2	2	1	1	1	41

（一）侯部—東部（22 組）

頁碼		反切	中古音韻地位						上古音	
3	鴻	戶公切	匣	通	東	一	合	平	匣	東
	候	胡遘切	匣	流	候	一	開	去	匣	侯

文獻通假 1 次：《禮記·月令》："鴻雁來。"鄭注："今《月令》'鴻'皆爲'候'。"《呂氏春秋·孟春紀》《淮南子·時則》"鴻"作"候"。

頁碼		反切	中古音韻地位						上古音	
11	容	餘封切	以	通	鍾	三	合	平	餘	東
	臾	羊朱切	以	遇	虞	三	合	平	餘	侯

文獻通假 3 次，如：《史記·淮南衡山列傳》："日夜從容王密謀反事。"《漢書·淮南衡山濟北王傳》"從容"作"縱臾"。

頁碼		反切	中古音韻地位						上古音	
11	容	餘封切	以	通	鍾	三	合	平	餘	東
	句	九遇切	見	遇	遇	三	合	去	見	侯

文獻通假 1 次：《史記·建元已來王子侯者年表》："句陵。"《集解》引徐廣曰："一作'容陵'。"

頁碼		反切	中古音韻地位						上古音	
14	緫	子紅切	精	通	東	一	合	平	精	東
	奏	則候切	精	流	候	一	開	去	精	侯

文獻通假 1 次：《詩·商頌·烈祖》："緫假無言。"《禮記·中庸》《申鑒·雜言上》引"緫"作"奏"。

頁碼		反切	中古音韻地位						上古音	
15	東	德紅切	端	通	東	一	合	平	端	東
	朱	章俱切	章	遇	虞	三	合	平	章	侯

文獻通假 1 次：《左傳·昭公二十一年》："蔡侯朱出奔楚。"《公羊傳》同。《穀梁傳》"朱"作"東"。

頁碼		反切	中古音韻地位						上古音	
325	禺	遇俱切	疑	遇	虞	三	合	平	疑	侯
	顒	魚容切	疑	通	鍾	三	合	平	疑	東

文獻通假 1 次：《詩·大雅·卷阿》："顒顒卬卬。"蔡邕《上壽表》《眾經音義》四十三引"顒"作"禺"。

頁碼		反切	中古音韻地位						上古音	
326	禺	遇俱切	疑	遇	虞	三	合	平	疑	侯
	鱅	餘封切	以	通	鍾	三	合	平	餘	東

文獻通假 1 次：《山海經·東山經》：“食水，……其中多鱅鱅之魚。”《史記·司馬相如列傳》“鱅鱅”作“禺禺”。

頁碼		反切	中古音韻地位						上古音	
327	顒	魚容切	疑	通	鍾	三	合	平	疑	東
	鶚	遇俱切	疑	遇	虞	三	合	平	疑	侯

文獻通假 1 次：《山海經·南山經》：“有鳥焉，……其名曰顒。”《玉篇》“顒”作“鶚”。

頁碼		反切	中古音韻地位						上古音	
340	媾	古候切	見	流	候	一	開	去	見	侯
	講	古項切	見	江	講	二	開	上	見	東

文獻通假 5 次，如：《戰國策·趙策三》：“不如發重使而爲媾。”鮑本改“媾”爲“講”。

頁碼		反切	中古音韻地位						上古音	
340	覯	古候切	見	流	候	一	開	去	見	侯
	講	古項切	見	江	講	二	開	上	見	東

文獻通假 1 次：《史記·曹相國世家》：“覯若畫一。”《索隱》：“‘覯’，《漢書》作‘講’。‘覯’音‘講’，亦作‘顜’。”見《曹參傳》“顜覯”。

頁碼		反切	中古音韻地位						上古音	
341	搆	古候切	見	流	候	一	開	去	見	侯
	講	古項切	見	江	講	二	開	上	見	東

文獻通假 3 次，如：《戰國策·韓策三》：“是其講我。”鮑本“講”作“搆”。

頁碼		反切	中古音韻地位						上古音	
341	構	古候切	見	流	候	一	開	去	見	侯
	講	古項切	見	江	講	二	開	上	見	東

文獻通假 5 次，如：《戰國策·趙策一》：“憂大者不計而構。”鮑本“構”作“搆”，改爲“講”。

頁碼		反切	中古音韻地位						上古音	
341	講	古項切	見	江	講	二	開	上	見	東
	購	古候切	見	流	候	一	開	去	見	侯

文獻通假 4 次，如：《戰國策·韓策一》："將西講於秦。"《史記·韓世家》"講"作"購"。

頁碼		反切	中古音韻地位						上古音	
359	藪	蘇后切	心	流	厚	一	開	上	心	侯
	叢	徂紅切	從	通	東	一	合	平	從	東

文獻通假 1 次：《孟子·離婁上》："爲叢敺爵者，鸇也。"《晋書》段灼《論五事表》"叢"作"藪"。

頁碼		反切	中古音韻地位						上古音	
361	鄒	側鳩切	莊	流	尤	三	開	平	莊	侯
	叢	徂紅切	從	通	東	一	合	平	從	東

文獻通假 1 次：《公羊傳·僖公三十三年》："公伐邾婁，取叢。"徐疏："'叢'，有作'鄒'字者。"

頁碼		反切	中古音韻地位						上古音	
362	聚	才句切	從	遇	遇	三	合	去	從	侯
	藂	徂紅切	從	通	東	一	合	平	從	東

文獻通假 1 次：《楚辭·七諫》："荆棘聚而成林。"《考異》："'聚'一作'藂'。"

頁碼		反切	中古音韻地位						上古音	
363	藂	徂紅切	從	通	東	一	合	平	從	東
	廮	側鳩切	莊	流	尤	三	開	平	莊	侯

文獻通假 1 次：《楚辭·七諫》："菎蕗雜於廮蒸兮。"《考異》："'廮'一作'藂'。"

頁碼		反切	中古音韻地位						上古音	
363	蓲	側鳩切	莊	流	尤	三	開	平	莊	侯
	叢	徂紅切	從	通	東	一	合	平	從	東

文獻通假 4 次，如：《公羊傳·僖公三十三年》："公伐邾婁取叢。"《釋文》"叢"作"蓲"。

頁碼		反切	中古音韻地位						上古音	
366	軵	而隴切	日	通	腫	三	合	上	日	東
	拊	芳武切	滂	遇	麌	三	合	上	滂	侯

文獻通假 1 次：《淮南子·覽冥訓》："軵車奉饟。"高注："'軵'讀若'揖拊'之'拊'也。"

頁碼		反切	中古音韻地位						上古音	
366	軵	而隴切	日	通	腫	三	合	上	日	東
	駙	符遇切	並	遇	遇	三	合	去	並	侯

文獻通假 1 次：《史記·司馬穰苴列傳》：“乃斬其僕，車之左駙，馬之左驂。”《索隱》："'駙' 當作 '軵'，竝音附。"

頁碼		反切	中古音韻地位						上古音	
771	瞀	莫候切	明	流	候	一	開	去	明	侯
	霿	莫紅切	明	通	東	一	合	平	明	東

文獻通假 1 次：《漢書·五行志》：“不敬而備霿之所致也。”《荀子·非十二子》楊注引“備霿”作“區瞀”。

頁碼		反切	中古音韻地位						上古音	
772	霧	亡遇切	明	遇	遇	三	合	去	明	侯
	霿	莫紅切	明	通	東	一	合	平	明	東

文獻通假 1 次：《爾雅·釋天》：“地氣發，天不應，曰霧。”《釋文》："'霧' 本亦作 '霿'。"

（二）侯部—元部（8 組）

頁碼		反切	中古音韻地位						上古音	
214	菆	側鳩切	莊	流	尤	三	開	平	莊	侯
	欑	在玩切	從	山	換	一	合	去	從	元

文獻通假 1 次：《禮記·檀弓上》：“菆塗龍輴以椁。”《曲禮下》鄭注引同，《釋文》“菆”作“欑”。

頁碼		反切	中古音韻地位						上古音	
332	瑜	羊朱切	以	遇	虞	三	合	平	餘	侯
	瓀	而宣切	日	山	仙	三	合	平	日	元

文獻通假 1 次：《禮記·玉藻》：“士佩瓀玟而縕組綬。”《初學記·器物部》引“瓀”作“瑜”。

頁碼		反切	中古音韻地位						上古音	
349	裋	臣庾切	禪	遇	虞	三	合	上	禪	侯
	短	都管切	端	山	緩	一	合	上	端	元

文獻通假 4 次，如：《戰國策·宋衛策》：“鄭有短褐。”鮑本“短”作“裋”。

頁碼		反切	中古音韻地位						上古音	
352	投	度侯切	定	流	侯	一	開	平	定	侯
	椯	市緣切	禪	山	仙	三	合	平	禪	元

文獻通假 1 次：《老子》五十章："兕無所投其角。"漢帛書甲本"投"作"椯"。

頁碼		反切	中古音韻地位						上古音	
344	臑	人朱切	日	遇	虞	三	合	平	日	侯
	腆	他典切	透	山	銑	四	開	上	透	元

文獻通假 4 次，如：《楚辭·招魂》："肥牛之腱，臑若芳些。"《考異》："'臑'一作'腆'。"

頁碼		反切	中古音韻地位						上古音	
344	濡	人朱切	日	遇	虞	三	合	平	日	侯
	輭	而兗切	日	山	獮	三	合	上	日	元

文獻通假 1 次：《管子·幼官》："藏溫濡。"劉《補注》："'濡'，古'輭'字。"

頁碼		反切	中古音韻地位						上古音	
344	濡	人朱切	日	遇	虞	三	合	平	日	侯
	壖	而宣切	日	山	仙	三	合	平	日	元

文獻通假 1 次：《隸釋》一《史晨饗孔廟後碑》："城池道濡。"洪适釋以"濡"爲"壖"。按：《魯相史晨饗孔子廟碑》，通常亦稱《史晨後碑》，東漢建寧元年（168）四月刻。

異體字聲旁換用：1 組

頁碼		反切	中古音韻地位						上古音	
343	需	相俞切	心	遇	虞	三	合	平	心	侯
	奭	而兗切	日	山	獮	三	合	上	日	元

需與奭：文獻通假 2 次，如：《史記·天官書》："是謂奭。"《索隱》作"需"，云："'需'又作'奭'。"

儒與偄：文獻通假 1 次：《隸釋》九《魯峻碑》："學爲偄宗。"洪适釋："'偄'即'儒'字。"按：《魯峻碑》刊刻於東漢熹平二年（173 年）四月。

臑與輭：文獻通假 1 次：《荀子·臣道》："臑而動。"楊注："'臑'與《勸學》'輭'同。"

濡與湪：文獻通假 1 次：《儀禮·士喪禮》："湪濯棄于坎。"《通典·禮四十四》引"湪"作"濡"。

蠕與蝡：文獻通假 1 次：《史記·匈奴列傳》："跂行、喙息、蠕動之類。"《漢書·匈奴傳》"蠕"作"蝡"。

（三）侯部—文部（2組）

頁碼		反切	中古音韻地位						上古音	
129	兜	當侯切	端	流	侯	一	開	平	端	侯
	敦	都昆切	端	臻	魂	一	合	平	端	文

文獻通假 1 次：《書·舜典》：“放驩兜于崇山。”《左傳·文公十八年》“驩兜”作“渾敦”。

頁碼		反切	中古音韻地位						上古音	
807	旼	武巾切	明	臻	真	三	開	平	明	文
	昫	香句切	曉	遇	遇	三	合	去	曉	侯

文獻通假 1 次：《大戴禮·本命》：“三月而徹旼。”《孔子家語·本命》“旼”作“昫”。

（四）侯部—真部（2組）

頁碼		反切	中古音韻地位						上古音	
87	趣	七句切	清	遇	遇	三	合	去	清	侯
	蔮	去刃切	溪	臻	震	三	開	去	溪	真

文獻通假 1 次：《説文·走部》：“‘趣’讀若‘蔮’。”

頁碼		反切	中古音韻地位						上古音	
343	儒	人朱切	日	遇	虞	三	合	平	日	侯
	潤	如順切	日	臻	稕	三	合	去	日	真

文獻通假 1 次：《禮記·聘義》：“温潤而澤，仁也。”鄭注：“‘潤’或爲‘儒’。”

（五）侯部—談部（2組）

頁碼		反切	中古音韻地位						上古音	
262	鄒	側鳩切	莊	流	尤	三	開	平	莊	侯
	讒	士咸切	崇	咸	咸	二	開	平	崇	談

文獻通假 1 次：《説文·邑部》：“‘鄒’讀若‘讒’。”

頁碼		反切	中古音韻地位						上古音	
357	縷	力主切	來	遇	虞	三	合	上	來	侯
	剡	以冉切	以	咸	琰	三	開	上	餘	談

文獻通假 1 次：《淮南子·氾論訓》：“緤麻索縷。”《人間訓》曰：“婦人不得剡麻考縷。”

（六）侯部—侵部（2 組）

頁碼		反切	中古音韻地位						上古音	
240	臑	人朱切	日	遇	虞	三	合	平	日	侯
	腩	奴感切	泥	咸	感	一	開	上	泥	侵

文獻通假 1 次：《楚辭·大招》："鼎臑盈望，和致芳只。"《考異》："'臑'《釋文》作'腩'。"

頁碼		反切	中古音韻地位						上古音	
13	降	古巷切	見	江	絳	二	開	去	見	侵
	俞	羊朱切	以	遇	虞	三	合	平	餘	侯

文獻通假 1 次：《老子》三十二章："以降甘露。"漢帛書甲本、乙本"降"作"俞"。

（七）侯部—陽部（1 組）

頁碼		反切	中古音韻地位						上古音	
288	抗	苦浪切	溪	宕	宕	一	開	去	溪	陽
	扣	苦候切	溪	流	候	一	開	去	溪	侯

文獻通假 1 次：《淮南子·原道訓》："形體能抗。"高注："'抗'讀'扣馬'之'扣'也。"

（八）侯部—蒸部（1 組）

具體數據見第一章第三節蒸部。

（九）侯部—冬部（1 組）

具體數據見第二章第三節冬部。

第二節　屋　部

在本書研究範圍內，屋部共通假 249 組。其中，同部通假 152 組，異部通假 97 組。在異部通假中，屋部與陰聲韻共通假 52 組，與入聲韻共通假 29 組，與陽聲韻共通假 16 組。具體情況如下：

表 4–5　屋部通假情況匯總表

通假類型		通假頻次（組）			
同部通假	屋—屋	152			
異部通假	陰聲韻	屋—侯	31		
		屋—幽	9		
		屋—魚	6	52	97	249
		屋—宵	4		

通假類型			通假頻次（組）		
		屋—歌	1		
		屋—微	1		
	入聲韻	屋—覺	14	29	
		屋—鐸	7		
		屋—月	3		
		屋—藥	2		
		屋—質	1		
		屋—緝	1		
		屋—物	1		
	陽聲韻	屋—東	8	16	
		屋—陽	3		
		屋—文	2		
		屋—冬	1		
		屋—真	1		
		屋—耕	1		

一、屋部和陰聲韻通假關係舉證

表 4–6　屋部和陰聲韻通假頻次表（組）

	侯部	幽部	魚部	宵部	歌部	微部	合計
屋部	31	9	6	4	1	1	52

（一）屋部—侯部（31 組）

具體數據見第四章第一節侯部。

（二）屋部—幽部（9 組）

具體數據見第二章第一節幽部。

（三）屋部—魚部（6 組）

頁碼		反切	中古音韻地位						上古音	
334	握	於角切	影	江	覺	二	開	入	影	屋
	膚	甫無切	幫	遇	虞	三	合	平	幫	魚

文獻通假 1 次：《儀禮·鄉射禮》："長尺有握，握素。"鄭注："刊本一作'膚'。"當作"握"，或爲"膚"。

頁碼		反切	中古音韻地位						上古音	
352	足	即玉切	精	通	燭	三	合	入	精	屋
	疋	踈舉切	生	遇	語	三	合	上	山	魚

文獻通假 1 次：《説文・疋部》："'疋'，古文亦以爲'足'字。"

頁碼		反切	中古音韻地位						上古音	
355	蓐	而蜀切	日	通	燭	三	合	入	日	屋
	菹	側魚切	莊	遇	魚	三	合	平	莊	魚

文獻通假 1 次：《淮南子・覽冥訓》："豕銜蓐而席澳。"《賈子新書・耳痺》作"巋衢菹而適奧"。

頁碼		反切	中古音韻地位						上古音	
355	録	力玉切	來	通	燭	三	合	入	來	屋
	慮	良倨切	來	遇	御	三	合	去	來	魚

文獻通假 1 次：《太玄・窮・次七》："蹢於狴獄，三歲見録。"司馬光集注："録，寛録也，讀爲慮。"

頁碼		反切	中古音韻地位						上古音	
359	速	桑谷切	心	通	屋	一	合	入	心	屋
	楚	創舉切	初	遇	語	三	合	上	初	魚

文獻通假 1 次：《易・需・上六》："有不速之客三人來。"漢帛書本"速"作"楚"。

頁碼		反切	中古音韻地位						上古音	
903	麤	倉胡切	清	遇	模	一	合	平	清	魚
	麗	盧谷切	來	通	屋	一	合	入	來	屋

文獻通假 1 次：《隸釋》九《婁壽碑》："麗絺大布之衣。"洪适釋："'麗'即'麤'字。"按：又名《玄儒婁先生碑》，東漢熹平三年（公元 174 年）刻。

（四）屋部—宵部（4 組）

具體數據見第三章第一節宵部。

（五）屋部—歌部（1 組）

頁碼		反切	中古音韻地位						上古音	
346	讟	徒谷切	定	通	屋	一	合	入	定	屋
	離	呂支切	來	止	支	三	開	平	來	歌

文獻通假 1 次：《楚辭・九章》："被離謗而見尤。"《考異》："'離'一作'讟'。"

（六）屋部—微部（1組）

頁碼		反切	中古音韻地位						上古音	
597	羑	蒲木切	並	通	屋	一	合	入	並	屋
	非	甫微切	幫	止	微	三	合	平	幫	微

文獻通假1次：《説文·羑部》：“‘羑’一曰讀若‘非’。”

二、屋部和其他入聲韻通假關係舉證

表4-7　屋部和其他入聲韻通假頻次表（組）

	覺部	鐸部	月部	藥部	質部	緝部	物部	合計
屋部	14	7	3	2	1	1	1	29

（一）屋部—覺部（14組）

具體數據見第二章第二節覺部。

（二）屋部—鐸部（7組）

頁碼		反切	中古音韻地位						上古音	
333	裕	羊戍切	以	遇	遇	三	合	去	餘	屋
	格	古落切	見	宕	鐸	一	開	入	見	鐸

文獻通假1次：《書·盤庚上》：“格汝衆。”《白虎通·號》引作“裕女衆”。

頁碼		反切	中古音韻地位						上古音	
345	瀆	徒谷切	定	通	屋	一	合	入	定	屋
	澤	場伯切	澄	梗	陌	二	開	入	定	鐸

文獻通假1次：《周禮·地官·大司徒》：“二曰川澤。”《後漢書·馮衍傳》李注引“澤”作“瀆”。

頁碼		反切	中古音韻地位						上古音	
345	犢	徒谷切	定	通	屋	一	合	入	定	屋
	鐸	徒落切	定	宕	鐸	一	開	入	定	鐸

文獻通假1次：《史記·孔子世家》：“鳴犢。”《集解》又作“鳴鐸”。

頁碼		反切	中古音韻地位						上古音	
346	斸	測角切	初	江	覺	二	開	入	初	屋
	簎	測戟切	初	梗	陌	二	開	入	初	鐸

文獻通假1次：《周禮·天官·鼈人》：“以時簎魚鼈。”《釋文》：“‘簎’，《莊子》云：‘冬則斸鼈於江。’‘斸’義與此同。”《莊子》文見《則陽》。

頁碼		反切	中古音韻地位						上古音	
359	楝	桑谷切	心	通	屋	一	合	入	心	屋
	榡	蘇各切	心	宕	鐸	一	開	入	心	鐸

文獻通假 1 次:《爾雅·釋木》:"楝,赤楝,白者榡。"《釋文》:"'楝'又作'榡'。"

頁碼		反切	中古音韻地位						上古音	
359	嗽	蘇奏切	心	流	候	一	開	去	心	屋
	唶	子夜切	精	假	禡	三	開	去	精	鐸

文獻通假 1 次:《史記·佞幸列傳》:"鄧通常爲帝唶吮之。"《漢書·佞幸傳》"唶"作"嗽"。

頁碼		反切	中古音韻地位						上古音	
872	谷	古禄切	見	通	屋	一	合	入	見	屋
	臄	其虐切	群	宕	藥	三	開	入	群	鐸

文獻通假 1 次:《説文·谷部》:"'谷'或作'臄'。"

(三)屋部—月部(3 組)

頁碼		反切	中古音韻地位						上古音	
345	續	似足切	邪	通	燭	三	合	入	邪	屋
	薊	古詣切	見	蟹	霽	四	開	去	見	月

文獻通假 1 次:《禮記·樂記》:"而封黄帝之後於薊。"鄭注:"'薊'或爲'續'。"

頁碼		反切	中古音韻地位						上古音	
346	噣	陟救切	知	流	宥	三	開	去	端	屋
	喙	許穢切	曉	蟹	廢	三	合	去	曉	月

文獻通假 1 次:《韓詩外傳》八:"燕頷而雞喙。"《説苑·辯物》"喙"作"噣"。

頁碼		反切	中古音韻地位						上古音	
355	剥	北角切	幫	江	覺	二	開	入	幫	屋
	刈	魚肺切	疑	蟹	廢	三	開	去	疑	月

文獻通假 1 次:《説文·刀部》:"剥或作刈。"

(四)屋部—藥部(2 組)

具體數據見第三章第二節藥部。

（五）屋部—質部（1 組）

頁碼		反切	中古音韻地位						上古音	
348	屬	市玉切	禪	通	燭	三	合	入	禪	屋
	祇	況必切	曉	臻	質	三	開	入	曉	質

文獻通假 1 次：《史記·楚世家》："三國布祇。"《集解》引徐廣曰："'祇'，一作'屬'。"

（六）屋部—緝部（1 組）

頁碼		反切	中古音韻地位						上古音	
353	斖	之成切	章	遇	遇	三	合	去	章	屋
	馽	陟立切	知	深	緝	三	開	入	端	緝

文獻通假 1 次：《莊子·馬蹄》："連之以羈馽。"《釋文》："'馽'本或作'斖'。"

（七）屋部—物部（1 組）

頁碼		反切	中古音韻地位						上古音	
336	曲	丘玉切	溪	通	燭	三	合	入	溪	屋
	屈	區勿切	溪	臻	物	三	合	入	溪	物

文獻通假 1 次：《左傳·昭公七年》："好以大屈。"《正義》引《魯連書》"大屈"作"大曲"。

三、屋部和陽聲韻通假關係舉證

表 4–8　屋部和陽聲韻通假頻次表（組）

	東部	陽部	文部	冬部	真部	耕部	合計
屋部	8	3	2	1	1	1	16

（一）屋部—東部（8 組）

頁碼		反切	中古音韻地位						上古音	
8	頌	似用切	邪	通	用	三	合	去	邪	東
	欲	余蜀切	以	通	燭	三	合	入	餘	屋

文獻通假 1 次：《禮記·樂記》："感於物而動，性之欲也。"《史記·樂書》"欲"作"頌"。

頁碼		反切	中古音韻地位						上古音	
10	踊	余隴切	以	通	腫	三	合	上	餘	東
	浴	余蜀切	以	通	燭	三	合	入	餘	屋

文獻通假 1 次：《禮記·喪大記》："君弔，見尸柩而后踊。"鄭注："'踊'或爲'浴'。"

頁碼		反切	中古音韻地位							上古音	
11	容	餘封切	以	通	鍾	三	合	平		餘	東
	欲	余蜀切	以	通	燭	三	合	入		餘	屋

　　文獻通假 1 次：《易·頤·六四》："其欲逐逐。"漢帛書本'欲'作'容'。《禮記·樂記》："感於物而動，性之欲也。"《淮南子·原道訓》《文子·道原》欲作容。今本《淮南子》"容"誤作"害"。

頁碼		反切	中古音韻地位							上古音	
11	容	餘封切	以	通	鍾	三	合	平		餘	東
	裕	羊戍切	以	遇	遇	三	合	入		餘	屋

　　文獻通假 1 次：《荀子·非十二子》："則修告導寬容之義。"《韓詩外傳》六"容"作"裕"。

頁碼		反切	中古音韻地位							上古音	
20	襱	盧紅切	來	通	東	一	合	平		來	東
	襩	市玉切	禪	通	燭	三	合	入		禪	屋

　　文獻通假 1 次：《説文·衣部》："'襱'或作'襩'。"

頁碼		反切	中古音韻地位							上古音	
20	弄	盧貢切	來	通	送	一	合	去		來	東
	摝	盧谷切	來	通	屋	一	合	入		來	屋

　　文獻通假 1 次：《周禮·夏官·大司馬》："三鼓摝鐸。"鄭注："鄭司農云：'"摝"讀如"弄"。'"

頁碼		反切	中古音韻地位							上古音	
30	驩	莫紅切	明	通	東	一	合	平		明	東
	鶩	莫卜切	明	通	屋	一	合	入		明	屋

　　文獻通假 1 次：《史記·司馬相如列傳》："煩鶩鷛鸓。"《集解》："徐廣曰：'"煩鶩"一作"番驩"。'"

頁碼		反切	中古音韻地位							上古音	
359	騬	息拱切	心	通	腫	三	合	上		心	東
	㮶	桑谷切	心	通	屋	一	合	入		心	屋

　　文獻通假 1 次：《公羊傳·定公八年》："臨南騬馬，而由乎孟氏。"《釋文》："'騬'本又作'㮶'，字書無此字，相承用之。"

（二）屋部—陽部（3 組）

頁碼		反切	中古音韻地位						上古音	
289	賡	古行切	見	梗	庚	二	開	平	見	陽
	續	似足切	邪	通	燭	三	合	入	邪	屋

文獻通假 1 次：《説文·系部》：“‘續’，古文作‘賡’。”

頁碼		反切	中古音韻地位						上古音	
294	麠	舉卿切	見	梗	庚	三	開	平	見	陽
	鹿	盧谷切	來	通	屋	一	合	入	來	屋

文獻通假 1 次：《説文·鹿部》：“‘麠’，或作‘鹿’。”

頁碼		反切	中古音韻地位						上古音	
315	秉	兵永切	幫	梗	梗	三	合	上	幫	陽
	卜	博木切	幫	通	屋	一	合	入	幫	屋

文獻通假 1 次：《詩·小雅·大田》：“秉畀炎火。”《釋文》：“‘秉’，《韓詩》作‘卜’。”

（三）屋部—文部（2 組）

頁碼		反切	中古音韻地位						上古音	
143	僕	蒲木切	並	通	屋	一	合	入	並	屋
	頒	布還切	幫	山	刪	二	合	平	幫	文

文獻通假 1 次：《説文·僕部》：“‘僕’讀若‘頒’。”

頁碼		反切	中古音韻地位						上古音	
148	豶	符分切	並	臻	文	三	合	平	並	文
	哭	空谷切	溪	通	屋	一	合	入	溪	屋

文獻通假 1 次：《易·大畜》：“豶豕之牙，吉。”漢帛書本“豶”作“哭”。

（四）屋部—冬部（1 組）

具體數據見第二章第三節冬部。

（五）屋部—耕部（1 組）

頁碼		反切	中古音韻地位						上古音	
47	營	余傾切	以	梗	清	三	合	平	餘	耕
	矚①	之欲切	章	通	燭	三	開	入	章	屋

文獻通假 1 次：《淮南子·道應訓》：“視焉無矚。”《論衡·道虛》矚作營。

---

① 《古字通假會典》“矚”作“眗”，誤。

（六）屋部—真部（1 組）

頁碼	反切		中古音韻地位							上古音	
106	木	莫卜切	明	通	屋	一	合	入	明	屋
	䫋	毗忍切	並	臻	軫	三	開	上	並	真

文獻通假 1 次：《説文・木部》："'木'讀若'䫋'。"

第三節　東　部

在本書研究範圍内，東部共通假 392 組。其中，同部通假 290 組，異部通假 102 組。在異部通假中，東部與陰聲韻共通假 30 組，與入聲韻共通假 13 組，與陽聲韻共通假 59 組。具體情况如下：

表 4–9　東部通假情况匯總表

通假類型			通假頻次（組）			
同部通假		東—東	290			
異部通假	陰聲韻	東—侯	22	30	102	392
		東—之	3			
		東—魚	3			
		東—幽	1			
		東—微	1			
	入聲韻	東—屋	8	13		
		東—月	3			
		東—職	1			
		東—藥	1			
	陽聲韻	東—冬	30	59		
		東—談	9			
		東—蒸	7			
		東—元	3			
		東—真	2			
		東—侵	2			
		東—文	2			
		東—耕	2			
		東—陽	2			

一、東部和陰聲韻通假關係舉證

表 4–10　東部和陰聲韻通假頻次表（組）

	侯部	之部	魚部	幽部	微部	合計
東部	22	3	3	1	1	30

（一）東部—侯部（22 組）

具體數據見第四章第一節侯部。

（二）東部—之部（3 組）

具體數據見第一章第一節之部。

（三）東部—魚部（3 組）

頁碼		反切	中古音韻地位						上古音	
9	用	余頌切	以	通	用	三	合	去	餘	東
	于	羽俱切	云	遇	虞	三	合	平	匣	魚

文獻通假 1 次：《儀禮·特牲饋食禮》："藉用莛。"鄭注："古文'用'爲'于'。"

頁碼		反切	中古音韻地位						上古音	
27	逢	符容切	並	通	鍾	三	合	平	並	東
	扶	防無切	並	遇	虞	三	合	平	並	魚

文獻通假 1 次：《史記·越王勾踐世家》："大夫逢同。"《吳越春秋》"逢同"作"扶同"。

頁碼		反切	中古音韻地位						上古音	
366	軵	而隴切	日	通	腫	三	合	上	日	東
	胥	相居切	心	遇	魚	三	合	平	心	魚

文獻通假 1 次：《説文·車部》："'軵'讀若'胥'。"

（四）東部—幽部（1 組）

具體數據見第二章第一節幽部。

（五）東部—微部（1 組）

頁碼		反切	中古音韻地位						上古音	
13	甕	烏貢切	影	通	送	一	合	去	影	東
	唯	以追切	以	止	脂	三	合	平	餘	微

文獻通假 1 次：《易·井》："井谷射鮒，甕敝漏。"漢帛書本"甕"作"唯"。

二、東部和入聲韻通假關係舉證

表 4–11　東部和入聲韻通假頻次表（組）

	屋部	月部	職部	藥部	合計
東部	8	3	1	1	13

（一）東部—屋部（8 組）

具體數據見第四章第二節屋部。

（二）東部—月部（3 組）

頁碼		反切	中古音韻地位						上古音	
10	容	餘封切	以	通	鍾	三	合	平	餘	東
	睿	以芮切	以	蟹	祭	三	合	入	餘	月

文獻通假 2 次，如：《書·洪範》："思曰睿，睿作聖。"《尚書大傳》"睿"作"容"。《春秋繁露·五行五事》引同。

頁碼		反切	中古音韻地位						上古音	
14	艘	子紅切	精	通	東	一	合	平	精	東
	界	古拜切	見	蟹	怪	二	開	去	見	月

文獻通假 1 次：《史記·司馬相如列傳》："糾蓼叫奡，蹋以艘珞兮。"《索隱》："孫炎云：'艘古界字也。'"

頁碼		反切	中古音韻地位						上古音	
30	蒙	莫紅切	明	通	東	一	合	平	明	東
	蔑	莫結切	明	山	屑	四	開	入	明	月

文獻通假 1 次：《荀子·勸學》："南方有鳥焉，名曰蒙鳩。"楊注："'蒙'當為'蔑'。"《方言》云："鶀鶀自關而西謂之桑飛，或謂之蔑雀。"

（三）東部—職部（1 組）

具體數據見第一章第二節職部。

（四）東部—藥部（1 組）

具體數據見第三章第二節藥部。

三、東部和其他陽聲韻通假關係舉證

表 4–12　東部和其他陽聲韻通假頻次表（組）

	冬部	談部	蒸部	元部	真部	侵部	文部	耕部	陽部	合計
東部	30	9	7	3	2	2	2	2	2	59

（一）東部—冬部（30 組）

具體數據見第二章第三節冬部。

（二）東部—談部（9 組）

頁碼		反切	中古音韻地位						上古音	
3	箜	苦紅切	溪	通	東	一	合	平	溪	東
	坎	苦感切	溪	咸	感	一	開	上	溪	談

文獻通假 1 次：《文選》曹子建《箜篌引》李注：“《漢書》‘箜篌’作‘坎侯’。”按：《箜篌引》是三國時作品，但《漢書·卷二十五》“作二十五弦及坎侯瑟自此起”句，蘇林曰：“作空侯與瑟。”“箜篌”作“坎侯”，此組通假應屬上古時期通假字。

頁碼		反切	中古音韻地位						上古音	
10	庸	餘封切	以	通	鍾	三	合	平	餘	東
	餤	以冄切	以	咸	琰	三	開	上	餘	談

文獻通假 1 次：《書·洛誥》：“無若火始餤餤。”《漢書·楊胡朱梅雲傳》引“餤”作“庸”。

頁碼		反切	中古音韻地位						上古音	
10	庸	餘封切	以	通	鍾	三	合	平	餘	東
	閻	余廉切	以	咸	鹽	三	開	平	餘	談

文獻通假 1 次：《左傳·文公十八年》：“閻職。”《史記·齊太公世家》作“庸職”。《説苑·復恩》作“庸織”。

頁碼		反切	中古音韻地位						上古音	
11	容	餘封切	以	通	鍾	三	合	平	餘	東
	襜	處占切	昌	咸	鹽	三	開	平	昌	談

文獻通假 1 次：《儀禮·士昏禮》：“婦車亦如之、有襜。”鄭注：“‘襜’，《周禮》謂之‘容’。”《春官·巾車》云：“皆有容蓋”。

頁碼		反切	中古音韻地位						上古音	
20	龍	力鍾切	來	通	鍾	三	合	平	來	東
	淡	徒甘切	定	咸	談	一	開	平	定	談

文獻通假 1 次：《老子》三十一章：“恬淡爲上。”漢帛書乙本“淡”作“龍”。

頁碼		反切	中古音韻地位						上古音	
20	龐	薄江切	並	江	江	二	開	平	並	東
	淡	徒甘切	定	咸	談	一	開	平	定	談

文獻通假 1 次：《老子》三十一章：“恬淡爲上。”漢帛書甲本“淡”作“龐”。

頁碼		反切	中古音韻地位						上古音	
20	隴	力踵切	來	通	腫	三	合	上	來	東
	斂	良冉切	來	咸	琰	三	開	上	來	談

文獻通假 1 次：《左傳・文公二年》：“盟於垂隴。”《公羊傳》《穀梁傳》“垂隴”作“垂斂”。

頁碼		反切	中古音韻地位						上古音	
24	總	作孔切	精	通	董	一	合	上	精	東
	儳	士咸切	崇	咸	咸	二	開	平	崇	談

文獻通假 2 次，如：《周禮・地官・肆長》：“斂其總布。”鄭注引杜子春云：“‘總’當爲‘儳’。”

頁碼		反切	中古音韻地位						上古音	
28	封	府容切	幫	通	鍾	三	合	平	幫	東
	窆	方驗切	幫	咸	豔	三	開	去	幫	談

文獻通假 13 次，如：《易・繫辭下》：“不封不樹。”《集解》引虞翻曰：“‘封’，古‘窆’字也。”

（三）東部—蒸部（7 組）

具體數據見第一章第三節蒸部。

（四）東部—元部（3 組）

頁碼		反切	中古音韻地位						上古音	
13	雍	於容切	影	通	鍾	三	合	平	影	東
	讙	呼官切	曉	山	桓	一	合	平	曉	元

文獻通假 1 次：《書・無逸》：“言乃雍。”《禮記・檀弓》《坊記》引“雍”作“讙”。

頁碼		反切	中古音韻地位						上古音	
14	豵	子紅切	精	通	東	一	合	平	精	東
	然	如延切	日	山	仙	三	開	平	日	元

文獻通假 1 次：《左傳・襄公三十一年》：“然明。”《孔子家語・正論》作“豵明”。

頁碼		反切	中古音韻地位						上古音	
29	蒙	莫紅切	明	通	東	一	合	平	明	東
	蔓	母官切	明	山	桓	一	合	平	明	元

文獻通假 1 次：《爾雅・釋草》：“蘻，蔓華。”郭注：“一名‘蒙華’。”

（五）東部—真部（2組）

頁碼		反切	中古音韻地位						上古音	
29	蒙	莫紅切	明	通	東	一	合	平	明	東
	岷	武巾切	明	臻	真	三	開	平	明	真

文獻通假 2 次，如：《楚辭·天問》："桀伐蒙山。"《竹書紀年》"蒙山"作"岷山"。

頁碼		反切	中古音韻地位						上古音	
88	塵	直珍切	澄	臻	真	三	開	平	定	真
	塚	知隴切	知	通	腫	三	合	上	端	東

文獻通假 1 次：《莊子·大宗師》："彷徨乎塵垢之外。"《釋文》："'塵垢'，崔本作'塚坸'。"

（六）東部—侵部（2組）

頁碼		反切	中古音韻地位						上古音	
24	聰	倉紅切	清	通	東	一	合	平	清	東
	欽	去金切	溪	深	侵	三	開	平	溪	侵

文獻通假 1 次：《書·堯典》："欽明文思安安。"《後漢書·陳寵傳》李注引《尚書緯·考靈耀》"欽明"作"聰明"。《書序》曰："昔在帝堯，聰明文思。"《泰山刻石文》曰："昔在帝堯，聰明蜜微。"皮錫瑞《今文尚書攷證》以"聰"爲"欽"之異文。

頁碼		反切	中古音韻地位						上古音	
230	顲	苦感切	溪	咸	感	一	開	上	溪	侵
	戇	陟降切	知	江	絳	二	開	去	端	東

文獻通假 1 次：《説文·頁部》："'顲'讀若'戇'。"

（七）東部—文部（2組）

頁碼		反切	中古音韻地位						上古音	
28	封	府容切	幫	通	鍾	三	合	平	幫	東
	朌	布還切	幫	山	删	二	合	平	幫	文

文獻通假 1 次：《禮記·王制》："名山大澤不以朌。"《白虎通·京師》引"朌"作"封"。

頁碼		反切	中古音韻地位						上古音	
29	蒙	莫紅切	明	通	東	一	合	平	明	東
	門	莫奔切	明	臻	魂	一	合	平	明	文

文獻通假 1 次：《孟子·離婁下》："逢蒙。"《荀子·王霸》《呂氏春秋·聽言》作"蠭

門”。《漢書·古今人表》作“逢門子”。

（八）東部—耕部（2 組）

頁碼		反切	中古音韻地位						上古音	
13	噰	於容切	影	通	鍾	三	合	平	影	東
	嚶	烏莖切	影	梗	耕	二	開	平	影	耕

文獻通假 1 次：《爾雅·釋詁下》：“關關、噰噰，聲音和也。”《文選·南都賦》李注引“噰”作“嚶”。

頁碼		反切	中古音韻地位						上古音	
27	逢	符容切	並	通	鍾	三	合	平	並	東
	并	府盈切	幫	梗	清	三	開	平	幫	耕

文獻通假 1 次：《書·金縢》：“乃并是吉。”《論衡·卜筮》引“并”作“逢”。

（九）東部—陽部（2 組）

頁碼		反切	中古音韻地位						上古音	
2	貢	古送切	見	通	送	一	合	去	見	東
	況	許訪切	曉	宕	漾	三	合	去	曉	陽

文獻通假 1 次：《史記·樂書》：“太一貢兮天馬下。”《漢書·禮樂志》：“貢作況。”

頁碼		反切	中古音韻地位						上古音	
26	邦	博江切	幫	江	江	二	開	平	幫	東
	方	府良切	幫	宕	陽	三	合	平	幫	陽

文獻通假 1 次：《詩·小雅·桑扈》：“萬邦之屏。”慧琳《一切經音義》二七引“邦”作“方”。

第五章　魚部、鐸部、陽部通假關係研究

第一節　魚　部

在本書研究範圍内，魚部共通假 1184 組。其中，同部通假 902 組，異部通假 282 組。在異部通假中，魚部與陰聲韻共通假 121 組，與入聲韻共通假 130 組，與陽聲韻共通假 31 組。具體情況如下：

表 5–1　魚部通假情況匯總表

通假類型			通假頻次（組）		
同部通假		魚—魚	902		
異部通假	陰聲韻	魚—侯	42	121	1184
		魚—幽	24		
		魚—歌	19		
		魚—之	11		
		魚—脂	8		
		魚—微	8		
		魚—支	5		
		魚—宵	4		
	入聲韻	魚—鐸	95	130	282
		魚—覺	9		
		魚—屋	6		
		魚—職	5		
		魚—月	5		
		魚—葉	4		
		魚—物	2		
		魚—錫	2		
		魚—緝	2		
	陽聲韻	魚—元	10	31	
		魚—陽	8		

通假類型		通假頻次（組）				
		魚—真	3			
		魚—東	3			
		魚—文	2			
		魚—談	2			
		魚—蒸	2			
		魚—耕	1			

一、魚部和其他陰聲韻通假關係舉證

表 5–2　魚部和其他陰聲韻通假頻次表（組）

	侯部	幽部	歌部	之部	脂部	微部	支部	宵部	合計
魚部	42	24	19	11	8	8	5	4	121

（一）魚部—侯部（42 組）

具體數據見第四章第一節侯部。

（二）魚部—幽部（24 組）

具體數據見第二章第一節幽部。

（三）魚部—歌部（19 組）

頁碼	反切		中古音韻地位						上古音	
658	假	古疋切	見	假	馬	二	開	上	見	魚
	誐	五何切	疑	果	歌	一	開	平	疑	歌

文獻通假 1 次：《詩·周頌·維天之命》：“假以溢我。”《説文·言部》《廣韻·下平聲七歌》引“假”作“誐”。

頁碼	反切		中古音韻地位						上古音	
661	宜	魚羈切	疑	止	支	三	開	平	疑	歌
	且	七也切	清	假	馬	三	開	上	清	魚

文獻通假 1 次：《詩·大雅·假樂》：“宜君宜王。”《釋文》作“且君且王”，云：“一本‘且’並作‘宜’。”

頁碼	反切		中古音韻地位						上古音	
662	爲	薳支切	云	止	支	三	合	平	匣	歌
	于	羽俱切	云	遇	虞	三	合	平	匣	魚

文獻通假 3 次，如：《易·萃·初六》：“一握爲笑。”漢帛書本“爲”作“于”。

頁碼		反切	中古音韻地位						上古音	
669	假	古疋切	見	假	馬	二	開	上	見	魚
	加	古牙切	見	假	麻	二	開	平	見	歌

文獻通假 2 次，如：《左傳·桓公元年》："鄭伯以璧假許田。"《公》《穀》經同。《史記·十二諸侯年表》"假"作"加"。

頁碼		反切	中古音韻地位						上古音	
669	家	古牙切	見	假	麻	二	開	平	見	魚
	嘉	古牙切	見	假	麻	二	開	平	見	歌

文獻通假 2 次，如：《詩·小雅·節南山》："家父。"《漢書·古今人表》作"嘉父"。

頁碼		反切	中古音韻地位						上古音	
669	假	古疋切	見	假	馬	二	開	上	見	魚
	駕	古訝切	見	假	禡	二	開	去	見	歌

文獻通假 1 次：《淮南子·主術訓》："故假輿馬者，足不勞而致千里。"高注："'假'或作'駕'。"

頁碼		反切	中古音韻地位						上古音	
669	假	古疋切	見	假	馬	二	開	上	見	魚
	賀	胡箇切	匣	果	箇	一	開	去	匣	歌

文獻通假 1 次：《詩·周頌·維天之命》："假以溢我。"《玉篇·言部》引《韓詩》"假"作"賀"。

頁碼		反切	中古音韻地位						上古音	
669	笳	古牙切	見	假	麻	二	開	平	見	歌
	葭	古牙切	見	假	麻	二	開	平	見	魚

文獻通假 1 次：《文選·答蘇武書》："胡笳互動。"李注："杜摯《笳賦序》曰：'笳者，李伯陽入西戎所作也。'《說文》作'葭'。"按：《答蘇武書》是西漢李陵作。

頁碼		反切	中古音韻地位						上古音	
670	騧	古華切	見	假	麻	二	合	平	見	歌
	瓜	古華切	見	假	麻	二	合	平	見	魚

文獻通假 1 次：《論語·微子》："季騧。"《廣韻》"季"字注作"季瓜"。

頁碼	反切		中古音韻地位							上古音	
681	奓	式車切	書	假	麻	三		開	平	書	魚
	侈	尺氏切	昌	止	紙	三		開	上	昌	歌

文獻通假 2 次，如：《文選·西京賦》："心奓體忕。"李注："《聲類》曰：'奓，侈字也。'"按：《西京賦》爲東漢張衡作。

頁碼	反切		中古音韻地位							上古音	
687	疏	所菹切	生	遇	魚	三		合	平	山	魚
	沙	所加切	生	假	麻	二		開	平	山	歌

文獻通假 1 次：《周禮·春官·典瑞》："疏璧琮以斂尸。"鄭注："鄭司農'疏'讀爲'沙'。"

頁碼	反切		中古音韻地位							上古音	
687	揹	相居切	心	遇	魚	三		合	平	心	魚
	沙	所加切	生	假	麻	二		開	平	山	歌

文獻通假 1 次：《周禮·春官·巾車》："尾橐疏飾。"鄭注："《故書》疏爲'揹'。杜子春讀'揹'爲'沙'。"

頁碼	反切		中古音韻地位							上古音	
690	蒲	薄胡切	並	遇	模	一		合	平	並	魚
	被	皮彼切	並	止	紙	三		開	上	並	歌

文獻通假 1 次：《莊子·應帝王》："蒲衣子。"《釋文》："崔云：'即被衣。'《淮南子》曰：'齧缺問道於被衣。'"

頁碼	反切		中古音韻地位							上古音	
692	靡	文彼切	明	止	紙	三		開	上	明	歌
	無	武夫切	明	遇	虞	三		合	平	明	魚

文獻通假 1 次：《詩·大雅·抑》："靡哲不愚。"《淮南子·人間訓》引"靡"作"無"。

頁碼	反切		中古音韻地位							上古音	
825	于	羽俱切	云	遇	虞	三		合	平	匣	魚
	僞	危睡切	疑	止	寘	三		合	去	疑	歌

文獻通假 1 次：《禮記·喪大記》："素錦褚加僞荒。"鄭注："'僞'或作'于'，聲之誤也。"

頁碼		反切	中古音韻地位						上古音	
832	乎	戶吳切	匣	遇	模	一	合	平	匣	魚
	戲	荒烏切	曉	遇	模	一	合	平	曉	歌

文獻通假 3 次，如：《詩·周頌·烈文》："於乎前王不忘。"《禮記·大學》引"於乎"作"於戲"。

頁碼		反切	中古音韻地位						上古音	
833	呼	荒烏切	曉	遇	模	一	合	平	曉	魚
	戲	許羈切	曉	止	支	三	合	平	曉	歌

文獻通假 13 次，如：《書·盤庚中》："嗚呼今予告汝。"《漢石經》"嗚呼"作"於戲"。

頁碼		反切	中古音韻地位						上古音	
866	箇	古賀切	見	果	箇	一	開	去	見	歌
	蠱	公戶切	見	遇	姥	一	合	上	見	魚

文獻通假 1 次：《易·蠱》："元亨，利涉大川。"漢帛書本"蠱"作"箇"。初六、九二、九三、六四同。

頁碼		反切	中古音韻地位						上古音	
868	假	古疋切	見	假	馬	二	開	上	見	魚
	嘉	古牙切	見	假	麻	二	開	平	見	歌

文獻通假 3 次，如：《詩·大雅·假樂》。《左傳·文公四年》《孟子》注引作"嘉樂"。

（四）魚部—之部（11 組）

具體數據見第一章第一節之部。

（五）魚部—脂部（8 組）

頁碼		反切	中古音韻地位						上古音	
99	壻	蘇計切	心	蟹	霽	四	開	去	心	魚
	細	蘇計切	心	蟹	霽	四	開	去	心	脂

文獻通假 1 次：《説文·士部》："'壻'讀若'細'。"

頁碼		反切	中古音韻地位						上古音	
532	夷	以脂切	以	止	脂	三	開	平	餘	脂
	餘	以諸切	以	遇	魚	三	合	平	餘	魚

文獻通假 1 次：《左傳·昭公十五年經》："吳子夷末卒。"《史記·十二諸侯年表》"夷末"作"餘昧"。

頁碼	反切		中古音韻地位						上古音	
549	爾	兒氏切	日	止	紙	三	開	上	日	脂
	女	尼據切	泥	遇	御	三	合	去	泥	魚

文獻通假 8 次，如：《書·湯誓》：“格爾衆庶。”《史記·殷本紀》作“格女衆庶”。《湯誓》爾字《殷本紀》皆作“女”。

頁碼	反切		中古音韻地位						上古音	
549	爾	兒氏切	日	止	紙	三	開	上	日	脂
	汝	人渚切	日	遇	語	三	合	上	日	魚

文獻通假 11 次，如：《易·中孚》：“吾與爾靡之。”《後漢書·張衡傳》李注引“爾”作“汝”。

頁碼	反切		中古音韻地位						上古音	
550	彌	武移切	明	止	支	三	開	平	明	脂
	鉏	士魚切	崇	遇	魚	三	合	平	崇	魚

文獻通假 1 次：《左傳·定公十年》：“黎彌。”《史記·孔子世家》作“黎鉏”，《齊太公世家》作“犁鉏”。

頁碼	反切		中古音韻地位						上古音	
558	父	扶雨切	並	遇	麌	三	合	上	並	魚
	黹	豬几切	知	止	旨	三	開	上	端	脂

文獻通假 1 次：《説文·又部》：“‘父’讀若‘黹’。”

頁碼	反切		中古音韻地位						上古音	
562	胥	相居切	心	遇	魚	三	合	平	心	魚
	師	疎夷切	生	止	脂	三	開	平	山	脂

文獻通假 1 次：《史記·匈奴列傳》：“黃金胥紕一。”《集解》引徐廣曰：“或作‘犀毗’。”《索隱》：“《漢書》見作‘犀毗’。此作胥者，‘胥’‘犀’聲相近。《戰國策》云：‘趙武靈王賜周紹，具帶黃金師比。’延篤云：‘胡革帶鉤也。’則此帶鉤亦名師比，則‘胥’‘犀’與‘師’並相近，而説各異耳。”

頁碼	反切		中古音韻地位						上古音	
586	胥	相居切	心	遇	魚	三	合	平	心	魚
	犀	先稽切	心	蟹	齊	四	開	平	心	脂

文獻通假 1 次：《史記·匈奴列傳》：“黃金胥紕一。”《集解》引徐廣曰：“或作‘犀毗’。”《索隱》：“《漢書》見作‘犀毗’，此作‘胥’者，‘胥’‘犀’聲相近。”《戰國策》云：“趙

武靈王賜周紹貝帶黃金師比。”延篤云：“胡革帶鈎也。”則此‘帶鈎’亦名‘師比’，則‘胥’‘犀’與‘師’並相近，而說各異耳。

（六）魚部—微部（8 組）

頁碼		反切	中古音韻地位						上古音	
78	壺	戶吳切	匣	遇	模	一	合	平	匣	魚
	韋	雨非切	云	止	微	三	合	平	匣	微

文獻通假 1 次：《爾雅·釋宮》：“宮中衖謂之壺。”《釋文》“壺”或作“韋”。

頁碼		反切	中古音韻地位						上古音	
492	奞	息遺切	心	止	脂	三	合	平	心	微
	雎	七余切	清	遇	魚	三	開	平	清	魚

文獻通假 1 次：《説文·奞部》：“奞讀若雎。”

頁碼		反切	中古音韻地位						上古音	
503	威	於非切	影	止	微	三	合	平	影	微
	誣	武夫切	明	遇	虞	三	合	平	明	魚

文獻通假 1 次：《莊子·庚桑楚》：“一雀適羿，羿必得之，威也。”《韓非子·難三》：“故宋人語曰：‘一雀過羿，必得之，則羿誣矣。’”

頁碼		反切	中古音韻地位						上古音	
525	腓	符非切	並	止	微	三	合	平	並	微
	羓	博下切	幫	假	馬	二	開	上	幫	魚

文獻通假 1 次：《戰國策·齊策六》：“徐子之狗猶時攫公孫子之腓。”姚校：“腓，錢劉一作骨巴。”

頁碼		反切	中古音韻地位						上古音	
540	廬	力居切	來	遇	魚	三	合	平	來	魚
	雷	魯回切	來	蟹	灰	一	合	平	來	微

文獻通假 1 次：《周禮·夏官·職方氏》：“其浸廬維。”鄭注：“‘廬維’當作‘雷雍’，字之誤也。”

頁碼		反切	中古音韻地位						上古音	
606	無	武夫切	明	遇	虞	三	合	平	明	魚
	微	無非切	明	止	微	三	合	平	明	微

文獻通假 1 次：《爾雅·釋地》：“有醫無閭之珣玗琪焉。”《楚辭·遠遊》“醫無閭”作“於微閭”。

頁碼		反切	中古音韻地位						上古音	
872	渠	强魚切	群	遇	魚	三	合	平	群	魚
	睢	許規切	曉	止	支	三	合	平	曉	微

文獻通假 1 次：《史記·孔子世家》：“宦者雍渠參乘出。”《説苑》作“雍睢”。

頁碼		反切	中古音韻地位						上古音	
901	疽	七余切	清	遇	魚	三	合	平	清	魚
	睢	許規切	曉	止	支	三	合	平	曉	微

文獻通假 1 次：《戰國策·衛策》：“癰疽。”《説苑·至公》作“雍睢”。

（七）魚部—支部（5 組）

頁碼		反切	中古音韻地位						上古音	
445	刲	苦圭切	溪	蟹	齊	四	合	平	溪	支
	刳	苦胡切	溪	遇	模	一	合	平	溪	魚

文獻通假 1 次：《易·歸妹》：“士刲羊無血。”《音訓》：“‘刲’，晁氏曰：‘或作刳。’”刳，疑刲譌。

頁碼		反切	中古音韻地位						上古音	
446	黿	烏媧切	影	蟹	佳	二	合	平	影	支
	蝦	胡加切	匣	假	麻	二	開	平	匣	魚

文獻通假 1 次：《周禮·秋官·蟈氏》：“掌去黿黿。”《序官》鄭注：“書或爲‘掌去蝦蟇。’”

頁碼		反切	中古音韻地位						上古音	
460	咫	諸氏切	章	止	紙	三	開	上	章	支
	邪	以遮切	以	假	麻	三	開	平	餘	魚

文獻通假 1 次：《莊子·在宥》：“豈直過也，而去之邪？”《釋文》：“‘邪’，崔本唯此一字作‘邪’，餘皆作‘咫’。”

頁碼		反切	中古音韻地位						上古音	
476	斯	息移切	心	止	支	三	開	平	心	支
	胥	相居切	心	遇	魚	三	合	平	心	魚

文獻通假 1 次：《詩·小雅·角弓》：“民胥傚矣。”《潛夫論·班禄》引“胥”作“斯”。

頁碼		反切	中古音韻地位						上古音	
480	庳	便婢切	並	止	紙	三	開	上	並	支
	逋	博孤切	幫	遇	模	一	合	平	幫	魚

文獻通假1次：《説文・广部》："'庳'或讀若'逋'。"

（八）魚部—宵部（4組）

具體數據見第三章第一節宵部。

二、魚部和入聲韻通假關係舉證

表 5–3　魚部和入聲韻通假頻次表（組）

	鐸部	覺部	屋部	職部	月部	葉部	物部	錫部	緝部	合計
魚部	95	9	6	5	5	4	2	2	2	130

（一）魚部—鐸部（95組）

頁碼		反切	中古音韻地位						上古音	
826	盂	羽俱切	云	遇	虞	三	合	平	匣	魚
	霍	虛郭切	曉	宕	鐸	一	合	入	曉	鐸

文獻通假1次：《左傳・僖公二十一年經》："會于盂。"《公羊傳》"盂"作"霍"。

頁碼		反切	中古音韻地位						上古音	
827	嫭	胡故切	匣	遇	暮	一	合	去	匣	魚
	侘	丑亞切	徹	假	禡	二	開	去	透	鐸

文獻通假1次：《史記・韓長孺列傳》："即欲以侘鄙縣。"《索隱》："'侘'，《漢書》作'嫭'。"

頁碼		反切	中古音韻地位						上古音	
827	樗	丑居切	徹	遇	魚	三	合	平	透	魚
	檴	胡郭切	匣	宕	鐸	一	合	入	匣	鐸

文獻通假1次：《説文・木部》："'樗'或作'檴'。"

頁碼		反切	中古音韻地位						上古音	
828	遌	五各切	疑	宕	鐸	一	開	入	疑	鐸
	悟	五故切	疑	遇	暮	一	合	去	疑	魚

文獻通假2次，如：《楚辭・懷沙》："重華不可遌兮。"《史記・屈原賈生列傳》"遌"作"悟"。

頁碼		反切	中古音韻地位						上古音	
828	遻	五各切	疑	宕	鐸	一	開	入	疑	鐸
	逜	五故切	疑	遇	暮	一	合	去	疑	魚

文獻通假 1 次：《爾雅·釋言》："逜，寤也。"《莊子·達生》《釋文》引作"遻，忤也"。

頁碼		反切	中古音韻地位						上古音	
828	遻	五各切	疑	宕	鐸	一	開	入	疑	鐸
	俉	五故切	疑	遇	暮	一	合	去	疑	魚

文獻通假 1 次：《史記·天官書》："其人逢俉。"《漢書·天文志》"俉"作"遻"。

頁碼		反切	中古音韻地位						上古音	
828	遻	五各切	疑	宕	鐸	一	開	入	疑	鐸
	悟	五故切	疑	遇	暮	一	合	去	疑	魚

文獻通假 1 次：《楚辭·九章》："重華不可遻兮。"《考異》："'遻'《史記》作'悟'。"今本《史記》"遻"作"悟"。

頁碼		反切	中古音韻地位						上古音	
828	遻	五各切	疑	宕	鐸	一	開	入	疑	鐸
	迕	五故切	疑	遇	暮	一	合	去	疑	魚

文獻通假 1 次：《楚辭·九章》："重華不可遻兮。"《補注》："'遻'與'迕'同。"

頁碼		反切	中古音韻地位						上古音	
828	鄂	五各切	疑	宕	鐸	一	開	入	疑	鐸
	邘	羽俱切	云	遇	虞	三	合	平	匣	魚

文獻通假 2 次，如：《史記·殷本紀》："鄂侯。"《集解》引徐廣曰："'鄂'一作'邘'。"

頁碼		反切	中古音韻地位						上古音	
828	鄂	五各切	疑	宕	鐸	一	開	入	疑	鐸
	悟	五故切	疑	遇	暮	一	合	去	疑	魚

文獻通假 1 次：《史記·魏其武安侯列傳》："武安鄂謝曰。"《集解》引徐廣曰："'鄂'一作'悟'。"

頁碼		反切	中古音韻地位						上古音	
829	瓠	户吳切	匣	遇	模	一	合	平	匣	魚
	濩	胡郭切	匣	宕	鐸	一	合	入	匣	鐸

文獻通假 1 次：《莊子·逍遥遊》："則瓠落無所容。"《太平御覽》七六二引"瓠落"

作"濩落"。

頁碼		反切	中古音韻地位						上古音	
829	瓠	戶吳切	匣	遇	模	一	合	平	匣	魚
	廓	苦郭切	溪	宕	鐸	一	合	入	溪	鐸

文獻通假 1 次：《莊子·逍遥遊》："則瓠落無所容。"《太平御覽》九七九引"瓠落"作"廓落"。

頁碼		反切	中古音韻地位						上古音	
831	烏	哀都切	影	遇	模	一	合	平	影	魚
	噁	烏路切	影	遇	暮	一	合	去	影	鐸

文獻通假 1 次：《史記·淮陰侯列傳》："項王喑噁叱咤。"《漢書·韓彭英盧吳傳》"喑噁"作"意烏"。

頁碼		反切	中古音韻地位						上古音	
834	呼	荒烏切	曉	遇	模	一	合	平	曉	魚
	嚇	呼訝切	曉	假	禡	二	開	去	曉	鐸

文獻通假 1 次：《莊子·秋水》："仰而視之曰嚇。"《釋文》："'嚇'本亦作'呼'。"

頁碼		反切	中古音韻地位						上古音	
836	徐	似魚切	邪	遇	魚	三	合	平	邪	魚
	謝	辝夜切	邪	假	禡	三	開	去	邪	鐸

文獻通假 1 次：《詩·大雅·崧高》："既入于謝。"《楚辭·七諫》王注引"謝"作"徐"。

頁碼		反切	中古音韻地位						上古音	
838	塗	同都切	定	遇	模	一	合	平	定	魚
	路	洛故切	來	遇	暮	一	合	去	來	鐸

文獻通假 2 次，如：《孟子·公孫丑下》："充虞路問曰。"《論衡·刺孟》引"路"作"塗"。

頁碼		反切	中古音韻地位						上古音	
838	塗	同都切	定	遇	模	一	合	平	定	魚
	斁	當故切	端	遇	暮	一	合	去	端	鐸

文獻通假 1 次：《書·梓材》："惟其塗墍茨。"又"惟其塗丹臒。"《正義》："二文皆言斁即古'塗'字。"段玉裁《古文尚書撰異》以爲孔本"塗"原作"斁"。《集韻》十一模引上句，《群經音辨》引下句，並"塗"作"斁"。

頁碼		反切	中古音韻地位						上古音	
839	舍	始夜切	書	假	禡	三	開	去	書	魚
	赦	始夜切	書	假	禡	三	開	去	書	鐸

文獻通假 5 次，如：《詩·鄭風·羔裘》："舍命不渝。"《爾雅·釋言》邢疏引"舍"作"赦"。

頁碼		反切	中古音韻地位						上古音	
839	舍	始夜切	書	假	禡	三	開	去	書	魚
	婼	丑略切	徹	宕	藥	三	開	入	透	鐸

文獻通假 4 次，如：《左傳·昭公二十五年》："叔孫婼卒。"《穀梁傳》同，《公羊傳》"婼"作"舍"。

頁碼		反切	中古音韻地位						上古音	
839	舍	始夜切	書	假	禡	三	開	去	書	魚
	釋	施隻切	書	梗	昔	三	開	入	書	鐸

文獻通假 24 次，如：《儀禮·大射儀》："獲而未釋獲。"鄭注："古文'釋'爲'舍'。"

頁碼		反切	中古音韻地位						上古音	
840	舍	始夜切	書	假	禡	三	開	去	書	魚
	澤	場伯切	澄	梗	陌	二	開	入	定	鐸

文獻通假 2 次，如：《管子·形勢》："莫知其澤之，藏之無形。"《形勢解》"澤"作"舍"。

頁碼		反切	中古音韻地位						上古音	
840	舍	始夜切	書	假	禡	三	開	去	書	魚
	醳	羊益切	以	梗	昔	三	開	入	餘	鐸

文獻通假 1 次：《戰國策·燕策二》："王欲醳臣剸任所善。"漢帛書本"醳"作"舍"。

頁碼		反切	中古音韻地位						上古音	
840	捨	書冶切	書	假	馬	三	開	上	書	魚
	赦	始夜切	書	假	禡	三	開	去	書	鐸

文獻通假 1 次：《呂氏春秋·高義》："君令赦之。"《渚宮舊事》引"赦"作"捨"。

頁碼		反切	中古音韻地位						上古音	
842	序	徐呂切	邪	遇	語	三	合	上	邪	魚
	謝	辭夜切	邪	假	禡	三	開	去	邪	鐸

文獻通假 1 次：《詩·大雅·崧高》："于邑于謝。"《潛夫論·志氏姓》作"于邑于序"。

頁碼		反切	中古音韻地位						上古音	
842	序	徐呂切	邪	遇	語	三	合	上	邪	魚
	席	祥易切	邪	梗	昔	三	開	入	邪	鐸

文獻通假 3 次，如：《儀禮·鄉飲酒禮》："主人坐奠爵于序端。"《通典·禮三十三》引"序"作"席"。

頁碼		反切	中古音韻地位						上古音	
843	豫	羊洳切	以	遇	御	三	合	去	餘	魚
	夕	祥易切	邪	梗	昔	三	開	入	邪	鐸

文獻通假 1 次：《晏子春秋·內篇·問下》："秋省實而助不給者謂之豫。"《管子·戒篇》作"秋出補人之不足者謂之夕"。

頁碼		反切	中古音韻地位						上古音	
843	豫	羊洳切	以	遇	御	三	合	去	餘	魚
	斁	當故切	端	遇	暮	一	合	去	端	鐸

文獻通假 1 次：《楚辭·九章》："行婞直而不豫兮。"《考異》："'豫'一作'斁'。"

頁碼		反切	中古音韻地位						上古音	
844	豫	羊洳切	以	遇	御	三	合	去	餘	魚
	懌	羊益切	以	梗	昔	三	開	入	餘	鐸

文獻通假 1 次：《書·顧命》："王不懌。"《漢書·律曆志》引"懌"作"豫"。

頁碼		反切	中古音韻地位						上古音	
844	豫	羊洳切	以	遇	御	三	開	去	餘	魚
	謝	辝夜切	邪	假	禡	三	開	去	邪	鐸

文獻通假 1 次：《儀禮·鄉射禮》："豫則鉤楹內。"鄭注："'豫'讀如'成周宣謝災'之'謝'。宜從謝。"

頁碼		反切	中古音韻地位						上古音	
848	駼	羊洳切	以	遇	御	三	合	去	餘	魚
	奕	羊益切	以	梗	昔	三	開	入	餘	鐸

文獻通假 1 次：《詩·小雅·車攻》："四牡奕奕。"《集韻·九魚》駼下《類篇·馬部》駼下並載《説文》引《詩》曰"駟牡駼駼"。

頁碼		反切	中古音韻地位						上古音	
850	迕	五故切	疑	遇	暮	一	合	去	疑	魚
	遻	五各切	疑	宕	鐸	一	開	入	疑	鐸

文獻通假 1 次：《爾雅·釋詁下》：“遘逢遇遻，見也。”《釋文》：“‘遻’字又作‘迕’。”

頁碼		反切	中古音韻地位						上古音	
852	御	牛倨切	疑	遇	御	三	合	去	疑	魚
	卻	綺戟切	溪	梗	陌	三	開	入	溪	鐸

文獻通假 1 次：《晏子春秋·內篇·諫下》：“吾仗兵而卻三軍者再。”《藝文類聚》《後漢書·馬融傳》李注引“卻”並作“御”。

頁碼		反切	中古音韻地位						上古音	
853	圉	魚巨切	疑	遇	語	三	合	上	疑	魚
	卻	綺戟切	溪	梗	陌	三	開	入	溪	鐸

文獻通假 1 次：《莊子·繕性》：“其來不可圉。”《輔行記》六之二引“圉”作“卻”。

頁碼		反切	中古音韻地位						上古音	
855	吾	五乎切	疑	遇	模	一	合	平	疑	魚
	逆	宜戟切	疑	梗	陌	三	開	入	疑	鐸

文獻通假 1 次：《戰國策·趙策一》：“通於燕之唐曲吾。”漢帛書本“吾”作“逆”，又《齊策二》有“唐曲逆”。

頁碼		反切	中古音韻地位						上古音	
856	梧	五乎切	疑	遇	模	一	合	平	疑	魚
	鼫	常隻切	禪	梗	昔	三	開	入	禪	鐸

文獻通假 1 次：《荀子·勸學》：“梧鼠五技而窮。”楊注：“梧鼠當爲鼫鼠。”《大戴禮·勸學》“梧鼠”作“鼫鼠”。

頁碼		反切	中古音韻地位						上古音	
856	惡	哀都切	影	遇	模	一	合	平	影	魚
	堊	烏各切	影	宕	鐸	一	開	入	影	鐸

文獻通假 3 次：《儀禮·既夕禮》：“主人乘惡車。”鄭注：“古文‘惡’作‘堊’。”

頁碼		反切	中古音韻地位						上古音	
856	惡	哀都切	影	遇	模	一	合	平	影	魚
	廓	苦郭切	溪	宕	鐸	一	合	入	溪	鐸

文獻通假 1 次：《詩・大雅・皇矣》："憎其式廓。"《潛夫論・班禄》引"廓"作"惡"。

頁碼		反切	中古音韻地位						上古音	
856	惡	哀都切	影	遇	模	一	合	平	影	魚
	愬	桑故切	心	遇	暮	一	合	去	心	鐸

文獻通假 1 次：《左傳・成公五年》："許靈公愬鄭伯于楚。"《史記・鄭世家》"愬"作"惡"。

頁碼		反切	中古音韻地位						上古音	
857	堊	烏各切	影	宕	鐸	一	開	入	影	鐸
	瑕	胡加切	匣	假	麻	二	開	平	匣	魚

文獻通假 1 次：《史記・司馬相如列傳》："其土則丹青赭堊。"《集解》："徐廣曰：'堊作瑕。'"

頁碼		反切	中古音韻地位						上古音	
857	邪	似嗟切	邪	假	麻	三	開	平	邪	魚
	射	羊謝切	以	假	禡	三	開	去	餘	鐸

文獻通假 1 次：《易・井》："井谷射鮒。"《釋文》："射荀作耶。"耶，《音訓》引作"邪"，是也。

頁碼		反切	中古音韻地位						上古音	
858	⿸广系	胡瓦切	匣	假	馬	二	合	上	匣	魚
	陌	莫白切	明	梗	陌	二	開	入	明	鐸

文獻通假 1 次：《説文・糸部》："'⿸广系'讀若'阡陌'之'陌'。"

頁碼		反切	中古音韻地位						上古音	
858	所	踈舉切	生	遇	語	三	合	上	山	魚
	石	常隻切	禪	梗	昔	三	開	入	禪	鐸

文獻通假 1 次：《莊子・外物》："無石師而能言。"《釋文》："'石師'一本作'所師'。"

頁碼		反切	中古音韻地位						上古音	
860	沍	胡誤切	匣	遇	暮	一	合	去	匣	魚
	涸	下各切	匣	宕	鐸	一	開	入	匣	鐸

文獻通假 3 次，如：《史記・封禪書》："秋涸凍。"《索隱》引小顏云："'涸'讀與'沍'同。"

頁碼		反切	中古音韻地位						上古音	
860	華	戶花切	匣	假	麻	二	合	平	匣	魚
	赫	呼格切	曉	梗	陌	二	開	入	曉	鐸

　　文獻通假 1 次：《莊子·馬蹄》："夫赫胥氏之時，民居不知所爲，行不知所之。"《列子·黃帝》"赫胥"作"華胥"。

頁碼		反切	中古音韻地位						上古音	
861	鏵	戶花切	匣	假	麻	二	合	平	匣	魚
	钁	居縛切	見	宕	藥	三	合	入	見	鐸

　　文獻通假 1 次：《淮南子·齊俗訓》："修脛者使之跖钁。"《太平御覽·地部二》《器物部九》引"钁"作"鏵"。

頁碼		反切	中古音韻地位						上古音	
864	固	古暮切	見	遇	暮	一	合	去	見	魚
	涸	下各切	匣	宕	鐸	一	開	入	匣	鐸

　　文獻通假 2 次，如：《左傳·昭公四年》："固陰沍寒。"《文選·西京賦》作"涸陰沍寒"。按：《西京賦》爲東漢張衡作。

頁碼		反切	中古音韻地位						上古音	
865	苦	苦故切	溪	遇	暮	一	合	去	溪	魚
	郤	乞逆切	溪	梗	陌	三	開	入	溪	鐸

　　文獻通假 1 次：《戰國策·趙策四》："而恐太后玉體之有所郤也。"《史記·趙世家》"郤"作"苦"。

頁碼		反切	中古音韻地位						上古音	
866	秙	苦故切	溪	遇	暮	一	合	去	溪	魚
	石	常隻切	禪	梗	昔	三	開	入	禪	鐸

　　文獻通假 1 次：《楚辭·九章》："重任石之何益。"《考異》："'石'一作'秙'。"《補注》："'秙'當作'秙'，音石。"

頁碼		反切	中古音韻地位						上古音	
868	假	古疋切	見	假	馬	二	開	上	見	魚
	格	古伯切	見	梗	陌	二	開	入	見	鐸

　　文獻通假 10 次，如：《書·堯典》："歸格于藝祖。"《尚書大傳》《白虎通·巡狩、三軍》引"格"作"假"。

頁碼		反切	中古音韻地位						上古音	
869	嘏	古疋切	見	假	馬	二	開	上	見	魚
	格	古伯切	見	梗	陌	二	開	入	見	鐸

文獻通假 2 次，如：《儀禮·士冠禮》：“孝友時格。”鄭注：“今文‘格’爲‘嘏’。”

頁碼		反切	中古音韻地位						上古音	
871	距	其吕切	群	遇	語	三	合	上	群	魚
	却	去約切	溪	宕	藥	三	開	入	溪	鐸

文獻通假 1 次：《墨子·公輸》：“子墨子九距之。”《吕氏春秋·愛類》“距”作“却”。

頁碼		反切	中古音韻地位						上古音	
873	郤	綺戟切	溪	梗	陌	三	開	入	溪	鐸
	去	丘倨切	溪	遇	御	三	合	去	溪	魚

文獻通假 1 次：《韓非子·初見秦》：“而郤走不能死也。”《戰國策·秦策一》“郤”作“去”。

頁碼		反切	中古音韻地位						上古音	
873	郤	綺戟切	溪	梗	陌	三	開	入	溪	鐸
	都	當孤切	端	遇	模	一	合	平	端	魚

文獻通假 1 次：《史記·十二諸侯年表》：“晋，鄂侯郤。”《索隱》：“有本郤作都者，誤也。”

頁碼		反切	中古音韻地位						上古音	
873	郄	乞逆切	溪	梗	陌	三	開	入	溪	鐸
	都	當孤切	端	遇	模	一	合	平	端	魚

文獻通假 1 次：《史記·晋世家》：“晋人復立孝侯子郄爲君。”《索隱》：“《世本》作‘郤’，而他本亦有作‘都’。”

頁碼		反切	中古音韻地位						上古音	
874	瞿	九遇切	見	遇	遇	三	合	去	見	魚
	戄	居縛切	見	宕	藥	三	合	入	見	鐸

文獻通假 2 次，如：《易·震》：“視矍矍。”漢帛書本“矍矍”作“瞿瞿”。

頁碼		反切	中古音韻地位						上古音	
874	攫	居縛切	見	宕	藥	三	合	入	見	鐸
	欋	其俱切	群	遇	虞	三	合	平	群	魚

　　文獻通假 1 次：《太玄·進·次五》：“進以欔疏，或杖之扶。”司馬光集注：“王本‘欔’作‘攫’。”

頁碼		反切	中古音韻地位						上古音	
874	懼	其遇切	群	遇	遇	三	合	去	群	魚
	矍	居縛切	見	宕	藥	三	合	入	見	鐸

　　文獻通假 1 次：《晏子春秋·内篇·諫上》：“公矍然曰。”《群書治要》引“矍”作“懼”。

頁碼		反切	中古音韻地位						上古音	
874	懼	其遇切	群	遇	遇	三	合	去	群	魚
	矆	許縛切	曉	宕	藥	三	合	入	曉	鐸

　　文獻通假 2 次，如：《戰國策·魏策三》：“秦王矆然曰。”鮑本“矆”作“懼”。

頁碼		反切	中古音韻地位						上古音	
874	攫	居縛切	見	宕	藥	三	合	入	見	鐸
	據	居御切	見	遇	御	三	合	去	見	魚

　　文獻通假 1 次：《老子》五十五章：“攫鳥不搏。”漢帛書乙本“攫”作“據”。

頁碼		反切	中古音韻地位						上古音	
874	躣	其俱切	群	遇	虞	三	合	平	群	魚
	躩	居縛切	見	宕	藥	三	合	入	見	鐸

　　文獻通假 1 次：《楚辭·九辯》：“右蒼龍之躣躣。”《考異》：“‘躣’，《釋文》作‘躩’。”

頁碼		反切	中古音韻地位						上古音	
875	慮	良倨切	來	遇	御	三	合	去	來	魚
	落	盧各切	來	宕	鐸	一	開	入	來	鐸

　　文獻通假 1 次：《莊子·天地》：“無落吾事！”《呂氏春秋·長利》“落”作“慮”。

頁碼		反切	中古音韻地位						上古音	
877	處	昌與切	昌	遇	語	三	合	上	昌	魚
	劇	奇逆切	群	梗	陌	三	開	入	群	鐸

　　文獻通假 1 次：《史記·孟子荀卿列傳》：“劇子。”《集解》引徐廣曰：“應劭《氏姓注》直云處子也。”劉向《荀子敍録》《漢書·藝文志》作“處子”。

頁碼		反切	中古音韻地位						上古音	
879	據	居御切	見	遇	御	三	合	去	見	魚
	撠	几劇切	見	梗	陌	二	開	入	見	鐸

文獻通假 1 次：《史記・呂后本紀》："據高后掖。"《漢書・五行志》"據"作"撠"。

頁碼		反切	中古音韻地位						上古音	
879	臄	其虐切	群	宕	藥	三	開	入	群	鐸
	醵	其據切	群	遇	御	三	合	去	群	魚

文獻通假 1 次：《詩・大雅・行葦》："嘉殽脾臄。"《釋文》："'臄'字或作'醵'。"

頁碼		反切	中古音韻地位						上古音	
879	劇	奇逆切	群	梗	陌	三	開	入	群	鐸
	莒	居許切	見	遇	語	三	合	上	見	魚

文獻通假 1 次：《左傳・昭公十年》："而請老于莒。"《晏子春秋・內篇・雜下》"莒"作"劇"。

頁碼		反切	中古音韻地位						上古音	
883	貉	下各切	匣	宕	鐸	一	開	入	匣	鐸
	禡	莫駕切	明	假	禡	二	開	去	明	魚

文獻通假 2 次，如：《周禮・春官・甸祝》："表貉之祝號。"鄭注："'貉'，《書》亦或爲'禡'。"

頁碼		反切	中古音韻地位						上古音	
885	蘇	素姑切	心	遇	模	一	合	平	心	魚
	籍	秦昔切	從	梗	昔	三	開	入	從	鐸

文獻通假 2 次，如：《史記・晋世家》："子獻侯籍立。"《索隱》："'籍'，《世本》及譙周皆作'蘇'。"

頁碼		反切	中古音韻地位						上古音	
891	菟	湯故切	透	遇	暮	一	合	去	透	魚
	檡	場伯切	澄	梗	陌	二	開	入	定	鐸

文獻通假 3 次，如：《左傳・宣公四年》："謂虎於菟"。《漢書・敍傳》"菟"作"檡"。

頁碼		反切	中古音韻地位						上古音	
894	庶	商署切	書	遇	御	三	合	去	書	鐸
	遮	正奢切	章	假	麻	三	開	平	章	魚

文獻通假 1 次：《易·晋》："用錫馬蕃庶。"《音訓》："'庶'引《釋文》鄭讀爲'遮'。"

頁碼	反切		中古音韻地位						上古音	
894	庶	商署切	書	遇	御	三	合	去	書	鐸
	諸	章魚切	章	遇	魚	三	合	平	章	魚

文獻通假 4 次，如：《儀禮·燕禮》："獻庶子于阼階上。"《周禮·夏官》"庶子"作"諸子"。

頁碼	反切		中古音韻地位						上古音	
894	庶	商署切	書	遇	御	三	開	去	書	鐸
	煮	章與切	章	遇	語	三	合	上	章	魚

文獻通假 1 次：《周禮·秋官·序官》："庶氏。"鄭注："'庶'諸如'藥煮'之'煮'。"

頁碼	反切		中古音韻地位						上古音	
895	蹠	之石切	章	梗	昔	三	開	入	章	鐸
	遮	正奢切	章	假	麻	三	開	平	章	魚

文獻通假 1 次：《史記·袁盎鼂錯列傳》："果遮刺殺盎安陵郭門外。"《正義》："'遮'作'蹠'。"

頁碼	反切		中古音韻地位						上古音	
896	度	徒落切	定	宕	鐸	一	開	入	定	鐸
	圖	同都切	定	遇	模	一	合	平	定	魚

文獻通假 1 次：《楚辭·九章》："前圖未改。"《考異》："《史記》'圖'作'度'。"

頁碼	反切		中古音韻地位						上古音	
896	踱	徒落切	定	宕	鐸	一	開	入	定	鐸
	蹱	直魚切	澄	遇	魚	三	合	平	定	魚

文獻通假 1 次：《公羊傳·宣公六年》："蹱階而走。"《釋文》："'蹱'與'踱'同。"

頁碼	反切		中古音韻地位						上古音	
897	諸	章魚切	章	遇	魚	三	合	平	章	魚
	柘	之夜切	章	假	禡	三	開	去	章	鐸

文獻通假 2 次，如：《國語·吳語》："乃命諸稽郢行成於吳。"《史記·越王句踐世家》"諸"作"柘"。

頁碼		反切	中古音韻地位						上古音	
898	躇	直魚切	澄	遇	魚	三	合	平	定	魚
	辵	丑略切	徹	宕	藥	三	開	入	透	鐸

文獻通假 1 次：《公羊傳・宣公六年》："躇階而走。"《釋文》："'躇'一本作'辵'。"《説文・辵部》引"躇"作"辵"。

頁碼		反切	中古音韻地位						上古音	
900	詛	莊助切	莊	遇	御	三	合	去	莊	魚
	作	則落切	精	宕	鐸	一	開	入	精	鐸

文獻通假 1 次：《詩・大雅・蕩》："侯作侯祝。"《釋文》："'作'本或作'詛'。"《正義》："'作'，即古'詛'字。"《尚書・無逸》《正義》引"作"作"詛"。

頁碼		反切	中古音韻地位						上古音	
903	阻	側吕切	莊	遇	語	三	合	上	莊	魚
	詐	側駕切	莊	假	禡	二	開	去	莊	鐸

文獻通假 1 次：《詩・邶風・谷風》："既阻我德。"《太平御覽》八三五引《韓詩》"阻"作"詐"。

頁碼		反切	中古音韻地位						上古音	
903	耡	士魚切	崇	遇	魚	三	合	平	崇	魚
	藉	秦昔切	從	梗	昔	三	開	入	從	鐸

文獻通假 2 次，如：《周禮・地官・里宰》："合耦與耡。"鄭注："鄭司農云：'耡讀爲藉。'"

頁碼		反切	中古音韻地位						上古音	
903	葅	則吾切	精	遇	模	一	合	平	精	魚
	藉	秦昔切	從	梗	昔	三	開	入	從	鐸

文獻通假 1 次：《周禮・地官・鄉師》："共茅葅。"鄭注："鄭大夫讀'葅'爲'藉'。"

頁碼		反切	中古音韻地位						上古音	
907	錯	倉故切	清	遇	暮	一	合	去	清	鐸
	素	桑故切	心	遇	暮	一	合	去	心	魚

文獻通假 1 次：《易・履》："素履，往無咎。"漢帛書本"素"作"錯"。

頁碼		反切	中古音韻地位						上古音	
910	索	蘇各切	心	宕	鐸	一	開	入	心	鐸
	素	桑故切	心	遇	暮	一	合	去	心	魚

文獻通假 4 次，如：《禮記·中庸》："素隱行怪。"《漢書·藝文志》引"素"作"傃"。

頁碼		反切	中古音韻地位						上古音	
916	捕	薄故切	並	遇	暮	一	合	去	並	魚
	搏	補各切	幫	宕	鐸	一	開	入	幫	鐸

文獻通假 6 次，如：《老子》五十五章："猛獸不據。"漢帛書甲本據作"搏"，乙本作"捕"。

頁碼		反切	中古音韻地位						上古音	
916	捕	薄故切	並	遇	暮	一	合	去	並	魚
	縛	符钁切	並	宕	藥	三	合	入	並	鐸

文獻通假 1 次：《史記·朝鮮列傳》："執捕樓船將軍。"《漢書·西南夷兩粵朝鮮傳》"捕"作"縛"。

頁碼		反切	中古音韻地位						上古音	
916	酺	薄胡切	並	遇	模	一	合	平	並	魚
	步	薄故切	並	遇	暮	一	合	去	並	鐸

文獻通假 1 次：《周禮·地官·族師》："春秋祭酺亦如之。"鄭注："《故書》'酺'或爲'步'，杜子春云：當爲'酺'。"

頁碼		反切	中古音韻地位						上古音	
917	蒲	薄胡切	並	遇	模	一	合	平	並	魚
	薄	傍各切	並	宕	鐸	一	開	入	並	鐸

文獻通假 5 次，如：《書·蔡仲之命》："將遷其君於蒲姑。"《史記·周本紀》"蒲"作"薄"。

頁碼		反切	中古音韻地位						上古音	
919	博	補各切	幫	宕	鐸	一	開	入	幫	鐸
	鎛	博孤切	幫	遇	模	一	合	平	幫	魚

文獻通假 1 次：《史記·田敬仲完世家》："博陵。"《六國年表》："'博陵'作'鎛陵'。"

頁碼		反切	中古音韻地位						上古音	
919	博	補各切	幫	宕	鐸	一	開	入	幫	鐸
	普	滂古切	滂	遇	姥	一	合	上	滂	魚

文獻通假 2 次，如：《大戴禮·五帝德》：“博施利物。”《史記·五帝本紀》“博”作“普”。

頁碼		反切	中古音韻地位						上古音	
920	薄	傍各切	並	宕	鐸	一	開	入	並	鐸
	普	滂古切	滂	遇	姥	一	合	上	滂	魚

文獻通假 1 次：《老子》五十四章：“其德乃普。”傅奕本“普”作“薄”。

頁碼		反切	中古音韻地位						上古音	
920	猼	補各切	幫	宕	鐸	一	開	入	幫	鐸
	巴	伯加切	幫	假	麻	二	開	平	幫	魚

文獻通假 1 次：《史記·司馬相如列傳》：“諸蔗猼且。”《漢書·司馬相如傳》《文選·子虛賦》“猼”作“巴”。

頁碼		反切	中古音韻地位						上古音	
922	伯	博陌切	幫	梗	陌	二	開	入	幫	鐸
	賦	方遇切	幫	遇	遇	三	合	去	幫	魚

文獻通假 1 次：《書·多方》：“越惟有胥伯小大多正。”《尚書大傳》引作“越維有胥賦小大多政”。

頁碼		反切	中古音韻地位						上古音	
923	伯	博陌切	幫	梗	陌	二	開	入	幫	鐸
	禡	莫駕切	明	假	禡	二	開	去	明	魚

文獻通假 1 次：《詩·小雅·吉日》：“既伯既禱。”《説文·示部》引作“既禡既禂”。大徐本如此，《繫傳》作小徐引《詩》。

頁碼		反切	中古音韻地位						上古音	
924	莫	慕各切	明	宕	鐸	一	開	入	明	鐸
	謨	莫胡切	明	遇	模	一	合	平	明	魚

文獻通假 1 次：《詩·小雅·巧言》：“聖人莫之。”《釋文》：“‘莫’一本作‘謨’。”《漢書·敍傳》顏注、《後漢書·傅毅傳》李注引“莫”作“謨”。

頁碼	反切		中古音韻地位						上古音	
925	謨	莫胡切	明	遇	模	一	合	平	明	魚
	漠	慕各切	明	宕	鐸	一	開	入	明	鐸

文獻通假 1 次：《詩・大雅・抑》："訏謨定命。"《釋文》："'謨'，沈本亦作'漠'。"

頁碼	反切		中古音韻地位						上古音	
926	模	莫胡切	明	遇	模	一	合	平	明	魚
	幙	慕各切	明	宕	鐸	一	開	入	明	鐸

文獻通假 1 次：《隸釋》六《鄭固碑》："作世幙式。"洪适釋以"幙"爲"模"。按：《鄭固碑》刊刻於東漢延熹元年。

（二）魚部—覺部（9 組）

具體數據見第二章第二節覺部。

（三）魚部—屋部（6 組）

具體數據見第四章第二節屋部。

（四）魚部—職部（5 組）

具體數據見第一章第二節職部。

（五）魚部—月部（5 組）

頁碼	反切		中古音韻地位						上古音	
569	如	人諸切	日	遇	魚	三	開	平	日	魚
	奈	奴帶切	泥	蟹	泰	一	開	去	泥	月

文獻通假 1 次：《書・湯誓》："夏罪其如台。"《史記・殷本紀》作"有罪其奈何"。

頁碼	反切		中古音韻地位						上古音	
569	奈	奴帶切	泥	蟹	泰	一	開	去	泥	月
	如	人諸切	日	遇	魚	三	開	平	日	魚

文獻通假 1 次：《老子》七十四章："奈何以死懼之。"《尹文子・大道》下引"奈"作"如"。

頁碼	反切		中古音韻地位						上古音	
643	壉	居御切	見	遇	御	三	合	去	見	魚
	蕝	居例切	見	蟹	祭	三	開	去	見	月

文獻通假 1 次：《説文・豕部》："'壉'讀若'蕝莘草'之'蕝'。"

頁碼	反切		中古音韻地位							上古音	
831	淤	央居切	影	遇	魚	三	合	平		影	魚
	閼	烏葛切	影	山	曷	一	開	入		影	月

文獻通假 1 次：《漢書·溝洫志》："注填閼之水，溉舄鹵之地。"顔注："'閼'讀與'淤'同。"

頁碼	反切		中古音韻地位							上古音	
654	鮇	博蓋切	幫	蟹	泰	一	開	去		幫	月
	鯆	方矩切	幫	遇	麌	三	合	上		幫	魚

文獻通假 1 次：《山海經·北山經》："其中多鮇鮇之魚。"郭注："'鮇'或作'鯆'。"

（六）魚部—葉部（4 組）

頁碼	反切		中古音韻地位							上古音	
695	魼	去魚切	溪	遇	魚	三	合	平		溪	魚
	脅	虛業切	曉	咸	業	三	開	入		曉	葉

文獻通假 1 次：《山海經·南山經》："其羽在魼下。"郭注："'魼'亦作'脅'。"

頁碼	反切		中古音韻地位							上古音	
696	胠	去魚切	溪	遇	魚	三	開	平		溪	魚
	擖	盧合切	來	咸	合	一	開	入		來	葉

文獻通假 1 次：《莊子·胠篋》："將爲胠篋探囊發匱之盜而爲守備。"《釋文》："'胠'，《史記》作'擖'。"今本《史記·老子韓非列傳》仍作"胠"。

頁碼	反切		中古音韻地位							上古音	
702	胥	私呂切	心	遇	語	三	合	上		心	魚
	接	即葉切	精	咸	葉	三	開	入		精	葉

文獻通假 1 次：《莊子·大宗師》："箕子胥餘。"《尸子》："箕子胥餘漆身爲厲，披髮佯狂。"《戰國策·秦策三》："箕子接輿漆身而爲厲，披髮而爲狂。"

頁碼	反切		中古音韻地位							上古音	
829	瓠	戶吳切	匣	遇	模	一	合	平		匣	魚
	夲	尼輒切	泥	咸	葉	三	開	入		泥	葉

文獻通假 1 次：《説文·夲部》："'夲'一曰讀若'瓠'。"

（七）魚部—物部（2 組）

頁碼	反切		中古音韻地位						上古音	
523	湑	私呂切	心	遇	語	三	合	上	心	魚
	屈	區勿切	溪	臻	物	三	合	入	溪	物

文獻通假 1 次：《莊子·齊物論》："我欲伐宗膾胥敖。"《人間世》："昔者堯攻叢枝胥敖。"《呂氏春秋·召類》："禹攻曹魏屈驁有扈。""胥敖"即"屈驁"。

頁碼	反切		中古音韻地位						上古音	
849	嗄	所嫁切	生	假	禡	二	開	去	山	魚
	烎	烏代切	影	蟹	代	一	開	去	影	物

文獻通假 1 次：《老子》五十五章："終日號而嗌不嗄。"漢帛書甲本"嗄"作"烎"。

（八）魚部—錫部（2 組）

頁碼	反切		中古音韻地位						上古音	
452	解	佳買切	見	蟹	蟹	二	開	上	見	錫
	觟	古疋切	見	假	馬	二	開	上	見	魚

文獻通假 1 次：《淮南子·原道訓》："一之解際天地。"《文子·道原》"解"作"觟"。

頁碼	反切		中古音韻地位						上古音	
849	寡	古瓦切	見	假	馬	二	合	上	見	魚
	畫	胡卦切	匣	蟹	卦	二	合	去	匣	錫

文獻通假 1 次：《墨子·明鬼下》："指寡殺人。"《太平御覽·神鬼部二》引"寡"作"畫"。

（九）魚部—緝部（2 組）

頁碼	反切		中古音韻地位						上古音	
829	瓡	戶吳切	匣	遇	模	一	合	平	匣	魚
	瓡	之入切	章	深	緝	三	開	入	章	緝

文獻通假 1 次：《漢書·王子侯表上》："瓡節侯息。"顔注："'瓡'即'瓡'字也。"

頁碼	反切		中古音韻地位						上古音	
858	瓡	之入切	章	深	緝	三	開	入	章	緝
	狐	戶吳切	匣	遇	模	一	合	平	匣	魚

文獻通假 1 次：《漢書·景武昭宣元成功臣表》："瓡讘侯扞者。"顔注："'瓡'讀與'狐'同。"

三、魚部和陽聲韻通假關係舉證

表 5–4　之部和陽聲韻通假頻次表（組）

	元部	陽部	真部	東部	文部	談部	蒸部	耕部	合計
魚部	10	8	3	3	2	2	2	1	31

（一）魚部—元部（10 組）

頁碼		反切	中古音韻地位						上古音	
162	紆	憶俱切	影	遇	虞	三	合	平	影	魚
	冤	於袁切	影	山	元	三	合	平	影	元

文獻通假 1 次：《楚辭・九章》：“鬱結紆軫兮。”《考異》：“《史記》‘紆’作‘冤’。”

頁碼		反切	中古音韻地位						上古音	
212	然	如延切	日	山	仙	三	開	平	日	元
	如	人諸切	日	遇	魚	三	開	平	日	魚

文獻通假 1 次：《詩・魏風・葛屨》：“宛然左辟。”《説文・人部》引“然”作“如”。

頁碼		反切	中古音韻地位						上古音	
218	夫	甫無切	幫	遇	虞	三	合	平	幫	魚
	煩	附袁切	並	山	元	三	合	平	並	元

文獻通假 1 次：《禮記・少儀》：“加夫襓與劍焉。”鄭注：“‘夫’或爲‘煩’，皆發聲。”

頁碼		反切	中古音韻地位						上古音	
220	膚	甫無切	幫	遇	虞	三	合	平	幫	魚
	胖	普半切	滂	山	換	一	合	去	滂	元

文獻通假 1 次：《禮記・內則》：“麋膚。”鄭注：“‘膚’或爲‘胖’。”

頁碼		反切	中古音韻地位						上古音	
221	袢	附袁切	並	山	元	三	合	平	並	元
	普	滂古切	滂	遇	姥	一	合	上	滂	魚

文獻通假 1 次：《説文・衣部》：“‘袢’讀若‘普’。”

頁碼		反切	中古音韻地位						上古音	
223	番	附袁切	並	山	元	三	合	平	並	元
	蒲	蒲胡切	並	遇	模	一	合	平	並	魚

文獻通假 3 次，如：《史記・趙世家》：“番吾君自代來。”《正義》：“《括地志》云：‘蒲吾故城在恆州房山縣東二十里。’‘番’‘蒲’古今音異耳。”

頁碼	反切		中古音韻地位						上古音	
224	扶	防無切	並	遇	虞	三	合	平	並	魚
	蟠	附袁切	並	山	元	三	合	平	並	元

文獻通假 1 次：《漢書·天文志》："'奢'爲'扶'。"顏注引鄭氏曰："'扶'當爲'蟠'，齊魯之間聲如'酺'，'酺''扶'聲近。"

頁碼	反切		中古音韻地位						上古音	
226	瞞	母官切	明	山	桓	一	合	平	明	元
	憮	文甫切	明	遇	虞	三	合	上	明	魚

文獻通假 1 次：《莊子·天地》："子貢瞞然慙俯。"《釋文》："'瞞'，司馬本作'憮'。"

頁碼	反切		中古音韻地位						上古音	
226	瞞	母官切	明	山	桓	一	合	平	明	元
	撫	芳武切	滂	遇	虞	三	合	上	滂	魚

文獻通假 1 次：《莊子·天地》："子貢瞞然慙俯。"《釋文》："'瞞'，崔本作'撫'。"

頁碼	反切		中古音韻地位						上古音	
227	蒲	薄胡切	並	遇	模	一	合	平	並	魚
	曼	無販切	明	山	願	三	合	去	明	元

文獻通假 1 次：《左傳·成公十八年》："晋弑其君州蒲。"《史記·晋世家》"州蒲"作"壽曼"。

（二）魚部—陽部（8 組）

頁碼	反切		中古音韻地位						上古音	
310	相	息良切	心	宕	陽	三	開	平	心	陽
	胥	相居切	心	遇	魚	三	合	平	心	魚

文獻通假 1 次：《詩·大雅·緜》："聿來胥宇。"《新序·雜事三》引"胥"作"相"。

頁碼	反切		中古音韻地位						上古音	
312	方	府良切	幫	宕	陽	三	開	平	幫	陽
	夫	甫無切	幫	遇	虞	三	合	平	幫	魚

文獻通假 1 次：《書·湯誥》："其爾萬方有罪。"《論語·堯曰》《墨子·兼愛下》引《湯誥》，"萬方"作"萬夫"。《國語·周語上》引《湯誥》，《吕氏春秋·順民》《論衡·感虛》，"萬方"作"萬夫"。

頁碼		反切	中古音韻地位						上古音	
314	瓬	分兩切	幫	宕	養	三	合	上	幫	陽
	甫	方矩切	幫	遇	虞	三	合	上	幫	魚

文獻通假 1 次：《周禮·考工記》："搏埴之工陶瓬。"鄭注："鄭司農云：'"瓬"讀爲"甫始"之"甫"。'"

頁碼		反切	中古音韻地位						上古音	
317	亡	武方切	明	宕	陽	三	合	平	明	陽
	毋	武夫切	明	遇	虞	三	合	平	明	魚

文獻通假 2 次，如：《史記·袁盎鼂錯列傳》："君能日飲，毋苟。"《漢書·爰盎鼂錯傳》"毋苟"作"亡何"。

頁碼		反切	中古音韻地位						上古音	
319	荒	呼光切	曉	宕	唐	一	合	平	曉	陽
	幠	荒烏切	曉	遇	模	一	合	平	曉	魚

文獻通假 2 次，如：《禮記·投壺》："毋幠毋敖。"《大戴禮·投壺》"幠"作"荒"。

頁碼		反切	中古音韻地位						上古音	
319	詤	呼光切	曉	宕	唐	一	合	平	曉	陽
	誣	武夫切	明	遇	虞	三	合	平	明	魚

文獻通假 1 次：《呂氏春秋·知接》："無由接而言見，詤。"高注："'詤'讀'誣妄'之'誣'。"

頁碼		反切	中古音韻地位						上古音	
322	猛	莫杏切	明	梗	梗	二	開	上	明	陽
	馬	莫下切	明	假	馬	二	開	上	明	魚

文獻通假 1 次：《荀子·堯問》："萊不用子馬而齊並之。"《説苑·正諫》"子馬"作"子猛"。

頁碼		反切	中古音韻地位						上古音	
915	斧	方矩切	幫	遇	虞	三	合	上	幫	魚
	彭	薄庚切	並	梗	庚	二	開	平	並	陽

文獻通假 1 次：《易·旅·九四》："旅於處，得其資斧。"漢帛書本"斧"作"彭"。

（三）魚部—真部（3組）

頁碼		反切	中古音韻地位						上古音	
76	馬	莫下切	明	假	馬	二	開	上	明	魚
	弦	胡田切	匣	山	先	四	開	平	匣	真

文獻通假 1 次：《説文・馬部》：“馬讀若弦。”

頁碼		反切	中古音韻地位						上古音	
152	瑉	眉貧切	明	臻	真	三	開	平	明	真
	璑	武夫切	明	遇	虞	三	合	平	明	魚

文獻通假 1 次：《周禮・夏官・弁師》：“瑉玉三采。”鄭注：《故書》“瑉”作“璑”。

頁碼		反切	中古音韻地位						上古音	
918	敷	芳無切	滂	遇	虞	三	合	平	滂	魚
	晋	即刃切	精	臻	震	三	開	去	精	真

文獻通假 1 次：《書・文侯之命》：“敷間在下。”《史記・周本紀》“敷”作“晋”。

（四）魚部—東部（3組）

具體數據見第四章第三節東部。

（五）魚部—文部（2組）

頁碼		反切	中古音韻地位						上古音	
110	假	古疋切	見	假	馬	二	開	上	見	魚
	殷	烏閑切	影	山	山	二	開	平	影	文

文獻通假 1 次：《書・吕刑》：“惟殷于民。”《墨子・尚賢》引“殷”作“假”。

頁碼		反切	中古音韻地位						上古音	
885	漁	語居切	疑	遇	魚	三	合	平	疑	魚
	鮫	無分切	明	臻	文	三	合	平	明	文

文獻通假 1 次：《吕氏春秋・具備》：“見夜漁者得則舍之。”《孔子家語・屈節》“漁”作“鮫”。

（六）魚部—談部（2組）

頁碼		反切	中古音韻地位						上古音	
248	虛	去魚切	溪	遇	魚	三	合	平	溪	魚
	郯	徒甘切	定	咸	談	一	開	平	定	談

文獻通假 1 次：《左傳・桓公十二年》：“公會宋公于虛。”《穀梁傳》同，《公羊傳》“虛”作“郯”。

頁碼		反切	中古音韻地位							上古音	
263	楈	相居切	心	遇	魚	三	合	平	心	魚
	芟	所銜切	生	咸	銜	二	開	平	山	談

文獻通假 1 次：《説文·木部》："'楈'讀若'芟刈'之'芟'。"

（七）魚部—蒸部（2 組）

具體數據見第一章第三節蒸部。

（八）魚部—耕部（1 組）

頁碼		反切	中古音韻地位							上古音	
66	省	所景切	生	梗	梗	三	開	上	山	耕
	社	常者切	禪	假	馬	三	開	上	禪	魚

文獻通假 1 次：《禮記·郊特牲》："而君親誓社。"鄭注："'社'或爲'省'。"

第二節　鐸　部

在本書研究範圍內，鐸部共通假 574 組。其中，同部通假 389 組，異部通假 185 組。在異部通假中，陽部與陰聲韻共通假 133 組，與入聲韻共通假 43 組，與陽聲韻共通假 9 組。具體情況如下：

表 5–5　鐸部通假情況匯總表

通假類型			通假頻次（組）			
同部通假		鐸—鐸	389			
異部通假	陰聲韻	鐸—魚	95			
		鐸—侯	9			
		鐸—幽	9			
		鐸—宵	7	133		
		鐸—歌	6		185	574
		鐸—脂	4			
		鐸—之	2			
		鐸—微	1			
	入聲韻	鐸—月	8			
		鐸—藥	8	43		
		鐸—錫	7			

通假類型				通假頻次（組）		
		鐸—屋	7			
		鐸—職	6			
		鐸—質	3			
		鐸—覺	2			
		鐸—葉	1			
		鐸—物	1			
	陽聲韻	鐸—陽	3			
		鐸—元	3	9		
		鐸—文	2			
		鐸—真	1			

一、鐸部和陰聲韻通假關係舉證

表 5–6　鐸部和陰聲韻通假頻次表（組）

	魚部	侯部	幽部	宵部	歌部	脂部	之部	微部	合計
鐸部	95	9	9	7	6	4	2	1	133

（一）鐸部—魚部（95 組）

具體數據見第五章第一節魚部。

（二）鐸部—侯部（9 組）

具體數據見第四章第一節侯部。

（三）鐸部—幽部（9 組）

具體數據見第二章第一節幽部。

（四）鐸部—宵部（7 組）

具體數據見第三章第一節宵部。

（五）鐸部—歌部（6 組）

頁碼		反切	中古音韻地位						上古音	
667	隻	之石切	章	梗	昔	三	開	入	章	鐸
	倚	於綺切	影	止	紙	三	開	上	影	歌

文獻通假 1 次：《公羊傳・僖公三十三年》："匹馬隻輪無反者。"《穀梁傳》"隻"作"倚"。

頁碼		反切	中古音韻地位						上古音	
667	隻	之石切	章	梗	昔	三	開	入	章	鐸
	觭	去奇切	溪	止	支	三	開	平	溪	歌

　　文獻通假 1 次：《公羊傳·僖公三十三年》："匹馬隻輪無反者。"《漢書·五行志》引"隻"作"觭"。

頁碼		反切	中古音韻地位						上古音	
681	詫	丑亞切	徹	假	禡	二	開	去	透	鐸
	陀	徒河切	定	果	歌	一	開	平	定	歌

　　文獻通假 1 次：《山海經·南山經》："有獸焉，……其名曰猼訑。"郭注："'訑'一作'陀'。"

頁碼		反切	中古音韻地位						上古音	
685	捶	之累切	章	止	紙	三	合	上	章	歌
	藉	秦昔切	從	梗	昔	三	開	入	從	鐸

　　文獻通假 1 次：《莊子·駢拇》："駢於辯者，纍瓦結繩竄句，遊心於堅白同異之間。"唐寫本釋文"竄句"下有"捶辭"二字。《後漢書·張衡傳》李注引作"竄句藉辭"。

頁碼		反切	中古音韻地位						上古音	
689	白	傍陌切	並	梗	陌	二	開	入	並	鐸
	皮	符羈切	並	止	支	三	開	平	並	歌

　　文獻通假 1 次：《儀禮·士喪禮》："夏葛屨，冬白屨。"《通典·禮四十四》引"白"作"皮"。

　　異體字聲旁換用：1 組

頁碼		反切	中古音韻地位						上古音	
685	柞	鋤駕切	崇	假	禡	二	開	去	崇	鐸
	差	楚佳切	初	假	佳	二	開	平	初	歌

　　柞與槎：文獻通假 1 次：《文選·西京賦》："柞木翦棘。"李注："賈逵《國語注》曰：'槎，邪斫也。'柞與槎同。"按：《西京賦》爲東漢張衡作。

　　（六）鐸部—脂部（4 組）

頁碼		反切	中古音韻地位						上古音	
532	夷	以脂切	以	止	脂	三	開	平	餘	脂
	繹	羊益切	以	梗	昔	三	開	入	餘	鐸

　　文獻通假 2 次，如：《左傳·定公十三年》："范皋夷。"《史記·趙世家》作"范皋繹"。

頁碼		反切	中古音韻地位						上古音	
534	弟	徒禮切	定	蟹	薺	四	開	上	定	脂
	圛	羊益切	以	梗	昔	三	開	入	餘	鐸

文獻通假 1 次：《詩·齊風·載驅》："齊子豈弟。"鄭箋："'弟'，《古文尚書》以'弟'爲'圛'。"《詩》《正義》作以"悌"爲"圛"。

頁碼		反切	中古音韻地位						上古音	
534	驛	羊益切	以	梗	昔	三	開	入	餘	鐸
	涕	他計切	透	蟹	霽	四	開	去	透	脂

文獻通假 1 次：《書·洪範》："曰驛。"《史記·宋微子世家》作"曰涕"。

頁碼		反切	中古音韻地位						上古音	
580	齊	徂奚切	從	蟹	齊	四	開	平	從	脂
	石	常隻切	禪	梗	昔	三	開	入	禪	鐸

文獻通假 1 次：《左傳·昭公元年》："衛齊惡。"《穀梁傳》同《公羊傳》"齊惡"作"石惡"。

（七）鐸部—之部（2 組）

具體數據見第一章第一節之部。

（八）鐸部—微部（1 組）

頁碼		反切	中古音韻地位						上古音	
333	郤	綺戟切	溪	梗	陌	三	開	入	溪	鐸
	郗	丑飢切	徹	止	脂	三	開	平	透	微

文獻通假 1 次：《左傳·昭公二十七年》："楚殺其大夫郤宛。"《公羊傳》《穀梁傳》"郤宛"作"郗宛"。

二、鐸部和其他入聲韻通假關係舉證

表 5–7　鐸部和其他入聲韻通假頻次表（組）

	月部	藥部	錫部	屋部	職部	質部	覺部	葉部	物部	合計
鐸部	8	8	7	7	6	3	2	1	1	43

（一）鐸部—月部（8 組）

頁碼		反切	中古音韻地位						上古音	
617	鶡	胡葛切	匣	山	曷	一	開	入	匣	月
	鸚	五各切	疑	宕	鐸	一	開	入	疑	鐸

文獻通假 1 次：《列子·黃帝》："鵰、鶚、鷹、鳶爲旗幟。"《釋文》："'鶚'一本作'鶚'。"

頁碼		反切	中古音韻地位						上古音	
628	狛	匹各切	滂	宕	鐸	一	開	入	滂	鐸
	蘖	魚列切	疑	山	薛	三	開	入	疑	月

文獻通假 1 次：《説文·犬部》："'狛'讀若'蘖'。"

頁碼		反切	中古音韻地位						上古音	
636	射	神夜切	船	假	禡	三	開	去	船	鐸
	貰	舒制切	書	蟹	祭	三	開	去	書	月

文獻通假 3 次：《史記·項羽本紀》："乃封項伯爲射陽侯。"《漢書·高惠高后孝文功臣表》"射陽"作"貰陽"。

頁碼		反切	中古音韻地位						上古音	
642	釋	施隻切	書	梗	昔	三	開	入	書	鐸
	説	舒芮切	書	蟹	祭	三	合	去	書	月

文獻通假 1 次：《戰國策·燕策一》："猶釋弊蹝。"漢帛書本"釋"作"説"。

頁碼		反切	中古音韻地位						上古音	
644	摭	之石切	章	梗	昔	三	開	入	章	鐸
	揥	都計切	端	蟹	霽	四	開	去	端	月

文獻通假 1 次：《儀禮·有司徹》："乃摭于魚腊俎。"鄭注："古文'摭'爲'揥'。"

頁碼		反切	中古音韻地位						上古音	
656	幕	慕各切	明	宕	鐸	一	開	入	明	鐸
	幭	莫結切	明	山	屑	四	開	入	明	月

文獻通假 1 次：《禮記·曲禮下》："素幭"鄭注："幭或爲幕。"

頁碼		反切	中古音韻地位						上古音	
895	廗	當蓋切	端	蟹	泰	一	開	去	端	月
	席	祥易切	邪	梗	昔	三	開	入	邪	鐸

文獻通假 1 次：《文選·上林賦》："逡巡避廗。"李注："《孝經》曰：'曾子避席。''廗'與'席'，古字通。"按：《上林賦》是西漢司馬相如所作。

頁碼	反切		中古音韻地位						上古音	
910	坼	恥格切	徹	梗	陌	二	開	入	透	鐸
	折	旨熱切	章	山	薛	三	開	入	章	月

　　文獻通假 1 次：《淮南子·精神訓》："毀折生災。""折"當作"坼"，《文子·九守》"折"作"坼"。

　　（二）鐸部—藥部（8 組）

　　具體數據見第三章第二節藥部。

　　（三）鐸部—錫部（7 組）

頁碼	反切		中古音韻地位						上古音	
74	幂	莫狄切	明	梗	錫	四	開	入	明	錫
	幕	慕各切	明	宕	鐸	一	開	入	明	鐸

　　文獻通假 2 次，如：《禮記·檀弓上》："布幕，衛也。"《釋文》："'幕'本又作'幂'。"

頁碼	反切		中古音韻地位						上古音	
74	幎	莫狄切	明	梗	錫	四	開	入	明	錫
	幕	慕各切	明	宕	鐸	一	開	入	明	鐸

　　文獻通假 1 次：《禮記·禮器》："犧尊疏布幎。"鄭注："'幎'或作'幕'。"

頁碼	反切		中古音韻地位						上古音	
458	隻	之石切	章	梗	昔	三	開	入	章	鐸
	易	羊益切	以	梗	昔	三	開	入	餘	錫

　　文獻通假 1 次：《公羊傳·僖公三十三年》："匹馬隻輪無反者。"《釋文》："'隻輪'，一本作'易輪'。"

頁碼	反切		中古音韻地位						上古音	
467	易	羊益切	以	梗	昔	三	開	入	餘	錫
	亦	羊益切	以	梗	昔	三	開	入	餘	鐸

　　文獻通假 1 次：《論語·述而》："五十以學《易》，可以無大過矣。"《釋文》："魯讀'易'爲'亦'。"

頁碼	反切		中古音韻地位						上古音	
477	析	先擊切	心	梗	錫	四	開	入	心	錫
	昔	思積切	心	梗	昔	三	開	入	心	鐸

　　文獻通假 1 次：《史記·田敬仲完世家》："弓膠昔幹，所以爲合也。"《索隱》："昔幹，《考工記》作析幹，則'析''昔'音相近。"

頁碼		反切	中古音韻地位						上古音	
485	幭	莫狄切	明	梗	錫	四	開	入	明	錫
	幕	慕各切	明	宕	鐸	一	開	入	明	鐸

文獻通假 1 次：《禮記·檀弓上》："布幕衛也。"鄭注："'幕'或爲'幭'。"

頁碼		反切	中古音韻地位						上古音	
926	幕	慕各切	明	宕	鐸	一	開	入	明	鐸
	冖	莫狄切	明	梗	錫	四	開	入	明	錫

文獻通假 1 次：《易·井》："井收勿幕。"漢上《易》云："'幕'干作'冖'。"

（四）鐸部—屋部（7 組）

具體數據見第四章第二節屋部。

（五）鐸部—職部（6 組）

具體數據見第一章第二節職部。

（六）鐸部—質部（3 組）

頁碼		反切	中古音韻地位						上古音	
546	液	羊益切	以	梗	昔	三	開	入	餘	鐸
	洟	夷質切	以	臻	質	三	開	入	餘	質

文獻通假 1 次：《禮記·樂記》："淫液之。"《詩·小雅·賓之初筵》《正義》引"液"作"洟"。

頁碼		反切	中古音韻地位						上古音	
551	驛	羊益切	以	梗	昔	三	開	入	餘	鐸
	馹	人質切	日	臻	質	三	開	入	日	質

文獻通假 1 次：《左傳·襄公二十七年》："子木使驛謁諸王。"《釋文》"驛"作"馹"。

頁碼		反切	中古音韻地位						上古音	
605	濞	匹備切	滂	止	至	三	開	去	滂	質
	薄	傍各切	並	宕	鐸	一	開	入	並	鐸

文獻通假 1 次：《淮南子·俶真訓》："譬如周雲之蘢蓯遼巢彭濞而爲雨。"《北堂書鈔·天部二》《太平御覽·天部八》並引"彭濞"作"彭薄"。

（七）鐸部—覺部（2 組）

具體數據見第二章第二節覺部。

（八）鐸部—葉部（1 組）

頁碼		反切	中古音韻地位						上古音	
703	劫	居怯切	見	咸	業	三	開	入	見	葉
	却	去約切	溪	宕	藥	三	開	入	溪	鐸

文獻通假 1 次：《莊子·田子方》："盜人不得劫。"《釋文》"劫"作"刦"，云："元嘉本作'却'。"

（九）鐸部—物部（1 組）

頁碼		反切	中古音韻地位						上古音	
893	繹	羊益切	以	梗	昔	三	開	入	餘	鐸
	纇	盧對切	來	蟹	隊	一	合	去	來	物

文獻通假 1 次：《左傳·宣公十年》："公孫歸父帥師伐邾，取繹。"《穀梁傳》同，《公羊傳》"繹"作"纇"。

三、鐸部和陽聲韻通假關係舉證

表 5–8　鐸部和陽聲韻通假頻次表（組）

	陽部	元部	文部	真部	合計
鐸部	3	3	2	1	9

（一）鐸部—陽部（3 組）

頁碼		反切	中古音韻地位						上古音	
274	迎	語京切	疑	梗	庚	三	開	平	疑	陽
	逆	宜戟切	疑	梗	陌	三	開	入	疑	鐸

文獻通假 10 次：《書·顧命》："逆子釗。"《白虎通·爵》"逆"作"迎"。

頁碼		反切	中古音韻地位						上古音	
287	穬	古猛切	見	梗	梗	二	合	上	見	陽
	戄	居縛切	見	宕	藥	三	合	入	見	鐸

文獻通假 1 次：《説文·瞿部》："戄讀若《詩》云：'穬彼淮夷'之穬。"

頁碼		反切	中古音韻地位						上古音	
315	丙	兵永切	幫	梗	梗	三	合	上	幫	陽
	白	傍陌切	並	梗	陌	二	開	入	並	鐸

文獻通假 1 次：《淮南子·原道訓》："昔者馮夷、大丙之御也。"高注："'丙'或作'白'。"《文選》枚乘《七發》李注引"丙"作"白"。

（二）鐸部—元部（3 組）

頁碼		反切	中古音韻地位						上古音	
198	膊	匹各切	滂	宕	鐸	一	開	入	滂	鐸
	輇	市緣切	禪	山	仙	三	合	平	禪	元

文獻通假 1 次：《周禮·考工記·瓬人》："器中膊。"鄭注："'膊'讀如'車輇'之'輇'。"

頁碼		反切	中古音韻地位						上古音	
208	摶	度官切	定	山	桓	一	合	平	定	元
	縛	符钁切	並	宕	藥	三	合	入	並	鐸

文獻通假 2 次，如：《周禮·地官·羽人》："百羽爲摶。"鄭注："《爾雅》曰：'十羽謂之縛。'其名音相近也。"見《釋器》。按：《古字通假會典》"羽人"爲"角人"，誤。

頁碼		反切	中古音韻地位						上古音	
228	幕	慕各切	明	宕	鐸	一	開	入	明	鐸
	漫	莫半切	明	山	換	一	合	去	明	元

文獻通假 1 次：《漢書·西域傳》："幕爲人面。"顏注："'幕'即'漫'耳，無勞借音。"

（三）鐸部—文部（2 組）

頁碼		反切	中古音韻地位						上古音	
124	欣	許斤切	曉	臻	欣	三	開	平	曉	文
	刾	乞逆切	溪	梗	陌	三	開	入	溪	鐸

文獻通假 1 次：《左傳·成公十三年》："曹公子欣時。"《漢書·古今人表》作"曹刾時"。

頁碼		反切	中古音韻地位						上古音	
198	藉	秦昔切	從	梗	昔	三	開	入	從	鐸
	薦	作甸切	精	山	霰	四	開	去	精	文

文獻通假 1 次：《左傳·昭公二十五年》："唯是楄柎所以藉幹者。"《説文·木部》引"藉"作"薦"。

（四）鐸部—真部（1 組）

頁碼		反切	中古音韻地位						上古音	
154	搏	補各切	幫	宕	鐸	一	開	入	幫	鐸
	揗	武巾切	明	臻	真	三	開	平	明	真

文獻通假 1 次：《老子》十四章："搏之不得，名曰微。"漢帛書甲本、乙本"搏"

作 "捪"。

第三節　陽　部

在本書研究範圍内，陽部共通假 425 組。其中，同部通假 347 組，異部通假 78 組。在異部通假中，陽部與陰聲韻共通假 16 組，與入聲韻共通假 13 組，與陽聲韻共通假 49 組。具體情況如下：

表 5-9　陽部通假情況匯總表

通假類型			通假頻次（組）		
同部通假		陽—陽	347		
異部通假	陰聲韻	陽—魚	8	16	425
		陽—歌	6		
		陽—之	1		
		陽—侯	1		
	入聲韻	陽—錫	4	13	
		陽—鐸	3		
		陽—屋	3		
		陽—職	1		
		陽—物	1	78	
		陽—葉	1		
	陽聲韻	陽—耕	18	49	
		陽—蒸	10		
		陽—元	9		
		陽—真	5		
		陽—談	4		
		陽—東	2		
		陽—侵	1		

一、陽部和陰聲韻通假關係舉證

表 5-10　陽部和陰聲韻通假頻次表（組）

	魚部	歌部	之部	侯部	合計
陽部	8	6	1	1	16

（一）陽部—魚部（8 組）
具體數據見第五章第一節魚部。

（二）陽部—歌部（6組）

頁碼		反切	中古音韻地位						上古音	
209	禓	式羊切	書	宕	陽	三	開	平	書	陽
	儺	諾何切	泥	果	歌	一	開	平	泥	歌

文獻通假2次，如：《禮記・郊特牲》："鄉人禓。"鄭注："'禓'或爲'儺'。"

頁碼		反切	中古音韻地位						上古音	
277	皇	胡光切	匣	宕	唐	一	合	平	匣	陽
	義	宜寄切	疑	止	寘	三	開	去	疑	歌

文獻通假1次：《周禮・地官・舞師》："教皇舞。"鄭注："鄭司農云：'皇，《書》或爲義。'"

頁碼		反切	中古音韻地位						上古音	
312	方	府良切	幫	宕	陽	三	開	平	幫	陽
	亐	虎何切	曉	果	歌	一	開	平	曉	歌

文獻通假1次：《書・堯典》："方命圯族。"《群經音辨》引"方"作"亐"。

頁碼		反切	中古音韻地位						上古音	
660	艤	魚倚切	疑	止	紙	三	開	上	疑	歌
	樣	弋亮切	餘	宕	陽	三	開	去	餘	陽

文獻通假1次：《史記・項羽本紀》："烏江亭長艤船待。"《索隱》："'艤'字鄒誕本作'樣'。"

頁碼		反切	中古音韻地位						上古音	
669	蕩	徒朗切	定	宕	蕩	一	開	上	定	陽
	和	戶戈切	匣	果	戈	一	合	平	匣	歌

文獻通假1次：《周禮・地官・稻人》："以溝蕩水。"鄭注："杜子春讀'蕩'爲'和'。"

頁碼		反切	中古音韻地位						上古音	
690	防	符方切	並	宕	陽	三	合	平	並	陽
	披	敷羈切	滂	止	支	三	開	平	滂	歌

文獻通假1次：《周禮・春官・喪祝》："掌大喪勸防之事。"鄭注："杜子春云：'防當爲披。'"

（三）陽部—之部（1組）

具體數據見第一章第一節之部。

（四）陽部—侯部（1組）

具體數據見第四章第一節侯部。

二、陽部和入聲韻通假關係舉證

表 5-11　陽部和入聲韻通假頻次表（組）

	錫部	鐸部	屋部	職部	物部	葉部	合計
陽部	4	3	3	1	1	1	13

（一）陽部—錫部（4組）

頁碼		反切	中古音韻地位						上古音	
468	惕	他歷切	透	梗	錫	四	開	入	透	錫
	湯	式羊切	書	宕	陽	三	開	平	書	陽

文獻通假2次，如：《易·乾》："君子終日乾乾，夕惕若。"漢帛書本"惕"作"湯"。

頁碼		反切	中古音韻地位						上古音	
469	錫	先擊切	心	梗	錫	四	開	入	心	錫
	湯	式羊切	書	宕	陽	三	開	平	書	陽

文獻通假1次：《易·師》："王三錫命。"漢帛書本"錫"作"湯"。

頁碼		反切	中古音韻地位						上古音	
469	湯	式羊切	書	宕	陽	三	開	平	書	陽
	逖	他歷切	透	梗	錫	四	開	入	透	錫

文獻通假1次：《易·渙》："渙其血，去逖出，無咎。"漢帛書本"逖"作"湯"。

頁碼		反切	中古音韻地位						上古音	
477	淅	先擊切	心	梗	錫	四	開	入	心	錫
	瀁	其兩切	群	宕	養	三	開	上	群	陽

文獻通假1次：《孟子·萬章下》："孔子之去齊，接淅而行。"《說文·水部》引"淅"作"瀁"。

（二）陽部—鐸部（3組）

具體數據見第五章第二節鐸部。

（三）陽部—屋部（3組）

具體數據見第四章第二節屋部。

（四）陽部—職部（1組）

具體數據見第一章第二節職部。

（五）陽部—物部（1 組）

頁碼		反切	中古音韻地位						上古音	
320	网	文兩切	明	宕	養	三	開	上	明	陽
	勿	文弗切	明	臻	物	三	合	入	明	物

文獻通假 1 次：《易·井》："井收勿幕。"《釋文》："干本'勿'作'网'。"

（六）陽部—葉部（1 組）

頁碼		反切	中古音韻地位						上古音	
295	渹	其兩切	群	宕	養	三	開	上	群	陽
	接	即葉切	精	咸	葉	三	開	入	精	葉

文獻通假 1 次：《孟子·萬章下》："孔子之去齊，接淅而行。"《說文·水部》引"接"作"渹"。

三、陽部和其他陽聲韻通假關係舉證

表 5–12　陽部和其他陽聲韻通假頻次表（組）

	耕部	蒸部	元部	真部	談部	東部	侵部	合計
陽部	18	10	9	5	4	2	1	49

（一）陽部—耕部（18 組）

頁碼		反切	中古音韻地位						上古音	
47	罃	烏莖切	影	梗	耕	二	開	平	影	耕
	英	於驚切	影	梗	庚	三	開	平	影	陽

文獻通假 2 次，如：《漢書·古今人表》："女罃。"顏注："即'女英'也。"

頁碼		反切	中古音韻地位						上古音	
48	瑩	永兵切	云	梗	庚	三	合	平	匣	耕
	英	於驚切	影	梗	庚	三	開	平	影	陽

文獻通假 1 次：《尸子》："女英。"《史記·五帝本紀》《索隱》引《世本》作"女瑩"。

頁碼		反切	中古音韻地位						上古音	
49	罌	烏莖切	影	梗	耕	二	開	平	影	耕
	盎	烏浪切	影	宕	宕	一	開	去	影	陽

文獻通假 1 次：《爾雅·釋器》："盎謂之缶。"《左傳·襄公九年》《正義》引"盎"作"罌"。

頁碼		反切	中古音韻地位						上古音	
51	荆	舉卿切	見	梗	庚	三	開	平	見	耕
	京	舉卿切	見	梗	庚	三	開	平	見	陽

文獻通假 1 次：《文選·始安郡還都與張湘州登巴陵城樓詩》："前瞻京臺囿。"李注："《説苑》曰：'楚昭王遊於荆臺。''荆'或爲'京'。"按：《說苑》爲西漢劉向所著。

頁碼		反切	中古音韻地位						上古音	
52	荆	舉卿切	見	梗	庚	三	開	平	見	耕
	慶	丘敬切	溪	梗	映	三	開	去	溪	陽

文獻通假 4 次，如：《戰國策·燕策三》："荆卿"。《史記·刺客列傳》又作"慶卿"。

頁碼		反切	中古音韻地位						上古音	
52	荆	舉卿切	見	梗	庚	三	開	平	見	耕
	羌	去羊切	溪	宕	陽	三	開	平	溪	陽

文獻通假 1 次：《史記·范雎蔡澤列傳》："成荆、孟賁、王慶忌、夏育之勇焉而死。"《集解》引徐廣曰："'荆'一作'羌'。"

頁碼		反切	中古音韻地位						上古音	
61	郢	以整切	以	梗	静	三	開	上	餘	耕
	鞅	於兩切	影	宕	養	三	開	上	影	陽

文獻通假 1 次：《左傳·哀公二十三年》："越諸鞅來聘。"《吳越春秋·句踐入臣外傳》"諸鞅"作"諸稽郢"。

頁碼		反切	中古音韻地位						上古音	
71	倂	畀政切	幫	梗	勁	三	開	去	幫	耕
	並	蒲迥切	並	梗	迥	四	合	上	並	陽

文獻通假 9 次，如：《儀禮·聘禮》："皆二以並。"鄭注："今文'並'皆爲'倂'。"

頁碼		反切	中古音韻地位						上古音	
71	餅	必郢切	幫	梗	静	三	開	上	幫	耕
	綆	古杏切	見	梗	梗	二	開	上	見	陽

文獻通假 1 次：《周禮·考工記·輪人》："眡其綆。"鄭注："鄭司農云：'"綆"讀爲"關東言餅"之"餅"。'"按：《古字通假會典》"眡"作"眼"，誤。

頁碼		反切	中古音韻地位						上古音	
72	名	武並切	明	梗	清	三	開	平	明	耕
	明	武兵切	明	梗	庚	三	開	平	明	陽

文獻通假 2 次，如：《禮記·檀弓上》："子夏喪其子，而喪其明。"漢《冀州從事郭君碑》云："卜商咷喪子失名。"

頁碼		反切	中古音韻地位						上古音	
72	鳴	武兵切	明	梗	庚	三	開	平	明	耕
	明	武兵切	明	梗	庚	三	開	平	明	陽

文獻通假 5 次，如：《漢書·揚雄傳》："嘄嘄昆鳴。"《文選》"昆明"作"昆鳴"。

頁碼		反切	中古音韻地位						上古音	
73	冥	莫經切	明	梗	青	四	開	平	明	耕
	盲	武庚切	明	梗	庚	二	開	平	明	陽

文獻通假 1 次：《晏子春秋·內篇·雜上》："冥臣不習。"《韓詩外傳》《文選·演連珠》李注引"冥"作"盲"。

頁碼		反切	中古音韻地位						上古音	
275	生	所庚切	生	梗	庚	二	開	平	山	耕
	湟	胡光切	匣	宕	唐	一	合	平	匣	陽

文獻通假 2 次，如：《史記·魯周公世家》："子弗湟立。"《十二諸侯年表》作"弗生"。

頁碼		反切	中古音韻地位						上古音	
286	駍	古螢切	見	梗	青	四	合	平	見	耕
	彭	薄庚切	並	梗	庚	二	開	平	並	陽

文獻通假 1 次：《詩·小雅·北山》《大雅·烝民》："四牡彭彭。"《說文·馬部》引《詩》曰："四牡駍駍。"

頁碼		反切	中古音韻地位						上古音	
294	強	巨良切	群	宕	陽	三	開	平	群	陽
	荊	舉卿切	見	梗	庚	三	開	平	見	耕

文獻通假 1 次：《戰國策·魏策二》："楚王登強臺。"姚曰："'強'一作'荊'。"《淮南子·道應訓》作"強臺"。《說苑·正諫》作"荊臺"。

頁碼	反切		中古音韻地位						上古音	
321	明	武兵切	明	梗	庚	三	開	平	明	陽
	命	眉病切	明	梗	勁	三	開	去	明	耕

文獻通假 2 次，如：《易·賁》："君子以明庶政。"《釋文》："'明'，蜀才作'命'。"

頁碼	反切		中古音韻地位						上古音	
322	盟	武兵切	明	梗	庚	三	合	平	明	陽
	命	眉病切	明	梗	映	三	合	去	明	耕

文獻通假 2 次，如：《左傳·襄公十一年》："或間茲命。"《釋文》："'命'本或作'盟'。"

頁碼	反切		中古音韻地位						上古音	
301	囊	奴當切	泥	宕	唐	一	開	平	泥	陽
	零	落賢切	來	山	先	四	開	平	來	耕

文獻通假 1 次：《莊子·徐無鬼》："豕零也。"《釋文》："'豕零'，司馬本作'豕囊'。"

（二）陽部—蒸部（10 組）

具體數據見第一章第三節蒸部。

（三）陽部—元部（9 組）

頁碼	反切		中古音韻地位						上古音	
169	皇	胡光切	匣	宕	唐	一	合	平	匣	陽
	還	戶關切	匣	山	刪	二	合	平	匣	元

文獻通假 1 次：《書·無逸》："則皇自敬德。"《後漢書·楊震傳》引"皇"作"還"。

頁碼	反切		中古音韻地位						上古音	
169	環	戶關切	匣	山	刪	二	合	平	匣	元
	綱	古郎切	見	宕	唐	一	開	平	見	陽

文獻通假 1 次：《國語·齊語》："環山於有牢。"《管子·小匡》"環"作"綱"。下文重句同。或曰："'綱'當作'繯'。"

頁碼	反切		中古音韻地位						上古音	
177	誕	徒旱切	定	山	旱	一	開	上	定	元
	永	于憬切	云	梗	梗	三	合	上	匣	陽

文獻通假 1 次：《書·盤庚中》："汝誕勸憂。"《漢石經》"誕"作"永"。

頁碼		反切	中古音韻地位						上古音	
188	衍	以淺切	以	山	獮	三	開	上	餘	元
	行	戶庚切	匣	梗	庚	二	開	平	匣	陽

文獻通假 2 次，如：《史記·建元以來王子侯者年表》："平度、侯劉衍。"《漢書·王子侯表》"衍"作"行"。

頁碼		反切	中古音韻地位						上古音	
205	賞	書兩切	書	宕	養	三	開	上	書	陽
	單	都寒切	端	山	寒	一	開	平	端	元

文獻通假 1 次：《禮記·祭法》："堯能賞均刑法以義終。"《國語·魯語上》"賞"作"單"。

頁碼		反切	中古音韻地位						上古音	
206	賞	書兩切	書	宕	養	三	開	上	書	陽
	殫	都寒切	端	山	寒	一	開	平	端	元

文獻通假 1 次：《禮記·祭法》："堯能賞均刑法以義終。"《周禮·春官·大司樂》鄭注引"賞"作"殫"。

頁碼		反切	中古音韻地位						上古音	
211	蠻	莫還切	明	山	刪	二	合	平	明	元
	虻	武庚切	明	梗	庚	二	開	平	明	陽

文獻通假 1 次：《山海經·西山經》："有鳥焉，……名曰蠻蠻。"《博物志》"蠻蠻"作"虻虻"。

頁碼		反切	中古音韻地位						上古音	
218	萌	莫耕切	明	梗	耕	二	開	平	明	陽
	繁	附袁切	並	山	元	三	合	平	並	元

文獻通假 1 次：《禮記·月令》："草木萌動。"《呂氏春秋·孟春紀》"萌"作"繁"。

頁碼		反切	中古音韻地位						上古音	
273	英	於驚切	影	梗	庚	三	開	平	影	陽
	匽	於幰切	影	山	阮	三	開	上	影	元

文獻通假 2 次，如：《尸子》："女英。"《大戴禮·帝繫》作"女匽"。

（四）陽部—真部（5組）

頁碼		反切	中古音韻地位						上古音	
75	玄	胡涓切	匣	山	先	四	合	平	匣	真
	橫	戶盲切	匣	梗	庚	二	合	平	匣	陽

文獻通假1次：《爾雅·釋天》："太歲……在壬曰玄黓。"《史記·曆書》"玄黓"作"橫艾"。

頁碼		反切	中古音韻地位						上古音	
76	弦	胡田切	匣	山	先	四	開	平	匣	真
	彊	巨良切	群	宕	陽	三	開	平	群	陽

文獻通假1次：《周禮·夏官·職方氏》："其澤藪曰弦蒲。"《逸周書·職方解》："'弦蒲'作'彊蒲'。"

頁碼		反切	中古音韻地位						上古音	
77	引	余忍切	以	臻	軫	三	開	上	餘	真
	景	居影切	見	梗	梗	三	開	上	見	陽

文獻通假1次：《易·兌》："引兌。"漢帛書本引作"景"。

頁碼		反切	中古音韻地位						上古音	
83	訊	息晉切	心	臻	震	三	開	去	心	真
	詳	似羊切	邪	宕	陽	三	開	平	邪	陽

文獻通假1次：《大戴禮·衛將軍文子》："欲善則訊。"《孔子家語·弟子行》"訊"作"詳"。

頁碼		反切	中古音韻地位						上古音	
152	甿	莫耕切	明	梗	耕	二	開	平	明	陽
	民	彌鄰切	明	臻	真	三	開	平	明	真

文獻通假1次：《周禮·地官·遂人》："以疆予任甿。"《詩·周頌·載芟》鄭箋引"甿"作"民"。

（五）陽部—談部（4組）

頁碼		反切	中古音韻地位						上古音	
232	行	戶庚切	匣	梗	庚	二	開	平	匣	陽
	銜	戶監切	匣	咸	銜	二	開	平	匣	談

文獻通假1次：《詩·豳風·東山》："勿士行枚。"《太平御覽》三五八引"行"作"銜"。

頁碼		反切	中古音韻地位						上古音	
258	坎	苦感切	溪	咸	感	一	開	上	溪	談
	壙	苦謗切	溪	宕	宕	一	合	去	溪	陽

文獻通假 1 次:《禮記·雜記下》:"四十者待盈坎。"鄭注:"'坎'或爲'壙'。"

頁碼		反切	中古音韻地位						上古音	
259	冉	而琰切	日	咸	琰	三	開	上	日	談
	襄	息良切	心	宕	陽	三	開	平	心	陽

文獻通假 1 次:《戰國策·楚策四》:"秦惠王封冉子。"漢帛書本"冉"作"襄"。

頁碼		反切	中古音韻地位						上古音	
262	章	諸良切	章	宕	陽	三	開	平	章	陽
	膽	都敢切	端	咸	敢	一	開	上	端	談

文獻通假 1 次:《韓非子·外儲說左上》:"中牟有士曰中章、胥已者。"《呂氏春秋·知度》"章胥已"作"膽胥已"。

(六)陽部—東部(2 組)

具體數據見第四章第三節東部。

(七)陽部—侵部(1 組)

頁碼		反切	中古音韻地位						上古音	
243	簪	作含切	精	咸	覃	一	開	平	精	侵
	臧	則郎切	精	宕	唐	一	開	平	精	陽

文獻通假 1 次:《易·豫》:"勿疑,朋盍簪。"《釋文》:"'簪',馬作'臧'。"

第六章　支部、錫部、耕部通假關係研究

第一節　支　部

在本書研究範圍內，支部共通假 473 組。其中，同部通假 229 組，異部通假 244 組。在異部通假中，支部與陰聲韻共通假 131 組，與入聲韻共通假 84 組，與陽聲韻共通假 29 組。具體情況如下：

表 6–1　支部通假情況匯總表

通假類型			通假頻次（組）			
同部通假	支—支		229			
異部通假	陰聲韻	支—脂	49	131	244	473
		支—歌	46			
		支—微	17			
		支—之	9			
		支—魚	5			
		支—幽	3			
		支—宵	2			
	入聲韻	支—錫	46	84		
		支—月	16			
		支—質	14			
		支—物	2			
		支—職	2			
		支—葉	2			
		支—覺	2			
	陽聲韻	支—元	16	29		
		支—真	8			
		支—耕	4			
		支—文	1			

一、支部和其他陰聲韻通假關係舉證

表 6–2　支部和其他陰聲韻通假頻次表（組）

	脂部	歌部	微部	之部	魚部	幽部	宵部	合計
支部	49	46	17	9	5	3	2	131

（一）支部—脂部（49 組）

頁碼		反切	中古音韻地位						上古音	
71	鵧	房脂切	並	止	脂	三	開	平	並	脂
	神	符支切	並	止	支	三	開	平	並	支

文獻通假 1 次：《爾雅·釋鳥》：“鴢鳩，鵧鷑。”《淮南子·説林訓》高注引“鵧鷑”作“神笠”。

頁碼		反切	中古音韻地位						上古音	
92	寘	支義切	章	止	寘	三	開	去	章	脂
	禔	杜奚切	定	蟹	齊	四	開	平	定	支

文獻通假 1 次：《易·坎》：“寘于叢棘。”《釋文》：“‘寘’，子夏傳作‘禔’。”

頁碼		反切	中古音韻地位						上古音	
99	洒	所賣切	生	蟹	卦	二	開	去	山	支
	細	蘇計切	心	蟹	霽	四	開	去	心	脂

文獻通假 1 次：《史記·貨殖列傳》：“洒削，薄技也。”《集解》：“徐廣曰：‘“洒”或作“細”。’”

頁碼		反切	中古音韻地位						上古音	
100	庢	杜奚切	定	蟹	齊	四	開	平	定	脂
	蹄	杜奚切	定	蟹	齊	四	開	平	定	支

文獻通假 1 次：《漢書·地理志》：“庢奚。”顏注引孟康曰：“‘庢’音‘題’，字或作‘蹄’。”

頁碼		反切	中古音韻地位						上古音	
185	筓	古奚切	見	蟹	齊	四	開	平	見	脂
	雞	古奚切	見	蟹	齊	四	開	平	見	支

文獻通假 3 次，如：《禮記·問喪》：“雞斯徒跣。”鄭注：“‘雞斯’當爲‘筓纚’，聲之誤也。”

頁碼	反切		中古音韻地位						上古音	
398	弭	綿婢切	明	止	紙	三	開	上	明	支
	彌	武移切	明	止	支	三	開	平	明	脂

文獻通假 8 次，如：《國語·齊語》："渠弭於有渚。"《管子·小匡》"弭"作"彌"。下文重句同。

頁碼	反切		中古音韻地位						上古音	
399	弭	綿婢切	明	止	紙	三	開	上	明	支
	籹	綿婢切	明	止	紙	三	開	上	明	脂

文獻通假 2 次，如：《周禮·春官·男巫》："春招弭。"鄭注："'弭'讀爲'籹'，字之誤也。"

頁碼	反切		中古音韻地位						上古音	
446	娃	於佳切	影	蟹	佳	二	開	平	影	支
	階	古諧切	見	蟹	皆	二	開	平	見	脂

文獻通假 1 次：《山海經·北山經》："是炎帝之少女名曰女娃。"郭注："'娃'或作'階'。"

頁碼	反切		中古音韻地位						上古音	
455	谿	苦奚切	溪	蟹	齊	四	開	平	溪	支
	稽	古奚切	見	蟹	齊	四	開	平	見	脂

文獻通假 2 次，如：《史記·孔子世家》："將欲以尼谿田封孔子。"《晏子春秋·外篇下》"尼谿"作"爾稽"。

頁碼	反切		中古音韻地位						上古音	
458	支	章移切	章	止	支	三	開	平	章	支
	耆	渠脂切	群	止	脂	三	開	平	群	脂

文獻通假 2 次，如：《史記·匈奴列傳》："過焉支山千餘里。"《漢書·匈奴傳》"支"作"耆"。

頁碼	反切		中古音韻地位						上古音	
459	伎	巨支切	群	止	支	三	開	平	群	支
	几	居履切	見	止	旨	三	開	上	見	脂

文獻通假 1 次：《山海經·中山經》："岷山之首曰女几之山。"《隋書·地理志》"几"作"伎"。

頁碼		反切	中古音韻地位						上古音	
461	是	承紙切	禪	止	紙	三	開	上	禪	支
	視	承矢切	禪	止	旨	三	開	上	禪	脂

文獻通假 1 次：《荀子・解蔽》："是其庭可以搏鼠。"楊注："'是'蓋當爲'視'。"

頁碼		反切	中古音韻地位						上古音	
462	提	是支切	禪	止	支	三	開	平	禪	支
	祇	旨夷切	章	止	脂	三	開	平	章	脂

文獻通假 2 次，如：《易・復》："不遠復，無祇悔。"漢帛書本"祇"作"提"。

頁碼		反切	中古音韻地位						上古音	
472	倪	五稽切	疑	蟹	齊	四	開	平	疑	支
	詣	五計切	疑	蟹	霽	四	開	去	疑	脂

文獻通假 2 次，如：《左傳・昭公二十五年》："叔詣。"《公羊傳》《穀梁傳》"叔詣"作"叔倪"。

頁碼		反切	中古音韻地位						上古音	
473	鯢	五稽切	疑	蟹	齊	四	開	平	疑	支
	師	踈夷切	生	止	脂	三	開	平	山	脂

文獻通假 1 次：《山海經・北山經》："歷虢之水……其中有師魚。"郭注："'師'或作'鯢'。"

頁碼		反切	中古音韻地位						上古音	
478	俾	並弭切	幫	止	紙	三	合	上	幫	支
	比	毗至切	並	止	至	三	開	去	並	脂

文獻通假 3 次，如：《詩・小雅・漸漸之石》："俾滂沱矣。"《論衡・明雩》引"俾"作"比"。

頁碼		反切	中古音韻地位						上古音	
492	嫢	均窺切	見	止	支	三	合	平	見	支
	癸	居誄切	見	止	旨	三	合	上	見	脂

文獻通假 1 次：《説文・女部》："'嫢'讀若'癸'。"

頁碼		反切	中古音韻地位						上古音	
492	奎	苦圭切	溪	蟹	齊	四	合	平	溪	支
	睽	苦圭切	溪	蟹	齊	四	合	平	溪	脂

文獻通假 1 次：《莊子·徐無鬼》：“奎蹄曲隈。”《釋文》：“‘奎’本亦作‘睽’。”

頁碼		反切	中古音韻地位						上古音	
534	睇	特計切	定	蟹	霽	四	開	去	定	脂
	睼	杜奚切	定	蟹	齊	四	開	去	透	支

文獻通假 1 次：《易·明夷》：“夷于左股。”《音訓》：“‘夷’，陸希聲作‘睇’，‘睇’又作‘睼’。”《音訓》衍一“睇”字。

頁碼		反切	中古音韻地位						上古音	
539	黎	郎奚切	來	蟹	齊	四	開	平	來	脂
	麗	郎計切	來	蟹	霽	四	開	去	來	支

文獻通假 3 次，如：《大戴禮·保傅》：“而厲公以見殺於匠黎之宮。”《賈子新書·胎教》“黎”作“麗”。

頁碼		反切	中古音韻地位						上古音	
539	黎	郎奚切	來	蟹	齊	四	開	平	來	脂
	驪	呂支切	來	止	支	三	開	平	來	支

文獻通假 2 次，如：《書·禹貢》：“厥土青黎。”《史記·夏本紀》作“其土青驪”，《太平御覽》三七引“黎”作“驪”。

頁碼		反切	中古音韻地位						上古音	
539	犂	郎奚切	來	蟹	齊	四	開	平	來	脂
	驪	呂支切	來	止	支	三	開	平	來	支

文獻通假 1 次：《漢書·西域傳》：“西與犂軒條支接。”顏注：“‘犂’讀與‘驪’同。”

頁碼		反切	中古音韻地位						上古音	
539	酈	呂支切	來	止	支	三	開	平	來	支
	犂	郎奚切	來	蟹	齊	四	開	平	來	脂

文獻通假 1 次：《左傳·僖公元年》：“公子友帥師敗莒師于酈。”《公羊傳》“酈”作“犂”。

頁碼		反切	中古音韻地位						上古音	
544	醴	盧啟切	來	蟹	薺	四	開	上	來	脂
	醍	杜奚切	定	蟹	齊	四	開	平	定	支

文獻通假 1 次：《禮記·禮器》：“醴酒之用。”《周禮·天官·酒正》鄭注引“醴”作“醍”。

頁碼		反切	中古音韻地位						上古音	
544	鱧	盧啟切	來	蟹	薺	四	開	上	來	脂
	鱺	盧啟切	來	蟹	薺	四	開	上	來	支

文獻通假 1 次：《爾雅·釋魚》：“鱧鯇。”《釋文》：“‘鱧’字或作‘鱺’。”

頁碼		反切	中古音韻地位						上古音	
550	麑	五稽切	疑	蟹	齊	四	開	平	疑	支
	彌	武移切	明	止	支	三	開	平	明	脂

文獻通假 1 次：《左傳·宣公二年》：“使鉏麑賊之。”《説苑·立節》：“‘鉏麑’作‘鉏之彌’。”

頁碼		反切	中古音韻地位						上古音	
550	壐	斯氏切	心	止	紙	三	開	上	心	脂
	徙	斯氏切	心	止	紙	三	開	上	心	支

文獻通假 1 次：《吕氏春秋·孟冬紀》：“固封壐。”高注：“‘壐’，讀曰‘移徙’之‘徙’。”

頁碼		反切	中古音韻地位						上古音	
557	鱧	盧啟切	來	蟹	薺	四	開	上	來	脂
	蠡	吕支切	來	止	支	三	開	平	来	支

文獻通假 1 次：《爾雅·釋魚》：“鱧鯇。”《釋文》：“鱧又作蠡。”《本草》作“蠡”。

頁碼		反切	中古音韻地位						上古音	
561	師	疎夷切	生	止	脂	三	開	平	山	脂
	斯	息移切	心	止	支	三	開	平	心	支

文獻通假 1 次：《左傳·文公十一年》：“獲長狄緣斯。”《史記·魯周公世家》“緣師”作“緣斯”。

頁碼		反切	中古音韻地位						上古音	
565	扺	諸氏切	章	止	紙	三	開	上	章	支
	抵	都禮切	端	蟹	薺	四	開	上	端	脂

文獻通假 1 次：《説文·手部》：“‘扺’讀若‘抵掌’之‘抵’。”

頁碼		反切	中古音韻地位						上古音	
566	底	都禮切	端	蟹	薺	四	開	上	端	脂
	紙	諸氏切	章	止	紙	三	開	上	章	支

文獻通假 1 次：《淮南子·原道訓》："非謂其底滯而不發。"高注："'底'讀曰'紙'。"

頁碼		反切	中古音韻地位						上古音	
566	祗	旨移切	章	止	脂	三	開	平	章	脂
	提	杜奚切	定	蟹	齊	四	開	平	定	支

文獻通假 3 次，如：《易·復》："無祗悔。"《釋文》："'祗'，王肅作'提'。"

頁碼		反切	中古音韻地位						上古音	
566	祗	旨移切	章	止	脂	三	開	平	章	脂
	斀	章移切	章	止	支	三	開	平	章	支

文獻通假 1 次：《易·復》："無祗悔。"《釋文》："'祗'九家本作'斀'。"

頁碼		反切	中古音韻地位						上古音	
566	疧	疾移切	從	止	支	三	開	平	從	支
	底	都禮切	端	蟹	薺	四	開	上	端	脂

文獻通假 1 次：《史記·高祖功臣侯者年表》："魯侯涓涓死無子封毋疧。"《漢書·高惠高后文功臣表》作"母底"。按：《史記·高祖功臣侯者年表》"者年"二字《古字通假會典》脫。

頁碼		反切	中古音韻地位						上古音	
566	巵	章移切	章	止	支	三	開	平	章	支
	瓵	都禮切	端	蟹	薺	四	開	上	端	脂

文獻通假 1 次：《漢書·高帝紀》："上奉玉巵。"顏注引："應劭曰：'古"巵"字作"瓵"。'"

頁碼		反切	中古音韻地位						上古音	
568	示	神至切	船	止	至	三	開	去	船	脂
	祗	章移切	章	止	支	三	開	平	章	支

文獻通假 10 次，如：《周禮·天官·大宰》："祀大神示亦如之。"《釋文》："'示'本又作'祗'。"

頁碼		反切	中古音韻地位						上古音	
568	提	杜奚切	定	蟹	齊	四	開	平	定	支
	示	神至切	船	止	至	三	開	去	船	脂

文獻通假 1 次：《左傳·宣公二年》："其右提彌明知之。"《史記·晋世家》"提彌明"作"示眯明"。

頁碼		反切	中古音韻地位						上古音	
569	提	杜奚切	定	蟹	齊	四	開	平	定	支
	祂	渠脂切	群	止	脂	三	開	平	群	脂

　　文獻通假 2 次，如：《左傳·宣公二年》：“其右提彌明知之。”《漢書·古今人表》“提彌明”作“祂彌明”，《水經注·河水》引同。

頁碼		反切	中古音韻地位						上古音	
570	只	諸氏切	章	止	紙	三	開	上	章	支
	旨	職雉切	章	止	旨	三	開	上	章	脂

　　文獻通假 2 次，如：《詩·小雅·南山有臺》：“樂只君子。”《左傳·昭公十三年、襄公二十四年》並引“只”作“旨”。

頁碼		反切	中古音韻地位						上古音	
576	郎	胡雞切	匣	蟹	齊	四	開	平	匣	脂
	奚	胡雞切	匣	蟹	齊	四	開	平	匣	支

　　文獻通假 1 次：《説文·邑部》：“‘郎’讀若‘奚’。”

頁碼		反切	中古音韻地位						上古音	
583	訾	即移切	精	止	支	三	開	平	精	支
	資	即夷切	精	止	脂	三	開	平	精	脂

　　文獻通假 3 次，如：《漢書·董仲舒傳》：“選郎吏，又以富訾。”顏注：“‘訾’讀與‘資’同。”

頁碼		反切	中古音韻地位						上古音	
583	資	即夷切	精	止	脂	三	開	平	精	脂
	貲	即移切	精	止	支	三	開	平	精	支

　　文獻通假 1 次：《管子·立政》：“雖有富家多資。”《春秋繁露》“資”作“貲”。

頁碼		反切	中古音韻地位						上古音	
583	訾	即移切	精	止	支	三	開	平	精	支
	恣	資四切	精	止	至	三	開	去	精	脂

　　文獻通假 1 次：《荀子·非十二子》：“離縱而跂訾者也。”楊注：“‘訾’讀爲‘恣’。”

頁碼		反切	中古音韻地位						上古音	
589	卑	府移切	幫	止	支	三	開	平	幫	支
	比	卑履切	幫	止	旨	三	開	上	幫	脂

　　文獻通假 1 次：《莊子·天下》：“天與地卑。”《荀子·不苟》作“天地比”。

頁碼	反切		中古音韻地位							上古音	
589	庳	便俾切	並	止	紙	三	開	上		並	支
	比	卑履切	幫	止	旨	三	開	上		幫	脂

　　文獻通假 1 次：《孟子·萬章上》：“象至不仁，封之有庳。”《白虎通·封公侯》“有庳”作“有比”。

頁碼	反切		中古音韻地位							上古音	
590	紕	符支切	並	止	支	三	開	平		並	脂
	埤	符支切	並	止	支	三	開	平		並	支

　　文獻通假 1 次：《禮記·玉藻》：“縞冠素紕。”鄭注：“‘紕’讀如‘埤益’之‘埤’。”按：《古字通假會典》通假字“紕”爲“綼”，與例證不符，故本書改爲“紕”。

頁碼	反切		中古音韻地位							上古音	
590	毗	房脂切	並	止	脂	三	開	平		並	脂
	裨	府移切	幫	止	支	三	開	平		幫	支

　　文獻通假 1 次：《詩·小雅·節南山》：“天子是毗。”《隋書·律曆志》引“毗”作“裨”。

頁碼	反切		中古音韻地位							上古音	
590	毗	房脂切	並	止	脂	三	開	平		並	脂
	庳	便俾切	並	止	紙	三	開	上		並	支

　　文獻通假 1 次：《詩·小雅·節南山》：“天子是毗。”《荀子·宥坐》引“毗”作“庳”。

頁碼	反切		中古音韻地位							上古音	
590	毗	房脂切	並	止	脂	三	開	平		並	脂
	埤	符支切	並	止	支	三	開	平		並	支

　　文獻通假 1 次：《詩·小雅·節南山》：“天子是毗。”《釋文》：“‘毗’王作‘埤’。”

（二）支部—歌部（46 組）

頁碼	反切		中古音韻地位							上古音	
447	詭	過委切	見	止	紙	三	合	上		見	支
	虧	去爲切	溪	止	支	三	合	平		溪	歌

　　文獻通假 4 次，如：《左傳·閔公二年》：“公子無虧。”《史記·齊太公世家》《漢書·古今人表》作“公子無詭”。

頁碼		反切	中古音韻地位						上古音	
447	陒	過委切	見	止	紙	三	合	上	見	支
	戲	許羈切	曉	止	支	三	開	平	曉	歌

文獻通假 1 次：《漢書·張湯杜周傳贊》：“業因勢而抵陒。”顏注：“一説‘陒’讀與‘戲’同。”

頁碼		反切	中古音韻地位						上古音	
451	兮	胡雞切	匣	蟹	齊	四	開	平	匣	支
	呵	虎何切	曉	果	歌	一	開	平	曉	歌

文獻通假 1 次：《老子》四章：“淵兮似萬物之宗。”漢帛書甲本、乙本兮作“呵”。全書同。

頁碼		反切	中古音韻地位						上古音	
454	係	古詣切	見	蟹	霽	四	開	去	見	支
	羈	居宜切	見	止	支	三	開	平	見	歌

文獻通假 1 次：《淮南子·氾論訓》：“禽獸可羈而從也。”《文子·上禮》“羈”作“係”。

頁碼		反切	中古音韻地位						上古音	
457	踟	直離切	澄	止	支	三	開	平	定	支
	移	弋支切	以	止	支	三	開	平	餘	歌

文獻通假 1 次：《文選·魯靈光殿賦》：“西廂踟蹰以閑宴。”張注：“‘踟’或‘移’字。”按：《魯靈光殿賦》是東漢王延壽所作。

頁碼		反切	中古音韻地位						上古音	
460	芰	奇寄切	群	止	寘	三	開	去	群	支
	蓤	當何切	端	果	歌	一	開	平	端	歌

文獻通假 1 次：《説文·艸部》：“‘芰’，杜林説作‘蓤’。”

頁碼		反切	中古音韻地位						上古音	
460	企	丘弭切	溪	止	紙	三	合	上	溪	支
	炊	昌垂切	昌	止	支	三	合	平	昌	歌

文獻通假 1 次：《老子》二十四章：“企者不立。”漢帛書甲本、乙本“企”作“炊”。

頁碼		反切	中古音韻地位						上古音	
463	氏	章移切	章	止	支	三	開	平	章	支
	姼	尺氏切	昌	止	紙	三	開	上	昌	歌

文獻通假 1 次：《隸釋》十一《費汎碑》："因妣爲姓。"洪适釋："妣即氏字。"按：東漢時刻，全名《梁相費汎碑》。

頁碼	反切		中古音韻地位						上古音	
463	忯	巨支切	群	止	支	三	開	平	群	支
	姼	尺氏切	昌	止	紙	三	開	上	昌	歌

文獻通假 1 次：《爾雅·釋訓》："忯忯、惕惕，愛也。"《漢書·敍傳》顏注："孟康引'忯忯'作'姼姼'。"

頁碼	反切		中古音韻地位						上古音	
463	祇	巨支切	群	止	支	三	開	平	群	支
	多	得何切	端	果	歌	一	開	平	端	歌

文獻通假 1 次：《左傳·襄公二十九年》："祇見疏也。"《釋文》："'祇'本又作'多'。"《正義》："服虔本作'祇'。晋宋杜本皆作'多'。古人多、祇同音。"

頁碼	反切		中古音韻地位						上古音	
467	趠	直離切	澄	止	支	三	開	平	定	支
	池	直離切	澄	止	支	三	開	平	定	歌

文獻通假 1 次：《説文·走部》："'趠'讀若'池'。"

頁碼	反切		中古音韻地位						上古音	
467	褫	池爾切	澄	止	紙	三	開	上	定	支
	拕	託何切	透	果	歌	一	開	平	透	歌

文獻通假 1 次：《易·訟》："終朝三褫之。"《釋文》："'褫'，鄭本作'拕'。"《集解》"褫"作"拕"。

頁碼	反切		中古音韻地位						上古音	
467	篪	直離切	澄	止	支	三	開	平	定	支
	筁	陳知切	定	止	支	三	開	平	定	歌

文獻通假 1 次：《禮記·月令》："調竽笙筁簧。"《釋文》："'筁'本亦作'篪'。"《吕氏春秋·仲夏紀》《淮南子·時則訓》"筁"作"篪"。

頁碼	反切		中古音韻地位						上古音	
472	倪	五稽切	疑	蟹	齊	四	開	平	疑	支
	娥	五何切	疑	果	歌	一	開	平	疑	歌

文獻通假 1 次：《山海經·大荒南經》《尸子》："娥皇。"《大戴禮·五帝德》作"倪皇"。

頁碼		反切	中古音韻地位						上古音	
476	斯	息移切	心	止	支	三	開	平	心	支
	差	楚宜切	初	止	支	三	開	平	初	歌

文獻通假 1 次：《左傳·襄公十四年》："庾公差。"《孟子·離婁下》作"庾公之斯"。

頁碼		反切	中古音韻地位						上古音	
479	㔻	府移切	幫	止	支	三	開	平	幫	支
	罷	符羈切	並	止	支	三	開	平	並	歌

文獻通假 1 次：《説文·丏部》："'㔻'讀若'罷'。"

頁碼		反切	中古音韻地位						上古音	
479	捭	北買切	幫	蟹	蟹	二	開	上	幫	支
	擺	北買切	幫	蟹	蟹	二	開	上	幫	歌

文獻通假 1 次：《後漢書·馬融傳》："擺牲班禽，淤賜犒功。"李注："《廣雅》曰：'捭，開也。'《字書》'擺'，'布'字也。"

頁碼		反切	中古音韻地位						上古音	
479	痺	府移切	幫	止	支	三	開	平	幫	支
	罷	符羈切	並	止	支	三	開	平	並	歌

文獻通假 1 次：《周禮·夏官·司弓矢》："恆矢痺矢，用諸散射。"鄭注："鄭司農：'庳讀爲人罷短之罷。'玄謂庳讀如痺。"

頁碼		反切	中古音韻地位						上古音	
525	骴	疾智切	從	止	寘	三	開	去	從	支
	髊	才支切	從	止	支	三	開	平	從	歌

文獻通假 1 次：《禮記·月令》："掩骼埋骴。"《吕氏春秋·孟春紀》"骴"作"髊"。

頁碼		反切	中古音韻地位						上古音	
543	蠡	吕支切	來	止	支	三	開	平	來	支
	瘰	郎果切	來	果	果	一	合	上	來	歌

文獻通假 1 次：《左傳·桓公六年》："謂其不疾瘯蠡也。"《釋文》："'蠡'，《説文》作'瘰'。"

頁碼		反切	中古音韻地位						上古音	
550	施	式支切	書	止	支	三	開	平	書	歌
	黿	式支切	書	止	支	三	開	平	書	支

文獻通假 1 次：《詩·邶風·新臺》："得此戚施。"《說文·黽部》引"戚施"作"䣆黽"。

頁碼		反切	中古音韻地位						上古音	
553	巂	戶圭切	匣	蟹	齊	四	合	平	匣	支
	蘂	如累切	日	止	紙	三	合	上	日	歌

文獻通假 1 次：《禮記·曲禮上》："立視五巂。"鄭注："'巂'或作'蘂'。"

頁碼		反切	中古音韻地位						上古音	
557	蠃	力爲切	來	止	支	三	合	平	來	歌
	蠡	呂支切	來	止	支	三	開	平	來	支

文獻通假 1 次：《易·說卦》："離爲蠃。"《釋文》："'蠃',姚作'蠡'。"

頁碼		反切	中古音韻地位						上古音	
557	蠡	呂支切	來	止	支	三	開	平	來	支
	蠃	郎果切	來	果	果	一	合	上	來	歌

文獻通假 2 次，如：《文選·東征賦》："諒不登樔而椓蠡兮。"李注："'蠡'與'蠃',古字通。"按：《東征賦》爲東漢班昭於永初七年創作。

頁碼		反切	中古音韻地位						上古音	
584	傞	素何切	心	果	歌	一	開	平	心	歌
	嫅	即移切	精	止	支	三	開	平	精	支

文獻通假 1 次：《詩·小雅·賓之初筵》："屢舞傞傞。"《說文·女部》引"傞傞"作"嫅嫅"。

頁碼		反切	中古音韻地位						上古音	
663	巂	居隋切	見	止	支	三	合	平	見	支
	嬀	居爲切	見	止	支	三	合	平	見	歌

文獻通假 1 次：《說文·咼部》："'巂'讀若'嬀'。"

頁碼		反切	中古音韻地位						上古音	
665	阿	烏何切	影	果	歌	一	開	平	影	歌
	庪	過委切	見	止	紙	三	合	上	見	支

文獻通假 1 次：《儀禮·士昏禮》："當阿。"鄭注："今文'阿'爲'庪'。"

頁碼		反切	中古音韻地位						上古音	
667	猗	於離切	影	止	支	三	開	平	影	歌
	兮	胡雞切	匣	蟹	齊	四	開	平	匣	支

文獻通假 2 次，如：《書·秦誓》：“斷斷猗。”《禮·大學》引作“斷斷兮”。

頁碼		反切	中古音韻地位						上古音	
667	技	渠綺切	群	止	紙	三	開	上	群	支
	猗	於離切	影	止	支	三	開	平	影	歌

文獻通假 1 次：《莊子·養生主》：“技經肯綮之未嘗。”《釋文》：“‘技’本或作‘猗’。”

頁碼		反切	中古音韻地位						上古音	
672	釃	所宜切	生	止	支	三	開	平	山	支
	醨	呂支切	來	止	支	三	開	平	來	歌

文獻通假 1 次：《楚辭·漁父》：“何不餔其糟而歠其釃。”《考異》：“《文選》‘釃’作‘醨’。”《史記·屈原賈生列傳》“釃”作“醨”。

頁碼		反切	中古音韻地位						上古音	
673	纚	所綺切	生	止	紙	三	開	上	山	支
	縭	呂支切	來	止	支	三	開	平	來	歌

文獻通假 1 次：《詩·小雅·采菽》：“紼纚維之。”《初學記》二五引、《漢書·賈誼傳》顏注引“纚”作“縭”。

頁碼		反切	中古音韻地位						上古音	
673	離	呂支切	來	止	支	三	開	平	來	歌
	麗	郎計切	來	蟹	霽	四	開	去	來	支

文獻通假 9 次，如：《易·離》：“離王公也。”《釋文》：“‘離’，鄭作‘麗’。”《文選·吳都賦》劉注引“離”作“麗”。

頁碼		反切	中古音韻地位						上古音	
673	儷	郎計切	來	蟹	霽	四	開	去	來	支
	離	呂支切	來	止	支	三	開	平	來	歌

文獻通假 2 次，如：《儀禮·士冠禮》：“束帛儷皮。”鄭注：“古文‘儷’爲‘離’。”

頁碼		反切	中古音韻地位						上古音	
674	驪	呂支切	來	止	支	三	開	平	來	支
	離	呂支切	來	止	支	三	開	平	來	歌

文獻通假 1 次：《左傳·莊公二十八年》："驪姬。"《竹書紀年》作"離姬"。

頁碼		反切	中古音韻地位						上古音	
674	蠡	盧啟切	來	蟹	薺	四	開	上	來	支
	離	呂支切	來	止	支	三	開	平	來	歌

文獻通假 1 次：《淮南子·脩務訓》："脩彭蠡之防。"《北堂書鈔》四引"蠡"作"離"。

頁碼		反切	中古音韻地位						上古音	
675	麗	郎計切	來	蟹	霽	四	開	去	來	支
	羅	魯何切	來	果	歌	一	開	平	來	歌

文獻通假 1 次：《周禮·秋官·小司寇》："以八辟麗邦灋。"鄭注："杜子春讀'麗'爲'羅'。"

頁碼		反切	中古音韻地位						上古音	
675	羅	呂支切	來	止	支	三	開	平	來	歌
	麗	郎計切	來	蟹	霽	四	開	去	來	支

文獻通假 1 次：《書·洪範》："不罹于咎。"《困學紀聞》二引載《尚書大傳》引"罹"作"麗"。

頁碼		反切	中古音韻地位						上古音	
675	覼	郎計切	來	蟹	霽	四	開	去	來	支
	池	直離切	澄	止	支	三	開	平	定	歌

文獻通假 1 次：《説文·見部》："'覼'讀若'池'。"

頁碼		反切	中古音韻地位						上古音	
675	躧	所綺切	生	止	紙	三	開	上	山	支
	沙	所加切	生	假	麻	二	開	平	山	歌

文獻通假 1 次：《戰國策·燕策一》："猶釋弊躧。"漢帛書本"躧"作"沙"。

頁碼		反切	中古音韻地位						上古音	
676	陂	彼義切	幫	止	寘	三	開	去	幫	歌
	灑	所綺切	生	止	紙	三	開	上	山	支

文獻通假 1 次：《書·禹貢》："九澤既陂。"《史記·河渠書》引"陂"作"灑"。

頁碼		反切	中古音韻地位						上古音	
680	施	式支切	書	止	支	三	開	平	書	歌
	虒	息移切	心	止	支	三	開	平	心	支

文獻通假 1 次：《韓非子・十過》："晋平公觴之於施夷之臺。"《太平御覽》五七九引"施夷"作"虒祁"。

頁碼		反切	中古音韻地位						上古音	
681	褫	敕里切	徹	止	止	三	開	上	透	支
	池	直離切	澄	止	支	三	開	平	定	歌

文獻通假 1 次：《説文・衣部》："'褫'讀若'池'。"

頁碼		反切	中古音韻地位						上古音	
682	乁	弋支切	以	止	支	三	開	平	餘	支
	移	弋支切	以	止	支	三	開	平	餘	歌

文獻通假 1 次：《説文・乁部》："'乁'讀若'移'。"

頁碼		反切	中古音韻地位						上古音	
682	㦬	弋支切	以	止	支	三	開	平	餘	支
	移	弋支切	以	止	支	三	開	平	餘	歌

文獻通假 1 次：《説文・㳄部》："'㦬'讀若'移'。"

頁碼		反切	中古音韻地位						上古音	
682	嫿	呼恚切	曉	止	寘	三	合	去	曉	支
	隓	許規切	曉	止	支	三	合	平	曉	歌

文獻通假 1 次：《説文・女部》："'嫿'讀若'隓'。"

頁碼		反切	中古音韻地位						上古音	
691	𡇯	文彼切	明	止	紙	三	開	上	明	歌
	洂	綿婢切	明	止	紙	三	開	上	明	支

文獻通假 1 次：《説文・耳部》："'𡇯'讀若'洂水'。"

（三）支部—微部（17 組）

頁碼		反切	中古音韻地位						上古音	
125	沂	魚衣切	疑	止	微	三	開	平	疑	微
	涯	五佳切	疑	蟹	佳	二	開	平	疑	支

文獻通假 1 次：《隸釋》八《博陵太守孔彪碑》："永永無沂，與日月並。"洪适釋以'沂'爲'涯'。按：《孔彪碑》，東漢建寧四年七月立。

頁碼		反切	中古音韻地位						上古音	
446	溰	宜佳切	疑	蟹	佳	二	開	平	疑	支
	澄	魚衣切	疑	止	微	三	開	平	疑	微

文獻通假 1 次：《楚辭・九思》："霜雪兮溰澄。"《考異》："'澄'一作'溰'。"

頁碼		反切	中古音韻地位						上古音	
447	規	居隋切	見	止	支	三	合	平	見	支
	歸	舉韋切	見	止	微	三	合	平	見	微

文獻通假 1 次：《文選・高唐賦》："姊歸思婦。"李注："《爾雅》曰：'嶲周。'郭璞曰：'子嶲鳥出蜀中，或曰即子規，亦名姊歸。'"按：《高唐賦》爲戰國時宋玉所作。

頁碼		反切	中古音韻地位						上古音	
460	蚑	巨支切	群	止	支	三	開	平	群	支
	蟻	渠希切	群	止	微	三	開	平	群	微

文獻通假 1 次：《爾雅・釋魚》："蛭蟻。"《釋文》："'蟻'，《本草》又作'蚑'。"

頁碼		反切	中古音韻地位						上古音	
498	維	以追切	以	止	脂	三	合	平	餘	微
	繑	户圭切	匣	蟹	齊	四	合	平	匣	支

文獻通假 1 次：《易・隨》："乃從維之。"漢帛書本"維"作"繑"。

頁碼		反切	中古音韻地位						上古音	
498	繑	户圭切	匣	蟹	齊	四	合	平	匣	支
	維	以追切	以	止	脂	三	合	平	餘	微

文獻通假 1 次：《説文・糸部》："'繑'或讀若'維'。"

頁碼		反切	中古音韻地位						上古音	
499	洒	所賣切	生	蟹	卦	二	開	去	山	支
	漼	七罪切	清	蟹	賄	一	合	上	清	微

文獻通假 1 次：《詩・邶風・新臺》："新臺有洒。"《释文》："'洒'，《韓詩》作'漼'。"《説文・水部》《繫傳》引"洒"作"漼"。

頁碼		反切	中古音韻地位						上古音	
501	瑰	公回切	見	蟹	灰	一	合	平	見	微
	詭	過委切	見	止	紙	三	合	上	見	支

文獻通假 1 次：《淮南子・詮言訓》："無瑰異之行。"《文子・符言》"瑰"作"詭"。

頁碼		反切	中古音韻地位						上古音	
501	佹	過委切	見	止	紙	三	合	上	見	支
	魏	魚贵切	疑	止	未	三	合	去	疑	微

文獻通假 1 次：《列子・力命》："佹佹成者，俏成也。"盧重玄注本"佹"作"魏"。

頁碼		反切	中古音韻地位						上古音	
505	偉	于鬼切	云	止	尾	三	合	上	匣	微
	危	魚爲切	疑	止	支	三	合	平	疑	支

文獻通假 1 次：《史記・荆燕世家》："豈不爲偉乎。"《漢書・荆燕吴傳》"偉"作"危"。

頁碼		反切	中古音韻地位						上古音	
506	圍	雨非切	云	止	微	三	合	平	匣	微
	垝	過委切	見	止	紙	三	合	上	見	支

文獻通假 1 次：《荀子・彊國》："乃據圍津。"楊注："'圍'當爲'圍'。《史記》：秦國有懷茅邢丘城垝津。'垝''圍'聲相近，疑同。"

頁碼		反切	中古音韻地位						上古音	
509	鈋	過委切	見	止	紙	三	合	上	見	支
	毀	許委切	曉	止	紙	三	合	上	曉	微

文獻通假 1 次：《説文・金部》："'鈋'讀若'毁'，行毀。"大徐本作"跛行"，今從小徐本。

頁碼		反切	中古音韻地位						上古音	
515	幾	居依切	見	止	微	三	開	平	見	微
	庪	過委切	見	止	紙	三	合	上	見	支

文獻通假 1 次：《周禮・秋官・犬人》："凡幾珥沈辜。"鄭注："鄭司農云：'幾讀爲庪。'"

頁碼		反切	中古音韻地位						上古音	
542	累	良僞切	來	止	寘	三	合	去	來	微
	欐	郎計切	來	蟹	霽	四	開	去	來	支

文獻通假 1 次：《史記・司馬相如列傳》："連卷累佹。"《漢書・司馬相如傳》《文選・上林賦》"累"作"欐"。

頁碼		反切	中古音韻地位						上古音	
554	豕	施是切	書	止	紙	三	開	上	書	支
	豨	香衣切	曉	止	微	三	開	平	曉	微

文獻通假 11 次，如：《易·睽·上九》："睽孤見豕負塗。"漢帛書本"豕"作"豨"。

頁碼		反切	中古音韻地位						上古音	
576	洒	所賣切	生	蟹	卦	二	開	去	山	支
	漼	七罪切	清	蟹	賄	一	合	上	清	微

文獻通假 1 次：《詩·北風·新臺》："新臺有洒。"《说文·水部》漼下《繫傳》云《詩》："新臺有漼。"本如此字。

頁碼		反切	中古音韻地位						上古音	
606	微	無非切	明	止	微	三	合	平	明	微
	危	魚爲切	疑	止	支	三	合	平	疑	支

文獻通假 1 次：《周禮·考工記·輪人》："欲其微至也。"鄭注："鄭司農云：'微至書或作危至。'"

（四）支部—之部（9 組）

具體數據見第一章第一節之部。

（五）支部—魚部（5 組）

具體數據見第五章第一節魚部。

（六）支部—幽部（3 組）

具體數據見第二章第一節幽部。

（七）支部—宵部（2 組）

具體數據見第三章第一節宵部。

二、支部和入聲韻通假關係舉證

表 6–3　支部和入聲韻通假频次表（組）

	錫部	月部	質部	物部	職部	葉部	覺部	合計
支部	46	16	14	2	2	2	2	84

（一）支部—錫部（46 組）

頁碼		反切	中古音韻地位						上古音	
399	弭	綿婢切	明	止	紙	三	開	上	明	支
	辟	房益切	並	梗	昔	三	開	入	並	錫

文獻通假 1 次：《禮記·郊特牲》："有由辟焉。"鄭注："'辟'讀爲'弭'。"

頁碼		反切	中古音韻地位						上古音	
445	恚	於避切	影	止	寘	三	合	去	影	支
	餩	於革切	影	梗	麥	二	開	入	影	錫

文獻通假 1 次：《説文·食部》："'飿'讀若楚人言'恚'。"

頁碼		反切	中古音韻地位						上古音	
446	䲆	胡瓦切	匣	假	馬	二	合	上	匣	支
	解	佳買切	見	蟹	蟹	二	開	上	見	錫

文獻通假 1 次：《太玄·難·上九》："角䲆觬，終以直其有犯。"司馬光集注："范本䲆觬作解豸，䲆觬與。"

頁碼		反切	中古音韻地位						上古音	
446	䲆	胡瓦切	匣	假	馬	二	合	上	匣	支
	獬	胡買切	匣	蟹	蟹	二	開	上	匣	錫

文獻通假 1 次：《淮南子·主術訓》："楚文王好服獬冠。"《太平御覽》六八四引"獬"作"䲆"。

頁碼		反切	中古音韻地位						上古音	
447	規	居隋切	見	止	支	三	合	平	見	支
	隔	古核切	見	梗	麥	二	開	入	見	錫

文獻通假 1 次：《戰國策·趙策二》："秦無韓魏之隔。"《史記·蘇秦列傳》"隔"作"規"。

頁碼		反切	中古音韻地位						上古音	
448	畫	胡卦切	匣	蟹	卦	二	合	去	匣	錫
	講	户圭切	匣	蟹	齊	四	合	平	匣	支

文獻通假 1 次：《説文·言部》："'講'讀若'畫'。"

頁碼		反切	中古音韻地位						上古音	
448	畫	胡卦切	匣	蟹	卦	二	合	去	匣	錫
	繣	胡卦切	匣	蟹	卦	二	合	去	匣	支

文獻通假 1 次：《説文·糸部》："'繣'讀若'畫'。"

頁碼		反切	中古音韻地位						上古音	
453	毄	苦擊切	溪	梗	錫	四	開	入	溪	錫
	係	古詣切	見	蟹	霽	四	開	去	見	支

文獻通假 2 次，如：《莊子·應帝王》："胥易技係，勞形怵心者也。"《釋文》："'係'或作'毄'。"

頁碼		反切	中古音韻地位						上古音	
454	繫	古詣切	見	蟹	霽	四	開	去	見	錫
	系	胡計切	匣	蟹	霽	四	開	去	匣	支

文獻通假 3 次，如：《漢書·司馬相如傳》：“洞胸達掖，絕乎心繫。”顏注：“‘繫’讀曰‘系’也。”

頁碼		反切	中古音韻地位						上古音	
454	繫	古詣切	見	蟹	霽	四	開	去	見	錫
	係	古詣切	見	蟹	霽	四	開	去	見	支

文獻通假 5 次，如：《易·遯》：“係遯之厲。”《釋文》：“‘係’本或作‘繫’。”

頁碼		反切	中古音韻地位						上古音	
459	跂	巨支切	群	止	支	三	開	平	群	支
	屐	奇逆切	群	梗	陌	三	合	入	群	錫

文獻通假 1 次：《莊子·天下》：“以跂蹻爲服。”《釋文》：“‘屐’與‘跂’同，‘屩’與‘蹻’同。”《太平御覽》八二引“跂蹻”作“屐屩”。

頁碼		反切	中古音韻地位						上古音	
460	傺	胡禮切	匣	蟹	薺	四	開	上	匣	支
	觺	尼厄切	泥	梗	麥	二	開	入	泥	錫

文獻通假 1 次：《說文·言部》：“‘傺’讀若‘觺’。”

頁碼		反切	中古音韻地位						上古音	
461	是	承紙切	禪	止	紙	三	開	上	禪	支
	寔	常職切	禪	曾	職	三	開	入	禪	錫

文獻通假 3 次，如：《書·秦誓》：“是能容之。”《禮記·大學》引作“寔不能容”。

頁碼		反切	中古音韻地位						上古音	
461	諟	承紙切	禪	止	紙	三	開	上	禪	支
	諦	都計切	端	蟹	霽	四	開	去	端	錫

文獻通假 2 次，如：《文選·甘泉賦》：“猶彷彿其若夢。”李注：“《說文》曰：‘彷彿相似視不諟也。’諟即諦字。”按：《甘泉賦》是漢代揚雄所作。

頁碼		反切	中古音韻地位						上古音	
462	提	是支切	禪	止	支	三	開	平	禪	支
	擿	直炙切	澄	梗	昔	三	開	入	定	錫

文獻通假 1 次：《戰國策·燕策三》："乃引其匕首提秦王。"《史記·刺客列傳》"提"作"擿"。《燕丹子》同。

頁碼		反切	中古音韻地位						上古音	
462	鞮	都奚切	端	蟹	齊	四	開	平	端	支
	啻	施智切	書	止	寘	三	開	去	書	錫

文獻通假 1 次：《説文·口部》："'啻'讀若'鞮'。"

頁碼		反切	中古音韻地位						上古音	
463	鍉	都奚切	端	蟹	齊	四	開	平	端	支
	鏑	都歷切	端	梗	錫	四	開	入	端	錫

文獻通假 3 次，如：《史記·秦楚之際月表》："銷鋒鏑。"《集解》引徐廣曰："'鏑'一作'鍉'。"

頁碼		反切	中古音韻地位						上古音	
464	蹄	杜奚切	定	蟹	齊	四	開	平	定	支
	蹢	都歷切	端	梗	錫	四	開	入	端	錫

文獻通假 1 次：《詩·小雅·漸漸之石》："有豕白蹢。"《晋書·吐谷渾傳》引"蹢"作"蹄"。

頁碼		反切	中古音韻地位						上古音	
464	蹄	杜奚切	定	蟹	齊	四	開	平	定	支
	豵	都歷切	端	梗	錫	四	開	入	端	錫

文獻通假 1 次：《爾雅·釋獸》："四豵皆白豥。"《詩·小雅·漸漸之石》鄭箋："豵"作"蹄"。

頁碼		反切	中古音韻地位						上古音	
464	諦	都計切	端	蟹	霽	四	開	去	端	錫
	啼	杜奚切	定	蟹	齊	四	開	平	定	支

文獻通假 5 次，如：《禮記·喪大記》："主人啼。"《釋文》"啼"作"諦"，云："本又作'啼'。"

頁碼		反切	中古音韻地位						上古音	
471	酈	郎擊切	來	梗	錫	四	開	入	來	錫
	麗	郎計切	來	蟹	霽	四	開	去	來	支

文獻通假 1 次：《吕氏春秋·季秋紀·順民》："酈其手。"《論衡·感虚》作"麗其手"。"酈"當作"酈"，即"酈"字。

頁碼		反切	中古音韻地位						上古音	
471	酈	郎擊切	來	梗	錫	四	開	入	來	錫
	攦	郎計切	來	蟹	霽	四	開	去	來	支

文獻通假 1 次：《吕氏春秋·季秋紀·順民》："酈其手。"《三國志·蜀志·郤正傳》裴注引作"攦其手"。"酈"當作"酈"，即"酈"字。按：《古字通假會典》"酈其手"爲"酈其手"，誤。

頁碼		反切	中古音韻地位						上古音	
474	刺	七賜切	清	止	寘	三	開	去	清	錫
	庛	七賜切	清	止	寘	三	開	去	清	支

文獻通假 1 次：《周禮·考工記·車人》："庛長尺有一寸。"鄭注："'庛'讀爲'棘刺'之'刺'。"

頁碼		反切	中古音韻地位						上古音	
475	積	資昔切	精	梗	昔	三	開	入	精	錫
	眥	疾智切	從	止	寘	三	開	去	從	支

文獻通假 1 次：《周禮·夏官·羊人》："凡沈辜侯禳釁積共其羊牲。"鄭注："'積'，《故書》爲'眥'。"

頁碼		反切	中古音韻地位						上古音	
475	漬	疾智切	從	止	寘	三	開	去	從	錫
	眥	疾智切	從	止	寘	三	開	去	從	支

文獻通假 1 次：《周禮·夏官·羊人》："凡沈辜侯禳釁積共其羊牲。"鄭注："'積'，《故書》爲'眥'。鄭司農云：'眥讀爲漬。'"《釋文》："'眥'與'漬'同。"

頁碼		反切	中古音韻地位						上古音	
476	脊	資昔切	精	梗	昔	三	開	入	精	錫
	胔	疾移切	從	止	支	三	開	平	從	支

文獻通假 1 次：《周禮·秋官·蜡氏》："掌除胔。"鄭注："《故書》'胔'作'脊'。"

頁碼		反切	中古音韻地位						上古音	
476	脊	資昔切	精	梗	昔	三	開	入	精	錫
	齜	疾智切	從	止	寘	三	開	去	從	支

文獻通假 1 次：《管子·度地》："春不收枯骨朽脊。"《藝文類聚》卷一百引"脊"作"齜"。

頁碼		反切	中古音韻地位						上古音	
476	瘠	秦昔切	從	梗	昔	三	開	入	從	錫
	柴	士佳切	崇	蟹	佳	二	開	平	崇	支

文獻通假 1 次：《易·説卦》："爲瘠馬。"《釋文》："'瘠'，京荀作'柴'。"

頁碼		反切	中古音韻地位						上古音	
476	瘠	秦昔切	從	梗	昔	三	開	入	從	錫
	觜	疾智切	從	止	寘	三	開	去	從	支

文獻通假 1 次：《史記·劉敬叔孫通列傳》："徒見羸瘠老弱。"《索隱》："'瘠'，《漢書》作'觜'。"

頁碼		反切	中古音韻地位						上古音	
477	蕲	息移切	心	止	支	三	開	平	心	支
	析	先擊切	心	梗	錫	四	開	入	心	錫

文獻通假 1 次：《史記·司馬相如列傳》："則生葴蕲苞荔。"《索隱》本"蕲"作"析"，云："'析'，《漢書》作'斯'。"今本《漢書·司馬相如傳》作"析"。

頁碼		反切	中古音韻地位						上古音	
477	蕲	息移切	心	止	支	三	開	平	心	支
	菥	先擊切	心	梗	錫	四	開	入	心	錫

文獻通假 1 次：《史記·司馬相如列傳》："則生葴蕲苞荔。"《文選·子虛賦》"蕲"作"菥"。

頁碼		反切	中古音韻地位						上古音	
477	辰	匹卦切	滂	蟹	卦	二	開	去	滂	錫
	稗	傍卦切	並	蟹	卦	二	合	去	並	支

文獻通假 1 次：《説文·辰部》："'辰'讀若'稗縣'。"

頁碼		反切	中古音韻地位						上古音	
478	卑	府移切	幫	止	支	三	開	平	幫	支
	菫	房益切	並	梗	昔	三	開	入	並	錫

文獻通假 1 次：《史記·淮陰侯列傳》："從間道菫山而望趙軍。"《索隱》："'菫山'，《楚漢春秋》作'卑山'。"

頁碼		反切	中古音韻地位						上古音	
478	卑	府移切	幫	止	支	三	開	平	幫	支
	辟	房益切	並	梗	昔	三	開	入	並	錫

文獻通假 3 次，如：《國語·齊語》："踰太行與辟耳之谿拘夏。"《管子·小匡》"辟耳"作"卑耳"。《史記·齊太公世家》同。

頁碼		反切	中古音韻地位						上古音	
478	卑	府移切	幫	止	支	三	開	平	幫	支
	譬	匹賜切	滂	止	寘	三	開	去	滂	錫

文獻通假 1 次：《老子》三十二章："譬道之在天下，猶川谷之與江海。"漢帛書乙本"譬"作"卑"。

頁碼		反切	中古音韻地位						上古音	
479	俾	並弭切	幫	止	紙	三	開	上	幫	支
	譬	匹賜切	滂	止	寘	三	開	去	滂	錫

文獻通假 1 次：《老子》三十二章："譬道之在天下，猶川谷之與江海。"漢帛書甲本譬作俾。按：《古字通假會典》"《老子》三十二章"爲"《老子》三十二年"，誤。

頁碼		反切	中古音韻地位						上古音	
479	睥	匹詣切	滂	蟹	霽	四	開	去	滂	支
	辟	房益切	並	梗	昔	三	開	入	並	錫

文獻通假 1 次：《史記·魏其武安侯列傳》："辟倪兩宮閒。"《索隱》："'辟倪'，《埤倉》云'睥睨'。"

頁碼		反切	中古音韻地位						上古音	
479	捭	北買切	幫	蟹	蟹	二	開	上	幫	支
	擗	房益切	並	梗	昔	三	開	入	並	錫

文獻通假 1 次：《禮記·禮運》："其燔黍捭豚。"《釋文》"捭"注作"擗"，又作"擘"。

頁碼		反切	中古音韻地位						上古音	
479	捭	北買切	幫	蟹	蟹	二	開	上	幫	支
	擘	博厄切	幫	梗	麥	二	開	入	幫	錫

文獻通假 1 次：《禮記·禮運》："其燔黍捭豚。"《釋文》"捭"注作"擗"，又作"擘"。《孔子家語·問禮》"捭"作"擘"。

頁碼		反切	中古音韻地位						上古音	
479	䄱	府移切	幫	止	支	三	開	平	幫	支
	辟	房益切	並	梗	昔	三	開	入	並	錫

文獻通假 2 次：《禮記・玉藻》："士緇辟。"《儀禮・士冠禮》賈疏引"辟"作"䄱"。

頁碼		反切	中古音韻地位						上古音	
480	椑	部迷切	並	蟹	齊	四	開	平	並	支
	辟	房益切	並	梗	昔	三	開	入	並	錫

文獻通假 1 次：《左傳・哀公二年》："不設屬辟。"《禮記・喪大記》鄭注引"辟"作"椑"。

頁碼		反切	中古音韻地位						上古音	
480	稗	傍卦切	並	蟹	卦	二	合	去	並	支
	薜	博厄切	幫	梗	麥	二	開	入	幫	錫

文獻通假 1 次：《莊子・知北遊》："在稊稗。"《釋文》"稗"作"薜"，云："本又作'稗'。"

頁碼		反切	中古音韻地位						上古音	
480	蓽	房益切	並	梗	昔	三	開	入	並	錫
	箄	府移切	幫	止	支	三	開	平	幫	支

文獻通假 1 次：《史記・淮陰侯列傳》："從間道蓽山而望趙軍。"《漢書・韓彭英盧吳傳》"蓽"作"箄"。

頁碼		反切	中古音韻地位						上古音	
485	辟	房益切	並	梗	昔	三	開	入	並	錫
	睥	匹計切	滂	蟹	霽	四	開	去	滂	支

文獻通假 1 次：《漢書・竇田灌韓傳》："辟睨兩宮間。"顏注："'辟'字本作'睥'。"

頁碼		反切	中古音韻地位						上古音	
585	眥	疾智切	從	止	寘	三	開	去	從	支
	瘠	秦昔切	從	梗	昔	三	開	入	從	錫

文獻通假 1 次：《後漢書・東海恭王彊傳》："母卒皆吐血毀眥。"李注："'眥'或爲'瘠'。"

頁碼		反切	中古音韻地位						上古音	
585	胔	此移切	清	止	支	三	開	平	清	支
	瘠	秦昔切	從	梗	昔	三	開	入	從	錫

　　文獻通假 1 次：《隸釋》二十《斥彰長田君斷碑》："燋頜毀胷。"洪适釋："《字書》'胷'與'瘠'同。"按：《斥彰長田君斷碑》爲東漢時刻。

（二）支部—月部（16 組）

頁碼		反切	中古音韻地位						上古音	
117	洒	所賣切	生	蟹	卦	二	開	去	山	支
	察	初八切	初	山	黠	二	開	入	初	月

　　文獻通假 1 次：《禮記·玉藻》："受一爵而色洒如也。"鄭注："'洒'或爲'察'。"《釋文》："'洒'，王肅作'察'。"

頁碼		反切	中古音韻地位						上古音	
455	谿	苦奚切	溪	蟹	齊	四	開	平	溪	支
	誓	時制切	禪	蟹	祭	三	開	去	禪	月

　　文獻通假 1 次：《文選·高唐賦》："羨門高谿。"李注："《史記》曰：'秦始皇使燕人盧生求羨門高誓。'谿疑是'誓'字。"按：《高唐賦》爲戰國時宋玉所作。

頁碼		反切	中古音韻地位						上古音	
457	知	陟離切	知	止	支	三	開	平	端	支
	哲	陟列切	知	山	薛	三	開	入	端	月

　　文獻通假 1 次：《禮記·中庸》："《詩》曰：'既明且哲。'"《釋文》："'哲'，徐本作'知'。"

頁碼		反切	中古音韻地位						上古音	
459	頍	丘弭切	溪	止	紙	三	合	上	溪	支
	缺	傾雪切	溪	山	薛	三	合	入	溪	月

　　文獻通假 1 次：《儀禮·士冠禮》："緇布冠缺項青組纓屬于缺。"鄭注："'缺'讀如'有頍者弁'之'頍'。"《通典·禮十六》《論語·子罕》邢疏引"缺"作"頍"。

頁碼		反切	中古音韻地位						上古音	
472	倪	五稽切	疑	蟹	齊	四	開	平	疑	支
	輗	五結切	疑	山	屑	四	開	入	疑	月

　　文獻通假 1 次：《易·困》："于臲卼。"《音訓》："臲卼，晁氏曰：'古文作倪仉。'"

頁碼		反切	中古音韻地位						上古音	
472	倪	五稽切	疑	蟹	齊	四	開	平	疑	支
	劓	魚器切	疑	止	至	三	開	去	疑	月

　　文獻通假 1 次：《易·困》："劓刖。"《釋文》："鄭云：'劓刖當作倪仉。'"

頁碼		反切	中古音韻地位						上古音	
472	倪	五稽切	疑	蟹	齊	四	開	平	疑	支
	藝	魚祭切	疑	蟹	祭	三	開	去	疑	月

　　文獻通假 1 次：《禮記·禮運》：“故功有藝也。”鄭注：“‘藝’或爲‘倪’。”

頁碼		反切	中古音韻地位						上古音	
473	蜺	五稽切	疑	蟹	齊	四	開	平	疑	支
	陧	五結切	疑	山	屑	四	開	入	疑	月

　　文獻通假 1 次：《説文·𨸏部》：“‘陧’讀若‘虹蜺’之‘蜺’。”

頁碼		反切	中古音韻地位						上古音	
473	蜺	五稽切	疑	蟹	齊	四	開	平	疑	支
	齧	五結切	疑	山	屑	四	開	入	疑	月

　　文獻通假 1 次：《漢書·天文志》：“抱珥蚕蜺。”顏注引如淳曰：“‘蜺’讀曰‘齧’。”

頁碼		反切	中古音韻地位						上古音	
473	蜺	五稽切	疑	蟹	齊	四	開	平	疑	支
	蛪	苦結切	溪	山	屑	四	開	入	溪	月

　　文獻通假 1 次：《史記·天官書》：“其蛪者類鬭旗。”《索隱》：“‘蛪’亦作‘蜺’。”《漢書·天文志》作“蜺”。

頁碼		反切	中古音韻地位						上古音	
478	卑	府移切	幫	止	支	三	開	平	幫	支
	蔽	必袂切	幫	蟹	祭	三	開	去	幫	月

　　文獻通假 1 次：《列子·楊朱》：“卑宮室。”《釋文》“卑”作“蔽”。

頁碼		反切	中古音韻地位						上古音	
555	豕	施是切	書	止	紙	三	開	上	書	支
	彘	直例切	澄	蟹	祭	三	開	去	定	月

　　文獻通假 9 次，如：《易·説卦》：“坎爲豕。”《釋文》：“‘豕’京作‘彘’。”

頁碼		反切	中古音韻地位						上古音	
555	介	古拜切	見	蟹	怪	二	開	去	見	月
	豕	施是切	書	止	紙	三	開	上	書	支

　　文獻通假 1 次：《左傳·襄公二十五年》：“介恃楚衆。”《孔子家語·正論》“介”作“豕”。

頁碼		反切	中古音韻地位						上古音	
564	唭	下刮切	匣	山	鎋	二	合	入	匣	月
	舓	神帋切	船	止	紙	三	開	上	船	支

　　文獻通假 4 次，如：《管子·地數》："十口之家十人唭鹽，百口之家百人唭鹽。"《太平御覽》八六五引"唭"作"舓"。

頁碼		反切	中古音韻地位						上古音	
651	麗	郎計切	來	蟹	霽	四	開	去	來	支
	厲	力制切	來	蟹	祭	三	開	去	來	月

　　文獻通假 2 次，如：《周禮·秋官·司刑》："以麗萬民之罪。"《孝經》邢疏引"麗"作"厲"。

　　異體字聲旁換用：1 組

　　鵙與鳩：文獻通假 2 次，如：《漢書·揚雄傳》："徒恐鵙鵙之將鳴兮。"顏注："鵙，鳩字也。"按：二字在《集韻》是異體字，意義都是伯勞鳥。

頁碼		反切	中古音韻地位						上古音	
446	圭	古攜切	見	蟹	齊	四	合	平	見	支
	夬	古邁切	見	蟹	夬	二	合	去	見	月

　　（三）支部—質部（14 組）

頁碼		反切	中古音韻地位						上古音	
206	觶	支義切	章	止	寘	三	開	去	章	支
	柶	息利切	心	止	至	三	開	去	心	質

　　文獻通假 1 次：《儀禮·既夕禮》："實角觶。"鄭注："古文'角觶'爲'角柶'。"

頁碼		反切	中古音韻地位						上古音	
398	弭	綿婢切	明	止	紙	三	開	上	明	支
	閉	博計切	幫	蟹	霽	四	開	去	幫	質

　　文獻通假 1 次：《戰國策·秦策二》："子其弭口無言。"《史記·張儀列傳》"弭"作"閉"。

頁碼		反切	中古音韻地位						上古音	
446	譿	胡禮切	匣	蟹	薺	四	開	上	匣	支
	奊	胡結切	匣	山	屑	四	開	入	匣	質

　　文獻通假 1 次：《荀子·非十二子》："無廉恥而忍譿詢。"《漢書·賈誼傳》："奊詬亡節。""譿詢"即"奊詬"。

頁碼		反切	中古音韻地位						上古音	
463	觚	施智切	書	止	寘	三	開	去	書	支
	獝	況必切	曉	臻	質	三	開	入	曉	質

文獻通假 1 次：《禮記·禮運》："故鳥不獝。"《孔子家語·禮運》"獝"作"觚"。

頁碼		反切	中古音韻地位						上古音	
478	卑	府移切	幫	止	支	三	開	平	幫	支
	鼻	毗至切	並	止	至	三	開	去	並	質

文獻通假 1 次：《漢書·賈鄒枚路傳》："封之於有卑。"顏注："'卑'音'鼻'，今'鼻亭'是也。"

頁碼		反切	中古音韻地位						上古音	
478	卑	府移切	幫	止	支	三	開	平	幫	支
	畢	卑吉切	幫	臻	質	三	開	入	幫	質

文獻通假 2 次，如：《史記·吳太伯世家》："子句卑立。"《吳越春秋》作"句畢"。

頁碼		反切	中古音韻地位						上古音	
513	結	古屑切	見	山	屑	四	開	入	見	質
	係	古詣切	見	蟹	霽	四	開	去	見	支

文獻通假 1 次：《漢書·張馮汲鄭傳》："釋之跪而結之。"顏注："'結'讀曰'係'。"

頁碼		反切	中古音韻地位						上古音	
517	係	古詣切	見	蟹	霽	四	開	去	見	支
	繼	古詣切	見	蟹	霽	四	開	去	見	質

文獻通假 1 次：《易·坎》："係用徽纆。"《穀梁傳·宣公二年》范注引"係"作"繼"。

頁碼		反切	中古音韻地位						上古音	
530	肸	羲乙切	曉	臻	質	三	開	入	曉	質
	盻	胡計切	匣	蟹	霽	四	開	去	匣	支

文獻通假 3 次，如：《左傳·宣公十七年》："公弟叔肸。"《鹽鐵論·論儒》引作"叔昐"。"昐"疑"盻"譌。

頁碼		反切	中古音韻地位						上古音	
545	迭	徒結切	定	山	屑	四	開	入	定	質
	遞	特計切	定	蟹	霽	四	開	去	定	支

文獻通假 2 次，如：《莊子·天運》："四時迭起。"《釋文》："'迭'一本作'遞'。"

頁碼		反切	中古音韻地位						上古音	
563	致	陟利切	知	止	至	三	開	去	端	質
	知	陟離切	知	止	支	三	開	平	端	支

文獻通假 1 次：《禮記・樂記》：“致禮樂之道。”《史記・樂書》“致”作“知”。

頁碼		反切	中古音韻地位						上古音	
569	癘	郎計切	來	蟹	霽	四	開	去	來	支
	隷	郎計切	來	蟹	霽	四	開	去	來	質

文獻通假 1 次：《説文・疒部》：“‘癘’讀若‘隷’。”

頁碼		反切	中古音韻地位						上古音	
569	是	承紙切	禪	止	紙	三	開	上	禪	支
	實	神質切	船	臻	質	三	開	入	船	質

文獻通假 2 次，如：《孝經》：“天地之經而民是則之。”《左傳・昭公二十五年》“是”作“實”。

頁碼		反切	中古音韻地位						上古音	
605	庳	便俾切	並	止	紙	三	開	上	並	支
	鼻	毗至切	並	止	至	三	開	去	並	質

文獻通假 1 次：《孟子・萬章上》：“象至不仁，封之有庳。”《漢書・武五子傳》《後漢書・東平憲王蒼傳、袁紹傳》並“有庳”作“有鼻”。

（四）支部—物部（2 組）

頁碼		反切	中古音韻地位						上古音	
459	伎	巨支切	群	止	支	三	開	平	群	支
	暨	其冀切	群	止	至	三	開	去	群	物

文獻通假 1 次：《隸釋》一《韓勑造孔廟禮器碑》：“旁伎皇代。”洪适釋以“伎”爲“暨”。按：全稱《漢魯相韓勑造孔廟禮器碑》，漢永壽二年刻。

頁碼		反切	中古音韻地位						上古音	
558	街	古膎切	見	蟹	佳	二	開	平	見	支
	術	食聿切	船	臻	術	三	合	入	船	物

文獻通假 1 次：《莊子・徐無鬼》：“適當渠公之街。”《釋文》：“‘街’一本作‘術’。”

（五）支部—職部（2 組）

具體數據見第一章第二節職部。

（六）支部—葉部（2組）

頁碼		反切	中古音韻地位						上古音	
399	洍	綿婢切	明	止	紙	三	開	上	明	支
	攝	書涉切	書	咸	葉	三	開	入	書	葉

文獻通假1次：《周禮·春官·小祝》："大喪贊洍。"鄭注："《故書》'洍'爲'攝'，杜子春云：當爲'洍'。"

頁碼		反切	中古音韻地位						上古音	
565	舓	神旨切	船	止	紙	三	開	上	船	支
	狧	吐盍切	透	咸	盍	一	開	入	透	葉

文獻通假1次：《史記·吳王濞列傳》："舓糠及米。"《漢書·吳王濞傳》"舓"作"狧"。

（七）支部—覺部（2組）

具體數據見第二章第二節覺部。

三、支部和陽聲韻通假關係舉證

表6-4　支部和陽聲韻通假頻次表（組）

	元部	真部	耕部	文部	合計
支部	16	8	4	1	29

（一）支部—元部（16組）

頁碼		反切	中古音韻地位						上古音	
103	俾	並弭切	幫	止	紙	三	開	上	幫	支
	辨	符蹇切	並	山	獮	三	開	上	並	元

文獻通假1次：《書·周官》："王俾榮伯。"《釋文》："'俾'，馬本作'辨'。"

頁碼		反切	中古音韻地位						上古音	
155	俛	亡辨切	明	山	獮	三	開	上	明	元
	弭	綿婢切	明	止	紙	三	開	上	明	支

文獻通假1次：《吕氏春秋·知分》："龍俛首低尾而逝。"《淮南子·精神訓》"俛"作"弭"。

頁碼		反切	中古音韻地位						上古音	
180	斯	息移切	心	止	支	三	開	平	心	支
	鮮	息淺切	心	山	獮	三	開	上	心	元

文獻通假2次，如：《詩·小雅·瓠葉》："有兔斯首。"鄭箋："斯，白也，今俗語斯白之字作'鮮'，齊魯之間聲近。"

頁碼		反切	中古音韻地位						上古音	
180	鮮	息淺切	心	山	獼	三	開	上	心	元
	誓	先稽切	心	蟹	齊	四	開	平	心	支

文獻通假 1 次：《爾雅·釋詁上》：“鮮，善也。”《釋文》：“‘鮮’本或作‘誓’。”

頁碼		反切	中古音韻地位						上古音	
186	倪	五稽切	疑	蟹	齊	四	開	平	疑	支
	研	五堅切	疑	山	先	四	開	平	疑	元

文獻通假 2 次，如：《史記·貨殖列傳》：“乃用范蠡，計然。”《索隱》：“‘計然’，《吳越春秋》謂之‘計倪’，則倪之與研是一人。聲相近而相亂耳。”

頁碼		反切	中古音韻地位						上古音	
189	霰	蘇佃切	心	山	霰	四	開	去	心	元
	霼	息移切	心	止	支	三	開	平	心	支

文獻通假 1 次：《爾雅·釋天》：“雨霓爲霄雪。”《釋文》：“‘霓’本或作‘霼’。”

頁碼		反切	中古音韻地位						上古音	
197	縰	所綺切	生	止	紙	三	開	上	山	支
	踐	慈演切	從	山	獼	三	開	上	從	元

文獻通假 1 次：《莊子·讓王》：“原憲華冠縰履。”《釋文》：“‘縰’，司馬本作‘踐’。”

頁碼		反切	中古音韻地位						上古音	
197	柴	士佳切	崇	蟹	佳	二	開	平	崇	支
	棧	士諫切	崇	山	諫	二	開	去	崇	元

文獻通假 1 次：《公羊傳·哀公四年》：“搉其上而柴其下。”《周禮·地官·媒氏》鄭注、《春官·喪祝》鄭注引“柴”作“棧”。

頁碼		反切	中古音韻地位						上古音	
199	詭	過委切	見	止	紙	三	合	上	見	支
	橼	直攣切	澄	山	仙	三	合	平	定	元

文獻通假 1 次：《易·困·上六》：“困于葛藟于臲卼。”漢帛書本“詭”作“橼”。

頁碼		反切	中古音韻地位						上古音	
206	鵯	徒干切	定	山	寒	一	開	平	定	元
	鶗	杜奚切	定	蟹	齊	四	開	平	定	支

文獻通假 1 次：《漢書·揚雄傳》：“徒恐鵯鴂之將鳴兮。”顏注：“‘鵯’字或作‘鶗’。”

頁碼		反切	中古音韻地位						上古音	
206	鵜	杜奚切	定	蟹	齊	四	開	平	定	支
	鴠	徒干切	定	山	寒	一	開	平	定	元

文獻通假 1 次：《楚辭·離騷》："恐鵜鴂之先鳴兮。"《考異》："'鵜'一作'鴠'。"

頁碼		反切	中古音韻地位						上古音	
212	麗	郎計切	來	蟹	霽	四	開	去	來	支
	連	力延切	來	山	仙	三	開	平	來	元

文獻通假 1 次：《儀禮·士喪禮》："設決麗于擎。"鄭注："古文'麗'亦爲'連'。"

頁碼		反切	中古音韻地位						上古音	
212	然	如延切	日	山	仙	三	開	平	日	元
	倪	五稽切	疑	蟹	齊	四	開	平	疑	支

文獻通假 2 次，如：《史記·貨殖列傳》："計然。"《越絕書》四十九作"計倪"。

頁碼		反切	中古音韻地位						上古音	
445	圭	古攜切	見	蟹	齊	四	合	平	見	支
	蠲	古玄切	見	山	先	四	合	平	見	元

文獻通假 3 次，如：《周禮·秋官·蜡氏》："令州里除不蠲。"鄭注："'蠲'讀如'吉圭惟饎'之'圭'。"

頁碼		反切	中古音韻地位						上古音	
455	奚	胡雞切	匣	蟹	齊	四	開	平	匣	支
	蹇	九輦切	見	山	獮	三	開	上	見	元

文獻通假 1 次：《呂氏春秋·悔過》："鄭賈人弦高、奚施將西市於周。"《淮南子·人間訓》"奚施"作"蹇他"。

頁碼		反切	中古音韻地位						上古音	
585	眥	疾智切	從	止	寘	三	開	去	從	支
	揃	即淺切	精	山	獮	三	開	上	精	元

文獻通假 1 次：《莊子·外物》："眥搣可以休老。"《釋文》："'眥'本亦作'揃'。"

（二）支部—真部（8 組）

頁碼		反切	中古音韻地位						上古音	
93	睼	杜奚切	定	蟹	齊	四	開	平	定	支
	瑱	陟刃切	知	臻	震	三	開	去	端	真

文獻通假1次：《説文·目部》："'瞚'讀若'珥瑱'之'瑱'。"

頁碼		反切	中古音韻地位						上古音	
96	忮	支義切	章	止	寘	三	開	去	章	支
	矜	居陵切	見	曾	蒸	三	開	平	見	真

文獻通假1次：《莊子·齊物論》："大勇不忮。"《淮南子·詮言訓》"忮"作"矜"。

頁碼		反切	中古音韻地位						上古音	
105	眄	彌殄切	明	山	銑	四	開	上	明	真
	睥	匹詣切	滂	蟹	霽	四	開	去	滂	支

文獻通假1次：《莊子·山木》："不能眄睨也。"《釋文》："'眄'本或作'睥'。"

頁碼		反切	中古音韻地位						上古音	
105	愢	綿婢切	明	止	紙	三	開	上	明	支
	沔	彌兗切	明	山	獮	三	合	上	明	真

文獻通假1次：《説文·心部》："愢讀若沔。"

頁碼		反切	中古音韻地位						上古音	
478	頻	符真切	並	臻	真	三	開	平	並	真
	卑	府移切	幫	止	支	三	開	平	幫	支

文獻通假1次：《易·復》："頻復，厲。"《音訓》："'頻'，引《釋文》鄭作'卑'。晁氏曰："卑"，古文"頻"字。今文作"顰"。'"今本《釋文》："'頻'，鄭作'頻'。"與《音訓》所引異，兹並采入。

頁碼		反切	中古音韻地位						上古音	
153	盻	胡計切	匣	蟹	霽	四	開	去	匣	支
	緡	武巾切	明	臻	真	三	開	平	明	真

文獻通假1次：《史記·司馬相如列傳》："瞑盻軋沕。"《集解》："'盻'一作'緡'。"

頁碼		反切	中古音韻地位						上古音	
154	洺	綿婢切	明	止	紙	三	開	上	明	支
	泯	武盡切	明	臻	軫	三	開	上	明	真

文獻通假1次：《周禮·春官·小宗伯》："以秬鬯洺。"鄭注："杜子春讀'洺'爲'泯'。"

頁碼		反切	中古音韻地位						上古音	
584	訊	息晉切	心	臻	震	三	開	去	心	真
	訾	將此切	精	止	紙	三	開	上	精	支

文獻通假 1 次：《禮記・學記》："多其訊。"鄭注："'訊'或爲'訾'。"

（三）支部—耕部（4 組）

頁碼		反切	中古音韻地位						上古音	
53	頃	去營切	溪	梗	清	三	合	平	溪	耕
	跬	丘弭切	溪	止	紙	三	合	上	溪	支

文獻通假 4 次：《禮記・祭義》："故君子頃步而弗敢忘孝也。"鄭注："'頃'當爲'跬'，聲之誤也。"按："孝也"二字《古字通假會典》脱。

頁碼		反切	中古音韻地位						上古音	
71	屏	薄經切	並	梗	青	四	開	平	並	耕
	俾	符支切	並	止	支	三	開	平	並	支

文獻通假 1 次：《墨子・尚賢中》："求聖君哲人，以俾輔而身。"下篇"俾"作"屏"。

頁碼		反切	中古音韻地位						上古音	
449	瓗	以睡切	以	止	寘	三	合	去	餘	支
	瓊	渠營切	群	梗	清	三	合	平	群	耕

文獻通假 1 次：《説文・玉部》："瓊或作瓗。"

頁碼		反切	中古音韻地位						上古音	
460	咫	諸氏切	章	止	紙	三	開	上	章	支
	頃	去營切	溪	梗	清	三	合	平	溪	耕

文獻通假 1 次：《禮記・祭義》："君子頃步而弗敢忘孝也。"《吕氏春秋・孝行覽》"頃"作"咫"。

（四）支部—文部（1 組）

頁碼		反切	中古音韻地位						上古音	
197	薦	作甸切	精	山	霰	四	開	去	精	文
	廌	池爾切	澄	止	紙	三	開	上	定	支

文獻通假 1 次：《易・豫》："殷薦之上帝。"《釋文》："薦本或作廌。"

第二節　錫　部

在本書研究範圍内，錫部共通假 329 組。其中，同部通假 178 組，異部通假 151 組。在異部通假中，錫部與陰聲韻共通假 74 組，與入聲韻共通假 56 組，與陽聲韻共通假 21 組。具體情況如下：

表 6–5 錫部通假情況匯總表

通假類型		通假頻次（組）			
同部通假	錫—錫	178			
異部通假	陰聲韻	錫—支	46		
		錫—歌	12		
		錫—脂	9	74	
		錫—之	3		
		錫—幽	2		
		錫—魚	2		
	入聲韻	錫—質	21		329
		錫—月	10		
		錫—鐸	7		
		錫—藥	5	56	151
		錫—職	5		
		錫—葉	4		
		錫—緝	3		
		錫—覺	1		
	陽聲韻	錫—元	8		
		錫—耕	6	21	
		錫—陽	4		
		錫—真	3		

一、錫部和陰聲韻通假關係舉證

表 6–6 錫部和陰聲韻通假頻次表（組）

	支部	歌部	脂部	之部	幽部	魚部	合計
錫部	46	12	9	3	2	2	74

（一）錫部—支部（46 組）

具體數據見第六章第一節支部。

（二）錫部—歌部（12 組）

頁碼	反切		中古音韻地位						上古音	
452	邂	胡懈切	匣	蟹	卦	二	開	去	匣	錫
	迦	古牙切	見	假	麻	二	開	平	見	歌

文獻通假 1 次：《太玄·迎·次七》："迎父迦近。"司馬光集注："'迦'與'邂'同，

邂逅不期而會也。”

頁碼		反切	中古音韻地位						上古音	
466	摘	陟革切	知	梗	麥	二	開	入	端	錫
	鉹	弋支切	以	止	支	三	開	平	餘	歌

文獻通假 1 次：《説文・金部》：“‘鉹’讀若‘摘’。”

頁碼		反切	中古音韻地位						上古音	
467	易	羊益切	以	梗	昔	三	開	入	餘	錫
	施	式支切	書	止	支	三	開	平	書	歌

文獻通假 2 次，如：《詩・小雅・何人斯》：“我心易也。”《釋文》：“‘易’，《韓詩》作‘施’。”

頁碼		反切	中古音韻地位						上古音	
467	易	羊益切	以	梗	昔	三	開	入	餘	錫
	貤	以豉切	以	止	寘	三	開	去	餘	歌

文獻通假 1 次：《戰國策・魏策三》：“安陵必易。”漢帛書本“易”作“貤”。

頁碼		反切	中古音韻地位						上古音	
468	惕	他歷切	透	梗	錫	四	開	入	透	錫
	施	式支切	書	止	支	三	開	平	書	歌

文獻通假 1 次：《尚書・盤庚上》：“不惕予一人。”《白虎通・號篇》引“惕”作“施”。

頁碼		反切	中古音韻地位						上古音	
468	裼	先擊切	心	梗	錫	四	開	入	心	錫
	儺	諾何切	泥	果	歌	一	開	平	泥	歌

文獻通假 1 次：《禮記・郊特牲》：“鄉人裼。”鄭注：“‘裼’或爲‘儺’。”《論語・鄉黨》作“鄉人儺”。

頁碼		反切	中古音韻地位						上古音	
470	厤	郎擊切	來	梗	錫	四	開	入	來	錫
	磨	莫婆切	明	果	戈	一	合	平	明	歌

文獻通假 1 次：《墨子・備高臨》：“以磨鹿卷收。”《廣雅》“磨鹿”作“厤鹿”。

頁碼		反切	中古音韻地位						上古音	
471	歷	郎擊切	來	梗	錫	四	開	入	來	錫
	暆	抽知切	徹	止	支	三	開	平	透	歌

文獻通假 1 次：《史記·屈原賈生列傳》："瞵九州而相君兮。"《漢書·賈誼傳》"瞵"作"歷"。

頁碼		反切	中古音韻地位						上古音	
471	轣	郎擊切	來	梗	錫	四	開	入	來	錫
	磨	莫婆切	明	果	戈	一	合	平	明	歌

文獻通假 1 次：《墨子·備高臨》："以磨鹿卷收。"《方言》五"磨鹿"作"轣轆"。

頁碼		反切	中古音韻地位						上古音	
475	漬	疾智切	從	止	寘	三	開	去	從	錫
	骴	疾智切	從	止	寘	三	開	去	從	歌

文獻通假 1 次：《呂氏春秋·孟春紀》："揜骼霾骴。"高注："'骴'讀作'水漬物'之'漬'。"

頁碼		反切	中古音韻地位						上古音	
484	辟	房益切	並	梗	昔	三	開	入	並	錫
	彼	甫委切	幫	止	紙	三	開	上	幫	歌

文獻通假 1 次：《詩·周頌·載見》："載見辟王。"《墨子·尚同》引作"載來見彼王"。

頁碼		反切	中古音韻地位						上古音	
485	避	毗義切	並	止	寘	三	開	去	並	錫
	被	皮彼切	並	止	紙	三	開	上	並	歌

文獻通假 1 次：《老子》五十章："入軍不被甲兵。"河上本"被"作"避"。

（三）錫部—脂部（9組）

頁碼		反切	中古音韻地位						上古音	
449	益	伊昔切	影	梗	昔	三	開	入	影	錫
	翳	於計切	影	蟹	霽	四	開	去	影	脂

文獻通假 6 次，如：《書·舜典》："益。"《史記·秦本紀》作"柏翳。"《詩譜·秦譜》同。

頁碼		反切	中古音韻地位						上古音	
463	寔	常職切	禪	曾	職	三	開	入	禪	錫
	寘	支義切	章	止	寘	三	開	去	章	脂

文獻通假 1 次：《易·坎》："寘于叢棘。"《釋文》："'寘'，姚作'寔'。"

頁碼		反切			中古音韻地位					上古音	
467	易	羊益切	以	梗	昔	三	開	入	餘	錫
	夷	以脂切	以	止	脂	三	開	平	餘	脂

文獻通假 1 次：《書·堯典》："厥民夷。"《史記·五帝本紀》作"其民夷易"。臧琳曰："當是以'易'代'夷'，轉寫誤，兩存之。"

頁碼		反切			中古音韻地位					上古音	
475	蠀	資昔切	精	梗	昔	三	開	入	精	錫
	資	即夷切	精	止	脂	三	開	平	精	脂

文獻通假 1 次：《爾雅·釋魚》："蠀小而橢。"《釋文》："'蠀'又作'資'。"

頁碼		反切			中古音韻地位					上古音	
475	積	資昔切	精	梗	昔	三	開	入	精	錫
	穧	子計切	精	蟹	霽	四	開	去	精	脂

文獻通假 1 次：《詩·小雅·大田》："此有不斂穧。"《正義》定本《集注》"穧"作"積"。

頁碼		反切			中古音韻地位					上古音	
475	積	資昔切	精	梗	昔	三	開	入	精	錫
	穧	疾資切	從	止	脂	三	開	平	從	脂

文獻通假 1 次：《詩·周頌·良耜》："積之栗栗。"《説文·禾部》兩引"積"作"穧"。

頁碼		反切			中古音韻地位					上古音	
476	瘠	秦昔切	從	梗	昔	三	開	入	從	錫
	瘠	在詣切	從	蟹	霽	四	開	去	從	脂

文獻通假 1 次：《公羊傳·莊公二十年》："大災者何？大瘠也。大瘠者何？痢也。"《釋文》："'瘠'本或作'瘠'。"

頁碼		反切			中古音韻地位					上古音	
485	避	毗義切	並	止	寘	三	開	去	並	錫
	庇	必至切	幫	止	至	三	開	去	幫	脂

文獻通假 1 次：《易·繫辭下》："以待風雨。"《文選·魏都賦》李注，引"待"作"避"。《魯靈光殿賦》張注引"待"作"庇"。

頁碼		反切			中古音韻地位					上古音	
572	筴	楚革切	初	梗	麥	二	開	入	初	錫
	蓍	式脂切	書	止	脂	三	開	平	書	脂

文獻通假 1 次：《禮記・曲禮上》："筴爲蓍。"鄭注："'筴'或爲'蓍'。"

（四）錫部—之部（3 組）

具體數據見第一章第一節之部。

（五）錫部—幽部（2 組）

具體數據見第二章第一節幽部。

（六）錫部—魚部（2 組）

具體數據見第五章第一節魚部。

二、錫部和其他入聲韻通假關係舉證

表 6–7 錫部和其他入聲韻通假頻次表（組）

	質部	月部	鐸部	藥部	職部	葉部	緝部	覺部	合計
錫部	21	10	7	5	5	4	3	1	56

（一）錫部—質部（21 組）

頁碼	反切		中古音韻地位						上古音	
74	幂	莫狄切	明	梗	錫	四	開	入	明	錫
	密	美畢切	明	臻	質	三	開	入	明	質

文獻通假 3 次，如：《儀禮・士喪禮》："幂用疏布。"鄭注："古文'幂'皆作'密'。"

頁碼	反切		中古音韻地位						上古音	
74	鼏	莫狄切	明	梗	錫	四	開	入	明	錫
	密	美畢切	明	臻	質	三	開	入	明	質

文獻通假 9 次，如：《儀禮・士冠禮》："設扃鼏。"鄭注："古文'鼏'爲'密'。"

頁碼	反切		中古音韻地位						上古音	
449	嗌	伊昔切	影	梗	昔	三	開	入	影	錫
	饐	乙冀切	影	止	至	三	開	去	影	質

文獻通假 1 次：《楚辭・大招》："四酎並孰，不澀嗌只。"《補注》："'嗌'一作'饐'。"

頁碼	反切		中古音韻地位						上古音	
450	溢	夷質切	以	臻	質	三	開	入	餘	錫
	謐	彌畢切	明	臻	質	三	開	入	明	質

文獻通假 1 次：《詩・周頌・維天之命》："假以溢我。"《説文・言部》（小徐本）、《玉篇・言部》《廣韻・七歌》引"溢"作"謐"。

頁碼		反切	中古音韻地位						上古音	
450	溢	夷質切	以	臻	質	三	開	入	餘	錫
	軼	夷質切	以	臻	質	三	開	入	餘	質

文獻通假1次：《書·禹貢》："溢爲滎。"《漢書·地理志》"溢"作"軼"。

頁碼		反切	中古音韻地位						上古音	
450	溢	夷質切	以	臻	質	三	開	入	餘	錫
	泆	夷質切	以	臻	質	三	開	入	餘	質

文獻通假2次，如：《書·禹貢》："溢爲滎。"《史記·夏本紀》作"泆爲滎"。《周禮·職方氏》賈疏引"溢"作"泆"。

頁碼		反切	中古音韻地位						上古音	
450	溢	夷質切	以	臻	質	三	開	入	餘	錫
	恤	辛聿切	心	臻	術	三	合	入	心	質

文獻通假1次：《詩·周頌·維天之命》："假以溢我。"《左傳·襄公二十七年》引"溢"作"恤"。

頁碼		反切	中古音韻地位						上古音	
450	溢	夷質切	以	臻	質	三	開	入	餘	錫
	洫	況逼切	曉	曾	職	三	合	入	曉	質

文獻通假1次：《莊子·齊物論》："以言其老洫也。"《釋文》："'洫'本亦作'溢'。"《莊子闕誤》引江南古藏本作"溢"。

頁碼		反切	中古音韻地位						上古音	
450	溢	夷質切	以	臻	質	三	開	入	餘	錫
	逸	夷質切	以	臻	質	三	開	入	餘	質

文獻通假1次：《楚辭·九歎》："熊羆群而逸囿。"《考異》："'逸'一作'溢'。"

頁碼		反切	中古音韻地位						上古音	
450	溢	夷質切	以	臻	質	三	開	入	餘	錫
	佾	夷質切	以	臻	質	三	開	入	餘	質

文獻通假1次：《漢書·禮樂志》："千童羅舞成八溢。"顏注："'溢'與'佾'同。"

頁碼		反切	中古音韻地位						上古音	
451	関	苦鵙切	溪	梗	錫	四	合	入	溪	錫
	窒	陟栗切	知	臻	質	三	開	入	端	質

文獻通假 1 次：《易·豐》："闚其無人。"《釋文》："'闚'，孟作'窒'。"

頁碼		反切	中古音韻地位						上古音	
462	寔	常職切	禪	曾	職	三	開	入	禪	錫
	實	神質切	船	臻	質	三	開	入	船	質

文獻通假 13 次，如：《易·既濟》："實受其福。"《禮記·坊記》引"實"作"寔"。

頁碼		反切	中古音韻地位						上古音	
468	鬄	思積切	心	梗	昔	三	開	入	定	錫
	肆	息利切	心	止	至	三	開	去	心	質

文獻通假 1 次：《周禮·夏官·小子》："羞羊肆。"鄭注："'肆'讀爲'鬄'。"

頁碼		反切	中古音韻地位						上古音	
470	歷	郎擊切	來	梗	錫	四	開	入	來	錫
	栗	力質切	來	臻	質	三	開	入	來	質

文獻通假 1 次：《周禮·考工記》："栗氏。"鄭注："'栗'，古文或作'歷'。"

頁碼		反切	中古音韻地位						上古音	
475	績	則歷切	精	梗	錫	四	開	入	精	錫
	繼	古詣切	見	蟹	霽	四	開	去	見	質

文獻通假 1 次：《書·文侯之命》："有績予一人。"《史記·晋世家》作"繼予一人"。

頁碼		反切	中古音韻地位						上古音	
475	積	資昔切	精	梗	昔	三	開	入	精	錫
	質	陟利切	知	止	至	三	開	去	端	質

文獻通假 1 次：《楚辭·九章》："材朴委積兮。"《考異》："'積'一作'質'。"

頁碼		反切	中古音韻地位						上古音	
476	脊	資昔切	精	梗	昔	三	開	入	精	錫
	即	子力切	精	曾	職	三	開	入	精	質

文獻通假 1 次：《詩·小雅·常棣》："脊令在原。"《釋文》："'脊'亦作'即'。"

頁碼		反切	中古音韻地位						上古音	
485	避	毗義切	並	止	寘	三	開	去	並	錫
	蹕	卑吉切	幫	臻	質	三	開	入	幫	質

文獻通假 1 次：《周禮·秋官·大司寇》："使其屬蹕。"鄭注："《故書》'蹕'作'避'。"

頁碼		反切	中古音韻地位						上古音	
485	壁	北激切	幫	梗	錫	四	開	入	幫	錫
	閉	博計切	幫	蟹	霽	四	開	入	幫	質

文獻通假 1 次：《史記·楚世家》：“伏師閉塗。”《集解》引徐廣曰：“‘閉’一作‘壁’。”

頁碼		反切	中古音韻地位						上古音	
540	栗	力質切	來	臻	質	三	開	入	來	質
	歷	郎擊切	來	梗	錫	四	開	入	來	錫

文獻通假 1 次：《周禮·考工記·槀氏》鄭注：“‘槀’，古文或作‘歷’。”“槀”，古“栗”字。

頁碼		反切	中古音韻地位						上古音	
681	髢	特計切	定	蟹	霽	四	開	去	定	錫
	肄	羊至切	以	止	至	三	開	去	餘	質

文獻通假 1 次：《禮記·曲禮上》：“歛髮毋髢。”鄭注：“‘髢’或爲‘肄’。”

（二）錫部—月部（10 組）

頁碼		反切	中古音韻地位						上古音	
451	鵙	古闃切	見	梗	錫	四	合	入	見	錫
	鴃	古穴切	見	山	屑	四	合	入	見	月

文獻通假 4 次，如：《詩·豳風·七月》：“七月鳴鵙。”《孟子·滕文公上》趙注引“鵙”作“鴃”。

頁碼		反切	中古音韻地位						上古音	
466	擿	直炙切	澄	梗	昔	三	開	入	定	錫
	𥻿	丑列切	徹	山	薛	三	開	入	透	月

文獻通假 1 次：《周禮·秋官·序官》：“𥻿蔟氏。”鄭注：“鄭司農云：‘𥻿’讀爲‘擿’。’”

頁碼		反切	中古音韻地位						上古音	
469	狄	徒歷切	定	梗	錫	四	開	入	定	錫
	杕	特計切	定	蟹	霽	四	開	去	定	月

文獻通假 2 次，如：《詩·唐風·杕杜》：“有杕之杜。”《釋文》：“‘杕’本或作夷‘狄’字。”《顏氏家訓·書證》引河北本皆爲“夷狄”之“狄”。

頁碼		反切	中古音韻地位						上古音	
471	槅	古核切	見	梗	麥	二	開	入	見	錫
	鍻	祥歳切	邪	蟹	祭	三	合	去	邪	月

文獻通假 1 次：《淮南子·説林訓》："鍻在其間。"《文子·上德》"鍻"作"槅"。

頁碼		反切	中古音韻地位						上古音	
477	析	先擊切	心	梗	錫	四	開	入	心	錫
	挈	苦結切	溪	山	屑	四	開	入	溪	月

文獻通假 1 次：《爾雅·釋天》："蜺爲挈貳。"《文選·西都賦》李注引《尸子》曰："'虹蜺'爲'析翳'。"

頁碼		反切	中古音韻地位						上古音	
484	辟	房益切	並	梗	昔	三	開	入	並	錫
	罰	房越切	並	山	月	三	合	入	並	月

文獻通假 1 次：《書·吕刑》："荆罰之屬五百。"《白虎通·五刑》"罰"作"辟"。

頁碼		反切	中古音韻地位						上古音	
485	幦	莫狄切	明	梗	錫	四	開	入	明	錫
	末	莫撥切	明	山	末	一	合	入	明	月

文獻通假 1 次：《荀子·禮論》："蛟韅、絲末、彌龍。"楊注："'末'與'幦'同。"

頁碼		反切	中古音韻地位						上古音	
618	劌	居衛切	見	蟹	祭	三	合	去	見	月
	刺	七賜切	清	止	寘	三	開	去	清	錫

文獻通假 1 次：《老子》五十八章："廉而不劌。"漢帛書乙本"劌"作"刺"。

頁碼		反切	中古音韻地位						上古音	
623	蜥	郎擊切	來	梗	錫	四	開	入	來	錫
	蚗	古穴切	見	山	屑	四	合	入	見	月

文獻通假 1 次：《爾雅·釋蟲》："蠑螈、蜥蜴。"《釋文》："'蜥'或作'蚗'。"

頁碼		反切	中古音韻地位						上古音	
630	齫	盧達切	來	山	曷	一	開	入	來	月
	刺	七賜切	清	止	寘	三	開	去	清	錫

文獻通假 1 次：《説文·齒部》："'齫'讀若'刺'。"

（三）錫部—鐸部（7 組）

具體數據見第五章第二節鐸部。

（四）錫部—藥部（5 組）

具體數據見第三章第二節藥部。

（五）錫部—職部（5 組）

具體數據見第一章第二節職部。

（六）錫部—葉部（4 組）

頁碼		反切	中古音韻地位						上古音	
449	嗌	伊昔切	影	梗	昔	三	開	入	影	錫
	嗑	古盍切	見	咸	盍	一	開	入	見	葉

文獻通假 1 次：《莊子·天地》："則嗑然而笑。"《釋文》："'嗑'本又作'嗌'。"

頁碼		反切	中古音韻地位						上古音	
698	梜	古協切	見	咸	帖	四	開	入	見	葉
	筴	楚革切	初	梗	麥	二	開	入	初	錫

文獻通假 1 次：《禮記·曲禮上》："羹之有菜者用梜。"《釋文》："'梜'《字林》作'筴'。"按：《古字通假會典》"菜"作"萊"，誤。

頁碼		反切	中古音韻地位						上古音	
698	唊	古協切	見	咸	帖	四	開	入	見	葉
	筴	楚革切	初	梗	麥	二	開	入	初	錫

文獻通假 1 次：《說文·口部》："'唊'讀若'筴'。"

頁碼		反切	中古音韻地位						上古音	
699	筴	楚革切	初	梗	麥	二	開	入	初	錫
	篋	苦協切	溪	咸	帖	四	開	入	溪	葉

文獻通假 1 次：《莊子·人間世》："鼓筴播精。"《文選》夏侯湛《東方朔畫贊》陸注引"筴"作"篋"。

（七）錫部—緝部（3 組）

頁碼		反切	中古音韻地位						上古音	
448	畫	胡卦切	匣	蟹	卦	二	合	去	匣	錫
	位	于愧切	云	止	至	三	合	去	匣	緝

文獻通假 1 次：《易·說卦》："故易六位而成章。"《釋文》："'六位'又作'六畫'。"《集解》"位"作"畫"。《儀禮·士冠禮》鄭注引同。

頁碼		反切	中古音韻地位						上古音	
453	擊	古歷切	見	梗	錫	四	開	入	見	錫
	摯	脂利切	章	止	至	三	開	去	章	緝

文獻通假 1 次：《淮南子·主術訓》："鷹隼未摯，羅網不得張於谿谷。"《文子·上仁》"摯"作"擊"。

頁碼		反切	中古音韻地位						上古音	
475	積	資昔切	精	梗	昔	三	開	入	精	錫
	匝	子荅切	精	咸	合	一	開	入	精	緝

文獻通假 2 次，如：《史記·六國年表》："齊宣公就匝。"《索隱》："'匝'本作'積'。"

（八）錫部—覺部（1 組）

具體數據見第二章第二節覺部。

三、錫部和陽聲韻通假關係舉證

表 6-8　錫部和陽聲韻通假頻次表（組）

	元部	耕部	陽部	真部	合計
錫部	8	6	4	3	21

（一）錫部—元部（8 組）

頁碼		反切	中古音韻地位						上古音	
73	幎	莫狄切	明	梗	錫	四	開	入	明	錫
	涓	古玄切	見	山	先	四	合	平	見	元

文獻通假 1 次：《儀禮·士喪禮》："幎目用緇。"鄭注："古文'幎'爲'涓'。"

頁碼		反切	中古音韻地位						上古音	
220	胖	普半切	滂	山	換	一	合	去	滂	元
	枅	先擊切	心	梗	錫	四	開	入	心	錫

文獻通假 1 次：《楚辭·九章》："胖獨處此異域。"《考異》："'胖'一作'枅'。"按：《古字通假會典》"胖"作"胖"，與例證不符，本書據例證改爲"胖"。

頁碼		反切	中古音韻地位						上古音	
452	繣	古隘切	見	蟹	卦	二	開	去	見	錫
	繾	私箭切	心	山	線	三	開	去	心	元

文獻通假 1 次：《莊子·人間世》："挫鍼治繣。"《釋文》："'繣'，崔作'繾'。"

頁碼		反切	中古音韻地位						上古音	
452	嶰	胡買切	匣	蟹	蟹	二	開	上	匣	錫
	鮮	相然切	心	山	仙	三	開	平	心	元

文獻通假 1 次：《爾雅·釋山》："小山別大山，鮮。"《文選·吳都賦》李注引"鮮"作"嶰"。

頁碼		反切	中古音韻地位						上古音	
454	繫	古詣切	見	蟹	霽	四	開	去	見	錫
	埏	式連切	書	山	仙	三	開	平	書	元

文獻通假 1 次：《老子》十一章："埏埴以爲器。"《釋文》："'埏'，如滴作'繫'。"按：《古字通假會典》"埏"作"挻"，本書據例證改爲"埏"。

頁碼		反切	中古音韻地位						上古音	
468	裼	先擊切	心	梗	錫	四	開	入	心	錫
	難	那干切	泥	山	寒	一	開	平	泥	元

文獻通假 1 次：《禮記·郊特牲》："鄉人裼。"鄭注："'裼'或爲'儺'。"《釋文》"儺"作"難"，云："本又作'儺'。"

頁碼		反切	中古音韻地位						上古音	
468	裼	先擊切	心	梗	錫	四	開	入	心	錫
	獻	許建切	曉	山	願	三	開	去	曉	元

文獻通假 1 次：《禮記·郊特牲》："鄉人裼。"鄭注："'裼'或爲'獻'。"

頁碼		反切	中古音韻地位						上古音	
477	析	先擊切	心	梗	錫	四	開	入	心	錫
	鮮	相然切	心	山	仙	三	開	平	心	元

文獻通假 2 次，如：《書·禹貢》："析支渠搜。"《大戴禮·五帝德》"析支"作"鮮支"。

（二）錫部—耕部（6 組）

頁碼		反切	中古音韻地位						上古音	
48	螢	戶扃切	匣	梗	青	四	合	平	匣	耕
	嗌	伊昔切	影	梗	昔	三	開	入	影	錫

文獻通假 1 次：《禮記·月令》："腐草爲螢。"《易緯·通卦驗》"螢"作"嗌"。

頁碼		反切	中古音韻地位						上古音	
52	扃	古螢切	見	梗	青	四	合	平	見	耕
	鼏	莫狄切	明	梗	錫	四	開	入	明	錫

文獻通假 1 次：《周禮·考工記·匠人》：“廟門容大扃七個。”《説文·鼎部》引“扃”作“鼏”。

頁碼		反切	中古音韻地位						上古音	
54	熲	口迥切	溪	梗	迥	四	合	上	溪	耕
	役	營隻切	以	梗	昔	三	合	入	餘	錫

文獻通假 1 次：《詩·大雅·生民》：“禾役穟穟。”《説文·禾部》引“役”作“熲”。

頁碼		反切	中古音韻地位						上古音	
73	幎	莫狄切	明	梗	錫	四	開	入	明	錫
	縈	於營切	影	梗	清	三	合	平	影	耕

文獻通假 1 次：《儀禮·士喪禮》：“幎目用緇。”鄭注：“‘幎’讀若《詩》云：‘葛藟縈之’之‘縈’。”

頁碼		反切	中古音韻地位						上古音	
451	役	營隻切	以	梗	昔	三	合	入	餘	錫
	穎	餘頃切	以	梗	靜	三	合	上	餘	耕

文獻通假 1 次：《詩·大雅·生民》：“禾役穟穟。”《説文·禾部》引“役”作“穎”。

頁碼		反切	中古音韻地位						上古音	
485	擗	房益切	並	梗	昔	三	開	入	並	錫
	榜	蒲兵切	並	梗	庚	三	合	平	並	耕

文獻通假 1 次：《楚辭·九歌》：“擗蕙櫋兮既張。”《考異》：“‘擗’一從木。”

（三）錫部—陽部（4 組）

具體數據見第五章第三節陽部。

（四）錫部—真部（3 組）

頁碼		反切	中古音韻地位						上古音	
449	益	伊昔切	影	梗	昔	三	開	入	影	錫
	潤	如順切	日	臻	稕	三	合	去	日	真

文獻通假 1 次：《詩·小雅·信南山》：“益之以霢霂。”《説文·雨部》《繫傳》引“益”作“潤”。

頁碼	反切		中古音韻地位						上古音	
464	帝	都計切	端	蟹	霽	四	開	去	端	錫
	奠	堂練切	定	山	霰	四	開	去	定	真

　　文獻通假 2 次，如：《周禮·春官·瞽矇》：“世奠繫。”鄭注：《故書》‘奠’或爲‘帝’。”

頁碼	反切		中古音韻地位						上古音	
485	辟	房益切	並	梗	昔	三	開	入	並	錫
	褊	方緬切	幫	山	獮	三	開	上	幫	真

　　文獻通假 1 次：《荀子·禮論》：“擅作典制辟陋之説入焉而喪。”《史記·禮書》“辟”作“褊”。

第三節　耕　部

　　在本書研究範圍內，耕部共通假 493 組。其中，同部通假 351 組，異部通假 142 組。在異部通假中，耕部與陰聲韻共通假 16 組，與入聲韻共通假 12 組，與陽聲韻共通假 114 組。具體情況如下：

表 6–9　耕部通假情況匯總表

通假類型			通假頻次（組）		
同部通假		耕—耕	351		493
異部通假	陰聲韻	耕—脂	5	16	142
		耕—支	4		
		耕—之	3		
		耕—微	1		
		耕—魚	1		
		耕—幽	1		
		耕—宵	1		
	入聲韻	耕—錫	6	12	
		耕—月	2		
		耕—物	2		
		耕—質	1		
		耕—屋	1		
	陽聲韻	耕—元	41	114	
		耕—真	24		

通假類型		通假頻次（組）				
	耕—陽	18				
	耕—蒸	13				
	耕—文	8				
	耕—談	4				
	耕—侵	4				
	耕—東	2				

一、耕部和陰聲韻通假關係舉證

表 6–10　耕部和陰聲韻通假頻次表（組）

	脂部	支部	之部	微部	魚部	幽部	宵部	合計
耕部	5	4	3	1	1	1	1	16

（一）耕部—脂部（5 組）

頁碼		反切	中古音韻地位						上古音	
63	甯	乃定切	泥	梗	徑	四	開	去	泥	耕
	泥	奴低切	泥	蟹	齊	四	開	平	泥	脂

文獻通假 1 次：《左傳·僖公七年》：“盟于甯母。”杜注：“高平方與縣東有泥母亭，音如甯。”《後漢書·郡國志》：“泥母亭，或曰古甯母。”

頁碼		反切	中古音韻地位						上古音	
66	省	所景切	生	梗	梗	三	開	上	山	耕
	獮	武移切	明	止	支	三	開	平	明	脂

文獻通假 2 次，如：《禮記·玉藻》：“唯君有黼裘以誓省。”鄭注：“‘省’當爲‘獮’。”

頁碼		反切	中古音韻地位						上古音	
68	倩	倉甸切	清	山	霰	四	開	去	清	耕
	凄	七稽切	清	蟹	齊	四	開	平	清	脂

文獻通假 1 次：《史記·司馬相如列傳》：“翛眇凄浰。”《漢書·司馬相如傳》《文選·子虛賦》“凄”作“倩”。

頁碼		反切	中古音韻地位						上古音	
68	蒨	倉甸切	清	山	霰	四	開	去	清	耕
	棲	先稽切	心	蟹	齊	四	開	平	心	脂

文獻通假 1 次：《楚辭·九思》：“鶬鶊棲兮柴蔟。”《考異》：“‘棲’一作‘蒨’。”

頁碼		反切	中古音韻地位						上古音	
71	骿	部田切	並	山	先	四	開	平	並	耕
	仳	房脂切	並	止	脂	三	開	平	並	脂

文獻通假 1 次：《左傳·僖公二十三年》：“曹共公聞其骿脅。”《論衡·骨相》引“骿”作“仳”。

（二）耕部—支部（4 組）

具體數據見第六章第一節支部。

（三）耕部—之部（3 組）

具體數據見第一章第一節之部。

（四）耕部—微部（1 組）

頁碼		反切	中古音韻地位						上古音	
540	嬴	以成切	以	梗	清	三	開	平	餘	耕
	雷	魯回切	來	蟹	灰	一		合	平	來	微

文獻通假 1 次，如：《史記·司馬相如列傳》：“左玄冥而右黔雷兮。”《集解》：“《漢書音義》曰：‘黔雷，黔嬴也。’”《漢書·司馬相如列傳》作“黔雷”。“嬴”當作“嬴”。《楚辭·遠遊》：“召黔嬴而見之兮”。

（五）耕部—魚部（1 組）

具體數據見第五章第一節魚部。

（六）耕部—幽部（1 組）

具體數據見第二章第一節幽部。

（七）耕部—宵部（1 組）

具體數據見第三章第二節宵部。

二、耕部和入聲韻通假關係舉證

表 6–11　耕部和入聲韻通假频次表（組）

	錫部	月部	物部	質部	屋部	合計
耕部	6	2	2	1	1	12

（一）耕部—錫部（6 組）

具體數據見第六章第二節錫部。

（二）耕部—月部（2 組）

頁碼		反切	中古音韻地位						上古音	
66	省	所景切	生	梗	梗	三	開	上	山	耕
	誓	時制切	禪	蟹	祭	三	開	去	禪	月

文獻通假 1 次：《周禮・春官・典命》：“誓於天子，攝其君。”《大戴禮・朝事》“誓”並作“省”。

頁碼		反切	中古音韻地位						上古音	
100	騂	息營切	心	梗	清	三	開	平	心	耕
	挈	苦結切	溪	山	屑	四	開	入	溪	月

文獻通假 1 次：《周禮・地官・草人》：“騂剛用牛。”鄭注：“《故書》‘騂’爲‘挈’。杜子春云：‘挈讀爲騂。’”

（三）耕部—物部（2 組）

頁碼		反切	中古音韻地位						上古音	
52	夐	休正切	曉	梗	勁	三	開	去	曉	耕
	兀	五忽切	疑	臻	没	一	合	入	疑	物

文獻通假 1 次：《說文・儿部》：“‘兀’讀若‘夐’。”

頁碼		反切	中古音韻地位						上古音	
546	轛	追萃切	知	止	至	三	合	去	端	物
	軨	郎丁切	來	梗	青	四	開	平	來	耕

文獻通假 1 次：《周禮・考工記・輿人》：“以爲轛圍。”鄭注：“鄭司農云：‘書轛或作軨。’”

（四）耕部—質部（1 組）

頁碼		反切	中古音韻地位						上古音	
61	程	直貞切	澄	梗	清	三	開	平	定	耕
	秩	直一切	澄	臻	質	三	開	入	定	質

文獻通假 1 次：《書・堯典》：“平秩東作。”《史記・五帝本紀》作“便程東作”。

（五）耕部—屋部（1 組）

具體數據見第四章第二節屋部。

三、耕部和其他陽聲韻通假關係舉證

表 6–12　耕部和其他陽聲韻通假頻次表（組）

	元部	真部	陽部	蒸部	文部	談部	侵部	東部	合計
耕部	41	24	18	13	8	4	4	2	114

（一）耕部—元部（41 組）

頁碼		反切	中古音韻地位						上古音	
47	鶯	烏莖切	影	梗	耕	二	開	平	影	耕
	偃	於幰切	影	山	阮	三	開	上	影	元

文獻通假 1 次：《公羊傳·襄公十四年》："叔孫豹會晉荀偃。"徐疏："舊本作'荀偃'，若作荀鶯者誤。"

頁碼		反切	中古音韻地位						上古音	
47	營	余傾切	以	梗	清	三	合	平	餘	耕
	還	戶關切	匣	山	刪	二	合	平	匣	元

文獻通假 1 次：《詩·齊風·還》："子之還兮。"《漢書·地理志》《水經注·淄水》引"還"作"營"。

頁碼		反切	中古音韻地位						上古音	
47	營	余傾切	以	梗	清	三	合	平	餘	耕
	環	戶關切	匣	山	刪	二	合	平	匣	元

文獻通假 1 次：《韓非子·五蠹》："古者蒼頡之作書也，自環者謂之私。"《説文·厶部》引作"自營爲厶"。

頁碼		反切	中古音韻地位						上古音	
48	螢	戶扃切	匣	梗	青	四	合	平	匣	耕
	蠲	古玄切	見	山	先	四	合	平	見	元

文獻通假 1 次：《禮記·月令》："腐草爲螢。"《説文·虫部》引"螢"作"蠲"。

頁碼		反切	中古音韻地位						上古音	
48	螢	戶扃切	匣	梗	青	四	合	平	匣	耕
	蚈	苦堅切	溪	山	先	四	開	平	溪	元

文獻通假 1 次：《禮記·月令》："腐草爲螢。"《呂氏春秋·季夏紀》《淮南子·時則訓》："螢作蚈。"

頁碼		反切	中古音韻地位						上古音	
48	榮	永兵切	云	梗	庚	三	合	平	匣	耕
	環	戶關切	匣	山	刪	二	合	平	匣	元

文獻通假 1 次：《老子》二十六章："雖有榮觀，燕處超然。"漢帛書甲本、乙本"榮"作"環"。

頁碼		反切	中古音韻地位						上古音	
48	瑩	永兵切	云	梗	庚	三	合	平	匣	耕
	匽	於幰切	影	山	阮	三	開	上	影	元

文獻通假 1 次：《大戴禮·帝繋》："帝舜娶于帝堯之子謂之女匽氏。"《史記·五帝本紀》《索隱》引《世本》"女匽"作"女瑩"。

頁碼		反切	中古音韻地位						上古音	
49	纓	於盈切	影	梗	清	三	開	平	影	耕
	偃	於幰切	影	山	阮	三	開	上	影	元

文獻通假 1 次：《左傳·僖公元年》："公敗邾師于偃。"《穀梁傳》同、《公羊傳》"偃"作"纓"。

頁碼		反切	中古音韻地位						上古音	
52	瓊	渠營切	群	梗	清	三	合	平	群	耕
	琁	似宣切	邪	山	仙	三	合	平	邪	元

文獻通假 1 次：《説文·玉部》："琁，瓊或从旋。"

頁碼		反切	中古音韻地位						上古音	
52	瓊	渠營切	群	梗	清	三	合	平	群	耕
	璿	似宣切	邪	山	仙	三	合	平	邪	元

文獻通假 1 次：《左傳·僖公二十八年》："楚子玉自爲瓊弁玉纓。"《説文·玉部》引"瓊"作"璿"。

頁碼		反切	中古音韻地位						上古音	
52	瓊	渠營切	群	梗	清	三	合	平	群	耕
	璇	似宣切	邪	山	仙	三	合	平	邪	元

文獻通假 1 次：《史記·封禪書》："舜在璇璣玉衡，以齊七政。"《漢書·郊祀志》"璇"作"瓊"。

頁碼		反切	中古音韻地位						上古音	
52	泂	户頂切	匣	梗	迥	四	合	上	匣	耕
	卷	巨員切	群	山	仙	三	合	平	群	元

文獻通假 1 次：《史記·殷本紀》："湯歸至于泰卷陶。"《索隱》："鄒誕生'卷'又作'泂'。"

頁碼		反切	中古音韻地位						上古音	
53	坰	古螢切	見	梗	青	四	合	平	見	耕
	卷	巨員切	群	山	仙	三	合	平	群	元

文獻通假 3 次，如：《書·仲虺之誥》：“至於大坰。”《史記·殷本紀》“大坰”作“泰卷”。

頁碼		反切	中古音韻地位						上古音	
53	耿	古幸切	見	梗	耿	二	開	上	見	耕
	鮮	相然切	心	山	仙	三	開	平	心	元

文獻通假 1 次：《書·立政》：“以覲文王之耿光。”《漢石經》“耿”作“鮮”。《尚書大傳》引同。

頁碼		反切	中古音韻地位						上古音	
55	勁	居正切	見	梗	勁	三	開	去	見	耕
	繕	時戰切	禪	山	線	三	開	去	禪	元

文獻通假 2 次，如：《周禮·夏官·司馬》：“繕人。”鄭注：“繕之言勁也。”

頁碼		反切	中古音韻地位						上古音	
55	輕	去盈切	溪	梗	清	三	開	平	溪	耕
	輇	市緣切	禪	山	仙	三	合	平	禪	元

文獻通假 1 次：《莊子·外物》：“而後世輇才諷説之徒。”《釋文》：“‘輇’本或作‘輕’。”

頁碼		反切	中古音韻地位						上古音	
55	牼	口莖切	溪	梗	耕	二	開	平	溪	耕
	顅	苦閑切	溪	山	山	二	開	平	溪	元

文獻通假 1 次：《周禮·考工記·梓人》：“數目顅脰。”鄭注：“《故書》‘顅’或作‘牼’。”

頁碼		反切	中古音韻地位						上古音	
55	牼	口莖切	溪	梗	耕	二	開	平	溪	耕
	髇	苦閑切	溪	山	山	二	開	平	溪	元

文獻通假 1 次：《周禮·考工記·梓人》：“數目顅脰。”鄭注：“故書顅或作牼。鄭司農云：“‘牼讀’爲‘髇頭無髮’之‘髇’。’”

頁碼		反切	中古音韻地位						上古音	
55	牼	口莖切	溪	梗	耕	二	開	平	溪	耕
	睴	户閑切	匣	山	山	二	開	平	匣	元

文獻通假 1 次：《左傳·襄公十七年》：“邾子牼卒。”《公羊傳》《穀梁傳》“牼”作“睴”。

頁碼		反切	中古音韻地位						上古音	
56	磬	苦定切	溪	梗	徑	四	開	去	溪	耕
	俔	苦甸切	溪	山	霰	四	開	去	溪	元

文獻通假 1 次：《詩·大雅·大明》："俔天之妹。"《釋文》："'俔'，《韓詩》作'磬'。"

頁碼		反切	中古音韻地位						上古音	
63	寧	奴丁切	泥	梗	青	四	開	平	泥	耕
	曼	母官切	明	山	桓	一	合	平	明	元

文獻通假 1 次：《史記·晋世家》："晋侯子寧族，是爲武侯。"《索隱》："《系本》作'曼期'。譙周作'曼旗'也。"《史記》族字乃旗之誤。

頁碼		反切	中古音韻地位						上古音	
64	靈	郎丁切	來	梗	青	四	開	平	來	耕
	練	郎甸切	來	山	霰	四	開	去	來	元

文獻通假 1 次：《書·吕刑》："苗民弗用靈。"《墨子·尚同中》引"靈"作"練"。

頁碼		反切	中古音韻地位						上古音	
66	琤	疾郢切	從	梗	静	三	開	上	從	耕
	譔	士免切	崇	山	獮	三	合	上	崇	元

文獻通假 1 次：《公羊傳·文公十二年》："惟諓諓善琤言。"《釋文》："靖本作'譔'。"

頁碼		反切	中古音韻地位						上古音	
68	静	疾郢切	從	梗	静	三	開	上	從	耕
	踐	慈演切	從	山	獮	三	開	上	從	元

文獻通假 1 次：《詩·鄭風·東門之墠》："有踐家室。"《藝文類聚》八七、《白孔六帖》九九引"踐"作"静"。

頁碼		反切	中古音韻地位						上古音	
69	靖	疾郢切	從	梗	静	三	開	上	從	耕
	踐	慈演切	從	山	獮	三	開	上	從	元

文獻通假 1 次：《詩·鄭風·東門之墠》："有踐家室。"《太平御覽》九六四、《事類賦》二七引《韓詩》"踐"作"靖"。

頁碼		反切	中古音韻地位						上古音	
70	平	符兵切	並	梗	庚	三	合	平	並	耕
	便	房連切	並	山	仙	三	開	平	並	元

文獻通假 7 次，如：《書·堯典》："平章百姓。"《史記·五帝本紀》作"便章百姓"。

頁碼		反切	中古音韻地位						上古音	
70	平	符兵切	並	梗	庚	三	合	平	並	耕
	辨	符蹇切	並	山	獮	三	開	上	並	元

文獻通假 2 次，如：《書·堯典》："平秩東作。"《風俗通·祀典》引青史子云："辨秩東作。"

頁碼		反切	中古音韻地位						上古音	
70	平	符兵切	並	梗	庚	三	合	平	並	耕
	辯	符蹇切	並	山	獮	三	開	上	並	元

文獻通假 3 次，如：《書·堯典》："平章百姓。"《尚書大傳》引"平章"作"辯章"。

頁碼		反切	中古音韻地位						上古音	
70	平	符兵切	並	梗	庚	三	合	平	並	耕
	蕃	附袁切	並	山	元	三	合	平	並	元

文獻通假 1 次：《詩·小雅·采菽》："平平左右。"《左傳·襄公十一年》引"平平"作"便蕃"。

頁碼		反切	中古音韻地位						上古音	
70	伻	普耕切	滂	梗	耕	二	開	平	滂	耕
	辨	符蹇切	並	山	獮	三	開	上	並	元

文獻通假 1 次：《書·洛誥》："伻來，來視予卜休恆吉。"《漢書·藝文志考證》引"伻"作"辨"。

頁碼		反切	中古音韻地位						上古音	
71	跰	部田切	並	山	先	四	開	平	並	耕
	邊	布玄切	幫	山	先	四	開	平	幫	元

文獻通假 1 次：《莊子·大宗師》："跰䟴而鑑于井。"《釋文》："'跰䟴'，崔本作'邊鮮'。"

頁碼		反切	中古音韻地位						上古音	
71	屏	薄經切	並	梗	青	四	開	平	並	耕
	辨	符蹇切	並	山	獮	三	開	上	並	元

文獻通假 1 次：《逸周書·官人解》："屏言而弗顧。"《大戴禮·文王官人》"屏"作"辨"。

頁碼		反切	中古音韻地位						上古音	
72	胼	部田切	並	山	先	四	開	平	並	耕
	胖	普半切	滂	山	換	一	合	去	滂	元

文獻通假 1 次：《太玄·堅》："陰形胼冒。"林瑀《釋文》："'胼'，虞作'胖'。"

頁碼		反切	中古音韻地位						上古音	
96	輇	市緣切	禪	山	仙	三	合	平	禪	元
	軨	郎丁切	來	梗	青	四	開	平	來	耕

文獻通假 1 次：《莊子·外物》："而後世輇才諷説之徒。"《釋文》："'輇'本或作'軨'。"

頁碼		反切	中古音韻地位						上古音	
96	苓	郎丁切	來	梗	青	四	開	平	來	耕
	蓮	落賢切	來	山	先	四	開	平	來	元

文獻通假 2 次，如：《文選·七發》："蔓草芳苓。"李注："'苓'，古'蓮'字也。"按：兩條例證《七發》和《七啟》均爲三國時作品。

頁碼		反切	中古音韻地位						上古音	
96	命	眉病切	明	梗	映	三	合	去	明	耕
	慢	謨晏切	明	山	諫	二	開	去	明	元

文獻通假 1 次：《禮記·大學》："舉而不能先，命也。"鄭注："'命'讀爲'慢'，聲之誤也。"

頁碼		反切	中古音韻地位						上古音	
100	騂	息營切	心	梗	清	三	開	平	心	耕
	弲	烏玄切	影	山	先	四	合	平	影	元

文獻通假 1 次：《詩·小雅·角弓》："騂騂角弓。"《釋文》，"'騂'，《説文》作'弲'。"《説文·弓部》弲下未引《詩》。

頁碼		反切	中古音韻地位						上古音	
168	旋	似宣切	邪	山	仙	三	合	平	邪	元
	睘	渠營切	群	梗	清	三	合	平	群	耕

文獻通假 1 次：《易·履·上九》："視履考祥其旋元吉。"漢帛書本"旋"作"睘"。

頁碼		反切	中古音韻地位						上古音	
174	晏	烏澗切	影	山	諫	二	開	去	影	元
	炅	古迴切	見	梗	迥	四	合	上	見	耕

　　文獻通假 1 次：《楚辭·九辯》："被荷裯之晏晏兮。"《考異》："《藝文類聚》作'披荷裯之炅炅'。"

頁碼		反切	中古音韻地位						上古音	
177	延	以然切	以	山	仙	三	開	平	餘	元
	莚	以然切	以	山	仙	三	開	平	餘	耕

　　文獻通假 1 次：《爾雅·釋言》："覃，延也。"《釋文》"延"作"莚"，云："本今作'延'。"

頁碼		反切	中古音韻地位						上古音	
177	筵	以然切	以	山	仙	三	開	平	餘	元
	莚	以然切	以	山	仙	三	開	平	餘	耕

　　文獻通假 1 次：《儀禮·大射儀》："受爵於筵前。"《漢石經》"筵"作"莚"。

（二）耕部—真部（24 組）

頁碼		反切	中古音韻地位						上古音	
47	營	余傾切	以	梗	清	三	合	平	餘	耕
	旬	詳遵切	邪	臻	諄	三	合	平	邪	真

　　文獻通假 2 次，如：《詩·大雅·江漢》："來旬來宣。"鄭箋："'旬'當作'營'。"

頁碼		反切	中古音韻地位						上古音	
49	嬰	於盈切	影	梗	清	三	開	平	影	耕
	因	於真切	影	臻	真	三	開	平	影	真

　　文獻通假 3 次，如：《戰國策·趙策三》："田嬰齊。"《史記·魯仲連鄒陽列傳》作"因齊"。

頁碼		反切	中古音韻地位						上古音	
52	敻	休正切	曉	梗	勁	三	開	去	曉	耕
	洵	相倫切	心	臻	諄	三	合	平	心	真

　　文獻通假 1 次：《詩·邶風·擊鼓》："於嗟洵兮。"《釋文》："'洵'，《韓詩》作'敻'。"《吕氏春秋·盡數》高注引作"敻"。

頁碼		反切	中古音韻地位						上古音	
52	迥	戶頂切	匣	梗	迥	四	合	上	匣	耕
	贙	胡畎切	匣	山	銑	四	合	上	匣	真

　　文獻通假 1 次：《説文·䜌部》："'贙'讀若'迥'。"

頁碼		反切	中古音韻地位						上古音	
52	肩	古螢切	見	梗	青	四	合	平	見	耕
	鉉	胡畎切	匣	山	銑	四	合	上	匣	真

文獻通假 9 次，如：《易·鼎》："鼎黃耳金鉉。"《儀禮·士冠禮》鄭注引"鉉"作"肩"。

頁碼		反切	中古音韻地位						上古音	
54	敬	居慶切	見	梗	映	三	開	去	見	耕
	矜	居陵切	見	曾	蒸	三	開	平	見	真

文獻通假 2 次，如：《書·呂刑》："哀敬折獄。"《尚書大傳》《孔叢子·刑論》引"敬"作"矜"。

頁碼		反切	中古音韻地位						上古音	
57	停	特丁切	定	梗	青	四	開	平	定	耕
	奠	堂練切	定	山	霰	四	開	去	定	真

文獻通假 1 次：《周禮·考工記·匠人》："凡行奠水。"鄭注："鄭司農云：'"奠"讀爲"停"。'"

頁碼		反切	中古音韻地位						上古音	
61	定	徒徑切	定	梗	徑	四	開	去	定	耕
	奠	堂練切	定	山	霰	四	開	去	定	真

文獻通假 4 次，如：《周禮·地官·司市》："奠賈。"鄭注："'奠'讀爲'定'，杜子春云：'"奠"當爲"定"。'"

頁碼		反切	中古音韻地位						上古音	
62	霆	特丁切	定	梗	青	四	開	平	定	耕
	電	堂練切	定	山	霰	四	開	去	定	真

文獻通假 6 次，如：《易·繫辭上》："鼓之以雷霆。"《釋文》："'霆'疑爲'電'。"

頁碼		反切	中古音韻地位						上古音	
63	寧	奴丁切	泥	梗	青	四	開	平	泥	耕
	郉	奴顛切	泥	山	先	四	開	平	泥	真

文獻通假 1 次：《說文·邑部》："'郉'讀若'寧'。"

頁碼		反切	中古音韻地位						上古音	
65	笙	所庚切	生	梗	庚	二	開	平	山	耕
	莘	所臻切	生	臻	臻	三	開	平	山	真

文獻通假 1 次：《史記·齊太公世家》："遂殺子糾于笙瀆。"《索隱》："鄒誕生本作'莘瀆'。'莘''笙'聲相近。"

頁碼		反切	中古音韻地位						上古音	
66	頲	疾政切	從	梗	勁	三	開	去	從	耕
	螓	匠鄰切	從	臻	真	三	開	平	從	真

文獻通假 1 次：《詩·衛風·碩人》："螓首蛾眉。"《説文·頁部》《玉篇·頁部》引"螓"作"頲"。

頁碼		反切	中古音韻地位						上古音	
69	菁	子盈切	精	梗	清	三	開	平	精	耕
	蓁	側詵切	莊	臻	臻	三	開	平	莊	真

文獻通假 1 次：《詩·小雅·菁菁者莪》："菁菁者莪。"《文選·東都賦》李注引《韓詩》"菁菁"作"蓁蓁"。

頁碼		反切	中古音韻地位						上古音	
69	菁	子盈切	精	梗	清	三	開	平	精	耕
	薦	子仙切	精	山	仙	三	開	平	精	真

文獻通假 1 次：《詩·小雅·菁菁者莪》："菁菁者莪。"《集韻》一先引李舟説作"薦薦者莪"。

頁碼		反切	中古音韻地位						上古音	
69	清	七情切	清	梗	清	三	開	平	清	耕
	親	七人切	清	臻	真	三	開	平	清	真

文獻通假 1 次：《書·呂刑》："皇帝清問下民鰥寡。"《三國志·魏志·鍾繇傳》引"清"作"親"。

頁碼		反切	中古音韻地位						上古音	
70	苹	符兵切	並	梗	庚	三	合	平	並	耕
	蹁	部田切	並	山	先	四	開	平	並	真

文獻通假 1 次：《説文·足部》："'蹁'讀若'苹'。"

頁碼		反切	中古音韻地位						上古音	
73	瞑	莫經切	明	梗	青	四	開	平	明	耕
	眠	莫賢切	明	山	先	四	開	平	明	真

文獻通假 8 次，如：《孟子·滕文公上》："若藥不瞑眩。"《音義》："'瞑眩'又作'眠眴'。"

頁碼		反切	中古音韻地位						上古音	
75	訇	呼宏切	曉	梗	耕	二	合	平	曉	耕
	玄	胡涓切	匣	山	先	四	合	平	匣	真

文獻通假 1 次：《説文·言部》："'訇'讀若'玄'。"

頁碼		反切	中古音韻地位						上古音	
83	信	息晉切	心	臻	震	三	開	去	心	真
	佞	乃定切	泥	梗	徑	四	開	去	泥	耕

文獻通假 2 次，如：《左傳·定公十三年》："韓不信。"《史記·趙世家》作："韓不佞。"

頁碼		反切	中古音韻地位						上古音	
95	齡	郎丁切	來	梗	青	四	開	平	來	耕
	矜	居陵切	見	曾	蒸	三	開	平	見	真

文獻通假 1 次：《爾雅·釋言》："齡、矜、鹹，苦也。"《釋文》矜作齡，云："本又作'矜'。""矜"本令聲，而俗字多從今。

頁碼		反切	中古音韻地位						上古音	
96	轔	力珍切	來	臻	真	三	開	平	來	真
	軨	郎丁切	來	梗	青	四	開	平	來	耕

文獻通假 1 次：《楚辭·九歌》："乘龍兮轔轔。"《考異》："'轔'，《釋文》作'軨'，音轔。"《補注》："今《詩》作鄰。"

頁碼		反切	中古音韻地位						上古音	
96	民	彌鄰切	明	臻	真	三	開	平	明	真
	命	眉病切	明	梗	映	三	合	去	明	耕

文獻通假 1 次：《書·多士》："革夏俊民。"《文選·爲吳令謝詢求爲諸孫置守冢人表》李注引"民"作"命"。

頁碼		反切	中古音韻地位						上古音	
97	令	力政切	來	梗	勁	三	開	去	來	耕
	獜	力珍切	來	臻	真	三	開	平	來	真

文獻通假 1 次：《詩·齊風·盧令》："盧令令。"《説文·犬部》引"令令"作"獜獜"。

頁碼		反切	中古音韻地位						上古音	
99	佞	乃定切	泥	梗	徑	四	開	去	泥	耕
	年	奴顛切	泥	山	先	四	開	平	泥	真

文獻通假 1 次：《左傳·襄公三十年》："天王殺其弟佞夫。"《穀梁傳》同。《公羊傳》"佞夫"作"年夫"。

（三）耕部—陽部（18 組）

具體數據見第五章第三節陽部。

（四）耕部—蒸部（13 組）

具體數據見第一章第三節蒸部。

（五）耕部—文部（8 組）

頁碼		反切	中古音韻地位						上古音	
48	鋆	余傾切	以	梗	清	三	合	平	餘	耕
	銑	蘇典切	心	山	銑	四	開	上	心	文

文獻通假 1 次：《説文·金部》："'鋆'讀若'銑'。"

頁碼		反切	中古音韻地位						上古音	
49	嬰	於盈切	影	梗	清	三	開	平	影	耕
	甄	職鄰切	章	臻	真	三	開	平	章	文

文獻通假 1 次：《戰國策·秦策四》："嬰城。"《新序·善謀》作"甄城"。

頁碼		反切	中古音韻地位						上古音	
54	敬	居慶切	見	梗	映	三	開	去	見	耕
	振	職鄰切	章	臻	真	三	開	平	章	文

文獻通假 1 次：《書·費誓》："祇復之。"《史記·魯周公世家》作："敬復之。"《集解》引徐廣曰："'敬'，一作'振'。"《正義》："祇、'振'古通用。"

頁碼		反切	中古音韻地位						上古音	
54	敬	居慶切	見	梗	映	三	開	去	見	耕
	鰥	古頑切	見	山	山	二	合	平	見	文

文獻通假 1 次：《書·呂刑》："哀敬折獄。"《漢書》雋不疑等傳贊引"敬"作"鰥"。

頁碼		反切	中古音韻地位						上古音	
60	正	諸盈切	章	梗	清	三	開	平	章	耕
	昆	古渾切	見	臻	魂	一	合	平	見	文

文獻通假 1 次：《莊子·在宥》："禍及止蟲。"《釋文》："'止'本亦作'昆'，崔本作'正'。"

頁碼		反切	中古音韻地位						上古音	
61	貞	陟盈切	知	梗	清	三	開	平	端	耕
	昆	古渾切	見	臻	魂	一	合	平	見	文

　　文獻通假 1 次：《大戴禮·易本命》："人禽獸萬物昆蟲各有以生。"《淮南子·墜形訓》"昆"作"貞"。

頁碼		反切	中古音韻地位						上古音	
73	冥	莫經切	明	梗	青	四	開	平	明	耕
	憤	房吻切	並	臻	吻	三	合	上	並	文

　　文獻通假 1 次：《荀子·勸學》："無冥冥之志者。"《大戴禮·勸學》"冥冥"作"憤憤"。

頁碼		反切	中古音韻地位						上古音	
93	蜓	特丁切	定	梗	青	四	開	平	定	耕
	蝘	徒典切	定	山	銑	四	開	上	定	文

　　文獻通假 1 次：《爾雅·釋魚》："蛝蜴，蝘蜓。"《釋文》："'蜓'字或作'蝘'。"

（六）耕部—談部（4 組）

頁碼		反切	中古音韻地位						上古音	
53	耿	古幸切	見	梗	耿	二	開	上	見	耕
	耆	都念切	端	咸	㮇	四	開	去	端	談

　　文獻通假 1 次：《説文·老部》："'耆'讀若'耿介'之'耿'。"

頁碼		反切	中古音韻地位						上古音	
61	定	徒徑切	定	梗	徑	四	開	去	定	耕
	占	職廉切	章	咸	鹽	三	開	平	章	談

　　文獻通假 1 次：《禮記·玉藻》："卜人定龜，史定墨，君定體。"《周禮·春官·占人》"定"作"占"。

頁碼		反切	中古音韻地位						上古音	
72	騈	部田切	並	山	先	四	開	平	並	耕
	冉	汝鹽切	日	咸	鹽	三	開	平	日	談

　　文獻通假 1 次：《史記·管蔡世家》："次曰冉季載。"《左傳·僖公二十四年》"冉"作"騈"。

頁碼		反切	中古音韻地位						上古音	
259	詌	古暗切	見	咸	勘	一	開	去	見	談
	佞	乃定切	泥	梗	徑	四	開	去	泥	耕

　　文獻通假 2 次，如：《荀子·哀公》："無取詌。"《韓詩外傳》四"詌"作"佞"。

（七）耕部—侵部（4 組）

頁碼		反切	中古音韻地位						上古音	
99	壬	如林切	日	深	侵	三	開	平	日	侵
	佞	乃定切	泥	梗	徑	四	開	去	泥	耕

文獻通假 1 次：《書·皋陶謨》：“何畏乎巧言令色孔壬。”《史記·夏本紀》“孔壬”作“佞人”。

頁碼		反切	中古音韻地位						上古音	
99	任	汝鴆切	日	深	沁	三	開	去	日	侵
	佞	乃定切	泥	梗	徑	四	開	去	泥	耕

文獻通假 1 次：《書·舜典》：“而難任人。”《史記·五帝本紀》作“遠佞人”。

頁碼		反切	中古音韻地位						上古音	
233	荆	舉卿切	見	梗	庚	三	開	平	見	耕
	含	胡男切	匣	咸	覃	一	開	平	匣	侵

文獻通假 1 次：《爾雅·釋木》：“楔，荆桃。”《禮記·月令》“荆桃”作“含桃”。

頁碼		反切	中古音韻地位						上古音	
234	聆	巨金切	群	深	侵	三	開	平	群	侵
	亭	特丁切	定	梗	青	四	開	平	定	耕

文獻通假 1 次：《國語·周語上》：“回祿信於聆隧。”《說苑·辨物》“聆隧”作“亭隧”。

（八）耕部—東部（2 組）

具體數據見第四章第三節東部。

第七章 歌部、月部、元部通假關係研究

第一節 歌 部

在本書研究範圍内，歌部共通假 659 組。其中，同部通假 401 組，異部通假 258 組。在異部通假中，歌部與其他陰聲韻共通假 140 組；與入聲韻共通假 47 組；與陽聲韻共通假 71 組。具體情況如下：

表 7-1 歌部通假情況匯總表

通假類型			通假頻次（組）		
同部通假	歌—歌		401		
異部通假	陰聲韻	歌—支	46	140	258	659
		歌—微	40			
		歌—魚	19			
		歌—脂	16			
		歌—侯	8			
		歌—宵	4			
		歌—之	4			
		歌—幽	3			
	入聲韻	歌—錫	12	47		
		歌—月	9			
		歌—物	9			
		歌—鐸	6			
		歌—質	3			
		歌—職	3			
		歌—葉	2			
		歌—屋	1			
		歌—緝	1			
		歌—覺	1			

通假類型			通假頻次（組）		
陽聲韻	歌—元	56	71		
	歌—文	6			
	歌—陽	6			
	歌—真	2			
	歌—談	1			

一、歌部和其他陰聲韻通假關係舉證

表 7–2　歌部與其他陰聲韻通假頻次表（組）

	支部	微部	魚部	脂部	侯部	宵部	之部	幽部	合計
歌部	46	40	19	16	8	4	4	3	140

（一）歌部—支部（46 組）

具體數據見第六章第一節"支—歌"部分。

（二）歌部—微部（40 組）

頁碼		反切	中古音韻地位						上古音	
146	穤	浮鬼切	並	止	尾	三	合	上	並	微
	靡	文彼切	明	止	紙	三	合	上	明	歌

文獻通假 1 次：《説文·禾部》："'穤'讀若'靡'。"

頁碼		反切	中古音韻地位						上古音	
162	萑	職追切	章	止	脂	三	合	平	章	微
	和	户戈切	匣	果	戈	一	合	平	匣	歌

文獻通假 1 次：《説文·艸部》："'萑'讀若'和'。"

頁碼		反切	中古音韻地位						上古音	
489	賯	詭僞切	見	止	寘	三	合	去	見	歌
	貴	居胃切	見	止	未	三	合	去	見	微

文獻通假 1 次：《説文·貝部》："'賯'讀若'貴'。"

頁碼		反切	中古音韻地位						上古音	
490	遺	以追切	以	止	脂	三	合	平	餘	微
	隨	旬爲切	邪	止	支	三	合	平	邪	歌

文獻通假 1 次：《詩·小雅·角弓》："莫肯下遺。"鄭箋："'遺'讀曰'隨'。"

頁碼		反切	中古音韻地位						上古音	
491	隤	杜回切	定	蟹	灰	一	合	平	定	微
	妥	他果切	透	果	果	一	合	上	透	歌

文獻通假1次：《易·繫辭下》："夫坤隤然示人簡矣。"《釋文》："'隤'，陸董姚作'妥'。"

頁碼		反切	中古音韻地位						上古音	
496	惟	以追切	以	止	脂	三	合	平	餘	微
	爲	薳支切	云	止	支	三	開	平	匣	歌

文獻通假4次，如：《書·康誥》："乃惟眚災。"《孔叢子·刑論》引"惟"作"爲"。

頁碼		反切	中古音韻地位						上古音	
497	僞	危睡切	疑	止	寘	三	合	去	疑	歌
	帷	洧悲切	云	止	脂	三	合	平	匣	微

文獻通假1次：《禮記·喪大記》："素錦褚加僞荒。"鄭注："'僞'當爲'帷'，聲之誤也。"《荀子·禮論》楊注、《通典·禮四十六》引"僞"作"帷"。

頁碼		反切	中古音韻地位						上古音	
498	維	以追切	以	止	脂	三	開	平	餘	微
	爲	薳支切	以	止	支	三	開	平	匣	歌

文獻通假2次，如：《詩·大雅·崧高》："維周之翰。"《禮記·孔子閒居》引"維"作"爲"。

頁碼		反切	中古音韻地位						上古音	
499	摧	昨回切	從	蟹	灰	一	合	平	從	微
	剉	麤臥切	清	果	過	一	合	去	清	歌

文獻通假1次：《詩·小雅·鴛鴦》："摧之秣之。"《説文·艸部》《繫傳》引作"莝之剉之"。

頁碼		反切	中古音韻地位						上古音	
499	摧	昨回切	從	蟹	灰	一	合	平	從	微
	莝	麤臥切	清	果	過	一	合	去	清	歌

文獻通假1次：《詩·小雅·鴛鴦》："摧之秣之。"鄭箋："'摧'，今'莝'字也。"《眾經音義》十三及十五引"摧"作"莝"。

頁碼	反切		中古音韻地位						上古音	
499	摧	昨回切	從	蟹	灰	一	合	平	從	微
	挫	徂臥切	清	果	過	一	合	去	從	歌

文獻通假 1 次：《詩·小雅·鴛鴦》：“摧之秣之。”《白孔六帖》九六引“摧”作“挫”。

頁碼	反切		中古音韻地位						上古音	
503	威	於非切	影	止	微	三	合	平	影	微
	委	於詭切	影	止	紙	三	合	上	影	歌

文獻通假 2 次，如：《易·大有·六五》：“厥孚交如威如。”漢帛書本“威”作“委”。

頁碼	反切		中古音韻地位						上古音	
503	倭	於爲切	影	止	支	三	合	平	影	歌
	威	於非切	影	止	微	三	合	平	影	微

文獻通假 1 次：《詩·小雅·四牡》：“周道倭遲。”《釋文》：“‘倭’本作‘委’。”《文選·西征賦》李注、《金谷集詩》李注、《秋胡詩》李注、《石闕銘》李注引《韓詩》“倭遲”作“威夷”。

頁碼	反切		中古音韻地位						上古音	
505	爲	薳支切	云	止	支	三	開	平	匣	歌
	違	雨非切	云	止	微	三	合	平	匣	微

文獻通假 1 次：《禮記·禮運》：“心無爲也。”《孔子家語·禮運》“爲”作“違”。

頁碼	反切		中古音韻地位						上古音	
505	委	於詭切	影	止	紙	三	合	上	影	歌
	褘	許歸切	曉	止	微	三	合	平	曉	微

文獻通假 1 次：《詩·召南·羔羊》：“委蛇委蛇。”《詩攷》《隸釋》《漢隸字源》引《韓詩》“委蛇”作“褘隋”。

頁碼	反切		中古音韻地位						上古音	
508	委	於詭切	影	止	紙	三	合	上	影	歌
	葰	息遺切	心	止	脂	三	開	平	心	微

文獻通假 1 次：《爾雅·釋草》：“熒委萎。”《釋文》“委”作“葰”，云：“本今作‘委’。”

頁碼	反切		中古音韻地位						上古音	
506	委	於詭切	影	止	紙	三	合	上	影	歌
	褘	於離切	影	止	支	二	開	平	影	微

　　文獻通假 2 次，如：《爾雅·釋訓》："委委佗佗，美也。"《釋文》："'委'，諸儒本並作'褘'。"

頁碼		反切	中古音韻地位						上古音	
509	緌	儒佳切	日	止	脂	四	合	平	日	歌
	蕤	儒佳切	日	止	脂	四	合	平	日	微

　　文獻通假 1 次：《禮記·玉藻》："緇布冠繢緌。"鄭注："'緌'或作'蕤'。"

頁碼		反切	中古音韻地位						上古音	
509	虧	去爲切	溪	止	支	三	合	平	溪	歌
	毀	許委切	曉	止	紙	三	合	上	曉	微

　　文獻通假 2 次，如：《易·謙》："天道虧盈而益謙。"《釋文》："'虧'，馬本作'毀'。"

頁碼		反切	中古音韻地位						上古音	
509	毀	許委切	曉	止	紙	三	合	上	曉	微
	僞	危睡切	疑	止	寘	三	合	去	疑	歌

　　文獻通假 2 次，如：《世本》："毀隃。"《史記·周本紀》《索隱》引作"僞隃"。

頁碼		反切	中古音韻地位						上古音	
517	譏	居依切	見	止	微	三	開	平	見	微
	羈	居宜切	見	止	支	三	開	平	見	歌

　　文獻通假 1 次：《漢書·刑法志》："是猶以譏而御駻突。"顏注引晉灼曰："'譏'，古'羈'字也。"

頁碼		反切	中古音韻地位						上古音	
519	螘	魚豈切	疑	止	尾	三	開	上	疑	微
	蛾	五何切	疑	果	歌	一	開	平	疑	歌

　　文獻通假 1 次：《爾雅·釋蟲》："蚍蜉，大螘。"《釋文》："'螘'本亦作'蛾'。"《禮記·學記》鄭注"螘"作"蛾"。

頁碼		反切	中古音韻地位						上古音	
519	蟻	魚倚切	疑	止	紙	三	開	上	疑	歌
	螘	魚豈切	疑	止	尾	三	開	上	疑	微

　　文獻通假 3 次，如：《史記·屈原賈生列傳》："固將制於螻蟻。"《漢書·賈誼傳》"蟻"作"螘"。

頁碼		反切	中古音韻地位						上古音	
519	隑	渠希切	群	止	微	三	開	平	群	微
	碕	渠羈切	群	止	支	三	開	平	群	歌

文獻通假 2 次，如：《史記·司馬相如列傳》："臨曲江之隑州兮。"《索隱》："'隑'即'碕'字。"

頁碼		反切	中古音韻地位						上古音	
535	蘳	許規切	曉	止	支	三	合	平	曉	歌
	壞	胡怪切	匣	蟹	怪	二	合	去	匣	微

文獻通假 1 次：《説文·艸部》："'蘳'讀若'壞'。"

頁碼		反切	中古音韻地位						上古音	
540	雷	魯回切	來	蟹	灰	一	合	平	來	微
	蠃	力爲切	來	止	支	三	合	平	來	歌

文獻通假 1 次：《楚辭·遠遊》："召黔蠃而見之兮。"《補注》："《大人賦》云：'左玄冥而右黔雷。'"

頁碼		反切	中古音韻地位						上古音	
541	蠃	力爲切	來	止	支	三	合	平	來	歌
	纍	力追切	來	止	脂	三	合	平	來	微

文獻通假 3 次，如：《易·大壯》："蠃其角。"《釋文》："'蠃'鄭虞作'纍'。"

頁碼		反切	中古音韻地位						上古音	
542	累	良偽切	來	止	寘	三	合	去	來	微
	蠃	落戈切	來	果	戈	一	合	平	來	歌

文獻通假 1 次：《老子》六十四章："九層之臺起於累土。"漢帛書甲本"累"作"蠃"。

頁碼		反切	中古音韻地位						上古音	
542	蠃	力爲切	來	止	支	三	合	平	來	歌
	累	良偽切	來	止	寘	三	合	去	來	微

文獻通假 3 次，如：《易·大壯》："蠃其角。"《釋文》："'蠃'蜀才作'累'。"《音訓》："'蠃'，晁氏曰：'案，古文作"累"。'"

頁碼		反切	中古音韻地位						上古音	
543	蠃	力爲切	來	止	支	三	合	平	來	歌
	縲	力追切	來	止	脂	三	合	平	來	微

文獻通假 2 次，如：《易·大壯》：“羸其角。”《釋文》：“‘羸’，王肅作‘纍’。”

頁碼		反切	中古音韻地位						上古音	
543	羸	力爲切	來	止	支	三	合	平	來	歌
	纍	力追切	來	止	脂	三	合	平	來	微

文獻通假 3 次，如：《易·大壯》：“羸其角。”《釋文》：“‘羸’張作‘藟’。”

頁碼		反切	中古音韻地位						上古音	
559	妥	他果切	透	果	果	一	合	上	透	歌
	綏	息遺切	心	止	脂	三	合	平	心	微

文獻通假 5 次，如：《儀禮·士相見禮》：“妥而後傳言。”鄭注：“古文‘妥’爲‘綏’。”

頁碼		反切	中古音韻地位						上古音	
559	挼	奴禾切	泥	果	戈	一	合	平	泥	歌
	綏	息遺切	心	止	脂	三	合	平	心	微

文獻通假 5 次，如：《儀禮·特牲饋食禮》：“祝命挼祭。”鄭注：“今文改‘挼’皆爲‘綏’，古文此皆爲‘挼祭’也。”

頁碼		反切	中古音韻地位						上古音	
560	墮	徒果切	定	果	果	一	合	上	定	歌
	綏	息遺切	心	止	脂	三	合	平	心	微

文獻通假 3 次，如：《儀禮·士虞禮》：“祝命佐食墮祭。”鄭注：“今文‘墮’爲‘綏’。”

頁碼		反切	中古音韻地位						上古音	
560	嘉	古牙切	見	假	麻	二	開	平	見	歌
	綏	息遺切	心	止	脂	三	合	平	心	微

文獻通假 1 次：《書·盤庚下》：“嘉績于朕邦。”《漢石經》“嘉”作“綏”。

頁碼		反切	中古音韻地位						上古音	
597	縻	靡爲切	明	止	支	三	合	平	明	歌
	排	步皆切	並	蟹	皆	二	開	平	並	微

文獻通假 1 次：《韓非子·説難》：“辭言無所繫縻。”《史記·老莊申韓列傳》《太平御覽》四六二並引“縻”作“排”。

頁碼		反切	中古音韻地位						上古音	
597	排	步皆切	並	蟹	皆	二	開	平	並	微
	摩	莫婆切	明	果	戈	一	合	平	明	歌

文獻通假 1 次：《史記・老莊申韓列傳》："悟言無所擊排。"《索隱》："'擊射排擯'，《韓子》作'擊摩'。"

頁碼		反切	中古音韻地位						上古音	
598	匪	府尾切	幫	止	尾	三	合	上	幫	微
	彼	甫委切	幫	止	紙	三	合	上	幫	歌

文獻通假 3 次，如：《詩・小雅・桑扈》："彼交匪敖。"《左傳・襄公二十七年》《漢書・五行志》《太平御覽》四九八並引"彼"並作"匪"。

頁碼		反切	中古音韻地位						上古音	
598	匪	府尾切	幫	止	尾	三	合	上	幫	微
	靡	文彼切	明	止	紙	三	合	上	明	歌

文獻通假 1 次：《漢書・韋賢傳》："致隊靡嫚。"《文選》作"致墜匪慢"。

頁碼		反切	中古音韻地位						上古音	
606	蘼	靡爲切	明	止	支	三	合	平	明	歌
	薇	無非切	明	止	微	三	合	平	明	微

文獻通假 1 次：《山海經・西山經》："臭如蘼蕪。"《文選・南都賦》李注引"蘼蕪"作"薇蕪"。

異體字聲旁換用：0 組，聲旁爲同部通假。

頁碼		反切	中古音韻地位						上古音	
508	委	於詭切	影	止	紙	三	合	上	影	歌
	妥	他果切	透	果	果	一	合	上	透	歌

綏與緌：文獻通假 8 次，如：《詩・齊風・南山》："冠緌雙止。"《太平御覽》六九八引"綏"作"緌"。按：二字《集韻》爲異體字，分屬歌部和微部。

桵與桵：文獻通假 1 次：《爾雅・釋木》："棫白桵。"《釋文》："'桵'本或作'桵'。"按：二字《集韻》爲異體字，分屬歌部和微部。

（三）歌部—魚部（19 組）

具體數據見第五章第一節"魚—歌"部分。

（四）歌部—脂部（16 組）

頁碼		反切	中古音韻地位						上古音	
487	翳	於計切	影	蟹	霽	四	開	去	影	脂
	委	於爲切	影	止	紙	三	開	上	影	歌

文獻通假 1 次：《左傳・宣公二年》："舍于翳桑。"《淮南子・人間訓》"翳"作"委"。

頁碼		反切	中古音韻地位						上古音	
487	翳	於計切	影	蟹	霽	四	開	去	影	脂
	骩	於詭切	影	止	紙	三	合	上	影	歌

文獻通假1次：《左傳·宣公二年》："舍於翳桑。"《呂氏春秋·報更》"翳"作"骩"，下文同。

頁碼		反切	中古音韻地位						上古音	
508	鴟	處脂切	昌	止	脂	三	開	平	昌	脂
	委	於詭切	影	止	紙	三	合	上	影	歌

文獻通假1次：《莊子·秋水》："鴟鵂夜撮蚤。"《釋文》："崔云：'鴟鵂鸋與委鳥同。'"

頁碼		反切	中古音韻地位						上古音	
538	黎	郎奚切	來	蟹	齊	四	開	平	來	脂
	離	呂支切	來	止	支	三	開	平	來	歌

文獻通假3次，如：《書·禹貢》："導弱水至于合黎。"《水經注》云："'合離山'即'合黎山'也。"

頁碼		反切	中古音韻地位						上古音	
538	鸝	呂支切	來	止	支	三	開	平	來	脂
	離	呂支切	來	止	支	三	開	平	來	歌

文獻通假1次：《爾雅·釋鳥》："鸝黃楚雀。"《釋文》"鸝"《詩》傳作"離"。

頁碼		反切	中古音韻地位						上古音	
538	利	力至切	來	止	至	三	開	去	來	脂
	離	呂支切	來	止	支	三	開	平	來	歌

文獻通假2次，如：《荀子·非十二子》："綦谿利跂。"楊注："'利'與'離'同。"

頁碼		反切	中古音韻地位						上古音	
539	離	呂支切	來	止	支	三	開	平	來	歌
	犂	郎奚切	來	蟹	齊	四	開	平	來	脂

文獻通假1次：《史記·伍子胥列傳》："拔其鍾離，居巢而歸。"《索隱》："'鍾離'，《世本》謂之'終犂'。"

頁碼		反切	中古音韻地位						上古音	
551	儺	諾何切	泥	果	歌	一	開	平	泥	歌
	旎	女氏切	泥	止	紙	三	開	上	泥	脂

文獻通假 1 次：《詩·檜風·隰有萇楚》："猗儺其華。"《楚辭·九辯》王注、《九歎·惜賢》王注並引"猗儺"作"旖旎"。

頁碼		反切	中古音韻地位						上古音	
575	矢	式視切	書	止	旨	三	開	上	書	脂
	弛	施是切	書	止	紙	三	開	上	書	歌

文獻通假 1 次：《詩·大雅·江漢》："矢其文德。"《禮記·孔子閒居》《春秋繁露·竹林》並引"矢"作"弛"。

頁碼		反切	中古音韻地位						上古音	
580	儀	魚羈切	疑	止	支	三	開	平	疑	歌
	齊	徂奚切	從	蟹	齊	四	開	平	從	脂

文獻通假 1 次：《左傳·襄公二十九年》："衛世叔儀。"《穀梁傳》同，《公羊傳》"儀"作"齊"。

頁碼		反切	中古音韻地位						上古音	
600	蘪	武悲切	明	止	脂	三	合	平	明	脂
	蘼	靡爲切	明	止	支	三	合	平	明	歌

文獻通假 1 次：《楚辭·九歌》："秋蘭兮蘪蕪。"《補注》："《本草》云：'芎藭，其葉名蘼蕪。'《管子》曰：'五沃之土生蘼蕪。'"

頁碼		反切	中古音韻地位						上古音	
600	蘼	靡爲切	明	止	支	三	合	平	明	歌
	蘪	武悲切	明	止	脂	三	合	平	明	脂

文獻通假 1 次：《楚辭·招魂》："蘼散而不可止些。"《考異》："'蘼'，《釋文》一作'蘪'。"

頁碼		反切	中古音韻地位						上古音	
608	糜	武悲切	明	止	脂	三	合	平	明	脂
	糜	靡爲切	明	止	支	三	合	平	明	歌

文獻通假 1 次：《禮記·月令》："行糜粥飲食。"《呂氏春秋·仲春紀》"糜"作"糜"。

頁碼		反切	中古音韻地位						上古音	
608	糜	武悲切	明	止	脂	三	合	平	明	脂
	蘼	靡爲切	明	止	支	三	合	平	明	歌

文獻通假 3 次：《史記·司馬相如列傳》："糅以蘼蕪。"《漢書·司馬相如傳》"蘼"作"蘼"。

頁碼		反切	中古音韻地位						上古音	
685	羞	士佳切	崇	蟹	佳	二	開	平	崇	歌
	遅	直尼切	澄	止	脂	三	開	平	定	脂

文獻通假 1 次：《説文・車部》："'羞'讀若'遅'。"

頁碼		反切	中古音韻地位						上古音	
682	啓	康禮切	溪	蟹	薺	四	開	上	溪	脂
	跢	丁佐切	端	果	箇	一	開	去	端	歌

文獻通假 1 次：《論語・泰伯》："啓予足，啓予手。"《説文・言部》引《論語》作"跢予之足"。

（五）歌部—侯部（8 組）

具體數據見第四章第一節"侯—歌"部分。

（六）歌部—宵部（4 組）

具體數據見第三章第一節"宵—歌"部分。

（七）歌部—之部（4 組）

具體數據見第一章第一節"之—歌"部分。

（八）歌部—幽部（3 組）

具體數據見第二章第一節"幽—歌"部分。

二、歌部和入聲韻通假關係舉證

表 7–3　歌部與入聲韻通假頻次表（組）

	錫部	月部	物部	鐸部	質部	職部	葉部	屋部	緝部	覺部	合計
歌部	12	9	9	6	3	3	2	1	1	1	47

（一）歌部—錫部（12 組）

具體數據見第六章第二節"錫—歌"部分。

（二）歌部—月部（9 組）

頁碼		反切	中古音韻地位						上古音	
596	皮	符羈切	並	止	支	三	開	平	並	歌
	幣	毗祭切	並	蟹	祭	三	開	去	並	月

文獻通假 1 次：《儀禮・聘禮》："陳皮北首西上。"鄭注："古文曰'陳幣北首'。"

頁碼		反切	中古音韻地位						上古音	
682	誃	尺氏切	昌	止	紙	三	開	上	昌	歌
	跢	當蓋切	端	蟹	泰	一	開	去	端	月

文獻通假 1 次：《説文・言部》："'諺'讀若'跢予'之'足'。"

頁碼		反切	中古音韻地位						上古音	
615	曷	胡葛切	匣	山	曷	一	開	入	匣	月
	何	胡歌切	匣	果	歌	一	開	平	匣	歌

文獻通假 6 次，如：《書・湯誓》："時日曷喪。"《史記・殷本紀》作"是日何時喪"。

頁碼		反切	中古音韻地位						上古音	
623	介	古拜切	見	蟹	怪	二	開	去	見	月
	个	古賀切	見	果	箇	一	開	去	見	歌

文獻通假 5 次，如：《書・秦誓》："如有一介臣。"《釋文》："'介'字又作'个'。"《禮記・大學》引作"若有一个臣"。

頁碼		反切	中古音韻地位						上古音	
631	離	呂支切	來	止	支	三	開	平	來	歌
	莉	良薛切	來	山	薛	三	開	入	來	月

文獻通假 1 次：《淮南子・泰族訓》："離先稻熟，而農夫耨之。"《太平御覽》八二三引作"莉先稻熟"。

頁碼		反切	中古音韻地位						上古音	
646	池	直離切	澄	止	支	三	開	平	定	歌
	徹	直列切	澄	山	薛	三	開	入	定	月

文獻通假 1 次：《禮記・檀弓上》："主人既祖填池。"鄭注："'填池'當爲'奠徹'聲之誤也。"《周禮・春官・喪祝》賈疏引"填池"作"奠徹"。

頁碼		反切	中古音韻地位						上古音	
646	掣	昌列切	昌	山	薛	三	開	入	昌	月
	觭	去奇切	溪	止	支	三	開	平	溪	歌

文獻通假 1 次：《易・睽》："其牛掣。"《釋文》："'掣'荀作'觭'。"

頁碼		反切	中古音韻地位						上古音	
647	媊	丁滑切	知	山	黠	二	合	入	端	月
	唾	湯臥切	透	果	過	一	合	去	透	歌

文獻通假 1 次：《説文・女部》："'媊'讀若'唾'。"

頁碼		反切	中古音韻地位						上古音	
656	罷	薄蟹切	並	蟹	蟹	二	開	上	並	歌
	敗	薄邁切	並	蟹	夬	二	合	去	並	月

文獻通假 1 次:《呂氏春秋·孝行覽》:"不罷北。"《太平御覽》七七引"罷"作"敗"。

(三)歌部—物部(9 組)

頁碼		反切	中古音韻地位						上古音	
137	檇	將遂切	精	止	至	三	合	去	精	歌
	醉	將遂切	精	止	至	三	合	去	精	物

文獻通假 3 次,如:《左傳·定公十四年》:"於越敗吳于檇李。"《穀梁傳》同,《公羊傳》"檇李"作"醉李"。

頁碼		反切	中古音韻地位						上古音	
488	爲	于僞切	云	止	寘	三	合	去	匣	歌
	謂	于貴切	云	止	未	三	合	去	匣	物

文獻通假 30 次,如:《易·繫辭下》:"小人以小善爲無益而弗爲也,以小惡爲無傷而弗去也。"《潛夫論·慎微》引"爲無益""爲無傷"二"爲"字,作"謂"。

頁碼		反切	中古音韻地位						上古音	
525	齮	魚倚切	疑	止	紙	三	開	上	疑	歌
	齕	下沒切	匣	臻	沒	一	合	入	匣	物

文獻通假 3 次,如:《左傳·昭公二十六年》:"高齮。"《史記·魯周公世家》作"高齕"。

頁碼		反切	中古音韻地位						上古音	
547	退	他内切	透	蟹	隊	一	合	去	透	物
	妥	他果切	透	果	果	一	合	上	透	歌

文獻通假 1 次:《禮記·檀弓下》:"文子其中退然如不勝衣。"鄭注:"'退'或作'妥'。"

頁碼		反切	中古音韻地位						上古音	
556	邃	雖遂切	心	止	至	三	合	去	心	物
	垂	是爲切	禪	止	支	三	合	平	禪	歌

文獻通假 1 次:《禮記·玉藻》:"前後邃延。"《獨斷》作"前後垂延"。

頁碼		反切	中古音韻地位						上古音	
557	墜	直類切	澄	止	至	三	合	去	定	物
	地	徒四切	定	止	至	三	開	去	定	歌

文獻通假 3 次，如：《大戴禮・保傳》："下無取於墜。"《賈子新書・胎教》"墜"作"地"。

頁碼		反切	中古音韻地位						上古音	
557	隧	徐醉切	邪	止	至	三	合	去	邪	物
	墜	徒四切	定	止	至	三	開	去	定	歌

文獻通假 1 次：《文選・北征賦》："登鄣隧而遥望兮。"李注："'隧'或爲'墜'，《説文》曰：'墜，古文地字也。'"按：《北征賦》是東漢班彪所作。《古字通假會典》"鄣"作"彰"，誤。

頁碼		反切	中古音韻地位						上古音	
557	隧	徐醉切	邪	止	至	三	合	去	邪	物
	隨	旬爲切	邪	止	支	三	合	平	邪	歌

文獻通假 1 次：《荀子・非相》："莫肯下隧。"楊注："'隧'讀爲'隨'。"

頁碼		反切	中古音韻地位						上古音	
618	戌	辛聿切	心	臻	術	三	合	入	心	物
	俄	五何切	疑	果	歌	一	開	平	疑	歌

文獻通假 1 次：《莊子・大宗師》："成然寐。"《釋文》："成本或作'戌'，本亦作'俄然'。"

（四）歌部—鐸部（6 組）

具體數據見第五章第二節"鐸—歌"部分。

（五）歌部—質部（3 組）

頁碼		反切	中古音韻地位						上古音	
536	棣	特計切	定	蟹	霽	四	開	去	定	質
	杕	弋支切	以	止	支	三	開	平	餘	歌

文獻通假 1 次：《詩・小雅》："常棣。"《呂氏家塾讀詩記》引《韓詩序》作"夫杕"。"夫"疑"丈"字之譌。

頁碼		反切	中古音韻地位						上古音	
540	鷅	力質切	來	臻	質	三	開	入	來	質
	離	呂支切	來	止	支	三	開	平	來	歌

文獻通假 1 次：《爾雅·釋鳥》："鳥少美長醜爲鶹鷅。"《詩·邶風·旄丘》："'鶹鷅'作'流離'。"《説文·鳥部》鶹下"鶹鷅"作"鶹離"。按：《古字通假會典》"美"作"好"，誤。

頁碼		反切	中古音韻地位						上古音	
546	朵	丁果切	端	果	果	一	合	上	端	歌
	抶	丑栗切	徹	臻	質	三	開	入	透	質

文獻通假 1 次：《易·頤·初九》："含爾靈龜，觀我朵頤。"漢帛書本"朵"作"扶"。"扶"當作"抶"。

（六）歌部—職部（3 組）

具體數據見第一章第二節"職—歌"部分。

（七）歌部—葉部（2 組）

頁碼		反切	中古音韻地位						上古音	
674	荔	郎計切	來	蟹	霽	四	開	去	來	葉
	離	呂支切	來	止	支	三	開	平	來	歌

文獻通假 1 次：《史記·司馬相如列傳》："楛樏荔枝。"《索隱》："作'答遝離支'。"《漢書·司馬相如列傳》《文選·上林賦》同。

頁碼		反切	中古音韻地位						上古音	
687	輒	陟葉切	知	咸	葉	三	開	入	端	葉
	痤	昨禾切	從	果	戈	一	合	平	從	歌

文獻通假 1 次：《左傳·昭公二十一年》："叔輒卒。"《穀梁傳》同。《公羊傳》"叔輒"作"叔痤"。

（八）歌部—屋部（1 組）

具體數據見第四章第二節"屋—歌"部分。

（九）歌部—緝部（1 組）

頁碼		反切	中古音韻地位						上古音	
686	戢	阻立切	莊	深	緝	三	開	入	莊	緝
	蕊	如累切	日	止	紙	三	合	上	日	歌

文獻通假 1 次：《文選·南都賦》："蓼戢蘘荷。"李注："《風土記》曰：'蕊香菜根，似茆根，蜀人所謂葙香。''蕊'與'戢'同。"按：《南都賦》是漢代張衡所作。

（十）歌部—覺部（1 組）

具體數據見第二章第二節"覺—歌"部分。

三、歌部和陽聲韻通假關係舉證

表 7-4　歌部與陽聲韻通假頻次表（組）

	元部	文部	陽部	真部	談部	合計
歌部	56	6	6	2	1	71

（一）歌部—元部（56 組）

頁碼		反切	中古音韻地位						上古音	
160	怨	於願切	影	山	願	三	合	去	影	元
	委	於爲切	影	止	支	三	合	平	影	歌

文獻通假 1 次：《晏子春秋・內篇・雜下》："怨利生孽。"《大戴禮・四代》："委利生孽。"

頁碼		反切	中古音韻地位						上古音	
165	裸	郎果切	來	果	果	一	合	上	來	歌
	灌	古玩切	見	山	換	一	合	去	見	元

文獻通假 5 次，如：《周禮・春官・大宗伯》："以肆獻裸享先王。"鄭注："'裸'之言'灌'。"按：《古字通假會典》無"獻"字，脫。

頁碼		反切	中古音韻地位						上古音	
165	灌	古玩切	見	山	換	一	合	去	見	元
	戈	古禾切	見	果	戈	一	合	平	見	歌

文獻通假 2 次，如：《左傳・襄公四年》："斟灌氏。"《史記・夏本紀》作"斟戈氏"。

頁碼		反切	中古音韻地位						上古音	
166	和	戶戈切	匣	果	戈	一	合	平	匣	歌
	桓	胡官切	匣	山	桓	一	合	平	匣	元

文獻通假 2 次，如：《書・禹貢》："和夷底績。"《水經注・桓水》引鄭玄曰："'和'讀曰'桓'。"

頁碼		反切	中古音韻地位						上古音	
166	和	戶戈切	匣	果	戈	一	合	平	匣	歌
	垣	胡官切	匣	山	桓	一	合	平	匣	元

文獻通假 1 次：《史記・樊酈滕灌列傳》："攻其前拒。"《集解》引徐廣曰："'拒'一作'和'。"《索隱》："'前拒'，《漢書》作'前垣'。"

頁碼		反切	中古音韻地位						上古音	
166	和	戶戈切	匣	果	戈	一	合	平	匣	歌
	洹	胡官切	匣	山	桓	一	合	平	匣	元

文獻通假 1 次：《書·禹貢》：“和夷底績。”《釋文》鄭云：“‘和’讀曰‘洹’。”

頁碼		反切	中古音韻地位						上古音	
166	撝	許爲切	曉	止	支	三	合	平	曉	歌
	宣	須緣切	心	山	仙	三	合	平	心	元

文獻通假 1 次：《易·謙》：“撝謙。”《釋文》：“‘撝’，鄭讀爲‘宣’。”

頁碼		反切	中古音韻地位						上古音	
172	楥	虛願切	曉	山	願	三	合	去	曉	元
	撝	許爲切	曉	止	支	三	合	平	曉	歌

文獻通假 1 次：《説文·木部》：“‘楥’讀若‘捐撝’。”

頁碼		反切	中古音韻地位						上古音	
176	猗	於離切	影	止	支	三	開	平	影	歌
	焉	於乾切	影	山	仙	三	開	平	影	元

文獻通假 1 次：《書·秦誓》：“斷斷猗無他伎。”《公羊傳·文公十二年》作“斷斷焉”。

頁碼		反切	中古音韻地位						上古音	
177	施	式支切	書	止	支	三	開	平	書	歌
	延	以然切	以	山	仙	三	開	平	餘	元

文獻通假 1 次：《詩·大雅·旱麓》：“施于條枚。”《韓詩外傳》二、《吕氏春秋·知分》引“施”作“延”。

頁碼		反切	中古音韻地位						上古音	
177	誕	徒旱切	定	山	旱	一	開	上	定	元
	訑	余支切	餘	止	支	三	開	平	定	歌

文獻通假 2 次，如：《史記·龜策列傳》：“或忠信而不如誕謾。”《集解》：“徐廣曰：‘“誕”一作“訑”。’”

頁碼		反切	中古音韻地位						上古音	
179	儺	諾何切	泥	果	歌	一	開	平	泥	歌
	獻	許建切	曉	山	願	三	開	去	曉	元

文獻通假 1 次：《論語·鄉黨》：“鄉人儺。”《釋文》：“‘儺’，魯讀爲‘獻’。”

頁碼		反切	中古音韻地位						上古音	
179	獻	許建切	曉	山	願	三	開	去	曉	元
	儀	魚羈切	疑	止	支	三	開	平	疑	歌

文獻通假 3 次，如：《書·益稷》："萬邦黎獻。"漢《孔宙碑》《費鳳碑》《田君碑》用"黎儀"二字，即此處之"黎獻"。

頁碼		反切	中古音韻地位						上古音	
179	獻	許建切	曉	山	願	三	開	去	曉	元
	犧	許羈切	曉	止	支	三	開	平	曉	歌

文獻通假 2 次，如：《周禮·春官·司尊彝》："用兩獻尊。"鄭注："鄭司農云：'"獻"讀爲"犧"。'"

頁碼		反切	中古音韻地位						上古音	
179	獻	許建切	曉	山	願	三	開	去	曉	元
	沙	所加切	生	假	麻	二	開	平	山	歌

文獻通假 1 次：《儀禮·大射儀》："兩壺獻酒。"鄭注："'獻'讀爲'沙'。"

頁碼		反切	中古音韻地位						上古音	
179	獻	許建切	曉	山	願	三	開	去	曉	元
	莎	蘇禾切	心	果	戈	一	合	平	心	歌

文獻通假 2 次，如：《周禮·春官·司尊彝》："鬱齊獻酌。"鄭注："'獻'讀爲'摩莎'之'莎'，齊語，聲之誤也。"

頁碼		反切	中古音韻地位						上古音	
179	獻	許建切	曉	山	願	三	開	去	曉	元
	戲	香義切	曉	止	寘	三	開	去	曉	歌

文獻通假 1 次：《周禮·春官·司尊彝》："用兩獻尊。"《釋文》："'獻'本或作'戲'。"

頁碼		反切	中古音韻地位						上古音	
188	酏	弋支切	以	止	支	三	開	平	餘	歌
	饘	諸延切	章	山	仙	三	開	平	章	元

文獻通假 4 次，如：《禮記·內則》："羞、糗餌粉酏。"鄭注："此'酏'當爲'饘'。"《釋文》："'酏'讀曰'餐'，又作'饘'。"

頁碼		反切	中古音韻地位						上古音	
193	豢	胡慣切	匣	山	諫	二	合	去	匣	元
	犧	許羈切	曉	止	支	三	開	平	曉	歌

文獻通假 1 次：《莊子·達生》："吾將三月豢汝。"《釋文》："'豢'本亦作'犧'。"

頁碼		反切	中古音韻地位						上古音	
194	倦	渠卷切	群	山	線	三	合	去	群	元
	隨	旬爲切	邪	止	支	三	合	平	邪	歌

文獻通假 1 次：《莊子·天運》："孰居無事淫樂而勸是。"《釋文》："司馬本'勸'作'倦'，云：'讀曰隨。'"

頁碼		反切	中古音韻地位						上古音	
198	彖	通貫切	透	山	換	一	合	去	透	元
	弛	施是切	書	止	紙	三	開	上	書	歌

文獻通假 1 次：《説文·彑部》："'彖'讀若'弛'。"《六書故》"彖"與"彖"一字，《説文》分爲二，非。

頁碼		反切	中古音韻地位						上古音	
200	喘	昌兗切	昌	山	獼	三	合	上	昌	元
	惴	之睡切	章	止	寘	三	合	去	章	歌

文獻通假 2 次，如：《莊子·大宗師》："俄而子來有病，喘喘然將死。"《釋文》："'喘喘'，崔本作'惴惴'。"

頁碼		反切	中古音韻地位						上古音	
200	惴	之睡切	章	止	寘	三	合	去	章	歌
	遄	市緣切	禪	山	仙	三	合	平	禪	元

文獻通假 1 次：《孟子·公孫丑上》："吾不惴焉。"《音義》："'惴'，丁本作'遄'。"

頁碼		反切	中古音韻地位						上古音	
200	惴	之睡切	章	止	寘	三	合	去	章	歌
	蝡	尺兗切	昌	山	獼	三	合	上	昌	元

文獻通假 1 次：《莊子·胠篋》："惴耎之蟲。"《釋文》："'惴'，本亦作'蝡'。"

頁碼		反切	中古音韻地位						上古音	
136	檇	將遂切	精	止	至	三	合	去	精	歌
	雋	徂兗切	從	山	獼	三	合	上	從	元

文獻通假2次，如：《左傳·定公十四年》："於越敗吳于檇李。"《漢書·地理志》"檇李"作"雟李"。

頁碼	反切		中古音韻地位						上古音	
204	壇	徒干切	定	山	寒	一	開	平	定	元
	瘥	託何切	透	果	歌	一	開	平	透	歌

文獻通假1次：《史記·司馬相如列傳》："壇以陸離。"《漢書·司馬相如傳》"壇"作"瘥"。

頁碼	反切		中古音韻地位						上古音	
206	嘽	昌善切	昌	山	獮	三	開	上	昌	元
	瘥	託何切	透	果	歌	一	開	平	透	歌

文獻通假1次：《詩·小雅·四牡》："嘽嘽駱馬。"《説文·疒部》《玉篇·疒部》引"嘽嘽"作"瘥瘥"。

頁碼	反切		中古音韻地位						上古音	
206	鼉	徒何切	定	果	歌	一	開	平	定	歌
	鱓	常演切	禪	山	獮	三	開	上	禪	元

文獻通假1次：《史記·李斯列傳》："樹靈鼉之鼓。"《文選·諫逐客書》"鼉"作"鱓"。

頁碼	反切		中古音韻地位						上古音	
209	捶	之累切	章	止	紙	三	合	上	章	歌
	鍛	丁貫切	端	山	換	一	合	去	端	元

文獻通假1次：《莊子·知北遊》："大馬之捶鉤者。"《釋文》："或説云：'江東三魏之間人皆謂"鍛"爲"捶"，音字亦同。'"

頁碼	反切		中古音韻地位						上古音	
209	難	那干切	泥	山	寒	一	開	平	泥	元
	儺	諾何切	泥	果	歌	一	開	平	泥	歌

文獻通假7次，如：《詩·檜風·隰有萇楚》："猗儺其枝。"《事類賦》二四引"猗儺"作"阿難"。

頁碼	反切		中古音韻地位						上古音	
209	儺	諾何切	泥	果	歌	一	開	平	泥	歌
	腝	而兗切	日	山	獮	三	合	上	日	元

文獻通假3次，如：《儀禮·公食大夫禮》："昌本南麋臡，以西菁菹鹿臡。"《釋文》："'臡'，《字林》作'腝'。"

頁碼		反切	中古音韻地位						上古音	
212	耎	而兗切	日	山	獮	三	合	上	日	元
	偄	乃臥切	泥	果	過	一	合	去	泥	歌

文獻通假 1 次：《説文・亣部》："'耎'讀若'畏偄'。"

頁碼		反切	中古音韻地位						上古音	
213	䴸	奴亂切	泥	山	换	一	合	去	泥	元
	偄	乃臥切	泥	果	過	一	合	去	泥	歌

文獻通假 1 次：《説文・鹿部》："'䴸'讀若'偄弱'之'偄'。"

頁碼		反切	中古音韻地位						上古音	
216	顆	苦果切	溪	果	果	一	合	上	溪	歌
	款	苦管切	溪	山	緩	一	合	上	溪	元

文獻通假 1 次：《爾雅・釋草》："菟奚，顆涷。"《釋文》："《急就篇》'顆涷'作'款東'。"

頁碼		反切	中古音韻地位						上古音	
216	窾	苦管切	溪	山	緩	一	合	上	溪	元
	科	苦禾切	溪	果	戈	一	合	平	溪	歌

文獻通假 1 次：《淮南子・原道訓》："窾者主浮。"高注："'窾'讀'科條'之'科'也。"

頁碼		反切	中古音韻地位						上古音	
218	皮	符羈切	並	止	支	三	開	平	並	歌
	繁	附袁切	並	山	元	三	合	平	並	元

文獻通假 1 次：《儀禮・鄉射禮》："君國中射，則皮樹中。"鄭注："今文'皮樹'爲'繁豎'。"注文原無"爲"字，從《校勘記》補。

頁碼		反切	中古音韻地位						上古音	
219	般	薄官切	並	山	桓	一	合	平	並	元
	播	補過切	幫	果	過	一	合	去	幫	歌

文獻通假 1 次：《逸周書・王會解》："般吾白虎。"《韓非子・外儲説左上》："趙主父令工施鉤梯而緣播吾。""播吾"即"般吾"。

頁碼		反切	中古音韻地位						上古音	
219	槃	薄官切	並	山	桓	一	合	平	並	元
	播	補過切	幫	果	過	一	合	去	幫	歌

文獻通假 1 次：《史記·屈原賈生列傳》："大專槃物兮。"《索隱》："《漢書》云：'大鈞播物'。"

頁碼		反切	中古音韻地位						上古音	
220	播	補過切	幫	果	過	一	合	去	幫	歌
	半	博漫切	幫	山	換	一	合	去	幫	元

文獻通假 1 次：《儀禮·士虞禮》："播餘于篚。"鄭注："古文'播'爲'半'。"

頁碼		反切	中古音韻地位						上古音	
222	番	附袁切	並	山	元	三	合	平	並	元
	嶓	薄波切	並	果	戈	一	合	平	並	歌

文獻通假 2 次，如：《書·秦誓》："番番良士。"《後漢書·樊宏傳》："故朝多嶓嶓之良。"

頁碼		反切	中古音韻地位						上古音	
222	番	附袁切	並	山	元	三	合	平	並	元
	皮	符羈切	並	止	支	三	開	平	並	歌

文獻通假 2 次，如：《詩·小雅·十月之交》："番維司徒。"《漢書·古今人表》有"司徒皮"，即此"司徒番"也。

頁碼		反切	中古音韻地位						上古音	
222	播	補過切	幫	果	過	一	合	去	幫	歌
	番	附袁切	並	山	元	三	合	平	並	元

文獻通假 1 次：《韓非子·外儲說左上》："趙主父令工施鈎梯而緣播吾。"《史記·趙世家》《六國表》"播吾"作"番吾"。

頁碼		反切	中古音韻地位						上古音	
223	鄱	薄波切	並	果	戈	一	合	平	並	歌
	番	附袁切	並	山	元	三	合	平	並	元

文獻通假 5 次，如：《史記·高祖本紀》："追得斬布鄱陽。"《漢書·高帝紀》"鄱"作"番"。

頁碼		反切	中古音韻地位						上古音	
223	播	補過切	幫	果	過	一	合	去	幫	歌
	幡	孚袁切	滂	山	元	三	合	平	滂	元

文獻通假 1 次：《左傳·昭公四年》："播於諸侯。"《釋文》："'播'，徐云字或作'幡'。"

頁碼		反切	中古音韻地位						上古音	
223	播	補過切	幫	果	過	一	合	去	幫	歌
	藩	甫煩切	幫	山	元	三	合	平	幫	元

文獻通假 1 次：《周禮·春官·大樂》：“播之以八音。”鄭注：“故書‘播’爲‘藩’，杜子春云：‘“藩”當爲“播”。’”

頁碼		反切	中古音韻地位						上古音	
223	蟠	附袁切	並	山	元	三	合	平	並	元
	播	補過切	幫	果	過	一	合	去	幫	歌

文獻通假 2 次，如：《禮記·樂記》：“極乎天而蟠乎地。”《宋書》傅隆《禮論表》引“蟠”作“播”。

頁碼		反切	中古音韻地位						上古音	
223	播	補過切	幫	果	過	一	合	去	幫	歌
	翻	孚袁切	滂	山	元	三	合	平	滂	元

文獻通假 1 次：《淮南子·齊俗訓》：“譬若播棊丸於地。”《意林》引“播”作“翻”。

頁碼		反切	中古音韻地位						上古音	
223	皤	薄波切	並	果	戈	一	合	平	並	歌
	燔	附袁切	並	山	元	三	合	平	並	元

文獻通假 1 次：《易·賁》：“賁如皤如。”《釋文》：“‘皤’，陸曰‘燔’。”

頁碼		反切	中古音韻地位						上古音	
224	皤	薄波切	並	果	戈	一	合	平	並	歌
	蕃	附袁切	並	山	元	三	合	平	並	元

文獻通假 1 次：《易·賁》：“賁如皤如。”漢帛書本“皤”作“蕃”。

頁碼		反切	中古音韻地位						上古音	
224	鄱	薄波切	並	果	戈	一	合	平	並	歌
	蕃	附袁切	並	山	元	三	合	平	並	元

文獻通假 1 次：《史記·太史公自序》：“尼困鄱、薛、彭城。”《漢書·司馬遷傳》“鄱”作“蕃”。

頁碼		反切	中古音韻地位						上古音	
224	藩	附袁切	並	山	元	三	合	平	並	元
	皮	符羈切	並	止	支	三	開	平	並	歌

文獻通假 1 次：《詩・大雅・十月之交》："藩維司徒。"《漢書・古今人表》作"司徒皮"。

頁碼		反切	中古音韻地位						上古音	
224	披	敷羈切	滂	止	支	三	開	平	滂	歌
	藩	附袁切	並	山	元	三	合	平	並	元

文獻通假 1 次：《儀禮・既夕禮》："設披。"鄭注："今文'披'皆爲'藩'。"

頁碼		反切	中古音韻地位						上古音	
509	骪	於詭切	影	止	紙	三	合	上	影	歌
	丸	胡官切	匣	山	桓	一	合	平	匣	元

文獻通假 1 次：《説文・骨部》："骪從丸聲。"

頁碼		反切	中古音韻地位						上古音	
663	爰	雨元切	云	山	元	三	合	平	匣	元
	爲	薳支切	云	止	支	三	開	平	匣	歌

文獻通假 1 次：《書・無逸》："爰暨小人。"《史記・魯周公世家》作"爲與小人"。

頁碼		反切	中古音韻地位						上古音	
671	果	古火切	見	果	果	一	合	上	見	歌
	祼	古玩切	見	山	換	一	合	去	見	元

文獻通假 4 次，如：《周禮・春官・大宗伯》："則攝而載果。"鄭注："'果'讀爲'祼'。"

頁碼		反切	中古音韻地位						上古音	
685	腨	旨兗切	章	山	獮	三	合	上	章	元
	捶	之累切	章	止	紙	三	合	上	章	歌

文獻通假 1 次：《説文・卮部》："'腨'讀若'捶擊'之'捶'。"

（二）歌部—文部（6 組）

頁碼		反切	中古音韻地位						上古音	
111	蘊	於問切	影	臻	問	三	合	去	影	文
	委	於詭切	影	止	紙	三	合	上	影	歌

文獻通假 1 次：《左傳・昭公十年》："蘊利生孽。"《大戴禮・四代》"蘊"作"委"。

頁碼		反切	中古音韻地位						上古音	
113	撝	許爲切	曉	止	支	三	合	平	曉	歌
	揮	許歸切	曉	止	微	三	合	平	曉	文

文獻通假 7 次：《易·謙》："撝謙。"《音訓》："'撝'，晁氏曰'京作揮。'"

頁碼		反切	中古音韻地位						上古音	
113	揮	許歸切	曉	止	微	三	合	平	曉	文
	麾	許爲切	曉	止	支	三	合	平	曉	歌

文獻通假 2 次，如：《荀子·富國》："拱揖指揮。"《韓詩外傳》六"揮"作"麾"。

頁碼		反切	中古音韻地位						上古音	
125	圻	渠希切	群	止	微	三	開	平	群	文
	碕	渠羈切	群	止	支	三	開	平	群	歌

文獻通假 1 次：《楚辭》："觸石碕而衡遊。"李善注《文選》："'碕'與'圻'同。"

頁碼		反切	中古音韻地位						上古音	
137	蒫	祖臥切	精	果	過	一	合	去	精	歌
	蹲	徂尊切	從	臻	魂	一	合	平	從	文

文獻通假 1 次：《禮記·曲禮上》："爲其拜而蒫拜。"《釋文》："'蒫'，盧本作'蹲'。"《公羊傳·僖公三十二年》何注引"蒫"作"蹲"。

頁碼		反切	中古音韻地位						上古音	
146	糞	方問切	幫	臻	問	三	合	去	幫	文
	播	補過切	幫	果	過	一	合	平	幫	歌

文獻通假 1 次：《老子》四十六章："卻走馬以糞。"傅本"糞"作"播"。

（三）歌部—陽部（6 組）

具體數據見第五章第三節"陽—歌"部分。

（四）歌部—真部（2 組）

頁碼		反切	中古音韻地位						上古音	
88	奠	堂練切	定	山	霰	四	開	去	定	真
	委	於爲切	影	止	支	三	合	平	影	歌

文獻通假 1 次：《儀禮·公食大夫禮》："坐奠于鼎西南。"鄭注："今文'奠'爲'委'。"

頁碼		反切	中古音韻地位						上古音	
679	弛	施是切	書	止	紙	三	開	上	書	歌
	矤	式忍切	書	臻	軫	三	開	上	書	真

文獻通假 1 次：《楚辭·七諫》："弧弓弛而不張兮。"《考異》："'弛'，《釋文》作'矤'。"

（五）歌部—談部（1 組）

頁碼		反切	中古音韻地位						上古音	
259	冉	而琰切	日	咸	琰	三	開	上	日	談
	郍	諾何切	泥	果	歌	一	開	平	泥	歌

文獻通假 2 次，如：《史記·管蔡世家》：“封季載於冉。”《索隱》：“‘冉’，或作‘郍’。”

第二節　月　部

在本書研究範圍内，月部共通假 823 組。其中，同部通假 522 組，異部通假 301 組。在異部通假中，月部與陰聲韻通假 67 組；與其他入聲韻通假 165 組；與陽聲韻通假 69 組。具體通假情況如下：

表 7–5　月部通假情況匯總表

通假類型			通假頻次（組）			
同部通假		月—月	522			
異部通假	陰聲韻	月—支	16	67	301	823
		月—脂	16			
		月—歌	9			
		月—微	9			
		月—侯	5			
		月—之	5			
		月—魚	5			
		月—宵	2			
	入聲韻	月—物	71	165		
		月—質	39			
		月—葉	18			
		月—錫	10			
		月—緝	9			
		月—鐸	8			
		月—職	3			
		月—藥	3			
		月—屋	3			
		月—覺	1			

通假類型				通假頻次（組）			
		月—元	43				
		月—文	13				
		月—真	4				
陽聲韻		月—東	3	69			
		月—談	3				
		月—耕	2				
		月—侵	1				

一、月部和陰聲韻通假關係舉證

表 7–6　月部與陰聲韻通假頻次表（組）

	支部	脂部	歌部	微部	侯部	之部	魚部	宵部	合計
月部	16	16	9	9	5	5	5	2	67

（一）月部—支部（16 組）

具體數據見第六章第一節"支—月"部分。

（二）月部—脂部（16 組）

頁碼	反切		中古音韻地位						上古音	
92	迣	征例切	章	蟹	祭	三	開	去	章	月
	實	支義切	章	止	寘	三	開	去	章	脂

文獻通假 1 次：《説文·辵部》："'迣'讀若'實'。"

頁碼	反切		中古音韻地位						上古音	
492	葵	渠追切	群	止	脂	三	合	平	群	脂
	蔡	倉大切	清	蟹	泰	一	開	去	清	月

文獻通假 2 次，如：《國語·齊語》："築葵兹晏負夏領父丘。"《管子·小匡》"葵"作"蔡"。

頁碼	反切		中古音韻地位						上古音	
492	察	初八切	初	山	黠	二	開	入	初	月
	揆	求癸切	群	止	旨	三	合	上	群	脂

文獻通假 1 次：《楚辭·離騷》："荃不察余之中情兮。"《考異》："'察'一作'揆'。"

頁碼	反切		中古音韻地位						上古音	
520	逝	時制切	禪	蟹	祭	三	開	去	禪	月
	啟	康禮切	溪	蟹	薺	四	開	上	溪	脂

文獻通假 1 次：《莊子・天地》："沛乎其爲萬物逝也。"《釋文》："'逝'，崔本'逝'作'啟'。"

頁碼		反切	中古音韻地位						上古音	
528	札	側八切	莊	山	黠	二	開	入	莊	月
	禮	盧啟切	來	蟹	薺	四	開	上	來	脂

文獻通假 1 次：《莊子・人間世》："名也者，相札也。"《釋文》："札，崔又云：'或作禮。'"

頁碼		反切	中古音韻地位						上古音	
528	軋	烏黠切	影	山	黠	二	開	入	影	月
	礼	盧啟切	來	蟹	薺	四	開	上	來	脂

文獻通假 1 次：《莊子・人間世》："名也者相軋也。"《釋文》軋作札，云："崔又云：'或作禮。'""禮"當作"礼"。

頁碼		反切	中古音韻地位						上古音	
537	厲	力制切	來	蟹	祭	三	開	去	來	月
	利	力至切	來	止	至	三	開	去	來	脂

文獻通假 5 次，如：《史記・田敬仲完世家》："陳完者，陳厲公佗之子也。"《索隱》："《陳世家》有利公躍，'利'即'厲'也。"

頁碼		反切	中古音韻地位						上古音	
538	黎	郎奚切	來	蟹	齊	四	開	平	來	脂
	薊	古詣切	見	蟹	霽	四	開	去	見	月

文獻通假 1 次：《呂氏春秋・慎大覽》："封帝堯之後於黎。"《禮記・樂記》"黎"作"薊"。《史記・周本紀》同。

頁碼		反切	中古音韻地位						上古音	
544	禮	盧啟切	來	蟹	薺	四	開	上	來	脂
	帶	當蓋切	端	蟹	泰	一	開	去	端	月

文獻通假 1 次：《史記・袁盎鼂錯列傳》："與雒陽宋孟及劉禮同師。"《漢書・爰盎鼂錯傳》"劉禮"作"劉帶"。

頁碼		反切	中古音韻地位						上古音	
544	裂	良薛切	來	山	薛	三	開	入	來	月
	履	力几切	來	止	旨	三	開	上	來	脂

文獻通假 1 次：《左傳・隱公二年》："紀裂繻來逆女。"《公羊傳》《穀梁傳》並"裂繻"

作"履綸"。

頁碼		反切	中古音韻地位						上古音	
548	鼿	五結切	疑	山	屑	四	開	入	疑	月
	貳	而至切	日	止	至	三	開	去	日	脂

文獻通假 1 次：《易·困》："困于葛藟于鼿脆。"漢帛書本"鼿"作"貳"。

頁碼		反切	中古音韻地位						上古音	
548	劓	魚器切	疑	止	至	三	開	去	疑	月
	貳	而至切	日	止	至	三	開	去	日	脂

文獻通假 1 次：《易·困》："劓刖，困于赤紱。"漢帛書本"劓"作"貳"。

頁碼		反切	中古音韻地位						上古音	
550	藝	魚祭切	疑	蟹	祭	三	開	去	疑	月
	禰	奴禮切	泥	蟹	薺	四	開	上	泥	脂

文獻通假 1 次：《書·舜典》："歸格于藝祖。"《史記·五帝本紀》作"歸于祖禰廟"，《尚書大傳》"藝祖"作"禰祖"，《公羊傳·隱公八年》何注引"藝"作"禰"，《白虎通·巡狩》引"藝祖"作"祖禰"。

頁碼		反切	中古音韻地位						上古音	
565	柢	都禮切	端	蟹	薺	四	開	上	端	脂
	蔕	都計切	端	蟹	霽	四	開	去	端	月

文獻通假 1 次：《老子》五十九章："是謂深根固柢長生久視之道。"《釋文》："'柢'亦作'蔕'。"今河上本作"蔕"。

頁碼		反切	中古音韻地位						上古音	
575	矢	式視切	書	止	旨	三	開	上	書	脂
	誓	時制切	禪	蟹	祭	三	開	去	禪	月

文獻通假 2 次，如：《易·晋》："失得勿恤。"《釋文》："'失'，孟馬鄭虞王肅作'矢'，虞云：'矢'，古'誓'字。"

頁碼		反切	中古音韻地位						上古音	
580	嚌	在詣切	從	蟹	霽	四	開	去	從	脂
	祭	子例切	精	蟹	祭	三	開	去	精	月

文獻通假 1 次：《儀禮·士冠禮》："加俎嚌之。"鄭注："'嚌'當爲'祭'字之誤也。"

（三）月部—歌部（9 組）

具體數據見第七章第一節"歌—月"部分。

（四）月部—微部（9 組）

頁碼		反切	中古音韻地位						上古音	
491	沫	莫撥切	明	山	末	一	合	入	明	月
	靧	荒內切	曉	蟹	隊	一	合	去	曉	微

文獻通假 1 次：《漢書・禮樂志》："沫流赭。"顏注引晉灼曰："'沫'，古'靧'字也。"

頁碼		反切	中古音韻地位						上古音	
491	會	黃外切	匣	蟹	泰	一	合	去	匣	月
	繢	胡對切	匣	蟹	隊	一	合	去	匣	微

文獻通假 1 次：《書・益稷》："日月星辰山龍華蟲作會。"《周禮・春官・司服》鄭注、《尚書大傳・洪範五行傳》鄭注、《後漢書・輿服志》《通典・禮十九》引"會"作"繢"。

頁碼		反切	中古音韻地位						上古音	
492	繢	胡對切	匣	蟹	隊	一	合	去	匣	微
	繪	黃外切	匣	蟹	泰	一	合	去	匣	月

文獻通假 4 次，如：《周禮・考工記》："畫繢之事。"《文選・景福殿賦》李注引"繢"作"繪"。

頁碼		反切	中古音韻地位						上古音	
492	襀	丘愧切	溪	止	至	三	合	去	溪	微
	繪	黃外切	匣	蟹	泰	一	合	去	匣	月

文獻通假 1 次：《太玄・文・初一》："袥襀何縵。"司馬光集注："'襀'與'繪'同。"

頁碼		反切	中古音韻地位						上古音	
507	虺	許偉切	曉	止	尾	三	合	上	曉	微
	帶	當蓋切	端	蟹	泰	一	開	去	端	月

文獻通假 1 次：《詩・小雅・斯干》："維虺維蛇。"蕭曇《經史管窺》載《詩緯・推度災》"虺"作"帶"。

頁碼		反切	中古音韻地位						上古音	
509	毀	許委切	曉	止	紙	三	開	上	曉	微
	甈	去例切	溪	蟹	祭	三	開	去	溪	月

文獻通假 1 次：《周禮・地官・牧人》："凡外祭毀事用尨可也。"鄭注："故書'毀'爲'甈'。杜子春云：'甈當爲毀。'"

頁碼		反切	中古音韻地位						上古音	
543	頪	落猥切	來	蟹	賄	一	合	上	來	微
	齧	五結切	疑	山	屑	四	開	入	疑	月

文獻通假 1 次:《說文·頁部》:"'頪'讀又若'春秋陳夏齧'之'齧'。"

頁碼		反切	中古音韻地位						上古音	
560	綏	息遺切	心	止	脂	三	合	平	心	微
	挼	如劣切	日	山	薛	三	合	入	日	月

文獻通假 1 次:《儀禮·有司徹》:"其綏祭。"鄭注:"'綏',古文爲'挼'。""挼"疑"挼"誤。

頁碼		反切	中古音韻地位						上古音	
649	殺	所八切	生	山	黠	二	開	入	山	月
	衰	所追切	生	止	脂	三	合	平	山	微

文獻通假 1 次:《禮記·樂記》:"是故志微噍殺之音作。"《史記·樂書》"殺"作"衰"。

(五)月部—侯部(5 組)

具體數據見第四章第一節"侯—月"部分。

(六)月部—之部(5 組)

具體數據見第一章第一節"之—月"部分。

(七)月部—魚部(5 組)

具體數據見第五章第一節"魚—月"部分。

(八)月部—宵部(2 組)

具體數據見第三章第一節"宵—月"部分。

二、月部和其他入聲韻通假關係舉證

表 7-7 月部與其他入聲韻通假頻次表(組)

	物部	質部	葉部	錫部	緝部	鐸部	職部	藥部	屋部	覺部	合計
月部	71	39	18	10	9	8	3	3	3	1	165

(一)月部—物部(71 組)

頁碼		反切	中古音韻地位						上古音	
487	嘒	呼惠切	曉	蟹	霽	四	合	去	曉	月
	喟	丘愧切	溪	止	至	三	合	去	溪	物

文獻通假 2 次:《詩·商頌·那》:"嘒嘒管聲。"《詩經考文》:"占本'嘒嘒'作'喟喟'。"

頁碼		反切	中古音韻地位						上古音	
488	謂	于貴切	云	止	未	三	合	去	匣	物
	曰	王伐切	云	山	月	三	合	入	匣	月

　　文獻通假 1 次：《禮記・學記》：“禁於未發之謂豫，當共可之謂時，不陵節而施之謂孫，相觀而善之謂摩。”《説苑・建本》“謂”作“曰”。

頁碼		反切	中古音韻地位						上古音	
491	襘	古外切	見	蟹	泰	一	合	去	見	月
	潰	胡對切	匣	蟹	隊	一	合	去	匣	物

　　文獻通假 2 次，如：《周禮・春官・神仕》：“以襘國之凶荒。”鄭注：“‘襘’讀若‘潰癰’之‘潰’。”

頁碼		反切	中古音韻地位						上古音	
492	𠪱	苦怪切	溪	蟹	怪	二	合	去	溪	物
	快	苦夬切	溪	蟹	夬	二	合	去	溪	月

　　文獻通假 1 次：《爾雅・釋詁下》：“𠪱，息也。”《釋文》：“‘𠪱’，孫本作‘快’。”

頁碼		反切	中古音韻地位						上古音	
507	介	古拜切	見	蟹	怪	二	開	去	見	月
	兀	五忽切	疑	臻	没	一	合	入	疑	物

　　文獻通假 3 次，如：《莊子・養生主》：“惡乎介也。”《釋文》：“‘介’，崔本作‘兀’。”

頁碼		反切	中古音韻地位						上古音	
507	刖	魚厥切	疑	山	月	三	合	入	疑	月
	仉	五忽切	疑	臻	没	一	合	入	疑	物

　　文獻通假 1 次：《易・困》：“劓刖。”《釋文》鄭云：“‘劓刖’當爲‘倪仉’。”

頁碼		反切	中古音韻地位						上古音	
507	刖	魚厥切	疑	山	月	三	合	入	疑	月
	𩨳	五忽切	疑	臻	没	一	合	入	疑	物

　　文獻通假 1 次：《易・困》：“劓刖。”《釋文》：“‘劓刖’，荀王肅本‘劓刖’作‘𩨳𩨳’，陸同。”

頁碼		反切	中古音韻地位						上古音	
521	聅	五滑切	疑	山	黠	二	合	入	疑	物
	𡛷	魚列切	疑	山	薛	三	開	入	疑	月

　　文獻通假 1 次：《説文・耳部》：“‘聅’讀若‘𡛷’。”

頁碼		反切	中古音韻地位						上古音	
522	輟	陟劣切	知	山	薛	三	合	入	端	月
	絀	知律切	徹	臻	術	三	合	入	端	物

文獻通假 1 次：《荀子·法行》："扣之其聲清揚而遠聞，其止輟然辭也。"《禮記·聘義》"輟"作"絀"。

頁碼		反切	中古音韻地位						上古音	
523	厥	居月切	見	山	月	三	合	入	見	月
	屈	區勿切	溪	臻	物	三	合	入	溪	物

文獻通假 1 次：《左傳·宣公十二年》："韓厥。"《公羊傳·襄公元年》作"韓屈"。

頁碼		反切	中古音韻地位						上古音	
523	闕	居月切	見	山	月	三	合	入	見	月
	屈	區勿切	溪	臻	物	三	合	入	溪	物

文獻通假 1 次：《周禮·天官·內司服》："闕狄。"鄭注："鄭司農云：'《喪大記》曰："夫人以屈狄。"屈者，音聲與闕相似。'"《禮記·玉藻》亦作"屈狄"。

頁碼		反切	中古音韻地位						上古音	
523	掘	衢物切	群	臻	物	三	合	入	群	物
	闕	居月切	見	山	月	三	合	入	見	月

文獻通假 2 次，如：《易·繫辭下》："掘地爲臼。"《集解》"掘"作"闕"。

頁碼		反切	中古音韻地位						上古音	
524	抉	古穴切	見	山	屑	四	合	入	見	月
	掘	衢物切	群	臻	物	三	合	入	群	物

文獻通假 1 次：《淮南子·兵略訓》："毋抉墳墓。"《文子·上義》"抉"作"掘"。

頁碼		反切	中古音韻地位						上古音	
524	堀	衢物切	群	臻	物	三	合	入	群	物
	魘	其月切	群	山	月	三	合	入	群	月

文獻通假 1 次：《荀子·法行》："夫魚鱉黿鼉猶以淵爲淺，而堀其中。"《大戴禮·曾子疾病》"堀"作"魘穴"。荀脫"穴"字。

頁碼		反切	中古音韻地位						上古音	
525	乞	去訖切	溪	臻	迄	三	開	入	溪	物
	匄	古達切	見	山	曷	一	開	去	見	月

文獻通假 1 次：《漢書·西域傳》："乞匄無所得。"顏注："'匄'亦'乞'也。"

頁碼		反切	中古音韻地位						上古音	
525	揭	居竭切	見	山	月	三	開	入	見	月
	乞	去訖切	溪	臻	迄	三	開	入	溪	物

文獻通假 1 次：《史記·司馬相如列傳》："揭車衡蘭。"《集解》："郭璞曰：'揭車一名乞輿。'"

頁碼		反切	中古音韻地位						上古音	
526	遏	烏葛切	影	山	曷	一	開	入	影	月
	訖	居乞切	見	臻	迄	三	開	入	見	物

文獻通假 1 次：《孟子·告子下》："無遏糴。"《穀梁傳·僖公九年》"遏"作"訖"。

頁碼		反切	中古音韻地位						上古音	
528	澣	胡介切	匣	蟹	怪	二	開	去	匣	月
	溉	古代切	見	蟹	代	一	開	去	見	物

文獻通假 1 次：《史記·司馬相如列傳》："澎濞沆澣。"《索隱》："'澣'亦作'溉'。"《漢書·司馬相如傳》《文選·上林賦》"澣"作"溉"。

頁碼		反切	中古音韻地位						上古音	
535	曰	王伐切	云	山	月	三	合	入	匣	月
	聿	餘律切	以	臻	術	三	合	入	餘	物

文獻通假 6 次，如：《詩·豳風·七月》："曰爲改歲。"《釋文》："'曰爲'，《漢書》作'聿爲'。"《漢書·食貨志》引"曰"作"聿"。

頁碼		反切	中古音韻地位						上古音	
535	寽	盧活切	來	山	末	一	合	入	來	月
	律	呂邺切	來	臻	術	三	合	入	來	物

文獻通假 1 次：《説文·叒部》："'寽'讀若'律'。"

頁碼		反切	中古音韻地位						上古音	
537	類	力遂切	來	止	至	三	合	去	來	物
	穢	於廢切	影	蟹	廢	三	合	去	影	月

文獻通假 1 次：《淮南子·氾論訓》："明月之珠不能無類。"《文子·上義》"類"作"穢"。

頁碼		反切	中古音韻地位						上古音	
547	駾	他外切	透	蟹	泰	一	合	去	透	月
	突	陀骨切	定	臻	沒	一	合	入	定	物

文獻通假 1 次：《詩·大雅·緜》："混駾矣。"《文選·魯靈光殿賦》張注引"駾"作"突"。

頁碼		反切	中古音韻地位						上古音	
555	説	失爇切	書	山	薛	三	合	入	書	月
	禭	徐醉切	邪	止	至	三	合	去	邪	物

文獻通假 1 次：《詩·衛風·碩人》："説于農郊。"鄭箋："'説'當爲'禭'。"

頁碼		反切	中古音韻地位						上古音	
556	禭	徐醉切	邪	止	至	三	合	去	邪	物
	祱	舒芮切	書	蟹	祭	三	合	去	書	月

文獻通假 1 次：《左傳·文公九年》："秦人來歸僖公成風之禭。"《釋文》："'禭'，《説文》作'祱'。"

頁碼		反切	中古音韻地位						上古音	
556	税	舒芮切	書	蟹	祭	三	合	去	書	月
	禭	徐醉切	邪	止	至	三	合	去	邪	物

文獻通假 1 次：《史記·酈生陸賈列傳》："乃奉百金往税。"《集解》引韋昭云："'税'當爲'禭'。"

頁碼		反切	中古音韻地位						上古音	
557	隧	徐醉切	邪	止	至	三	合	去	邪	物
	奪	徒活切	定	山	末	一	合	入	定	月

文獻通假 1 次：《禮記·檀弓下》："齊莊公襲莒於奪杞梁死焉。"鄭注："《春秋傳》曰：'杞殖華還載甲夜人且于之隧。''隧''奪'聲相近。"《左傳·襄公二十三》云："齊莊公襲於且子之隧。"

頁碼		反切	中古音韻地位						上古音	
557	隧	徐醉切	邪	止	至	三	合	去	邪	物
	兌	杜外切	定	蟹	泰	一	合	去	定	月

文獻通假 1 次：《左傳·襄公二十三年》："且于之隧。"《晏子春秋·內篇·問上》作"兹于兌"。

頁碼		反切	中古音韻地位						上古音	
558	説	失爇切	書	山	薛	三	合	入	書	月
	怵	丑律切	徹	臻	術	三	合	入	透	物

文獻通假 1 次：《史記・南越列傳》："不可以説好語入見。"《索隱》"説"作"悦"，云："'悦'，《漢書》作'怵'。"

頁碼		反切	中古音韻地位						上古音	
558	術	食聿切	船	臻	術	三	合	入	船	物
	兑	杜外切	定	蟹	泰	一	合	去	定	月

文獻通假 1 次：《墨子・尚同中》："先王之書術令之道曰。"《禮記・緇衣》："'術'令作'兑'命。"

頁碼		反切	中古音韻地位						上古音	
558	術	食聿切	船	臻	術	三	合	入	船	物
	説	失爇切	書	山	薛	三	合	入	書	月

文獻通假 1 次：《墨子・尚同中》："先王之書術令之道曰。""術令"當是《尚書》之"《説命》"。

頁碼		反切	中古音韻地位						上古音	
558	昒	許劣切	曉	山	薛	三	合	入	曉	月
	颭	許劣切	曉	山	薛	三	合	入	曉	物

文獻通假 1 次：《説文・目部》："'昒'讀若'颭'。"

頁碼		反切	中古音韻地位						上古音	
560	帥	所類切	生	止	至	三	合	去	山	物
	帨	舒芮切	書	蟹	祭	三	合	去	書	月

文獻通假 1 次：《説文・巾部》："'帥'或作'帨'。"

頁碼		反切	中古音韻地位						上古音	
562	率	所類切	生	止	至	三	合	去	山	物
	鋝	所劣切	生	山	薛	三	合	入	山	月

文獻通假 1 次：《書・呂刑》："其罰百鍰。"《史記・周本紀》作"其罰百率"，下文並同。疑"鍰""鋝"字之譌，"鋝""率"古音近。

頁碼		反切	中古音韻地位						上古音	
573	誶	雖遂切	心	止	至	三	合	去	心	物
	説	失爇切	書	山	薛	三	合	入	書	月

文獻通假 1 次：《莊子·徐無鬼》："察士無凌誶之事則不樂。"《釋文》："'誶'一本作'説'。"

頁碼		反切	中古音韻地位						上古音	
596	茀	敷勿切	滂	臻	物	三	合	入	滂	物
	蔽	必袂切	幫	蟹	祭	三	開	去	幫	月

文獻通假 1 次：《詩·衛風·碩人》："翟茀以朝。"《周禮·春官·巾車》鄭注引"茀"作"蔽"。

頁碼		反切	中古音韻地位						上古音	
596	蔽	必袂切	幫	蟹	祭	三	開	去	幫	月
	第	分勿切	幫	臻	物	三	合	入	幫	物

文獻通假 1 次：《淮南子·墜形訓》："蔽于委羽之山不見日。"《文選》謝靈運《擬魏太子鄴中集詩》李注引"蔽"作"第"。

頁碼		反切	中古音韻地位						上古音	
601	弗	分勿切	幫	臻	物	三	合	入	幫	物
	祓	敷勿切	滂	臻	物	三	合	入	滂	月

文獻通假 1 次：《詩·大雅·生民》："以弗無子。"《太平御覽》五二九引"弗"作"祓"。

頁碼		反切	中古音韻地位						上古音	
601	佛	符弗切	滂	臻	物	三	合	入	滂	物
	胇	房密切	並	臻	質	三	開	入	並	月

文獻通假 1 次：《論語·陽貨》："佛肸。"皇侃本作"胇肹"。

頁碼		反切	中古音韻地位						上古音	
601	佛	符弗切	滂	臻	物	三	合	入	滂	物
	沛	博蓋切	幫	蟹	泰	一	開	去	幫	月

文獻通假 1 次：《荀子·非十二子》："佛然平世之俗起焉。"《韓詩外傳》四"佛"作"沛"。

頁碼		反切	中古音韻地位						上古音	
602	拔	蒲八切	並	山	黠	二	開	入	並	月
	拂	敷勿切	滂	臻	物	三	合	入	滂	物

文獻通假 1 次：《戰國策・楚策四》："君獨無意湔拔僕也。"《文選・廣絶交論》李注引"湔拔"作"翦拂"。

頁碼		反切	中古音韻地位						上古音	
602	拂	敷勿切	滂	臻	物	三	合	入	滂	物
	翇	分勿切	幫	臻	物	三	合	入	幫	月

文獻通假 1 次：《莊子・天運》："孰居無事而披拂是。"《釋文》："'拂'，司馬本作'翇'。"

頁碼		反切	中古音韻地位						上古音	
602	拂	敷勿切	滂	臻	物	三	合	入	滂	物
	祓	敷勿切	滂	臻	物	三	合	入	滂	月

文獻通假 3 次，如：《禮記・檀弓下》："巫先拂柩。"《左傳・成公十三年》作"巫先祓殯"。

頁碼		反切	中古音韻地位						上古音	
602	芾	分勿切	幫	臻	物	三	合	入	幫	月
	紼	分勿切	幫	臻	物	三	合	入	幫	物

文獻通假 3 次，如：《詩・小雅・車攻》："赤芾金舄。"《白虎通・紼冕》引"芾"作"紼"。

頁碼		反切	中古音韻地位						上古音	
602	紼	分勿切	幫	臻	物	三	合	入	幫	物
	紱	分勿切	幫	臻	物	三	合	入	幫	月

文獻通假 3 次，如：《爾雅・釋水》："紼縭維之。"《釋文》："'紼'又作'紱'。"

頁碼		反切	中古音韻地位						上古音	
603	芾	分勿切	幫	臻	物	三	合	入	幫	月
	茀	敷勿切	滂	臻	物	三	合	入	滂	物

文獻通假 4 次，如：《詩・召南・甘棠》："蔽芾甘棠。"《韓詩外傳》一、《孔子家語・廟制》並引"芾"作"茀"。

頁碼	反切		中古音韻地位						上古音	
603	茀	敷勿切	滂	臻	物	三	合	入	滂	物
	紱	分勿切	幫	臻	物	三	合	入	幫	月

文獻通假 2 次，如：《易·既濟》："婦喪其茀。"《釋文》："'茀'荀作'紱'。"

頁碼	反切		中古音韻地位						上古音	
603	茀	敷勿切	滂	臻	物	三	合	入	滂	物
	袚	敷勿切	滂	臻	物	三	合	入	滂	月

文獻通假 1 次：《詩·大雅·卷附》："茀禄爾康矣。"《爾雅·釋詁》邢疏引"茀"作"袚"。

頁碼	反切		中古音韻地位						上古音	
603	茀	敷勿切	滂	臻	物	三	合	入	滂	物
	發	方伐切	幫	山	月	三	合	入	幫	月

文獻通假 1 次：《易·既濟·六二》："婦喪其茀。"漢帛書本"茀"作"發"。

頁碼	反切		中古音韻地位						上古音	
604	濆	扶沸切	並	止	未	三	合	去	並	物
	湃	普拜切	滂	蟹	怪	二	開	去	滂	月

文獻通假 1 次：《史記·司馬相如列傳》："洶湧滂濆。"《漢書·司馬相如傳》《文選·上林賦》"滂濆"作"澎湃"。

頁碼	反切		中古音韻地位						上古音	
608	勿	文弗切	微	臻	物	三	合	入	微	物
	末	莫撥切	明	山	末	一	合	入	明	月

文獻通假 1 次：《詩·小雅·節南山》："勿罔君子。"鄭箋："'勿'當作'末'。"

頁碼	反切		中古音韻地位						上古音	
609	忽	呼骨切	曉	臻	沒	一	合	入	曉	物
	括	古活切	見	山	末	一	合	入	見	月

文献通假 1 次：《逸周書·克殷解》："乃命南宮忽振鹿臺之財，巨橋之栗。"孔注："忽即括。"《史記·周本紀》"忽"作"括"。

頁碼	反切		中古音韻地位						上古音	
609	昒	土骨切	透	臻	沒	一	合	入	透	物
	沫	莫撥切	明	山	末	一	合	入	明	月

文獻通假 1 次：《説文·又部》："'旻'讀若'沫'。"

頁碼		反切	中古音韻地位						上古音	
611	末	莫撥切	明	山	末	一	合	入	明	月
	昧	莫佩切	明	蟹	隊	一	合	去	明	物

文獻通假 3 次，如：《左傳·昭公十五年》："吳子夷末卒。"《穀梁傳》同，《公羊傳》"夷末"作"夷昧"，《史記·吳太伯世家》《漢書·古今人表》並作"餘昧"。

頁碼		反切	中古音韻地位						上古音	
611	昧	莫佩切	明	蟹	隊	一	合	去	明	物
	蔑	莫結切	明	山	屑	四	開	入	明	月

文獻通假 1 次：《文選·劇秦美新》："囘而昧之者極妖惄。"李注："'昧'或爲'蔑'。"按：《劇秦美新》爲西漢揚雄所作。

頁碼		反切	中古音韻地位						上古音	
611	昧	莫佩切	明	蟹	隊	一	合	去	明	物
	蔑	莫結切	明	山	屑	四	開	入	明	月

文獻通假 3 次，如：《史記·楚世家》："殺楚將唐昧。"《荀子·議兵》《吕氏春秋·處方》"唐昧"作"唐蔑"。

頁碼		反切	中古音韻地位						上古音	
611	劌	居衛切	見	蟹	祭	三	合	去	見	月
	昧	莫佩切	明	蟹	隊	一	合	去	明	物

文獻通假 1 次：《左傳·莊公十年》："曹劌。"《史記·魯仲連鄒陽列傳》《索隱》："魯將曹昧是也。"

頁碼		反切	中古音韻地位						上古音	
611	妹	莫佩切	明	蟹	隊	一	合	去	明	物
	末	莫撥切	明	山	末	一	合	入	明	月

文獻通假 5 次，如：《國語·晋語一》："有施人以妹喜女焉。"《左傳·昭公二十八年》《釋文》《荀子·解蔽》楊注引"妹"作"末"。

頁碼		反切	中古音韻地位						上古音	
612	曰	王伐切	云	山	月	三	合	入	匣	月
	汩	古忽切	見	臻	没	一	合	入	見	物

文獻通假 1 次：《書·洪範》："汩陳其五行。"《漢石經》"汩"作"曰"。

頁碼	反切		中古音韻地位						上古音	
617	薆	烏代切	影	蟹	代	一	開	去	影	物
	餲	於蓋切	影	蟹	泰	一	開	去	影	月

文獻通假 1 次：《文選·上林賦》："晻薆咇茀。"李注："《説文》曰：'醃餲香氣奄薆也。''醃'與'晻餲'與'薆'音義同。"按：音同可以作爲研究上古音的材料。《上林賦》爲西漢司馬相如所作。

頁碼	反切		中古音韻地位						上古音	
618	戌	辛聿切	心	臻	術	三	合	入	心	物
	滅	亡列切	明	山	薛	三	開	入	明	月

文獻通假 1 次：《莊子·大宗師》："成然寐。"《釋文》："成本亦作'戌'，音恤，簡文云：'當作滅。'"

頁碼	反切		中古音韻地位						上古音	
626	齕	下没切	匣	臻	没	一	合	入	匣	物
	齧	五結切	疑	山	屑	四	開	入	疑	月

文獻通假 2 次：《晏子春秋·內篇·問上》："而用事者迎而齕之。"《韓詩外傳》七"噬齕"作"齧"。

頁碼	反切		中古音韻地位						上古音	
627	孽	魚列切	疑	山	薛	三	開	入	疑	月
	枿	五割切	疑	山	曷	一	開	入	疑	物

文獻通假 5 次，如：《書·盤庚上》："若顛木之有由蘗。"《釋文》："孽本又作枿。"《説文·弓部》粵下引"由孽"作"粵枿"云：古文言"由枿"。

頁碼	反切		中古音韻地位						上古音	
646	噬	時制切	禪	蟹	祭	三	開	去	禪	月
	齕	下没切	匣	臻	没	一	合	入	匣	物

文獻通假 1 次：《晏子春秋·內篇·問上》："狗迎而噬之。"《韓非子·外儲説右上》"噬"作"齕"。

頁碼	反切		中古音韻地位						上古音	
647	綴	陟衛切	知	蟹	祭	三	合	去	端	月
	對	都隊切	端	蟹	隊	一	合	去	端	物

文獻通假 1 次：《儀禮·士喪禮》："綴足用燕几。"鄭注："今文'綴'爲'對'。"

頁碼		反切	中古音韻地位						上古音	
647	轛	都隊切	端	蟹	隊	一	合	去	端	物
	綴	陟衛切	知	蟹	祭	三	合	去	端	月

文獻通假 2 次：《周禮・考工記・輿人》：“以爲轛圍。”鄭注：“鄭司農云：‘‘轛’讀如‘繋綴’之‘綴’。’”

頁碼		反切	中古音韻地位						上古音	
648	叡	雖遂切	心	止	至	三	合	去	心	物
	贅	之芮切	章	蟹	祭	三	合	去	章	月

文獻通假 1 次：《説文・又部》：“‘叡’讀若‘贅’。”

頁碼		反切	中古音韻地位						上古音	
649	殺	所八切	生	山	黠	二	開	入	山	月
	瘁	秦醉切	從	止	至	三	合	去	從	物

文獻通假 1 次：《禮記・樂記》：“是故志微噍殺之音作。”《漢書・禮樂志》“殺”作“瘁”。

頁碼		反切	中古音韻地位						上古音	
649	殺	所八切	生	山	黠	二	開	入	山	月
	悴	秦醉切	從	止	至	三	合	去	從	物

文獻通假 1 次：《禮記・樂記》：“是故志微噍殺之音作。”《説苑・修文》“殺”作“悴”。

頁碼		反切	中古音韻地位						上古音	
650	藙	魚既切	疑	止	未	三	開	去	疑	物
	樧	所八切	生	山	黠	二	開	入	山	月

文獻通假 1 次：《禮記・内則》：“三牲用藙。”鄭注：“藙《爾雅》謂之樧。”

頁碼		反切	中古音韻地位						上古音	
650	嗺	山芮切	生	蟹	祭	三	合	去	山	物
	嘁	所劣切	生	山	薛	三	合	入	山	月

文獻通假 1 次：《説文・口部》：“嗺嘁。”

頁碼		反切	中古音韻地位						上古音	
656	蔑	莫結切	明	山	屑	四	開	入	明	月
	妺	莫佩切	明	蟹	隊	一	合	去	明	物

文獻通假 1 次：《國語・越語上》：“勾踐之地……西至于姑蔑。”《逸周書・王會解》：“姑

妹珍。"　"姑妹"即"姑蔑"。

（二）月部—質部（39 組）

頁碼		反切	中古音韻地位						上古音	
503	鐬	于歲切	云	蟹	祭	三	合	去	匣	月
	彗	徐醉切	邪	止	至	三	合	去	邪	質

文獻通假 2 次，如：《淮南子・説林訓》："鐬在其間。"高注："'鐬'讀曰'彗'。"

頁碼		反切	中古音韻地位						上古音	
503	彗	徐醉切	邪	止	至	三	合	去	邪	質
	叡	以芮切	以	蟹	祭	三	合	去	餘	月

文獻通假 1 次：《大戴禮・五帝德》："幼而彗齊。"《孔子家語・五帝德》"彗"作"叡"。

頁碼		反切	中古音韻地位						上古音	
504	轊	于歲切	云	蟹	祭	三	合	去	匣	月
	惠	胡桂切	匣	蟹	霽	四	合	去	匣	質

文獻通假 1 次：《史記・司馬相如列傳》："轊白鹿。"《集解》："徐廣曰：'轊一作惠。'"

頁碼		反切	中古音韻地位						上古音	
504	税	舒芮切	書	蟹	祭	三	合	去	書	月
	繐	胡桂切	匣	蟹	霽	四	合	去	匣	質

文獻通假 1 次：《左傳・襄公二十七年》："公喪之如税服終身。"杜注："'税'即'繐'也。"《釋文》："税，徐云：'讀曰繐。'"

頁碼		反切	中古音韻地位						上古音	
506	韠	卑吉切	幫	臻	質	三	開	入	幫	質
	芾	方味切	幫	止	未	三	合	去	幫	月

文獻通假 1 次：《吕氏春秋・樂成》："麛裘而韠。"《孔叢子・陳士義》"韠"作"芾"。

頁碼		反切	中古音韻地位						上古音	
510	瞲	於決切	影	山	屑	四	合	入	影	月
	邮	辛聿切	心	臻	術	三	合	入	心	質

文獻通假 1 次：《説文・目部》："'瞲'讀若'勿邮'之'邮'。"

頁碼		反切	中古音韻地位						上古音	
511	邮	辛聿切	心	臻	術	三	合	入	心	質
	滅	亡列切	明	山	薛	三	開	入	明	月

文獻通假 1 次：《莊子·徐無鬼》："若郉若失。"《淮南子·道應訓》"郉"作"滅"。

頁碼		反切	中古音韻地位						上古音	
513	吉	居質切	見	臻	質	三	開	入	見	質
	絜	胡結切	匣	山	屑	四	開	入	匣	月

文獻通假 1 次：《詩·小雅·天保》："吉蠲爲饎。"《大戴禮·遷廟》《周禮·秋官·蠟氏》賈疏引"吉"作"絜"。

頁碼		反切	中古音韻地位						上古音	
513	夐	古屑切	見	山	屑	四	開	入	見	質
	孑	居列切	見	山	薛	三	開	入	見	月

文獻通假 1 次：《說文·矢部》："'夐'讀若'孑'。"

頁碼		反切	中古音韻地位						上古音	
513	劼	恪八切	溪	山	黠	二	開	入	溪	質
	硈	恪八切	溪	山	黠	二	開	入	溪	月

文獻通假 1 次：《爾雅·釋詁下》："劼，固也。"《釋文》："'劼'或作'硈'。"

頁碼		反切	中古音韻地位						上古音	
513	紒	吉詣切	見	蟹	霽	四	開	去	見	月
	結	古屑切	見	山	屑	四	開	入	見	質

文獻通假 2 次，如：《儀禮·士冠禮》："將冠者采衣紒。"鄭注："古文'紒'爲'結'。"

頁碼		反切	中古音韻地位						上古音	
513	趌	古屑切	見	山	屑	四	開	入	見	月
	結	古屑切	見	山	屑	四	開	入	見	質

文獻通假 1 次：《說文·走部》："'趌'讀若'髻結'之'結'。"

頁碼		反切	中古音韻地位						上古音	
514	噎	烏結切	影	山	屑	四	開	入	影	質
	渴	苦曷切	溪	山	曷	一	開	入	溪	月

文獻通假 1 次：《晏子春秋·內篇·雜上》："噎而遽掘井。"《說苑·雜言》"噎"作"渴"。

頁碼		反切	中古音韻地位						上古音	
514	瘱	於罽切	影	蟹	祭	三	開	去	影	月
	殪	於計切	影	蟹	霽	四	開	去	影	質

文獻通假 1 次：《儀禮·覲禮》："祭地瘞。"鄭注："古文'瘞'作'殪'。"

頁碼	反切		中古音韻地位						上古音	
530	逸	夷質切	以	臻	質	三	開	入	餘	質
	徹	丑列切	徹	山	薛	三	開	入	透	月

文獻通假 1 次：《莊子·田子方》："及奔逸絕塵。"《釋文》："'逸'，司馬本又作'徹'。"

頁碼	反切		中古音韻地位						上古音	
530	逸	夷質切	以	臻	質	三	開	入	餘	質
	轍	直列切	澄	山	薛	三	開	入	定	月

文獻通假 1 次：《莊子·田子方》："夫子奔逸絕塵。"《後漢書·逸民傳》李注引"逸"作"轍"。

頁碼	反切		中古音韻地位						上古音	
536	肆	息利切	心	止	至	三	開	去	心	質
	襄	私列切	心	山	薛	三	開	入	心	月

文獻通假 1 次：《禮記·表記》："安肆日偷。"鄭注："'肆'或為'襄'。"

頁碼	反切		中古音韻地位						上古音	
536	肆	息利切	心	止	至	三	開	去	心	質
	緤	私列切	心	山	薛	三	開	入	心	月

文獻通假 1 次：《老子》五十八章："直而不肆。"漢帛書乙本"肆"作"緤"。

頁碼	反切		中古音韻地位						上古音	
537	戾	郎計切	來	蟹	霽	四	開	去	來	質
	厲	力制切	來	蟹	祭	三	開	去	來	月

文獻通假 5 次，如：《詩·小雅·小宛》："翰飛戾天。"《文選·西都賦》李注引《韓詩》"戾"作"厲"。

頁碼	反切		中古音韻地位						上古音	
537	冽	良薛切	來	山	薛	三	開	入	來	月
	戾	郎計切	來	蟹	霽	四	開	去	來	質

文獻通假 1 次：《易·井》："井冽寒泉食。"漢帛書本"冽"作"戾"。

頁碼	反切		中古音韻地位						上古音	
540	栗	力質切	來	臻	質	三	開	入	來	質
	裂	良薛切	來	山	薛	三	開	入	來	月

文獻通假 2 次，如：《詩·豳風·東山》："烝在栗薪。"鄭箋："古者聲'栗''裂'同也。"

頁碼		反切	中古音韻地位						上古音	
545	蹝	當蓋切	端	蟹	泰	一	開	去	端	月
	跌	徒結切	定	山	屑	四	開	入	定	質

文獻通假 1 次：《太玄·窮·次七》："蹝于狴獄，三歲見録。"司馬光集注："王曰'蹝與跌同'。"

頁碼		反切	中古音韻地位						上古音	
546	軼	夷質切	以	臻	質	三	開	入	餘	質
	轍	直列切	澄	山	薛	三	開	入	定	月

文獻通假 2 次，如：《史記·孝文本紀》："結軼於道。"《漢書·文帝紀》"軼"作"轍"。

頁碼		反切	中古音韻地位						上古音	
552	槷	五結切	疑	山	屑	四	開	入	疑	月
	涅	奴結切	泥	山	屑	四	開	入	泥	質

文獻通假 1 次：《周禮·考工記·輪人》："則無槷而固。"鄭注："'槷'讀如'涅'。"

頁碼		反切	中古音韻地位						上古音	
554	遹	餘律切	以	臻	術	三	合	入	餘	質
	曰	王伐切	云	山	月	三	合	入	匣	月

文獻通假 1 次：《爾雅·釋言》："律遹述也。"《詩·大雅·文王》《正義》引"遹"作"曰"。

頁碼		反切	中古音韻地位						上古音	
554	譎	古穴切	見	山	屑	四	合	入	見	質
	決	古穴切	見	山	屑	四	合	入	見	月

文獻通假 1 次：《荀子·儒效》："譎德而定次。"楊注："'譎'或亦多作'譎'，與'決'同。"《韓詩外傳》"譎"作"決"。

頁碼		反切	中古音韻地位						上古音	
563	咥	徒結切	定	山	屑	四	開	入	定	質
	噬	時制切	禪	蟹	祭	三	開	去	禪	月

文獻通假 3 次，如：《易·履》："履虎尾、不咥人。"《音訓》："'咥'，晁氏曰：'荀作噬。'"

頁碼		反切	中古音韻地位						上古音	
570	潔	古屑切	見	山	屑	四	開	入	見	月
	質	陟利切	知	止	至	三	開	去	端	質

文獻通假 1 次：《楚辭·七諫》：“內懷情之潔白兮。”《考異》：“‘潔’一作‘質’。”

頁碼		反切	中古音韻地位						上古音	
575	肄	羊至切	以	止	至	三	開	去	餘	質
	勘	餘制切	以	蟹	祭	三	開	去	餘	月

文獻通假 3 次，如：《詩·邶風·谷風》：“既詒我肄。”《釋文》：“‘肄’，《爾雅》作‘勘’。”

頁碼		反切	中古音韻地位						上古音	
587	切	千結切	清	山	屑	四	開	入	清	質
	劇	居衛切	見	蟹	祭	三	合	去	見	月

文獻通假 1 次：《淮南子·氾論訓》：“直而不以切。”《文子·上義》“切”作“劇”。

頁碼		反切	中古音韻地位						上古音	
588	駾	他外切	透	蟹	泰	一	合	去	透	月
	呬	虛器切	曉	止	至	三	開	去	曉	質

文獻通假 1 次：《詩·大雅·緜》：“混夷駾矣。”《説文·口部》引“駾”作“呬”。

頁碼		反切	中古音韻地位						上古音	
593	韍	分勿切	幫	臻	物	三	合	入	幫	月
	韠	卑吉切	幫	臻	質	三	開	入	幫	質

文獻通假 1 次：《禮記·玉藻》：“一命緼韍幽衡，再命赤韍幽衡。”《説文·韋部》韠下載“韍”作“韠”。

頁碼		反切	中古音韻地位						上古音	
593	彃	卑吉切	幫	臻	質	三	開	入	幫	質
	斃	毗祭切	並	蟹	祭	三	開	去	並	月

文獻通假 1 次：《楚辭·天問》：“羿焉彃日。”《考異》：“‘彃’一作‘斃’。”

頁碼		反切	中古音韻地位						上古音	
605	沛	博蓋切	幫	蟹	泰	一	開	去	幫	月
	濞	匹備切	滂	止	至	三	開	去	滂	質

文獻通假 1 次：《史記·司馬相如列傳》：“涉豐隆之滂沛。”《漢書·司馬相如傳》“沛”

作"濞"。

頁碼		反切	中古音韻地位						上古音	
613	髻	古詣切	見	蟹	霽	四	開	去	見	質
	跀	魚厥切	疑	山	月	三	合	入	疑	月

文獻通假 1 次:《周禮·考工記·㫐人》:"髻墾薜暴不入市。"鄭注:"'髻'讀爲'跀'。"

頁碼		反切	中古音韻地位						上古音	
624	計	古詣切	見	蟹	霽	四	開	去	見	質
	介	古拜切	見	蟹	怪	二	開	去	見	月

文獻通假 1 次:《漢書·地理志》:"計斤。"顏注:"即《春秋左氏傳》所謂介根也,語音有輕重。"

頁碼		反切	中古音韻地位						上古音	
634	戾	郎計切	來	蟹	霽	四	開	去	來	質
	鈦	特計切	定	蟹	霽	四	開	去	定	月

文獻通假 1 次:《説文·犬部》:"'戾'讀與'鈦'同。"

頁碼		反切	中古音韻地位						上古音	
648	竊	千結切	清	山	屑	四	開	入	清	質
	察	初八切	初	山	黠	二	開	入	初	月

文獻通假 1 次:《莊子·庚桑楚》:"竊竊乎又何足以濟世哉。"《釋文》:"'竊竊'崔本作'察察'。"

頁碼		反切	中古音韻地位						上古音	
651	戾	郎計切	來	蟹	霽	四	開	去	來	質
	癘	力制切	來	蟹	祭	三	開	去	來	月

文獻通假 1 次:《墨子·尚同中》:"疾菑戾疫。"《兼愛下》"戾疫"作"癘疫"。

(三)月部—葉部（18 組）

頁碼		反切	中古音韻地位						上古音	
550	羍	他達切	透	山	曷	一	開	入	透	月
	籋	尼輒切	泥	咸	葉	三	開	入	泥	葉

文獻通假 1 次:《説文·羊部》:"'羍'讀若'籋'。"

頁碼		反切	中古音韻地位						上古音	
614	鶡	胡葛切	匣	山	曷	一	開	入	匣	月
	盍	胡臘切	匣	咸	盍	一	開	入	匣	葉

文獻通假 1 次：《禮記・月令》："鶡旦不鳴。"鶡旦《禮記・坊記》作"盍旦"。

頁碼		反切	中古音韻地位						上古音	
614	堨	烏葛切	影	山	曷	一	開	入	影	月
	壒	於蓋切	影	蟹	泰	一	開	去	影	葉

文獻通假 1 次：《文選・西都賦》："軼埃堨之混濁。"李注："許慎《淮南子注》曰："'堨'，埃也。''堨'與'壒'同。"按：《西都賦》爲漢班固所作。

頁碼		反切	中古音韻地位						上古音	
617	葉	與涉切	以	咸	葉	三	開	入	餘	葉
	擖	恪八切	溪	山	黠	二	開	入	溪	月

文獻通假 3 次，如：《儀禮・士冠禮》："加柶覆之面葉。"鄭注："古文'葉'爲'擖'。"

頁碼		反切	中古音韻地位						上古音	
621	猲	吐盍切	透	咸	盍	一	開	入	透	葉
	獪	古外切	見	蟹	泰	一	合	去	見	月

文獻通假 1 次：《太玄・夆・次二》："瑩夆猲猲。"林瑀《釋文》："'獪'字，'猲'古文。"

頁碼		反切	中古音韻地位						上古音	
624	夰	居拜切	見	蟹	怪	二	開	去	見	月
	蓋	古盍切	匣	咸	盍	一	開	入	見	葉

文獻通假 1 次：《説文・夰部》："'夰'讀若'蓋'。"

頁碼		反切	中古音韻地位						上古音	
627	蓋	胡臘切	匣	咸	盍	一	開	入	見	葉
	害	胡蓋切	匣	蟹	泰	一	開	去	匣	月

文獻通假 1 次：《爾雅・釋言》："'蓋'，割裂也。"《釋文》："'蓋'，舍人本作'害'。"

頁碼		反切	中古音韻地位						上古音	
630	褻	私列切	心	山	薛	三	開	入	心	月
	渫	私列切	心	山	薛	三	開	入	心	葉

文獻通假 1 次：《書・盤庚中》："其有衆咸造勿褻。"玄應《衆經音義》卷十五引"褻"

作“喋”。

頁碼		反切	中古音韻地位						上古音	
635	渫	私列切	心	山	薛	三	開	入	心	葉
	跇	餘制切	以	蟹	祭	三	開	去	餘	月

文獻通假 1 次：《易·井·九三》：“井渫不食，爲我心惻。”漢帛書本“渫”作“跇”。

頁碼		反切	中古音韻地位						上古音	
635	紲	私列切	心	山	薛	三	開	入	心	月
	緤	私列切	心	山	薛	三	開	入	心	葉

文獻通假 2 次，如：《韓詩外傳》七：“攝緱而縱紲之。”《新序·雜事五》“紲”作“緤”。

頁碼		反切	中古音韻地位						上古音	
636	泄	餘制切	以	蟹	祭	三	開	去	餘	月
	渫	私列切	心	山	薛	三	開	入	心	葉

文獻通假 1 次：《莊子·秋水》：“尾閭泄之。”《文選·江賦》李注引“泄”作“渫”。

頁碼		反切	中古音韻地位						上古音	
636	泄	餘制切	以	蟹	祭	三	開	去	餘	月
	喋	私列切	心	山	薛	三	開	入	心	葉

文獻通假 1 次：《荀子·榮辱》：“憍泄者人之殃也。”楊注：“‘泄’與‘喋’同。”

頁碼		反切	中古音韻地位						上古音	
636	洩	餘制切	以	蟹	祭	三	開	去	餘	月
	渫	私列切	心	山	薛	三	開	入	心	葉

文獻通假 1 次：《左傳·哀公二年》：“洩庸。”《文選》王褒《四子講德論》作“渫庸”。

頁碼		反切	中古音韻地位						上古音	
636	搳	恪八切	溪	山	黠	二	開	入	溪	月
	揲	與涉切	餘	咸	葉	三	開	入	餘	葉

文獻通假 2 次：《禮記·少儀》：“執箕膺擖。”《管子·弟子職》“擖”作“揲”。

頁碼		反切	中古音韻地位						上古音	
637	緤	私列切	心	山	薛	三	開	入	心	葉
	紲	私列切	心	山	薛	三	開	入	心	月

文獻通假 1 次：《楚辭·離騷》：“登閬風而緤馬。”《考異》：“‘緤’一作‘紲’。”

頁碼		反切	中古音韻地位						上古音	
646	輒	陟葉切	知	咸	葉	三	開	入	端	葉
	轍	直列切	澄	山	薛	三	開	入	定	月

文獻通假 1 次：《左傳·宣公二年》："見靈輒餓。"《初學記·器物部》引"靈輒"作"靈轍"。

頁碼		反切	中古音韻地位						上古音	
647	蹍	直列切	澄	山	薛	三	開	入	定	月
	輒	陟葉切	知	咸	葉	三	開	入	端	葉

文獻通假 1 次：《列子·説符》："若此者絶塵弭蹍。"《淮南子·道應訓》"蹍"作"輒"。

頁碼		反切	中古音韻地位						上古音	
648	葉	與涉切	以	咸	葉	三	開	入	餘	葉
	祭	子例切	精	蟹	祭	三	開	去	精	月

文獻通假 1 次：《禮記·緇衣》："葉公之顧命曰。"《逸周書》"葉公"作"祭公"。

（四）月部—錫部（10 組）

具體數據見第六章第二節"錫—月"部分。

（五）月部—緝部（9 組）

頁碼		反切	中古音韻地位						上古音	
553	蕨	居例切	見	蟹	祭	三	開	去	見	月
	芮	而鋭切	日	蟹	祭	三	合	去	日	緝

文獻通假 1 次：《説文·艸部》："'蕨'讀若'芮'。"

頁碼		反切	中古音韻地位						上古音	
620	合	侯閤切	匣	咸	合	一	開	入	匣	緝
	會	黃外切	匣	蟹	泰	一	合	去	匣	月

文獻通假 1 次：《老子》五十五章："未知牝牡之合而全作。"漢帛書乙本"合"作"會"。

頁碼		反切	中古音韻地位						上古音	
624	蚧	居拜切	見	蟹	怪	二	開	去	見	月
	蛤	古沓切	見	咸	合	一	開	入	見	緝

文獻通假 1 次：《大戴禮·易本命》："故冬燕雀入于海化而爲蚧。"《淮南子·墜形訓》"蚧"作"蛤"。

頁碼		反切	中古音韻地位						上古音	
629	摯	倪結切	疑	山	屑	四	開	入	疑	月
	墊	脂利切	章	止	至	三	開	去	章	緝

文獻通假 1 次：《書·西伯戡黎》："大命不摯。"《釋文》："'摯'本又作'墊'。"《説文·女部》墊下引"摯"作"墊"。

頁碼		反切	中古音韻地位						上古音	
630	執	之入切	章	深	緝	三	開	入	章	緝
	熱	如列切	日	山	薛	三	開	上	日	月

文獻通假 1 次：《莊子·人間世》："執粗而不臧。"《釋文》："'執'，簡文作'熱'。"

頁碼		反切	中古音韻地位						上古音	
634	繷	疾葉切	從	咸	葉	三	開	入	從	緝
	撻	他達切	透	山	曷	一	開	入	透	月

文獻通假 1 次：《説文·糸部》："'繷'讀若'撻'。"

頁碼		反切	中古音韻地位						上古音	
648	綴	陟衛切	知	蟹	祭	三	合	去	端	月
	級	居立切	見	深	緝	三	開	入	見	緝

文獻通假 3 次，如：《禮記·樂記》："綴兆舒疾。"《史記·樂書》"綴"作"級"。

頁碼		反切	中古音韻地位						上古音	
694	設	識列切	書	山	薛	三	開	入	書	月
	翕	許及切	曉	深	緝	三	開	入	曉	緝

文獻通假 1 次：《書·盤庚中》："各設中于乃心。"《漢石經》"設"作"翕"。

頁碼		反切	中古音韻地位						上古音	
706	摯	脂利切	章	止	至	三	開	去	章	緝
	槷	私列切	心	山	薛	三	開	入	心	月

文獻通假 1 次：《周禮·考工記·輪人》："大而短則摯。"鄭注："鄭司農云：'摯讀爲槷。'"

（六）月部—鐸部（8 組）

具體數據見第五章第二節"鐸—月"部分。

（七）月部—職部（3 組）

具體數據見第一章第二節"職—月"部分。

（八）月部—藥部（3 組）

具體數據見第三章第二節"藥—月"部分。

（九）月部—屋部（3 組）

具體數據見第四章第二節"屋—月"部分。

（十）月部—覺部（1 組）

具體數據見第二章第二節"覺—月"部分。

三、月部和陽聲韻通假關係舉證

表 7-8　月部與陽聲韻通假頻次表（組）

	元部	文部	真部	東部	談部	耕部	侵部	合計
月部	43	13	4	3	3	2	1	69

（一）月部—元部（43 組）

頁碼	反切		中古音韻地位						上古音	
103	辯	符蹇切	並	山	獼	三	開	上	並	元
	別	方別切	幫	山	薛	三	開	入	幫	月

文獻通假 3 次，如：《周禮·秋官·士師》："則以荒辯之法治之。"鄭注："鄭司農云：'辯讀爲風別之別。'"

頁碼	反切		中古音韻地位						上古音	
103	別	方別切	幫	山	薛	三	開	入	幫	月
	辨	符蹇切	並	山	獼	三	開	上	並	元

文獻通假 20 次，如：《周禮·天官·小宰》："聽稱責以傅別。"鄭注："'傅別'，《故書》作'傅辨'。鄭大夫讀爲'符別'，杜子春讀爲'傅別'。"

頁碼	反切		中古音韻地位						上古音	
128	璿	似宣切	邪	山	仙	三	合	平	邪	元
	叡	以芮切	以	蟹	祭	三	合	去	餘	月

文獻通假 1 次：《說文·玉部》："'璿'，籀文作'叡'。"

頁碼	反切		中古音韻地位						上古音	
158	睆	戶板切	匣	山	潸	二	開	上	匣	元
	刮	古頒切	見	山	鎋	二	合	入	見	月

文獻通假 1 次：《禮記·檀弓上》："華而睆。"鄭注："'睆'字或爲'刮'。"

頁碼		反切	中古音韻地位						上古音	
158	刮	古頒切	見	山	鎋	二	合	入	見	月
	捖	胡官切	匣	山	桓	一	合	平	匣	元

文獻通假 1 次：《周禮·考工記》："刮摩之工五。"鄭注："《故書》'刮'作'捖'，鄭司農云：'"捖"讀爲"刮"。'"

頁碼		反切	中古音韻地位						上古音	
160	黰	於月切	影	山	月	三	合	入	影	月
	豎	烏丸切	影	山	桓	一	合	平	影	元

文獻通假 1 次：《説文·黑部》："'黰'讀若'飴豎'字。"

頁碼		反切	中古音韻地位						上古音	
161	捥	烏貫切	影	山	換	一	合	去	影	元
	掯	烏括切	影	山	末	一	合	入	影	月

文獻通假 1 次：《史記·刺客列傳》："樊於期偏袒搤捥而進。"《集解》引徐廣曰："'捥'一作'掯'。"

頁碼		反切	中古音韻地位						上古音	
164	觟	況袁切	曉	山	元	三	合	平	曉	元
	繐	相鋭切	心	蟹	祭	三	合	去	心	月

文獻通假 1 次：《説文·角部》："'觟'又讀若'繐'。"

頁碼		反切	中古音韻地位						上古音	
173	安	烏寒切	影	山	寒	一	開	平	影	元
	閼	烏葛切	影	山	曷	一	開	入	影	月

文獻通假 6 次，如：《左傳·定公十三年》："董安于。"《韓非子·内儲説上》《淮南子·道應訓》作"董閼于"。

頁碼		反切	中古音韻地位						上古音	
174	按	烏旰切	影	山	翰	一	開	去	影	元
	遏	烏葛切	影	山	曷	一	開	入	影	月

文獻通假 1 次：《詩·大雅·皇矣》："以按徂旅。"《釋文》："按本亦作'遏'。"《孟子·梁惠王上》引"按"作"遏"。

頁碼		反切	中古音韻地位						上古音	
175	偃	於幰切	影	山	阮	三	開	上	影	元
	榪	烏黠切	影	山	黠	二	開	入	影	月

文獻通假 1 次：《墨子·所染》："中山尚染於魏義，偃長。"《呂氏春秋·當染》偃長作榪長。

頁碼		反切	中古音韻地位						上古音	
176	焉	於乾切	影	山	仙	三	開	平	影	元
	闕	烏葛切	影	山	曷	一	開	入	影	月

文獻通假 3 次，如：《史記·曆書》："年名焉逢攝提格。"《索隱》："'焉逢'，《漢書》作'闕逢'，亦音焉，與此音同。"

頁碼		反切	中古音韻地位						上古音	
177	延	以然切	以	山	仙	三	開	平	餘	元
	誓	時制切	禪	蟹	祭	三	開	去	禪	月

文獻通假 1 次：《禮記·射義》："使子路執弓矢出延射。"鄭注："延，或爲誓。"《周禮·地官·鄉大夫》鄭注引"延"作"誓"。

頁碼		反切	中古音韻地位						上古音	
180	逝	時制切	禪	蟹	祭	三	開	去	禪	月
	鮮	息淺切	心	山	獮	三	開	上	心	元

文獻通假 1 次：《詩·大雅·桑柔》："逝不以濯。"《墨子·尚賢》引作"鮮不用濯。"

頁碼		反切	中古音韻地位						上古音	
185	鶡	胡葛切	匣	山	曷	一	開	入	匣	月
	鴠	古寒切	見	山	寒	一	開	平	見	元

文獻通假 1 次：《禮記·月令》："鶡旦不鳴。"《淮南子·時則訓》"鶡旦"作"鴠鳴"。

頁碼		反切	中古音韻地位						上古音	
186	逭	胡玩切	匣	山	換	一	合	去	匣	元
	活	戶括切	匣	山	末	一	合	入	匣	月

文獻通假 1 次：《書·太甲中》："自作孽，不可逭。"《孟子·公孫丑章句上》引《太甲》曰："自作孽，不可活。"

頁碼		反切	中古音韻地位						上古音	
187	錧	古滿切	見	山	緩	一	合	上	見	元
	鐕	胡瞎切	匣	山	鎋	二	開	入	匣	月

文獻通假 1 次：《儀禮·既夕禮》："木錧。"鄭注："今文'錧爲鐕'。"

頁碼		反切	中古音韻地位						上古音	
187	會	黃外切	匣	蟹	泰	一	合	去	匣	月
	冠	古玩切	見	山	換	一	合	去	見	元

文獻通假 1 次：《詩·衛風·淇奧》："會弁如星。"《呂氏春秋·上農》高注引"會"作"冠"。

頁碼		反切	中古音韻地位						上古音	
196	截	昨結切	從	山	屑	四	開	入	從	月
	戔	將先切	精	山	先	四	開	平	精	元

文獻通假 1 次：《書·秦誓》："惟截截善諞言。"《説文·戈部》引《周書》曰："戔戔巧言。"

頁碼		反切	中古音韻地位						上古音	
196	截	昨結切	從	山	屑	四	開	入	從	月
	諓	慈演切	從	山	獮	三	開	上	從	元

文獻通假 1 次：《書·秦誓》："惟截截善諞言。"《公羊傳·文公十二年》作"惟諓諓善竫言"。

頁碼		反切	中古音韻地位						上古音	
197	截	昨結切	從	山	屑	四	開	入	從	月
	淺	七演切	清	山	獮	三	開	上	清	元

文獻通假 1 次：《書·秦誓》："惟截截善諞言。"《潛夫論·救邊》引"截截"作"淺淺"。

頁碼		反切	中古音韻地位						上古音	
197	帴	即淺切	精	山	獮	三	開	上	精	元
	殺	所八切	生	山	黠	二	開	入	山	月

文獻通假 1 次：《説文·巾部》："'帴'讀若'末殺'之'殺'。"

頁碼		反切	中古音韻地位						上古音	
198	纂	初刮切	初	山	鎋	二	合	入	初	月
	荃	此緣切	清	山	仙	三	合	平	清	元

文獻通假 1 次：《説文·黑部》："'䵄'讀若'以芥爲齏名曰芥荃'也。"

頁碼		反切	中古音韻地位						上古音	
199	祿	通貫切	透	山	換	一	合	去	透	元
	税	舒芮切	書	蟹	祭	三	合	去	書	月

文獻通假 2 次，如：《禮記·玉藻》："士祿衣。"鄭注："'祿'或作'税'。"

頁碼		反切	中古音韻地位						上古音	
199	緣	與專切	以	山	仙	三	合	平	餘	元
	税	舒芮切	書	蟹	祭	三	合	去	書	月

文獻通假 1 次：《周禮·天官·内司服》："緣衣。"鄭注："《雜記》曰：'夫人服税衣榆狄。'又《喪大記》曰：'士妻以祿衣。'言'祿'者甚衆，字或作'税'。"

頁碼		反切	中古音韻地位						上古音	
200	制	征例切	章	蟹	祭	三	開	去	章	月
	顓	職緣切	章	山	仙	三	合	平	章	元

文獻通假 2 次，如：《禮記·王制》："凡制五刑。"《孔子家語·刑政》"制"作"顓"。

頁碼		反切	中古音韻地位						上古音	
201	揣	徒官切	定	山	桓	一	合	平	定	元
	制	征例切	章	蟹	祭	三	開	去	章	月

文獻通假 1 次：《戰國策·燕策三》："君之所揣也。"《新序·雜事三》"揣"作"制"。

頁碼		反切	中古音韻地位						上古音	
201	旦	得按切	端	山	翰	一	開	去	端	元
	怛	當割切	端	山	曷	一	開	入	端	月

文獻通假 1 次：《莊子·大宗師》："有旦宅而無情死。"《釋文》："'旦宅'，李本作'怛侘'。"

頁碼		反切	中古音韻地位						上古音	
201	旦	得按切	端	山	翰	一	開	去	端	元
	靼	當割切	端	山	曷	一	開	入	端	月

文獻通假 2 次，如：《莊子·大宗師》："有旦宅而無情死。"《釋文》："'旦宅'，崔本作'靼宅'。"

頁碼		反切	中古音韻地位						上古音	
201	旦	得按切	端	山	翰	一	開	去	端	元
	綴	陟衛切	知	蟹	祭	三	合	去	端	月

文獻通假 1 次：《莊子·大宗師》："有旦宅而無情死。"《淮南子·精神訓》作"有綴宅而無耗精。"

頁碼		反切	中古音韻地位						上古音	
204	亶	多旱切	端	山	旱	一	開	上	端	元
	黵	當割切	端	山	曷	一	開	入	端	月

文獻通假 1 次：《史記·楚世家》："熊艾生熊黵。"《索隱》："'黵'與'亶'同。字亦作'亶'也。"

頁碼		反切	中古音韻地位						上古音	
206	滯	直例切	澄	蟹	祭	三	開	去	定	月
	癉	都寒切	端	山	寒	一	開	平	端	元

文獻通假 1 次：《周禮·地官·泉府》："貨之滯於民用者。"鄭注："《故書》'滯'爲'癉'，杜子春云：'癉當爲滯。'"

頁碼		反切	中古音韻地位						上古音	
210	捋	力輟切	來	山	薛	三	合	入	來	月
	臠	力兗切	來	山	獮	三	合	上	來	元

文獻通假 2 次，如：《漢書·司馬相如傳》："捋割輪焠。"顏注："'捋'字與'臠'同。"

頁碼		反切	中古音韻地位						上古音	
212	烈	良薛切	來	山	薛	三	開	入	來	月
	連	力延切	來	山	仙	三	開	平	來	元

文獻通假 1 次：《左傳·昭公二十九年》："烈山氏。"《帝王世紀》作"連山氏"。

頁碼		反切	中古音韻地位						上古音	
212	裂	良薛切	來	山	薛	三	開	入	來	月
	蓮	落賢切	來	山	先	四	開	平	來	元

文獻通假 1 次：《老子》三十九章："天無以清將恐裂。"漢帛書乙本"裂"作"蓮"。

頁碼		反切	中古音韻地位						上古音	
214	蕝	子悅切	精	山	薛	三	合	入	精	月
	纂	作管切	精	山	緩	一	合	上	精	元

文獻通假 1 次：《史記·劉敬叔孫通列傳》："及上左右爲學者，與其弟子百餘人，爲綿蕞。"《索隱》："《纂文》云：'蕝，今之纂字。'"按：《史記》原文無"蕝"字，我們補證如下。《漢書》："與其弟子百餘人爲綿蕞野外。"如淳曰："謂以茅剪樹地，爲纂位尊卑之次也。《春秋傳》曰'置茅蕝'。"師古曰："'蕞'，與'蕝'同，並子悅反。如説是。"

頁碼		反切	中古音韻地位						上古音	
215	滯	直例切	澄	蟹	祭	三	開	去	定	月
	廛	直連切	澄	山	仙	三	開	平	定	元

文獻通假 1 次：《周禮·地官·廛人》：“凡珍異之有滯者。”鄭注：“《故書》‘滯’或作‘廛’。”

頁碼		反切	中古音韻地位						上古音	
216	竁	此芮切	清	蟹	祭	三	合	去	清	月
	穿	昌緣切	昌	山	仙	三	合	平	昌	元

文獻通假 1 次：《周禮·春官·小宗伯》：“卜葬兆甫竁亦如之。”鄭注：“鄭大夫讀‘竁’皆爲‘穿’。”

頁碼		反切	中古音韻地位						上古音	
613	刖	魚厥切	疑	山	月	三	合	入	疑	月
	椽	直攣切	澄	山	仙	三	合	平	定	元

文獻通假 1 次：《易·困·九五》：“劓刖，困于赤紱。”漢帛書本“刖”作“椽”。

頁碼		反切	中古音韻地位						上古音	
643	喙	許穢切	曉	蟹	廢	三	合	去	曉	月
	彖	通貫切	透	山	換	一	合	去	透	元

文獻通假 1 次：《易·説卦》：“爲黔喙之屬。”《音訓》“喙”作“彖”，云：“今本作‘喙’。”

頁碼		反切	中古音韻地位						上古音	
649	竄	七亂切	清	山	換	一	合	去	清	元
	殺	所八切	生	山	黠	二	開	入	山	月

文獻通假 1 次：《書·舜典》：“竄三苗于三危。”《孟子·萬章上》云：“殺三苗于三危。”

頁碼		反切	中古音韻地位						上古音	
650	勱	莫話切	明	蟹	夬	二	合	去	明	月
	萬	無販切	明	山	願	三	合	去	明	元

文獻通假 1 次：《説文·力部》：“‘勱’讀若‘萬’。”

頁碼		反切	中古音韻地位						上古音	
654	沛	普蓋切	滂	蟹	泰	一	開	去	滂	月
	蹎	附袁切	並	山	元	三	合	平	並	元

文獻通假 1 次：《易·豐·九三》："豐其沛。"漢帛書本"沛"作"旆"。

（二）月部—文部（13 組）

頁碼		反切	中古音韻地位						上古音	
112	銳	以芮切	以	蟹	祭	三	合	去	餘	月
	銳	余準切	匣	臻	準	四	合	上	餘	文

文獻通假 1 次：《書·顧命》："一人冕執銳。"《說文·金部》引"銳"作"鈗"。

頁碼		反切	中古音韻地位						上古音	
125	蝃	都計切	端	蟹	霽	四	開	去	端	月
	蚚	渠希切	群	止	微	三	開	平	群	文

文獻通假 1 次：《爾雅·釋天》："蝃蝀謂之雩。"《釋文》："'蝃'本或'蚚'。"

頁碼		反切	中古音韻地位						上古音	
127	睿	以芮切	以	蟹	祭	三	合	去	餘	月
	睿	須閏切	心	臻	稕	四	合	去	心	文

文獻通假 1 次：《書·洪範》："思曰睿。"《漢書·五行志》："引'睿'作'睿'。"

頁碼		反切	中古音韻地位						上古音	
127	濬	私閏切	心	臻	稕	三	合	去	心	文
	睿	以芮切	以	蟹	祭	三	合	去	餘	月

文獻通假 1 次：《書·益稷》："濬畎澮距川。"《說文·谷部》引"濬"作"睿"。

頁碼		反切	中古音韻地位						上古音	
127	濬	私閏切	心	臻	稕	三	合	去	心	文
	叡	以芮切	以	蟹	祭	三	合	去	餘	月

文獻通假 1 次：《書·舜典》："濬哲文明。"《文選》顏延年《三月三日曲水詩序》李注引"濬"作"叡"。

頁碼		反切	中古音韻地位						上古音	
128	啍	他昆切	透	臻	魂	一	合	平	透	文
	叡	以芮切	以	蟹	祭	三	合	去	餘	月

文獻通假 1 次：《荀子·哀公》："口啍誕也。"楊注引《說苑》云："口叡者多誕而寡信。"

頁碼		反切	中古音韻地位						上古音	
128	啍	他昆切	透	臻	魂	一	合	平	透	文
	銳	以芮切	以	蟹	祭	三	合	去	餘	月

文獻通假 1 次：《荀子·哀公》："無取口啍。"《説苑·尊賢》"啍"作"鋭"。

頁碼		反切	中古音韻地位						上古音	
134	捋	力輟切	來	山	薛	三	合	入	來	月
	綸	力迍切	來	臻	諄	三	合	平	來	文

文獻通假 1 次：《楚辭·九歎》："龍卭捋圈，繚戾宛轉，阻相薄兮。"《考異》："'捋'一作'綸'"。

頁碼		反切	中古音韻地位						上古音	
143	鶡	胡葛切	匣	山	曷	一	開	入	匣	月
	鴉	布還切	幫	山	刪	二	合	平	幫	文

文獻通假 1 次：《漢書·循吏傳》："京兆尹張敞舍鶡雀。"顏注："此'鶡'音'芬'，字本作'鴉'，此通用耳。"

頁碼		反切	中古音韻地位						上古音	
192	筋	舉欣切	見	臻	欣	三	開	平	見	文
	薊	古詣切	見	蟹	霽	四	開	去	見	月

文獻通假 1 次：《周禮·考工記·弓人》："而摩其筋。"鄭注："《故書》'筋'或作'薊'，鄭司農云：'當爲"筋"。'"

頁碼		反切	中古音韻地位						上古音	
621	昏	呼昆切	曉	臻	魂	一	合	平	曉	文
	泄	私列切	心	山	薛	三	開	入	心	月

文獻通假 1 次：《左傳·哀公二十六年》："后庸。"《國語·吳語》作"昏庸"，《漢書·董仲舒傳》作"泄庸"。后字誤。

頁碼		反切	中古音韻地位						上古音	
621	昏	呼昆切	曉	臻	魂	一	合	平	曉	文
	洩	私列切	心	山	薛	三	開	入	心	月

文獻通假 1 次：《左傳·哀公二十六年》："后庸。"《國語·吳語》作"昏庸"，《吳越春秋·句踐入臣傳》作"洩庸"。后字誤。

頁碼		反切	中古音韻地位						上古音	
621	活	户括切	匣	山	末	一	合	入	匣	月
	頋	莫奔切	明	臻	魂	一	合	平	明	文

文獻通假 1 次：《爾雅·釋魚》："科斗活東。"《釋文》："'活東'，舍人本作'頋東'。"

（三）月部—真部（4組）

頁碼		反切	中古音韻地位						上古音	
81	徇	辭閏切	邪	臻	稕	三	合	去	邪	真
	慧	胡桂切	匣	蟹	霽	四	合	去	匣	月

文獻通假1次：《史記·五帝本紀》："幼而徇齊。"《索隱》："'徇齊'一本作'慧齊'。"

頁碼		反切	中古音韻地位						上古音	
81	徇	辭閏切	邪	臻	稕	三	合	去	邪	真
	叡	以芮切	以	蟹	祭	三	合	去	餘	月

文獻通假2次，如：《史記·五帝本紀》："幼而徇齊。"《索隱》："'徇齊'，《孔子家語》及《大戴禮》作'叡齊'。"

頁碼		反切	中古音韻地位						上古音	
91	瞋	昌真切	昌	臻	真	三	開	平	昌	真
	䁢	呼括切	曉	山	末	一	合	入	曉	月

文獻通假1次：《説文·目部》："䁢，秘書瞋，从戌。"

頁碼		反切	中古音韻地位						上古音	
503	彗	祥歲切	邪	蟹	祭	三	合	去	邪	月
	徇	辭閏切	邪	臻	稕	三	合	去	邪	真

文獻通假1次：《大戴禮·五帝德》："幼而彗齊。"（四部叢刊本）《史記·五帝本紀》"彗"作"徇"。

（四）月部—東部（3組）

具體數據見第四章第三節"東—月"部分。

（五）月部—談部（3組）

頁碼		反切	中古音韻地位						上古音	
239	圅	他念切	透	咸	㮇	四	開	去	透	談
	誓	時制切	禪	蟹	祭	三	開	去	禅	月

文獻通假1次：《説文·谷部》："'圅'，一曰讀若'誓'。"

頁碼		反切	中古音韻地位						上古音	
264	窆	方驗切	幫	咸	豔	三	開	去	幫	談
	竁	此芮切	清	蟹	祭	三	合	去	清	月

文獻通假1次：《周禮·地官·遂人》："及窆陳役。"《釋文》"窆"作"竁"，云："本作'窆'。"

頁碼		反切	中古音韻地位						上古音	
622	䶍	下刮切	匣	山	鎋	二	合	入	匣	月
	恬	徒兼切	定	咸	添	四	開	平	定	談

文獻通假 1 次：《楚辭·九思》："悒殟絕兮䶍復蘇。"《考異》："'䶍'，《釋文》一作'恬'。"

（六）月部—耕部（2 組）

具體數據見第六章第三節"耕—月"部分。

（七）月部—侵部（1 組）

頁碼		反切	中古音韻地位						上古音	
204	𪕜	當割切	端	山	曷	一	開	入	端	月
	黮	他感切	透	咸	感	一	開	上	透	侵

文獻通假 1 次：《史記·楚世家》："熊艾生熊𪕜。"《索隱》："'𪕜'一作'黮'。"

第三節　元　部

在本書研究範圍内，元部共通假 1375 組。其中，同部通假 996 組，異部通假 379 組。在異部通假中，元部與陰聲韻共通假 107 組；與入聲韻共通假 70 組；與其他陽聲韻共通假 202 組。具體情況如下：

表 7–9　元部通假情況匯總表

通假類型		通假頻次（組）			
同部通假	元—元	996			
異部通假	陰聲韻	元—歌	56	107	1375
		元—支	16		
		元—魚	10		
		元—微	9		
		元—侯	8	379	
		元—宵	3		
		元—之	2		
		元—幽	2		
		元—脂	1		
	入聲韻	元—月	43	70	
		元—物	10		
		元—錫	8		

通假類型				通假頻次（組）			
		元—鐸	3				
		元—質	3				
		元—職	1				
		元—藥	1				
		元—葉	1				
	陽聲韻	元—文	75				
		元—真	50				
		元—耕	41				
		元—談	11				
		元—陽	9	202			
		元—侵	8				
		元—蒸	4				
		元—東	3				
		元—冬	1				

一、元部和陰聲韻通假關係舉證

表 7–10　元部與陰聲韻通假頻次表（組）

	歌部	支部	魚部	微部	侯部	宵部	之部	幽部	脂部	合計
元部	56	16	10	9	8	3	2	2	1	107

（一）元部—歌部（56 組）

具體數據見第七章第一節"歌—元"部分。

（二）元部—支部（16 組）

具體數據見第六章第一節"支—元"部分。

（三）元部—魚部（10 組）

具體數據見第五章第一節"魚—元"部分。

（四）元部—微部（9 組）

頁碼	反切		中古音韻地位						上古音	
157	虺	許偉切	曉	止	尾	三	合	上	曉	微
	蚖	愚袁切	疑	山	元	三	合	平	疑	元

文獻通假 1 次：《詩·小雅·正月》："胡爲虺蜴。"《玉燭寶典》二、劉歆《爾雅》注引"虺"作"蚖"。

頁碼		反切	中古音韻地位						上古音	
166	烜	況晚切	曉	山	阮	三	合	上	曉	元
	燬	許委切	曉	止	紙	三	合	上	曉	微

文獻通假 1 次：《周禮·秋官·序官》：“司烜氏。”鄭注：“‘烜讀’如‘衛侯燬’之‘燬’。”

頁碼		反切	中古音韻地位						上古音	
186	岍	苦堅切	溪	山	先	四	開	平	溪	元
	開	苦哀切	溪	蟹	咍	一	開	平	溪	微

文獻通假 1 次：《書·禹貢》：“導岍及岐。”《釋文》：“‘岍’，馬本作‘開’。”

頁碼		反切	中古音韻地位						上古音	
187	開	苦哀切	溪	蟹	咍	一	開	平	溪	微
	貫	古玩切	見	山	換	一	合	去	見	元

文獻通假 1 次：《淮南子·道應訓》：“東開鴻濛之光。”“開”當作“關”，《論衡·道虛》作“貫”。《三國志·蜀志·郤正傳》裴注引《淮南子》作“貫”。

頁碼		反切	中古音韻地位						上古音	
220	剕	扶沸切	並	止	未	三	合	去	並	微
	胖	普半切	滂	山	換	一	合	去	滂	元

文獻通假 1 次：《書·呂刑》：“剕罰之屬五百。”《白虎通·五刑》“剕”作“胖”。

頁碼		反切	中古音韻地位						上古音	
225	反	府遠切	幫	山	阮	三	合	上	幫	元
	皈	舉韋切	見	止	微	三	合	平	見	微

文獻通假 1 次：《詩·小雅·賓之初筵》：“威儀反反。”《釋文》：“‘反反’《韓詩》作‘皈皈’。”

頁碼		反切	中古音韻地位						上古音	
498	維	以追切	以	止	脂	三	合	平	餘	微
	絹	吉掾切	見	山	線	三	合	去	見	元

文獻通假 1 次：《儀禮·大射儀》：“中離維綱。”鄭注：“或曰：‘“維”當爲“絹”’。”

頁碼		反切	中古音韻地位						上古音	
506	圜	戶關切	匣	山	刪	二	合	平	匣	元
	圍	雨非切	云	止	微	三	合	平	匣	微

文獻通假 1 次：《周禮·考工記》："爲之深而圜之。"鄭注："《故書》'圜'或作'圍'。杜子春云：'當爲"圜"。'"

頁碼	反切		中古音韻地位						上古音	
607	浼	美辨切	明	山	獮	三	開	上	明	元
	浘	無匪切	明	止	尾	三	合	上	明	微

文獻通假 1 次：《詩·邶風·新臺》："河水浼浼。"《釋文》："'浼浼'《韓詩》作'浘浘'。"

（五）元部—侯部（8 組）

具體數據見第四章第一節"侯—元"部分。

（六）元部—宵部（3 組）

具體數據見第三章第一節"宵—元"部分。

（七）元部—之部（2 組）

具體數據見第一章第一節"之—元"部分。

（八）元部—幽部（2 組）

具體數據見第二章第一節"幽—元"部分。

（九）元部—脂部（1 組）

頁碼	反切		中古音韻地位						上古音	
532	焉	於乾切	影	山	仙	三	開	平	影	元
	夷	以脂切	以	止	脂	三	開	平	餘	脂

文獻通假 1 次：《周禮·秋官·行夫》："焉使則介之。"鄭注："《故書》曰'夷使'。"

二、元部和入聲韻通假關係舉證

表 7-11　元部與入聲韻通假頻次表（組）

	月部	物部	錫部	鐸部	質部	職部	藥部	葉部	合計
元部	43	10	8	3	3	1	1	1	70

（一）元部—月部（43 組）

具體數據見第七章第三節"月—元"部分。

（二）元部—物部（10 組）

頁碼	反切		中古音韻地位						上古音	
132	腯	陀骨切	定	臻	沒	一	合	入	定	物
	豚	柱兗切	澄	山	獮	三	合	上	定	元

文獻通假 1 次：《禮記·曲禮下》："豚曰腯肥。"《釋文》："'腯'本或作'豚'。"

頁碼		反切	中古音韻地位						上古音	
154	没	莫勃切	明	臻	没	一	合	入	明	物
	免	亡辨切	明	山	獮	三	開	上	明	元

文獻通假 1 次：《禮記·檀弓下》："不没其身。"《國語·晉語八》作"不免其身"。

頁碼		反切	中古音韻地位						上古音	
155	勉	亡辨切	明	山	獮	三	開	上	明	元
	勿	文弗切	明	臻	物	三	合	入	明	物

文獻通假 2 次，如：《詩·邶風·谷風》："黽勉同心。"《文選·爲宋公求加贈劉將軍表》李注引《韓詩》"黽勉"作"密勿"。

頁碼		反切	中古音韻地位						上古音	
161	鬱	紆物切	影	臻	物	三	合	入	影	物
	宛	於阮切	影	山	阮	三	合	上	影	元

文獻通假 2 次，如：《詩·秦風·晨風》："鬱彼北林。"《周禮·函人》鄭注引"鬱"作"宛"。

頁碼		反切	中古音韻地位						上古音	
161	苑	於阮切	影	山	阮	三	合	上	影	元
	鬱	紆物切	影	臻	物	三	合	入	影	物

文獻通假 1 次：《管子·地員》："其葉若苑。"劉補注："'苑'同'鬱'。"

頁碼		反切	中古音韻地位						上古音	
162	鬱	紆物切	影	臻	物	三	合	入	影	物
	冤	於袁切	影	山	元	三	合	平	影	元

文獻通假 1 次：《楚辭·九章》："鬱結紆軫兮。"《考異》："《史記》'鬱'作'冤'。"

頁碼		反切	中古音韻地位						上古音	
180	肸	羲乙切	曉	臻	質	三	開	入	曉	物
	鮮	息淺切	心	山	獮	三	開	上	心	元

文獻通假 1 次：《史記·魯周公世家》："作《肸誓》。"《集解》引徐廣曰："'肸'一作'鮮'。"《索隱》："《尚書大傳》作《鮮誓》。《鮮誓》即《肸誓》，古今字異。"

頁碼		反切	中古音韻地位						上古音	
181	費	芳未切	滂	止	未	三	合	去	滂	物
	鮮	息淺切	心	山	獮	三	開	上	心	元

文獻通假 1 次：《書·費誓》，《尚書大傳》作《鮮誓》。

頁碼		反切	中古音韻地位						上古音	
197	剗	初限切	初	山	産	二	開	上	初	元
	齕	下沒切	匣	臻	沒	一	開	入	匣	物

文獻通假 1 次：《戰國策·燕策二》："吾信汝也，猶剗刈者也。"漢帛書本"剗刈"只作一"齕"字。"剗刈"似當作"剗剗"。

頁碼		反切	中古音韻地位						上古音	
650	竄	七亂切	清	山	換	一	合	去	清	元
	最	取外切	清	蟹	泰	一	合	去	清	物

文獻通假 1 次：《書·舜典》："竄三苗于三危。"《説文·宀部》最下引"竄"作"最"。

（三）元部—錫部（8 組）

具體數據見第六章第二節"錫—元"部分。

（四）元部—鐸部（3 組）

具體數據見第五章第二節"鐸—元"部分。

（五）元部—質部（3 組）

頁碼		反切	中古音韻地位						上古音	
168	睊	古縣切	見	山	霰	四	合	去	見	元
	惠	胡桂切	匣	蟹	霽	四	合	去	匣	質

文獻通假 1 次：《史記·貨殖列傳》："民俗睊急。"《集解》引徐廣曰："'睊'一作'惠'。"

頁碼		反切	中古音韻地位						上古音	
74	蠠	武延切	明	山	仙	三	開	平	明	元
	蜜	彌畢切	明	臻	質	三	開	入	明	質

文獻通假 1 次：《爾雅·釋詁七》："蠠沒，勉也。"《釋文》："'蠠'本或作'蜜'。"

頁碼		反切	中古音韻地位						上古音	
213	借	他結切	透	山	屑	四	開	入	透	質
	贊	則旰切	精	山	翰	一	開	去	精	元

文獻通假 1 次：《戰國策·秦策三》："君悉燕兵而疾借之。"漢帛書本"借"作"贊"。

（六）元部—職部（1 組）

具體數據見第一章第二節"職—元"部分。

（七）元部—藥部（1 組）

具體數據見第三章第二節"藥—元"部分。

（八）元部—葉部（1 組）

頁碼		反切	中古音韻地位						上古音	
192	建	居万切	見	山	願	三	開	去	見	元
	捷	疾葉切	從	咸	葉	三	開	入	從	葉

文獻通假 1 次：《儀禮·士冠禮》：“建柶。”《釋文》“建”作“捷”。

三、元部和其他陽聲韻通假關係舉證

表 7–12　元部與其他陽聲韻通假頻次表（組）

	文部	真部	耕部	談部	陽部	侵部	蒸部	東部	冬部	合計
元部	75	50	41	11	9	8	4	3	1	202

（一）元部—文部（75 組）

頁碼		反切	中古音韻地位						上古音	
93	殄	徒典切	定	山	銑	四	開	上	定	文
	蹍	尼展切	泥	山	獮	三	開	上	泥	元

文獻通假 2 次：《莊子·外物》：“唫而不止，則殄。”《釋文》：“‘殄’本或作‘蹍’。”

頁碼		反切	中古音韻地位						上古音	
103	辨	符蹇切	並	山	獮	三	開	上	並	元
	分	府文切	幫	臻	文	三	合	平	幫	文

文獻通假 1 次：《易·剝》：“剝牀以辨。”《音訓》：“‘辨’，晁氏曰：‘古文作“分”。’”

頁碼		反切	中古音韻地位						上古音	
109	圜	戶關切	匣	山	刪	二	合	平	匣	元
	員	王分切	云	臻	文	三	合	平	匣	文

文獻通假 2 次，如：《周禮·考工記·輪人》：“取諸圜也。”鄭注：“《故書》‘圜’作‘員’，當爲‘圜’。”

頁碼		反切	中古音韻地位						上古音	
109	繶	爲贇切	云	臻	真	四	合	平	匣	文
	絹	吉掾切	見	山	線	三	合	去	見	元

文獻通假 1 次：《周禮·考工記·梓人》：“繶寸焉。”《儀禮·鄉射禮》賈疏引“繶”作“絹”。

頁碼		反切	中古音韻地位						上古音	
109	圓	王權切	云	山	仙	三	合	平	匣	文
	圜	戶關切	匣	山	刪	二	合	平	匣	元

文獻通假 11 次，如：《易·繫辭上》："蓍之德圓而神。"《儀禮·少牢饋食禮》鄭注引"圓"作"圜"。

頁碼		反切	中古音韻地位						上古音	
110	偃	於幰切	影	山	阮	三	開	上	影	元
	隱	於謹切	影	臻	隱	三	開	上	影	文

文獻通假 4 次，如：《左傳·莊公九年》："公子偃。"《漢書·古今人表》作"公子隱"。

頁碼		反切	中古音韻地位						上古音	
111	蘊	於問切	影	臻	問	三	合	去	影	文
	怨	於願切	影	山	願	三	合	去	影	元

文獻通假 2 次，如：《左傳·昭公十年》："蘊利生孽。"《晏子春秋·內篇·雜下》"蘊"作"怨"。

頁碼		反切	中古音韻地位						上古音	
111	宛	於阮切	影	山	阮	三	合	上	影	元
	蘊	於問切	影	臻	問	三	合	去	影	文

文獻通假 1 次：《荀子·富國》："使民夏不宛暍。"楊注："'宛'讀爲'蘊'。"

頁碼		反切	中古音韻地位						上古音	
111	輼	烏渾切	影	臻	魂	一	合	平	影	文
	輐	於袁切	影	山	元	三	合	平	影	元

文獻通假 1 次：《墨子·備城門》："今之世常所以攻者臨、鉤、衝、梯、堙、水、穴、突、空洞、蟻附、轒輼、軒車。"《玉篇》"轒輼"作"轒輐"。

頁碼		反切	中古音韻地位						上古音	
112	袞	古本切	見	臻	混	一	合	上	見	文
	卷	居轉切	見	山	獮	三	合	上	見	元

文獻通假 8 次，如：《詩·豳風·九罭》："袞衣繡裳。"《釋文》"袞"字或作"卷"。

頁碼		反切	中古音韻地位						上古音	
112	捲	於袁切	影	山	元	三	合	平	影	元
	袞	古本切	見	臻	混	一	合	上	見	文

文獻通假 1 次：《荀子·富國》："故天子袾裷衣冕。"楊注："'裷'與'袞'同。"

頁碼		反切	中古音韻地位						上古音	
112	繟	昌善切	昌	山	獮	三	開	上	昌	元
	袞	古本切	見	臻	混	一	合	上	見	文

文獻通假 1 次：《管子·君臣上》："衣服繟繰盡有法度。"尹注："'繟繰'，古'袞冕'字。"

頁碼		反切	中古音韻地位						上古音	
115	驩	呼官切	曉	山	桓	一	合	平	曉	元
	渾	戶昆切	匣	臻	魂	一	合	平	匣	文

文獻通假 1 次：《書·堯典》："放驩兜于崇山。"《左傳·文公十八年》"驩兜"作"渾敦"。

頁碼		反切	中古音韻地位						上古音	
115	渾	戶昆切	匣	臻	魂	一	合	平	匣	文
	阮	虞遠切	疑	山	阮	三	合	上	疑	元

文獻通假 1 次：《左傳·昭公十七年》："遂滅陸渾。"《呂氏春秋·精諭》作"襲聊阮梁蠻氏滅三國焉"，疑"聊阮"即"陸渾"也。

頁碼		反切	中古音韻地位						上古音	
118	毨	蘇典切	心	山	銑	四	開	上	心	文
	選	思兗切	心	山	獮	三	合	上	心	元

文獻通假 1 次：《説文·毛部》："'毨'讀若'選'。"

頁碼		反切	中古音韻地位						上古音	
119	姺	所臻切	生	臻	臻	三	開	平	山	文
	姍	蘇干切	心	山	寒	一	開	平	心	元

文獻通假 1 次：《史記·司馬相如列傳》："媥姺徶獡。"《漢書·司馬相如傳》《文選·上林賦》"姺"作"姍"。

頁碼		反切	中古音韻地位						上古音	
119	踐	慈演切	從	山	獮	三	開	上	從	元
	跣	蘇典切	心	山	銑	四	開	上	心	文

文獻通假 1 次：《漢書·文帝紀》："臨者皆無踐。"顏注引晉灼曰："'踐'，漢語作'跣'。"

頁碼		反切	中古音韻地位						上古音	
120	圜	户關切	匣	山	删	二	合	平	匣	元
	銀	語巾切	疑	臻	真	三	開	平	疑	文

文獻通假 1 次：《漢書·地理志》："圜陰。"顏注："今有銀州銀水，即舊名猶存，但字變耳。"

頁碼		反切	中古音韻地位						上古音	
120	圂	胡困切	匣	臻	慁	一	合	去	匣	文
	豢	胡慣切	匣	山	諫	二	合	去	匣	元

文獻通假 1 次：《禮記·少儀》："君子不食圂腴。"鄭注："《周禮》'圂'作'豢'。"《釋文》："'圂'與'豢'同。"

頁碼		反切	中古音韻地位						上古音	
121	宛	於阮切	影	山	阮	三	合	上	影	元
	菌	渠殞切	群	臻	軫	三	合	上	群	文

文獻通假 1 次：《呂氏春秋·直諫》："荆文王得茹黄之狗，宛路之矰。"《説苑·正諫》"宛路"作"菌簬"。

頁碼		反切	中古音韻地位						上古音	
121	麇	居筠切	見	臻	真	三	合	平	見	文
	圈	渠篆切	群	山	獮	三	合	上	群	元

文獻通假 1 次：《左傳·文公十一年經》："楚子伐麇。"《穀梁傳》同，《公羊傳》"麇"作"圈"。

頁碼		反切	中古音韻地位						上古音	
122	畎	姑泫切	見	山	銑	四	合	上	見	元
	昆	古渾切	見	臻	魂	一	合	平	見	文

文獻通假 2 次，如：《漢書·匈奴傳》："周西伯昌伐畎夷。"顏注："'畎夷'又曰'昆夷'。'昆'字或作'混'，又作'緄'，二字並音工本反。'昆''緄''畎'聲相近耳。"

頁碼		反切	中古音韻地位						上古音	
122	犬	苦泫切	溪	山	銑	四	合	上	溪	元
	昆	古渾切	見	臻	魂	一	合	平	見	文

文獻通假 1 次：《國語·周語上》："犬戎。"《孟子·梁惠王下》《詩·小雅·采薇》《序》並作"昆夷"。

頁碼		反切	中古音韻地位						上古音	
122	卵	盧管切	來	山	緩	一	合	上	來	元
	鯤	古渾切	見	臻	魂	一	合	平	見	文

文獻通假 1 次：《禮記・内則》："濡魚卵醬。" 鄭注："'卵' 讀爲 '鯤'。"

頁碼		反切	中古音韻地位						上古音	
123	攌	户版切	日	山	潸	二	合	去	匣	元
	窘	渠殞切	群	臻	軫	三	合	上	群	文

文獻通假 1 次：《史記・屈原賈生列傳》："攌如囚拘。"《文選》賈誼《鵩鳥賦》"攌" 作 "窘"。

頁碼		反切	中古音韻地位						上古音	
123	攌	户版切	日	山	潸	二	合	去	匣	元
	僒	渠殞切	群	臻	軫	三	合	上	群	文

文獻通假 1 次：《史記・屈原賈生列傳》："攌如囚拘。"《索隱》："'攌'，《漢書・賈誼傳》作 '僒'。"

頁碼		反切	中古音韻地位						上古音	
124	欣	許斤切	曉	臻	欣	三	開	平	曉	文
	顯	呼典切	曉	山	銑	四	開	上	曉	元

文獻通假 1 次：《管子・小問》："夫欣然喜樂者，鍾鼓之色也。"《吕氏春秋・重言》"欣" 作 "顯"。

頁碼		反切	中古音韻地位						上古音	
124	訢	許斤切	曉	臻	欣	三	開	平	曉	文
	誾	語巾切	疑	臻	真	三	開	平	疑	元

文獻通假 1 次：《漢書・萬石衛直周張傳》："僮僕訢訢如也。" 顔注："此 '訢' 讀與 '誾誾' 同。"

頁碼		反切	中古音韻地位						上古音	
126	覲	渠遴切	群	臻	震	三	開	去	群	文
	見	古電切	見	山	霰	四	開	去	見	元

文獻通假 3 次，如：《書・舜典》："覲四岳群牧。"《史記・封禪書》引 "覲" 作 "見"。

頁碼		反切	中古音韻地位						上古音	
127	巡	詳遵切	邪	臻	諄	三	合	平	邪	文
	鉛	與專切	以	山	仙	三	合	平	餘	元

文獻通假 1 次:《禮記·三年問》:"則必反巡過其故鄉。"《荀子·禮論》"巡"作"鉛"。

頁碼		反切	中古音韻地位						上古音	
129	斷	丁貫切	端	山	換	一	合	去	端	元
	敦	都昆切	端	臻	魂	一	合	平	端	文

文獻通假 1 次:《莊子·逍遥庭遊》:"越人斷髮文身。"《釋文》:"'斷',司馬本作'敦'。"

頁碼		反切	中古音韻地位						上古音	
129	駩	此緣切	清	山	仙	三	合	平	清	元
	犉	如匀切	日	臻	諄	三	合	平	日	文

文獻通假 1 次:《爾雅·釋畜》:"白馬黑脣,駩。"《釋文》:"'駩',孫本作'犉'。"

頁碼		反切	中古音韻地位						上古音	
132	緣	與專切	以	山	仙	三	合	平	餘	元
	循	詳遵切	邪	臻	諄	三	合	平	邪	文

文獻通假 1 次:《韓詩外傳》三:"夫水者緣理而行。"《説苑·雜言》"緣"作"循"。

頁碼		反切	中古音韻地位						上古音	
132	輴	丑倫切	徹	臻	諄	三	合	平	透	文
	軘	市緣切	禪	山	仙	三	合	平	禪	元

文獻通假 1 次:《禮記·喪大記》:"君葬用輴。"鄭注:"'輴'皆當爲'載以軘車'之'軘',聲之誤也。"

頁碼		反切	中古音韻地位						上古音	
133	豚	徒渾切	定	臻	魂	一	合	平	定	文
	豲	柱克切	澄	山	獮	三	合	上	定	元

文獻通假 1 次:《禮記·玉藻》:"圈豚行不舉足。"《釋文》"豚"作"豲",云:"本又作'豚'。""豲"疑即古"豚"字。

頁碼		反切	中古音韻地位						上古音	
133	遯	徒困切	定	臻	恩	一	合	去	定	文
	掾	以絹切	以	山	線	三	合	去	餘	元

文獻通假 1 次：《易·遯》："亨，小利貞。"漢帛書本"遯"作"掾"。

頁碼		反切	中古音韻地位						上古音	
134	攣	呂員切	來	山	仙	三	合	平	來	元
	論	力迍切	來	臻	諄	三	合	平	來	文

文獻通假 1 次：《易·中孚》："有孚攣如。"漢帛書本"攣"作"論"。

頁碼		反切	中古音韻地位						上古音	
135	俊	子峻切	精	臻	稕	三	合	去	精	文
	雋	徂兗切	從	山	獮	三	合	上	從	元

文獻通假 2 次，如：《書·皋陶謨》："俊乂在官。"《文選》曹植《責躬詩》李注引"俊"作"雋"。

頁碼		反切	中古音韻地位						上古音	
135	全	疾緣切	從	山	仙	三	合	平	從	元
	峻	私閏切	心	臻	稕	三	合	去	心	文

文獻通假 1 次：《老子》："未知牝牡之合而全作。"《釋文》："'全'，河上作'峻'。"今河上本作"峻"。

頁碼		反切	中古音韻地位						上古音	
136	饌	士戀切	崇	山	線	三	合	去	崇	元
	餕	子峻切	精	臻	稕	三	合	去	精	文

文獻通假 1 次：《論語·爲政》："先生饌。"《釋文》："'饌'，鄭作'餕'。"

頁碼		反切	中古音韻地位						上古音	
136	毳	而兗切	日	山	獮	三	合	上	日	元
	雋	子峻切	精	臻	稕	三	合	去	精	文

文獻通假 1 次：《説文·毳部》："'毳'，一曰讀若'雋'。"

頁碼		反切	中古音韻地位						上古音	
137	遵	將倫切	精	臻	諄	三	合	平	精	文
	全	疾緣切	從	山	仙	三	合	平	從	元

文獻通假 1 次：《儀禮·鄉飲酒禮》："遵者降席。"鄭注："今文'遵'或爲'全'。"

頁碼		反切	中古音韻地位						上古音	
137	遵	將倫切	精	臻	諄	三	合	平	精	文
	僎	士戀切	崇	山	線	三	合	去	崇	元

文獻通假 4 次,如:《儀禮·鄉射禮》:"大夫若有遵者。"鄭注:"今文'遵'爲'僎'。"

頁碼		反切	中古音韻地位						上古音	
137	纂	作管切	精	山	緩	一	合	上	精	元
	遵	將倫切	精	臻	諄	三	合	平	精	文

文獻通假 1 次:《國語·周語上》:"纂修其緒。"《史記·周本紀》"纂"作"遵"。

頁碼		反切	中古音韻地位						上古音	
137	遵	將倫切	精	臻	諄	三	合	平	精	文
	選	思兗切	心	山	獮	三	合	上	心	元

文獻通假 1 次:《史記·周本紀》:"遵修其緒。"《集解》引徐廣曰:"'遵'一作'選'。"

頁碼		反切	中古音韻地位						上古音	
139	僎	士戀切	從	山	線	三	合	去	崇	元
	馴	詳遵切	邪	臻	諄	三	合	平	邪	文

文獻通假 1 次:《禮記·少儀》:"介爵、酢爵、僎爵皆居右。"鄭注:"'僎'或爲'騸'。"《釋文》:"'騸'又作'馴'。"《正義》"騸"作"馴"。"騸"字誤。

頁碼		反切	中古音韻地位						上古音	
139	篆	持兗切	澄	山	獮	三	合	上	定	元
	軘	丑倫切	徹	臻	諄	三	合	平	透	文

文獻通假 1 次:《周禮·春官·巾車》:"孤乘夏篆。"《説文·車部》引"篆"作"軘"。

頁碼		反切	中古音韻地位						上古音	
139	存	徂尊切	從	臻	魂	一	合	平	從	文
	全	疾緣切	從	山	仙	三	合	平	從	元

文獻通假 1 次:《易·繫辭下》:"以存身也。"《釋文》"存"作"全"云:"本亦作'存'。"《唐石經》"存"作"全"。

頁碼		反切	中古音韻地位						上古音	
139	算	蘇管切	心	山	緩	一	合	上	心	元
	舛	昌兗切	昌	山	獮	三	合	上	昌	文

文獻通假 1 次:《後漢書·蘇竟傳》:"自亡新之末失行算度。"李注:"'算'或作'舛'。"

頁碼		反切	中古音韻地位						上古音	
140	辰	植鄰切	禪	臻	真	三	開	平	禪	文
	展	知演切	知	山	獮	三	開	上	端	元

文獻通假 1 次：《詩·小雅·車舝》："辰彼碩女。"《列女傳·續傳》引"辰"作"展"。

頁碼	反切		中古音韻地位						上古音	
141	蜃	時刃切	禪	臻	震	三	開	上	禪	文
	軕	市緣切	禪	山	仙	三	合	平	禪	元

文獻通假 1 次：《周禮·地官·遂師》："共丘籠及蜃車之役。"鄭注："'蜃'，《禮記》或作'軕'。"

頁碼	反切		中古音韻地位						上古音	
141	蜃	時刃切	禪	臻	震	三	開	上	禪	文
	槫	徒官切	定	山	桓	一	合	平	定	元

文獻通假 1 次：《周禮·地官·遂師》："共丘籠及蜃車之役。"鄭注："'蜃'，《禮記》或作'槫'。"

頁碼	反切		中古音韻地位						上古音	
141	輲	市緣切	禪	山	仙	三	合	平	禪	元
	蜃	時刃切	禪	臻	震	三	開	上	禪	文

文獻通假 1 次：《禮記·雜記上》："載以輲車。"《儀禮·既夕禮》鄭云引"輲"作"團"，云："《周禮》謂之'蜃車'。"

頁碼	反切		中古音韻地位						上古音	
142	巽	蘇困切	心	臻	慁	一	合	去	心	元
	遜	蘇困切	心	臻	慁	一	合	去	心	文

文獻通假 4 次，如：《易·蒙·象傳》："順以巽也。"《釋文》："'巽'，鄭云：'當作遜。'"

頁碼	反切		中古音韻地位						上古音	
142	荃	此緣切	清	山	仙	三	合	平	清	元
	蓀	思渾切	心	臻	魂	一	合	平	心	文

文獻通假 7 次，如：《楚辭·離騷》："荃不察余之中情兮。"《補注》："'荃'與'蓀'同。"

頁碼	反切		中古音韻地位						上古音	
142	頒	布還切	幫	山	刪	二	合	平	幫	文
	班	布還切	幫	山	刪	二	合	平	幫	元

文獻通假 9 次，如：《周禮·天官·大宰》："八曰匪頒之式。"鄭注："鄭司農云：'頒讀爲班布之班。'"

頁碼		反切	中古音韻地位						上古音	
143	朌	布還切	幫	山	刪	二	合	平	幫	文
	班	布還切	幫	山	刪	二	合	平	幫	元

文獻通假1次：《禮記·王制》："名山大澤不以朌。"鄭注："'朌'讀爲'班'。"

頁碼		反切	中古音韻地位						上古音	
144	藩	甫煩切	幫	山	元	三	合	平	幫	元
	粉	方吻切	幫	臻	吻	三	合	上	幫	文

文獻通假1次：《荀子·君道》："善藩飾人者也。"《韓詩外傳》五"藩"作"粉"。

頁碼		反切	中古音韻地位						上古音	
145	勉	亡辨切	明	山	獼	三	開	上	明	元
	亹	莫奔切	明	臻	魂	一	合	平	明	文

文獻通假1次：《詩·大雅·棫樸》："勉勉我王，綱紀四方。"《韓詩外傳》五、《白虎通·三綱六紀》引作"亹"。

頁碼		反切	中古音韻地位						上古音	
146	畚	布忖切	幫	臻	混	一	合	上	幫	元
	本	布忖切	幫	臻	混	一	合	上	幫	文

文獻通假1次：《漢書·五行志》："陳畚輂。"顏注引應劭曰："'畚'讀與'本'同。"

頁碼		反切	中古音韻地位						上古音	
148	賁	符分切	並	臻	文	三	合	平	並	文
	斑	布還切	幫	山	刪	二	合	平	幫	元

文獻通假1次：《易·賁》《釋文》："傅氏云：'賁，古斑字。'"

頁碼		反切	中古音韻地位						上古音	
148	番	孚袁切	滂	山	元	三	合	平	滂	元
	賁	符分切	並	臻	文	三	合	平	並	文

文獻通假1次：《山海經·海內南經》："桂林八樹在番隅東。"《後漢書·郡國志》劉注、《水經注·浪水》"番禺"作"賁禺"。

頁碼		反切	中古音韻地位						上古音	
149	班	布還切	幫	山	刪	二	合	平	幫	元
	糞	方問切	幫	臻	問	三	合	去	幫	文

文獻通假1次：《國語·齊語》："班序顛毛。"《管子·小匡》作"糞除其顛斿"。

頁碼		反切	中古音韻地位						上古音	
149	豳	府巾切	幫	臻	真	三	開	平	幫	文
	班	布還切	幫	山	刪	二	合	平	幫	元

文獻通假 1 次：《史記·司馬相如列傳》：“被豳文。”《文選·上林賦》“豳”作“班”。

頁碼		反切	中古音韻地位						上古音	
149	豳	府巾切	幫	臻	真	三	開	平	幫	文
	斑	布還切	幫	山	刪	二	合	平	幫	元

文獻通假 1 次：《史記·司馬相如列傳》：“被豳文。”《漢書·司馬相如傳》“豳”作“斑”。

頁碼		反切	中古音韻地位						上古音	
153	惛	呼昆切	曉	臻	魂	一	合	平	曉	文
	讙	呼官切	曉	山	桓	一	合	平	曉	元

文獻通假 1 次：《詩·大雅·民勞》：“以謹惽恢。”《周禮·地官·大司徒》賈疏引“惽”作“讙”。

頁碼		反切	中古音韻地位						上古音	
153	惛	呼昆切	曉	臻	魂	一	合	平	曉	文
	緜	武延切	明	山	仙	三	開	平	明	元

文獻通假 1 次：《荀子·勸學》：“無惛惛之事者。”《大戴禮·勸學》“惛惛”作“緜緜”。

頁碼		反切	中古音韻地位						上古音	
156	齗	語斤切	疑	臻	欣	三	開	平	疑	文
	誾	語巾切	疑	臻	真	三	開	平	疑	元

文獻通假 2 次，如：《史記·魯周公世家》：“洙泗之間，齗齗如也。”《索隱》：“齗，讀如《論語》‘誾誾如也’。”

頁碼		反切	中古音韻地位						上古音	
157	髡	苦昆切	溪	臻	魂	一	合	平	溪	文
	完	胡官切	匣	山	桓	一	合	平	匣	元

文獻通假 1 次：《周禮·秋官·掌戮》：“髡者使守積。”鄭注：“鄭司農云：‘“髡”當爲“完”。’”《漢書·刑法志》引“髡”作“完”。

頁碼		反切	中古音韻地位						上古音	
177	薦	作甸切	精	山	霰	四	開	去	精	文
	燕	於甸切	影	山	霰	四	開	去	影	元

文獻通假 1 次：《禮記·祭義》："薦其薦俎。"《孔子家語·公西赤問》作"進其燕俎。"

頁碼		反切	中古音韻地位						上古音	
188	患	胡慣切	匣	山	諫	二	合	去	匣	元
	悶	莫困切	明	臻	慁	一	合	平	明	文

文獻通假 1 次：《説文·心部》："'患'，古文作'悶'，云：'從關省'。""悶"即古文"關"字。

頁碼		反切	中古音韻地位						上古音	
192	筋	舉欣切	見	臻	欣	三	開	平	見	文
	腱	渠建切	群	山	願	三	開	去	群	元

文獻通假 1 次：《説文·筋部》："'筋'或作'腱'。"

頁碼		反切	中古音韻地位						上古音	
197	纘	作管切	精	山	緩	一	合	上	精	元
	薦	作甸切	精	山	霰	四	開	去	精	文

文獻通假 1 次：《詩·大雅·崧高》："王纘之事。"《潛夫論·志姓氏》引"纘"作"薦"。

頁碼		反切	中古音韻地位						上古音	
214	簊	蘇管切	心	山	緩	一	合	上	心	元
	簨	思尹切	心	臻	準	三	合	上	心	文

文獻通假 1 次：《禮記·喪大記》："食於簊者盥。"鄭注："'簊'或作'簨'。"

頁碼		反切	中古音韻地位						上古音	
218	飡	七安切	清	山	寒	一	開	平	清	元
	殰	思渾切	心	臻	魂	一	合	平	心	文

文獻通假 2 次，如：《戰國策·燕策一》："不取素飡。"鮑本"飡"作"殰"。

（二）元部—真部（50 組）

頁碼		反切	中古音韻地位						上古音	
74	咽	於甸切	影	山	霰	四	開	去	影	真
	嚾	火貫切	曉	山	換	一	合	去	曉	元

文獻通假 1 次，如：《大戴禮·易本命》："咀嚾者九竅而胎生。"《淮南子·墜形訓》"咀嚾"作"嚼咽"。

頁碼		反切	中古音韻地位						上古音	
75	干	古寒切	見	山	寒	一	開	平	見	元
	淵	烏玄切	影	山	先	四	合	平	影	真

文獻通假 1 次：《易·漸》："鴻漸于干。"漢帛書本"干"作"淵"。

頁碼		反切	中古音韻地位						上古音	
75	縣	胡涓切	匣	山	先	四	合	平	匣	元
	玄	胡涓切	匣	山	先	四	合	平	匣	真

文獻通假 2 次，如《穆天子傳》卷二："先王所謂縣圃。"郭注引《淮南子》"縣圃"作"玄圃"。

頁碼		反切	中古音韻地位						上古音	
75	懸	胡涓切	匣	山	先	四	合	平	匣	元
	玄	胡涓切	匣	山	先	四	合	平	匣	真

文獻通假 2 次，如：《文選·東京賦》："右睨玄圃。"李注："《淮南子》曰：'懸圃在崑崙閶闔之中。''玄'與'懸'古字通。"按：《東京賦》爲東漢張衡作。

頁碼		反切	中古音韻地位						上古音	
75	玄	胡涓切	匣	山	先	四	合	平	匣	真
	元	愚袁切	疑	山	元	三	合	平	疑	元

文獻通假 1 次：《爾雅·釋天》："在壬曰玄黓。"《淮南子·天文》"玄黓"作"元黓"。

頁碼		反切	中古音韻地位						上古音	
76	弦	胡田切	匣	山	先	四	開	平	匣	真
	汧	苦堅切	溪	山	先	四	開	平	溪	元

文獻通假 1 次：《周禮·夏官·職方氏》："其澤藪曰弦蒲。"鄭注："鄭司農云：'弦'或爲'汧'。"

頁碼		反切	中古音韻地位						上古音	
76	眩	黃絢切	匣	山	霰	四	合	去	匣	真
	幻	胡辨切	匣	山	襇	二	合	去	匣	元

文獻通假 2 次，如：《漢書·張騫李廣利傳》："呂大烏卵及犛軒眩人獻於漢。"顏注："'眩'讀與'幻'同。"

頁碼		反切	中古音韻地位						上古音	
77	䖟	翼真切	以	臻	真	三	開	平	餘	真
	蜒	以然切	以	山	仙	三	開	平	餘	元

文獻通假 1 次：《淮南子·墜形訓》："乃有八䖟。"《初學記·地理部上》引 "䖟" 作 "蜒"。

頁碼		反切	中古音韻地位						上古音	
79	沿	與專切	以	山	仙	三	合	平	餘	元
	均	居勻切	見	臻	諄	三	合	平	見	真

文獻通假 2 次，如：《書·禹貢》："沿于江海。"《釋文》："'沿'，馬本作'均'。"《史記·夏本紀》作 "均江海"。《漢書·地理志》引 "沿" 作 "均"。

頁碼		反切	中古音韻地位						上古音	
79	汯	與專切	以	山	仙	三	合	平	餘	元
	均	居勻切	見	臻	諄	三	合	平	見	真

文獻通假 1 次：《書·禹貢》："汯于江海。"《史記·夏本紀》《漢書·地理志》"汯" 作 "均"。

頁碼		反切	中古音韻地位						上古音	
79	專	職緣切	章	山	仙	三	合	平	章	元
	鈞	居勻切	見	臻	諄	三	合	平	見	真

文獻通假 1 次：《史記·屈原賈生列傳》："大專槃物兮。"《集解》："《漢書》'專'字作'鈞'。"《索隱》："此'專'讀曰'鈞'。"

頁碼		反切	中古音韻地位						上古音	
81	筍	思尹切	心	臻	準	三	合	上	心	真
	選	思兗切	心	山	獮	三	合	上	心	元

文獻通假 1 次：《周禮·春官·典庸器》："而設筍虡。"鄭注："杜子春云：'筍'讀爲 "博選" 之 "選"。'"

頁碼		反切	中古音韻地位						上古音	
81	珣	相倫切	心	臻	諄	三	合	平	心	真
	宣	須緣切	心	山	仙	三	合	平	心	元

文獻通假 1 次：《説文·玉部》："'珣'讀若'宣'。"

頁碼		反切	中古音韻地位						上古音	
84	箭	子賤切	精	山	線	三	開	去	精	元
	晉	即刃切	精	臻	震	三	開	去	精	真

文獻通假 2 次，如：《周禮·夏官·職方氏》："其利金錫竹箭。"鄭注：《故書》'箭'爲'晉'。杜子春曰：'晉當爲箭。'《書》亦或爲'箭'。"

頁碼		反切	中古音韻地位						上古音	
84	翦	即淺切	精	山	獮	三	開	上	精	元
	戬	即淺切	精	山	獮	三	開	上	精	真

文獻通假 1 次：《詩·魯頌·閟宮》："實始翦商。"《說文·戈部》引"翦"作"戬"。

頁碼		反切	中古音韻地位						上古音	
84	捐	與專切	以	山	仙	三	合	平	餘	元
	身	失人切	書	臻	真	三	開	平	書	真

文獻通假 2 次，如：《漢書·西域傳》："北與捐毒，西與大月氏接。"顏注："'捐毒'即'身毒''天篤'也，本皆一名，語有輕重耳。"

頁碼		反切	中古音韻地位						上古音	
84	身	失人切	書	臻	真	三	開	平	書	真
	乾	渠焉切	群	山	仙	三	開	平	群	元

文獻通假 1 次：《史記·西南夷列傳》："有身毒國。"《集解》：《史記》一本作'乾毒'。"

頁碼		反切	中古音韻地位						上古音	
87	掔	苦堅切	溪	山	先	四	開	平	溪	真
	捥	烏貫切	影	山	換	一	合	去	影	元

文獻通假 2 次，如：《儀禮·士喪禮》："設決麗于掔。"鄭注："古文'掔'作'捥'。"

頁碼		反切	中古音韻地位						上古音	
87	掔	苦堅切	溪	山	先	四	開	平	溪	真
	腕	烏貫切	影	山	換	一	合	去	影	元

文獻通假 1 次：《漢書·郊祀志上》："莫不搤掔。"顏注："'掔'，古手'腕'之字也。"

頁碼		反切	中古音韻地位						上古音	
87	堅	古賢切	見	山	先	四	開	平	見	真
	肩	古賢切	見	山	先	四	開	平	見	元

文獻通假 1 次：《史記·仲尼弟子列傳》："公堅定字子中。"堅，《孔子家語》作"肩"。

頁碼		反切	中古音韻地位						上古音	
87	籛	則前切	精	山	先	四	開	平	精	元
	鏗	口莖切	溪	梗	耕	二	開	平	溪	真

文獻通假 1 次：《大戴禮·帝繫》："彭籛。"《楚辭·天問》作"彭鏗"。

頁碼		反切	中古音韻地位						上古音	
89	捐	與專切	以	山	仙	三	合	平	餘	元
	天	他前切	透	山	先	四	開	平	透	真

文獻通假 1 次：《漢書·西域傳》："北與捐毒，西與大月氏接。"顏注："'捐毒'即'身毒'，'天篤'也，本皆一名，語有輕重耳。"

頁碼		反切	中古音韻地位						上古音	
95	虔	渠焉切	群	山	仙	三	開	平	群	元
	矜	居陵切	見	曾	蒸	三	開	平	見	真

文獻通假 1 次：《説文·虍部》："'虔'讀若'矜'。"

頁碼		反切	中古音韻地位						上古音	
97	駩	此緣切	清	山	仙	三	合	平	清	元
	驎	力珍切	來	臻	真	三	開	平	來	真

文獻通假 1 次：《爾雅·釋畜》："白馬黑脣，駩。"《釋文》："'駩'本或作'驎'。"

頁碼		反切	中古音韻地位						上古音	
98	藺	良刃切	來	臻	震	三	開	去	來	真
	萌	古閑切	見	山	山	二	開	平	見	元

文獻通假 1 次：《莊子·山木》："藺且從而問之。"《釋文》："'藺'一本作'萌'。"

頁碼		反切	中古音韻地位						上古音	
102	徧	方見切	幫	山	霰	三	開	去	幫	真
	辯	符蹇切	並	山	獮	三	開	上	並	元

文獻通假 1 次：《書·舜典》："徧于群神。"《史記·五帝本紀》"徧"作"辯"。漢樊毅《脩西嶽廟記》同。

頁碼		反切	中古音韻地位						上古音	
102	辯	符蹇切	並	山	獮	三	開	上	並	元
	遍	方見切	幫	山	霰	三	開	去	幫	真

文獻通假 1 次：《禮記·內則》："子師辯告諸婦諸母名。"《通典·禮二十八》引"辯"

作"遍"。

頁碼		反切	中古音韻地位						上古音	
103	扁	方典切	幫	山	銑	四	開	上	幫	真
	辯	符蹇切	並	山	獮	三	開	上	並	元

文獻通假 1 次：《荀子·修身》："扁善之度。"《韓詩外傳》一"扁"作"辯"。

頁碼		反切	中古音韻地位						上古音	
103	扁	方典切	幫	山	銑	四	開	上	幫	真
	辨	符蹇切	並	山	獮	三	開	上	並	元

文獻通假 1 次：《荀子·修身》："扁善之度。"楊注："'扁'讀爲'辨'。"《韓詩外傳》曰："君子有辨善之度。'"

頁碼		反切	中古音韻地位						上古音	
104	編	卑連切	幫	山	仙	三	開	平	幫	真
	辮	薄泫切	並	山	銑	四	開	上	並	元

文獻通假 2 次，如：《漢書·終軍傳》："解編髮。"顏注："'編'讀曰'辮'。"

頁碼		反切	中古音韻地位						上古音	
104	扁	方典切	幫	山	銑	四	開	上	幫	真
	邊	布玄切	幫	山	先	四	開	平	幫	元

文獻通假 1 次：《莊子·天道》："輪扁斲輪於堂下。"《漢書·古今人表》"輪扁"作"輪邊"。

頁碼		反切	中古音韻地位						上古音	
104	便	婢面切	並	山	線	三	開	去	並	元
	諞	房連切	並	山	仙	三	開	平	並	真

文獻通假 1 次：《論語·季氏》："友便佞。"《說文·言部》引"便"作"諞"。

頁碼		反切	中古音韻地位						上古音	
104	徧	方見切	幫	山	霰	三	開	去	幫	真
	班	布還切	幫	山	刪	二	合	平	幫	元

文獻通假 1 次：《書·舜典》："徧于群神。"揚雄《太常箴》《後漢書·祭祀志》並云："班于群神。"

頁碼		反切	中古音韻地位						上古音	
104	變	彼眷切	幫	山	線	三	合	去	幫	元
	徧	方見切	幫	山	霰	四	開	去	幫	真

文獻通假 1 次：《禮記·三年問》："四時則已變矣。"《荀子·禮論》"變"作"徧"。

頁碼		反切	中古音韻地位						上古音	
105	半	博漫切	幫	山	換	一	合	去	幫	元
	徧	方見切	幫	山	霰	四	開	去	幫	真

文獻通假 1 次：《戰國策·秦策四》："今大國之地半天下有二垂。"《史記·春申君列傳》《新序·善謀》並"半"作"徧"。

頁碼		反切	中古音韻地位						上古音	
105	牘	布玄切	幫	山	先	四	開	平	幫	真
	邊	布玄切	幫	山	先	四	開	平	幫	元

文獻通假 1 次：《說文·片部》："'牘'讀若'邊'。"

頁碼		反切	中古音韻地位						上古音	
105	鯿	卑連切	幫	山	仙	三	開	平	幫	真
	鰏	卑連切	幫	山	仙	三	開	平	幫	元

文獻通假 1 次：《說文·魚部》："'鯿'又作'鰏'。"

頁碼		反切	中古音韻地位						上古音	
105	媥	芳連切	滂	山	仙	三	開	平	滂	真
	便	婢面切	並	山	線	三	開	去	並	元

文獻通假 1 次：《史記·司馬相如列傳》："媥姺徶徲。"《漢書·司馬相如傳》《文選·上林賦》"媥"作"便"。

頁碼		反切	中古音韻地位						上古音	
105	蝒	武延切	明	山	仙	三	開	平	明	真
	赧	奴板切	泥	山	潸	二	開	上	泥	元

文獻通假 1 次：《說文·虫部》："'蝒'讀若周天子'赧'。"

頁碼		反切	中古音韻地位						上古音	
105	顐	許緣切	曉	山	仙	三	合	平	曉	元
	翩	芳連切	滂	山	仙	三	開	平	滂	真

文獻通假 1 次：《說文·頁部》："'顐'讀若'翩'。"

頁碼		反切	中古音韻地位						上古音	
107	叛	薄半切	並	山	換	一	合	去	並	元
	頻	符真切	並	臻	真	三	開	平	並	真

文獻通假 1 次：《太玄·聲·次五》："倍明仮光，人所叛也。"司馬光集注："范本作'人可頻也'。小宋本作'人所頻也'。"

頁碼	反切		中古音韻地位						上古音	
107	叛	薄半切	並	山	換	一	合	去	並	元
	瀕	卑民切	幫	臻	真	三	開	平	幫	真

文獻通假 1 次：《太玄·聲·次五》："倍明仮光，人所叛也。"司馬光集注："宋陸本作'人所瀕也'。"

頁碼	反切		中古音韻地位						上古音	
107	蘋	附袁切	並	山	元	三	合	平	並	元
	蘋	符真切	並	臻	真	三	開	平	並	真

文獻通假 1 次：《楚辭·九歌》："白蘋兮騁望。"《考異》："'蘋'或作'蘋'。"

頁碼	反切		中古音韻地位						上古音	
152	緜	武延切	明	山	仙	三	開	平	明	元
	民	彌鄰切	明	臻	真	三	開	平	明	真

文獻通假 2 次，如：《詩·大雅·常武》："緜緜翼翼。"《釋文》："'緜'，《韓詩》作'民'。"

頁碼	反切		中古音韻地位						上古音	
152	欒	落官切	來	山	桓	一	合	平	來	元
	罠	武巾切	明	臻	真	三	開	平	明	真

文獻通假 2 次，如：《爾雅·釋器》："彘'罟'謂之'欒'。"《釋文》："'欒'本或作'罠'。"

頁碼	反切		中古音韻地位						上古音	
153	緜	武延切	明	山	仙	三	開	平	明	元
	緡	武巾切	明	臻	真	三	開	平	明	真

文獻通假 1 次：《詩·小雅·緜蠻》："緜蠻黃鳥。"《禮記·大學》引"緜蠻"作"緡蠻"。

頁碼	反切		中古音韻地位						上古音	
154	泯	武盡切	明	臻	軫	三	開	上	明	真
	湎	獼兗切	明	山	獼	三	開	上	明	元

文獻通假 1 次：《書·呂刑》："泯泯棼棼。"《漢書·敍傳》《論衡·寒溫》並云："湎湎紛紛。"

頁碼		反切	中古音韻地位						上古音	
154	泯	武盡切	明	臻	軫	三	開	上	明	真
	緬	獺克切	明	山	獮	三	開	上	明	元

　　文獻通假 1 次：《書·呂刑》："泯泯棼棼。"《三國志·魏志·夏侯尚傳》曰："緬緬紛紛。"

頁碼		反切	中古音韻地位						上古音	
178	鋋	以然切	以	山	仙	三	開	平	餘	元
	矜	居陵切	見	曾	蒸	三	開	平	見	真

　　文獻通假 1 次：《史記·匈奴列傳》："短兵則刀鋋。"《索隱》："埤蒼云：'鋋，小矛鐵矜。'《古文字詁》云：'矠，通作矜。'"

頁碼		反切	中古音韻地位						上古音	
216	緊	居忍切	見	臻	軫	三	開	上	見	真
	繾	去演切	溪	山	獮	三	開	上	溪	元

　　文獻通假 1 次：《楚辭·九思》："心緊縈兮傷懷。"《考異》："'緊縈'一作'繾綣'。"

（三）元部—耕部（41 組）

具體數據見第六章第三節"耕—元"部分。

（四）元部—談部（11 組）

頁碼		反切	中古音韻地位						上古音	
103	辯	符蹇切	並	山	獮	三	開	上	並	元
	貶	方斂切	幫	咸	琰	三	開	上	幫	談

　　文獻通假 1 次：《周禮·秋官·士師》："則以荒辯之法治之。"鄭注："'辯'當爲'貶'，聲之誤也。"

頁碼		反切	中古音韻地位						上古音	
103	辨	符蹇切	並	山	獮	三	開	上	並	元
	貶	方斂切	幫	咸	琰	三	開	上	幫	談

　　文獻通假 1 次：《禮記·玉藻》："立容辨卑毋讇。"鄭注："'辨'讀爲'貶'。"

頁碼		反切	中古音韻地位						上古音	
137	鑯	子泉切	精	山	仙	三	合	平	精	元
	瀸	子廉切	精	咸	鹽	三	開	平	精	談

　　文獻通假 1 次：《説文·金部》："'鑯'讀若'瀸'。"

頁碼		反切	中古音韻地位						上古音	
190	歛	良冉切	來	咸	琰	三	開	上	來	談
	簡	古限切	見	山	產	二	開	上	見	元

文獻通假 1 次：《荀子·非十二子》："歛然聖王之文章具焉。"《韓詩外傳》四"歛"作"簡"。

頁碼		反切	中古音韻地位						上古音	
197	斬	側減切	莊	咸	豏	二	合	上	莊	談
	踐	慈演切	從	山	獮	三	開	上	從	元

文獻通假 1 次：《史記·秦始皇本紀》："斬華爲城。"《集解》引徐廣曰："斬一作踐。"《索隱》："踐亦出賈本論。"《陳涉世家》《漢書·陳勝項籍列傳》《文選·過秦論》作"踐"。

頁碼		反切	中古音韻地位						上古音	
197	箷	昨鹽切	從	咸	鹽	三	開	平	從	談
	錢	昨仙切	從	山	仙	三	開	平	從	元

文獻通假 1 次：《説文·竹部》："'箷'讀若'錢'。"

頁碼		反切	中古音韻地位						上古音	
205	丹	都寒切	端	山	寒	一	開	平	端	元
	冉	而琰切	日	咸	琰	三	開	上	日	談

文獻通假 1 次：《吕氏春秋·審己》："齊湣王……謂公玉丹曰。"《史記·孝武本紀》《索隱》引《風俗通》"公玉丹"作"公玉冉"。

頁碼		反切	中古音韻地位						上古音	
211	蠻	莫還切	明	山	删	二	開	平	明	元
	鶼	古甜切	見	咸	添	四	開	平	見	談

文獻通假 1 次：《山海經·西山經》："有鳥焉，……名曰蠻蠻。"郭注："'蠻蠻'《爾雅》作'鶼鶼'。"

頁碼		反切	中古音韻地位						上古音	
215	憸	息廉切	心	咸	鹽	三	開	平	心	談
	散	蘇旱切	心	山	旱	一	開	上	心	元

文獻通假 1 次：《書·盤庚上》："相時憸民。"《隸釋》載《漢石經》"憸"作"㪚"。（㪚即散。）

頁碼		反切	中古音韻地位						上古音	
217	氾	符芝切	並	咸	凡	三	合	平	並	談
	樊	附袁切	並	山	元	三	合	平	並	元

文獻通假 1 次：《山海經·海内北經》："昆侖虚南所有氾林方三百里。"《淮南子·墜形訓》"氾林"作"樊桐"。

頁碼		反切	中古音韻地位						上古音	
258	坎	苦感切	溪	咸	感	一	合	上	溪	談
	壇	徒干切	定	山	寒	一	開	平	定	元

文獻通假 1 次：《荀子·正論》："坎井之鼃。"楊注："'坎井'或作'壇井'。"

（五）元部—陽部（9 組）

具體數據見第五章第三節"陽—元"部分。

（六）元部—侵部（8 組）

頁碼		反切	中古音韻地位						上古音	
176	鄢	於建切	影	山	願	三	開	去	影	元
	陰	於金切	影	深	侵	三	開	平	影	侵

文獻通假 1 次：《左傳·成公十六年》："晋侯及楚子鄭伯戰于鄢陵。"《淮南子·道應訓》"鄢陵"作"陰陵"。

頁碼		反切	中古音韻地位						上古音	
179	㬩	呼典切	曉	山	銑	四	開	上	曉	元
	唫	魚金切	疑	深	侵	三	開	平	疑	侵

文獻通假 1 次：《説文·日部》："㬩，或曰：'讀若唫唫。'"

頁碼		反切	中古音韻地位						上古音	
194	黔	巨淹切	群	咸	鹽	三	開	平	群	侵
	虔	渠焉切	群	山	仙	三	開	平	群	元

文獻通假 1 次：《史記·衛康叔世家》："出公季父黔攻出公子而自立。"《索隱》："《系本》名'虔'。"

頁碼		反切	中古音韻地位						上古音	
203	黮	他感切	透	咸	感	一	開	上	透	侵
	亶	多旱切	端	山	旱	一	開	上	端	元

文獻通假 1 次：《史記·三代世表》："熊黮。"《漢書·古今人表》作"熊亶"。

頁碼		反切	中古音韻地位						上古音	
204	鱣	張連切	知	山	仙	三	開	平	端	元
	鱏	餘針切	以	深	侵	三	開	平	餘	侵

文獻通假 1 次：《漢書·賈誼傳》："橫江湖之鱣鯨兮。"顏注："'鱣'字或作'鱏'。"

頁碼		反切	中古音韻地位						上古音	
206	鱏	餘針切	以	深	侵	三	開	平	餘	侵
	鱓	常演切	禪	山	獮	三	開	上	禪	元

文獻通假 1 次：《楚辭·九懷》："鯨鱏兮幽潛。"《考異》："'鱏'一作'鱓'。"

頁碼		反切	中古音韻地位						上古音	
214	慘	七感切	清	咸	感	一	開	上	清	侵
	鑽	子筭切	精	山	換	一	合	去	精	元

文獻通假 1 次：《荀子·議兵》："宛鉅鐵釶慘如蠭蠆。"《史記·禮書》"慘"作"鑽"。

頁碼		反切	中古音韻地位						上古音	
229	歆	許金切	曉	深	侵	三	開	平	曉	侵
	蠲	古玄切	見	山	先	四	合	平	見	元

文獻通假 1 次：《大戴禮·盛德》："上帝不歆焉。"《孔子家語·執轡》"歆"作"蠲"。

（七）元部—蒸部（4 組）

具體數據見第一章第三節"蒸—元"部分。

（八）元部—東部（3 組）

具體數據見第四章第三節"東—元"部分。

（九）元部—冬部（1 組）

具體數據見第二章第三節"冬—元"部分。

第八章 脂部、質部、真部通假關係研究

第一節 脂 部

在本書研究範圍內，脂部共通假 539 組。其中，同部通假 303 組，異部通假 236 組。在異部通假中，脂部與其他陰聲韻共通假 126 組；與入聲韻共通假 79 組；與陽聲韻共通假 31 組。具體情況如下：

表 8-1 脂部通假情況匯總表

通假類型			通假頻次（組）			
同部通假		脂—脂	303			
異部通假	陰聲韻	脂—支	49	126	236	539
		脂—微	26			
		脂—之	20			
		脂—歌	16			
		脂—魚	8			
		脂—侯	3			
		脂—幽	3			
		脂—宵	1			
	入聲韻	脂—質	36	79		
		脂—月	16			
		脂—錫	9			
		脂—物	8			
		脂—鐸	4			
		脂—職	3			
		脂—覺	2			
		脂—葉	1			
	陽聲韻	脂—文	14	31		
		脂—真	10			
		脂—耕	5			

通假類型			通假頻次（組）		
		脂—元	1		
		脂—冬	1		

一、脂部和其他陰聲韻通假關係舉證

表 8-2　脂部與其他陰聲韻通假頻次表（組）

	支部	微部	之部	歌部	魚部	侯部	幽部	宵部	合計
脂部	49	26	20	16	8	3	3	1	126

（一）脂部—支部（49 組）

具體數據見第六章第一節"支—脂"部分。

（二）脂部—微部（26 組）

頁碼		反切	中古音韻地位						上古音	
375	冀	几利切	見	止	至	三	開	去	見	脂
	幾	居依切	見	止	微	三	開	平	見	微

文獻通假 21 次，如：《左傳·哀公十六年》："日月以幾。"《釋文》："'幾'本或作'冀'。"

頁碼		反切	中古音韻地位						上古音	
375	冀	几利切	見	止	至	三	開	去	見	脂
	覬	几利切	見	止	至	三	開	去	見	微

文獻通假 1 次：《文選·登樓賦》："冀王道之一平兮。"李注："賈逵《國語注》曰：'覬，望也。'冀與覬同。"按：《登樓賦》爲東漢王粲所作。

頁碼		反切	中古音韻地位						上古音	
487	維	以追切	以	止	脂	三	合	平	餘	微
	伊	於脂切	影	止	脂	三	開	平	影	脂

文獻通假 1 次：《詩·大雅·韓奕》："其蔌維何?"《太平御覽》九七六引"維"作"伊"。

頁碼		反切	中古音韻地位						上古音	
492	脽	視佳切	禪	止	脂	三	合	平	禪	微
	葵	渠追切	群	止	脂	三	合	平	群	脂

文獻通假 2 次，如：《史記·孝武本記》："始立后土祠汾陰脽上。"《索隱》："漢書舊儀作葵上者，蓋河東人呼誰與'葵'同故耳。"

頁碼		反切	中古音韻地位						上古音	
492	睽	苦圭切	溪	蟹	齊	四	合	平	溪	脂
	乖	古懷切	見	蟹	皆	二	合	平	見	微

文獻通假 1 次：《易·睽》：“小事吉。”漢帛書本“睽”作“乖”。

頁碼		反切	中古音韻地位						上古音	
497	維	以追切	以	止	脂	三	合	平	餘	微
	黎	郎奚切	來	蟹	齊	四	開	平	來	脂

文獻通假 1 次：《爾雅·釋天》：“在己曰屠維。”《史記·曆書》“屠維”作“祝犁”。

頁碼		反切	中古音韻地位						上古音	
497	維	以追切	以	止	脂	三	合	平	餘	微
	犁	郎奚切	來	蟹	齊	四	開	平	來	脂

文獻通假 1 次：《爾雅·釋天》：“太歲……在己曰屠維。”《史記·曆書》“屠維”作“祝犁”。

頁碼		反切	中古音韻地位						上古音	
515	夷	以脂切	以	止	脂	三	開	平	餘	脂
	幾	居依切	見	止	微	三	開	平	見	微

文獻通假 2 次，如：《墨子·所染》：“幽王染於傅公夷，蔡公穀。”《群書治要》引“傅公夷”作“傅公幾”。

頁碼		反切	中古音韻地位						上古音	
515	飢	居夷切	見	止	脂	三	開	平	見	脂
	饑	居依切	見	止	微	三	開	平	見	微

文獻通假 24 次，如：《書·舜典》：“黎民阻飢。”《史記·五帝本紀》作“黎民始饑”。《集解》：“徐廣曰：‘《今文尚書》作祖饑。’”《漢書·食貨志》暗引“阻飢”作“祖饑”。

頁碼		反切	中古音韻地位						上古音	
516	饑	居依切	見	止	微	三	開	平	見	微
	飢	居希切	見	止	微	三	開	平	見	脂

文獻通假 1 次：《爾雅·釋天》：“穀不熟爲饑。”《釋文》：“‘饑’又作古‘飢’字。”

頁碼		反切	中古音韻地位						上古音	
516	几	居履切	見	止	旨	三	開	上	見	脂
	機	居依切	見	止	微	三	開	平	見	微

文獻通假 1 次：《荀子·哀公》："俛視几筵。"《孔子家語·五儀》"几"作"機"。

頁碼	反切		中古音韻地位						上古音	
516	階	古詣切	見	蟹	皆	二	開	平	見	脂
	機	居依切	見	止	微	三	開	平	見	微

文獻通假 1 次：《易·繫辭上》："則言語以爲階。"《釋文》："'階'，姚作'機'。"

頁碼	反切		中古音韻地位						上古音	
519	凱	苦亥切	溪	蟹	海	一	開	上	溪	微
	楷	苦駭切	溪	蟹	駭	二	開	上	溪	脂

文獻通假 1 次：《隸釋》十六《武梁祠堂畫像》："後世凱式。"洪适釋以"凱式"爲"楷式"。按：《武梁祠堂畫像》爲東漢石刻。

頁碼	反切		中古音韻地位						上古音	
558	希	香衣切	曉	止	微	三	開	平	曉	微
	黹	豬几切	知	止	旨	三	開	上	端	脂

文獻通假 1 次：《周禮·春官·司服》："祭社稷五祀則希冕。"鄭注："'希'或爲'黹'字之誤也。"

頁碼	反切		中古音韻地位						上古音	
558	絺	丑飢切	徹	止	脂	三	開	平	透	微
	黹	豬几切	知	止	旨	三	開	上	端	脂

文獻通假 1 次：《書·益稷》："絺繡。"《尚書大傳·洪範五行傳》鄭注引"絺"作"黹"。

頁碼	反切		中古音韻地位						上古音	
559	綏	息遺切	心	止	脂	三	合	平	心	微
	夊	豬几切	知	止	旨	三	開	上	端	脂

文獻通假 1 次：《詩·齊風·南山》："雄狐綏綏。"《玉篇》夊下引"綏綏"作"夊夊"。

頁碼	反切		中古音韻地位						上古音	
586	尾	無匪切	明	止	尾	三	合	上	明	微
	犀	先稽切	心	蟹	齊	四	開	平	心	脂

文獻通假 1 次：《戰國策·燕策一》："信如尾生。"漢帛書本"尾生"作"犀星"。

頁碼	反切		中古音韻地位						上古音	
590	腓	符非切	並	止	微	三	合	平	並	微
	芘	房脂切	並	止	脂	三	開	平	並	脂

文獻通假 1 次：《詩·小雅·采薇》：“小人所腓。”鄭箋：“‘腓’當作‘芘’。”

頁碼		反切	中古音韻地位						上古音	
597	排	步皆切	並	蟹	皆	二	開	平	並	微
	批	匹迷切	滂	蟹	齊	四	開	平	滂	脂

文獻通假 2 次，如：《戰國策·燕策三》：“欲排其逆鱗哉。”《史記·刺客列傳》“排”作“批”。

頁碼		反切	中古音韻地位						上古音	
606	眉	武悲切	明	止	脂	三	開	平	明	脂
	微	無非切	明	止	微	三	合	平	明	微

文獻通假 1 次：《儀禮·少牢饋食禮》：“眉壽萬年。”鄭注：“古文眉爲微。”

頁碼		反切	中古音韻地位						上古音	
606	郿	武悲切	明	止	脂	三	開	平	明	脂
	微	無非切	明	止	微	三	合	平	明	微

文獻通假 1 次：《左傳·莊公二十八年》：“冬築郿。”《公羊傳》《穀梁傳》並“郿”作“微”，《水經注》引“郿”作“微”。

頁碼		反切	中古音韻地位						上古音	
606	微	無非切	明	止	微	三	合	平	明	微
	麋	武悲切	明	止	脂	三	開	平	明	脂

文獻通假 1 次：《公羊傳·莊公二十八年》：“冬築微。”《釋文》：“‘微’左氏作‘麋’。”

頁碼		反切	中古音韻地位						上古音	
606	溦	無非切	明	止	微	三	合	平	明	微
	湄	武悲切	明	止	脂	三	開	平	明	脂

文獻通假 2 次，如：《爾雅·釋丘》：“谷者溦。”《釋文》：“‘溦’本又作‘湄’。”

頁碼		反切	中古音韻地位						上古音	
607	美	無鄙切	明	止	旨	三	開	上	明	脂
	媺	無匪切	明	止	尾	三	合	上	明	微

文獻通假 1 次：《詩·陳風·防有鵲巢》：“誰侜予美。”《釋文》：“‘美’，《韓詩》作‘媺’。”

頁碼		反切	中古音韻地位						上古音	
607	媺	無匪切	明	止	尾	三	合	上	明	微
	媚	明祕切	明	止	至	三	開	去	明	脂

文獻通假 1 次：《説文·女部》：“‘娓’讀若‘媚’。”

頁碼		反切	中古音韻地位						上古音	
606	蘪	武悲切	明	止	脂	三	開	平	明	脂
	薇	無非切	明	止	微	三	合	平	明	微

文獻通假 1 次：《爾雅·釋草》：“蕲茝蘪蕪。”《本草》草部云：“‘蘪蕪’一名‘薇蕪’。”

（三）脂部—之部（20 組）

具體數據見第一章第一節“之—脂”部分。

（四）脂部—歌部（16 組）

具體數據見第七章第一節“歌—脂”部分。

（五）脂部—魚部（8 組）

具體數據見第五章第一節“魚—脂”部分。

（六）脂部—侯部（3 組）

具體數據見第四章第一節“侯—脂”部分。

（七）脂部—幽部（3 組）

具體數據見第二章第一節“幽—脂”部分。

（八）脂部—宵部（1 組）

具體數據見第三章第一節“宵—脂”部分。

二、脂部和入聲韻通假關係舉證

表 8–3　脂部與入聲韻通假頻次表（組）

	質部	月部	錫部	物部	鐸部	職部	覺部	葉部	合計
脂部	36	16	9	8	4	3	2	1	79

（一）脂部—質部（36 組）

頁碼		反切	中古音韻地位						上古音	
487	翳	於計切	影	蟹	霽	四	開	去	影	脂
	殪	於計切	影	蟹	霽	四	開	去	影	質

文獻通假 1 次：《詩·大雅·皇矣》：“其菑其翳。”《釋文》：“‘翳’，《韓詩》作‘殪’。”

頁碼		反切	中古音韻地位						上古音	
504	夷	以脂切	以	止	脂	三	開	平	餘	脂
	惠	胡桂切	匣	蟹	霽	四	合	去	匣	質

文獻通假 1 次：《韓非子·十過》：“晋平公觴之於施夷之臺。”《史記·樂書》“施夷”作“施惠”。

頁碼		反切	中古音韻地位						上古音	
510	血	呼決切	曉	山	屑	四	合	入	曉	質
	洟	他計切	透	蟹	霽	四	開	去	透	脂

文獻通假 1 次：《易·屯》："泣血漣如。"《説文·心部》引"血"作"洟"。

頁碼		反切	中古音韻地位						上古音	
513	秸	古黠切	見	山	黠	二	開	入	見	質
	稭	古諧切	見	蟹	皆	二	開	平	見	脂

文獻通假 1 次：《書·禹貢》："三百里納秸服。"《釋文》："'秸'本或作'稭'。"

頁碼		反切	中古音韻地位						上古音	
517	繼	古詣切	見	蟹	霽	四	開	去	見	質
	膺	康禮切	溪	蟹	薺	四	開	上	溪	脂

文獻通假 1 次：《山海經·大荒北經》："無繼子食魚。"郭注："'繼'亦當作'膺'。"《海外北經》作"無膺國"。

頁碼		反切	中古音韻地位						上古音	
518	稭	古諧切	見	蟹	皆	二	開	平	見	脂
	戛	古黠切	見	山	黠	二	開	入	見	質

文獻通假 1 次：《史記·封禪書》："席用苴稭。"《集解》引如淳曰："'稭'讀曰'戛'。"

頁碼		反切	中古音韻地位						上古音	
528	履	力几切	來	止	旨	三	開	上	來	脂
	乙	於筆切	影	臻	質	三	開	入	影	質

文獻通假 1 次：《論語·堯曰》："履。"商湯之名，《荀子·成相》作"天乙"。

頁碼		反切	中古音韻地位						上古音	
529	逸	夷質切	以	臻	質	三	開	入	餘	質
	肆	羊至切	以	止	至	三	開	去	餘	脂

文獻通假 1 次：《書·盤庚上》："胥及逸勤。"蔡邕《司空文烈侯楊公碑》云："胥及肆勤。"

頁碼		反切	中古音韻地位						上古音	
531	肆	息利切	心	止	至	三	開	去	心	質
	夷	以脂切	以	止	脂	三	開	平	餘	脂

文獻通假 1 次：《書·多士》："予惟率肆矜爾。"《論衡·雷虛》引"肆"作"夷"。

頁碼		反切	中古音韻地位						上古音	
531	夷	以脂切	以	止	脂	三	開	平	餘	脂
	戾	郎計切	來	蟹	霽	四	開	去	來	質

文獻通假 1 次：《左傳・定公四年》："夷德無厭。"《吳越春秋・闔閭内傳四》"夷"作"戾"。

頁碼		反切	中古音韻地位						上古音	
532	夷	以脂切	以	止	脂	三	開	平	餘	脂
	鐵	他結切	透	山	屑	四	開	入	透	質

文獻通假 1 次：《書・堯典》："宅嵎夷。"《正義》："夏侯等書宅嵎夷爲宅嵎鐵。"《説文・山部》崵下《繫傳》云：《尚書》曰宅嵎夷，《古文尚書》"夷"作"鐵"。

頁碼		反切	中古音韻地位						上古音	
532	夷	以脂切	以	止	脂	三	開	平	餘	脂
	鐵	他結切	透	山	屑	四	開	入	透	質

文獻通假 1 次：《史記・夏本紀》："嵎夷既略。"《索隱》今文《尚書》及《帝命驗》並作"禺銕"，"銕"，古"夷"字也。

頁碼		反切	中古音韻地位						上古音	
532	洟	夷質切	以	臻	質	三	開	入	餘	質
	夷	以脂切	以	止	脂	三	開	平	餘	脂

文獻通假 1 次：《莊子・達生》："西北方之下者則洟陽處之。"《國語・周語上》"洟陽"作"夷羊"。

頁碼		反切	中古音韻地位						上古音	
533	渧	他計切	透	蟹	霽	四	開	去	透	脂
	洎	其冀切	群	止	至	三	開	去	群	質

文獻通假 1 次：《易・萃・上六》："齎咨涕渧。"漢帛書本"渧"作"洎"。

頁碼		反切	中古音韻地位						上古音	
534	肁	羊至切	以	止	至	三	開	去	餘	質
	弟	徒禮切	定	蟹	薺	四	開	上	定	脂

文獻通假 1 次：《説文・肁部》："'肁'讀若'弟'。"

頁碼		反切	中古音韻地位						上古音	
534	睇	特計切	定	蟹	霽	四	開	去	定	脂
	眣	尼質切	泥	臻	質	三	開	入	泥	質

　　文獻通假 1 次：《易·明夷》："夷于左股。"《音訓》："'夷'，陸希聲作'睇'，'睇'又作'眤'。"《音訓》衍一"睇"字。

頁碼		反切	中古音韻地位						上古音	
548	薾	奴禮切	泥	蟹	薺	四	開	上	泥	脂
	苶	奴結切	泥	山	屑	四	開	入	泥	質

　　文獻通假 1 次：《莊子·齊物論》："薾然疲役。"《釋文》"薾"作"苶"。

頁碼		反切	中古音韻地位						上古音	
551	眤	尼質切	泥	臻	質	三	開	入	泥	質
	尼	女夷切	泥	止	脂	三	開	平	泥	脂

　　文獻通假 2 次，如：《書·高宗肜日》："典祀無豐于眤。"《群經音辨》尼下引"眤"作"尼"。

頁碼		反切	中古音韻地位						上古音	
551	涅	奴結切	泥	山	屑	四	開	入	泥	質
	尼	女夷切	泥	止	脂	三	開	平	泥	脂

　　文獻通假 1 次：《論語·陽貨》："涅而不緇。"《史記·屈原賈生列傳》云："尼而不滓。"

頁碼		反切	中古音韻地位						上古音	
551	泥	奴低切	泥	蟹	齊	四	開	平	泥	脂
	涅	奴結切	泥	山	屑	四	開	入	泥	質

　　文獻通假 1 次：《史記·屈原賈生列傳》："皭然泥而不滓者也。"《文心雕龍·辨騷》引《淮南·離騷傳》"泥"作"涅"。

頁碼		反切	中古音韻地位						上古音	
551	涅	奴結切	泥	山	屑	四	開	入	泥	質
	埿	奴低切	泥	蟹	齊	四	開	平	泥	脂

　　文獻通假 1 次：《論語·陽貨》："涅而不緇。"漢《費鳳後碑》云："埿而不滓。"

頁碼		反切	中古音韻地位						上古音	
563	至	脂利切	章	止	至	三	開	去	章	質
	砥	職雉切	章	止	旨	三	開	上	章	脂

　　文獻通假 1 次：《儀禮·聘禮》："義之至也。"鄭注："今文'至'爲'砥'。"

頁碼		反切	中古音韻地位						上古音	
563	資	即夷切	精	止	脂	三	開	平	精	脂
	至	脂利切	章	止	至	三	開	去	章	質

文獻通假 1 次：《禮記·緇衣》："資冬祁寒。"鄭注："'資'當爲'至'，齊魯之語聲之誤也。"

頁碼		反切	中古音韻地位						上古音	
563	晊	之日切	章	臻	質	三	開	入	章	質
	胵	處脂切	昌	止	脂	三	開	平	昌	脂

文獻通假 1 次：《爾雅·釋詁上》："晊大也。"《釋文》："'晊'又作'胵'。"

頁碼		反切	中古音韻地位						上古音	
563	庢	陟栗切	知	臻	質	三	開	入	端	質
	底	都禮切	端	蟹	薺	四	開	上	端	脂

文獻通假 1 次：《文選·七發》："發怒庢沓。"李注："'庢'或爲'底'古字也。"按：《七發》爲漢代枚乘所作。

頁碼		反切	中古音韻地位						上古音	
564	氐	都奚切	端	蟹	齊	四	開	平	端	脂
	桎	之日切	章	臻	質	三	開	入	章	質

文獻通假 1 次：《詩·小雅·節南山》："維周之氐。"鄭箋："'氐'當作'桎鎋'之'桎'。"

頁碼		反切	中古音韻地位						上古音	
564	茥	徒結切	定	山	屑	四	開	入	定	質
	柢	都禮切	端	蟹	薺	四	開	上	端	脂

文獻通假 1 次：《爾雅·釋木》："味茥荎。"《釋文》："'茥'舍人本作'柢'。"按：《古字通假會典》"柢"作"抵"，誤。

頁碼		反切	中古音韻地位						上古音	
570	資	即夷切	精	止	脂	三	開	平	精	脂
	質	陟利切	知	止	至	三	開	去	端	質

文獻通假 1 次：《太玄·大·上九》《測》曰："小爲大資也。"司馬光集注："范本'資'皆作'質'。"

頁碼		反切	中古音韻地位						上古音	
570	頁	胡結切	匣	山	屑	四	開	入	匣	質
	𩠐	康禮切	溪	蟹	薺	四	開	上	溪	脂

文獻通假 1 次：《説文·頁部》頁下云："'百'者'𩠐'首字也。"

頁碼		反切	中古音韻地位						上古音	
582	坒	疾資切	從	止	脂	三	開	平	從	脂
	垩	資悉切	精	臻	質	三	開	入	精	質

文獻通假 1 次：《説文・土部》："'坒'，古文作'垩'。"

頁碼		反切	中古音韻地位						上古音	
589	閉	博計切	幫	蟹	霽	四	開	去	幫	質
	比	卑履切	幫	止	旨	三	開	上	幫	脂

文獻通假 1 次：《書・大誥》："予不敢閉于天降威。"《漢書・翟方進傳》引王莽《大誥》作"予豈敢自比於前人乎！天降威明。"段玉裁《古文尚書撰異》曰："'閉'字疑《今文尚書》作'比'。"

頁碼		反切	中古音韻地位						上古音	
589	比	卑履切	幫	止	旨	三	開	上	幫	脂
	鼻	毗至切	並	止	至	三	開	去	並	質

文獻通假 1 次：《莊子・天地》："不推誰其比憂。"《釋文》："'比'，司馬本作'鼻'。"

頁碼		反切	中古音韻地位						上古音	
590	庇	必至切	幫	止	至	三	開	去	幫	脂
	柲	兵媚切	幫	止	至	三	開	去	幫	質

文獻通假 1 次：《周禮・考工記・輪人》："弓長六尺謂之庇軹。"鄭注："《故書》'庇'作'柲'，杜子春云：'"柲"當爲"庇"。'"

頁碼		反切	中古音韻地位						上古音	
590	柲	兵媚切	幫	止	至	三	開	去	幫	質
	枈	兵脂切	幫	至	脂	三	開	平	幫	脂

文獻通假 1 次：《儀禮・既夕禮》："有柲。"鄭注："今文'柲'作'枈'。"

頁碼		反切	中古音韻地位						上古音	
593	麋	武悲切	明	止	脂	三	開	平	明	脂
	蜜	彌畢切	明	臻	質	三	開	入	明	質

文獻通假 1 次：《晏子春秋・内篇・雜上》："湛之麋醢。"麋原誤麇，據《文選》王粲《贈蔡子詩》李注引改。《荀子・大略》作"漸于蜜醴"。

頁碼		反切	中古音韻地位						上古音	
607	迷	莫兮切	明	蟹	齊	四	開	平	明	脂
	悉	息七切	心	臻	質	三	開	入	心	質

文獻通假 1 次：《老子》五十八章："人之迷其日固久。"漢帛書乙本"迷"作"悉"。

（二）脂部—月部（16 組）

具體數據見第七章第二節"月—脂"部分。

（三）脂部—錫部（9 組）

具體數據見第六章第二節"錫—脂"部分。

（四）脂部—物部（8 組）

頁碼		反切	中古音韻地位						上古音	
487	瞖	於計切	影	蟹	霽	四	開	去	影	脂
	鬱	紆物切	影	臻	物	三	合	入	影	物

文獻通假 1 次：《楚辭·九思》："雲霓紛兮晻瞖。"《考異》："'瞖'一作'鬱'。"

頁碼		反切	中古音韻地位						上古音	
502	魅	明祕切	明	止	至	三	開	去	明	物
	媚	明祕切	明	止	至	三	開	去	明	脂

文獻通假 1 次：《列子·力命》："鬼魅不能欺。"《釋文》"魅"作"媚"，云："或作'魅'。"

頁碼		反切	中古音韻地位						上古音	
524	鴟	處脂切	昌	止	脂	三	開	平	昌	脂
	鶻	古忽切	見	臻	沒	一	合	入	見	物

文獻通假 1 次：《楚辭·九思》："鴟鵬遊兮華屋。"《考異》："'鴟'一作'鶻'。"

頁碼		反切	中古音韻地位						上古音	
537	類	力遂切	來	止	至	三	合	去	來	物
	師	疏夷切	生	止	脂	三	開	平	山	脂

文獻通假 1 次：《山海經·南山經》："有獸焉……其名曰類。"《莊子·天選》《釋文》引"類"作"師"。

頁碼		反切	中古音韻地位						上古音	
550	茀	敷勿切	滂	臻	物	三	合	入	滂	物
	彌	武移切	明	止	支	三	開	平	明	脂

文獻通假 1 次：《爾雅·釋詁下》："覭髳茀離也。"郭注："'茀離'即'彌離'。"

頁碼		反切	中古音韻地位						上古音	
561	師	疏夷切	生	止	脂	三	開	平	山	脂
	率	所類切	生	止	至	三	合	去	山	物

文獻通假 1 次：《周禮·春官·司常》："師都建旗。"《説文·㫃部》旗下引"師"作"率"。

頁碼		反切	中古音韻地位						上古音	
590	費	芳未切	滂	止	未	三	合	去	滂	物
	粊	兵媚切	幫	止	至	三	開	去	幫	脂

文獻通假 1 次：《書·費誓》《周禮·秋官·雍氏》鄭注引作"粊誓"，《説文·米部》"粊"下引作"粊誓"。《説文》"粊"字段玉裁改爲"粊"，是也。

頁碼		反切	中古音韻地位						上古音	
611	眯	莫禮切	明	蟹	薺	四	開	上	明	脂
	昧	莫佩切	明	蟹	隊	一	合	去	明	物

文獻通假 1 次：《太玄·聚·次六》："狂作眯淫亡。"司馬光集注："范本'眯'作'昧'。"

（五）脂部—鐸部（4 組）

具體數據見第五章第二節"鐸—脂"部分。

（六）脂部—職部（3 組）

具體數據見第一章第二節"錫—脂"部分。

（七）脂部—覺部（2 組）

具體數據見第二章第二節"覺—脂"部分。

（八）脂部—葉部（1 組）

頁碼		反切	中古音韻地位						上古音	
702	接	即葉切	精	咸	葉	三	開	入	精	葉
	棲	先稽切	心	蟹	齊	四	開	平	心	脂

文獻通假 1 次：《戰國策·燕策一》："今王何不使可以信者接收燕趙。"漢帛書本"接"作"棲"。"棲"當作"捷"。

三、脂部和陽聲韻通假關係舉證

表 8-4　脂部與陽聲韻通假頻次表（組）

	文部	真部	耕部	元部	冬部	合計
脂部	14	10	5	1	1	31

（一）脂部—文部（14 組）

頁碼		反切	中古音韻地位						上古音	
77	陻	於真切	影	臻	真	三	開	平	影	文
	伊	於脂切	影	止	脂	三	開	平	影	脂

文獻通假 1 次：《書·洪範》：“鯀陻洪水。”《漢石經》“陻”作“伊”。

頁碼		反切	中古音韻地位						上古音	
91	振	職鄰切	章	臻	真	三	開	平	章	文
	寘	支義切	章	止	寘	三	開	去	章	脂

文獻通假 1 次：《易·恆》：“振恆凶”。《音訓》：“振，晁氏曰：‘陸希聲謂振本作寘。’”

頁碼		反切	中古音韻地位						上古音	
94	畛	章忍切	章	臻	軫	三	開	上	章	文
	祇	旨夷切	章	止	脂	三	開	平	章	脂

文獻通假 1 次：《禮記·曲禮下》：“畛於鬼神。”鄭注：“畛或爲祇。”

頁碼		反切	中古音韻地位						上古音	
109	麋	武悲切	明	止	脂	三	開	平	明	脂
	員	王分切	云	臻	文	三	合	平	匣	文

文獻通假 2 次，如：《左傳·昭公元年》：“楚子麋卒。”《史記·楚世家》“麋”作“員”。

頁碼		反切	中古音韻地位						上古音	
116	西	先稽切	心	蟹	齊	四	開	平	心	脂
	先	蘇前切	心	山	先	四	開	平	心	文

文獻通假 6 次，如：《爾雅·釋地》：“北陵西隃。”《史記·趙世家》“西隃”作“先俞”。

頁碼		反切	中古音韻地位						上古音	
120	狋	牛肌切	疑	止	脂	三	開	平	疑	脂
	銀	語巾切	疑	臻	真	三	開	平	疑	文

文獻通假 1 次：《説文·犬部》：“‘狋’讀又若‘銀’。”

頁碼		反切	中古音韻地位						上古音	
124	祇	旨夷切	章	止	脂	三	開	平	章	脂
	祈	渠希切	群	止	微	三	開	平	群	文

文獻通假 1 次：《左傳·昭公十二年》：“王是以獲没於祇宮。”《竹書紀年》“祇宮”作“祈宮”。

頁碼		反切	中古音韻地位						上古音	
129	弤	都禮切	端	蟹	薺	四	開	上	端	脂
	惇	都昆切	端	臻	魂	一	合	平	端	文

文獻通假 1 次：《孟子·萬章上》："琴朕弤朕。"《音義》："'弤'義與'惇'同。"

頁碼		反切	中古音韻地位						上古音	
140	辰	植鄰切	禪	臻	真	三	開	平	禪	文
	夷	以脂切	以	止	脂	三	開	平	餘	脂

文獻通假 1 次：《左傳·宣公十一年》："楚子陳侯鄭伯盟于辰陵。"《公羊傳》同，《穀梁傳》"辰陵"作"夷陵"。

頁碼		反切	中古音韻地位						上古音	
140	袛	旨夷切	章	止	脂	三	開	平	章	脂
	振	章刃切	章	臻	震	三	開	去	章	文

文獻通假 3 次，如：《書·皋陶謨》："日嚴袛敬六德。"《史記·夏本紀》"袛"作"振"。

頁碼		反切	中古音韻地位						上古音	
140	振	章刃切	章	臻	震	三	開	去	章	文
	榰	章移切	章	止	支	三	開	平	章	脂

文獻通假 1 次：《易·恆》："振恒凶"。《説文·木部》引"振"作"榰"。

頁碼		反切	中古音韻地位						上古音	
141	震	章刃切	章	臻	震	三	開	去	章	文
	袛	旨夷切	章	止	脂	三	開	平	章	脂

文獻通假 3 次，如：《易·未濟》："震用伐鬼方。"《音訓》："'震'，晁氏曰：《漢名臣奏》作'袛'。"

頁碼		反切	中古音韻地位						上古音	
142	分	府文切	幫	臻	文	三	合	平	幫	文
	比	卑履切	幫	止	旨	三	開	上	幫	脂

文獻通假 1 次：《書·盤庚中》："汝分猷念以相從。"《漢石經》"分"作"比"。分蓋必字之误。

頁碼		反切	中古音韻地位						上古音	
569	祁	渠脂切	群	止	脂	三	開	平	群	脂
	祈	渠希切	群	止	微	三	開	平	群	文

　　文獻通假 2 次，如：《左傳·閔公二年》："公與石祁子玦。"《詩·鄘風·定之方中》《正義》引"石祁子"作"石祈子"。

　　(二) 脂部—真部（10 組）

頁碼		反切	中古音韻地位						上古音	
77	夷	以脂切	以	止	脂	三	開	平	餘	脂
	寅	翼真切	以	臻	真	三	開	平	餘	真

　　文獻通假 1 次：《左傳·哀公十年》："薛伯夷。"《穀梁傳》同，《公羊傳》"夷"作"寅"。

頁碼		反切	中古音韻地位						上古音	
84	晉	即刃切	精	臻	震	三	開	去	精	真
	齊	徂奚切	從	蟹	齊	四	開	平	從	脂

　　文獻通假 1 次：《易·晉》《釋文》："'晉'孟作'齊'。"

頁碼		反切	中古音韻地位						上古音	
84	濟	子計切	精	蟹	霽	四	開	去	精	脂
	津	將鄰切	精	臻	真	三	開	平	精	真

　　文獻通假 1 次：《書·説命上》："若濟巨川用汝作舟楫。"《國語·楚語上》引武丁曰："若津水用女作舟。"

頁碼		反切	中古音韻地位						上古音	
87	几	居履切	見	止	旨	三	開	上	見	脂
	掔	苦堅切	溪	山	先	四	開	平	溪	真

　　文獻通假 1 次：《詩·豳風·狼跋》："赤舄几几。"《説文·手部》掔下引"几几"作"掔掔"。《呂氏家塾讀詩記》引董氏云："《集注》：'"几"作"掔"。'"

頁碼		反切	中古音韻地位						上古音	
88	寘	支義切	章	止	寘	三	開	去	章	脂
	奠	堂練切	定	山	霰	四	開	去	定	真

　　文獻通假 1 次：《左傳·昭公四年》："使寘饋于个而退。"《釋文》："'寘'本作'奠'。"

頁碼		反切	中古音韻地位						上古音	
91	填	徒年切	定	山	先	四	開	平	定	真
	寘	支義切	章	止	寘	三	開	去	章	脂

　　文獻通假 2 次，如：《戰國策·趙策四》："願及未填溝壑而託之。"漢帛書本"填"作"寘"。

頁碼		反切	中古音韻地位							上古音	
91	實	支義切	章	止	寘	三	開	去	章	脂
	闐	徒年切	定	山	先	四	開	平	定	真

文獻通假 3 次，如：《史記·大宛列傳》："東則扜罙于寘。"《漢書·西域傳》"于寘"作"于闐"。

頁碼		反切	中古音韻地位							上古音	
532	夷	以脂切	以	止	脂	三	開	平	餘	脂
	陳	直珍切	澄	臻	真	三	開	平	定	真

文獻通假 2 次，如：《左傳·襄公二十四年》："公會晋侯、宋公、衛侯、鄭伯、曹伯、莒子、邾子、滕子、薛伯、杞伯、小邾子、于夷儀。"《穀梁傳》同，《公羊傳》"夷儀"作"陳儀"。

頁碼		反切	中古音韻地位							上古音	
575	綟	丈忍切	澄	臻	準	三	合	上	定	真
	雉	直几切	澄	止	旨	三	開	上	定	脂

文獻通假 1 次：《周禮·地官·封人》："置其綟。"鄭注："鄭司農云：'綟今謂之雉，與古者名同。'"

頁碼		反切	中古音韻地位							上古音	
590	紕	符支切	並	止	支	三	開	平	並	脂
	玭	符真切	並	臻	真	三	開	平	並	真

文獻通假 1 次：《説文·糸部》："'紕'讀若《禹貢》'玭珠'。"

（三）脂部—耕部（5 組）

具體數據見第六章第三節"耕—脂"部分。

（四）脂部—元部（1 組）

具體數據見第七章第三節"元—脂"部分。

（五）脂部—冬部（1 組）

具體數據見第二章第三節"冬—脂"部分。

第二節 質 部

在本書研究範圍内，質部共通假 459 組。其中，同部通假 231 組，異部通假 228 組。在異部通假中，質部與陰聲韻共通假 74 組；與其他入聲韻共通假 133 組；與陽聲韻共通假 21 組。具體情況如下：

表 8–5　質部通假情況匯總表

通假類型			通假頻次（組）			
同部通假		質—質	231			
異部通假	陰聲韻	質—脂	36	74		459
		質—支	14			
		質—微	9			
		質—之	8			
		質—幽	3			
		質—歌	3			
		質—宵	1			
	入聲韻	質—月	39	133	228	
		質—物	29			
		質—錫	21			
		質—職	20			
		質—緝	11			
		質—覺	5			
		質—鐸	3			
		質—葉	3			
		質—藥	1			
		質—屋	1			
	陽聲韻	質—真	8	21		
		質—文	4			
		質—元	3			
		質—蒸	2			
		質—侵	2			
		質—耕	1			
		質—談	1			

一、質部和陰聲韻通假關係舉證

表 8–6　質部與陰聲韻通假頻次表（組）

	脂部	支部	微部	之部	幽部	歌部	宵部	合計
質部	36	14	9	8	3	3	1	74

（一）質部—脂部（36 組）

具體數據見第八章第一節"脂—質"部分。

（二）質部—支部（14 組）

具體數據見第六章第一節"支—質"部分。

（三）質部—微部（9 組）

頁碼		反切	中古音韻地位						上古音	
586	悸	其季切	群	止	至	三	合	去	群	質
	欷	香衣切	曉	止	微	三	開	平	曉	微

文獻通假 1 次：《文選·魯靈光殿賦》："心猥猥而發悸。"李注："'悸'或爲'欷'。"按：《魯靈光殿賦》是東漢王延壽所作。

頁碼		反切	中古音韻地位						上古音	
589	癒	其季切	群	止	至	三	合	去	群	微
	悸	其季切	群	止	至	三	合	去	群	質

文獻通假 1 次：《説文·癒部》："'癒'讀若'悸'。"

頁碼		反切	中古音韻地位						上古音	
592	匪	府尾切	幫	止	尾	三	合	上	幫	微
	邲	毗必切	並	臻	質	三	開	入	並	質

文獻通假 1 次：《詩·衛風·淇奧》："有匪君子。"《釋文》："'匪'《韓詩》作'邲'。"

頁碼		反切	中古音韻地位						上古音	
486	懿	乙冀切	影	止	至	三	開	去	影	質
	哀	烏開切	影	蟹	咍	一	開	平	影	微

文獻通假 1 次：《左傳·閔公二年》："衛懿公好鶴。"《論衡·儒增》"懿公"作"哀公"。

頁碼		反切	中古音韻地位						上古音	
491	隤	杜回切	定	蟹	灰	一	合	平	定	微
	躓	陟利切	知	止	至	三	開	去	端	質

文獻通假 1 次：《淮南子·原道訓》："先者隤陷。"高注："楚人讀'躓'爲'隤'，隤者車承或言跋躓之躓也。"

頁碼		反切	中古音韻地位						上古音	
491	躓	陟利切	知	止	至	三	開	去	端	質
	隤	杜回切	定	蟹	灰	一	合	平	定	微

文獻通假 2 次：《韓非子·六反》："不躓於山，而躓於垤。"《淮南子·人間訓》"躓"作"蹪"。

頁碼		反切	中古音韻地位						上古音	
503	夔	渠追切	群	止	脂	三	合	平	群	微
	質	陟利切	知	止	至	三	開	去	端	質

文獻通假 2 次：《書·益稷》《左傳·昭公二十八年》："夔。"《呂氏春秋·古樂》作"質"。

頁碼		反切	中古音韻地位						上古音	
507	齂	許介切	曉	蟹	怪	二	開	去	曉	質
	虺	許偉切	曉	止	尾	三	合	上	曉	微

文獻通假 1 次：《說文·鼻部》："'齂'讀若'虺'。"

頁碼		反切	中古音韻地位						上古音	
537	戾	郎計切	來	蟹	霽	四	開	去	來	質
	皐	徂賄切	從	蟹	賄	一	合	上	從	微

文獻通假 1 次：《左傳·襄公二十六年》："子牟得戾而亡。"《國語·楚語上》"戾"作"皐"。

（四）質部—之部（8 組）

具體數據見第一章第一節"之—質"部分。

（五）質部—幽部（3 組）

具體數據見第二章第一節"幽—質"部分。

（六）質部—歌部（3 組）

具體數據見第七章第一節"歌—質"部分。

（七）質部—宵部（1 組）

具體數據見第三章第一節"宵—質"部分。

二、質部和其他入聲韻通假關係舉證

表 8-7　質部與其他入聲韻通假頻次表（組）

	月部	物部	錫部	職部	緝部	覺部	鐸部	葉部	藥部	屋部	合計
質部	39	29	21	20	11	5	3	3	1	1	133

（一）質部—月部（39 組）

具體數據見第七章第二節"月—質"部分。

（二）質部—物部（29 組）

頁碼		反切	中古音韻地位						上古音	
488	謂	于貴切	云	止	未	三	合	去	匣	物
	惠	胡桂切	匣	蟹	霽	四	合	去	匣	質

文獻通假 1 次：《書·盤庚下》："爾謂朕曷震動萬民以遷。"《漢石經》"謂"作"惠"。

頁碼		反切	中古音韻地位						上古音	
489	渭	于貴切	云	止	未	三	合	去	匣	物
	惠	胡桂切	匣	蟹	霽	四	合	去	匣	質

文獻通假 1 次：《左傳·僖公二十四年》："以田渭濱。"《韓非子》"渭濱"作"惠濱"。

頁碼		反切	中古音韻地位						上古音	
510	恤	辛聿切	心	臻	術	三	合	入	心	質
	率	所律切	生	臻	質	三	合	入	山	物

文獻通假 2 次，如：《書·多士》："罔不明德恤祀。"《史記·魯周公世家》作"無不率祀明德"。

頁碼		反切	中古音韻地位						上古音	
511	戌	辛聿切	心	臻	術	三	合	入	心	物
	恤	辛聿切	心	臻	術	三	合	入	心	質

文獻通假 1 次：《史記·司馬相如列傳》："眇閻易以戌削。"《漢書·司馬相如傳》"戌"作"恤"。

頁碼		反切	中古音韻地位						上古音	
511	邮	辛聿切	心	臻	術	三	合	入	心	質
	戌	辛聿切	心	臻	術	三	合	入	心	物

文獻通假 2 次，如：《史記·司馬相如列傳》："揚袘邮削。"《漢書·司馬相如傳》《文選·子虛賦》"邮"作"戌"。

頁碼		反切	中古音韻地位						上古音	
524	扣	戶骨切	匣	臻	没	一	合	入	匣	質
	骨	古忽切	見	臻	没	一	合	入	見	物

文獻通假 1 次：《呂氏春秋·本生》："夫水之情清，土者扣之，故不得清。"高注："'扣'讀曰'骨'。'骨'，'濁'也。"

頁碼		反切	中古音韻地位						上古音	
524	潏	古穴切	見	山	屑	四	合	入	見	質
	滑	戶八切	匣	山	黠	二	合	入	匣	物

文獻通假 2 次，如：《史記·秦本紀》："其玄孫曰中潏。"《集解》引徐廣曰："'潏'一作'滑'。"《正義》："宋衷注《世本》云：'仲潏生飛廉。'"

頁碼		反切	中古音韻地位						上古音	
524	扣	戶骨切	匣	臻	沒	一	合	入	匣	質
	掘	衢物切	群	臻	物	三	合	入	群	物

文獻通假 4 次：《荀子·堯問》："深扣之而得甘泉焉。"《韓詩外傳》七、《説苑·臣術》"扣"作"掘"。

頁碼		反切	中古音韻地位						上古音	
525	質	之日切	章	臻	質	三	開	入	章	質
	滑	戶八切	匣	山	黠	二	合	入	匣	物

文獻通假 1 次：《禮記·禮運》："還相爲質也。"甄鸞《五經算術》卷下引"質"作"滑"。

頁碼		反切	中古音韻地位						上古音	
525	乞	去訖切	溪	臻	迄	三	開	入	溪	物
	乙	於筆切	影	臻	質	三	開	入	影	質

文獻通假 4 次，如：《左傳·僖公三十二年》："西乞。"《淮南子·人間訓》高注作"西乙"。

頁碼		反切	中古音韻地位						上古音	
526	器	去冀切	溪	止	至	三	開	去	溪	質
	氣	去既切	溪	止	未	三	開	去	溪	物

文獻通假 4 次，如：《禮記·樂記》："然後樂器從之。"《史記·樂書》《説苑·修文》"器"作"氣"。

頁碼		反切	中古音韻地位						上古音	
527	即	子力切	精	曾	職	三	開	入	精	質
	既	居豙切	見	止	未	三	開	去	見	物

文獻通假 1 次：《易·旅·六二》："旅即次，懷其資。"漢帛書本"即"作"既"。

頁碼		反切	中古音韻地位						上古音	
527	既	居豙切	見	止	未	三	開	去	見	物
	逸	夷質切	以	臻	質	三	開	入	餘	質

文獻通假 1 次：《國語·周語下》："藪澤肆既。"《詩·旱麓》孔疏"既"作"逸"。

頁碼		反切	中古音韻地位						上古音	
528	塈	其冀切	群	止	至	三	開	去	群	物
	呬	虛器切	曉	止	至	三	開	去	曉	質

文獻通假 1 次：《詩·大雅·假樂》："民之攸塈。"《爾雅·釋詁》某氏注引"塈"作"呬"。

頁碼		反切	中古音韻地位						上古音	
528	墍	其冀切	群	止	至	三	開	去	群	物
	臮	其冀切	群	止	至	三	開	去	群	質

文獻通假 5 次，如：《書·舜典》："讓于稷契暨皋陶。"《説文·仈部》引"暨"作"臮"。

頁碼		反切	中古音韻地位						上古音	
535	聿	餘律切	以	臻	術	三	合	入	餘	物
	遹	餘律切	以	臻	術	三	合	入	餘	質

文獻通假 3 次，如：《詩·小雅·楚茨》："神保聿歸。"《宋書·樂志》引"聿"作"遹"。

頁碼		反切	中古音韻地位						上古音	
535	律	吕邮切	來	臻	術	三	合	入	來	物
	栗	力質切	來	臻	質	三	開	入	來	質

文獻通假 1 次：《荀子·禮論》："不沐則濡櫛，三律而止。"楊注："今秦俗猶以枇髮爲栗。"

頁碼		反切	中古音韻地位						上古音	
536	肆	息利切	心	止	至	三	開	去	心	質
	遂	徐醉切	邪	止	至	三	合	去	邪	物

文獻通假 2 次，如：《書·舜典》："肆觀東后。"《史記·五帝本紀》作"遂見東君"。又《封禪書》引、《漢書·郊祀志》引、《白虎通·巡狩》引、《公羊傳·隱公八年》何注引、《風俗通·山澤》引、《周禮·秋官·大行人》鄭注引、《後漢書·律曆志》引，並"肆"作"遂"。

頁碼		反切	中古音韻地位						上古音	
546	泆	夷質切	以	臻	質	三	開	入	餘	質
	趹	丑律切	徹	臻	術	三	合	入	透	物

文獻通假 1 次：《莊子·達生》："西北方之下者則泆陽處之。"《山海經·大荒南經》"泆陽"作"趹踢"。

頁碼		反切	中古音韻地位						上古音	
552	扣	户骨切	匣	臻	没	一	合	入	匣	質
	汩	古忽切	見	臻	没	一	合	入	見	物

文獻通假 1 次：《吕氏春秋·本生》："夫水之性清，土者抇之，故不得清。"《淮南子·俶真訓》"抇"作"汨"。

頁碼	反切		中古音韻地位						上古音	
554	遹	餘律切	以	臻	術	三	合	入	餘	質
	述	食律切	船	臻	術	三	合	入	船	物

文獻通假 3 次，如：《爾雅·釋詁上》："遹自也。"《釋文》："'遹'，孫云古'述'字。"

頁碼	反切		中古音韻地位						上古音	
554	遹	餘律切	以	臻	術	三	合	入	餘	質
	欥	餘律切	以	臻	術	三	合	入	餘	物

文獻通假 1 次：《詩·大雅·文王》："遹駿有聲，遹求厥寧。"《説文·欠部》欥下引"遹"作"欥"。

頁碼	反切		中古音韻地位						上古音	
554	述	食律切	船	臻	術	三	合	入	船	物
	鷸	餘律切	以	臻	術	三	合	入	餘	質

文獻通假 1 次：《後漢書·輿服志》引記曰："知天者冠述。"《説文·鳥部》引《禮記》曰："知天者冠鷸。"

頁碼	反切		中古音韻地位						上古音	
554	滑	户八切	匣	山	黠	二	合	入	匣	物
	潏	古穴切	見	山	屑	四	合	入	見	質

文獻通假 1 次：《莊子·至樂》："支離叔與滑介叔，觀於冥伯之丘。"《釋文》："'滑'，崔本作'潏'。"

頁碼	反切		中古音韻地位						上古音	
562	率	所律切	生	臻	質	三	合	入	山	物
	屑	先結切	心	山	屑	四	開	入	心	質

文獻通假 1 次：《韓詩外傳》二："子路率爾而對。"《説苑·尊賢》"率"作"屑"。

頁碼	反切		中古音韻地位						上古音	
576	曁	其冀切	群	止	至	三	開	去	群	物
	洎	其冀切	群	止	至	三	開	去	群	質

文獻通假 2 次，如：《書·禹貢》："淮夷蠙珠曁魚。"《詩·魯頌·泮水》《正義》引"曁"作"洎"。

頁碼		反切	中古音韻地位						上古音	
593	茀	敷勿切	滂	臻	物	三	合	入	滂	物
	篳	卑吉切	幫	臻	質	三	開	入	幫	質

文獻通假 1 次:《莊子·人間世》:"息氣茀然。"《釋文》:"'茀'又作'篳'字。"

頁碼		反切	中古音韻地位						上古音	
601	奔	分物切	幫	臻	物	三	合	入	幫	物
	弼	房密切	並	臻	質	三	開	入	並	質

文獻通假 1 次:《說文·大部》:"'奔'讀若予違汝'弼'。"

頁碼		反切	中古音韻地位						上古音	
602	弼	房密切	並	臻	質	三	開	入	並	質
	拂	敷勿切	滂	臻	物	三	合	入	滂	物

文獻通假 11 次,如:《書·益稷》:"汝弼。"《史記·夏本紀》作"女匡拂予"。

(三)質部—錫部(21 組)

具體數據見第六章第二節"錫—質"部分。

(四)質部—職部(20 組)

具體數據見第一章第二節"職—質"部分。

(五)質部—緝部(11 組)

頁碼		反切	中古音韻地位						上古音	
534	逮	徒耐切	定	蟹	代	一	開	去	定	質
	遝	徒合切	定	咸	合	一	開	入	定	緝

文獻通假 2 次,如:《禮記·中庸》:"所以逮賤也。"《釋文》"逮"作"遝",云:"本又作'逮'。"

頁碼		反切	中古音韻地位						上古音	
536	肆	息利切	心	止	至	三	開	去	心	質
	襲	似入切	邪	深	緝	三	開	入	邪	緝

文獻通假 1 次:《詩·大雅·大明》:"肆伐大商。"《風俗通義》一引"肆"作"襲"。

頁碼		反切	中古音韻地位						上古音	
536	莅	力至切	來	止	至	三	開	去	來	緝
	隸	力至切	來	止	至	三	開	去	來	質

文獻通假 1 次:《老子》:"以道莅天下。"《釋文》:"莅,古無此字,《說文》作蒞。"《淮南子·俶真訓》高注引作"隸"。

頁碼		反切	中古音韻地位						上古音	
554	繘	餘律切	以	臻	術	三	合	入	餘	質
	汲	居立切	見	深	緝	三	開	入	見	緝

文獻通假 1 次：《易‧井》：“亦未繘井。”漢帛書本“繘”作“汲”。

頁碼		反切	中古音韻地位						上古音	
563	摯	脂利切	章	止	至	三	開	去	章	緝
	至	脂利切	章	止	至	三	開	去	章	質

文獻通假 1 次：《書‧西伯戡黎》：“大命不摯。”《史記‧殷本紀》作“大命胡不至”。

頁碼		反切	中古音韻地位						上古音	
563	摯	脂利切	章	止	至	三	開	去	章	緝
	致	陟利切	知	止	至	三	開	去	端	質

文獻通假 2 次，如：《周禮‧考工記‧函人》：“鍛不摯。”鄭注：“‘摯’之言‘致’。”

頁碼		反切	中古音韻地位						上古音	
569	贄	脂利切	章	止	至	三	開	去	章	緝
	質	陟利切	知	止	至	三	開	去	端	質

文獻通假 6 次，如：《左傳‧成公十二年》：“交贄往來。”《後漢書‧彭寵傳》李注引“贄”作“質”。

頁碼		反切	中古音韻地位						上古音	
569	摯	脂利切	章	止	至	三	開	去	章	緝
	質	陟利切	知	止	至	三	開	去	端	質

文獻通假 1 次：《左傳‧昭公十七年》：“少皞摯。”《逸周書‧嘗麥》“摯”作“質”。

頁碼		反切	中古音韻地位						上古音	
575	習	似入切	邪	深	緝	三	開	入	邪	緝
	肄	羊至切	以	止	至	三	開	去	餘	質

文獻通假 2 次，如：《禮記‧月令》：“習射御角力。”《呂氏春秋‧孟冬紀》《淮南子‧時則訓》並“習”作“肄”。

頁碼		反切	中古音韻地位						上古音	
586	廿	人執切	日	深	緝	三	開	入	日	緝
	疾	秦悉切	從	臻	質	三	開	入	從	質

文獻通假 2 次，如：《說文‧十部》：“‘廿’以爲古文‘疾’字。”

頁碼		反切	中古音韻地位						上古音	
605	濞	匹備切	滂	止	至	三	開	去	滂	質
	執	之入切	章	深	緝	三	開	入	章	緝

文獻通假 1 次：《史記·魯周公世家》："真公濞。"《漢書·律曆志》作"慎公執"。

（六）質部—覺部（5 組）

具體數據見第二章第二節"覺—質"部分。

（七）質部—鐸部（3 組）

具體數據見第五章第二節"鐸—質"部分。

（八）質部—葉部（3 組）

頁碼		反切	中古音韻地位						上古音	
701	喋	七接切	清	咸	葉	三	開	入	清	葉
	嚏	都計切	端	蟹	霽	四	開	去	端	質

文獻通假 1 次：《文選·上林賦》："喋喋菁藻。"李注："《通俗文》曰：'水鳥食謂之嚏。' 與喋同。"按：《上林賦》爲西漢司馬相如所作。

頁碼		反切	中古音韻地位						上古音	
702	嚏	都計切	端	蟹	霽	四	開	去	端	質
	疌	疾葉切	從	咸	葉	三	開	入	從	葉

文獻通假 1 次：《詩·邶風·終風》："願言則嚏。"《釋文》"嚏"作"疌"，云："鄭作'嚏'。"

頁碼		反切	中古音韻地位						上古音	
702	嚏	都計切	端	蟹	霽	四	開	去	端	質
	啑	所甲切	生	咸	狎	二	開	入	山	葉

文獻通假 1 次：《詩·邶風·終風》："願言則嚏。"《釋文》"嚏"作"疌"，云："本又 作'啑'。"《一切經音義》十六引"嚏"作"啑"。

（九）質部—藥部（1 組）

具體數據見第三章第二節"藥—質"部分。

（十）質部—屋部（1 組）

具體數據見第四章第二節"屋—質"部分。

三、質部和陽聲韻通假關係舉證

表 8-8　質部與陽聲韻通假頻次表（組）

	真部	文部	元部	蒸部	侵部	耕部	談部	合計
質部	8	4	3	2	2	1	1	21

（一）質部—真部（8 組）

頁碼		反切	中古音韻地位						上古音	
74	饐	乙冀切	影	止	至	三	開	去	影	質
	咽	於甸切	影	山	霰	四	開	去	影	真

文獻通假 1 次，如：《楚辭·九思》："思哽饐兮詰詘。"《考異》："'饐'一作'咽'。"

頁碼		反切	中古音韻地位						上古音	
75	絪	於真切	影	臻	真	三	開	平	影	真
	壹	於悉切	影	臻	質	三	開	入	影	質

文獻通假 1 次，如：《易·繫辭下》："天地絪緼。"《集解》："'絪緼'作'壹壹'。"

頁碼		反切	中古音韻地位						上古音	
89	咥	徒結切	定	山	屑	四	開	入	定	質
	真	職鄰切	章	臻	真	三	開	平	章	真

文獻通假 1 次：《易·履》："履虎尾，不咥人。"漢帛書本"咥"作"真"。六三同。

頁碼		反切	中古音韻地位						上古音	
93	窒	陟栗切	知	臻	質	三	開	入	端	質
	眘	時刃切	禪	臻	震	三	開	去	禪	真

文獻通假 1 次：《易·損·象傳》："君子以懲忿窒欲。"《釋文》："'窒'，陸作'眘'。"

頁碼		反切	中古音韻地位						上古音	
98	栗	力質切	來	臻	質	三	開	入	來	質
	鄰	力珍切	來	臻	真	三	開	平	來	真

文獻通假 1 次：《荀子·法行》："栗而理，知也。"《管子·水地》"栗"作"鄰"。

頁碼		反切	中古音韻地位						上古音	
107	賓	必鄰切	幫	臻	真	三	開	平	幫	真
	毖	兵媚切	幫	止	至	三	開	去	幫	質

文獻通假 1 次：《戰國策·燕策一》："其次長賓之秦。"漢帛書本"賓"作"毖"。

頁碼		反切	中古音韻地位						上古音	
423	囟	息晉切	心	臻	震	三	開	去	心	真
	膟	息利切	心	止	至	三	開	去	心	質

文獻通假 1 次：《说文》："'囟'或作'膟'。"

頁碼		反切	中古音韻地位						上古音	
550	肦	羲乙切	曉	臻	質	三	開	入	曉	質
	獮	息淺切	心	山	獮	三	開	上	心	真

文獻通假 1 次:《史記·魯周公世家》:"作《肦誓》。"《集解》引徐廣曰:"'肦'一作'獮'。"

（二）質部—文部（4 組）

頁碼		反切	中古音韻地位						上古音	
93	殄	徒典切	定	山	銑	四	開	上	定	文
	沴	郎計切	來	蟹	霽	四	開	去	來	質

文獻通假 1 次:《儀禮·聘禮》:"幣美則沒禮。"《荀子·大略》引"沒禮"作"殄禮"。"沒"當作"沴"。

頁碼		反切	中古音韻地位						上古音	
118	堙	於真切	影	臻	真	三	開	平	影	文
	壹	於悉切	影	臻	質	三	開	入	影	質

文獻通假 1 次:《史記·屈原賈生列傳》:"獨堙鬱兮其誰語。"《索隱》:"'堙鬱',《漢書》作'壹鬱'。"

頁碼		反切	中古音韻地位						上古音	
134	蜦	力迍切	來	臻	諄	三	合	平	來	文
	蜧	郎計切	來	蟹	霽	四	開	去	來	質

文獻通假 1 次:《説文·虫部》:"'蜦'或作'蜧'。"

頁碼		反切	中古音韻地位						上古音	
134	蜦	力迍切	來	臻	諄	四	合	平	來	文
	戾	郎計切	來	蟹	霽	四	開	去	來	質

文獻通假 1 次:《説文·虫部》:"'蜦'讀若'戾艸'。"

（三）質部—元部（3 組）

具體數據見第七章第三節"元—質"部分。

（四）質部—蒸部（2 組）

具體數據見第一章第三節"蒸—質"部分。

（五）質部—侵部（2 組）

頁碼		反切	中古音韻地位						上古音	
513	結	古屑切	見	山	屑	四	開	入	見	質
	衿	居吟切	見	深	侵	三	開	平	見	侵

文獻通假 1 次：《禮記・玉藻》："紳韠結。"鄭注："'結'或爲'衿'。"

頁碼	反切		中古音韻地位						上古音	
588	衽	汝鴆切	日	深	沁	三	開	去	日	侵
	漆	親吉切	清	臻	質	三	開	入	清	質

文獻通假 1 次：《禮記・檀弓上》："衽每束一。"鄭注："'衽'或作'漆'。"

（六）質部—耕部（1 組）

具體數據見第六章第三節"耕—質"部分。

（七）質部—談部（1 組）

頁碼	反切		中古音韻地位						上古音	
254	厭	於豔切	影	咸	豔	三	開	去	影	談
	擫	乙冀切	影	止	至	三	開	去	影	質

文獻通假 1 次：《儀禮・鄉飲酒禮》："賓厭介入門左，介厭衆賓入。"賈疏："'厭'字或作'擫'字者，古字義亦通也。"

第三節　真　部

在本書研究範圍內，真部共通假 482 組。其中，同部通假 234 組，異部通假 248 組。在異部通假中，真部與其他陰聲韻通假 33 組；與入聲韻通假 21 組；與陽聲韻通假 194 組。具體情況如下：

表 8–9　真部通假情況匯總表

通假類型			通假頻次（組）			
同部通假		真—真	234			
異部通假	陰聲韻	真—脂	10			
		真—支	8			
		真—微	4			
		真—之	3	33	248	482
		真—魚	3			
		真—歌	2			
		真—侯	2			
		真—宵	1			
	入聲韻	真—質	8			
		真—月	4	21		
		真—錫	3			

通假類型			通假頻次（組）			
		真—葉	2			
		真—物	1			
		真—屋	1			
		真—覺	1			
		真—鐸	1			
		真—文	93			
		真—元	50			
		真—耕	24			
		真—蒸	14			
	陽聲韻	真—陽	5	194		
		真—侵	3			
		真—東	2			
		真—談	2			
		真—冬	1			

一、真部和陰聲韻通假關係舉證

表 8–10　真部與陰聲韻通假頻次表（組）

	脂部	支部	微部	之部	魚部	歌部	侯部	宵部	合計
真部	10	8	4	3	3	2	2	1	33

（一）真部—脂部（10 組）

具體數據見第八章第一節"脂—真"部分。

（二）真部—支部（8 組）

具體數據見第六章第一節"支—真"部分。

（三）真部—微部（4 組）

頁碼		反切	中古音韻地位						上古音	
106	刜	父沸切	並	止	未	三	合	去	並	微
	臏	毗忍切	並	臻	軫	三	開	上	並	真

文獻通假 2 次，如：《書·呂刑》："刜辟疑赦。"《史記·周本紀》"刜"作"臏"，《尚書大傳》"刜"作"臏"。

頁碼		反切	中古音韻地位						上古音	
152	磒	眉貧切	明	臻	真	三	開	平	明	真
	玫	謨杯切	明	蟹	灰	一	合	平	明	微

文獻通假 1 次：《禮記・聘義》："敢問君子貴玉而賤碈者，何也。"鄭注："'碈'或作'玟'也。"

頁碼	反切		中古音韻地位						上古音	
505	寅	翼真切	以	臻	真	三	開	平	餘	真
	偉	于鬼切	云	止	尾	三	合	上	匣	微

文獻通假 1 次：《易・泰》："以其寅。"《釋文》："傅氏注云：'寅，古偉字。'"

頁碼	反切		中古音韻地位						上古音	
598	刜	父沸切	並	止	未	三	合	去	並	微
	髕	毗忍切	並	臻	軫	三	開	上	並	真

文獻通假 1 次：《書・吕刑》："刜罰之屬五百。"《漢書・刑法志》"刜"作"髕"。

（四）真部—之部（3 組）

具體數據見第一章第一節"之—真"部分。

（五）真部—魚部（3 組）

具體數據見第五章第一節"魚—真"部分。

（六）真部—歌部（2 組）

具體數據見第七章第一節"歌—真"部分。

（七）真部—侯部（2 組）

具體數據見第四章第一節"侯—真"部分。

（八）真部—宵部（1 組）

具體數據見第三章第一節"宵—真"部分。

二、真部和入聲韻通假關係舉證

表 8-11　真部與入聲韻通假頻次表（組）

	質部	月部	錫部	葉部	物部	屋部	覺部	鐸部	合計
真部	8	4	3	2	1	1	1	1	21

（一）真部—質部（8 組）

具體數據見第八章第二節"質—真"部分。

（二）真部—月部（4 組）

具體數據見第七章第二節"月—真"部分。

（三）真部—錫部（3 組）

具體數據見第六章第二節"錫—真"部分。

（四）真部—葉部（2組）

頁碼		反切	中古音韻地位						上古音	
81	徇	辭閏切	邪	臻	稕	三	合	去	邪	真
	捷	疾葉切	從	咸	葉	三	開	入	從	葉

文獻通假 1 次：《吕氏春秋·忠廉》："殺身出生以徇其君。"《韓詩外傳》七"徇"作"捷"。

頁碼		反切	中古音韻地位						上古音	
100	捷	疾葉切	從	咸	葉	三	開	入	從	葉
	莘	所臻切	生	臻	臻	三	開	平	山	真

文獻通假 1 次：《韓詩外傳》七："征夫捷捷。"《説苑·奉使》作"莘莘征夫"。

（五）真部—物部（1組）

頁碼		反切	中古音韻地位						上古音	
83	訊	息晉切	心	臻	震	三	開	去	心	真
	誶	雖遂切	心	止	至	三	合	去	心	物

文獻通假 9 次，如：《詩·陳風·墓門》："歌以訊之。"《釋文》："'訊'本又作'誶'。"《廣韻》六"訊"作"誶"。

（六）真部—屋部（1組）

具體數據見第四章第二節"屋—真"部分。

（七）真部—覺部（1組）

具體數據見第二章第二節"覺—真"部分。

（八）真部—鐸部（1組）

具體數據見第五章第二節"鐸—真"部分。

三、真部和其他陽聲韻通假關係舉證

表 8-12　真部與其他陽聲韻通假頻次表（組）

	文部	元部	耕部	蒸部	陽部	侵部	東部	談部	冬部	合計
真部	93	50	24	14	5	3	2	2	1	194

（一）真部—文部（93組）

頁碼		反切	中古音韻地位						上古音	
75	玄	胡涓切	匣	山	先	四	合	平	匣	真
	軫	章忍切	章	臻	軫	三	開	上	章	文

文獻通假 1 次：《禮記·月令》："乘玄路。"鄭注："今《月令》曰：乘軫路，似當爲袗

字之誤也。"

頁碼		反切	中古音韻地位						上古音	
76	尹	余準切	以	臻	準	三	合	上	餘	文
	筠	爲贇切	云	臻	真	三	合	平	匣	真

文獻通假 1 次:《禮記·聘義》:"孚尹旁達,信也。"鄭注:"'尹'讀如'竹箭'之'筠'。"《釋文》:"'尹'又作'筠'。"

頁碼		反切	中古音韻地位						上古音	
76	引	余忍切	以	臻	軫	三	開	上	餘	真
	尹	余準切	以	臻	準	三	合	上	餘	文

文獻通假 1 次:《易·萃·六二》"引吉,无咎。"漢帛書本引作"ㄐ"。"ㄐ"是古尹字。

頁碼		反切	中古音韻地位						上古音	
77	胤	羊晉切	以	臻	震	三	開	去	餘	文
	引	余忍切	以	臻	軫	三	開	上	餘	真

文獻通假 1 次:《文選·長笛賦》:"詳觀夫曲胤之繁會叢雜。"李注:"'胤'字或爲'引'。"按:《長笛賦》爲東漢馬融所作。《古字通假會典》"夫曲"作"大典",誤。

頁碼		反切	中古音韻地位						上古音	
77	酳	羊進切	以	臻	震	三	開	去	餘	真
	酳	羊晉切	以	臻	震	三	開	去	餘	文

文獻通假 3 次,如:《儀禮·特牲饋食禮》:"升酳酳尸。"鄭注:"古文'酳'皆爲'酳'。""酳"當作"酳"。《儀禮·少牢饋食禮》:"酳酒乃酳尸。"鄭注:"古文'酳'作'酳'。""酳"當作"酳"。《儀禮·士虞禮》:"酳酒酳尸。"鄭注:"古文'酳'爲'酳'。""酳"當作"酳"。

頁碼		反切	中古音韻地位						上古音	
78	演	以淺切	以	山	獮	三	開	上	餘	真
	胤	羊晉切	以	臻	震	三	開	去	餘	文

文獻通假 1 次:《呂氏春秋·忠廉》:"衛懿公有臣曰弘演。"高注:"'演'讀如'胤子'之'胤'。"

頁碼		反切	中古音韻地位						上古音	
78	㹞	魚覲切	疑	臻	震	三	開	去	疑	真
	銀	語巾切	疑	臻	真	三	開	平	疑	文

文獻通假 1 次:《说文》:"'㹞'讀又若'銀'。"

頁碼	反切		中古音韻地位						上古音	
78	慭	魚覲切	疑	臻	震	三	開	去	疑	真
	垠	語巾切	疑	臻	真	三	開	平	疑	文

文獻通假 1 次：《淮南子·兵略訓》："進退詘伸不見朕慭。"《覽冥訓》："進退屈伸不見朕垠。"

頁碼	反切		中古音韻地位						上古音	
78	慭	魚覲切	疑	臻	震	三	開	去	疑	真
	銀	語巾切	疑	臻	真	三	開	平	疑	文

文獻通假 1 次：《左傳·昭公十一年》："厥慭。"《穀梁傳》同，《公羊傳》作"屈銀"。

頁碼	反切		中古音韻地位						上古音	
78	袗	章忍切	章	臻	軫	三	開	上	章	文
	袀	居勻切	見	臻	諄	三	合	平	見	真

文獻通假 1 次：《儀禮·士冠禮》："兄弟畢袗玄。"《淮南子·齊俗訓》"袗玄"作"袀袨"。《後漢書·輿服志》作"袀玄"。

頁碼	反切		中古音韻地位						上古音	
79	袗	章忍切	章	臻	軫	三	開	上	章	文
	均	居勻切	見	臻	諄	三	合	平	見	真

文獻通假 2 次，如：《儀禮·士冠禮》："兄弟畢袗玄。"鄭注："古文'袗'爲'均'也。"

頁碼	反切		中古音韻地位						上古音	
79	純	之尹切	章	臻	準	三	合	上	章	文
	均	居勻切	見	臻	諄	三	合	平	見	真

文獻通假 1 次：《周禮·春官·司几筵》："設莞筵紛純。"鄭注："鄭司農云：'"純"讀爲"均服"之"均"。'"

頁碼	反切		中古音韻地位						上古音	
79	肫	章倫切	章	臻	諄	三	合	平	章	文
	鈞	居勻切	見	臻	諄	三	合	平	見	真

文獻通假 1 次：《儀禮·士昏禮》："腊一肫。"鄭注："古文'肫'爲'鈞'。"

頁碼	反切		中古音韻地位						上古音	
79	鈞	居勻切	見	臻	諄	三	合	平	見	真
	順	食閏切	船	臻	稕	三	合	去	船	文

文獻通假 1 次：《管子·立政》：“以時鈞脩焉。”《荀子·王制》“鈞”作“順”。

頁碼		反切	中古音韻地位						上古音	
79	鈞	居勻切	見	臻	諄	三	合	平	見	真
	診	章忍切	章	臻	軫	三	開	上	章	文

文獻通假 1 次：《史記·司馬相如列傳》：“鈞獠者之所得獲。”《集解》：“徐廣曰：‘“鈞”一作“診”也。’”

頁碼		反切	中古音韻地位						上古音	
79	鈞	居勻切	見	臻	諄	三	合	平	見	真
	醇	常倫切	禪	臻	諄	三	合	平	禪	文

文獻通假 1 次：《史記·平準書》：“自天子不能具鈞駟。”《索隱》：“‘鈞駟’，《漢書》作‘醇駟’，‘醇’與‘純’同。”

頁碼		反切	中古音韻地位						上古音	
80	旬	詳遵切	邪	臻	諄	三	合	平	邪	真
	巡	詳遵切	邪	臻	諄	三	合	平	邪	文

文獻通假 1 次：《管子·入國》：“入國四旬五行九惠之教。”尹注：“旬即巡也。”按：《古字通假會典》“教”作“政”，誤。

頁碼		反切	中古音韻地位						上古音	
80	駿	子峻切	精	臻	稕	三	合	去	精	文
	恂	相倫切	心	臻	諄	三	合	平	心	真

文獻通假 2 次，如：《詩·商頌·長發》：“爲下國駿厖。”《大戴禮·衛將軍文子》引“駿”作“恂”。

頁碼		反切	中古音韻地位						上古音	
80	悛	此緣切	清	山	仙	三	合	平	清	文
	恂	相倫切	心	臻	諄	三	合	平	心	真

文獻通假 1 次：《史記·李將軍列傳》：“悛悛如鄙人。”《索隱》：“‘悛悛’《漢書》作‘恂恂’。”

頁碼		反切	中古音韻地位						上古音	
80	恂	相倫切	心	臻	諄	三	合	平	心	真
	峻	私閏切	心	臻	稕	三	合	去	心	文

文獻通假 1 次：《禮記·大學》：“瑟兮僩兮者，恂慄也。”鄭注：“‘恂’字或作‘悛’，讀如‘嚴峻’之‘峻’。”

頁碼		反切	中古音韻地位						上古音	
80	恂	相倫切	心	臻	諄	三	合	平	心	真
	逡	七倫切	清	臻	諄	三	合	平	清	文

文獻通假 3 次，如：《論語‧鄉黨》："恂恂如也。"漢《祝睦碑》云："逡逡如也。"

頁碼		反切	中古音韻地位						上古音	
80	循	詳遵切	邪	臻	諄	三	合	平	邪	文
	恂	相倫切	心	臻	諄	三	合	平	心	真

文獻通假 1 次：《論語‧子罕》："夫子循循然善誘人。"《三國志‧吳志‧步騭傳》《後漢書‧趙壹傳》李注引"循"作"恂"。

頁碼		反切	中古音韻地位						上古音	
80	徇	辭閏切	邪	臻	稕	三	合	去	邪	真
	巡	詳遵切	邪	臻	諄	三	合	平	邪	文

文獻通假 1 次：《爾雅‧釋言》："宣徇，徧也。"《釋文》："張揖《字詁》：'徇，今巡。'"

頁碼		反切	中古音韻地位						上古音	
81	紃	詳遵切	邪	臻	諄	三	合	平	邪	文
	徇	辭閏切	邪	臻	稕	三	合	去	邪	真

文獻通假 1 次：《國語‧鄭語》："夫荆子熊嚴生子四人，伯霜、仲雪、叔熊、季紃。"《竹書紀年》《史記‧楚世家》"紃"作"徇"。

頁碼		反切	中古音韻地位						上古音	
81	徇	辭閏切	邪	臻	稕	三	合	去	邪	真
	濬	私閏切	心	臻	稕	三	合	去	心	文

文獻通假 1 次：《史記‧五帝本紀》："幼而徇齊。"《索隱》："'徇齊'《史記》舊本亦有作'濬齊'，蓋古字假借'徇'爲'濬'。"

頁碼		反切	中古音韻地位						上古音	
81	鄖	王分切	云	臻	文	三	合	平	匣	文
	徇	辭閏切	邪	臻	稕	三	合	去	邪	真

文獻通假 1 次：《史記‧貨殖列傳》："鄖關。"《正義》："'鄖'當爲'徇'，徇水上有關。"

頁碼		反切	中古音韻地位						上古音	
81	孫	思渾切	心	臻	魂	一	合	平	心	文
	荀	相倫切	心	臻	諄	三	合	平	心	真

　　文獻通假 3 次，如：《荀子·儒效》《議兵》："孫卿。"《史記·孟子荀卿列傳》作"荀卿"。

頁碼		反切	中古音韻地位						上古音	
81	荀	相倫切	心	臻	諄	三	合	平	心	真
	順	食閏切	船	臻	稕	三	合	去	船	文

　　文獻通假 1 次：《管子·四時》："五政苟時，春雨乃來。"《白孔六帖》二引"苟"作"順"。"苟"乃"荀"字之誤。

頁碼		反切	中古音韻地位						上古音	
81	筍	思尹切	心	臻	準	三	合	上	心	真
	峻	私閏切	心	臻	稕	三	合	去	心	文

　　文獻通假 1 次：《公羊傳·文公十五年》："筍將而來也。"《史記·張耳陳餘列傳》《集解》"筍"作"峻"。

頁碼		反切	中古音韻地位						上古音	
81	筍	思尹切	心	臻	準	三	合	上	心	真
	簨	思尹切	心	臻	準	三	合	上	心	文

　　文獻通假 3 次，如：《周禮·考工記·梓人》："爲筍虡。"《釋文》"筍"作"簨"，云："本又作'筍'。"

頁碼		反切	中古音韻地位						上古音	
81	鄖	王分切	云	臻	文	三	合	平	匣	文
	郇	相倫切	心	臻	諄	三	合	平	心	真

　　文獻通假 1 次：《史記·貨殖列傳》："鄖關。"《正義》："'鄖'當爲'郇'，'郇'亦作'郇'。"

頁碼		反切	中古音韻地位						上古音	
83	朋	而振切	日	臻	震	三	開	去	日	文
	信	息晉切	心	臻	震	三	開	去	心	真

　　文獻通假 2 次，如：《管子·心術下》："筋朋而骨強。"《內業》"朋"作"信"。

頁碼		反切	中古音韻地位						上古音	
83	薦	作甸切	精	山	霰	四	開	去	精	文
	進	即刃切	精	臻	震	三	開	去	精	真

　　文獻通假 3 次，如：《禮記·祭義》："嘗而薦之。"《大戴禮·曾子大孝》"薦"作"進"。

頁碼		反切	中古音韻地位						上古音	
83	進	即刃切	精	臻	震	三	開	去	精	真
	餕	子峻切	精	臻	稕	三	合	去	精	文

文獻通假 1 次，如：《禮記・祭統》："百官進徹之。"鄭注："'進'當爲'餕'，聲之誤也。'進'或俱爲'餕'。"

頁碼		反切	中古音韻地位						上古音	
84	搢	即刃切	精	臻	震	三	開	去	精	真
	薦	作甸切	精	山	霰	四	開	去	精	文

文獻通假 3 次，如：《史記・孝武本紀》："薦紳之屬。"《索隱》："'薦'音'搢'，今作'薦'者，古字假借耳。"

頁碼		反切	中古音韻地位						上古音	
84	薦	作甸切	精	山	霰	四	開	去	精	文
	縉	即刃切	精	臻	震	三	開	去	精	真

文獻通假 4 次，如：《史記・五帝本紀》："薦紳先生難言之。"《集解》引徐廣曰："'薦紳'即'縉紳'也，古字假借。"

頁碼		反切	中古音韻地位						上古音	
84	身	失人切	書	臻	真	三	開	平	書	真
	娠	失人切	書	臻	真	三	開	平	書	文

文獻通假 3 次，如：《詩・大雅・大明》："大任有身。"《衆經音義》一引"身"作"娠"。

頁碼		反切	中古音韻地位						上古音	
85	吞	吐根切	透	臻	痕	一	開	平	透	文
	呻	失人切	書	臻	真	三	開	平	書	真

文獻通假 1 次：《戰國策・趙策一》："欲亡韓吞兩周之地。"漢帛書本"吞"作"呻"。

頁碼		反切	中古音韻地位						上古音	
86	振	章刃切	章	臻	震	三	開	去	章	文
	陳	直刃切	澄	臻	震	三	開	去	定	真

文獻通假 1 次：《呂氏春秋・慎人》："振振殷殷。"《文選》王元長《曲水詩序》李注引"振振"作"陳陳"。

頁碼		反切	中古音韻地位						上古音	
87	堅	古賢切	見	山	先	四	開	平	見	真
	昆	古渾切	見	臻	魂	一	合	平	見	文

文獻通假 1 次：《史記·酷吏列傳》："燕趙之閒，有堅盧、范生之屬。"《鹽鐵論·大論》"堅盧"作"昆盧"。

頁碼		反切	中古音韻地位						上古音	
87	囏	古閑切	見	山	山	二	開	平	見	文
	堅	古賢切	見	山	先	四	開	平	見	真

文獻通假 1 次：《史記·周本紀》："懿王囏。"《索隱》："《系本》作堅。"《三代世表》同。

頁碼		反切	中古音韻地位						上古音	
87	硍	古本切	見	臻	混	一	合	上	見	文
	鏗	口莖切	溪	梗	耕	二	開	平	溪	真

文獻通假 1 次：《周禮·春官·典同》："高聲硍。"鄭注："杜子春讀'硍'爲'鏗鎗'之'鏗'。"

頁碼		反切	中古音韻地位						上古音	
88	奠	堂練切	定	山	霰	四	開	去	定	真
	薦	作甸切	精	山	霰	四	開	去	精	文

文獻通假 1 次：《禮記·郊特牲》："故既奠。"鄭注："'奠'或爲'薦'。"

頁碼		反切	中古音韻地位						上古音	
90	鬒	章忍切	章	臻	軫	三	開	上	章	真
	㲟	章忍切	章	臻	軫	三	開	上	章	文

文獻通假 1 次：《詩·鄘風·君子偕老》："鬒髮如雲。"《説文·彡部》引"鬒"作"㲟"。《汗簡·上》："'鬒'，古《毛詩》作'㲟'。"

頁碼		反切	中古音韻地位						上古音	
90	順	食閏切	船	臻	稕	三	合	去	船	文
	慎	時刃切	禪	臻	震	三	開	去	禪	真

文獻通假 38 次，如：《易·坤·文言》："蓋言順也。"《後漢書·宦者傳論》李注引"順"作"慎"。

頁碼		反切	中古音韻地位						上古音	
91	遜	蘇困切	心	臻	慁	一	合	去	心	文
	慎	時刃切	禪	臻	震	三	開	去	禪	真

文獻通假 2 次，如：《書·舜典》："五品不遜。"《淮南子·人間訓》引"遜"作"慎"。

頁碼		反切	中古音韻地位						上古音	
91	振	之人切	章	臻	真	三	開	平	章	文
	慎	時刃切	禪	臻	震	三	開	去	禪	真

文獻通假 1 次：《周禮·春官·大祝》："五日振祭。"鄭注："杜子春云：'"振"讀爲"慎"。'"

頁碼		反切	中古音韻地位						上古音	
91	謹	居隱切	見	臻	隱	三	開	上	見	文
	慎	時刃切	禪	臻	震	三	開	去	禪	真

文獻通假 1 次：《詩·大雅·抑》："謹爾侯度。"《左傳·襄公二十二年》《晉書·傅亮傳》引"謹"作"慎"。

頁碼		反切	中古音韻地位						上古音	
91	謓	昌真切	昌	臻	真	三	開	平	昌	真
	振	職鄰切	章	臻	真	三	開	平	章	文

文獻通假 1 次：《説文·言部》："'謓'讀若'振'。"

頁碼		反切	中古音韻地位						上古音	
91	蜃	時忍切	禪	臻	軫	三	開	上	禪	文
	謓	昌真切	昌	臻	真	三	開	平	昌	真

文獻通假 1 次：《周禮·春官·鬯人》："凡山川四方用蜃。"鄭注："《故書》：'蜃爲謨。'杜子春云：'"謨"當爲"蜃"。書亦或爲蜃。'"高亨認爲："謨"疑"謓"字之誤。

頁碼		反切	中古音韻地位						上古音	
91	瘨	都年切	端	山	先	四	開	平	端	真
	疹	章忍切	章	臻	軫	三	開	上	章	文

文獻通假 1 次：《詩·大雅·雲漢》："胡寧瘨我以旱。"《釋文》："'瘨'，《韓詩》作'疹'。"

頁碼		反切	中古音韻地位						上古音	
92	袗	章忍切	章	臻	軫	三	開	上	章	文
	縝	章忍切	章	臻	軫	三	開	上	章	真

文獻通假 1 次：《論語·鄉黨》：“當暑袗絺綌。”皇侃本“袗”作“縝”。

頁碼	反切		中古音韻地位						上古音	
92	填	徒年切	定	山	先	四	開	平	定	真
	疹	章忍切	章	臻	軫	三	開	上	章	文

文獻通假 1 次：《詩·小雅·小宛》：“哀我填寡。”《釋文》：“‘填’，《韓詩》作‘疹’。”

頁碼	反切		中古音韻地位						上古音	
93	珍	陟鄰切	知	臻	真	三	開	平	端	文
	鎮	陟刃切	知	臻	震	三	開	去	端	真

文獻通假 1 次：《周禮·春官·典瑞》：“珍圭以徵守。”鄭注：“杜子春云：‘“珍”當爲“鎮”，書亦或爲鎮。’”

頁碼	反切		中古音韻地位						上古音	
93	黰	章忍切	章	臻	軫	三	開	上	章	真
	㲉	章忍切	章	臻	軫	三	開	上	章	文

文獻通假 1 次：《左傳·昭公二十八年》：“黰黑而甚美。”《釋文》：“‘黰’，《説文》作‘㲉’。”

頁碼	反切		中古音韻地位						上古音	
93	趁	知鄰切	端	臻	真	三	開	平	端	文
	塵	直珍切	澄	臻	真	三	開	平	定	真

文獻通假 1 次：《説文·走部》：“‘趁’讀若‘塵’。”

頁碼	反切		中古音韻地位						上古音	
93	疢	丑刃切	徹	臻	震	三	開	去	透	真
	疹	章忍切	章	臻	軫	三	開	上	章	文

文獻通假 3 次，如：《詩·小雅·小弁》：“疢如疾首。”《釋文》：“‘疢’又作‘疹’。”《文選》曹子建《贈白馬王彪詩》李注引“疢”作“痻”。“痻”即“疹”之俗字。

頁碼	反切		中古音韻地位						上古音	
95	鯀	古頑切	見	山	山	二	合	平	見	文
	矜	居陵切	見	曾	蒸	三	開	平	見	真

文獻通假 7 次，如：《書·堯典》：“有鯀在下。”《史記·五帝本紀》“鯀”作“矜”。“矜”即“矜”字。

頁碼		反切	中古音韻地位						上古音	
95	癏	姑頑切	見	山	山	二	合	平	見	文
	矜	居陵切	見	曾	蒸	三	開	平	見	真

文獻通假 1 次：《書·康誥》："恫癏乃身。"《後漢書·和帝紀》李注引"癏"作"矜"。

頁碼		反切	中古音韻地位						上古音	
96	矜	居陵切	見	曾	蒸	三	開	平	見	真
	蘎	巨斤切	群	臻	欣	三	開	平	群	文

文獻通假 1 次：《漢書·陳勝項籍傳贊》："鉏櫌棘矜。"顏注："矜"與"蘎"同。

頁碼		反切	中古音韻地位						上古音	
97	憐	落賢切	來	山	先	四	開	平	來	真
	吝	良刃切	來	臻	震	三	開	去	來	文

文獻通假 1 次：《荀子·解蔽》："無邑憐之心。"楊注："或曰：'"憐"讀爲"吝"。'"

頁碼		反切	中古音韻地位						上古音	
97	吝	良刃切	來	臻	震	三	開	去	來	文
	遴	良刃切	來	臻	震	三	開	去	來	真

文獻通假 2 次，如：《易·蒙》："以往吝。"《説文·辵部》引"吝"作"遴"。

頁碼		反切	中古音韻地位						上古音	
98	遴	良刃切	來	臻	震	三	開	去	來	真
	厽	良刃切	來	臻	震	三	開	去	來	文

文獻通假 2 次，如：《漢書·杜周傳》："不可目遴。"顏注："'遴'與'厽'同。"

頁碼		反切	中古音韻地位						上古音	
98	藺	良刃切	來	臻	震	三	開	去	來	真
	綸	力迍切	來	臻	諄	三	合	平	來	文

文獻通假 1 次：《史記·白起王翦列傳》："秦攻韓緱氏，藺。"《正義》："《括地志》云：'洛州嵩縣本夏之綸國也，在緱氏東南六十里。'《地理志》云：'綸氏屬潁川郡。'既攻緱氏藺二邑，合相近，恐'綸''藺'聲相似，字隨音而轉作'藺'。"

頁碼		反切	中古音韻地位						上古音	
100	訢	許斤切	曉	臻	欣	三	開	平	曉	文
	新	息鄰切	心	臻	真	三	開	平	心	真

文獻通假 1 次：《史記·高祖功臣侯者年表》："安丘康侯訢。"《漢書·高惠高后孝文

功臣表》"訢"作"新"。

頁碼		反切	中古音韻地位						上古音	
100	莘	所臻切	生	臻	臻	三	開	平	山	真
	侁	所臻切	生	臻	臻	三	開	平	山	文

文獻通假 2 次，如：《孟子·萬章上》："伊尹耕於有莘之野。"《吕氏春秋·本味》"莘"作"侁"。

頁碼		反切	中古音韻地位						上古音	
100	駪	所臻切	生	臻	臻	三	開	平	山	文
	莘	所臻切	生	臻	臻	三	開	平	山	真

文獻通假 2 次，如：《詩·小雅·皇皇者華》："駪駪征夫。"《韓詩外傳》（據王氏《詩攷》，今本作"征夫捷捷"）《列女傳·晋文齊姜》《説苑·奉使》《國語晋語四》《説文·焱部》並引"駪"作"莘"。

頁碼		反切	中古音韻地位						上古音	
101	洊	在甸切	從	山	霰	四	開	去	從	文
	臻	側詵切	莊	臻	臻	三	開	平	莊	真

文獻通假 1 次：《易·坎》："水洊至。"《釋文》："'洊'，京作'臻'。"

頁碼		反切	中古音韻地位						上古音	
107	瑸	悲巾切	幫	臻	真	三	開	平	幫	真
	玢	府巾切	幫	臻	真	三	開	平	幫	文

文獻通假 1 次：《史記·司馬相如列傳》："瑸斒文鱗。"《漢書·司馬相如傳》《文選·上林賦》"瑸"作"玢"。

頁碼		反切	中古音韻地位						上古音	
112	胤	羊晋切	以	臻	震	三	開	去	餘	真
	允	余準切	以	臻	準	三	合	上	餘	文

文獻通假 1 次：《詩·大雅·既醉》："永錫祚胤。"《國語·周語》引"胤"作"允"（宋庠《國語補音》本似宋氏避諱而改）。

頁碼		反切	中古音韻地位						上古音	
113	洵	相倫切	心	臻	諄	三	合	平	心	真
	揮	許歸切	曉	止	微	三	合	平	曉	文

文獻通假 1 次：《國語·魯語下》："無洵涕。"《列女傳·母儀傳》作"毋揮涕"。《孔子家語·子貢問》亦作"揮"。

頁碼		反切	中古音韻地位						上古音	
116	矧	式忍切	書	臻	軫	三	開	上	書	真
	哂	式忍切	書	臻	軫	三	開	上	書	文

文獻通假 1 次：《禮記·曲禮上》："笑不至矧。"《釋文》："'矧'本又作'哂'。"

頁碼		反切	中古音韻地位						上古音	
120	困	苦悶切	溪	臻	慁	一	合	去	溪	文
	因	於真切	影	臻	真	三	開	平	影	真

文獻通假 1 次：《左傳·襄公四年》："伯困。"《漢書·古今人表》作"栢因"。

頁碼		反切	中古音韻地位						上古音	
128	趣	詳遵切	邪	臻	諄	三	合	平	邪	真
	紃	詳遵切	邪	臻	諄	三	合	平	邪	文

文獻通假 1 次：《説文·走部》："'趣'讀若'紃'。"

頁碼		反切	中古音韻地位						上古音	
140	辰	植鄰切	禪	臻	真	三	開	平	禪	文
	臣	植鄰切	禪	臻	真	三	開	平	禪	真

文獻通假 1 次：《史記·齊太公世家》："子哀公不辰立。"《索隱》："'不辰'，《系本》作'不臣'，譙周亦作'不辰'。"

頁碼		反切	中古音韻地位						上古音	
148	岷	武巾切	明	臻	真	三	開	平	明	真
	潰	符分切	並	臻	文	三	合	平	並	文

文獻通假 1 次：《荀子·子道》："昔者江出於岷山。"《韓詩外傳》三"岷"作"潰"。

頁碼		反切	中古音韻地位						上古音	
150	文	無分切	明	臻	文	三	合	平	明	文
	緡	武巾切	明	臻	真	三	開	平	明	真

文獻通假 1 次：《史記·魯周公世家》："子賈立，是爲文公。"《漢書·律曆志》作"緡公"。

頁碼		反切	中古音韻地位						上古音	
150	文	無分切	明	臻	文	三	合	平	明	文
	潘	美隕切	明	臻	準	三	合	上	明	真

文獻通假 1 次：《史記·六國年表》："魯文侯。"《集解》引徐廣曰："'文'一作'潘'。"

頁碼		反切	中古音韻地位						上古音	
150	暋	眉殞切	明	臻	軫	三	開	上	明	真
	忞	武巾切	明	臻	真	三	開	平	明	文

文獻通假 1 次：《書·立政》："其在受，德暋。"《説文·心部》引"暋"作"忞"。

頁碼		反切	中古音韻地位						上古音	
150	吝	良刃切	來	臻	震	三	開	去	來	文
	閵	良刃切	來	臻	震	三	開	去	來	真

文獻通假 1 次：《易·蒙》："以往吝。"《易》全書"吝"字漢帛書本皆作"閵"。

頁碼		反切	中古音韻地位						上古音	
150	閔	眉殞切	明	臻	軫	三	合	上	明	文
	愍	眉殞切	明	臻	軫	三	合	上	明	真

文獻通假 12 次，如：《書·文侯之命》："閔予小子嗣。"魏三體《石經》"閔"作"愍"。

頁碼		反切	中古音韻地位						上古音	
150	暋	眉殞切	明	臻	軫	三	合	上	明	真
	閔	眉殞切	明	臻	軫	三	合	上	明	文

文獻通假 1 次：《書·康誥》："暋不畏死。"《孟子·萬章下》引"暋"作"閔"。

頁碼		反切	中古音韻地位						上古音	
150	緡	武巾切	明	臻	真	三	開	平	明	真
	閔	眉殞切	明	臻	軫	三	合	上	明	文

文獻通假 2 次，如：《左傳·僖公二十三年》："齊侯伐宋圍緡。"《公羊傳》同，《穀梁傳》"緡"作"閔"。

頁碼		反切	中古音韻地位						上古音	
150	閔	眉殞切	明	臻	軫	三	合	上	明	文
	湣	美隕切	明	臻	準	三	合	上	明	真

文獻通假 11 次，如：《左傳·莊公十二年》："宋閔公捷。"《史記·宋微子世家》"閔"作"湣"。

頁碼		反切	中古音韻地位						上古音	
151	閔	眉殞切	明	臻	軫	三	合	上	明	文
	瑉	眉貧切	明	臻	真	三	開	平	明	真

文獻通假 1 次：《左傳·莊公十二年》："宋萬弒閔公于蒙澤。"《史記·宋微子世家》"閔"

公"作"瑁公"。

頁碼		反切	中古音韻地位						上古音	
151	轙	眉殞切	明	臻	軫	三	開	上	明	真
	閔	眉殞切	明	臻	軫	三	合	上	明	文

文獻通假 1 次:《説文・車部》:"'轙'讀若'閔'。"

頁碼		反切	中古音韻地位						上古音	
151	玟	眉貧切	明	臻	真	三	開	平	明	文
	珉	武巾切	明	臻	真	三	開	平	明	真

文獻通假 1 次:《禮記・玉藻》:"士佩瓀玟而緼組綬。"《白虎通・衣裳》引"玟"作"珉"。

頁碼		反切	中古音韻地位						上古音	
151	岷	武巾切	明	臻	真	三	開	平	明	真
	汶	亡運切	明	臻	問	三	合	去	明	文

文獻通假 9 次:《書・禹貢》:"岷嶓既藝。"《史記・夏本紀》"岷"作"汶"。

頁碼		反切	中古音韻地位						上古音	
152	旻	武巾切	明	臻	真	三	開	平	明	文
	緡	武巾切	明	臻	真	三	開	平	明	真

文獻通假 1 次:《詩・小雅》:"小旻。"《詩攷》引作"小緡"。

頁碼		反切	中古音韻地位						上古音	
152	惛	呼昆切	曉	臻	魂	一	合	平	曉	文
	怋	彌鄰切	明	臻	真	三	開	平	明	真

文獻通假 1 次:《詩・大雅・民勞》:"以謹惛怓。"《説文・心部》引"惛"作"怋"。《説文》"怋"原作"惛"誤,據段校改。

頁碼		反切	中古音韻地位						上古音	
153	愍	眉殞切	明	臻	軫	三	開	上	明	真
	惛	呼昆切	曉	臻	魂	一	合	平	曉	文

文獻通假 1 次:《史記・屈原賈生列傳》:"離愍之長鞠。"《正義》"愍"作"惛"。

頁碼		反切	中古音韻地位						上古音	
154	愍	眉殞切	明	臻	軫	三	開	上	明	真
	憫	眉殞切	明	臻	軫	三	開	上	明	文

文獻通假 2 次，如：《楚辭·九思》："愍余命兮遭六極。"《考異》："'愍'一作'憫'。"
異體字聲旁換用：1 組
烟與煙：文獻通假 1 次：《説文·火部》："'煙'或作'烟'。"

頁碼		反切	中古音韻地位						上古音	
75	因	於真切	影	臻	真	三	開	平	影	真
	亜	於真切	影	臻	真	三	開	平	影	文

（二）真部—元部（50 組）
具體數據見第七章第三節"元—真"部分。
（三）真部—耕部（24 組）
具體數據見第六章第三節"耕—真"部分。
（四）真部—蒸部（14 組）
具體數據見第一章第三節"蒸—真"部分。
（五）真部—陽部（5 組）
具體數據見第五章第三節"陽—真"部分。
（六）真部—侵部（3 組）

頁碼		反切	中古音韻地位						上古音	
98	鄰	力珍切	來	臻	真	三	開	平	來	真
	臨	力尋切	來	深	侵	三	開	平	來	侵

文獻通假 1 次：《史記·貨殖列傳》："北鄰烏桓、夫餘。"《索隱》："'鄰'一作'臨'。"

頁碼		反切	中古音韻地位						上古音	
99	仁	如鄰切	日	臻	真	三	開	平	日	真
	任	汝鳩切	日	深	沁	三	開	去	日	侵

文獻通假 1 次：《史記·春申君列傳》："以臨仁，平邱。"《正義》："'仁'一作'任'。"

頁碼		反切	中古音韻地位						上古音	
99	人	如鄰切	日	臻	真	三	開	平	日	真
	念	奴店切	泥	咸	椓	四	開	去	泥	侵

文獻通假 1 次：《穀梁傳·莊公元年》："接練時録毋之變，始人之也。"《左傳·莊公元年》《正義》引"人"作"念"。
（七）真部—東部（2 組）
具體數據見第四章第三節"東—真"部分。

（八）真部—談部（2 組）

頁碼		反切	中古音韻地位						上古音	
98	鄰	力珍切	來	臻	真	三	開	平	來	真
	談	徒甘切	定	咸	談	一	開	平	定	談

文獻通假 1 次：《禮記·檀弓下》：“與其鄰重汪踦往。”鄭注：“‘鄰’或爲‘談’。”

頁碼		反切	中古音韻地位						上古音	
257	掔	苦堅切	溪	山	先	四	開	平	溪	真
	覽	盧敢切	來	咸	敢	一	開	上	來	談

文獻通假 1 次：《楚辭·離騷》：“掔木根以結茞兮。”《考異》：“《文選》‘掔’作‘覽’。”

（九）真部—冬部（1 組）

具體數據見第二章第三節“冬—真”部分。

第九章 微部、物部、文部通假關係研究

第一節 微 部

在本書研究範圍内，微部共通假 498 組。其中，同部通假 290 組，異部通假 208 組。在異部通假中，微部與其他陰聲韻共通假 111 組；與入聲韻共通假 46 組；與陽聲韻共通假 51 組。具體情況如下：

表 9-1 微部通假情況匯總表

通假類型		通假頻次（組）			
同部通假	微—微	290			
異部通假	陰聲韻	微—歌	40		
		微—脂	26		
		微—支	17		
		微—之	12	111	
		微—魚	8		
		微—幽	4		
		微—侯	4		
	入聲韻	微—物	19		498
		微—月	9		
		微—質	9		
		微—藥	2		
		微—覺	2	46	208
		微—職	2		
		微—屋	1		
		微—鐸	1		
		微—緝	1		
	陽聲韻	微—文	36		
		微—元	9	51	
		微—真	4		

通假類型			通假頻次（組）			
		微—耕	1			
		微—東	1			

一、微部和其他陰聲韻部通假關係舉證

表 9–2　微部與其他陰聲韻通假頻次表（組）

	歌部	脂部	支部	之部	魚部	幽部	侯部	合計
微部	40	26	17	12	8	4	4	111

（一）微部—歌部（40 組）

具體數據見第七章第一節"歌—微"部分。

（二）微部—脂部（26 組）

具體數據見第八章第一節"脂—微"部分。

（三）微部—支部（17 組）

具體數據見第六章第一節"支—微"部分。

（四）微部—之部（12 組）

具體數據見第一章第一節"之—微"部分。

（五）微部—魚部（8 組）

具體數據見第五章第一節"魚—微"部分。

（六）微部—幽部（4 組）

具體數據見第二章第一節"幽—微"部分。

（七）微部—侯部（4 組）

具體數據見第四章第一節"侯—微"部分。

二、微部和入聲韻通假關係舉證

表 9–3　微部與入聲韻通假頻次表（組）

	物部	月部	質部	藥部	覺部	職部	屋部	鐸部	緝部	合計
微部	19	9	9	2	2	2	1	1	1	46

（一）微部—物部（19 組）

頁碼			反切	中古音韻地位						上古音	
486	衣	於希切	影	止	微	三	開	平	影	微
	愛	烏代切	影	蟹	代	一	開	去	影	物

　　文獻通假 1 次：《老子》三十四章："衣養萬物而不爲主。"《釋文》："'衣'，河上本作'愛'。"《景龍碑》作"愛"。

頁碼		反切	中古音韻地位						上古音	
486	愛	烏代切	影	蟹	代	一	開	去	影	物
	哀	烏開切	影	蟹	咍	一	開	平	影	微

文獻通假 3 次，如：《禮記·樂記》："肆直而慈愛者宜歌商。"鄭注："'愛'或爲'哀'。"

頁碼		反切	中古音韻地位						上古音	
486	蔚	於胃切	影	止	未	三	合	去	影	物
	哀	烏開切	影	蟹	咍	一	開	平	影	微

文獻通假 1 次：《史記·天官書》："後聚一十五星蔚然，曰郎位。"《集解》引徐廣曰："'蔚然'，一云'哀鳥'。"《漢書·天文志》作"哀鳥"。"鳥"當作"焉"。

頁碼		反切	中古音韻地位						上古音	
489	謂	于貴切	云	止	未	三	合	去	匣	物
	諱	許貴切	曉	止	未	三	合	去	曉	微

文獻通假 1 次：《莊子·徐無鬼》："可不謂云至於大病。"《闕誤》引江南李氏本"謂"作"諱"，《管子·戒篇》《呂氏春秋·貴公》"謂"作"諱"。

頁碼		反切	中古音韻地位						上古音	
489	彙	于貴切	云	止	未	三	合	去	匣	物
	偉	于鬼切	云	止	尾	三	合	上	匣	微

文獻通假 1 次：《易·泰》："以其彙。"《釋文》："傅氏注云：'彙，古偉字。'"

頁碼		反切	中古音韻地位						上古音	
489	匱	求位切	群	止	至	三	合	去	群	物
	凷	苦對切	溪	蟹	隊	一	合	去	溪	微

文獻通假 2 次，如：《禮記·禮運》："匱桴而土鼓。"鄭注："'匱'讀爲'凷'，聲之誤也。"

頁碼		反切	中古音韻地位						上古音	
490	遺	以醉切	以	止	至	三	合	去	餘	微
	隧	徐醉切	邪	止	至	三	合	去	邪	物

文獻通假 2 次，如：《詩·小雅·角弓》："莫肯下遺。"《荀子·非相》引"遺"作"隧"。

頁碼		反切	中古音韻地位						上古音	
501	顝	苦骨切	溪	臻	沒	一	合	入	溪	物
	魁	苦回切	溪	蟹	灰	一	合	平	溪	微

文獻通假 1 次：《説文・頁部》：“‘頮’讀若‘魁’。”

頁碼		反切	中古音韻地位						上古音	
501	塊	苦對切	溪	蟹	隊	一	合	去	溪	微
	昧	莫佩切	明	蟹	隊	一	合	去	明	物

文獻通假 1 次：《莊子・齊物論》：“大塊噫氣。”《釋文》：“‘大塊’，《淮南》作‘大昧’。”

頁碼		反切	中古音韻地位						上古音	
502	慰	於胃切	影	止	未	三	合	去	影	物
	畏	於胃切	影	止	未	三	合	去	影	微

文獻通假 1 次：《莊子・盗跖》：“貪財而取慰。”《釋文》：“‘慰’亦作‘畏’。”

頁碼		反切	中古音韻地位						上古音	
505	退	他内切	透	蟹	隊	一	合	去	透	物
	違	雨非切	云	止	微	三	合	平	匣	微

文獻通假 1 次：《易・艮》：“未退聽也。”《集解》“退”作“違”。

頁碼		反切	中古音韻地位						上古音	
509	蔚	於胃切	影	止	未	三	合	去	影	物
	斐	敷尾切	滂	止	尾	三	合	上	滂	微

文獻通假 1 次：《易・革》：“君子豹變其文蔚也。”《説文・文部》引“蔚”作“斐”。

頁碼		反切	中古音韻地位						上古音	
515	幾	居依切	見	止	微	三	開	平	見	微
	既	居豙切	見	止	未	三	開	去	見	物

文獻通假 2 次，如：《易・歸妹》：“月幾望。”《釋文》：“‘幾’，荀作‘既’。”

頁碼		反切	中古音韻地位						上古音	
537	類	力遂切	來	止	至	三	合	去	來	物
	雷	魯回切	來	蟹	灰	一	合	平	來	微

文獻通假 1 次：《爾雅・釋魚》：“左倪不類。”《周禮・春官・龜人》鄭注引作“左倪雷”。

頁碼		反切	中古音韻地位						上古音	
547	退	他内切	透	蟹	隊	一	合	去	透	物
	追	陟隹切	知	止	脂	三	合	平	端	微

文獻通假 1 次：《禮記・檀弓下》：“文子其中退然如不勝衣。”《釋文》“退”作“追”，

云："本亦作'退'。"

頁碼		反切	中古音韻地位						上古音	
600	厞	符非切	並	止	微	三	合	平	並	微
	茀	敷勿切	滂	臻	物	三	合	入	滂	物

文獻通假 1 次：《儀禮·有司徹》："厞用席。"鄭注："古文'厞'作'茀'。"

頁碼		反切	中古音韻地位						上古音	
604	嶏	滂佩切	滂	蟹	隊	一	合	去	滂	微
	費	芳未切	滂	止	未	三	合	去	滂	物

文獻通假 1 次：《説文·户部》："'嶏'讀若'費'。"

頁碼		反切	中古音韻地位						上古音	
610	頮	荒内切	曉	蟹	隊	一	合	去	曉	微
	沫	呼内切	曉	蟹	隊	一	合	去	曉	物

文獻通假 1 次：《書·顧命》："王乃洮頮水。"《漢書·律曆志》引"頮"作"沫"。

頁碼		反切	中古音韻地位						上古音	
611	寐	彌二切	明	止	至	三	開	去	明	物
	魅	無沸切	明	止	未	三	合	去	明	微

文獻通假 1 次：《山海經·東山經》："多寐魚。"郭注："'寐魚'即'魅魚'。"

（二）微部—月部（9 組）

具體數據見第七章第二節"月—微"部分。

（三）微部—質部（9 組）

具體數據見第八章第二節"質—微"部分。

（四）微部—藥部（2 組）

具體數據見第三章第二節"藥—微"部分。

（五）微部—覺部（2 組）

具體數據見第二章第二節"覺—微"部分。

（六）微部—職部（2 組）

具體數據見第一章第二節"職—微"部分。

（七）微部—屋部（1 組）

具體數據見第四章第二節"屋—微"部分。

（八）微部—鐸部（1 組）

具體數據見第五章第二節"鐸—微"部分。

（九）微部—緝部（1 組）

頁碼		反切	中古音韻地位						上古音	
489	芮	而鋭切	日	蟹	祭	三	合	去	日	緝
	贖	五怪切	疑	蟹	怪	二	合	去	疑	微

文獻通假 1 次：《韓詩外傳》八：“荆蒯芮使晋而反。”《説苑・立節》“芮”作“贖”。

三、微部和陽聲韻通假關係舉證

表 9-4　微部與陽聲韻通假頻次表（組）

	文部	元部	真部	耕部	東部	合計
微部	36	9	4	1	1	51

（一）微部—文部（36 組）

頁碼		反切	中古音韻地位						上古音	
93	遺	以追切	以	止	脂	三	合	平	餘	微
	抮	止忍切	章	臻	軫	三	開	上	章	文

文獻通假 1 次：《莊子・德充符》：“雖天地覆墜，亦將不與之遺。”《淮南子・精神訓》“遺”作“抮”。

頁碼		反切	中古音韻地位						上古音	
110	殷	於斤切	影	臻	欣	三	開	平	影	文
	衣	於希切	影	止	微	三	開	平	影	微

文獻通假 3 次，如：《書・康誥》：“殪戎殷。”又僞《武成》：“一戎衣。”

頁碼		反切	中古音韻地位						上古音	
113	徽	許歸切	曉	止	微	三	合	平	曉	微
	揮	許歸切	曉	止	微	三	合	平	曉	文

文獻通假 2 次，如：《左傳・昭公二十一年》：“揚徽者，公徒也。”《文選・東京賦》：“戎士介而揚揮。”李注引《左傳》文，云：“‘徽’與‘揮’古字通。”

頁碼		反切	中古音韻地位						上古音	
114	運	王問切	云	臻	問	三	合	去	匣	文
	圍	雨非切	云	止	微	三	合	平	匣	微

文獻通假 1 次：《淮南子・覽冥訓》：“畫隨灰而月運闕。”高注：“‘運’讀連圍之‘圍’。”

頁碼		反切	中古音韻地位						上古音	
114	運	王問切	云	臻	問	三	合	去	匣	文
	違	雨非切	云	止	微	三	合	平	匣	微

文獻通假 1 次：《易·繫辭上》：“日月運行。”《釋文》：“‘運’，姚作‘違’。”

頁碼		反切	中古音韻地位						上古音	
114	褘	許歸切	曉	止	微	三	合	平	曉	微
	翬	許歸切	曉	止	微	三	合	平	曉	文

文獻通假 2 次，如：《周禮·天官·内司服》：“褘衣。”鄭注：“玄謂褘衣畫翬者，‘翬’‘褘’聲相近。”

頁碼		反切	中古音韻地位						上古音	
119	沂	魚衣切	疑	止	微	三	開	平	疑	微
	垠	語巾切	疑	臻	真	三	開	平	疑	文

文獻通假 1 次：《隸釋》—《帝堯碑》：“祉無沂。”洪适釋以“沂”爲“垠”。按：《帝堯碑》爲漢濟陰太守張寵於東漢熹平四年（175 年）立。

頁碼		反切	中古音韻地位						上古音	
120	梱	苦本切	溪	臻	混	一	合	上	溪	文
	魁	苦回切	溪	蟹	灰	一	合	平	溪	微

文獻通假 2 次，如：《儀禮·大射儀》：“既拾取矢梱之。”鄭注：“古文‘捆’爲‘魁’。”

頁碼		反切	中古音韻地位						上古音	
123	莙	舉云切	見	臻	文	三	合	平	見	文
	威	於非切	影	止	微	三	合	平	影	微

文獻通假 1 次：《説文·艸部》：“‘莙’讀若‘威’。”

頁碼		反切	中古音韻地位						上古音	
123	幾	居依切	見	止	微	三	開	平	見	微
	斤	舉欣切	見	臻	欣	三	開	平	見	文

文獻通假 1 次：《老子》六十九章：“輕敵幾喪吾寶。”漢帛書甲本“幾”作“斤”。

頁碼		反切	中古音韻地位						上古音	
123	幾	居依切	見	止	微	三	開	平	見	微
	頎	渠希切	群	止	微	三	開	平	群	文

文獻通假 3 次，如：《韓詩外傳》五：“幾然而長。”《孔子家語·辯樂》“幾”作“頎”。

頁碼		反切	中古音韻地位							上古音	
124	欣	許斤切	曉	臻	欣	三	開	平		曉	文
	歖	香衣切	曉	止	微	三	開	平		曉	微

文獻通假 1 次：《左傳・成公十三年》："使公子欣時逆曹伯之喪。"《釋文》："'欣'，徐云：'或作歖。'"

頁碼		反切	中古音韻地位							上古音	
124	欣	許斤切	曉	臻	欣	三	開	平		曉	文
	郗	丑飢切	徹	止	脂	三	開	平		透	微

文獻通假 1 次：《左傳・成公十三年》："公子欣時。"《漢書・古今人表》作"曹郗時"。

頁碼		反切	中古音韻地位							上古音	
124	綏	息遺切	心	止	脂	三	合	平		心	微
	肵	渠希切	群	止	微	三	開	平		群	文

文獻通假 1 次：《儀禮・少牢饋食禮》："上佐食以綏祭。"鄭注："'綏'或作'挼'，'挼'讀爲'墮'，古文'墮'爲'肵'。"

頁碼		反切	中古音韻地位							上古音	
124	祈	渠希切	群	止	微	三	開	平		群	文
	幾	居依切	見	止	微	三	開	平		見	微

文獻通假 3 次，如：《周禮・春官・肆師》："及其祈珥。"鄭注："《故書》'祈'爲'幾'，杜子春讀'幾'當爲'祈'。"

頁碼		反切	中古音韻地位							上古音	
124	祈	渠希切	群	止	微	三	開	平		群	文
	畿	渠希切	群	止	微	三	開	平		群	微

文獻通假 2 次，如：《詩・小雅・祈父》鄭箋："'祈''圻''畿'同。"

頁碼		反切	中古音韻地位							上古音	
124	祈	渠希切	群	止	微	三	開	平		群	文
	機	居依切	見	止	微	三	開	平		見	微

文獻通假 1 次：《周禮・春官・肆師》："及其祈珥。"鄭注："'祈'當爲'進機'之'機'。"

頁碼		反切	中古音韻地位							上古音	
124	祈	渠希切	群	止	微	三	開	平		群	文
	沂	魚衣切	疑	止	微	三	開	平		疑	微

文獻通假 1 次：《史記·樊酈滕灌列傳》：“賜嬰食祈陽。”《集解》引徐廣曰：“‘祈’一作‘沂’。”《索隱》：“《漢書》作‘沂’。”

頁碼		反切	中古音韻地位						上古音	
124	幾	居依切	見	止	微	三	開	平	見	微
	近	其謹切	群	臻	隱	三	開	上	群	文

文獻通假 3 次，如：《易·小畜》：“月幾望。”《釋文》：“‘幾’，《子夏傳》作‘近’。”《音訓》：“‘幾’，晁氏曰：《子夏傳》京劉一行作‘近’。”

頁碼		反切	中古音韻地位						上古音	
125	畿	渠希切	群	止	微	三	開	平	見	微
	圻	渠希切	群	止	微	三	開	平	群	文

文獻通假 7 次，如：《詩·商頌·玄鳥》：“邦畿千里。”《尚書大傳》鄭注、《公羊傳·恆公九年》徐疏引“畿”作“圻”。

頁碼		反切	中古音韻地位						上古音	
125	畿	渠希切	群	止	微	三	開	平	見	微
	近	其謹切	群	臻	隱	三	開	上	群	文

文獻通假 1 次：《周禮·夏官·大司馬》：“乃以九畿之籍，施邦國之政。”鄭注：“《故書》‘畿’爲‘近’，鄭司農云：‘近當云畿。’”

頁碼		反切	中古音韻地位						上古音	
125	昕	許斤切	曉	臻	欣	三	開	平	曉	文
	希	香衣切	曉	止	微	三	開	平	曉	微

文獻通假 2 次，如：《禮記·文王世子》：“大昕鼓徵。”《釋文》：“‘昕’，《説文》讀若‘希’。”

頁碼		反切	中古音韻地位						上古音	
125	綏	息遺切	心	止	脂	三	合	平	心	微
	昕	許斤切	曉	臻	欣	三	開	平	曉	文

文獻通假 1 次：《儀禮·少牢饋食禮》：“其綏祭如主人之禮。”鄭注：“‘綏’古文爲‘昕’。”

頁碼		反切	中古音韻地位						上古音	
125	魁	苦回切	溪	蟹	灰	一	合	平	溪	微
	頎	渠希切	群	止	微	三	開	平	群	文

文獻通假 1 次：《爾雅·釋木》：“枹遒木魁瘣。”《釋文》：“‘魁’字亦作‘頎’。”頎從

何聲待考。

頁碼		反切	中古音韻地位						上古音	
136	竣	七倫切	清	臻	諄	三	合	平	清	文
	荾	息遺切	心	止	脂	三	合	平	心	微

文獻通假 1 次：《楚辭·離騷》："冀枝葉之峻茂兮。"《考異》："'峻'，《文選》作'荾'。"

頁碼		反切	中古音韻地位						上古音	
138	準	之尹切	章	臻	準	三	合	上	章	文
	水	式軌切	書	止	旨	三	合	上	書	微

文獻通假 2 次，如：《周禮·考工記·輈人》："輈注則利準。"鄭注：《故書》'準'作'水'。"

頁碼		反切	中古音韻地位						上古音	
138	推	他回切	透	蟹	灰	一	合	平	透	微
	隼	思尹切	心	臻	準	三	合	上	心	文

文獻通假 1 次：《老子》六十六章："天下樂推而不厭。"漢帛書甲本"推"作"隼"。

頁碼		反切	中古音韻地位						上古音	
142	匪	府尾切	幫	止	尾	三	合	上	幫	微
	分	符文切	幫	臻	文	三	合	平	幫	文

文獻通假 1 次：《周禮·地官·廩人》："以待國之匪頒。"鄭注："'匪'讀爲'分'。"

頁碼		反切	中古音韻地位						上古音	
145	釁	許覲切	曉	臻	震	三	開	去	曉	文
	徽	許歸切	曉	止	微	三	合	平	曉	微

文獻通假 3 次，如：《周禮·春官·邑人》："共其釁鬯。"鄭注："鄭司農云："'釁'讀爲"徽"。'"

頁碼		反切	中古音韻地位						上古音	
497	焞	他昆切	透	臻	魂	一	合	平	透	文
	推	他回切	透	蟹	灰	一	合	平	透	微

文獻通假 1 次：《詩·小雅·采芑》："嘽嘽焞焞。"《漢書·韋賢傳》引"焞焞"作"推推"。

頁碼		反切	中古音韻地位						上古音	
498	錐	職追切	章	止	脂	三	合	平	章	微
	隼	思尹切	心	臻	準	三	合	上	心	文

文獻通假 1 次：《説文·鳥部》："'雛'或作'隼'。"

頁碼		反切	中古音韻地位						上古音	
498	鷕	以沼切	以	效	小	三	開	上	餘	微
	隼	思尹切	心	臻	準	三	合	上	心	文

文獻通假 1 次：《太玄·逃·次五》："見鷕踔于林。"司馬光集注："'鷕'，古'隼'字。"

頁碼		反切	中古音韻地位						上古音	
498	蜼	以醉切	以	止	至	三	合	去	餘	微
	隼	思尹切	心	臻	準	三	合	上	心	文

文獻通假 1 次：《周禮·春官·司尊彝》："祼用虎彝蜼彝。"鄭注："鄭司農云：'"蜼"或讀爲"射隼"之"隼"。'"

頁碼		反切	中古音韻地位						上古音	
498	敦	都昆切	端	臻	魂	一	合	平	端	文
	䵎	都回切	端	蟹	灰	一	合	平	端	微

文獻通假 1 次：《詩·邶風·北門》："王事敦我。"唐本《玉篇·言部》引"敦"作"䵎"。

頁碼		反切	中古音韻地位						上古音	
503	莙	舉云切	見	臻	文	三	合	平	見	文
	威	於非切	影	止	微	三	合	平	影	微

文獻通假 1 次，如：《説文·艸部》："'莙'讀若'威'。"

頁碼		反切	中古音韻地位						上古音	
506	殷	於斤切	影	臻	欣	三	開	平	影	文
	郼	於希切	影	止	微	三	開	平	影	微

文獻通假 1 次，如：《書·盤庚上》："盤庚遷于殷。"《吕氏春秋》"殷"作"郼"。

（二）微部—元部（9 組）

具體數據見第七章第三節"元—微"部分。

（三）微部—真部（4 組）

具體數據見第八章第三節"真—微"部分。

（四）微部—耕部（1 組）

具體數據見第六章第三節"耕—微"部分。

（五）微部—東部（1 組）

具體數據見第四章第三節"東—微"部分。

第二節　物　部

在本書研究範圍內，物部共通假 499 組。其中，同部通假 306 組，異部通假 193 組。在異部通假中，物部與陰聲韻共通假 53 組；與其他入聲韻共通假 115 組；與陽聲韻共通假 25 組。具體情況如下：

表 9–5　物部通假情況匯總表

通假類型			通假數量（組）		
同部通假	物—物		306		
異部通假	陰聲韻	物—微	19	53	499
		物—歌	9		
		物—脂	8		
		物—幽	5		
		物—之	3		
		物—侯	3		
		物—魚	2		
		物—支	2		
		物—宵	2		
	入聲韻	物—月	71	115	193
		物—質	29		
		物—緝	10		
		物—葉	2		
		物—覺	1		
		物—鐸	1		
		物—屋	1		
	陽聲韻	物—元	10	25	
		物—文	10		
		物—耕	2		
		物—真	1		
		物—侵	1		
		物—陽	1		

一、物部和陰聲韻通假關係舉證

表 9-6　物部與陰聲韻通假頻次表（組）

	微部	歌部	脂部	幽部	之部	侯部	魚部	支部	宵部	合計
物部	19	9	8	5	3	3	2	2	2	53

（一）物部—微部（19 組）

具體數據見第九章第一節"微—物"部分。

（二）物部—歌部（9 組）

具體數據見第七章第一節"歌—物"部分。

（三）物部—脂部（8 組）

具體數據見第八章第一節"脂—物"部分。

（四）物部—幽部（5 組）

具體數據見第二章第一節"幽—物"部分。

（五）物部—之部（3 組）

具體數據見第一章第一節"之—物"部分。

（六）物部—侯部（3 組）

具體數據見第四章第一節"侯—物"部分。

（七）物部—魚部（2 組）

具體數據見第五章第一節"魚—物"部分。

（八）物部—支部（2 組）

具體數據見第六章第一節"支—物"部分。

（九）物部—宵部（2 組）

具體數據見第三章第一節"宵—物"部分。

二、物部和其他入聲韻通假關係舉證

表 9-7　物部與其他入聲韻通假頻次表（組）

	月部	質部	緝部	葉部	覺部	鐸部	屋部	合計
物部	71	29	10	2	1	1	1	115

（一）物部—月部（71 組）

具體數據見第七章第二節"月—物"部分。

（二）物部—質部（29 組）

具體數據見第八章第二節"質—物"部分。

（三）物部—緝部（10 組）

頁碼		反切	中古音韻地位						上古音	
488	位	于愧切	云	止	至	三	合	去	匣	緝
	謂	于貴切	云	止	未	三	合	去	匣	物

　　文獻通假 1 次：《詩·大雅·大明》："天位殷適。"《韓詩外傳》五引"位"作"謂"。《詩攷》引如此。今《外傳》仍作"位"。

頁碼		反切	中古音韻地位						上古音	
523	訥	内骨切	泥	臻	没	一	合	入	泥	緝
	屈	區勿切	溪	臻	物	三	合	入	溪	物

　　文獻通假 1 次：《列子·仲尼》："賜能辯而不能訥。"《説苑·雜言》《孔子家語·六本》"訥"作"屈"。

頁碼		反切	中古音韻地位						上古音	
527	執	之入切	章	深	緝	三	開	入	章	緝
	既	居豙切	見	止	未	三	開	去	見	物

　　文獻通假 1 次：《莊子·徐無鬼》："狙執死。"《太平御覽》七四五引"執"作"既"。

頁碼		反切	中古音韻地位						上古音	
528	暨	其冀切	群	止	至	三	開	去	群	物
	及	其立切	群	深	緝	三	開	入	群	緝

　　文獻通假 1 次：《書·咸有一德》："惟尹躬暨湯。"《禮記·緇衣》引尹吉曰："惟尹躬及湯。"鄭注："'吉'當爲'告'。"

頁碼		反切	中古音韻地位						上古音	
546	答	都合切	端	咸	合	一	開	入	端	緝
	對	都隊切	端	蟹	隊	一	合	去	端	物

　　文獻通假 1 次：《書·顧命》："王再拜興答。"《白虎通·爵》引"答"作"對"。

頁碼		反切	中古音韻地位						上古音	
546	荅	都合切	端	咸	合	一	開	入	端	緝
	對	都隊切	端	蟹	隊	一	合	去	端	物

　　文獻通假 2 次，如：《詩·小雅·雨無正》："聽言則荅。"賈山《至言》《新序·雜事五》引"荅"作"對"。

頁碼		反切	中古音韻地位						上古音	
547	退	他内切	透	蟹	隊	一	合	去	透	物
	芮	而銳切	日	蟹	祭	三	合	去	日	緝

文獻通假 3 次，如：《老子》七章：“聖人後其身而身先。”漢帛書乙本後作“退”，甲本作“芮”。

頁碼		反切	中古音韻地位						上古音	
553	汭	而銳切	日	蟹	祭	三	合	去	日	緝
	隊	徒對切	定	蟹	隊	一	合	去	定	物

文獻通假 1 次：《左傳·閔公元年》：“虢公敗犬戎於渭汭。”《水經注·渭水》引服虔本“汭”作“隊”。

頁碼		反切	中古音韻地位						上古音	
556	禭	徐醉切	邪	止	至	三	合	去	邪	物
	襲	似入切	邪	深	緝	三	開	入	邪	緝

文獻通假 1 次：《左傳·襄公二十九年》：“使公親禭。”《周禮·春官·喪祝》賈疏引“禭”作“襲”。

頁碼		反切	中古音韻地位						上古音	
558	歙	許及切	曉	深	緝	三	開	入	曉	緝
	怵	丑律切	徹	臻	術	三	合	入	透	物

文獻通假 1 次：《老子》四十九章：“歙歙爲天下渾其心。”《釋文》：“‘歙’，簡文云：‘河上公作怵。’”今河上本作“怵”。

（四）物部—葉部（2 組）

頁碼		反切	中古音韻地位						上古音	
527	愾	苦愛切	溪	蟹	代	一	開	去	溪	物
	磕	丘蓋切	溪	蟹	泰	一	開	去	溪	葉

文獻通假 1 次：《楚辭·九章》：“好夫人之忼愾。”《考異》：“‘愾’《釋文》作‘磕’。”

頁碼		反切	中古音韻地位						上古音	
527	闔	胡臘切	匣	咸	盍	一	開	入	匣	葉
	概	古代切	見	蟹	代	一	開	去	見	物

文獻通假 1 次：《戰國策·秦策三》：“意者臣愚而不闔於王心耶。”《史記·范雎蔡澤列傳》“闔”作“概”。

（五）物部—覺部（1組）

具體數據見第二章第二節"覺—物"部分。

（六）物部—鐸部（1組）

具體數據見第五章第二節"鐸—物"部分。

（七）物部—屋部（1組）

具體數據見第四章第二節"屋—物"部分。

三、物部和陽聲韻通假關係舉證

表9-8　物部與陽聲韻通假頻次表（組）

	元部	文部	耕部	真部	侵部	陽部	合計
物部	10	10	2	1	1	1	25

（一）物部—元部（10組）

具體數據見第七章第三節"元—物"部分。

（二）物部—文部（10組）

頁碼		反切	中古音韻地位						上古音	
111	慰	於胃切	影	止	未	三	合	去	影	物
	愠	於問切	影	臻	問	三	合	去	影	文

文獻通假1次：《詩·小雅·車舝》："以慰我心。"《釋文》："《韓詩》作'以愠我心'。"

頁碼		反切	中古音韻地位						上古音	
111	蘊	於云切	影	臻	文	三	合	平	影	文
	鬱	紆勿切	影	臻	物	三	合	入	影	物

文獻通假1次：《詩·大雅·雲漢》："蘊隆蟲蟲。"《釋文》："'蘊'，《韓詩》作'鬱'。"

頁碼		反切	中古音韻地位						上古音	
112	聿	餘律切	以	臻	術	三	合	入	餘	物
	允	余準切	以	臻	準	三	合	上	餘	文

文獻通假1次：《詩·大雅·大明》："聿懷多福。"《春秋繁露·郊祭》引"聿"作"允"。

頁碼		反切	中古音韻地位						上古音	
112	允	余準切	以	臻	準	三	合	上	餘	文
	術	食聿切	船	臻	術	三	合	入	船	物

文獻通假2次，如：《詩·小雅·十月之交》："仲允膳夫。"《漢書·古今人表》"仲允"作"中術"。

頁碼		反切	中古音韻地位						上古音	
507	兀	五忽切	疑	臻	没	一	合	入	疑	物
	允	余準切	以	臻	準	三	合	上	餘	文

文獻通假 1 次：《史記・十二諸侯年表》："魯桓公允。"《索隱》："'允'一作'兀'。"

頁碼		反切	中古音韻地位						上古音	
118	湮	烏前切	影	山	先	四	開	平	影	文
	鬱	紆物切	影	臻	物	三	合	入	影	物

文獻通假 1 次：《史記・司馬相如列傳》："首惡湮没。"《漢書・司馬相如傳》《文選・封禪文》"湮"作"鬱"。

頁碼		反切	中古音韻地位						上古音	
131	黜	敷尾切	滂	止	尾	三	合	上	滂	物
	蠢	尺尹切	昌	臻	準	三	合	上	昌	文

文獻通假 1 次：《書・召誥》："惟丙午朏。"《漢書藝文志考證》引"朏"作"蠢"。

頁碼		反切	中古音韻地位						上古音	
132	腯	陀骨切	定	臻	没	一	合	入	定	物
	遁	徒困切	定	臻	慁	一	合	去	定	文

文獻通假 1 次：《禮記・檀弓上》："微子舍其孫腯而立衍也。"《釋文》："'腯'，徐本作'遁'。"

頁碼		反切	中古音韻地位						上古音	
139	巡	詳遵切	邪	臻	諄	三	合	平	邪	文
	述	食聿切	船	臻	術	三	合	入	船	物

文獻通假 1 次：《周禮・地官・鄉師》："巡其前後之屯。"鄭注："《故書》'巡'作'述'。"

頁碼		反切	中古音韻地位						上古音	
147	蕡	符分切	並	臻	文	三	合	平	並	文
	卉	許貴切	曉	止	未	三	合	去	曉	物

文獻通假 1 次：《易・賁》："賁于丘園。"《釋文》："'賁'，黃本作'世'。""世"當作"卉"。

（三）物部—耕部（2 組）

具體數據見第六章第三節"耕—物"部分。

（四）物部—真部（1 組）

具體數據見第八章第三節"真—物"部分。

（五）物部—侵部（1 組）

頁碼		反切	中古音韻地位						上古音	
234	掘	衢物切	群	臻	物	三	合	入	群	物
	坅	丘甚切	溪	深	寢	三	開	上	溪	侵

文獻通假 2 次：《儀禮・既夕禮》："掘南順。"鄭注："今文'掘'爲'坅'也。"

（六）物部—陽部（1 組）

具體數據見第五章第三節"陽—物"部分。

第三節　文　部

在本書研究範圍內，文部共通假 790 組。其中，同部通假 475 組，異部通假 315 組。在異部通假中，文部與陰聲韻共通假 82 組；與入聲韻共通假 39 組；與其他陽聲韻共通假 194 組。具體情況如下：

表 9–9　文部通假情況匯總表

通假類型			通假數量（組）			
同部通假		文—文	475			
異部通假	陰聲韻	文—微	36	82	315	790
		文—脂	14			
		文—之	11			
		文—幽	7			
		文—歌	6			
		文—宵	3			
		文—魚	2			
		文—侯	2			
		文—支	1			
	入聲韻	文—月	13	39		
		文—物	10			
		文—質	4			
		文—職	3			
		文—屋	2			
		文—覺	2			
		文—鐸	2			

通假類型			通假數量（組）		
	文—藥	2			
	文—緝	1			
陽聲韻	文—真	93	194		
	文—元	75			
	文—耕	8			
	文—侵	7			
	文—蒸	4			
	文—談	3			
	文—冬	2			
	文—東	2			

一、文部和陰聲韻通假關係舉證

表 9-10　文部與陰聲韻通假頻次表（組）

	微部	脂部	之部	幽部	歌部	宵部	魚部	侯部	支部	合計
文部	36	14	11	7	6	3	2	2	1	82

（一）文部—微部（36 組）

具體數據見第九章第一節"微—文"部分。

（二）文部—脂部（14 組）

具體數據見第八章第一節"脂—文"部分。

（三）文部—之部（11 組）

具體數據見第一章第一節"之—文"部分。

（四）文部—幽部（7 組）

具體數據見第二章第一節"幽—文"部分。

（五）文部—歌部（6 組）

具體數據見第七章第一節"歌—文"部分。

（六）文部—宵部（3 組）

具體數據見第三章第一節"宵—文"部分。

（七）文部—魚部（2 組）

具體數據見第五章第一節"魚—文"部分。

（八）文部—侯部（2 組）

具體數據見第四章第一節"侯—文"部分。

（九）文部—支部（1 組）

具體數據見第六章第一節"支—文"部分。

二、文部和入聲韻通假關係舉證

表 9–11　文部與入聲韻通假頻次表（組）

	月部	物部	質部	職部	屋部	覺部	鐸部	藥部	緝部	合計
文部	13	10	4	3	2	2	2	2	1	39

（一）文部—月部（13 組）

具體數據見第七章第二節"月—文"部分。

（二）文部—物部（10 組）

具體數據見本章第二節"物—文"部分。

（三）文部—質部（4 組）

具體數據見第八章第二節"質—文"部分。

（四）文部—職部（3 組）

具體數據見第一章第二節"職—文"部分。

（五）文部—屋部（2 組）

具體數據見第四章第二節"屋—文"部分。

（六）文部—覺部（2 組）

具體數據見第二章第二節"覺—文"部分。

（七）文部—鐸部（2 組）

具體數據見第五章第二節"鐸—文"部分。

（八）文部—藥部（2 組）

具體數據見第三章第二節"藥—文"部分。

（九）文部—緝部（1 組）

頁碼	反切		中古音韻地位						上古音	
123	涒	他昆切	透	臻	魂	一	合	平	透	文
	芮	而銳切	日	蟹	祭	三	合	去	日	緝

文獻通假 1 次：《史記·曆書》："橫艾涒灘始元元年。"《集解》："'涒灘'一作'芮灘'。"

三、文部和其他陽聲韻通假關係舉證

表 9–12　文部與其他陽聲韻通假頻次表（組）

	真部	元部	耕部	侵部	蒸部	談部	冬部	東部	合計
文部	93	75	8	7	4	3	2	2	194

（一）文部—真部（93 組）

具體數據見第八章第三節"真—文"部分。

（二）文部—元部（75 組）

具體數據見第七章第三節"元—文"部分。

（三）文部—耕部（8 組）

具體數據見第六章第三節 "耕—文" 部分。

（四）文部—侵部（7 組）

頁碼		反切	中古音韻地位						上古音	
94	壬	如林切	日	深	侵	三	開	平	日	侵
	珍	陟鄰切	知	臻	真	三	開	平	端	文

文獻通假 1 次：《左傳·昭公二十六年》："大子壬弱。"《史記·楚世家》"壬" 作 "珍"。

頁碼		反切	中古音韻地位						上古音	
110	陰	於金切	影	深	侵	三	開	平	影	侵
	隱	於謹切	影	臻	隱	三	開	上	影	文

文獻通假 2 次，如：《公羊傳·莊公二十五年》："求乎陰之道也。"《唐石經》"陰" 作 "隱"。

頁碼		反切	中古音韻地位						上古音	
119	椹	知林切	知	深	侵	三	開	平	端	侵
	鞎	戶恩切	匣	臻	痕	一	開	平	匣	文

文獻通假 1 次：《周禮·夏官·司弓矢》："王弓、弧弓以授射甲革椹質者。" 鄭注："《故書》'椹' 爲 '鞎'。鄭司農云：'"椹" 字或作 "鞎"。'"

頁碼		反切	中古音韻地位						上古音	
131	蠶	昨含切	從	咸	覃	一	開	平	從	侵
	吞①	吐根切	透	臻	真	四	開	平	透	文

文獻通假 1 次：《大戴禮·易本命》："齕吞者八竅而卵生。"《淮南子·墬形訓》"蠶" 作 "吞"。

頁碼		反切	中古音韻地位						上古音	
133	殿	都甸切	定	山	霰	四	開	去	定	文
	唸	都念切	端	咸	㮇	四	開	去	端	侵

文獻通假 1 次：《詩·大雅·板》："民之方殿屎。"《説文·口部》引 "殿屎" 作 "唸㕧"。

頁碼		反切	中古音韻地位						上古音	
231	殿	都甸切	定	山	霰	四	開	去	定	文
	㕧	都念切	端	咸	㮇	四	開	去	端	侵

---

① 高亨《古字通假會典》"吞" 作 "春"，誤。

文獻通假 1 次：《爾雅·釋訓》："殿屎，呻也。"《釋文》"殿屎"或作"欵吹"。

頁碼		反切	中古音韻地位						上古音	
232	鈐	巨淹切	群	咸	鹽	三	開	平	群	侵
	袗	章忍切	章	臻	軫	三	開	上	章	文

文獻通假 1 次：《史記·天官書》："旁有兩星曰鈐。"《漢書·天文志》"鈐"作"袗"。

（五）文部—蒸部（4 組）

具體數據見第一章第三節"蒸—文"部分。

（六）文部—談部（3 組）

頁碼		反切	中古音韻地位						上古音	
121	坎	苦感切	溪	咸	感	一	開	上	溪	談
	菌	渠殞切	群	臻	軫	三	合	上	群	文

文獻通假 1 次：《史記·楚世家》："子熊坎立，是爲霄敖。"《索隱》："'坎'，一作'菌'。"

頁碼		反切	中古音韻地位						上古音	
128	啍	徒渾切	定	臻	魂	一	合	平	定	文
	讒	士咸切	崇	咸	咸	二	開	平	崇	談

文獻通假 1 次：《荀子·哀公》："無取口啍。"《韓詩外傳》四"啍"作"讒"。

頁碼		反切	中古音韻地位						上古音	
261	敦	都昆切	端	臻	魂	一	合	平	端	文
	瞻	職廉切	章	咸	鹽	三	開	平	章	談

文獻通假 1 次：《詩·大雅·行葦》："敦彼行葦。"《白孔六帖》：九六引"敦"作"瞻"。

（七）文部—冬部（2 組）

具體數據見第二章第三節"冬—文"部分。

（八）文部 —東部（2 組）

具體數據見第四章第三節"東—文"部分。

第十章　緝部、侵部通假關係研究

第一節　緝　部

在本書研究範圍内，緝部共通假 220 組。其中，同部通假 122 組，異部通假 98 組。在異部通假中，緝部與陰聲韻共通假 11 組；與其他入聲韻共通 77 組；與陽聲韻共通假 10 組。具體情況如下：

表 10–1　緝部通假情況匯總表

通假類型			通假數量（組）		
同部通假	緝—緝		122		
異部通假	陰聲韻	緝—魚	2	11	220
		緝—侯	2		
		緝—之	2		
		緝—宵	2		
		緝—幽	1		
		緝—歌	1		
		緝—微	1		
	入聲韻	緝—葉	33	77	98
		緝—月	9		
		緝—質	11		
		緝—物	10		
		緝—職	5		
		緝—錫	3		
		緝—覺	3		
		緝—藥	2		
		緝—屋	1		
	陽聲韻	緝—談	5	10	
		緝—侵	3		
		緝—文	1		
		緝—蒸	1		

一、緝部和陰聲韻通假關係舉證

表 10–2　緝部與陰聲韻通假頻次表（組）

	魚部	侯部	之部	宵部	幽部	歌部	微部	合計
緝部	2	2	2	2	1	1	1	11

（一）緝部—魚部（2 組）

具體數據見第五章第一節"魚—緝"部分。

（二）緝部—侯部（2 組）

具體數據見第四章第一節"侯—緝"部分。

（三）緝部—之部（2 組）

具體數據見第一章第一節"之—緝"部分。

（四）緝部—宵部（2 組）

具體數據見第三章第一節"宵—緝"部分。

（五）緝部—幽部（1 組）

具體數據見第二章第一節"幽—緝"部分。

（六）緝部—歌部（1 組）

具體數據見第七章第一節"歌—緝"部分。

（七）緝部—微部（1 組）

具體數據見第九章第一節"微—緝"部分。

二、緝部和其他入聲韻通假關係舉證

表 10–3　緝部與其他入聲韻通假頻次表（組）

	葉部	質部	物部	月部	職部	錫部	覺部	藥部	屋部	合計
緝部	33	11	10	9	5	3	3	2	1	77

（一）緝部—葉部（33 組）

頁碼	反切		中古音韻地位						上古音	
553	燮	蘇協切	心	咸	帖	四	開	入	心	葉
	内	奴對切	泥	蟹	隊	一	合	去	泥	緝

文獻通假 2 次，如：《書·洪範》："燮友柔克。"《史記·宋微子世家》作"内友柔克"。

頁碼	反切		中古音韻地位						上古音	
180	燮	蘇協切	心	咸	帖	四	開	入	心	葉
	濕	失入切	書	深	緝	三	開	入	書	緝

文獻通假 1 次：《左傳·襄公八年》："獲蔡公子燮。"《公羊傳》同，《穀梁傳》"燮"作"濕"。

頁碼		反切	中古音韻地位						上古音	
180	溼	失入切	書	深	緝	三	開	入	書	緝
	攝	書涉切	書	咸	葉	三	開	入	書	葉

文獻通假 1 次：《荀子·修身》："卑溼重遲貪利。"《韓詩外傳》二"溼"作"攝"。

頁碼		反切	中古音韻地位						上古音	
553	魶	奴盍切	泥	咸	盍	一	開	入	泥	緝
	鰨	吐盍切	透	咸	盍	一	開	入	透	葉

文獻通假 1 次：《史記·司馬相如列傳》："禺禺鱋魶。"《集解》："'魶'一作'鰨'。"《漢書·司馬相如傳》《文選·上林賦》"鱋魶"作"魼鰨"。

頁碼		反切	中古音韻地位						上古音	
376	挹	伊入切	影	深	緝	三	開	入	影	緝
	押	烏甲切	影	咸	狎	二	開	入	影	葉

文獻通假 1 次：《太玄·玄攡》："其道旁冥而挹盈。"許翰注："'挹盈'，丁、宋作'押盈'。"

頁碼		反切	中古音韻地位						上古音	
376	佶	直立切	澄	深	緝	三	開	入	澄	緝
	協	胡頰切	匣	咸	帖	四	開	入	匣	葉

文獻通假 1 次：《莊子·天地》："佶佶乎耕而不顧。"《呂氏春秋·長利》"佶"作"協"。

頁碼		反切	中古音韻地位						上古音	
693	合	侯閤切	匣	咸	合	一	開	入	匣	緝
	協	胡頰切	匣	咸	帖	四	開	入	匣	葉

文獻通假 2 次，如：《書·堯典》："協和萬邦。"《史記·五帝本紀》作"合和萬國"。

頁碼		反切	中古音韻地位						上古音	
693	拾	是執切	禪	深	緝	三	開	入	禪	緝
	涉	時攝切	禪	咸	葉	三	開	入	禪	葉

文獻通假 1 次：《禮記·曲禮上》："拾級聚足。"鄭注："'拾'當爲'涉'，聲之誤也。"《儀禮·燕禮》賈疏、《左傳·僖公九年》《正義》並引"拾"作"涉"。

頁碼		反切	中古音韻地位						上古音	
693	洽	侯夾切	匣	咸	洽	二	開	入	匣	緝
	協	胡頰切	匣	咸	帖	四	開	入	匣	葉

　　文獻通假 3 次，如：《詩·小雅·正月》："洽比其鄰。"《左傳·僖公二十二年、襄公二十九年》《白孔六帖》二十、《太平御覽》一五七並引"洽"作"協"。

頁碼		反切	中古音韻地位						上古音	
694	榻	吐盍切	透	咸	盍	一	開	入	透	葉
	苔	都合切	端	咸	合	一	開	入	端	緝

　　文獻通假 1 次：《史記·貨殖列傳》："榻布皮革千石。"《索隱》本"榻布"作"苔布"。《漢書·貨殖傳》亦作"苔布"。

頁碼		反切	中古音韻地位						上古音	
694	翕	許及切	曉	深	緝	三	開	入	曉	緝
	脅	虛業切	曉	咸	業	四	合	入	曉	葉

　　文獻通假 2 次，如：《易·繫辭上》："夫坤，其靜也翕，其動也闢。"《漢書·王莽傳》云："動靜辟脅。"顏注："《易》上《繫》之辭。"

頁碼		反切	中古音韻地位						上古音	
694	歙	許及切	曉	深	緝	三	開	入	曉	緝
	喋	徒協切	定	咸	帖	四	開	入	定	葉

　　文獻通假 2 次，如：《老子》三十六章："歙歙爲天下渾其心。"《釋文》："'歙歙'一本作'喋喋'。"

頁碼		反切	中古音韻地位						上古音	
694	歙	許及切	曉	深	緝	三	開	入	曉	緝
	協	胡頰切	匣	咸	帖	四	開	入	匣	葉

　　文獻通假 1 次：《淮南子·主術》："索鐵歙金。"高注："'歙'讀'協'。"

頁碼		反切	中古音韻地位						上古音	
695	噏	虛業切	曉	咸	業	三	開	入	曉	葉
	噏	許及切	曉	深	緝	三	開	入	曉	緝

　　文獻通假 1 次：《莊子·天運》："予口張而不能噏。"《藝文類聚》九六、《太平御覽》六一七引"噏"作"噏"。

頁碼		反切	中古音韻地位						上古音	
695	柙	胡甲切	匣	咸	狎	二	開	入	匣	葉
	柙	古沓切	見	咸	合	一	開	入	見	緝

　　文獻通假 1 次：《莊子·天運》："柙而藏之。"《玉篇》引"柙"作"柙"。

頁碼		反切	中古音韻地位						上古音	
695	協	胡頰切	匣	咸	帖	四	開	入	匣	葉
	汁	之入切	章	深	緝	三	開	入	章	緝

文獻通假 6 次，如：《周禮·春官·大史》："讀禮書而協事。"鄭注："《故書》'協'作'叶'，杜子春云：'叶，書或爲汁。'"

頁碼		反切	中古音韻地位						上古音	
696	擖	盧合切	來	咸	合	一	開	入	來	葉
	拉	盧合切	來	咸	合	一	開	入	來	緝

文獻通假 1 次：《公羊傳·莊公元年》："擖幹而殺之。"《釋文》"擖"作"拹"，云："亦作拉"。《史記·齊太公世家》《詩·齊風·南山》《正義》引並"擖"作"拉"。

頁碼		反切	中古音韻地位						上古音	
696	叶	胡頰切	匣	咸	帖	四	開	入	匣	葉
	汁	之入切	章	深	緝	三	開	入	章	緝

文獻通假 2 次，如：《周禮·秋官·大行人》："協辭命。"鄭注："《故書》'協辭命'作'叶詞命'，鄭司農云：'"叶"當爲"汁"。'"

頁碼		反切	中古音韻地位						上古音	
696	燮	蘇協切	心	咸	帖	四	開	入	心	葉
	溼	失入切	書	深	緝	三	開	入	書	緝

文獻通假 3 次，如：《左傳·襄公八年》："獲蔡公子燮。"《公羊傳》同，《穀梁傳》"燮"作"溼"。

頁碼		反切	中古音韻地位						上古音	
700	雜	徂合切	從	咸	合	一	開	入	從	緝
	插	楚洽切	初	咸	洽	二	開	入	初	葉

文獻通假 2 次，如：《史記·司馬相如列傳》："雜遝累輯。"《集解》："徐廣曰：'雜一作插。'"

頁碼		反切	中古音韻地位						上古音	
700	捷	疾葉切	從	咸	葉	三	開	入	從	葉
	咠	七入切	清	深	緝	三	開	入	清	緝

文獻通假 1 次：《詩·小雅·巷伯》："捷捷幡幡。"《説文·口部》咠下引《詩》曰："咠咠幡幡。"

頁碼		反切	中古音韻地位						上古音	
701	輯	秦入切	從	深	緝	三	開	入	從	緝
	接	即葉切	精	咸	葉	三	開	入	精	葉

文獻通假 1 次：《禮記·檀弓下》："蒙袂輯屨。"《新序·節士》"輯"作"接"。

頁碼		反切	中古音韻地位						上古音	
702	接	即葉切	精	咸	葉	三	開	入	精	葉
	翢	色立切	生	深	緝	三	開	入	山	緝

文獻通假 1 次：《周禮·天官·縫人》："衣翣柳之材。"鄭注："《故書》翣柳作接櫨，鄭司農云：'接讀爲翢。'"

頁碼		反切	中古音韻地位						上古音	
702	翣	所甲切	生	咸	狎	二	開	入	山	葉
	翢	色立切	生	深	緝	三	開	入	山	緝

文獻通假 2 次，如：《禮記·檀弓上》："周人牆置翣。"《周禮·春官·喪祝》鄭注引"翣"作"翢"。

頁碼		反切	中古音韻地位						上古音	
704	囡	女洽切	泥	咸	洽	二	開	入	泥	緝
	聶	尼輒切	泥	咸	葉	三	開	入	泥	葉

文獻通假 1 次：《説文·口部》："'囡'讀若'聶'。"

頁碼		反切	中古音韻地位						上古音	
705	懾	之涉切	章	咸	葉	三	開	入	章	葉
	慴	之涉切	章	咸	葉	三	開	入	章	緝

文獻通假 1 次：《文選》阮嗣宗《爲鄭勸晋王箋》："名懾三越。"李注："《爾雅》曰：'慴，懼也。'郭璞曰：'即懾字也。'"

頁碼		反切	中古音韻地位						上古音	
705	攝	書涉切	書	咸	葉	三	開	入	書	葉
	執	之入切	章	深	緝	三	開	入	章	緝

文獻通假 1 次：《老子》五十章："蓋聞善攝生者。"漢帛書甲本、乙本"攝"作"執"。

頁碼		反切	中古音韻地位						上古音	
706	縶	陟立切	知	深	緝	三	開	入	端	緝
	輒	陟葉切	知	咸	葉	三	開	入	端	葉

　　文獻通假 2 次，如：《左傳·昭公二十年》：“盜殺衛侯之兄縶。”《公羊傳》《穀梁傳》並“縶”作“輒”。

頁碼		反切	中古音韻地位						上古音	
706	䶄	陟立切	知	深	緝	三	開	入	端	緝
	輒	陟葉切	知	咸	葉	三	開	入	端	葉

　　文獻通假 1 次：《説文·馬部》：“‘䶄’讀若‘輒’。”

頁碼		反切	中古音韻地位						上古音	
706	耴	陟葉切	知	咸	葉	三	開	入	端	葉
	褶	徒協切	定	咸	帖	四	開	入	定	緝

　　文獻通假 1 次：《淮南子·墜形訓》：“夸父耴耳在其北方。”高注：“‘耴’讀‘褶衣’之‘褶’。”耴今本誤作“耽”，依王念孫校改。

頁碼		反切	中古音韻地位						上古音	
707	臿	楚洽切	初	咸	洽	二	開	入	初	葉
	遝	徒合切	定	咸	合	一	開	入	定	緝

　　文獻通假 1 次：《史記·司馬相如列傳》：“雜臿其間。”《集解》：“徐廣曰：‘臿一云遝。’”

頁碼		反切	中古音韻地位						上古音	
707	慴	之涉切	章	咸	葉	三	開	入	章	緝
	讋	之涉切	章	咸	葉	三	開	入	章	葉

　　文獻通假 5 次，如：《史記·項羽本紀》：“一府中皆慴伏。”《漢書·陳勝項籍列傳》“慴”作“讋”，下文同。

頁碼		反切	中古音韻地位						上古音	
707	慴	之涉切	章	咸	葉	三	開	入	章	緝
	疊	徒協切	定	咸	帖	四	開	入	定	葉

　　文獻通假 1 次：《説文·心部》：“‘慴’讀若‘疊’。”
　　（二）緝部—質部（11 組）
　　具體數據見第八章第二節“質—緝”部分。
　　（三）緝部—物部（10 組）
　　具體數據見第九章第二節“物—緝”部分。
　　（四）緝部—月部（9 組）
　　具體數據見第七章第二節“月—緝”部分。
　　（五）緝部—職部（5 組）
　　具體數據見第一章第二節“職—緝”部分。

（六）緝部—錫部（3 組）

具體數據見第六章第二節"錫—緝"部分。

（七）緝部—覺部（3 組）

具體數據見第二章第二節"覺—緝"部分。

（八）緝部—藥部（2 組）

具體數據見第三章第二節"藥—緝"部分。

（九）緝部—屋部（1 組）

具體數據見第四章第二節"屋—緝"部分。

三、緝部和陽聲韻通假關係舉證

表 10–4　緝部與陽聲韻通假頻次表（組）

	談部	侵部	文部	蒸部	合計
緝部	5	3	1	1	10

（一）緝部—談部（5 組）

頁碼		反切	中古音韻地位						上古音	
180	傝	吾含切	疑	咸	覃	一	開	平	疑	談
	濕	失入切	書	深	緝	三	開	入	書	緝

文獻通假 1 次：《荀子·不苟》："窮則棄而傝。"楊注："'傝'當爲'濕'。《方言》云：'濕憂也。'"

頁碼		反切	中古音韻地位						上古音	
231	厭	於豔切	影	咸	豔	三	開	去	影	談
	捻	奴協切	泥	咸	帖	四	開	入	泥	緝

文獻通假 1 次：《淮南子·説林訓》："使工厭竅。"《文子·上德》："厭作捻。"

頁碼		反切	中古音韻地位						上古音	
250	翕	許及切	曉	深	緝	三	開	入	曉	緝
	掩	衣儉切	影	咸	琰	三	開	上	影	談

文獻通假 1 次：《逸周書·王會解》："州靡費費。其形人身，反踵，自笑，笑則上脣翕其目，食人。"《説文·內部》《山海經·海內南經》郭注引"翕"作"掩"。

頁碼		反切	中古音韻地位						上古音	
251	爓	以贍切	以	咸	豔	三	開	去	餘	談
	腊	直立切	澄	深	緝	三	開	入	定	緝

文獻通假 2 次，如：《禮記·郊特牲》："血腥爓祭。"鄭注："'爓'或爲'腊'。"

頁碼		反切	中古音韻地位						上古音	
254	厴	於醶切	影	咸	醶	三	開	去	影	談
	揖	伊入切	影	深	緝	三	開	入	影	緝

　　文獻通假 4 次，如：《儀禮·鄉飲酒禮》："賓厴介入門左，介厴眾賓入。"鄭注："'厴'，今文皆作'揖'。"

　　（二）緝部—侵部（3 組）

頁碼		反切	中古音韻地位						上古音	
233	含	胡男切	匣	咸	覃	一	開	平	匣	侵
	合	侯閣切	匣	咸	合	一	開	入	匣	緝

　　文獻通假 1 次：《易·坤·六三》："含章，可貞。"漢帛書本"含"作"合"。

頁碼		反切	中古音韻地位						上古音	
240	騽	似入切	邪	深	緝	三	開	入	邪	緝
	驔	徒玷切	定	咸	忝	四	開	上	定	侵

　　文獻通假 1 次：《爾雅·釋畜》："驪馬黃脊，騽。"《釋文》："'騽'，《説文》作'驔'。今《爾雅》本亦有作'驔'者。"

頁碼		反切	中古音韻地位						上古音	
245	什	是執切	禪	深	緝	三	開	入	禪	緝
	尋	徐林切	邪	深	侵	三	開	平	邪	侵

　　文獻通假 1 次：《史記·張儀列傳》："塞什谷之口。"《集解》引徐廣曰："'什'一作'尋'。"《索隱》："一本作'尋谷'。什聲相近，故其名惑也。"

　　（三）緝部—文部（1 組）

　　具體數據見第九章第三節"文—緝"部分。

　　（四）緝部—蒸部（1 組）

　　具體數據見第一章第三節"蒸—緝"部分。

第二節　侵　部

　　在本書研究範圍內，侵部共通假 354 組。其中，同部通假 218 組，異部通假 136 組。在異部通假中，侵部與陰聲韻共通假 14 組；與入聲韻共通假 12 組；與其他陽聲韻共通假 110 組。具體情況如下：

表 10–5　侵部通假情況匯總表

通假類型			通假數量（組）			
同部通假		侵—侵	218			
異部通假	陰聲韻	侵—宵	6	14		354
		侵—幽	6			
		侵—侯	2			
	入聲韻	侵—職	4	12	136	
		侵—緝	3			
		侵—質	2			
		侵—物	1			
		侵—葉	1			
		侵—月	1			
	陽聲韻	侵—談	69	110		
		侵—蒸	10			
		侵—元	8			
		侵—文	7			
		侵—冬	6			
		侵—耕	4			
		侵—真	3			
		侵—東	2			
		侵—陽	1			

一、侵部和陰聲韻通假關係舉證

表 10–6　侵部與陰聲韻通假頻次表（組）

	宵部	幽部	侯部	合計
侵部	6	6	2	14

（一）侵部—宵部（6 組）

具體數據見第三章第一節"宵—侵"部分。

（二）侵部—幽部（6 組）

具體數據見第二章第一節"幽—侵"部分。

（三）侵部—侯部（2 組）

具體數據見第四章第一節"侯—侵"部分。

二、侵部和入聲韻通假關係舉證

表 10-7　侵部與入聲韻通假頻次表（組）

	職部	緝部	質部	物部	月部	葉部	合計
侵部	4	3	2	1	1	1	12

（一）侵部—職部（4 組）

具體數據見第一章第二節"職—侵"部分。

（二）侵部—緝部（3 組）

具體數據見本章第一節"緝—侵"部分。

（三）侵部—質部（2 組）

具體數據見第八章第二節"質—侵"部分。

（四）侵部—物部（1 組）

具體數據見第九章第二節"物—侵"部分。

（五）侵部—葉部（1 組）

頁碼	反切		中古音韻地位						上古音	
907	蠟	盧盍切	來	咸	盍	一	開	入	來	葉
	蠶	昨含切	從	咸	覃	一	開	平	從	侵

文獻通假 1 次：《周禮·春官·籥章》："國祭蠟，則歙豳頌。"鄭注："《故書》'蠟'爲'蠶'，杜子春云：'"蠶"當爲"蠟"。'"

（六）侵部—月部（1 組）

具體數據見第七章第二節"月—侵"部分。

三、侵部和其他陽聲韻通假關係舉證

10-8：侵部與其他陽聲韻通假頻次表（組）

	談部	蒸部	元部	文部	冬部	耕部	真部	東部	陽部	合計
侵部	69	10	8	7	6	4	3	2	1	110

（一）侵部—談部（69 組）

頁碼	反切		中古音韻地位						上古音	
89	念	奴店切	泥	咸	桥	四	開	去	泥	侵
	忝	他念切	透	咸	桥	四	開	去	透	談

文獻通假 1 次：《詩·大雅·文王》："無念爾祖。"《後漢書·劉長卿妻傳》引"念"作"忝"。

頁碼		反切	中古音韻地位						上古音	
228	愔	挹淫切	影	深	侵	三	開	平	影	侵
	厭	於豔切	影	咸	豔	三	開	去	影	談

文獻通假 2 次，如：《詩·秦風·小戎》："厭厭良人。"《列女傳》二引"厭"作"愔"。

頁碼		反切	中古音韻地位						上古音	
229	闇	烏紺切	影	咸	勘	一	開	去	影	侵
	奄	衣儉切	影	咸	琰	三	開	上	影	談

文獻通假 1 次：《文選·舞賦》："闇復輟已。"李注："'闇'，猶'奄'也。古人呼'闇'殆與'奄'同。"

頁碼		反切	中古音韻地位						上古音	
229	闇	烏紺切	影	咸	勘	一	開	去	影	侵
	晻	烏感切	影	咸	感	一	開	上	影	談

文獻通假 14 次，如：《史記·司馬相如列傳》："闇乎反鄉。"《文選·上林賦》"闇"作"晻"。

頁碼		反切	中古音韻地位						上古音	
229	闇	烏紺切	影	咸	勘	一	開	去	影	侵
	撎	衣儉切	影	咸	琰	三	開	上	影	談

文獻通假 1 次：《史記·司馬相如列傳》："闇乎反鄉。"《漢書·司馬相如傳》"闇"作"撎"。

頁碼		反切	中古音韻地位						上古音	
229	黭	烏感切	影	咸	感	一	合	上	影	談
	闇	烏紺切	影	咸	勘	一	開	去	影	侵

文獻通假 1 次：《荀子·彊國》："黭然而雷擊之。"《韓詩外傳》六"黭"作"闇"。

頁碼		反切	中古音韻地位						上古音	
229	晻	烏感切	影	咸	感	一	合	上	影	談
	暗	烏紺切	影	咸	勘	一	開	去	影	侵

文獻通假 14 次，如：《荀子·不苟》："是姦人將以盜名於晻世者也。"楊注："'晻'與'暗'同。"

頁碼		反切	中古音韻地位						上古音	
229	黯	乙減切	影	咸	豏	二	開	上	影	侵
	魘	於琰切	影	咸	琰	三	開	上	影	談

文獻通假 2 次，如：《左傳·哀公二十年》："蔡史黯。"《說苑·尊賢》作"史魘"。

頁碼		反切	中古音韻地位						上古音	
230	兓	子廉切	精	咸	鹽	三	開	平	精	談
	咸	胡讒切	匣	咸	咸	二	開	平	匣	侵

文獻通假 1 次：《説文·戈部》：“‘兓’，古文讀若‘咸’。”

頁碼		反切	中古音韻地位						上古音	
230	轗	苦感切	溪	咸	感	一	開	上	溪	侵
	輡	苦感切	溪	咸	感	一	開	上	溪	談

文獻通假 1 次：《文選·古詩十九首》：“轗軻長苦辛。”李注：“《楚辭》曰：‘年既過太半，然輡軻不遇也。’‘轗’與‘輡’同。”按：《古詩十九首》爲南朝蕭統選編、漢末文人所作。一般認爲它所產生的年代應當在東漢順帝末到獻帝前，即 140—190 年之間。

頁碼		反切	中古音韻地位						上古音	
231	減	古斬切	見	咸	豏	二	開	上	見	侵
	謙	苦兼切	溪	咸	添	四	開	平	溪	談

文獻通假 1 次：《禮記·樂記》：“故禮主其減。”《史記·樂書》“減”作“謙”，下文同。

頁碼		反切	中古音韻地位						上古音	
231	念	奴店切	泥	咸	㮇	四	開	去	泥	侵
	忝	他念切	透	咸	㮇	四	開	去	透	談

文獻通假 1 次：《詩·大雅·文王》：“無念爾祖。”《後漢書·劉長卿妻傳》引“念”作“忝”。

頁碼		反切	中古音韻地位						上古音	
232	啗	徒敢切	定	咸	敢	一	開	上	定	談
	含	胡男切	匣	咸	覃	一	開	平	匣	侵

文獻通假 1 次：《説文·口部》：“‘啗’讀與‘含’同。”

頁碼		反切	中古音韻地位						上古音	
233	歛	胡感切	匣	咸	感	一	開	上	匣	談
	貪	他含切	透	咸	覃	一	開	平	透	侵

文獻通假 1 次：《説文·欠部》：“‘歛’讀若‘貪’。”

頁碼		反切	中古音韻地位						上古音	
233	儼	魯掩切	疑	咸	儼	三	開	上	疑	談
	𪒠	五感切	疑	咸	感	一	開	上	疑	侵

　　文獻通假 1 次：《詩・陳風・澤陂》："碩大且儼。"《説文・女部》引《太平御覽》三六八引《韓詩》"儼"作"嬌"。

頁碼		反切	中古音韻地位						上古音	
233	黔	巨淹切	群	咸	鹽	三	開	平	群	侵
	黚	巨淹切	群	咸	鹽	三	開	平	群	談

　　文獻通假 2 次，如：《易・説卦》："艮爲黔喙之屬。"《釋文》："'黔'，鄭作'黚'。"

頁碼		反切	中古音韻地位						上古音	
234	讒	士咸切	崇	咸	咸	二	開	平	崇	談
	岑	鋤針切	崇	深	侵	三	開	平	崇	侵

　　文獻通假 3 次，如：《左傳・昭公三年》："讒鼎之銘。"《吕氏春秋・審己》《新序・節士》"讒鼎"並作"岑鼎"。

頁碼		反切	中古音韻地位						上古音	
235	纖	息廉切	心	咸	鹽	三	開	平	心	談
	綅	息廉切	心	咸	鹽	三	開	平	心	侵

　　文獻通假 1 次：《禮記・問傳》："禫而纖無所不佩。"鄭注："'纖'或作'綅'。"

頁碼		反切	中古音韻地位						上古音	
235	鋟	七稔切	清	深	寑	三	開	上	清	侵
	鑯	子廉切	精	咸	鹽	三	開	平	精	談

　　文獻通假 1 次：《公羊傳・定公八年》："睋而鋟其板。"《釋文》："'鋟'本又作'鑯'。"

頁碼		反切	中古音韻地位						上古音	
236	濫	盧瞰切	來	咸	闞	一	開	去	來	談
	淫	餘針切	以	深	侵	三	開	平	餘	侵

　　文獻通假 1 次：《禮記・樂記》："姦聲以濫。"《史記・樂書》"濫"作"淫"。

頁碼		反切	中古音韻地位						上古音	
236	紞	都敢切	端	咸	敢	一	開	上	端	侵
	點	多忝切	端	咸	忝	四	開	上	端	談

　　文獻通假 1 次：《禮記・喪大記》："紟五幅無紞。"鄭注："'紞'或爲'點'。"

頁碼		反切	中古音韻地位						上古音	
237	枕	章荏切	章	深	寑	三	開	上	章	侵
	玷	多忝切	端	咸	忝	四	開	上	端	談

文獻通假 1 次：《易·坎》："坎險且枕。"《釋文》："'枕'，九家作'玷'。"

頁碼		反切	中古音韻地位						上古音	
238	坎	苦感切	溪	咸	感	一	開	上	溪	談
	歁	苦感切	溪	咸	感	一	開	上	溪	侵

文獻通假 2 次，如：《楚辭·九歎》："哀僕夫之坎毒兮。"《考異》："'坎'一作'歁'。"

頁碼		反切	中古音韻地位						上古音	
239	椹	知林切	知	深	侵	三	開	平	端	侵
	砧	知林切	知	深	侵	三	開	平	端	談

文獻通假 1 次：《爾雅·釋宮》："椹謂之榩。"《釋文》："'椹'本或作'砧'。"《文選》謝惠連《搗衣詩》李注引"椹"作"砧"。

頁碼		反切	中古音韻地位						上古音	
239	湛	直深切	澄	深	侵	三	開	平	定	侵
	漸	子廉切	精	咸	鹽	三	開	平	精	談

文獻通假 2 次：《周禮·考工記·鍾氏》："以朱湛丹秫。"鄭注："'湛'讀如'漸車帷裳'之'漸'。"

頁碼		反切	中古音韻地位						上古音	
239	覃	徒含切	定	咸	覃	一	開	平	定	侵
	剡	以冉切	以	咸	琰	三	開	上	餘	談

文獻通假 2 次，如：《詩·小雅·大田》："以我覃耜。"《爾雅·釋詁》郭注引"覃"作"剡"。

頁碼		反切	中古音韻地位						上古音	
240	譚	徒含切	定	咸	覃	一	開	平	定	侵
	談	徒甘切	定	咸	談	一	開	平	定	談

文獻通假 2 次：《莊子·則陽》："夫子何不譚我於王。"《釋文》："'譚'本亦作'談'。"

頁碼		反切	中古音韻地位						上古音	
240	譚	徒含切	定	咸	覃	一	開	平	定	侵
	郯	徒甘切	定	咸	談	一	開	平	定	談

文獻通假 2 次，如：《左傳·莊公十年》："齊侯之出也，過譚。"《史記·齊太公世家》"譚"作"郯"。

頁碼		反切	中古音韻地位						上古音	
240	禫	徒感切	定	咸	感	一	開	上	定	侵
	淡	徒敢切	定	咸	敢	一	開	上	定	談

文獻通假 1 次：《荀子·非十二子》：“神禫其辭。”楊注：“‘神禫’當爲‘冲淡’。”

頁碼		反切	中古音韻地位						上古音	
240	聃	他酣切	透	咸	談	一	開	平	透	談
	南	那含切	泥	咸	覃	一	開	平	泥	侵

文獻通假 2 次，如：《左傳·隱公九年》：“天王使聃季來聘。”《公羊傳》《穀梁傳》“聃季”作“南季”。

頁碼		反切	中古音韻地位						上古音	
240	枏	那含切	泥	咸	覃	一	開	平	泥	談
	楠	那含切	泥	咸	覃	一	開	平	泥	侵

文獻通假 1 次：《戰國策·宋衛策》：“荆有長松文梓楩枏豫樟。”鮑本“枏”作“楠”。按：“楩枏”二字《古字通假會典》脫。

頁碼		反切	中古音韻地位						上古音	
242	窆	方驗切	幫	咸	豔	三	開	去	幫	談
	禁	居蔭切	見	深	沁	三	開	去	見	侵

文獻通假 1 次：《周禮·秋官·朝士》：“慮刑貶。”鄭注：“故書‘貶’爲‘窆’，杜子春云：‘“窆”當爲“禁”。’”按：《古字通假會典》“杜子春”作“林子春”，誤。

頁碼		反切	中古音韻地位						上古音	
243	譖	莊蔭切	莊	深	沁	三	開	去	莊	侵
	讒	士咸切	崇	咸	咸	二	開	平	崇	談

文獻通假 3 次：《詩·小雅·巷伯》：“取彼譖人。”《禮記·緇衣》鄭注、《後漢書·馬援傳》引“譖”作“讒”。

頁碼		反切	中古音韻地位						上古音	
243	潛	昨鹽切	從	咸	鹽	四	開	平	從	侵
	漸	慈染切	從	咸	琰	三	開	上	從	談

文獻通假 1 次：《書·洪範》：“沈潛剛克。”《史記·宋微子世家》作“沈漸剛克”。《左傳·文公五年》《漢書·谷永杜鄴傳》引“潛”作“漸”。

頁碼		反切	中古音韻地位						上古音	
245	摻	所咸切	生	咸	咸	二	開	平	山	侵
	攕	所咸切	生	咸	咸	二	開	平	山	談

文獻通假 1 次:《詩·魏風·葛屨》:"摻摻女手。"《説文·手部》《玉篇·手部》引"摻"作"攕"。《吕氏家塾讀詩記》引董氏曰:"《石經》'摻'作'攕'。"按:《古字通假會典》"《説文》""文"字脱。

頁碼		反切	中古音韻地位						上古音	
245	摻	所咸切	生	咸	咸	二	開	平	山	侵
	纖	息廉切	心	咸	鹽	三	開	平	心	談

文獻通假 1 次:《詩·魏風·葛屨》:"摻摻女手。"《文選·古詩十九首》李注引《韓詩》"摻"作"纖"。

頁碼		反切	中古音韻地位						上古音	
245	縿	所銜切	生	咸	銜	二	開	平	山	侵
	襳	息廉切	心	咸	鹽	三	開	平	心	談

文獻通假 1 次:《爾雅·釋天》:"繿帛縿。"《釋文》"縿"本或作"襳"。

頁碼		反切	中古音韻地位						上古音	
245	軓	防錽切	並	咸	範	三	合	上	並	侵
	範	防錽切	並	咸	範	三	合	上	並	談

文獻通假 1 次:《周禮·夏官·大馭》:"祭軓乃飲。"鄭注:"《故書》軓爲範。"

頁碼		反切	中古音韻地位						上古音	
246	範	防錽切	並	咸	範	三	合	上	並	談
	軓	防錽切	並	咸	範	三	合	上	並	侵

文獻通假 1 次:《禮記·少儀》:"祭左右軌範。"鄭注:"《周禮·大御》:'祭兩軹祭軓。'軓與範聲同。"

頁碼		反切	中古音韻地位						上古音	
246	氾	孚梵切	滂	咸	梵	三	合	去	滂	談
	汎	孚梵切	滂	咸	梵	三	合	去	滂	侵

文獻通假 6 次, 如:《禮記·王制》:"疑獄, 氾與衆共之。"《釋文》:"'氾'本又作'汎'。"

頁碼		反切	中古音韻地位						上古音	
246	汎	孚梵切	滂	咸	梵	三	合	去	滂	侵
	泛	孚梵切	滂	咸	梵	三	合	去	滂	談

文獻通假 4 次，如：《詩·鄘風·柏舟》："汎彼柏舟。"《白孔六帖》六引"汎"作"泛"。

頁碼		反切	中古音韻地位						上古音	
247	氾	孚梵切	滂	咸	梵	三	合	去	滂	談
	渢	房戎切	並	通	東	三	合	平	並	侵

文獻通假 1 次：《老子》三十四章："大道氾兮。"漢帛書乙本"氾"作"渢"。

頁碼		反切	中古音韻地位						上古音	
248	闖	丑禁切	徹	深	沁	三	開	去	透	侵
	覥	失冉切	書	咸	琰	三	開	上	書	談

文獻通假 1 次：《公羊傳·哀公六年》："開之則闖然公子陽生也。"《説文·見部》引"闖"作"覥"。

頁碼		反切	中古音韻地位						上古音	
249	感	古禫切	見	咸	感	一	開	上	見	侵
	奄	衣儉切	影	咸	琰	三	開	上	影	談

文獻通假 1 次：《荀子·議兵》："善用兵者，感忽悠闇。"《新序·雜事三》"感"作"奄"。

頁碼		反切	中古音韻地位						上古音	
250	掩	衣儉切	影	咸	琰	三	開	上	影	談
	闇	烏紺切	影	咸	勘	一	開	去	影	侵

文獻通假 1 次：《戰國策·趙策二》："豈掩於眾人之言。"《史記·蘇秦列傳》"掩"作"闇"。

頁碼		反切	中古音韻地位						上古音	
251	厰	胡甘切	匣	咸	談	一	開	平	匣	談
	函	胡男切	匣	咸	覃	一	開	平	匣	侵

文獻通假 1 次：《説文·甘部》："'厰'讀若'函'。"

頁碼		反切	中古音韻地位						上古音	
251	函	胡男切	匣	咸	覃	一	開	平	匣	侵
	嗿	徒敢切	定	咸	敢	一	開	上	定	談

文獻通假 1 次：《史記·禮書》："函及士大夫。"《索隱》"函"作"啗"。

頁碼		反切	中古音韻地位						上古音	
251	函	胡男切	匣	咸	覃	一	開	平	匣	侵
	臽	戶䈾切	匣	咸	陷	二	合	去	匣	談

文獻通假 1 次：《國語·楚語上》："若合而函吾中。"《國語舊音》"函"或爲"臽"。王念孫説"臽"乃"臽"字之誤。

頁碼		反切	中古音韻地位						上古音	
251	檢	居奄切	見	咸	琰	三	開	上	見	談
	涵	胡男切	匣	咸	覃	一	開	平	匣	侵

文獻通假 1 次：《爾雅·釋言》："檢，同也。"《詩·小雅·巧言》鄭箋引"檢"作"涵"。

頁碼		反切	中古音韻地位						上古音	
251	蛤	胡感切	匣	咸	感	一	開	上	匣	談
	蛹	胡男切	匣	咸	覃	一	開	平	匣	侵

文獻通假 1 次：《爾雅·釋蟲》："蛤，毛蠹。"《説文·虫部》"蛤"作"蛹"。

頁碼		反切	中古音韻地位						上古音	
251	陷	戶䈾切	匣	咸	陷	二	開	去	匣	談
	尤	餘針切	以	深	侵	三	開	平	餘	侵

文獻通假 1 次：《史記·魏其武安侯列傳》："今日斬頭陷胸。"《索隱》："'陷胸'，《漢書》作'尤匈'。"

頁碼		反切	中古音韻地位						上古音	
253	巖	五銜切	疑	咸	銜	二	開	平	疑	談
	崟	魚金切	疑	深	侵	三	開	平	疑	侵

文獻通假 1 次：《史記·司馬相如列傳》："岑巖參差。"《漢書·司馬相如傳》《文選·子虛賦》"巖"作"崟"。

頁碼		反切	中古音韻地位						上古音	
255	斂	良冉切	來	咸	琰	三	開	上	來	談
	臨	力尋切	來	深	侵	三	開	平	來	侵

文獻通假 1 次：《史記·齊太公世家》："辛巳夜，斂殯。"《集解》引徐廣曰："'斂'一作'臨'也。"

頁碼		反切	中古音韻地位						上古音	
255	險	虛檢切	曉	咸	琰	三	開	上	曉	談
	訦	氏任切	禪	深	侵	三	開	平	禪	侵

文獻通假 1 次：《易·坎·九二》："坎有險。" 漢帛書本 "險" 作 "訦"。

頁碼		反切	中古音韻地位						上古音	
255	嬐	魚檢切	疑	咸	琰	三	開	上	疑	談
	傑	牛錦切	疑	深	寑	三	開	上	疑	侵

文獻通假 1 次：《史記·司馬相如列傳》："嬐侵潯而高縱兮。"《漢書·司馬相如傳》"嬐" 作 "傑"。

頁碼		反切	中古音韻地位						上古音	
257	監	古銜切	見	咸	銜	二	開	平	見	談
	臨	力尋切	來	深	侵	三	開	平	來	侵

文獻通假 1 次：《史記·陳涉世家》："陳王出監戰。"《漢書·陳勝項籍傳》"監" 作 "臨"。

頁碼		反切	中古音韻地位						上古音	
257	覽	盧敢切	來	咸	敢	一	開	上	來	談
	臨	力尋切	來	深	侵	三	開	平	來	侵

文獻通假 1 次：《楚辭·九懷》："覽舊邦兮滃鬱。"《考異》"覽" 一作 "臨"。

頁碼		反切	中古音韻地位						上古音	
257	林	力尋切	來	深	侵	三	開	平	來	侵
	襤	魯甘切	來	咸	談	一	開	平	來	談

文獻通假 2 次，如：《史記·張釋之馮唐列傳》："滅澹林。"《索隱》："'澹林'一本作'襜襤'。"

頁碼		反切	中古音韻地位						上古音	
257	襤	魯甘切	來	咸	談	一	開	平	來	談
	臨	力尋切	來	深	侵	三	開	平	來	侵

文獻通假 1 次：《史記·廉頗藺相如列傳》："滅襜襤。"《集解》："'襤'，徐廣曰：'一作臨。'"

頁碼		反切	中古音韻地位						上古音	
258	貪	他含切	透	咸	覃	一	開	平	透	侵
	濫	盧瞰切	來	咸	闞	一	開	去	來	談

文獻通假 1 次:《韓非子·十過》:"虞公貪利其璧與馬。"《吕氏春秋·權勳》"貪"作"濫"。

頁碼		反切	中古音韻地位						上古音	
258	坎	苦感切	溪	咸	感	一	開	上	溪	談
	欽	去金切	溪	深	侵	三	開	平	溪	侵

文獻通假 1 次:《史記·楚世家》:"子熊坎立,是爲霄敖。"《索隱》:"'坎'又作'欽'。"

頁碼		反切	中古音韻地位						上古音	
258	坎	苦感切	溪	咸	感	一	開	上	溪	談
	贛	古暗切	見	咸	勘	一	開	去	見	侵

文獻通假 1 次:《易·習坎》:"有孚維心。亨。行有尚。"漢帛書本"坎"作"贛"。

頁碼		反切	中古音韻地位						上古音	
258	坎	苦感切	溪	咸	感	一	開	上	溪	談
	竷	苦感切	溪	咸	感	一	開	上	溪	侵

文獻通假 1 次:《詩·小雅·伐木》:"坎坎鼓我。"《説文·文部》引"坎"作"竷"。

頁碼		反切	中古音韻地位						上古音	
258	噤	巨禁切	群	深	沁	三	開	去	群	侵
	拑	巨淹切	群	咸	鹽	三	開	平	群	談

文獻通假 1 次:《史記·袁盎鼂錯列傳》:"噤口不敢復言也。"《漢書·爰盎鼂錯傳》"噤"作"拑"。

頁碼		反切	中古音韻地位						上古音	
259	堪	口含切	溪	咸	覃	一	開	平	溪	侵
	鉗	巨淹切	群	咸	鹽	三	開	平	群	談

文獻通假 1 次:《莊子·大宗師》:"堪坏得之,以襲崑崙。"《淮南子·齊俗訓》"堪坏"作"鉗且"。《莊子釋文》引《淮南》作"欽負",則"且"當作"負"。

頁碼		反切	中古音韻地位						上古音	
259	枏	汝鹽切	日	咸	鹽	三	開	平	日	談
	楠	那含切	泥	咸	覃	一	開	平	泥	侵

文獻通假 1 次:《山海經·南山經》:"其上多梓枏。"鄭注:"'枏'今作'楠'。"

頁碼		反切	中古音韻地位						上古音	
261	儋	都甘切	端	咸	談	一	開	平	端	談
	耽	丁含切	端	咸	覃	一	開	平	端	侵

文獻通假 1 次：《山海經·大荒北經》："有儋耳之國。"《淮南子·墜形訓》"儋耳"作"耽耳"。

頁碼	反切		中古音韻地位						上古音	
262	墊	都念切	端	咸	桥	四	開	去	端	侵
	塹	七豔切	清	咸	豔	三	開	去	清	談

文獻通假 1 次：《莊子·外物》："厠足而墊之。"《釋文》："'墊'本又作'塹'。"

頁碼	反切		中古音韻地位						上古音	
262	簪	作含切	精	咸	覃	一	開	平	精	侵
	讒	士咸切	崇	咸	咸	二	合	平	崇	談

文獻通假 1 次：《易·謙·九四》："勿疑，朋盍簪。"漢帛書本"簪"作"讒"。

（二）侵部—蒸部（10 組）

具體數據見第一章第三節"蒸—侵"部分。

（三）侵部—元部（8 組）

具體數據見第七章第三節"元—侵"部分。

（四）侵部—文部（7 組）

具體數據見第九章第三節"文—侵"部分。

（五）侵部—冬部（6 組）

具體數據見第二章第三節"冬—侵"部分。

（六）侵部—耕部（4 組）

具體數據見第六章第三節"耕—侵"部分。

（七）侵部—真部（3 組）

具體數據見第八章第三節"真—侵"部分。

（八）侵部—東部（2 組）

具體數據見第四章第三節"東—侵"部分。

（九）侵部—陽部（1 組）

具體數據見第五章第三節"陽—侵"部分。

第十一章　葉部、談部通假關係研究

第一節　葉　部

在本書研究範圍內，葉部共通假 193 組。其中，同部通假 108 組，異部通假 85 組。在異部通假中，葉部與陰聲韻共通假 10 組；與其他入聲韻共通假 63 組；與陽聲韻共通假 12 組。具體情況如下：

表 11–1　葉部通假情況匯總表

通假類型			通假數量（組）			
同部通假		葉—葉	108			
異部通假	陰聲韻	葉—魚	4	10	85	193
		葉—支	2			
		葉—歌	2			
		葉—宵	1			
		葉—脂	1			
	入聲韻	葉—緝	33	63		
		葉—月	18			
		葉—錫	4			
		葉—質	3			
		葉—職	2			
		葉—物	2			
		葉—鐸	1			
	陽聲韻	葉—談	7	12		
		葉—真	2			
		葉—侵	1			
		葉—元	1			
		葉—陽	1			

一、葉部和陰聲韻通假關係舉證

表 11-2　葉部與陰聲韻通假頻次表（組）

	魚部	支部	歌部	宵部	脂部	合計
葉部	4	2	2	1	1	10

（一）葉部—魚部（4 組）

具體數據見第五章第一節"魚—葉"部分。

（二）葉部—支部（2 組）

具體數據見第六章第一節"支—葉"部分。

（三）葉部—歌部（2 組）

具體數據見第七章第一節"歌—葉"部分。

（四）葉部—宵部（1 組）

具體數據見第三章第一節"宵—葉"部分。

（五）葉部—脂部（1 組）

具體數據見第八章第一節"脂—葉"部分。

二、葉部和其他入聲韻通假關係舉證

表 11-3　葉部與其他入聲韻通假頻次表（組）

	緝部	月部	錫部	質部	職部	物部	鐸部	合計
葉部	33	18	4	3	2	2	1	63

（一）葉部—緝部（33 組）

具體數據見第十章第一節"緝—葉"部分。

（二）葉部—月部（18 組）

具體數據見第七章第二節"月—葉"部分。

（三）葉部—錫部（4 組）

具體數據見第六章第二節"錫—葉"部分。

（四）葉部—質部（3 組）

具體數據見第八章第二節"質—葉"部分。

（五）葉部—職部（2 組）

具體數據見第一章第二節"職—葉"部分。

（六）葉部—物部（2 組）

具體數據見第九章第二節"物—葉"部分。

（七）葉部—鐸部（1 組）

具體數據見第五章第二節"鐸—葉"部分。

三、葉部和陽聲韻通假關係舉證

表 11-4　葉部與陽聲韻通假頻次表（組）

	談部	真部	侵部	元部	陽部	合計
葉部	7	2	1	1	1	12

（一）葉部—談部（7 組）

頁碼		反切	中古音韻地位						上古音	
249	裛	於業切	影	咸	業	三	開	入	影	葉
	馣	烏含切	影	咸	覃	一	開	平	影	談

文獻通假 1 次：《文選・上林賦》："裛薆咇茀。"李注："《説文》曰：'馣馤，香氣奄藹也。''馣'與'裛'，'馤'與'薆'，音義同。"按：音同可以作爲研究上古音的材料。

頁碼		反切	中古音韻地位						上古音	
249	裛	於業切	影	咸	業	三	開	入	影	葉
	晻	衣儉切	影	咸	琰	三	開	上	影	談

文獻通假 1 次：《史記・司馬相如列傳》："晻曖苾勃。"《漢書・司馬相如傳》"晻"作"裛"。

頁碼		反切	中古音韻地位						上古音	
250	瘱	安盍切	影	咸	盍	一	開	入	影	葉
	掩	衣儉切	影	咸	琰	三	開	上	影	談

文獻通假 1 次：《説文・疒部》："'瘱'又讀若'掩'。"

頁碼		反切	中古音韻地位						上古音	
255	斂	良冉切	來	咸	琰	三	開	上	來	談
	脅	虛業切	曉	咸	業	三	開	入	曉	葉

文獻通假 1 次：《吕氏春秋・不屈》："門中有斂陷。"高注："'斂'讀曰'脅'。"

頁碼		反切	中古音韻地位						上古音	
256	嗛	苦簟切	溪	咸	忝	四	開	上	溪	談
	愜	苦協切	溪	咸	帖	四	開	入	溪	葉

文獻通假 1 次：《史記・孝文本紀》："天下人民未有嗛志。"《索隱》："《漢書》'嗛'作'愜'。"《漢書・文帝紀》"嗛"作"愜"。

頁碼		反切	中古音韻地位						上古音	
260	怗	處占切	昌	咸	鹽	三	開	平	昌	談
	貼	他協切	透	咸	帖	四	開	入	透	葉

文獻通假 1 次：《公羊傳·僖公四年》："卒怗荊。"《釋文》"'怗'一本作'貼'。"

頁碼	反切		中古音韻地位						上古音	
699	愜	苦協切	溪	咸	帖	四	開	入	溪	葉
	嗛	苦簟切	溪	咸	忝	四	開	上	溪	談

文獻通假 1 次：《戰國策·燕策二》："先王以爲愜其志。"《史記·樂毅列傳》"愜"作"嗛"。

（二）葉部—真部（2 組）

具體數據見第八章第三節"真—葉"部分。

（三）葉部—侵部（1 組）

具體數據見第十章第二節"侵—葉"部分。

（四）葉部—元部（1 組）

具體數據見第七章第三節"元—葉"部分。

（五）葉部—陽部（1 組）

具體數據見第五章第三節"陽—葉"部分。

第二節　談　部

在本書研究範圍內，談部共通假 358 組。其中，同部通假 220 組，異部通假 138 組。在異部通假中，談部與陰聲韻共通假 17 組；與入聲韻共通假 16 組；與其他陽聲韻共通假 105 組。具體情況如下：

表 11–5　談部通假情況匯總表

通假類型			通假數量（組）			
同部通假		談—談	220			
異部通假	陰聲韻	談—宵	5	17	138	358
		談—幽	5			
		談—之	2			
		談—魚	2			
		談—侯	2			
		談—歌	1			
	入聲韻	談—葉	7	16		
		談—緝	5			
		談—月	3			
		談—質	1			

通假類型			通假數量（組）			
陽聲韻		談—侵	69			
		談—元	11			
		談—東	9			
		談—耕	4			
		談—陽	4	105		
		談—文	3			
		談—冬	2			
		談—真	2			
		談—蒸	1			

一、談部和陰聲韻通假關係舉證

表 11–6　談部與陰聲韻通假頻次表（組）

	宵部	幽部	之部	魚部	侯部	歌部	合計
談部	5	5	2	2	2	1	17

（一）談部—宵部（5 組）

具體數據見第三章第一節"宵—談"部分。

（二）談部—幽部（5 組）

具體數據見第二章第一節"幽—談"部分。

（三）談部—之部（2 組）

具體數據見第一章第一節"之—談"部分。

（四）談部—魚部（2 組）

具體數據見第五章第一節"魚—談"部分。

（五）談部—侯部（2 組）

具體數據見第四章第一節"侯—談"部分。

（六）談部—歌部（1 組）

具體數據見第七章第一節"歌—談"部分。

二、談部和入聲韻通假關係舉證

表 11–7　談部與入聲韻通假頻次表（組）

	葉部	緝部	月部	質部	合計
談部	7	5	3	1	16

（一）談部—葉部（7 組）

具體數據見第三章第一節"宵—談"部分。

（二）談部—緝部（5 組）

具體數據見第十章第一節"緝—談"部分。

（三）談部—月部（3 組）

具體數據見第七章第二節"月—談"部分。

（四）談部—質部（1 組）

具體數據見第八章第二節"質—談"部分。

三、談部和其他陽聲韻通假關係舉證

表 11–8　談部與其他陽聲韻通假頻次表（組）

	侵部	元部	東部	耕部	陽部	文部	冬部	真部	蒸部	合計
談部	69	11	9	4	4	3	2	2	1	105

（一）談部—侵部（69 組）

具體數據見第十章第二節"侵—談"部分。

（二）談部—元部（11 組）

具體數據見第七章第三節"元—談"部分。

（三）談部—東部（9 組）

具體數據見第四章第三節"東—談"部分。

（四）談部—耕部（4 組）

具體數據見第六章第三節"耕—談"部分。

（五）談部—陽部（4 組）

具體數據見第五章第三節"陽—談"部分。

（六）談部—文部（3 組）

具體數據見第九章第三節"文—談"部分。

（七）談部—冬部（2 組）

具體數據見第一章第三節"蒸—談"部分。

（八）談部—真部（2 組）

具體數據見第八章第三節"真—談"部分。

（九）談部—蒸部（1 組）

具體數據見第二章第三節"冬—談"部分。

結　語

在本書考察範圍内，涉及韻部的古音通假共計 12742 組，其中同部通假共計 9930 組，異部通假共計 2812 組。

一、對轉關係分析

在本書考察範圍内，涉及對轉關係的通假字共 1275 組，其中陰聲韻與入聲韻共通假 729 組，陰聲韻與陽聲韻共通假 204 組，入聲韻與陽聲韻共通假 342 組。具體如下：

表 12–1　陰聲韻—入聲韻　通假頻次表（共 729 組）

		入聲韻									
		職	覺	藥	屋	鐸	錫	月	質	物	緝	葉
陰聲韻	之	58	1			2	3	5	8	3	2	
	幽	9	70	5	9	9	2		3	5	1	
	宵		10	51	4	7		2	1	2	2	1
	侯	6	10	2	31	9		5		3	2	
	魚	5	9		6	95	2	5		2	2	4
	支	2	2				46	16	14	2		2
	歌	3	1		1	6	12	9	3	9	1	2
	脂	3	2			4	9	16	36	8		1
	微	2	2	2	1	1		9	9	19	1	

從表 12–1 可以看出，就陰聲韻與入聲韻的通假數量而言，之職、幽覺、宵藥、侯屋、魚鐸、支錫、脂質、微物的通假數量明顯多於其他韻部，表現出較爲明顯的對轉關係。歌部與月部、錫部通假的組數均比較多，但支部與錫部通假組數更多，錫部優先和支部構成對轉，因此歌部與月部相對轉。歌部與月部的通假數量並不具有優勢，這也可能是不少學者提出的歌部不與月元相配的佐證，但目前靠通假材料不能推翻歌月元對轉，我們暫從王力觀點，古無去聲、祭部歸入月部，歌月元相配。

表 12–2　陰聲韻—陽聲韻　通假頻次表（共 342 組）

		陽聲韻									
		蒸	冬	東	陽	耕	元	真	文	侵	談
陰聲韻	之	18		3	1	3	2	3	11		2
	幽	3	1	1		1	2		7	6	5
	宵					1	3	1	3	6	5
	侯	1	1	22	1		8	2	2	2	2
	魚	2		3	8	1	10	3	2		2
	支					4	16	8	1		
	歌				6		56	2	6		1
	脂		1			5	1	10	14		
	微			1		1	9	4	36		

從表 12–2 可以看出，陰聲韻與陽聲韻的通假數量明顯少於陰聲韻和入聲韻，其數據不如陰入對轉明顯。不過，之蒸、侯東、魚陽、歌元、脂真、微文的通假數量明顯高於其他韻部，它們的對轉關係基本可以確定。冬部本身並不活躍，其對轉關係還需討論。支耕的通假數量在 [-k] 類韻部之間最多，並且表 12–1 和表 12–3 顯示，支錫、錫耕存在對轉關係，可證支錫耕對轉關係成立。

表 12–3　入聲韻—陽聲韻　通假頻次表（共 204 組）

		陽聲韻									
		蒸	冬	東	陽	耕	元	真	文	侵	談
入聲韻	職	2	1	1	1		1		3	4	
	覺		1					1	2		
	藥			1			1		2		
	屋		1	8	3	1		1	2		
	鐸				3		3	1	2		
	錫				4	6	8	3			
	月			3		2	43	4	13	1	3
	質	2				1	3	8	4	2	1
	物				1	2	10	1	10	1	
	緝	1							1	3	5
	葉				1		1	2		1	7

從表 12–3 可以看出，陽聲韻與入聲韻的通假數量同樣較少，與《詩經》《楚辭》等先秦韻文中陽入通韻較少的情況也基本一致。上表顯示，屋東、鐸陽、錫耕、月元、質真、葉談通假關係較爲密切。職蒸通假數量少，但是根據表 12–1、表 12–2 中之職、之蒸的大

量通假數據可以確定之職蒸的對轉關係。覺冬通假 1 組，數量較少，加之表 12–1 幽覺對轉關係明確，表 12–2 幽冬有 1 組通假，説明幽覺對轉關係成立，冬部則與陰聲韻、入聲韻關係都較爲疏遠，我們無數據表明幽覺冬對轉關係有誤，因此取王力先生觀點，認爲幽覺冬對轉關係成立。物部與文部、元部通假的組數相對較多，但元部與月部通假組數明顯更多，元部優先和月部構成對轉關係，所以物部與文部構成對轉。

　　由上述分析可以看出，對其中的高頻通假加以綜合考察，可將韻部歸納爲“之職蒸”“幽覺冬”“宵藥”“侯屋東”“魚鐸陽”“支錫耕”“歌月元”“脂質真”“微物文”“緝侵”“葉談”十一類，這也進一步印證了王力古韻分類的正確性。

二、旁轉關係分析

　　韻部小類關係確定後，就可以進行旁轉關係的研究了。韻部旁轉關係指的是同一類的陰聲韻與陰聲韻、入聲韻與入聲韻、陽聲韻與陽聲韻之間的相互轉化。在本書韻部通假關係的考察範圍內，涉及旁轉關係的通假字共 1537 組，陰聲韻之間的相互通假共 561 組，入聲韻之間的相互通假共 403 組，陽聲韻之間的相互通假共 573 組。具體如下：

表 12–4　陰聲韻之間通假頻次表（共 561 組）

		陰聲韻								
		之	幽	宵	侯	魚	支	歌	脂	微
陰聲韻	之		19	3	13	11	9	4	20	12
	幽			75	45	24	3	3	3	4
	宵				11	4	2	4	1	
	侯					42		8	3	4
	魚						5	19	8	8
	支							46	49	17
	歌								16	40
	脂									26
	微									

表 12–5　入聲韻之間通假頻次表（共 403 組）

		入聲韻										
		職	覺	藥	屋	鐸	錫	月	質	物	緝	葉
入聲韻	職		10			6	5	3	20		5	2
	覺			8	14	2	1	1	5	1	3	
	藥				2	8		3	1		2	
	屋					7		3	1	1	1	

		入聲韻									
		職	覺	藥	屋	鐸	錫	月	質	物	緝	葉
	鐸						7	8	3	1		1
	錫							10	21		3	4
	月								39	71	9	18
	質									29	11	3
	物										10	2
	緝											33
	葉											

表 12–6　陽聲韻之間通假頻次表（共 573 組）

		陽聲韻									
		蒸	冬	東	陽	耕	元	真	文	侵	談
陽聲韻	蒸		7	7	10	13	4	14	4	10	1
	冬			30			1	1	2	6	2
	東				2	2	3	2	2	2	9
	陽					18	9	5		1	4
	耕						41	24	8	4	4
	元							50	75	8	11
	真								93	3	2
	文									7	3
	侵										69
	談										

　　爲便於觀察韻部的旁轉關係，本書以類爲單位進行通假頻次的統計，進而明確上古韻部之間的旁轉關係。根據上文對轉關係分析得出的結論，我們把韻部分爲"之職蒸""幽覺冬""宵藥""侯屋東""魚鐸陽""支錫耕""歌月元""脂質真""微物文""緝侵""葉談"十一類，按類爲單位進行統計。類與類之間的通假頻次，即各類所含韻部間相互通假的頻次之和。這裏不妨以幽類與宵類之間的通假頻次爲例加以説明，具體如表 12–7 所示：

表 12–7　幽類與宵類之間的通假頻次統計

幽宵	幽藥	覺宵	覺藥	冬宵	冬藥	總數
75	5	10	8	0	0	98

　　由此類推各類韻部之間相互通假情況，具體如表 12–8 所示：

表 12–8　類與類之間通假數量統計

之類 311	脂類	幽類	魚類	微類	支類	侯類	歌類	緝類	葉類	宵類
	70	50	38	35	35	31	22	22	5	3
	22.5%	16.1%	12.2%	11.3%	11.3%	10.0%	7.1%	7.1%	1.6%	1.0%
幽類 382	侯類	宵類	之類	魚類	微類	脂類	緝類	支類	歌類	葉類
	111	98	50	44	23	16	16	9	8	7
	29.1%	25.7%	13.1%	11.5%	6.0%	4.2%	4.2%	2.4%	2.1%	1.8%
宵類 190	幽類	侯類	魚類	歌類	緝類	微類	支類	葉類	脂類	之類
	98	20	19	13	10	9	8	6	4	3
	51.6%	10.5%	10.0%	6.8%	5.3%	4.7%	4.2%	3.2%	2.1%	1.6%
侯類 312	幽類	魚類	之類	歌類	宵類	微類	葉類	脂類	緝類	支類
	111	73	31	31	20	16	11	9	7	3
	35.6%	23.4%	9.9%	9.9%	6.4%	5.1%	3.5%	2.9%	2.2%	1.0%
魚類 333	侯類	歌類	幽類	之類	支類	脂類	宵類	微類	葉類	緝類
	73	66	44	38	37	24	19	17	12	3
	21.9%	19.8%	13.2%	11.4%	11.1%	7.2%	5.7%	5.1%	3.6%	0.9%
支類 425	歌類	脂類	魚類	之類	微類	葉類	幽類	宵類	緝類	侯類
	151	134	37	35	31	10	9	8	7	3
	35.5%	31.5%	8.7%	8.2%	7.3%	2.4%	2.1%	1.9%	1.6%	0.7%
歌類 722	微類	支類	脂類	魚類	葉類	侯類	之類	緝類	宵類	幽類
	242	151	134	66	36	31	22	19	13	8
	33.5%	20.9%	18.6%	9.1%	5.0%	4.3%	3.0%	2.6%	1.8%	1.1%
脂類 604	微類	歌類	支類	之類	魚類	緝類	幽類	侯類	葉類	宵類
	188	134	134	70	24	16	16	9	9	4
	31.1%	22.2%	22.2%	11.6%	4.0%	2.6%	2.6%	1.5%	1.5%	0.7%
微類 586	歌類	脂類	之類	支類	幽類	緝類	魚類	侯類	宵類	葉類
	242	188	35	31	23	20	17	16	9	5
	41.3%	32.1%	6.0%	5.3%	3.9%	3.4%	2.9%	2.7%	1.5%	0.9%
緝類 228	葉類	之類	微類	歌類	脂類	幽類	宵類	侯類	支類	魚類
	108	22	20	19	16	16	10	7	7	3
	47.4%	9.6%	8.8%	8.3%	7.0%	7.0%	4.4%	3.1%	3.1%	1.3%
葉類 209	緝類	歌類	魚類	侯類	支類	脂類	幽類	宵類	之類	微類
	108	36	12	11	10	9	7	6	5	5
	51.7%	17.2%	5.7%	5.3%	4.8%	4.3%	3.3%	2.9%	2.4%	2.4%

從表 12–8 可以看出，就 [-k] 類（之幽宵侯魚支六類）韻部內的親疏關係來看，其通

假數量明顯具有幾個"斷層"。首先是幽類與侯類、宵類以及其他各類之間的斷層。"幽侯"兩類通假 111 組，"幽宵"兩類通假 98 組，皆關係緊密；之後的"幽之""幽魚"等，則數量較少，所以幽排在"侯、宵"之間。其次是宵類與幽類及其他各類之間的斷層。宵類僅與幽類關係親密，因此，宵類應當是第一類；僅與第二類幽類相鄰；據幽類的通假關係可知，第三類是侯類；再根據侯類和魚類的通假關係可知，第四類是魚類。再次是支類與歌類、脂類和其他各類之間的數量斷層。支類與 [-t] 類韻部關係緊密，與 [-k] 類韻部關係反而疏遠，由此就可以理解王力在《古代漢語》中將支類放入歌類和脂類之間的做法是有其依據的。由支類的統計數據可以看出，支類可以排在歌類和脂類之間。支類和歌類、脂類的關係密切，但歌類、脂類和微類三類之間的關係更爲密切，因此，可以考慮將脂類排在 [-k] 類韻部與 [-t] 類韻部的分界處。綜上，[-k] 類韻部的次序應爲：宵類—幽類—侯類—魚類—之類—支類。

就 [-t] 類（歌脂微三類）韻部內的親疏關係來看，歌類與微類通假組數最多，共計 242 組；同時，從涉及微類的所有通假字組來看，也是微類與歌類通假組數最多。也就是說，歌類與微類的關係最爲密切。從涉及脂類的所有通假字組來看，脂類與微類通假組數最多，共 188 組。除歌類外，微類與脂類通假組數最多，即微類與脂類的關係最爲密切。同時，歌類與支類共有 151 組通假。由此可知，[-t] 尾三類韻部的排列順序是：歌類—微類—脂類。

就 [-p] 類（緝葉二類）韻部內的親疏關係來看，緝類與葉類通假組數最多；同時，從涉及葉類的所有通假字組來看，也是葉類與緝類通假組數最多，占葉類所有異部通假字中的 51.7%。因此，緝類和葉類的關係最爲密切，即"緝類—葉類"。

就 [-k] 類（之幽宵侯魚支六類）韻部與 [-t] 類（歌脂微三類）韻部的關係而言，"幽宵侯"三類與"歌脂微"三類的通假數量較少，關係疏遠；"魚支之"三類與"歌脂微"三類的通假數量較多，關係緊密。由於"歌脂微"三類韻部的通假字數量遠高於其他韻部，其基數較大，從而導致這三部在其他韻部中的音轉比例較高，所以如果要討論 [-k] 類韻部與 [-t] 類韻部的關係的話，應以"歌脂微"三類韻部爲基準。具體而言，與"歌類"通假數量最多的是"魚類"，共 66 組；與"脂類"通假數量最多的是"支類"，共 134 組；與"微類"通假數量最多的是"之類"，共 35 組。由此可見，"歌脂微"三類的韻部組序應當分別對應"魚支之"三類。

就 [-k] 類（之幽宵侯魚支六類）韻部與 [-p] 類（侵談兩類）韻部的關係而言，"之緝"兩類通假 22 組，關係比較緊密，其他五類與"緝類"的通假數量較少；"魚葉"兩類通假 12 組，關係比較緊密，其他五類與"葉類"的通假情況也較少。由此可見，"緝葉"兩類的韻部次序應當分別對應"之魚"兩類。再看 [-t] 類韻部與 [-p] 類韻部的關係。"歌類"和"葉類"通假 36 組，"緝類"和"微類"通假 20 組，關係密切，即"緝葉"兩類的韻部次序分別對應"歌微"兩類。綜上，我們可以將韻部通轉關係分爲三組："魚類—歌類—葉類""之類—微類—緝類""支類—脂類"。

爲了便於給以上三組通轉韻部排序，我們考察了這三組韻部之間的通假頻次。其中，"魚類—歌類—葉類"與"之類—微類—緝類"通假 459 組，"魚類—歌類—葉類"與"支類—脂類”通假 365 組，因此，“魚類—歌類—葉類”與“之類—微類—緝類”關係緊密，與“支類—脂類”關係疏遠。侯類則排在這三組之前，侯類與“魚類—歌類—葉類”通假 115 組，與“之類—微類—緝類”通假 54 組，與“支類—脂類”通假 12 組，因此，侯類之後是“魚類—歌類—葉類”。由此可見，反映通轉關係的三組韻部的次序應當是：“魚類—歌類—葉類”“之類—微類—緝類”“支類—脂類”。

　　根據對傳世文獻通假字的數據統計和音轉分析，本書首先印證了上古“之職蒸”“幽覺冬”“宵藥”“侯屋東”“魚鐸陽”“支錫耕”“歌月元”“微物文”“脂質真”“緝侵”“葉談”這 11 小類韻部中所包含的陰、入、陽對轉關係，所得結論與我們研究上古出土文獻以及戰國楚簡帛通假字所得結論基本一致，這也印證了王力在《漢語史稿》和《漢語語音史》中所確立的韻部對轉關係。在此基礎上，我們又考察了 11 小類韻部之間的跨類通假數量，確定了韻部的旁轉關係分別爲：宵藥—幽覺冬—侯屋東—魚鐸陽—之職蒸—支錫耕（以上屬［-k］類韻部），歌月元—微物文—脂質真（以上屬［-t］類韻部），葉談—緝侵（以上屬［-p］類韻部）。這一旁轉關係與王力《同源字典》中略有差異。在同一大類（［-k］類、［-t］類、［-p］類）中，陰聲韻、入聲韻、陽聲韻之間還具備旁對轉關係，如［-k］類韻部下的宵覺、藥幽旁對轉，［-t］類韻部下的歌物旁對轉。不同大類間的韻部亦可發生通轉，但基本只出現在“魚鐸陽—歌月元—葉談”“之職蒸—微物文—緝侵”“支錫耕—脂質真”之間，如魚歌通轉、之緝通轉、耕真通轉等。這一通轉關係的確立，與王力《同源字典》一致。綜上，我們可以得出傳世文獻通假字韻部次序表：

表 12-9　傳世文獻通假字韻部次序表

［-k］類			［-t］類				［-p］類		
第一類	宵	藥							
第二類	幽	覺	冬						
第三類	侯	屋	東						
第四類	魚	鐸	陽	第七類	歌	月	元	第十類	葉	談
第五類	之	職	蒸	第八類	微	物	文	第十一類	緝	侵
第六類	支	錫	耕	第九類	脂	質	真			

參 考 文 獻

一、專著

（明）陳第：《毛詩古音考》，中華書局 1988 年版。

（宋）陳彭年：《宋本廣韻》，中國書店 1982 年版。

陳振寰：《音韻學》，湖南人民出版社 1986 年版。

（清）戴震：《戴震文集》，中華書局 1980 年版。

（清）段玉裁：《六書音均表》，中華書局 1983 年版。

（清）江永：《古韻標準》，中華書局 1982 年版。

（清）江有誥：《音學十書》，中華書局 1993 年版。

高亨、董治安：《古字通假會典》，齊魯書社 1989 年版。

（清）顧炎武：《音學五書》，中華書局 1982 年版。

郭錫良：《漢字古音表稿》，中華書局 2020 年版。

郭錫良：《古代漢語》，商務印書館 1999 年版。

耿振生：《20 世紀漢語音韻學方法論》，北京大學出版社 2004 年版。

胡安順：《音韻學通論》，中華書局 2003 年版。

何九盈：《古漢語音韻學述要》，浙江古籍出版社 1988 年版。

黃侃：《黃侃國學文集》，中華書局 2006 年版。

洪颺：《古文字考釋通假關係研究》，福建人民出版社 2008 年版。

簡啟賢：《音韻學教程（修訂本）》，巴蜀書社 2013 年版。

（清）孔廣森：《詩聲類附詩聲分析》，中華書局 1983 年版。

李方桂：《上古音研究》，商務印書館 2015 年版。

李玉：《秦漢簡牘帛書音韻研究》，當代中國出版社 1994 年版。

林燾、耿振生：《音韻學概要》，商務印書館 2004 年版。

劉琨：《先秦兩漢韻部演變專題研究》，中國社會科學出版社 2021 年版。

劉曉南：《漢語音韻研究教程》，北京大學出版社 2007 年版。

龍異騰：《基礎音韻學》，巴蜀書社 2003 年版。

（唐）陸德明：《經典釋文》，中華書局 1983 年版。

陸宗達、王寧：《訓詁方法論》，中華書局 2018 年版。

羅常培、周祖謨：《漢魏晉南北朝韻部演變研究》，科學出版社 1958 年版。

孟蓬生：《上古漢語同源詞語音關係研究》，北京師範大學出版社 2001 年版。

（清）錢大昕：《十駕齋養新錄》，江蘇古籍出版社 2000 年版。

唐作藩：《上古音手冊（增訂本）》，中華書局 2013 年版。

唐作藩：《音韻學教程（第四版）》，北京大學出版社 2013 年版。

王輝：《古文字通假字典》，中華書局 2008 年版。

王力：《楚辭韻讀》，上海古籍出版社 1980 年版。

王力：《古代漢語》，中華書局 1999 年版。

王力：《漢語史稿》，中華書局 1980 年版。

王力：《漢語音韻》，中華書局 1991 年版。

王力：《漢語音韻學》，中華書局 1982 年版。

王力：《漢語語音史》，商務印書館 2010 年版。

王力：《清代古音學》，中華書局 1992 年版。

王力：《詩經韻讀》，上海古籍出版社 1980 年版。

（清）王引之：《經義述聞》，江蘇古籍出版社 2000 年版。

徐超：《中國傳統語言文字學》，山東大學出版社 2000 年版。

向熹：《簡明漢語史》，商務印書館 2010 年版。

楊劍橋：《漢語現代音韻學》，復旦大學出版社 1996 年版。

葉玉英：《古文字構形與上古音研究》，廈門大學出版社 2009 年版。

（清）朱駿聲：《說文通訓定聲》，中華書局 1984 年版。

曾運乾：《音韻學講義》，中華書局 2004 年版。

張富海：《古文字與上古音論稿》，上海古籍出版社 2021 年版。

張民權：《清代前期古音學研究》，北京廣播學院出版社 2002 年版。

章太炎：《國故論衡》，商務印書館 2010 年版。

鄭張尚芳：《上古音系》，上海教育出版社 2003 年版。

二、文章

陳代興：《殷墟甲骨刻辭音系研究》，載胡厚宣等主編：《甲骨語言研討會論文集》，華中師範大學出版社 1993 年版，第 35 頁。

陳鴻儒：《吳棫通轉與吳棫古韻》，《語言科學》2014 年第 2 期。

陳燕：《試論段玉裁的合韻說》，《天津師大學報（社會科學版）》1992 年第 3 期。

曹祝兵：《二十一世紀以來利用出土文獻研究上古音的新進展》，《敦煌學輯刊》2011 年第 1 期。

董琨：《周原甲骨文音系特點初探》，載劉利民、周建設主編：《語言》第一卷，首都師範大學出版社 2000 年版。

方孝嶽：《關於先秦韻部的"合韻"問題》，《中山大學學報（社會科學）》1956 年第 4 期。

郭錫良：《殷商時代音系初探》，《北京大學學報（哲學社會科學版）》1988 年第 6 期。

郭錫良：《西周金文音系初探》，載袁行霈主編：《國學研究》第二卷，北京大學出版社 1994 年版。

胡森、王兆鵬：《從楚簡帛通假字論戰國楚音韻部的排序》，《漢語史研究集刊》2021 年第 2 期。

黃文傑：《秦漢時期形聲字音近聲符換用例析》，《中山大學學報（社會科學版）》1998 年第 3 期。

金穎若：《從兩周金文用韻看上古韻部陰入間的關係》，《語言研究》1994 年增刊。

劉寶俊：《〈秦漢帛書音系〉概述》，《中南民族學院學報（社會科學版）》1986 年第 1 期。

羅江文：《從金文看上古鄰近韻的分立》，《古漢語研究》1996 年第 3 期。

羅江文：《〈詩經〉與兩周金文韻文押韻方式比較》，《古漢語研究》2001 年第 3 期。

李開：《孔廣森古韻冬部獨立與〈郭店楚簡〉韻例評析》，《古漢語研究》2007 年第 2 期。

李新魁：《上古音"之"部及其發展》，《廣東社會科學》1991 年第 3 期。

李子君：《章炳麟的〈成均圖〉及"音轉理論"》，《山西大學學報（哲學社會科學版）》2004 年第 2 期。

劉釗、葉玉英：《利用古文字資料的上古音分期分域研究述評》，《古漢語研究》2008 年第 2 期。

劉志成：《兩周金文韻讀與詩經韻讀之比較》，《川東學刊》1996 年第 3 期。

馬紅：《通假字對上古聲母研究的啟示》，《安徽文學（下半月）》2012 年第 3 期。

梅廣：《訓詁資料所見到的幾個音韻現象》，《清華學報》1994 年第 1 期。

彭占清：《"兩周金文押韻方式"志疑》，《古漢語研究》2004 年第 1 期。

史存直：《古韻"之""幽"兩部間的交涉》，中國音韻學研究會：《音韻學研究》第 1 輯，中華書局 1984 年版。

孫強：《清代古音學家對上古音研究的貢獻——以朱駿聲的古音通轉研究為例》，《山東社會科學》2018 年第 8 期。

王力：《上古韻母系統研究》，《王力文集》第十七卷，山東教育出版社 1989 年版。

王相帥、朱生玉：《簡帛文獻語音研究中的通假字問題》，《理論月刊》2015 年第 5 期。

楊建忠：《利用古文字資料研究上古音的反思》，《古漢語研究》2014 年第 2 期。

虞萬里：《從古方音看歌支的關係及其演變》，中國音韻學研究會：《音韻學研究》第 3 輯，中華書局 1994 年版。

張民權：《宋代古音學考論》，《首都師範大學學報（社會科學版）》2002 年第 1 期。

趙誠：《商代音系初探》，中國音韻學研究會：《音韻學研究》第 1 輯，中華書局 1984 年。

趙誠：《臨沂漢簡的通假字》，中國音韻學研究會：《音韻學研究》第 2 輯，中華書局 1986 年。

周長楫：《〈詩經〉通韻合韻說疑釋》，《廈門大學學報（哲學社會科學版）》1995 年第 3 期。

周長楫：《通假字"音同"原則淺說》，《古漢語研究》1998 年第 1 期。

周祖謨：《漢代竹書和帛書中的通假字與古音的考訂》，中國音韻學研究會：《音韻學研究》

第 1 輯，中華書局 1984 年版。

趙振興、陳燦：《〈周易〉通行本與帛書本異文聲母研究》，《古漢語研究》2003 年第 3 期。

三、學位論文

國一姝：《基於通假字的上古聲母研究》，首都師範大學 2007 年博士學位論文。

胡森：《上古［-ŋ］類十七韻部親疏關係研究》，山東師範大學 2019 年碩士學位論文。

欒利偉：《戰國楚簡帛［-ŋ］類十七韻部關係研究》，山東師範大學 2020 年碩士學位論文。

劉琨：《上古韻部專題研究》，陝西師範大學 2009 年博士學位論文。

馬莉麗：《〈說文通訓定聲〉通假字入聲韻部研究》，首都師範大學 2009 年碩士學位論文。

申倩：《上古［-n］［-m］類十三韻部親疏關係研究》，山東師範大學 2019 年碩士學位論文。

孫茜：《魏晉南北朝石刻異體形聲字聲符換用現象研究》，湘潭大學 2008 年碩士學位論文。

王琛：《戰國楚簡帛［-n］［-m］類十三韻部關係研究》，山東師範大學 2020 年碩士學位論文。

武芳：《馬壽齡〈說文段注撰要〉通假字音韻研究》，首都師範大學 2007 年碩士學位論文。

吳澤順：《漢語音轉研究》，湖南師範大學 2004 年博士學位論文。

楊麗琨：《基於傳世文獻通假字的上古［-n］［-m］類韻部親疏關係研究》，山東師範大學 2021 年碩士學位論文。

謝婉玉：《〈簡牘帛書通假字字典〉音韻研究》，首都師範大學 2012 年碩士學位論文。

謝麗娟：《基於傳世文獻通假字的上古［-ŋ］類韻部親疏關係研究》，山東師範大學 2021 年碩士學位論文。

附：未計入統計數據的異部通假字

一、漢代以後的通假字

　　高亨、董治安的《古字通假會典》收錄例證材料廣泛，包含漢代以後的通假字，鑒於本書研究的是上古音，學界普遍認爲上古時期應包含先秦兩漢，那麼東漢以後的通假字本書予以剔除。但是傳世文獻通假字也存在漢以後註解家解釋上古文獻的情況，我們也將這種情況算作上古通假字。

　　現將漢以後的通假字羅列如下：

頁碼		反切	中古音韻地位						上古音	
387	羑	與久切	以	流	有	三	開	上	餘	之
	誘	與久切	以	流	有	三	開	上	餘	幽

　　文獻通假 1 次：《玉篇·羊部》："羑，導也，今作誘。"按：《玉篇》爲南朝顧野王作。

頁碼		反切	中古音韻地位						上古音	
442	侮	文甫切	明	遇	麌	三	合	上	明	侯
	晦	荒內切	曉	蟹	隊	一	合	去	曉	之

　　文獻通假 1 次：《文選》王元長《三月三日曲水詩序》："侮食來王。"李注："古本作'晦食'。"按：《三月三日曲水詩序》爲南朝齊王融所作。

頁碼		反切	中古音韻地位						上古音	
423	淄	側持切	莊	止	之	三	開	平	莊	之
	塞	蘇則切	心	曾	德	一	開	入	心	職

　　文獻通假 1 次：《文選·別賦》："君居淄右。"李注："'淄'或爲'塞'。"按：《別賦》爲南朝梁江淹作。

頁碼		反切	中古音韻地位						上古音	
396	頤	與之切	以	止	之	三	開	平	餘	之
	嘖	側伯切	莊	梗	陌	二	開	入	莊	鐸

　　文獻通假 1 次：《隸釋》十二《督郵斑碑》："嘖意五業。"洪适釋："'嘖'當讀爲

'頤'。"按：《督郵斑碑》是後漢時刻。

頁碼		反切	中古音韻地位						上古音	
371	郁	於六切	影	通	屋	三	合	入	影	職
	薁	於六切	影	通	屋	三	合	入	影	覺

　　文獻通假 1 次：《文選·閒居賦》："梅杏郁棣之屬。"李注："張揖《上林賦》注曰：'薁，山李也。''郁'與'薁'，音義同。"按：《閒居賦》是晉代潘嶽所作。

頁碼		反切	中古音韻地位						上古音	
371	郁	於六切	影	通	屋	三	合	入	影	職
	燠	於六切	影	通	屋	三	合	入	影	覺

　　文獻通假 1 次：《文選·廣絶交論》："敍溫郁則寒谷成暄。"李注："毛萇《詩傳》曰：'燠，煖也。''郁'與'燠'，古字通。"按：《廣絶交論》是南朝梁詩人劉峻所作。

頁碼		反切	中古音韻地位						上古音	
31	硡	户萌切	匣	梗	耕	二	合	平	匣	蒸
	訇	呼宏切	曉	梗	耕	二	合	平	曉	耕

　　文獻通假 1 次：《文選·藉田賦》："鼓鞞硡，隱以砰磕。"李注："'硡'與'訇'音義同。"按：音同可以作爲研究上古音的材料。但《藉田賦》爲西晉文學家潘嶽所作。

頁碼		反切	中古音韻地位						上古音	
723	游	以周切	以	流	尤	三	開	平	餘	幽
	喁	餘昭切	以	效	宵	三	開	平	餘	宵

　　文獻通假 1 次：《隸釋》三《楚相孫叔敖碑》："優喁樂業。"洪适釋"喁即游"。按：《楚相孫叔敖碑》原認爲是東漢時刻，據徐少華《孫叔敖故里封地考述——兼論〈楚相孫叔敖碑〉的真伪与文本时代》考證，該碑应是南北朝后期至隋唐期間的续刻或拟托。因此本書將其算作中古時期通假字。

頁碼		反切	中古音韻地位						上古音	
351	侏	章俱切	章	遇	虞	三	合	平	章	侯
	輈	張流切	知	流	尤	三	開	平	端	幽

　　文獻通假 1 次：《文選·答盧諶詩書》："自頃輈張。"李注："揚雄《國三老箴》曰：'姦寇侏張。''輈'與'侏'，古字通。"按：《答盧諶詩書》是西晉劉琨所作。

頁碼		反切	中古音韻地位						上古音	
741	修	息流切	心	流	尤	三	開	平	心	幽
	蓨	徒歷切	定	梗	錫	四	開	入	定	覺

文獻通假 1 次：《後漢書·董皇后紀》："以后兄子衛尉修侯重爲驃騎將軍。"李注："修，今德州縣也，今作蓨。"

頁碼		反切	中古音韻地位						上古音	
782	躊	直由切	澄	流	尤	三	開	平	定	幽
	躑	直炙切	澄	梗	昔	三	開	入	定	錫

文獻通假 1 次：《文選》陸士衡《招隱詩》："振衣聊躑躅。"李注："《説文》曰：'躊躅，住足也。''躊'與'躑'同。"

頁碼		反切	中古音韻地位						上古音	
331	蒲	羊朱切	以	遇	虞	三	合	平	餘	侯
	藬	余六切	以	通	屋	三	合	入	餘	覺

文獻通假 1 次：《文選·吳都賦》："異荂蓲藬。"李注："《爾雅》曰：'蒲，榮也。''藬'與'蒲'同。"按：《吳都賦》作於西晉。

頁碼		反切	中古音韻地位						上古音	
343	須	相俞切	心	遇	虞	三	合	平	心	侯
	宿	息救切	心	流	宥	三	開	去	心	覺

文獻通假 1 次：《後漢書·清河孝王慶傳》："且復須留。"李注："《東觀記》'須留'作'宿留'。"按：《後漢書》由南朝宋時期歷史學家范曄編撰。下同。

頁碼		反切	中古音韻地位						上古音	
789	嬌	舉喬切	見	效	宵	三	開	平	見	宵
	姐	兹野切	精	假	馬	三	開	上	精	魚

文獻通假 1 次：《文選·幽憤詩》："恃愛肆姐。"李注："《説文》曰：'姐嬌也。''嬌'與'姐'同耳。"按：《幽憤詩》爲三國時作品。

頁碼		反切	中古音韻地位						上古音	
336	蓲	烏侯切	影	流	侯	一	開	平	影	侯
	敷	芳無切	滂	遇	虞	三	合	平	滂	魚

文獻通假 1 次：《文選·吳都賦》："異荂蓲藬。"李注："《爾雅》曰：'蒲，榮也。'郭璞曰：'蓲猶敷，蒲亦草之貌也。''蓲'與'敷'同。"按：《吳都賦》作於西晉。

頁碼		反切	中古音韻地位						上古音	
366	跗	甫無切	幫	遇	虞	三	合	平	幫	侯
	趺	甫無切	幫	遇	虞	三	合	平	幫	魚

文獻通假 1 次：《文選》束廣微《補亡詩》："白華絳趺。"李注："鄭玄《毛詩箋》曰：

'跗，鄂足也。'‘跗’與‘趺’同。”按：晋束皙字廣微，作《補亡詩六首》。

頁碼		反切	中古音韻地位						上古音	
367	符	防無切	並	遇	虞	三	合	平	並	侯
	鳧	防無切	並	遇	虞	三	合	平	並	魚

文獻通假 2 次，如：《後漢書·劉玄傳》：“掘鳧茈而食之。”李注：“‘鳧茈’，《後漢書》作‘符眥’。”

頁碼		反切	中古音韻地位						上古音	
786	飫	依倨切	影	遇	御	三	合	去	影	侯
	淤	依倨切	影	遇	御	三	合	去	影	魚

文獻通假 1 次：《後漢書·馬融傳》：“擺牲班禽，淤賜犒功。”李注：“‘淤’與‘飫’同。”

頁碼		反切	中古音韻地位						上古音	
2	紅	戶公切	匣	通	東	一	合	平	匣	東
	含	胡男切	匣	咸	覃	一	開	平	匣	侵

文獻通假 1 次：《文選·七命》：“駕紅陽之飛燕。”李注：“或曰：《駿馬圖》有含陽侯驃，疑含即紅，聲之誤也。”按：《七命》是西晋張協所作。

頁碼		反切	中古音韻地位						上古音	
662	蔿	羽委切	云	止	紙	三	合	上	匣	歌
	花	呼瓜切	曉	假	麻	二	合	平	曉	魚

文獻通假 1 次：《後漢書·張衡傳》：“百卉含蔿。”李注：“張揖《字詁》曰：蔿，古花字也。”

頁碼		反切	中古音韻地位						上古音	
670	葭	古牙切	見	假	麻	二	開	平	見	魚
	茄	求迦切	群	果	戈	三	開	平	群	歌

文獻通假 1 次：《玉篇·艸部》：“葭，葦未秀也。李陵《與蘇武書》云：‘胡笳互動。’卷蘆葉吹之也，今作‘茄’。”按：《玉篇》爲南朝顧野王作。

頁碼		反切	中古音韻地位						上古音	
684	邪	似嗟切	邪	假	麻	三	開	平	邪	魚
	左	臧可切	精	果	哿	一	開	上	精	歌

文獻通假 1 次：《漢書·司馬相如傳》：“邪與肅慎爲鄰。”顏注：“邪讀爲左。”

頁碼		反切	中古音韻地位						上古音	
571	稽	古奚切	見	蟹	齊	四	開	平	見	脂
	諸	章魚切	章	遇	魚	三	開	平	章	魚

文獻通假 1 次：《後漢書·鄧禹傳》："訓擁衛稽故令不得戰。"李注："《東觀記》'稽'故字作'諸'故也。"

頁碼		反切	中古音韻地位						上古音	
54	擎	渠京切	群	梗	庚	三	開	平	群	耕
	鯨	渠京切	群	梗	庚	三	開	平	群	陽

文獻通假 1 次：《文選·射雉賦》："鯨牙低鏃。"徐注："'鯨'，當作'擎'。"按：《射雉賦》爲西晉潘嶽作。

頁碼		反切	中古音韻地位						上古音	
233	黥	渠京切	群	梗	庚	三	開	平	群	陽
	黔	巨淹切	群	咸	鹽	三	開	平	群	侵

文獻通假 1 次：《文選·五等論》："皇祖夷於黥徒。"李注："《楚漢春秋》曰：'尚未足黔徒群盜所邪。'然'黥'當爲'黔'。"按：《五等論》是西晉文學家陸機所作。

頁碼		反切	中古音韻地位						上古音	
457	踟	直離切	澄	止	支	三	開	平	定	支
	跢	丁佐切	端	果	箇	一	開	去	端	歌

文獻通假 2 次，如：《文選·嘯賦》："踟跢步趾。"李注："《廣雅》曰：'躑躅，跢跦也。'跢跦與踟躕，古字通。"按：《嘯賦》爲西晉成公綏所作。《廣雅》爲三國魏張揖所作。

頁碼		反切	中古音韻地位						上古音	
674	離	呂支切	來	止	支	三	開	平	來	歌
	鸝	呂支切	來	止	支	三	開	平	來	支

文獻通假 1 次：《玉篇·隹部》："離亦作鸝，倉庚也。"按：《玉篇》爲南朝顧野王作。

頁碼		反切	中古音韻地位						上古音	
506	袿	古攜切	見	蟹	齊	四	合	平	見	支
	幃	雨非切	云	止	微	三	合	平	匣	微

文獻通假 1 次：《文選·贈秀才入軍詩》："微風動袿。"李注："'袿'或爲'幃'。"按：《贈秀才入軍詩》爲三國時嵇康所作。

頁碼		反切	中古音韻地位						上古音	
56	嚄	亨孟切	曉	梗	映	二	開	去	曉	耕
	嘬	才割切	從	山	曷	一	開	入	從	月

　　文獻通假 1 次：《文選・文賦》："務嘈嘬而妖冶。"李注："《埤蒼》曰：'嘈嚄，聲貌。''嚄'與'嘬'及'獻'同。"按：《文賦》是西晉陸機作，《埤蒼》是三國魏張揖編著。

頁碼		反切	中古音韻地位						上古音	
56	嚄	亨孟切	曉	梗	映	二	開	去	曉	耕
	嘬	才割切	從	山	曷	一	開	入	從	月

　　文獻通假 1 次：《文選・文賦》："務嘈嘬而妖冶。"李注："《埤蒼》曰：'嘈嚄，聲貌。''嚄'與'嘬'及'獻'同。"按：《文賦》是西晉陸機作，《埤蒼》是三國魏張揖編著。

頁碼		反切	中古音韻地位						上古音	
211	蠻	莫還切	明	山	刪	二	開	平	明	元
	麻	莫霞切	明	假	麻	二	開	平	明	歌

　　文獻通假 1 次：《後漢書・光武帝紀上》："因遣祭遵圍蠻中賊張滿。"李注："蠻中，聚名，故城蠻子國在今汝州西南，俗謂之麻城。"

頁碼		反切	中古音韻地位						上古音	
603	黻	分勿切	幫	臻	物	三	合	入	幫	月
	芾	敷勿切	滂	臻	物	三	合	入	滂	物

　　文獻通假 2 次，如：《文選・樂遊應詔詩》："探已謝丹黻。"李善注："《毛詩》曰：'赤芾在股。''黻'與'芾'古字通。"按：《樂遊應詔詩》是南朝范曄所作。

頁碼		反切	中古音韻地位						上古音	
513	紒	吉詣切	見	蟹	霽	四	開	去	見	月
	髻	古詣切	見	蟹	霽	四	開	去	見	質

　　文獻通假 1 次：《文選・運命論》："椎紒而守敖庾海陵之倉。"李注："張揖《上林賦注》曰：'紒，鬘後垂也。'紒即髻字也。于子正文引此而爲'髻'字。"按：《運命論》是三國時李康所作，張揖同樣是三國時人。

頁碼		反切	中古音韻地位						上古音	
125	靳	居焮切	見	臻	焮	三	開	去	見	文
	傿	於建切	影	山	線	三	開	去	影	元

　　文獻通假 1 次：《後漢書・崔駰傳》："悔不小靳，可至千萬。"李注："'靳'，或作'傿'。《說文》曰：'傿，引爲價也。'"

頁碼		反切	中古音韻地位						上古音	
263	挦	失冉切	書	咸	琰	三	開	上	書	談
	挼	而緣切	日	山	仙	三	合	平	日	元

文獻通假 1 次：《文選·射雉賦》："挦降丘以馳敵。"徐注："'挦'，一本或作'挼'。"按：《射雉賦》爲西晉潘嶽作。

頁碼		反切	中古音韻地位						上古音	
75	烟	烏前切	影	山	先	四	開	平	影	真
	禋	於真切	影	山	真	三	開	平	影	文

文獻通假 1 次：《隸釋》十九《魏受禪表》："烟于六宗。"洪适釋以"烟子六宗"爲"禋子六宗"。按：《受禪表碑》爲三國魏黃初（202 年）刻。

頁碼		反切	中古音韻地位						上古音	
79	均	居勻切	見	臻	諄	四	合	平	見	真
	韻	王問切	云	臻	問	三	合	去	匣	文

文獻通假 1 次：《文選·嘯賦》："音均不恆。"李注："'均'，古'韻'字也。"晉灼《子虛賦》注曰："文章假借可以協韻，'均'與'韻'同。"按：《嘯賦》爲西晉成公綏所作。

頁碼		反切	中古音韻地位						上古音	
93	緊	居忍切	見	臻	軫	三	開	上	見	真
	紾	章忍切	章	臻	軫	三	開	上	章	文

文獻通假 1 次：《玉篇·臤部》："'緊'，纏絲急也，'糾'也。又作'紾'。"按：《玉篇》爲南朝顧野王作。

頁碼		反切	中古音韻地位						上古音	
499	翠	七醉切	清	止	至	四	合	去	清	物
	璀	七罪切	清	蟹	賄	一	合	上	清	微

文獻通假 1 次：《文選·琴賦》："新衣翠粲。"李注："《洛神賦》曰：'披羅衣之璀粲。'字雖不同，其義一也。"按：《琴賦》《洛神賦》均爲三國時作品。

頁碼		反切	中古音韻地位						上古音	
505	聿	餘律切	以	臻	術	三	合	入	餘	物
	偉	于鬼切	云	止	尾	三	合	上	匣	微

文獻通假 1 次：《文選·射雉賦》："聿采毛之英麗兮。"徐注："一本'聿'作'偉'。"按：《射雉賦》爲西晉潘嶽作。

頁碼		反切	中古音韻地位						上古音	
244	厽	力委切	來	止	紙	三	合	上	來	微
	參	倉含切	清	咸	覃	一	開	平	清	侵

　　文獻通假1次：《玉篇·厽部》："'厽'，《尚書》以爲'參'字。"按：《玉篇》爲南朝顧野王作。

頁碼		反切	中古音韻地位						上古音	
111	嗢	烏没切	影	臻	没	一	合	入	影	物
	溫	烏渾切	影	臻	魂	一	合	平	影	文

　　文獻通假1次：《文選·笙賦》："先嗢噦以理氣。"李注："'嗢噦'或爲'溫噦'。"按：《笙賦》是西晉潘嶽所作。

頁碼		反切	中古音韻地位						上古音	
230	轗	苦感切	溪	咸	感	一	開	上	溪	侵
	坎	苦感切	溪	咸	感	一	合	上	溪	談

　　文獻通假1次：《玉篇·車部》："'轗'，轗軻，亦作'坎'。"按：《玉篇》爲南朝顧野王作。

頁碼		反切	中古音韻地位						上古音	
255	欽	去金切	溪	深	侵	三	開	平	溪	侵
	顩	魚檢切	疑	咸	琰	三	開	上	疑	談

　　文獻通假1次：《後漢書·周燮傳》："燮生而欽頤折頞，醜狀駭人。"李注："'欽'，或作'顩'。"

頁碼		反切	中古音韻地位						上古音	
260	闖	丑禁切	徹	深	沁	三	開	去	透	侵
	覘	丑廉切	徹	咸	鹽	三	開	平	透	談

　　文獻通假1次：《玉篇·門部》："'闖'，馬出門貌，或作'覘'。"按：《玉篇》爲南朝顧野王作。

頁碼		反切	中古音韻地位						上古音	
254	厭	於豔切	影	咸	豔	三	開	去	影	談
	擪	於葉切	影	咸	葉	三	開	入	影	葉

　　文獻通假1次：《文選·笙賦》："厭焉乃揚。"李注："'厭'亦作'擪'。"按：《笙賦》是西晉潘嶽所作。

二、同義換用

頁碼		反切	中古音韻地位						上古音	
421	再	作代切	精	蟹	代	一	開	去	精	之
	二	而至切	日	止	至	三	開	去	日	脂

　　文獻通假 1 次：《周禮·秋官·司刺》："一宥曰不識，再宥曰過失，三宥曰遺忘。"《漢書·刑法志》引"再"作"二"。

頁碼		反切	中古音韻地位						上古音	
429	兹	子之切	精	止	之	三	開	平	精	之
	此	雌氏切	清	止	紙	三	開	上	清	支

　　文獻通假 1 次：《書·立政》："以並受此丕丕基。"《漢石經》"此"作"兹"。

頁碼		反切	中古音韻地位						上古音	
421	茬	士之切	崇	止	之	三	開	平	崇	之
	槎	鉏加切	崇	蟹	佳	二	開	平	崇	歌

　　文獻通假 1 次：《漢書·貨殖傳》："然猶山不茬蘖。"顏注："'茬'，古'槎'字也。"

頁碼		反切	中古音韻地位						上古音	
374	意	於記切	影	止	志	三	開	去	影	職
	志	職吏切	章	止	志	三	開	去	章	之

　　文獻通假 3 次，如：《國語·齊語》："則難以速得志矣。"《管子·小匡》"志"作"意"。

頁碼		反切	中古音韻地位						上古音	
381	改	古亥切	見	蟹	海	一	開	上	見	之
	革	古核切	見	梗	麥	二	開	入	見	職

　　文獻通假 1 次：《禮記·王制》："革制度衣服者爲畔。"《尚書大傳·虞夏傳》"革"作"改"。

頁碼		反切	中古音韻地位						上古音	
437	背	蒲昧切	並	蟹	隊	一	合	去	並	職
	負	房久切	並	流	有	三	開	上	並	之

　　文獻通假 2 次，如：《史記·酈生陸賈列傳》："項王負約不與。"《漢書·酈食其傳》"負"作"背"。

頁碼		反切	中古音韻地位						上古音	
398	衈	仍吏切	日	止	志	三	開	去	日	之
	血	呼決切	曉	山	屑	四	合	入	曉	質

文獻通假 1 次：《公羊傳·僖公十九年》：“蓋叩其鼻，以血社也。”《穀梁傳》“血”作“衈”。《周禮·春官·肆師》鄭注引同。

頁碼		反切	中古音韻地位						上古音	
388	喜	虛里切	曉	止	止	三	開	上	曉	之
	欣	許斤切	曉	臻	欣	三	開	平	曉	文

文獻通假 3 次，如：《左傳·成公十三年》：“公子欣時。”《公羊傳》《新序·節士》“欣時”作“喜時”。

頁碼		反切	中古音韻地位						上古音	
409	置	陟吏切	知	止	志	三	開	去	端	職
	寘	支義切	章	止	寘	三	開	去	章	脂

文獻通假 7 次，如：《易·坎》：“寘於叢棘。”《釋文》：“‘寘’，張作‘置’。”《詩·小雅·正月》《正義》引“寘”作“置”。

頁碼		反切	中古音韻地位						上古音	
414	弒	式吏切	書	止	志	三	開	去	書	職
	殺	所八切	山	山	黠	二	開	入	山	月

文獻通假 36 次，如：《易·坤》：“臣弒其君。”《釋文》：“‘弒’本或作‘殺’。”

頁碼		反切	中古音韻地位						上古音	
415	弒	式吏切	書	止	志	三	開	去	書	職
	煞	所八切	山	山	黠	二	開	入	山	月

文獻通假 1 次：《禮記·檀弓上》：“君謂我欲弒君也。”《釋文》：“‘弒’本又作‘煞’。”

頁碼		反切	中古音韻地位						上古音	
371	郁	於六切	影	通	屋	三	合	入	影	職
	鬱	紆物切	影	臻	物	三	合	入	影	物

文獻通假 3 次，如：《左傳·昭公二十四年》：“杞伯郁釐卒。”《穀梁傳》同。《公羊傳》“郁釐”作“鬱釐”。

頁碼		反切	中古音韻地位						上古音	
16	重	直容切	澄	通	鐘	三	合	平	定	東
	層	昨棱切	從	曾	登	一	開	平	從	蒸

文獻通假 1 次：《老子》六十四章：“九層之臺起於累土。”嚴遵本“層”作“重”。

頁碼		反切	中古音韻地位						上古音	
39	承	署陵切	禪	曾	蒸	三	開	平	禪	蒸
	黏	女廉切	泥	咸	鹽	三	開	平	泥	談

文獻通假 1 次：《莊子·達生》：“見痀僂者承蜩。”《列子·黃帝》“承”作“黏”。

頁碼		反切	中古音韻地位						上古音	
728	皓	下老切	見	效	晧	一	開	上	匣	幽
	皎	古了切	見	效	篠	四	開	上	見	宵

文獻通假 1 次：《楚辭·漁父》：“安能以皓皓之白。”《考異》：“‘皓’一作‘皎’。”按：此二字意義均爲潔白。

頁碼		反切	中古音韻地位						上古音	
728	皓	下老切	見	效	晧	一	開	上	匣	幽
	顥	胡老切	匣	效	晧	一	開	上	匣	宵

文獻通假 1 次：《文選》李少卿《與蘇武詩》：“皓首以爲期。”李注：“《聲類》曰：‘顥’，白首貌也。’‘皓’與‘顥’，古字通。”按：此二字意義均爲潔白。

頁碼		反切	中古音韻地位						上古音	
733	愁	士尤切	崇	流	尤	三	開	平	崇	幽
	焦	即消切	精	效	宵	三	開	平	精	宵

文獻通假 1 次：《史記·天宮書》：“因以饑饉疾疫焦苦。”《漢書·天文志》“焦”作“愁”。

頁碼		反切	中古音韻地位						上古音	
735	叫	古弔切	見	效	嘯	四	開	去	見	幽
	嚻	許嬌切	曉	效	宵	三	開	平	曉	宵

文獻通假 1 次：《詩·小雅·北山》：“或不知叫號。”《釋文》：“‘叫’本又作‘嚻’。”

頁碼		反切	中古音韻地位						上古音	
735	叫	古弔切	見	效	嘯	四	開	去	見	幽
	噭	五弔切	疑	效	嘯	四	開	去	見	宵

　　文獻通假 1 次：《漢書·息夫躬傳》：“如使狂夫嚾譟於東崖。”顏注：“‘嚾’，古‘叫’字。”

頁碼	反切		中古音韻地位						上古音	
767	浮	縛謀切	並	流	尤	三	開	平	並	幽
	漂	撫招切	滂	效	宵	三	開	平	滂	宵

　　文獻通假 1 次：《書·武成》：“血流漂杵。”《論衡·恢國》引《武成》曰：“血流浮杵。”

頁碼	反切		中古音韻地位						上古音	
783	州	職流切	章	流	尤	三	開	平	章	幽
	都	當孤切	端	遇	模	一	合	平	端	魚

　　文獻通假 2 次，如：《書·舜典》：“流共工于幽洲。”《釋文》：“‘幽都’，《尚書》作‘幽州’。”

頁碼	反切		中古音韻地位						上古音	
802	雀	即略切	精	宕	藥	三	開	入	精	藥
	鳥	都了切	端	效	篠	四	開	上	端	幽

　　文獻通假 1 次：《禮記·曲禮上》：“前朱鳥而後玄武。”《後漢書·張衡傳》李引“鳥”作“雀”。

頁碼	反切		中古音韻地位						上古音	
298	掌	諸兩切	章	宕	養	三	開	上	章	陽
	爪	側絞切	莊	效	巧	二	開	上	莊	幽

　　文獻通假 1 次：《漢書·揚雄傳》：“爪華蹈衰。”顏注：“‘爪’，古‘掌’字。”

頁碼	反切		中古音韻地位						上古音	
726	學	胡覺切	匣	通	覺	二	開	入	匣	覺
	教	古孝切	見	效	效	二	開	去	見	宵

　　文獻通假 5 次，如：《書·洛誥》：“乃女其悉自教工。”《尚書大傳》引“教”作“學”。

頁碼	反切		中古音韻地位						上古音	
726	學	胡覺切	匣	通	覺	二	開	入	匣	覺
	校	胡教切	匣	效	效	二	開	去	匣	宵

　　文獻通假 1 次：《漢書·趙尹韓張兩王列傳》：“文學、校官、諸生。”顏注：“‘校’亦‘學’也。”

頁碼		反切	中古音韻地位						上古音	
771	瞀	莫候切	明	流	候	一	開	去	明	侯
	眊	莫報切	明	效	号	一	開	去	明	覺

文獻通假 2 次，如：《國語·吳語》："有眩瞀之疾者以告。"《一切經音義》十引"瞀"作"眊"。

頁碼		反切	中古音韻地位						上古音	
756	畜	丑救切	徹	流	宥	三	開	去	透	覺
	儲	直魚切	澄	遇	魚	三	合	平	定	魚

文獻通假 1 次：《穀梁傳·莊公二十八年》："無三年之畜，曰國非其國也。"《三國志·魏志·司馬芝傳》引"畜"作"儲"。

頁碼		反切	中古音韻地位						上古音	
757	蓄	許竹切	曉	通	屋	三	合	入	曉	覺
	儲	直魚切	澄	遇	魚	三	合	平	定	魚

文獻通假 1 次：《禮記·王制》："無三年之蓄，曰國非其國也。"《三國志·魏志·司馬芝傳》《北魏書·李彪封事》引"蓄"作"儲"。

頁碼		反切	中古音韻地位						上古音	
345	賣	莫懈切	明	蟹	卦	一	開	去	明	支
	鬻	余六切	以	通	屋	三	合	入	餘	覺

文獻通假 5 次，如：《史記·老莊申韓列傳》："則以爲鬻權。"《索隱》："《韓非① 子》'鬻權'作'賣重'。"

頁碼		反切	中古音韻地位						上古音	
497	孰	殊六切	禪	通	屋	三	合	入	禪	覺
	誰	視佳切	禪	止	脂	三	合	平	禪	微

文獻通假 1 次：《論語·顏淵》："百姓不足，君孰與足?"《後漢書·楊震傳》《魏志·司馬芝傳》引"孰"作"誰"。

頁碼		反切	中古音韻地位						上古音	
497	蹴	七六切	清	通	屋	三	合	入	清	覺
	踓	以水切	以	止	旨	三	合	上	餘	微

文獻通假 1 次：《孟子·告子上》："蹴爾而與之。"《音義》："'蹴'或作'踓'。"

---

① 《古字通假會典》"非"字脫。

頁碼		反切	中古音韻地位						上古音	
803	嚼	在爵切	從	宕	藥	三	開	入	從	藥
	咀	慈呂切	從	遇	語	三	合	上	從	魚

文獻通假 1 次：《大戴禮·易本命》：“咀嚼者九竅而胎生。”《淮南子·墜形訓》“咀嚼”作“嚼咽”。

頁碼		反切	中古音韻地位						上古音	
887	女	尼呂切	娘	遇	語	三	合	上	泥	魚
	若	而灼切	日	宕	藥	三	開	入	日	鐸

文獻通假 3 次，如：《戰國策·燕策二》：“女無不爲也。”漢帛書本“女”作“若”。

頁碼		反切	中古音韻地位						上古音	
887	汝	人渚切	日	遇	語	三	合	上	日	魚
	若	而灼切	日	宕	藥	三	開	入	日	鐸

文獻通假 3 次，如：《書·甘誓》：“汝不恭命。”《墨子·明鬼上》引“汝”作“若”。

頁碼		反切	中古音韻地位						上古音	
888	如	人諸切	日	遇	魚	三	合	平	日	魚
	若	而灼切	日	宕	藥	三	開	入	日	鐸

文獻通假 41 次，如：《易·夬·九三》：“遇雨若濡。”漢帛書本“若”作“如”。

頁碼		反切	中古音韻地位						上古音	
914	父	扶雨切	並	遇	麌	三	合	上	並	魚
	伯	博陌切	幫	梗	陌	二	開	入	幫	鐸

文獻通假 1 次：《後漢書·周磐傳》：“昔方回支父嗇神養和。”李注：“《高士傳》曰：‘堯舜各以天下讓支父。’《莊子》作‘支伯’。”

頁碼		反切	中古音韻地位						上古音	
56	馨	呼刑切	曉	梗	青	四	開	平	曉	耕
	香	許良切	曉	宕	陽	三	開	平	曉	陽

文獻通假 1 次：《詩·大雅·生民》：“其香始升。”《釋文》：“‘香’一本作‘馨’。”

頁碼		反切	中古音韻地位						上古音	
295	鏡	居慶切	見	梗	映	三	開	去	見	陽
	鑑	格懺切	見	咸	鑑	二	開	去	見	談

文獻通假 1 次：《大戴禮·保傳》：“明鏡者，所以察形也。”《賈子新書·胎教》“鏡”

作“鑑”。

頁碼		反切	中古音韻地位						上古音	
296	鯨	渠京切	群	梗	庚	三	開	平	群	陽
	鯤	古渾切	見	臻	魂	一	合	平	見	文

文獻通假 1 次：《莊子·逍遥遊》：“北冥有魚，其名爲鯤。”《釋文》：“崔譔云：‘鯤當爲鯨。簡文同。’”

頁碼		反切	中古音韻地位						上古音	
522	竃	此芮切	清	蟹	祭	三	合	去	清	月
	䯤	苦骨切	溪	臻	没	一	合	入	溪	物

文獻通假 1 次：《文選》顏延之《宋郊祀歌》：“月竃來賓。”李注：“《甘泉賦》：‘西厭月䯤。’”按：《甘泉賦》是西漢揚雄所作，《宋郊祀歌》是南朝顏延之所作。但“竃”和“䯤”均爲“窟”義，二者爲同義換用。

頁碼		反切	中古音韻地位						上古音	
218	飧	思渾切	心	臻	魂	一	合	平	心	文
	餐	七安切	清	山	寒	一	開	平	清	元

文獻通假 2 次，如：《國語·越語下》：“觥飯不及壺飧。”《集韻》引作“餐”。

頁碼		反切	中古音韻地位						上古音	
519	開	苦哀切	溪	蟹	咍	一	開	平	溪	微
	啟	康禮切	溪	蟹	薺	四	開	上	溪	脂

文獻通假 38 次，如：《易·師·上六》：“開國承家。”漢帛書本“開”作“啟”。

頁碼		反切	中古音韻地位						上古音	
898	赭	章也切	章	假	馬	三	開	上	章	魚
	沰	他各切	透	宕	鐸	一	開	入	透	鐸

文獻通假 1 次：《詩·秦風·終南》：“顔如渥丹。”《釋文》：“‘丹’，《韓詩》作‘沰’。”《韓詩外傳》二引“丹”作“赭”。

頁碼		反切	中古音韻地位						上古音	
250	掩	衣儉切	影	咸	琰	三	開	上	影	談
	蓋	胡臘切	匣	咸	盍	一	開	入	匣	葉

文獻通假 2 次：《左傳·昭公二十七年》：“使公子掩餘公子燭庸帥師圍潛。”《史記·吳太伯世家》《吳越春秋·王僚傳》三“掩餘”作“蓋餘”。

三、虛　詞

詞義和語法上的代用：

頁碼		反切	中古音韻地位						上古音	
			聲母	攝	韻母	等	呼	聲調	聲母	韻部
37	乃	奴亥切	泥	蟹	海	一	開	上	泥	之
	爾	兒氏切	日	止	紙	三	開	上	日	脂

文獻例證 1 次：《書·盤庚上》：“度乃口。”《漢石經》“乃”作“爾”。

頁碼		反切	中古音韻地位						上古音	
397	而	如之切	日	止	之	三	開	平	日	之
	爾	兒氏切	日	止	紙	三	開	上	日	脂

文獻例證 3 次，如：《書·呂刑》：“在今爾安百姓。”《墨子·尚賢下》引“爾”作“而”。

頁碼		反切	中古音韻地位						上古音	
398	耳	而止切	日	止	止	三	開	上	日	之
	爾	兒氏切	日	止	紙	三	開	上	日	脂

文獻例證 4 次，如：《禮記·檀弓下》：“敬之斯盡其道焉耳。”《周禮·春官·小祝》鄭注引“耳”作“爾”。

頁碼		反切	中古音韻地位						上古音	
391	以	羊己切	以	止	止	三	開	上	餘	之
	于	羽俱切	云	遇	虞	三	合	平	匣	魚

文獻例證 1 次：《詩·小雅·信南山》：“享于祖考。”《太平御覽》五二四引“于”作“以”。

頁碼		反切	中古音韻地位						上古音	
391	以	羊己切	以	止	止	三	開	上	餘	之
	於	央居切	影	遇	魚	三	合	平	影	魚

文獻例證 1 次：《禮記·祭義》：“論父母於道。”《大戴禮·曾子大孝》“於”作“以”。

頁碼		反切	中古音韻地位						上古音	
398	而	如之切	日	止	之	三	開	平	日	之
	汝	人渚切	日	遇	語	三	合	上	日	魚

文獻例證 1 次：《莊子·外物》："去汝躬矜。"《釋文》"汝"作"而"。

頁碼		反切	中古音韻地位						上古音	
404	之	止而切	章	止	之	三	開	平	章	之
	諸	章魚切	章	遇	魚	三	合	平	章	魚

文獻例證 2 次，如：《詩·魏風·伐檀》："寘之河之干兮。"《禮記·中庸》鄭注引上"之"字作"諸"。

頁碼		反切	中古音韻地位						上古音	
433	不	甫鳩切	幫	流	尤	三	開	平	幫	之
	毋	武夫切	明	遇	虞	三	合	平	明	魚

文獻例證 4 次，如：《詩·大雅·皇矣》："不大聲以色，不長夏以革。"《墨子·天志下》引"不"作"毋"。

頁碼		反切	中古音韻地位						上古音	
433	不	甫鳩切	幫	流	尤	三	開	平	幫	之
	無	武夫切	明	遇	虞	三	合	平	明	魚

文獻例證 10 次，如：《詩·大雅·板》："無敢戲豫，無敢馳驅。"《左傳·昭公三十二年》引"無"作"不"。

頁碼		反切	中古音韻地位						上古音	
433	不	甫鳩切	幫	流	尤	三	開	平	幫	之
	非	甫微切	幫	止	微	三	合	平	幫	微

文獻例證 5 次，如：《書·呂刑》："何敬，非刑？何度，非及？"《墨子·尚賢下》引"非"作"不"。

頁碼		反切	中古音韻地位						上古音	
433	不	甫鳩切	幫	流	尤	三	開	平	幫	之
	匪	府尾切	幫	止	尾	三	合	上	幫	微

文獻例證 1 次：《詩·大雅·假樂》："不解于位。"《詩經考文》："'不解'，古本作'匪懈'。"

頁碼		反切	中古音韻地位						上古音	
438	負	房久切	並	流	有	三	開	上	並	之
	非	甫微切	幫	止	微	三	合	平	幫	微

文獻例證 2 次，如：《史記·商君列傳》："固見非於世。"《索隱》："《商君書》'非'作'負'。"

頁碼		反切	中古音韻地位						上古音	
404	之	止而切	章	止	之	三	開	平	章	之
	是	承紙切	禪	止	紙	三	開	上	禪	支

文獻例證1次：《書·無逸》："惟耽樂之從。"《漢書·蓋諸葛劉鄭孫毋將何傳》《論衡·語增》引"之"作"是"。

頁碼		反切	中古音韻地位						上古音	
37	乃	奴亥切	泥	蟹	海	一	開	上	泥	之
	則	子德切	精	曾	德	一	開	入	精	職

文獻例證1次：《書·召誥》："則經營。"《文選·西都賦》李注引"則"作"乃"。

頁碼		反切	中古音韻地位						上古音	
430	不	甫鳩切	幫	流	尤	三	開	平	幫	之
	弗	分勿切	幫	臻	物	三	合	入	幫	物

文獻例證136次，如：《易·乾》："先天而天弗違。"《論衡·初稟》引"弗"作"不"。

頁碼		反切	中古音韻地位						上古音	
435	否	符鄙切	並	止	旨	三	開	上	並	之
	弗	分勿切	幫	臻	物	三	合	入	幫	物

文獻例證1次：《書·呂刑》："苗民弗用靈。"《墨子·尚同中》引"弗"作"否"。

頁碼		反切	中古音韻地位						上古音	
9	用	余頌切	以	通	用	三	合	去	餘	東
	以	羊己切	以	止	止	三	開	上	餘	之

文獻例證9次，如：《易·井》："可用汲，王明並受其福。"《史記·屈原賈生列傳》又《索隱》引京房《易章句》引"用"作"以"。

頁碼		反切	中古音韻地位						上古音	
666	何	胡歌切	匣	果	歌	一	開	平	匣	歌
	胡	戶吳切	匣	遇	模	一	合	平	匣	魚

文獻例證7次，如：《詩·鄘風·相鼠》："不死何爲?"《列女傳》七引、《太平御覽》四五七引、《白虎通》引"何"作"胡"。今《白虎通》誤。

頁碼		反切	中古音韻地位						上古音	
608	毋	武夫切	明	遇	虞	三	合	平	明	魚
	勿	文弗切	明	臻	物	三	合	入	明	物

文獻例證 4 次，如：《禮記·月令》："驅獸毋害五穀。"《淮南子·時則訓》"毋"作"勿"。

頁碼		反切	中古音韻地位						上古音	
928	無	武夫切	明	遇	虞	三	合	平	明	魚
	勿	文弗切	明	臻	物	三	合	入	明	物

文獻例證 8 次，如：《書·盤庚中》："無遺育。"《史記·吳太伯世家》作"勿遺"。

頁碼		反切	中古音韻地位						上古音	
316	亡	武方切	明	宕	陽	三	合	平	明	陽
	無	武夫切	明	遇	虞	三	合	平	明	魚

文獻例證 66 次，如：《書·皋陶謨》："無教逸欲。"《漢書·王嘉傳》引"無"作"亡"。

頁碼		反切	中古音韻地位						上古音	
320	罔	文兩切	明	宕	養	三	合	上	明	陽
	無	武夫切	明	遇	虞	三	合	平	明	魚

文獻例證 15 次，如：《書·湯誓》："罔有攸赦。"《史記·殷本紀》："無有攸赦。"

頁碼		反切	中古音韻地位						上古音	
320	罔	文兩切	明	宕	養	三	合	上	明	陽
	毋	武夫切	明	遇	虞	三	合	平	明	魚

文獻例證 4 次，如：《書·益稷》："罔水行舟。"《史記·夏本紀》作"毋水行舟"。

頁碼		反切	中古音韻地位						上古音	
598	弗	分勿切	幫	臻	物	三	合	入	幫	物
	匪	府尾切	幫	止	尾	三	合	上	幫	微

文獻例證 2 次，如：《書·呂刑》："苗民弗用靈。"《禮記·緇衣》引"弗"作"匪"。

四、異體字

現將應當剔除的異體字及部分古今字列舉如下：

頁碼		反切	中古音韻地位						上古音	
398	胹	如之切	日	止	之	三	開	平	日	之
	臑	人朱切	日	遇	虞	三	合	平	日	侯

文獻通假 2 次：《左傳·宣公二年》："宰夫胹熊蹯不熟，殺之。"《呂氏春秋·過理》《文選·七發》李注引"胹"作"臑"。《楚辭·招魂》："肥牛之腱，臑若芳些。"《考異》："'臑'

一作'膈'。"膈"與"胹"爲異體字。

頁碼		反切	中古音韻地位						上古音	
42	螣	直稔切	澄	深	侵	三	開	上	定	侵
	蟘	徒得切	定	曾	德	一	開	入	定	職

文獻通假 1 次：《詩·小雅·大田》："去其螟螣。"《説文》："蟲部引'螣'作'蟘'。"

頁碼		反切	中古音韻地位						上古音	
42	螣	直稔切	澄	深	侵	三	開	上	定	侵
	蟁	敵德切	定	曾	德	一	開	入	定	職

文獻通假 1 次：《詩·小雅·大田》："去其螟螣。"《釋文》："'螣'字亦作'蟁'。""蟁"即"蟘"字。

頁碼		反切	中古音韻地位						上古音	
755	嘼	許救切	曉	流	宥	三	開	去	透	覺
	獸	舒救切	書	流	宥	三	開	去	書	幽

文獻通假 1 次：《書·武成》："往伐歸獸。"《釋文》："'獸'本或作'嘼'。"《匡謬正俗》引"獸"作"嘼"。

頁碼		反切	中古音韻地位						上古音	
761	褸鳥	所鳩切	山	流	尤	三	開	平	山	幽
	鷞	息逐切	心	通	屋	三	合	入	心	覺

文獻通假 1 次：《説文·鳥部》："鷞，司馬相如説作褸鳥。"按：《説文》鷞是從夋，《古字通假會典》誤，但從夋之字《集韻》與鷞是異體字，且字形演變一致。

頁碼		反切	中古音韻地位						上古音	
771	霁	莫浮切	明	流	尤	三	開	平	明	幽
	霿	莫紅切	明	通	東	一	合	平	明	東

文獻通假 1 次：《爾雅·釋天》："天氣下地不應，曰霁。"《説文·雨部》云："天氣下地不應，曰霿。"

頁碼		反切	中古音韻地位						上古音	
342	埆	苦角切	溪	江	覺	二	開	入	溪	屋
	礐	苦角切	溪	江	覺	二	開	入	溪	覺

文獻通假 1 次：《爾雅·釋山》："多大石，礐。"《釋文》："'礐'又作'埆'。"按：意義均爲多大石，《集韻》爲異體字。

頁碼		反切	中古音韻地位							上古音	
791	籗	士角切	崇	江	覺	二	開	入	崇	藥
	篧	竹角切	端	江	覺	一	合	入	端	鐸

文獻通假 1 次：《爾雅·釋器》：“籗謂之罩。”《詩·小雅·南有嘉魚》《正義》引李巡本“籗”作“篧”。按：《集韻》二字是異體字，意義均爲捕魚的器具。

頁碼		反切	中古音韻地位							上古音	
213	囐	才割切	從	山	曷	一	開	入	從	月
	讚	則旰切	精	山	翰	一	來	去	精	元

文獻通假 1 次：《荀子·勸學》：“問一而告二謂之囐。”楊注：“囐即讚字也，古文口與言多通。”

頁碼		反切	中古音韻地位							上古音	
374	意	於記切	影	止	志	三	開	去	影	職
	噫	於其切	影	止	之	三	開	平	影	之

文獻通假 5 次，如：《詩·周頌·噫嘻》。《釋文》“噫”作“意”，云：“又作‘噫’。”

頁碼		反切	中古音韻地位							上古音	
398	陑	如之切	日	止	之	三	開	平	日	之
	陾	如蒸切	日	曾	蒸	三	開	平	日	蒸

文獻通假 1 次：《詩·大雅·緜》：“捄之陾陾。”《玉篇·手部》引“陾”作“陑”。

頁碼		反切	中古音韻地位							上古音	
556	墮	徒果切	定	果	果	一	合	上	定	歌
	墜	直類切	澄	止	至	三	合	去	定	物

文獻通假 1 次：《漢書·西域傳》：“畜隊，未半阬谷盡靡碎。”顏注：“‘隊’亦‘墮’也。”“隊”同“墜”。

頁碼		反切	中古音韻地位							上古音	
737	求	巨鳩切	群	流	尤	三	開	平	群	幽
	裘	巨鳩切	群	流	尤	三	開	平	群	之

文獻通假 4 次，如：《詩·鄭風·羔裘》《釋文》：“‘裘’字或作‘求’。”

頁碼		反切	中古音韻地位							上古音	
14	艐	子紅切	精	通	東	一	合	平	精	東
	屆	古拜切	見	蟹	怪	二	開	去	見	質

文獻通假 2 次，如：《爾雅·釋詁上》："艐，至也。"《釋文》："'艐'，孫云：'古屆字'。"

頁碼		反切	中古音韻地位						上古音	
395	眡	式其切	書	止	之	三	開	平	書	之
	眣	徒結切	定	山	屑	四	開	入	定	質

文獻通假 1 次：《公羊傳·文公七年》："眣晋大夫使與公盟也。"《釋文》"眣"作"眡"，云："本又作'眣'。"按：二字《集韻》中是異體字。

頁碼		反切	中古音韻地位						上古音	
717	圝	以周切	以	流	尤	三	開	平	餘	宵
	囮	五禾切	疑	果	戈	一	合	平	疑	歌

文獻通假 1 次：《説文·口部》："'囮'或作'圝'。"按：《集韻》爲異體字。

頁碼		反切	中古音韻地位						上古音	
909	鷊	宜戟切	疑	梗	陌	三	開	入	疑	鐸
	鳶	與專切	以	山	仙	三	合	平	餘	元

鷊與鳶：文獻通假 1 次：《詩·小雅·四月》："匪鶉匪鳶。"《説文·鳥部》引"鳶"作"鷊"。

頁碼		反切	中古音韻地位						上古音	
82	信	息晋切	心	臻	震	三	開	去	心	真
	訫	息晋切	心	臻	震	三	開	去	心	真

文獻通假 1 次：《説文·言部》："'信'古文作'訫'。"按：《集韻》二字是異體字。

五、《古字通假會典》存在的訛誤

頁碼		反切	中古音韻地位						上古音	
37	仍	如乘切	日	曾	蒸	三	開	平	日	蒸
	廼	奴亥切	泥	蟹	海	一	開	上	泥	之

文獻通假 1 次：《説文》："'廼'讀若'仍'。"按：《説文》並未收録廼字。

頁碼		反切	中古音韻地位						上古音	
423	仄	阻力切	莊	曾	職	三	開	入	莊	職
	厌	户鉤切	匣	流	侯	一	開	平	匣	侯

文獻通假 1 次：《説文·厂部》："'仄'，籒文作'厌'。"按：《説文》從矢，高亨誤爲矢。

頁碼		反切	中古音韻地位						上古音	
244	釤	所銜切	山	咸	銜	二	開	平	山	談
	剿	子了切	精	效	篠	四	開	上	精	宵

文獻通假 1 次：《漢書·西域傳》"莽封欽爲釤胡子。"顏注："'釤'，本字作'剿'，轉寫誤耳。"

頁碼		反切	中古音韻地位						上古音	
666	假	古疋切	見	假	馬	二	開	上	見	魚
	何	胡歌切	匣	果	歌	一	開	平	匣	歌

文獻通假 1 次：《詩·周頌·維天之命》："假以溢我。"《左傳·襄公二十七年》引"假"作"何"。按：《左傳》並無此句，高亨引證有誤。無其他證據證明"假"與"何"通假。

頁碼		反切	中古音韻地位						上古音	
352	股	公戶切	見	遇	姥	一	合	上	見	魚
	腋	伊昔切	影	梗	昔	三	開	入	影	錫

文獻通假 1 次：《儀禮·士虞禮》："取諸左腋上。"鄭注："古文曰：'左股上。'"

頁碼		反切	中古音韻地位						上古音	
100	莘	所臻切	生	臻	臻	三	開	平	生	真
	説	失爇切	書	山	薛	三	合	入	書	月

文獻通假 1 次：《詩·周南·螽斯》："螽斯羽，詵詵兮。"《釋文》："'詵'，《説文》作'莘'。"《説文》無'莘'字。按：高亨説法正確。

頁碼		反切	中古音韻地位						上古音	
119	牲	所臻切	生	臻	臻	三	開	平	山	真
	甥	船倫切	船	臻	諄	三	合	平	船	文

文獻通假 1 次：《詩·大雅·桑柔》："牲牲其鹿。"《太平御覽》九〇六引"牲"作"甥"。

頁碼		反切	中古音韻地位						上古音	
560	帥	所類切	山	止	至	四	合	去	山	物
	師	疏夷切	山	止	脂	三	開	平	山	脂

文獻通假 1 次：《禮記·月令》："賞軍帥武人於朝。"《釋文》："'帥'或作'師'。"

頁碼		反切	中古音韻地位						上古音	
677	佗	徒河切	定	果	歌	一	開	平	定	歌
	它	場伯切	澄	梗	陌	二	開	入	定	鐸

文獻通假 1 次：《史記·河渠書》："佗小渠披山通道者，不可勝言。"《漢書·溝洫志》"佗"作"它"。

後 記

　　1985 年，我考取了陝西師範大學中文系漢語史專業的研究生，師從高元白先生，主攻音韻學。研一階段，高先生讓我們認真研讀音韻學經典著作，尤其是要通讀當代語言學大師王力先生的專著，於是我便陸續閱讀了《漢語音韻學》《漢語史稿》《古代漢語》《漢語音韻》《清代古音學》《詩經韻讀》《楚辭韻讀》《漢語語音史》《同源字典》《漢語詩律學》等著作。在讀書的過程中，有一個問題始終令我倍感疑惑，那就是王先生對上古韻部的名稱、排列次序和音值構擬常有改動，或小異，或大變，而原因幾何？頗不宜曉。王先生本人也未在相關著作中言明。1986 年初，我以此求教於高先生，高先生則答應有機會帶我去北京當面向王先生請教。誰知天有不測風雲，1986 年 5 月 3 日，王力先生遽歸道山，中國失去了一位偉大的語言學家，我也失去了問道於大師的機會。

　　碩士畢業後，我來到山東師範大學中文系古代漢語教研室，從事古代漢語的教學與研究工作。由於我天生愚笨，加之忙於俗務，年齒徒增，學無長進。夜深人靜，憶及恩師高元白先生的殷殷囑咐，不覺汗流浹背，久久難眠，深感愧對恩師！成爲研究生導師後，我在帶領學生研究唐代詩賦、唐五代至宋代詞律的同時，始終沒有忘記當初讀研時的困惑，始終探尋着開啟上古韻部親疏關係之門的鑰匙。綜合來看，王力先生的古韻研究主要依據了四種材料，即先秦韻文、諧聲系統、《切韻》音系、同源詞。通過對《詩經》《楚辭》中韻腳字的系聯和歸納，王先生考訂《詩經》時代的古韻爲二十九部，《楚辭》時代爲三十部。這一結論也被學界普遍接受，成爲了 20 世紀上古韻部研究的重要成果。進一步講，韻部間的親疏遠近通常是依據合韻而定，只是先秦韻文的數量本就十分有限，能夠反映對轉、旁轉關係的異部通押的材料更少了。據統計，《詩經》涉及的異部通押有 210 次，《楚辭》有 99 次，用這樣少的通押材料考察三十韻部間的親疏關係，顯然力不能及。況且，這些異部通押的分佈也極不平衡，如《楚辭》中的魚鐸通押有 14 次之多，而剩下的 29 部中，每部與其他韻部的通押次數不足 3 次，且這種通押還不是一對一的關係，有的韻部排列次序雖近，但從上古韻文的異部通押來看，很難找到令人信服的證據。王力先生晚年著眼於同源詞的研究，有鑒於古韻流轉的多樣化關係，他在 1982 年出版的《同源字典》中摒棄了線型韻部序列，首次以二維平面直觀展示三大類間的多重關係。儘管對小類順序的排列仍有可商榷之處，但他積極尋求新材料，運用新方法的探索精神給了我極大的啟示。清儒錢大昕在《古無輕唇音》《舌音類隔之説不可信》兩篇文章裡列舉了五種材料，力證上古漢語中只有重唇音 “幫滂並明”，沒有輕唇音 “非敷奉微”；只有舌頭音 “端透定泥”，沒有舌上音 “知徹澄娘”。而他對於 “通假異文” 的運用，讓我在沉浸於古韻親疏研究的

夜闌看到了噴薄的曙光。既然錢大昕能用通假異文證明上古聲母之間的關係，那我們也可以用它來探索上古韻部之間的親疏關係。只是通假異文材料本身較爲零散，錢大昕運用的通假材料也是舉例性的，這種方式並不足以用來證明上古三十韻部的遠近親疏關係。首都師範大學馮蒸教授曾指導他的碩博士研究生利用近些年出版的通假字典研究上古的聲母、韻部，取得了可喜的成果。馮教授高足的研究重點是上古韻部的擬音及複輔音聲母問題，並未涉及上古韻部的親疏關係和排序問題，我們的研究正好可以填補這一方面的空白。於是，我們選取了幾部學術水準較高、學界反映良好的通假字字典，力求涵蓋出土文獻和傳世文獻兩個方面，以此作爲研究上古韻部親疏關係的主要依據。

基於上述思考，從 2017 年始，我讓碩士研究生胡森、申倩、欒利偉、王琛、謝麗娟、楊麗琨、趙琪、張琳八位同學分別以王輝《古文字通假字典》、劉信芳《楚簡帛通假彙釋》、高亨《古字通假會典》、白於藍《簡帛古書通假字大系》爲依據，研究上古韻部間的親疏關係。我們本着從點到面、從出土文獻到傳世文獻的系統性原則，進一步檢驗和補充了各韻部在各通假字典中的對轉、旁轉、旁對轉、通轉數據，由此取得了一系列的研究成果。2020 年，我以前幾年的研究爲依託，成功申請了國家社科基金一般項目"基於通假字的上古韻部親疏關係與排序研究"（項目批准號：20BYY125），2022 年，又成功申請了國家社科基金重大項目"基於先秦兩漢通假字的上古音韻研究大係"（項目批准號：22&ZD302），出版了《上古出土文獻韻部親疏關係》（中華書局 2021 年版）、《戰國楚簡帛韻部親疏關係研究》（中國社會科學出版社 2021 年版）兩本專著，並在《古漢語研究》《漢語史學報》《漢語史研究集刊》（中國社會科學版）等學術報刊發表了系列論文。

在出土文獻通假字韻部系統研究的基礎上，本書始著眼於傳世文獻通假字的韻部系統研究。我們以高亨纂著、董治安整理的《古字通假會典》中所列漢代以前傳世文獻異部通假字爲依據，研究上古韻部小類之間的順序。《古字通假會典》取材廣泛，通假字搜集較爲全面，受到學界高度重視。但由於該書出版年限較早，加之受當時客觀條件限制，書證訛誤較多，我們在引用時，都與原著逐條核對，盡最大可能保證材料的真實性、準確性。

人民出版社的編輯王怡石女士，語言功底深厚，對編輯工作認真負責。她從本書的篇章結構的佈局，遣詞造句的構思，到標點符號的斟酌，圖表的設計，都提出了建議，她深厚的學識與嚴謹的工作態度，令我們深感敬佩。在此，我向王怡石編輯表示衷心的感謝。

以孫書文院長爲代表的山東師範大學文學院學術委員會，認真審核書稿，同意使用山東師範大學中國語言文學山東省高水平學科·優勢特色學科建設經費資助本書的出版。在此，我向文學院領導及全體同事表示衷心的感謝！

第二作者謝麗娟曾是山東師範大學文學院卓越班的優秀本科生，畢業論文獲山東師範大學優秀學士論文；本科畢業後考取我的音韻學方向研究生，畢業論文獲山東省優秀碩士學位論文；現已考取廈門大學博士研究生，師從著名文字學家、音韻學家葉玉英教授繼續從事上古音研究。謝麗娟同學品行高尚，天資聰慧，勤奮好學，基礎扎實，善於鑽研，極具學術潛質。從查找資料、材料整理到列表分析、遣句成文等，她做了大量的工作，爲本書的完成做出了重大貢獻。

我的博士研究生朱玲莉，碩士研究生楊麗琨、趙琪、張琳、王莉、王雪寧、宋晗飛、

侯雪潔、于迎雪，19級漢語言文學專業本科生李佳瑋、羅澄琪、孫鳳蕾、姜文哲，20級漢語言班本科生牟丹婷、劉鮑華、唐鈺添、劉正睿、趙文葉、王淑蕾、高新茹、菅舒心、孫源霏、史翠芸、譚欣、冷凡、袁詩惠、孫馨悅、侯佳林、王璟瑜、范曉磊、顧馨翊、李藝、劉筱琳、吳欣雪、李浣秋、徐晨曦、李正沁、張夢媛、王靜、曲奕君、鍾宇萱、劉茜羽、梁穎茵等同學，幫我一遍遍核對材料，在校稿過程中做了大量的工作。謝謝同學們！

王兆鵬

二〇二三年八月於山東師範大學